三峡工程施工栈桥优化实施

SANXIAGONGCHENGSHIGONGZHANQIAOYOUHUASHISHI

赵鑫钰　张建新　尤　岭　编著

长江出版社

图书在版编目(CIP)数据

三峡工程施工栈桥优化实施/赵鑫钰 张建新 尤岭编著.—武汉:长江出版社,2006.12

ISBN 978-7-80708-270-5

Ⅰ.三… Ⅱ.①赵…②张…③尤… Ⅲ.三峡工程—栈桥—施工技术 Ⅳ.U448.18

中国版本图书馆 CIP 数据核字(2007)第 001283 号

三峡工程施工栈桥优化实施　　　　赵鑫钰 张建新 尤岭 编著

责任编辑:高伟

装帧设计:刘斯佳

出版发行:长江出版社

地　　址:武汉市解放大道 1863 号　　　　**邮　　编:**430010

E-mail:cjpub@vip.sina.com

电　　话:(027)82927763(总编室)

(027)82926806(市场营销部)

经　　销:各地新华书店

印　　刷:长江水利委员会航测信息工程院

规　　格:787mm×1092mm　1/16　24.625 印张　600 千字

版　　次:2006 年 12 月第 1 版　2006 年 12 月第 1 次印刷

ISBN 978-80708-270-5/TV·52

定　　价:60.00 元

三峡工程 120 栈桥通车典礼

三峡工程 120 栈桥二个标段贯通

三峡工程120栈桥下部结构

三峡工程120栈桥安装

三峡工程 120 栈桥下部压力钢管安装

三峡工程 120 栈桥厂房坝段钢立柱

三峡工程 120 栈桥钢箱梁就位

三峡工程 120 栈桥钢箱梁吊装

三峡二期工程120栈桥鸟瞰图

三峡工程 120 栈桥门机车道布置

三峡工程 120 栈桥下部支撑结构

序

三峡工程是国家治理长江水患和综合开发长江水能资源的关键性骨干工程，它具有的巨大防洪、发电、航运、调水、灌溉、旅游等功能及效益，引领着中国的水电事业有力推动小康经济的巨轮。三峡工程的建设和建成运营，对于促进我国21世纪经济社会可持续发展、保护生态环境、实现人水和谐，起有十分重要的作用。

三峡工程建成后，防洪库容达221.5亿m^3，可控制长江上游百年一遇的大洪水，缓解千年一遇的特大洪水对中下游形成的压力；三峡水电站河床厂房装机26台，合计装机1820万kW，加上右岸地下电站装机420万kW，总装机为2240万kW，多年平均发电量达（847亿kW·h）883.8亿kW·h，电能覆盖半个中国；水库蓄水后，清澈的库水可作为“南水北调”的可靠水源，同时显著改善600多km的川江航道，万吨级船队能直抵重庆，设计年单向航运能力提高到5000万t，并较大改善宜昌以下尤其是荆州河段枯水期航运条件，让长江变成真正的“黄金水道”，使三峡工程“功在当代、利及千秋”。

三峡工程从最初构想、规划、勘察设计、综合论证到全国人大批准兴建及建设实施，历经了中华民族80多年几代人艰苦卓绝的努力，凝结了无数智者和巧匠的心血和汗水。由于三峡工程规模巨大、技术复杂，工程建设任务艰巨、责任重大。为确保实现各阶段施工目标和建设总目标，制定科学、合理的施工技术方案至关重要。三峡工程施工栈桥是实施三峡二期、三期工程的关键性施工手段，也是实现工程投产或提前发电目标的保证性措施。在三峡工程可行性研究、前期和攻关科研、初步设计、单项技术设计、招标设计阶段中，长江水利委员会长江勘测规划设计研究院近百名科研设计人员曾对施工栈桥进行了大量、深入研究。三峡工程实施过程中，栈桥需适应总体施工方案，又进行了一系列科学合理的优化。实践证明，三峡工程施工栈桥的优化实施是先进的和可靠的，满足了工程建设的需要，而且诸多指标达到世界先进水平。

欣闻《三峡工程施工栈桥优化实施》一书即将出版，这部集设计、施工、监理技术实践全过程的总结，资料翔实、内容丰富，是本好书。该书对于国内外同类工程建设，具有理论和实践的指导意义，亦可作为大专院校水电专业本科及研究生的专业参考书。

中国工程院院士

长江水利委员会总工程师　郑守仁

前　言

举世瞩目的长江三峡工程，经过几代中国人的科学探索、勘测规划、精心设计和艰苦实施，一期、二期、三期土建工程已全面竣工，提前一年实现156m蓄水，14台单机容量70万kW的机组正式投产发电，工程建设取得决定性的胜利，在防洪减灾、发电、航运、旅游、生态等诸多方面已发挥巨大的经济效益及社会效益；伴随着三期机电安装工程尾工的建设和全面建成投产，还将大大提高三峡工程综合效益，并有力推动我国在21世纪经济社会健康、可持续发展。

三峡工程是国家跨世纪的重点工程，也是当今世界最大的水利水电工程。由于三峡工程规模巨大、技术复杂、实施难度高、施工工期长，为确保实现各阶段施工目标和建设总目标，制定科学、合理的施工技术方案至关重要。三峡工程施工栈桥是实施三峡二期、三期工程的关键性施工手段，也是实现工程投产或提前发电目标的保证性措施。在三峡工程可行性研究、前期和攻关科研、初步设计、单项技术设计、招标设计阶段中，长江水利委员会长江勘测规划设计研究院近百名科研设计人员曾对施工栈桥进行了大量、深入研究。三峡工程实施过程中，栈桥需适应总体施工方案，又进行了一系列科学合理的优化。经过整个二期、三期建安工程的实践检验，三峡工程施工栈桥的设计、优化实施和运行状态是先进的和可靠的，不仅满足了工程建设的需要，而且诸多指标达到世界领先水平。

在三峡工程即将全面实现竣工之际，对三峡工程施工栈桥的设计、施工、监理的技术与实践全过程进行系统总结，十分必要，且意义重大。早在2001年9月，长江水利委员会总工程师郑守仁院士和长江勘测规划设计研究院钮新强院长就已安排栈桥项目组系统编写《三峡工程施工栈桥设计与优化》总结一书并两次专门下达计划任务书。由于当时施工栈桥未经运行实践检验，加上栈桥项目组及部分主设人员任务繁重以及总结内容单一很难达到计划的字数，使出版合同两次变更。

《三峡工程施工栈桥优化实施》一书经过编委会近两年半的努力，于

2006 年底形成约 80 万字的初稿。考虑到“总结的全面性、实用性、可读性和出版合同篇幅限制，“总结”从偏宏观的角度，只保留了对关键项目和重要过程等有参鉴、学习和指导价值的部分。“总结”全书定格约 55 万字，共分十章。第一章三峡工程总体施工方案概述；第二章三峡工程混凝土快速施工起重运输方案研究；第三章国内外施工栈桥的技术发展；第四章三峡工程 45 栈桥方案优化；第五章三峡工程 120 栈桥设计优化；第六章三峡工程 120 栈桥技术设计；第七章三峡工程 120 栈桥施工组织设计；第八章三峡工程 120 栈桥施工实践；第九章三峡工程 120 栈桥施工监理；第十章三峡工程 120 栈桥质量监理实施细则。

《三峡工程施工栈桥优化实施》一书，部分参鉴或择取了设计报告以及施工、监理的验收报告中的一些内容与数据。此外，陈文斌、宋维邦、王静、王连新、李先进、陈金山、易晶萍、陈蓉强、杨谢芸、祝胜、杨一峰、陈鸿丽、黎汝潮、谢红忠、李新华等同志全过程或先后部分参加了栈桥的设计、报告编写及现场技术服务，在此一并表示感谢！

全书由赵鑫钰同志策划、组稿并主要编写和校审。编委会的努力，旨在使本书为从事水电施工的广大管理人员提供具体的项目管理经验，指导其实践，同时也可为大专院校相关专业的学者、研究生提供系统的资料。由于篇幅所限，更有限于三峡工程正在进行三期尾工建设，一些合同及技术细节不能完整呈现于本总结之中，加上编写人员受学识水平、认知能力所限以及时间紧迫，编者尽管殚思极虑也难免存在疏漏之处，诚望广大读者指正和谅解。

但愿这部集设计、施工、监理技术实践全过程的总结，能够为同行和相近专业的设计人员提供资料翔实、内容丰富的蓝本，使该书从理论和实践多方面提供指导。

《三峡工程施工栈桥优化实施》

编 委 会

2007 年 1 月 16 日

《三峡工程施工栈桥优化实施》

编　委　会

各章编写人员

第一章　赵鑫钰　张孝军

第二章　赵鑫钰　胡伏元

第三章　赵鑫钰　杜三林

第四章　赵鑫钰　邓越胜　徐　焰

第五章　赵鑫钰　梁仁强　李进超

第六章　尤　岭　郭　晓　章荣发　喻振林

第七章　徐志国　刘姬龙

第八章　赵鑫钰　夏　雨

第九章　李运栋　武卫星　陈　璐

第十章　王　安

目　录

第一章　三峡工程总体施工方案概述

一、枢纽总体施工规模

枢纽建筑物的规模及结构形式由其功用和能力确定。三峡工程枢纽建筑物主要功能有：挡水（防洪）、溢流（泄洪）、发电、航运、排沙等。长江是雨洪河流，洪水来势凶猛、峰高量大，持续时间长，防洪和泄洪是水利枢纽建筑物必须具备的最首要能力。根据批准的初步设计，溢流坝泄洪的设计标准为千年一遇洪水流量 9.98 万 m^3/s，校核为万年一遇洪水流量乘 1.1 倍即 12.4 万 m^3/s。按枢纽防洪要求，汛期在防洪限制水位 145m 运行时，溢流坝应具备 5.67 万 m^3/s 的下泄能力。根据三峡工程初步设计和施工详图设计，枢纽建筑物中河床泄洪坝段沿坝轴线方向总长为 483m，170m 坝高间设置了 23 个泄洪深孔和 22 个溢流表孔。另外，在左导墙坝段设置了 2 个深孔；右纵围堰段设置 2 个中孔；厂房坝段设有 5 个排沙孔；整个临时船闸在三期工程中改建成冲沙闸，使枢纽泄水建筑物具有安全下泄 11 万 m^3/s 的能力，可以抵挡长江有记载以来发生的最大洪水，即 1870 年 105000m^3/s 的洪峰流量。

电站厂房是枢纽建筑物的重要组成部分，从可行性设计阶段到初步设计阶段，长江水利委员会曾先后研究过坝后单列式、坝后双列式、半地下式、地下式、隧洞引水式、坝内式、厂顶溢流式、厂前挑流式等多种形式的厂房。考虑到机组容量、装机台数、单机结构及尺寸、水头及流量等因素，三峡水电站最后采用坝后式厂房，分列于溢流坝两侧。其中左侧电站厂房沿坝轴线长 643.7m，装机 14 台；右侧电站厂房沿坝轴线长 584.2m，装机 12 台。此外，为充分开发利用三峡库区水能资源，拟在右岸最高山峰白岩尖附近山体内开挖一座大型地下厂房，安装 6 台等容量机组。

三峡通航建筑物包括永久船闸、临时船闸、上下游引航道和升船机。按初步设计，临时船闸配合导流明渠主要解决二期工程施工期的通航，只有永久船闸和升船机形成三峡永久通航建筑物及设施。永久船闸也是三峡枢纽建筑物的一个重要组成部分，其规模是根据交通部门提供的单航最大运量和年运输能力确定的。单航编组的船队最大运量为 10000t；年单向（上水或下水）运输能力约 5000 万 t。以初步设计采用的方案，通航最高水位为 175m；最低水位为 62m，上下游最大水位差为 175－62=113m。也就是说，五级船闸运行时每级升（降）22.6m。

由于全国铁路干线的提速和高速（等级）公路的迅速发展，加上国家调整部门和地区的产业结构和产品结构，使原来大量靠水运的低附加值的矿石、煤炭和鲜活农产品等转变为以更加灵活、快捷的交通方式运送含有高附加值的产品或商品（如运煤改为坑口电站发电输电）。长江上游水运量的锐减及态势，可能导致拟建的升船机缓建或取消（如果正确决策的话）。那么，永久通航建筑物就只有双线五级永久船闸。根据枢纽布置，永久船闸位于大坝左岸的山体间，其轴线方位角为 110°58′8″。整个通航建筑物就变为由双线五级船闸、上游引航道和下游引航道组成。其中，船闸主体段长1607m，上游引航道长2113m，下游引航道长2722m，全长6442m。船闸的闸室有效长为280m，净宽34m，槛上最小水深为5m，可通行万吨级船队。双线五级船闸呈平行布置，两线船闸中心线相距94m，两线船闸中间为60m宽的岩石中隔墩。船闸中心线与坝轴线的夹角为67.42°。第一闸首上游边至第六闸首下游边全长1607m，其中第一闸首长70m，第二闸首长40m，第三、四闸首长均为39m，第五闸首长45m，第六闸首长51m；第一闸室结构段长267m，第二、第三、第四闸室结构段长均为268m，第五闸室段长262m；利用部分闸首段后，闸室有效长度均为280m。

二、施工工期与总进度计划

三峡工程枢纽建筑物由五大单项工程组成：

（1）枢纽大坝（包括溢流坝部分和非溢流坝部分）；

（2）左右岸电站（包括电站厂房、发电机组和控制系统）；

（3）临时船闸（三期工程时改建成冲沙闸）；

（4）永久通航建筑物（包括双线五级永久船闸、上游引航道、下游引航道和隔流堤等）和拟建的升船机及系统；

（5）右岸茅坪溪防护（挡水）大坝。

除上述永久和主体工程之外，作为三峡工程建安施工组成部分的还有为数庞大复杂的导截流工程、施工及生活设施、临时结合永久的供水和供电工程、通信系统、施工附属企业、临时和永久交通工程（包括施工道路、专用高等级公路、桥梁、码头）、部分建材中转和储运系统、仓库、消防和环保设施等。

根据三峡水利枢纽初步设计，枢纽主体工程主要工程量为：

（1）土石方开挖9871.2万m^3（未包括淤泥开挖量976.4万m^3；围堰拆除工程量1161.1万m^3），加上茅坪溪大坝将达12184.7万m^3；

（2）土石方填筑2864万m^3，加上茅坪溪大坝将达4074万m^3；

（3）混凝土浇筑约2800万m^3；

（4）金属结构制作安装工程量28.1万t;

（5）钢筋加工制作工程量35.4万t;

（6）帷幕灌浆35.51万m;

（7）排水孔77.3万m;

（8）固结灌浆36.2万m;

（9）锚杆169.34万m;

（10）混凝土防渗墙23.1万m^2；

（11）安装发电机组26台（1820万kW）和电器控制系统（包括机组设备）约20万t，起重设备约3300t，变压器1.5万t。

三峡工程分三期施工，建设总工期为17年。一期工程（包括准备工程）5年，主要任务是实施坝区内外交通工程（包括西陵长江大桥和港区码头工程等）、施工输变电工程、施工和生活供电、供水和供风系统、通信系统、砂石料和混凝土加工系统、制冷系统、排水系统、施工企业、仓储系统、场地平整、房建、施工征地等配套工程。计划完成一期土石围堰修筑、纵向围堰混凝土浇筑、三期上游碾压混凝土围堰高程58（50）m以下的混凝土浇筑、导流明渠开挖和护底护岸工程、茅坪溪防护大坝的泄水洞涵工程、临时船闸工程（包括下游引航道和隔流堤一部分）；进行茅坪溪防护大坝、永久船闸、左岸非溢流坝段、左岸1#～6#厂房坝段和相应的电站厂房土石方挖填施工；完成一期土石围堰上、下游横向段拆除（包括下压部位的明渠内岩石），实现长江主河床截流。

1. 一期工程的工期主目标和控制性进度

一期土石围堰于第2年（1994年）6月前基本完成；纵向围堰上纵段，按不同部位分别达到高程90m、140m；坝身段达到高程90m及下纵段达到高程81.5m，于第5年（1997年）4月完成；同期预建三期上游碾压混凝土横向围堰至高程58（50）m（右侧宽100m范围为高程58m，左侧宽250m范围为高程50m）；导流明渠开挖及护底、护岸工程，于第5年（1997年）4月完成；茅坪溪防护工程的临时小改道，于第1年（1993年）9月前完成；永久改道的输水隧洞、箱涵及进出口工程，于第2年（1994年）汛前完成；茅坪溪防护大坝，于第2年（1994年）汛后具备（利用明渠开挖弃渣料上坝）填筑条件，第5年（1997年）填到高程140m，2003年5月前竣工；完成临时船闸和下游引航道的一部分，隔流堤的填筑施工基本完成，确保临时船闸于第6年（1998年）4月通航；永久船闸施工，从第2年（1994年）1月开始进行开挖，自上游到下游逐级提供部位实施混凝土浇筑；左岸厂房坝段1#～6#坝段和对应的电站厂房部位，应于第3年（1995年）7月开始进行基础开挖施工；一期土石围堰上、下游横向段的拆除，应于第5年（1997年）5～9月完成，以及完成下压部位明渠岩石开挖；主河床截流，于第5年（1997年）12月上旬前完成。

2. 二期工程工期主目标和控制性进度

二期工程工期6年，主要任务是完成二期上、下游横向围堰填筑和基坑抽水；完成纵向围堰坝身段、河床泄洪坝段、左岸厂房坝段和左岸非溢流坝段至坝顶高程185m的混凝土浇筑及相应的金属结构安装；完成永久船闸的土建施工和运行调试以及完成上下游引航道、隔流堤的土建施工；完成左岸电站厂房的土建以及4～6台机组的土建施工和安装及调试，实现投产发电；完成二期上、下游横向围堰拆除和导流明渠截流；完成明渠内上、下游横向土石围堰填筑；完成明渠内碾压混凝土（RCC）围堰140m高程的土建施工；完成导流底孔下闸封堵和临时船闸通航孔道封堵等。

1998年（第6年）1月，左岸1#～6#厂房坝段开始浇筑混凝土；1998年（第6年）4月，临时船闸通过验收正式通航；1998年（第6年）7月，二期基坑抽水至高程40m，其后进行围堰保护下的大坝基础开挖，9月将基坑水抽干；1998年（第6年）9月，左岸1#～6#厂房开始浇筑基础混凝土；1999年（第7年）2月，泄洪坝段深槽部位开始浇筑混凝土；2001年（第9年）9月，枢纽大坝混凝土浇筑应整体上升至高程120m，同时实施安装导流底孔闸门；2002年（第10年）9月，二期围堰开始拆除，9月底基坑进水；2002 年（第 10 年）10 月，河床泄洪坝段混凝土浇筑全线上升至坝顶高程 185m，开始安装闸门，准备封堵导流底孔；2002 年（第 10 年）12 月上旬，实现右岸导流明渠（即三期）截流；2003 年（第 11 年）1 月，截流围堰闭气，明渠基坑抽干；2003 年（第 11 年）2 月，明渠内碾压混凝土（RCC）围堰施工开始从高程 50～58m 上升；2003 年（第 11 年）5 月上、中旬，分三批下闸封闭导流底孔，水库开始蓄水；2003 年（第 11 年）6 月，明渠内碾压混凝土（RCC）围堰浇筑至堰顶高程 140m，水库蓄水到 135m，永久船闸投入运行；2003 年（第 11 年）9 月，二期土建工程基本完成，进行机组调试、试运行，右岸厂房坝段及厂房开始浇筑混凝土；2003 年 11 月前，首批 4～6 台机组（并网）投产发电。

3. 三期工程工期主目标和控制性进度

三期工程工期 6 年，主要任务是完成右岸厂房坝段和右岸非溢流坝段至坝顶高程 185m 的混凝土浇筑及相应的金属结构安装；完成右岸电站厂房的混凝土浇筑和左右岸电站厂房全部 26 台中 20～22 台机组的安装；完成右岸换流站工程；拆除三期下游土石围堰，拆除碾压混凝土围堰至高程 115m；完成泄洪坝段导流底孔和临时溢流堰的混凝土回填等。

右岸厂房坝段、非溢流坝段，于第 14 年（2006 年）11 月全部浇筑到坝顶高程 185m，金属结构安装于第 15 年 5 月前完成；右岸电站厂房土建工程，应在第 14 年（2006 年）9 月前基本建成；左岸河床溢流坝段的全部导流底孔回填，应在第 11 年（2003 年）～第 13 年（2005 年）的两个枯水期内完成；临时溢流缺口的混凝土回填，在第 13 年（2005 年）～第 15 年（2007 年）的两个枯水期内完成；三期碾压混凝土围堰拆除至高程 115m，应于第 15 年（2007 年）4 月前完成；右岸电站厂房 12 台机组连同左岸在三期工程实施安装的 8～10 台机组，于第 17 年（2009 年）前全部安装完成投产发电。

三峡工程建设期内，主体工程主要工程量及年强度见表 1－2－1。

表 1－2－1　　各施工期主要工程量及高峰年强度

项目	单位	一期工程		二期工程		三期工程		合计	
		计划完成量	高峰年强度	计划完成量	高峰年强度	计划完成量	高峰年强度	计划完成量	高峰年强度
挖方	万 m^3	7244.1	3000	2478.7	1080.8	148.4	78.4	9871.2	2250.8
填方	万 m^3	1680.3	787.0	976.7	579.4	207.0	106.0	2864.0	787.0
拆围堰	万 m^3	166.3	166.3	842.6	650.1	152.2	115.2	1161.1	650.1
混凝土	万 m^3	420	211.6	1800	500	560	220	2800	410.9
金属安装	万 t	0.58	0.58	17.98	4.6	6.71	2.97	25.27	4.6
机组安装	台			2	4	22	5	26	5

注：以上工程中未包括茅坪溪防护工程的工程量。

三、施工强度及特点

三峡工程的施工强度及最显著特点有：

（1）工程量巨大。就混凝土工程量来讲，三峡主体混凝土工程量约 2800 万 m^3，是葛洲坝工程的 2.5 倍和世界最大的巴西伊泰普水电站的 2 倍多；电站总装机容量为 1820 万 kW，为伊泰普水电站的 1.4 倍。

（2）施工强度高。主体工程土石开挖最高年强度约 3000 万 m^3，最高月强度约 300 万 m^3；混凝土浇筑最高年强度约 500 万 m^3，最高月强度约 50 万 m^3；三期碾压混凝土围堰最高月浇筑强度达到 44 万 m^3，最大月上升高度达 25m；主体工程金属结构最高年安装强度达到 4.6 万 t。上述土石方开挖强度和金属结构安装强度均已超过葛洲坝工程施工强度的两倍以上，混凝土浇筑最高月强度及碾压混凝土浇筑最高月强度均已超过国内外已建的水电工程。

（3）施工技术要求高、难度大。长江洪水峰高量大、水深流急，施工期通航要求高，导流明渠在施工期间要通航，使左、右岸分割不能相互支援，这给施工安排带来很大困难。船闸高边坡开挖（永久船闸挖深达 170m，临时船闸达 130m）、深水围堰（二期围堰施工水深达 60m）、高强度土石方开挖、混凝土快速施工及与金属结构的相互干扰，大型机组的安装等都是极具挑战性的施工技术难题。

四、施工总体方案

工程施工利用中堡岛有利地形，分三期导流施工：第一期围右岸，由左侧主河床导流通航，在一期基坑内进行明渠开挖、混凝土纵向围堰和三期碾压混凝土围堰浇筑；第二期围左岸，由明渠导流，利用明渠结合临时船闸通航，在二期基坑内进行泄洪坝段和左岸电站厂房施工；第三期对明渠截流，再围右岸，由泄洪坝段的导流底孔和永久泄洪深孔导流，永久船闸通航，在三期基坑内进行右岸大坝及电站厂房建设。

最终审定的三峡工程总工期 17 年：施工准备期和一期工程共 5 年，二期工程 6 年，三期工程 6 年，首批机组发电工期从开始施工准备算起 11 年。

对外交通方案采取以公路为主，水运为辅的方案。

混凝土砂石骨料采用天然骨料与人工骨料相结合的方案，一期工程混凝土施工以天然骨料为主，二、三期工程则充分利用基坑开挖料，以人工砂石骨料为主。

三峡工程土石方开挖采用以钻孔爆破为主，机械直接开挖为辅的方案，机械开挖主要用于覆盖层和全风化层，基础岩体开挖采用梯段爆破和预裂爆破技术，基础水平保护层开挖采用水平预裂一次爆除技术。

大坝混凝土施工经多种方案比较论证，最终确定采用塔带机为主、高架门机和摆塔式缆机相结合的方案，大坝高程 160m（或 155m）以下主要采用塔带机快速浇筑施工；以上部分混凝土主要采用布置在高程 120m 栈桥上的高架门机完成。

三峡工程建设实行业主负责制、招标承包制、建设监理制和合同管理制，借鉴国内外水电工程建设管理的先进经验，实行科学管理，确保工程质量、施工进度和工程投资三大控制目标的顺利实现。

五、施工总布置

1. 施工场地布置条件

坝址河床两岸为低山丘陵，沟谷发育。右岸沿江有高程75～90m带状台地，坝轴线上游有茅坪溪等缓坡地，下游沿江6km范围内有三斗坪、高家冲、白庙子、东岳庙、杨家湾等场地，可资利用面积约有 8km^2。左岸台地很少，且冲沟较发育，坝轴线上游有刘家河、苏家坳；下游8km范围内有覃家沱、许家冲、陈家冲、瓦窑坪、坝河口、洞湾、田秋鱼、鹰子嘴、庙垭、乌龟包等较大冲沟；山脊一般高程100～140m，沟底高程78～90m；陈家冲滩地面积100万m^2，地面高程65m左右；左岸可利用场地约11km^2，两岸合计可利用场地约19km^2，能够满足施工场地布置要求。

2. 场地布置原则

（1）坝下游主要施工场区及交通道路一般布置在百年一遇洪水位79.2m以上，其他临时设施一般布置在20年一遇洪水位77m以上。

（2）根据枢纽布置和两岸场地条件，以及主体工程施工分期进行的情况，施工设施采取两岸就近布置，并以左岸为主的布置方式。

（3）施工场地按功能作用划分，生产区与生活区相对分开，分区布置应利于生产、方便管理。

（4）以宜昌葛洲坝为基地，充分利用其已建施工企业、仓库、车站、码头、生活设施。工地不设汽车、机械大中修配系统，其他服务由宜昌市辖区的社会力量承担。

（5）节约用地，多利用荒山坡地布置附属企业和生活区，利用基坑开挖料弃渣填滩造地，布置后期使用的安装基地和企业设施。

（6）场地布置与平整要结合生产工艺要求，充分利用地形、利用高差，尽可能作到挖填平衡，挖略多于填，避免弃渣。

（7）施工总体布置应适应招标承包体制和工程区的远景规划要求，临时设施尽可能结合永久建筑设置，避免重复建设。

3. 工区布置方案

施工区内交通运输与对外交通方式相适应，工区两岸采用公路运输，并以西陵长江大桥连接两岸交通进行工区总体规划。根据初步设计，施工工区共分为14个区域，其中左岸8个区，共计占地面积746万m^2，征地面积842万m^2，场地平整土石开挖方量1820万m^3，填方量3712万m^3；右岸6个区，共计占地面积406万m^2，征地面积598万m^2，场地平整土石开挖方量790万m^3，填方量976万m^3。根据工程布置及施工总体方案，各施工工区的布置情况及功能见表1－5－1。

六、三峡工程技术与经济特征指标

三峡工程技术与经济特征指标见表1－6－1。

表 1—5—1　　　　　　　　　　　　　工区布置与功能汇总表

工区名称	位置	占地面积（万 m^2）	征地面积（万 m^2）	主要功能布置
覃家沱区	左岸坝址下游	40	52	高程115m和高程75m两座拌和系统及相应配套设施；电站尾水闸门安装基地；机电设备临时组装场；钢管拼装场（前期为围堰备料场）；生产水厂；基础处理基地。
黄土包区	左岸永久船闸与临时船闸之间	104	143	高程98.7m拌和系统及相应配套设施；古树岭骨料加工系统；升船机金属结构拼装场；永久水厂；施工机械及汽车停放场；基础处理基地。
苏家坳区	左岸坝址上游紧靠坝头	110	125	高程70m（在招标设计中改为高程90m）拌和系统及相应配套设施；船闸和溢流坝上部金属结构拼装场；大型混凝土构件预制场；二期围堰备料场；弃渣场；三期船上水厂。
屈家湾、刘家河区	左岸永久船闸上引航道	124	120	施工期用作弃渣场，水库蓄水后作为隔流堤的部分。
望家坝、黎家湾区	左岸下航道左侧	93	65	前期作为弃渣场，后期布置金结安装备用场地，机电设备仓库，施工机械停放场；综合加工场及物资仓库等。
许家冲、陈家冲区	左岸坝址下游	75	114	布置人工骨料块石堆放场；粗碎车间和半成品堆放场；220kV 施工变电站。
瓦窑坪、洞湾区	左岸江峡大道以北	83	127	施工单位生活区；医院和教学实习基地；业主、设计代表及监理单位办公生活区；招待所、宾馆、通信中心及邮电、银行等服务机构办公生活区。
坝河口、鹰子嘴区	左岸江峡大道两侧	117	96	坝河口重件码头及相应货场仓库；砂石码头与净料转运堆放场；砂石筛分系统备用场地；生活水厂；油库、前期货场及炸药库。
三斗坪、枫箱沟区	右岸紧靠坝址下游侧			高程70m和高程120m两个拌和系统及相应的配套设施；基础处理基地；金属结构拼装场；机电设备仓库与临时组装场；汽车机械停放保养场和加油站。
高家冲区	右岸坝轴线下游1.8～2.3km西陵大道两侧	26	28	布置综合加工厂；生产用水厂；天然砂石料加工场。
凉水井、白庙子区	右岸坝轴线下游2.3～4.1km	34	48	施工单位办公生活区、业主、设计、银行等右岸办事机构；天然砂石料转料堆场；生活用水厂；两座砂石料码头；临时货场；右岸生活水厂船一艘。
东岳庙区	右岸坝轴线下游4.1～5.3km	52	42	施工单位办公生活区；长江委勘测基地；大桥施工基地；通信中心；勘测码头和临时货场。
杨家湾区	右岸坝轴线下游5.3～7.1km	23	19	布置货运码头5座；长江委水文基地；对外交通港区；仓库货场。
谢家坪区	右岸坝轴线上游0.8～1.5km	138	286	一期弃渣场；茅坪防护大坝土石料堆场；汽车停放场；三期布置水厂船3艘。

表 1—6—1　　三峡工程综合特性表

项 目 名 称	数量或特征	备注
1．水文		
（1）流域面积	枢纽控制 100 万 km^2	防洪
全流域面积（万 km^2）	180	
三斗坪坝址以上流域面积（万 $k\,m^2$）	100	
（2）多年平均年径流量（亿 m^3）	4510	
（3）代表性流量及洪量		
①多年平均流量（m^3/s）	14300	
②多年平均径流量（亿 m^3）	4510	
③实测最大洪峰流量（m^3/s）	71100	1896 年
④调查历史最大洪峰流量（m^3/s）	105000	1870 年
（4）坝址洪水		
①20 年一遇日平均流量（m^3/s）	72300	50%的频率
②100 年一遇日平均流量（m^3/s）	83700	1%的频率
③200 年一遇日平均流量（m^3/s）	88400	5‰的频率
④设计洪水（1000 年一遇）日平均流量（m^3/s）	98800	1‰的频率
⑤校核洪水（10000 年一遇+10%）日平均流量（m^3/s）	124300	0.1‰×1.1
⑥可能最大洪水日平均流量（m^3/s）	120000～127000	
（5）泥沙		
①实测最大年输沙量（亿 t）	7.54	1954 年
②实测最小年输沙量（亿 t）	3.61	1986 年
③多年平均年输沙量（亿 t）	5.30	
④多年平均含沙量（kg/m^3）	1.20	
⑤实测最大含沙量（kg/m^3）	10.5	
2．水库		
（1）水库水位		
①正常蓄水位（m）	175	初期 156
②防洪限制水位（m）	145	初期 135
③枯季消落低水位（m）	155	初期 140
④100 年一遇洪水位（m）	166.9	初期 162.3
⑤设计洪水位（1000 年一遇）（m）	175	初期 170
⑥校核洪水位（10000 年一遇+10%）（m）	180.4	
（2）水库库容		
①总库容（正常蓄水位以下）（亿 m^3）	393	
②防洪库容（水位 145～175m）（亿 m^3）	221.5	
③兴利调节库容（水位 155～175m）（亿 m^3）	165	
④死库容（145m 以下）（亿 m^3）	171.5	
3．下泄流量及相应坝下水位		
（1）设计洪水时坝址最大下泄流量（m^3/s）	69800	初期 71000
相应坝下水位（m）	76.4	76.6

续表 1－6－1　　　　　　　　　　三峡工程综合特性表

<table>
<tr><th>项 目 名 称</th><th>数量或特征</th><th>备注</th></tr>
<tr><td>（2）校核洪水时坝址最大下泄流量（m^3/s）</td><td>120500</td><td></td></tr>
<tr><td>相应坝下水位（m）</td><td>83.1</td><td></td></tr>
<tr><td>（3）枯水期平均调节流量（P=96%）（ m^3/s）</td><td>5860</td><td>初期 5130</td></tr>
<tr><td>相应坝下水位（m）</td><td>62.2</td><td>相应葛洲坝库水位 62.0</td></tr>
<tr><td>4．工程效益</td><td></td><td></td></tr>
<tr><td>（1）防洪效益</td><td></td><td></td></tr>
<tr><td>①100 年一遇及其以下洪水沙市最高水位（m）</td><td>≤44.5</td><td>不启用荆江分洪工程</td></tr>
<tr><td>相应枝城下泄流量（m^3/s）</td><td>≤56700</td><td></td></tr>
<tr><td>②1000 年一遇洪水沙市最高水位（m）</td><td>≤45</td><td>运用荆江分洪工程</td></tr>
<tr><td>相应枝城下泄流量（m^3/s）</td><td>70200</td><td></td></tr>
<tr><td>（2）发电效益</td><td></td><td></td></tr>
<tr><td>①装机容量（万 kW）</td><td>1820</td><td></td></tr>
<tr><td>②保证出力（万 kW）</td><td>499</td><td>初期 360</td></tr>
<tr><td>③多年平均发电量（亿 kW・h）</td><td>846.8</td><td>初期 705.27</td></tr>
<tr><td>④年利用小时数（h）</td><td>4650</td><td>初期 3960</td></tr>
<tr><td>（3）航运效益</td><td></td><td></td></tr>
<tr><td>①改善库区航运里程（km）</td><td>570～650</td><td>初期 500～570</td></tr>
<tr><td>②库区航道单向年通过能力（万 t）</td><td>由 1000 增至 5000</td><td></td></tr>
<tr><td>5．枢纽工程挡水建筑物及设备</td><td></td><td></td></tr>
<tr><td>（1）大坝</td><td></td><td></td></tr>
<tr><td>①坝型</td><td>混凝土重力坝</td><td></td></tr>
<tr><td>②建基岩石</td><td>闪云斜长花岗岩</td><td></td></tr>
<tr><td>③地震基本烈度/设防烈度（度）</td><td>Ⅵ/Ⅶ</td><td></td></tr>
<tr><td>④坝顶高程（m）</td><td>185</td><td></td></tr>
<tr><td>⑤最大坝高（m）175</td><td>175</td><td>坝轴线处</td></tr>
<tr><td>⑥坝轴线全长（m）</td><td>2309.47</td><td></td></tr>
<tr><td>（2）泄洪建筑物</td><td></td><td></td></tr>
<tr><td>①形式</td><td>深孔结合表孔</td><td rowspan="3">包括排漂孔泄流量 5070 m^3/s，加上电站（18 台机）过流量，总泄流能力为 92140 m^3/s</td></tr>
<tr><td>②前缘总长（m）</td><td>483</td></tr>
<tr><td>③设计泄流能力（水位 175m）（m^3/s）</td><td>72220</td></tr>
<tr><td>④入水单宽流量（水位 175m）（$m^3 \cdot s^{-1} \cdot m^{-1}$）</td><td>150</td><td></td></tr>
<tr><td>⑤消能方式</td><td>鼻坎挑流</td><td></td></tr>
<tr><td>（3）深孔尺寸</td><td></td><td></td></tr>
<tr><td>①孔口尺寸（m・m）</td><td>7×9</td><td>宽×高</td></tr>
<tr><td>②进口底部高程（m）</td><td>90</td><td></td></tr>
<tr><td>③孔数（个）</td><td>23</td><td></td></tr>
</table>

续表 1—6—1　　　　三峡工程综合特性表

项 目 名 称	数量或特征	备注
④最大流速（m^3/s）	37	
（4）表孔尺寸		
①堰顶高程（m）	158	
②每孔净宽（m）	8	
③孔数（个）	22	
④最大流速（m^3/s）	32	
（5）闸门及启闭机形式		
①深孔工作门	弧门、液压启闭机	
②表孔工作门	平板门、坝顶门机	
③深、表孔事故检修门	平板门、坝顶门机	
6．水电站		
（1）厂房形式	坝后式	
（2）水头		
①最大水头（m）	113	初期 94m
②最小水头（m）	71	初期 61.0m，围堰发电时 56.0m
③额定水头（m）	80.6	初期 80.6m
④平均水头（m）	90	初期 77.1m
（3）进水口		
①形式	坝式进口、坝面单孔小喇叭口	
②进水口尺寸（m·m）	工作门：9.2×13.2	宽×高
③底部高程（m）	108	
④工作闸门及启闭机形式	平板门、液压启闭机	
⑤事故检修门	平板门、坝顶门机	
（4）压力管道		
①形式	钢衬钢筋混凝土管	联合受力
②内径（m）	12.4	
③条数（条）	26	
④最大流速（m/s）	8	
（5）主厂房寸尺		
①左岸厂房（装机 14 台）（m·m）	643.7×68×93.8	总长×水下宽×总高（包括安装场）
②右岸厂房（装机 12 台）（m·m）	584.2×68×93.8	总长×水下宽×总高（包括安装场）
③机组中心距（m）	38.3	
④水轮机安装高程（m）	57	

续表 1－6－1　　　　三峡工程综合特性表

项 目 名 称	数量或特征	备注
（6）左岸交直流站		
①形式	户外开敞式	设在坝区外
②面积（m^3）	142951	
（7）右岸交直流站		
①形式	户外开敞式	设在坝区外
②面积（m^3）	135888	
（8）主要机电设备		
①水轮机		
形式	混流式	
台数（台）	26	
额定出力（MW）	710	
额定转速（r/min）	75（或 71.4）	
转轮直径（m）	9.85（暂定）	
吸出高度（m）	-5	
额定工况机组过流量（m^3/s）	966.4	
②发电机		
形式	伞式	
台数（台）	26	
单机额定容量（MW/MVA）	700/777.8	
功率因数	0.9	
额定电压（kV）	18	
③主变压器		
型号	三相双卷强油循环风冷	
额定容量（MVA）	780	
电压比（kV）	550（525）/18	
台数（台）	26	
（9）输电线电压等级		
①交流（kV）	500	
②直流（kV）	±500 或±600	
③回路数	交流 11 回，直流 2 回	
7．通航建筑物		
（1）永久船闸	双线连续 5 级梯级船闸	
①闸室有效尺寸（m・m・m）	280×34×5	长×宽×槛上水深
②过闸船队吨位（t）	万吨级船队	
③年单向通过能力（万 t）	5000	
（2）垂直升船机	单线单级	
①承船厢有效尺寸（m・m・m）	120×18×3.5	长×宽×船厢水深

续表 1—6—1　　三峡工程综合特性表

项 目 名 称	数量或特征	备注
②最大过船吨位（t）	3000t 级客货轮	
（3）临时船闸	单线 1 级	
闸室有效尺寸（m·m·m）	240×24×4	长×宽×槛上水深
8．工程施工		
（1）主体工程主要工程量	技术设计阶段工程量	
①土石方开挖（万 m^3）	10282.9	
②土石方填筑（万 m^3）	3197.9	
③混凝土浇筑（万 m^3）	2793.5	2815
④钢筋（万 t）	46.23	
⑤金属结构安装（万 t）	25.65	
（2）对外交通		
①基本方案	公路为主，水运为辅	
②专用公路等级	山岭重丘准Ⅰ级	
（3）施工导流方式	分期导流	三期导流
（4）施工期通航	导流明渠结合临时船闸通航	
（5）施工总工期（a）	17	
第 1 批机组发电工期（a）	11	
（6）枢纽工程静态总投资（亿元）	500.90	1993 年 5 月末价格水平
第 1 批机组发电前静态投资（亿元）	约 400	

第二章　三峡工程混凝土快速施工起重运输方案研究

一、混凝土工程施工规模及特性

根据初步设计及单项技术设计报告，三峡工程混凝土总量约2800万m^3。其中大坝混凝土约1600万m^3；电站厂房混凝土约370万m^3；通航建筑物混凝土约560万m^3（永久船闸440万m^3，临时船闸和升船机120万m^3）；导流工程约300万m^3。

（一）混凝土高峰施工规模

混凝土工程施工贯穿三峡工程建设的三个阶段，是工程施工的最主要任务。混凝土工程的施工高峰和控制性工期均在二期工程，各期主要施工项目及工期要求分述如下。

1. 施工准备和一期工程

施工准备期和一期工程共5年，在1995年第四季度前完成左、右岸混凝土浇筑所需的附属企业和施工道路。

一期工程混凝土浇筑从1995年10月开始，至1997年12月，共27个月。主要施工项目有纵向混凝土围堰（含坝身段）、导流明渠护岸工程、三期上游碾压混凝土围堰基础部分、左岸临时船闸和升船机上下游挡水部分等。一期工程中导流明渠、混凝土纵向围堰和临时船闸为控制进度的项目。一期工程共完成混凝土浇筑约410万m^3，占混凝土总量的15.6%，最大年浇筑强度220万m^3。

2. 二期工程

二期工程混凝土施工项目主要有：泄洪坝段（含左导墙坝段和左导墙）、左岸厂房坝段和电站厂房、右纵坝身段加高、左岸非溢流坝段、临时船闸与三期上游碾压混凝土横向围堰剩余部分、永久船闸等，混凝土施工从1998年1月至2003年5月，共65个月。

左岸厂房坝段1#～5#坝段紧靠左岸岸坡，基础建基面高程较高，受基坑抽水影响，可提前开挖，1997年7月开始安装栈桥及混凝土浇筑机械，1998年1月开始浇筑混凝土。电站厂房于1998年1月开始浇筑混凝土，2001年6月厂房全线达到82高程，2003年7月左岸厂房全部封顶（高程116.5m）。永久船闸混凝土施工于1998年10月开始，2002年5月完成全部混凝土浇筑。

二期工程中以泄洪坝段、永久船闸和三期上游横向碾压混凝土围堰为控制性施工项目。二期混凝土工程量为1700多万m^3，占混凝土总量的68%，设计最大年浇筑强度为410万m^3（实际为550万m^3）。

3. 三期工程

三期工程从2004年1月至2009年12月，计划72个月。主要混凝土施工项目有右岸厂房坝段及电站厂房、右岸非溢流坝段。另外，左岸河床坝段和电站厂房剩余的施工项目为导流底孔封堵回填，2006年10月～2007年4月完成。

三期工程以右岸厂房坝段和电站厂房为控制性进度项目。三期拟完成混凝土工程量约 600 万 m^3，占混凝土总量的 16.4%，设计最大年浇筑强度为 219 万 m^3。

（二）混凝土工程施工特性

三峡工程混凝土量大，总量分别是伊泰普工程和大古力工程的 2.5 和 3.5 倍，最大年浇筑混凝土量达 500 多万 m^3，无论规模或强度均已超过世界当今土建工程施工水平。其主要施工特性有：

（1）工程量大。混凝土工程总量达 2815 万 m^3。

（2）坝体结构复杂。由于泄洪、导流、排砂及发电需要，三峡大坝孔洞多、孔口尺寸大，各类必需的钢筋和金结埋件使坝体结构复杂，给混凝土施工布置、浇筑工艺等带来很大的困难。

（3）施工强度高。混凝土持续高强度（超过 30 万 m^3/月）施工达 30 个月，最高月浇筑强度超过 55 万 m^3，二期工程混凝土施工强度见图 2－1－1。

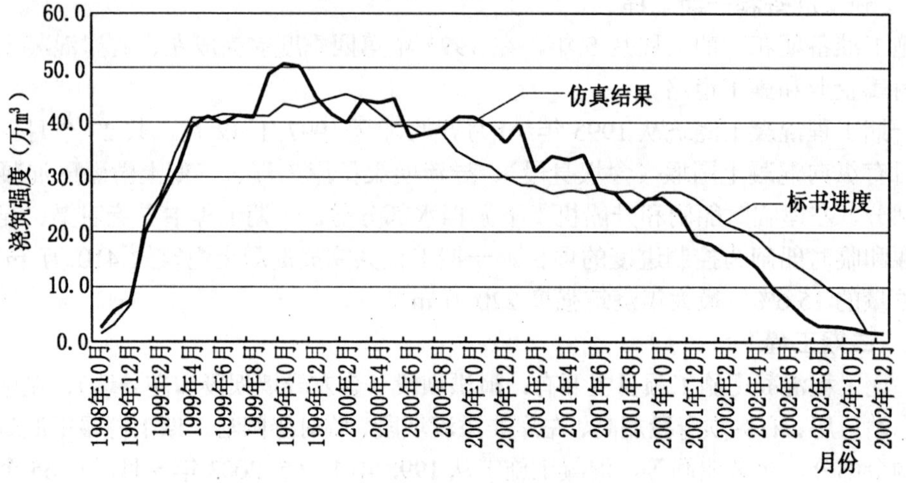

图 2－1－1　二期工程混凝土施工强度示意图

（4）质量要求严。大坝挡水水头高（113m）、泄洪量大，过流面（导流底孔、深孔和表孔）流速高达 35m/s，抗冲耐磨部位多；电站引水钢管外包混凝土、大型闸门启闭机支承部位混凝土等都要承受巨大的荷载；另外，大坝在夏季高强度施工，需对混凝土进行预冷温控。

（5）施工干扰多。混凝土浇筑施工与金结和机电安装交叉作业，同时还受到导流工程施工进度及通航条件限制；按市场经济体制组织工程建设，施工队伍多，协调难度大，管理复杂。

二、混凝土施工方案研究

三峡工程混凝土浇筑，施工时间长（1995～2007 年）、工期跨度大（从一期第 2 年到三期第 4 年）、浇筑部位多，开挖、浇筑、金结安装等交叉或并行作业，导致干扰施工的不利影响因素复杂，施工强度极不均衡，尤其是二期工程混凝土施工从 1998 年 1 月到 2003 年 5 月的 65 个月中，混凝土年平均施工强度为 310 万 m^3、月平均强度约 26 万 m^3，而混凝土最大年浇筑强度将达 500 多万 m^3、最大月浇筑强度达 50 多万 m^3，不均匀系数超过 1.5，使二期混凝土浇筑成为制约三峡首批机组投产发电目标的关键性施工项目。为适应或满足混凝土大规模、高强度要求，从三峡工程 150m 方案可行性研究开始，混凝土快速施工技术及混凝土生产、运输、浇筑“一条龙”的高效机械化施工设备选型设计及配套的施工方案一直作为三峡工程重大施工技术进行研究，“七五”、“八五”科技攻关中也将其列为重大研究课题。

（一）主要研究过程及方案

大型水工建筑物混凝土浇筑施工，季节性强、质量要求严，施工进度和强度取决于建筑结构设计和混凝土施工方案，而施工方案又受浇筑施工设备生产能力和管理水平制约，尤其是垂直起吊、运输设备性能的制约。早在三峡工程设想和规划设计阶段，结合当时的技术及装备水平，对混凝土施工方案和施工工期进行了研究，可行性设计、初步设计、专题论证和科技攻关阶段，通过“走出去”（考察、调研）和“引进来”（技术交流合作、购买设备、引进技术等）的方式，深化了混凝土施工方案的研究。

1. 可行性设计阶段研究

由于二期混凝土浇筑施工是控制性项目，可行性研究阶段，对二期大坝混凝土进行了三种浇筑方案比较研究：

（1）大型自升式长臂塔机配低栈桥浇筑方案；

（2）高架门机配高栈桥施工方案；

（3）大型塔机和缆式起重机配低栈桥施工方案。

经方案比较，推荐采用大型自升式长臂塔机配低栈桥方案，即先用低栈桥上的大型塔机浇筑大坝高程 120m 以下的混凝土，再将大型塔机搬迁至坝内高程 120m 栈桥实施以上部位的混凝土。拟定的大型自升式长臂塔机的臂长 75～85m，起重量 20t。

2. 初步设计阶段

初步设计阶段，二期大坝混凝土浇筑方案在可行性研究基础上进一步比较了缆索式起重机方案、高架门机方案和大型自升式长臂塔机方案，推荐以大型塔机为主，辅以高架门机的施工方案。拟定的大型塔机参数为：最大工作幅度 80～85m，起重量为 20t（最大起重量 80t）。

1993 年 5 月国务院三峡工程建设委员会审查并批准了《三峡水利枢纽初步设计报告》。同时，专家组审查意见认为“大型塔机主要用于必须采用的部位；高架门机的设计、制造、运用在国内已有一定的实践经验，建议尽量考虑多用；进口的混凝土浇筑专用皮带机，国内已经开始使用，建议考虑扩大其使用范围”。技术设计阶段，鉴于三峡大坝可能部分采用碾压混凝土，长江水利委员会长江勘测规划设计研究院（简称长江委设计院）参加了中国长江三峡工程开发总公司（简称三峡总公司）组织的中国三峡工程施工机械考察团赴美考察罗泰克（ROTEC）皮带机浇筑混凝土的情况，并会同 ROTEC

公司设计完成三峡大坝混凝土施工布置方案。1993 年 11 月，长江委设计院提出了大坝采用碾压混凝土方案的专题报告，推荐高程 120m 以下采用 ROTEC 皮带机、以上采用高架门机和高程 53m 以下采用大型塔机配 ROTEC 皮带机或汽车入仓，以上采用大型塔机的两个方案，供决策选用。

3. “七五”、“八五”科技攻关阶段

“七五”、“八五”科技攻关阶段，随着我国机械设计和制造水平的提高以及改革、开放促进了信息交流和中外技术合作，设计单位在深化缆机、高架门机、大型塔机浇筑方案的同时增加了对无栈桥施工方案、双悬臂起重机和 ROTEC 塔带机浇筑方案的研究。分析研究结果表明，以三峡工程的地形条件、枢纽布置和施工工期及进度要求，大跨度缆机、双悬臂起重机及无栈桥施工方案都不能适应三峡工程大坝混凝土施工要求。高架门机方案在技术上可行，但需要布置高栈桥，钢材用量达 3.5 万 t，安装工程量大，施工工期长，且钢材回收率低。另外，高架门机安装和拆迁困难，生产能力较低，施工进度不能保证。大型塔机方案和塔带机方案在技术上和工期进度上均能满足要求，可作为三峡大坝混凝土施工优选方案。但是大型塔机方案和塔带机方案仍存在诸多的技术难题需进一步研究，如大型塔机目前尚无完全适应三峡工程的定型产品和在大型水利工程中的使用经验，大型塔机的稳定性问题也需进一步论证；塔带机方案缺乏浇筑四级配混凝土（最大骨料粒径 150mm）和钢筋密集结构及复杂部位混凝土的先例以及国内对塔带机浇筑工艺和操作管理的经验。其后，业主决定集中对这两个方案进行比较，并引进 1 台塔带机进行生产性试验，同时结合以下 6 个专题进行了综合研究：

（1）枢纽大坝施工进度仿真模拟，研究提出各坝段分层分块施工进度和不同时段的施工强度；

（2）混凝土浇筑施工方案（含混凝土生产、水平运输、垂直运输及仓内作业设备一条龙的设备配套选型）对比研究；

（3）通仓长块浇筑施工方案研究；

（4）大坝部分采用碾压混凝土施工技术及方案研究；

（5）施工栈桥快速安装方案研究；

（6）金属结构安装与混凝土浇筑快速施工优化研究。

（二）混凝土施工方案对比研究

由于垂直起吊、运输作业是混凝土浇筑和金结安装施工的“瓶颈”，研究混凝土施工方案实质上（或关键）是研究垂直起吊、运输施工设备的选型和与之配套的混凝土生产、水平运输以及入仓、铺振能力及工艺。1994 年，175m 单项技术设计阶段，业主三峡总公司综合设计和审查专家意见，建议设计单位对控制性的二期混凝土工程（以大型长臂自升式塔机为主和以 ROTEC 塔带机为主的）浇筑方案进行全面优化比较，在大型塔机和塔带机通过生产性试验后科学决策。

1. 大型塔机为主的浇筑方案研究

根据三峡二期工程的施工规模和浇筑强度，选型设计曾推荐采用 3000t·m 的大型塔

机。因为国内当时没有这种机型，国外虽已生产 2000～10000t·m 塔机，但主要用于石油及核电站等安装工程，且工作速度较慢，起重吊运作业循环时间长，尚难以满足三峡大坝混凝土浇筑强度要求。

1992 年 6 月，国务院三峡重大装备办公室组团赴欧洲丹麦 KROLL 公司、德国 LIEBHERR 公司和法国 POTAIN 公司考察调研，先后与三家公司进行技术洽谈，通过考察、调研、技术交流，确认三峡选定的大型塔机在设计、制造上可满足施工要求。

1）大型塔机为主施工方案布置

二期（左岸）大坝混凝土施工采用以大型塔机为主的施工方案，拟在大坝上、下游高程 50m 分别架设一座施工栈桥（简称低栈桥）；大坝上升至高程 120m 附近，再在下游侧架设一座施工栈桥（简称高栈桥），由高低栈桥及其上安装的大型塔机和门机形成水平和垂直起重运输条件，共同承担大坝整体混凝土浇筑和金结安装施工任务。其中：泄洪坝段高程 120m 以下部位混凝土和金结，由布置在低栈桥上的 8 台大型塔机（上、下游各 4 台）实施浇筑、安装；厂房坝段上游高程 50m 栈桥与泄洪坝段上游高程 50m 栈桥连通，布置 3 台大型塔机。厂坝连接段另布置 3 台高架门机浇筑 7#～14# 厂房坝段高程 120m 以下混凝土。1#～6# 厂房坝段采用高程 120m 栈桥上的 2 台高架门机提前浇筑。

大坝到达高程 120m 后，将低栈桥 8 台大型塔机转安到高程 120m 栈桥，与 1#～6# 厂房坝段 2 台高架门机一起共 10 台起重机，承担高程 120m 以上坝体混凝土浇筑、辅助作业和金结安装。左岸电站在距尾水平台下游侧 13.5m、高程 34m 台阶上布置 6 台高架门机承担厂房混凝土浇筑及金结安装任务。

根据二期大坝混凝土施工特点、各部位施工强度、分层要求和施工布置情况以及仓面要求的入仓能力，泄洪坝段宽 21m，设 2 条纵缝，浇筑层厚 1.5～2m，采用 $6m^3$ 料罐，按台阶法施工，上下料层覆盖时间夏季按 2h 控制，要求入仓强度为 15 罐/h；厂房坝段宽 38.3m（为顺流向宽 25m 的钢管坝段和宽 13.3m 的实体坝段），设两条纵缝，按台阶法施工，上下铺料层覆盖时间夏季按 2.5h 控制，要求入仓强度为 13 罐/h；主厂房一般实行错缝分块，采用 $6m^3$ 或 $3m^3$ 料罐，要求夏季入仓强度 10～12 罐/h。

2）大型塔机性能参数

经设计选型，大型塔机的主要性能参数如下：

（1）工作幅度。R=85m 时，吊 20t（吊混凝土）；R=32m 时，吊 60t（吊重件）。

（2）运行速度。满罐升降 80～100m/min，空罐升降 120～160m/min，满罐变幅 80～100m/min，空罐变幅 100～140m/min。

（3）回转速度 0.4r/min。

（4）大车行走速度 0～25m/min。

（5）起吊扬程。吊混凝土时总扬程为 120m，轨上起吊高度 80～90m，轨下起吊高度 80m；吊重件时总扬程为 100m，轨上起吊高度 80～90m，轨下起吊高度 0m（或轨上起吊高度 40m，轨下起吊高度 40m）。

（6）轨道间距 15m。

（7）整机总重约700t。

（8）安装（低架）调试时间1个月。

（9）塔机自升一次（每自升一次1～2节，高9～12m）时间1个台班。

（10）安全保护及自动控制，能够显示起重量、工作幅度、起重力矩、风速等，并具有机群防碰、电气失压或过载及自动定位等装置。

（11）使用寿命，按吊运混凝土每月工作500小时，每小时吊运20次，使用寿命为10年。

3）大型塔机入仓能力与浇筑工况

大型塔机承担泄洪坝段混凝土施工最紧张部位，若采用机前取料配6m^3料罐，由于起重臂基本不旋转，起重机之间干扰小，料罐运行距离短，料罐固定在起重机吊钩上，不需脱钩挂钩，因而生产效率高。但在靠近栈桥浇筑仓一侧需增加一条混凝土运输线和料罐停置平台线，使栈桥的宽度和造价增加。若采用旋转取料方式，须配9m^3吊罐以满足仓面浇筑强度要求。大型塔机旋转取料时需占用大坝前缘长度120m，两台大型塔机不能隔仓浇筑，只能隔2仓以上同时浇筑，运行不灵活，对浇筑强度有较大影响。若大型塔机配9m^3罐旋转取料，工作幅度仍为80m，保留机前取料的工况，则既可以旋转取料，又可机前取料，运行较灵活。

4）大型塔机生产效率测定

单机平均生产效率为：机前取料吊6m^3料罐不脱钩为20罐/h（设计要求入仓13～15罐/h），旋转90°取料吊6m^3料罐脱钩为15罐/h。考虑到吊混凝土的时间利用率及不同取料方式，根据公式计算出大型塔机吊6m^3罐时，单机月平均生产效率为：浇筑大坝高程120m以下时，2.0万～3.0万m^3/台·月（机前取料，起重臂基本不旋转）；浇筑大坝高程120m以上时，1.6万m^3/台·月（起重臂旋转90°取料）；浇筑电站厂房时，0.8万m^3/台·月（起重臂旋转180°取料）。

根据三峡二期大坝混凝土施工特点，并结合大型塔机的生产率，确定所需大型塔机数量见表2－2－1。

表2－2－1　大型塔机方案所需设备数量

部位	大型塔机位置	高峰浇筑强度（万m^3/月）	生产效率（万m^3/台）	所需起重机数量（台）	备注
泄洪坝段牛腿以下	上下游∇50m栈桥上	19.9	3	8（上下游各4台）	
泄洪坝段牛腿以上∇120m以下	上下游∇50m栈桥上	15.6	2	8（上下游各4台）	
左厂坝段牛腿以下	上下游∇50m栈桥上	上游8.3 上游5.5	上游3 上游2	6（上下游各3台）	下游3台由高架门机代替
左厂坝段牛腿以上∇120m以下	上下游∇50m栈桥上	上游6.2 上游4.1	2	6（上下游各3台）	下游3台可由高架门机代替
左岸厂房	∇40m轨道	5.0	0.8	6	可由6台高架门机代替
大坝∇120m以上部位	∇120m栈桥上	16.6	1.6	10	有2台于1997年开始浇左厂房1#～6#坝段

考虑到高程120m栈桥上的8台大型塔机可由高程50m栈桥上转移过来，因此实际所需设备数量为22台，其中11台可由高架门机代替（工作幅度需增加至70m）。

5）混凝土水平运输方式研究

大型塔机为主施工方案，坝体上、下游高程50m栈桥上的起重机主要采用机前取料（起重臂基本不旋转），由上游基坑混凝土拌和系统及下游混凝土拌和系统供料，采用侧卸料罐汽车装运至栈桥由起重机取料。高程120m栈桥的运输线，设计推荐采用侧卸料罐汽车运输。由于二期施工中高程120m栈桥的右端为纵向围堰，侧卸料罐车在门架内回头较困难，所以考虑在6#厂房坝段、左导墙坝段和纵向围堰所在的高程120m栈桥内共设3个汽车转盘，通过汽车转盘掉头。水平运输线采用准轨机车立罐运输方案，技术上也是可行的。但准轨机车及其配套设备要重新购置，同时高程50m钢栈桥梁跨结构在搬往高程120m栈桥后，为适应机车运输需改变结构布置，将影响栈桥拆装工期和增加施工成本，因此推荐高程50m栈桥与120m栈桥均采用自卸汽车或侧卸料罐车运输。

6）仓面施工设备

大型塔机施工方案混凝土入仓强度高，采用传统人工手持式振捣器不仅劳动强度大，操作人员多，而且易漏振，不利于保证混凝土施工质量。因此，除小仓位、钢筋埋件密集的少量部位采用人工振捣外，大坝常态混凝土都应使用平仓振捣。根据三峡工程混凝土施工特性和入仓强度，平仓振捣机的振捣生产率为90～120m^3/h，振实深度0.5～0.75m，适用混凝土塌落度为3～7cm。

大型塔机以承担浇筑混凝土为主，占用大型塔机进行仓面的模板和钢筋吊装、仓面设备转移等辅助作业是不经济的。为了增加大型塔机浇筑混凝土的时间利用系数，应配备小型仓面起重设备用于仓面模板、钢筋、埋件等的吊运和安装。

7）大型塔机为主方案的主要优缺点

（1）门塔机布置在栈桥上沿轨道移动，机动灵活，可相互支援，若单台塔机发生故障不致影响混凝土浇筑。

（2）塔机起吊高度大，工作幅度80m时可吊20t，双机可抬吊50～80t重的金属构件。

（3）塔机塔架可以自升，安装高度较低，安装容易，工期较短。

（4）能适应同一仓内多种标号、不同级配混凝土的浇筑要求。

（5）仓面平仓振捣设备与门塔机吊罐入仓速度容易匹配，有利于防止漏振造成架空等质量缺陷。

（6）上、下游低栈桥布置在坝外，受基坑开挖影响较小。

（7）门塔机浇筑混凝土，已有很多成功先例和成熟的施工管理经验。

（8）大型塔机浇筑碾压混凝土，须采用移动式专用布料机，满足施工强度要求。

2. 塔带机为主浇筑方案研究

1994～1995年，业主三峡总公司两次组团赴美国和墨西哥考察、调研ROTEC公司塔带机生产制造情况和Huites坝混凝土浇筑施工情况。其后，业主又多次邀请国内水电和机械制造专家咨询、论证塔带机浇筑混凝土施工方案的可行性、可靠性。1995 年 11 月，三峡总公司决定对二期大坝与电站厂房土建工程施工设备带方案进行国际采购招标，经评标最终确定二期混凝土施工方案主导性垂直起重、运输设备为 2 台摆塔式缆机、6 台塔带机（其中 ROTEC 公司 4 台；POTAIN 公司 2 台）和 10 台国产 MQ2000 型高架门机的综合浇筑方案。

1）塔带机为主施工方案布置

根据三峡二期工程招标设计，左岸大坝与电站厂房混凝土施工垂直起重设备布置为：

（1）1#～6#塔带机分别布置在泄洪 1#坝段、7#坝段、14#坝段、21#坝段和左厂 12#实体坝段及左厂 8#厂房坝段，在泄洪坝段的塔带机位置距坝轴线 76m，左厂房坝段的 2 台塔带机距坝轴线 44m。塔带机布置在坝体内部，塔柱随坝体混凝土浇筑而埋入坝体中，不能进行回收利用。

（2）2 台摆塔式缆机分别布置在距坝轴线下游 10m 和 40m 处，顺流向控制的范围为坝轴线上游 15m 和下游 65m，主轴线方向跨越泄洪坝段和左厂房坝段。缆机左、右塔架分别布置在左非 8#坝段（高程 185m）及混凝土纵向围堰（右纵高程 160m）上，跨度 1416m。

（3）MQ2000 高架门机，共需 12 台，分别布置在左厂房下游高程 34m 轨道（6 台）上，距坝轴线 188m；泄洪坝段下游高程 45m 栈桥上两台，距坝轴线 120m；左非 12#～右纵 1#坝段高程 120m 栈桥布置 3 台，距坝轴线 60.5m；安Ⅲ上游高程 75m 处 1 台。12 台 MQ2000 型高架门机中，10 台由业主提供，左岸厂房坝段和左岸电站厂房各差 1 台，由承包人根据施工强度自行配置。另外，12 台 MQ2000 型高架门机中有 2 台可采用臂长 62m、起重量 20t 的 SDTQ1800/60 型高架门机作为代用设备。

（4）实际施工过程中，由于塔带机安装投产时间滞后，并考虑到塔带机缺乏使用经验，为加强初期浇筑手段，并保证大坝上游挡水第一块的施工质量，在泄洪坝段大坝上游增加了部分高架门机，用于第一仓块的混凝土浇筑施工。实际混凝土浇筑设备的布置情况及其浇筑范围见表 2－2－2。

2）大型塔带机性能参数

塔带机为主施工方案主要包括 3 种机型：塔带机、缆机、高架门机，鉴于高架门机和缆机为国内生产的垂直起重运输设备，施工单位对其选型和使用已有成熟经验，不再研讨其性能参数。塔带机为近年国外发展起来的一种将塔机和皮带机有机结合在一起的混凝土浇筑设备，它集水平运输和垂直运输于一体，是目前最先进的快速入仓设备。三峡选用的 6 台塔带机，4 台为美国 ROTEC 公司生产，2 台为法国 POTAIN 公司和美国 C.S.JOHSON 合作生产。塔带机性能参数见表 2－2－3。

3）混凝土生产系统规划

二期大坝与厂房混凝土采用 3 个拌和系统供料，分别为二期基坑下游高程 79m 系统、左岸进厂公路左侧覃家沱高程 82m 系统和左岸厂房坝段及左非坝段高程 90m/120m 系统。

表 2—2—2　　二期大坝混凝土主要入仓浇筑设备布置情况汇总表

设备名称	位置	浇筑范围
1. 泄洪坝段及左厂 11#～14#坝段		
1#塔带机	泄洪 21#坝段	泄洪 18#～23#坝段∇160m 以下
2#塔带机	泄洪 14#坝段	泄洪 11#～17#坝段∇160m 以下
3#塔带机	泄洪 7#坝段	泄洪 5#～10#坝段∇160m 以下
4#塔带机	泄洪 1#坝段	泄 1#～4#坝段及左导墙坝段∇155m 以下
5#塔带机	左厂 12#非钢管坝段	左厂 11#～14#坝段∇155m 以下
上海 MQ2000 高架门机	泄洪下游∇45m 栈桥	泄洪 18#～23#坝段下块与部分中块
KROLL 大型塔机	泄洪下游∇45m 栈桥	泄洪 1#～17#坝段下块与部分中块
1#MQ1800 高架门机	泄 18～23 上游∇45m	泄洪 18#～23#坝段上块与部分中块
2#MQ1800 高架门机	泄 8～17 上游∇40m	泄洪 8#～17#坝段上块与部分中块
3#MQ1800 高架门机	左厂 11～14 上游∇45m	左厂 11#～14#坝段上块与部分中块
高架丰满门机	泄 1～4 上游∇10m	泄洪 1#～4#坝段上块与部分中块
高架丰满门机	左厂 12#坝段顺流向	辅助安装 5#塔带机及浇筑混凝土
2. 左非 12～左厂 10#坝段		
6#塔带机	左厂 8#非钢管坝段	左厂 7～10 坝段高程 155m 以下
吉林 MQ2000 高架门机	左厂 1～5 坝段上游	左厂 1～5#坝段
1260/60 高架门机	左非 17#坝段顺流向	左非 15#坝段～左厂 1#坝段
1260/60 高架门机	左厂 6#坝段顺流向	左厂 5#坝段～安III
胎带机	移动式	基础混凝土
胎带机	移动式	基础混凝土
3. 电站厂房		
上海 MQ2000 高架门机	轴线 20+188m ∇34m	在下游轨道可移动浇混凝土
上海 MQ2000 高架门机	轴线 20+188m ∇34m	在下游轨道可移动浇混凝土
上海 MQ2000 高架门机	轴线 20+188m ∇34m	在下游轨道可移动浇混凝土
POTAIN MD900 塔机	轴线 20+188m ∇34m	在下游轨道可移动浇混凝土
1260/60 型高架门机	轴线 20+188m ∇34m	1～6#机组
圆筒门机	7#、8#机下块，∇30m	7#、8#机组上块
圆筒门机	9#、10#机下块，∇30m	9#、10#机组上块
圆筒门机	11#、12#机下块，∇30m	11#、12#机组上块
圆筒门机	左厂 1～6#机下游	1～6#机组下块
圆筒门机	安 I、安 II 上游	安 I、安 II 浇筑

表 2—2—3　　塔带机的主要技术参数表

项目	ROTEC 公司 TC2400 型塔带机				Potain 和 C·S·Johson 合作生产的塔带机			
	工况		浇筑	安装	工况		浇筑	安装
工作范围	起重量（t）/工作幅度（m）		30/80	60/40	起重量（t）/工作幅度（m）		22.8/80	60/32
	起升高度（轨上/轨下）（m）		+94/-150	+94/-30	起升总高度（m）		330（2 倍速）	165（4 倍速）
	起升范围（m）		244	124	回转角度（度）		360	
	回转角度（度）		360					
	仰俯角度		最大仰角 30°，最大俯角 30°		仰俯角度		最大仰角 25°，最大俯角 25°	
	最大工作幅度（m）		100		最大工作幅度（m）		105	
工作速度	起重速度（m/min）	60t（4 倍速）	18		起升速度（m/min）	满载（≤20t）	80	
		30t（2 倍速）	37			空载	120	
		20t（2 倍速）	60		小车变幅速度（m/min）	≤10t	120	
		空载	75			≤20t	90	
	小车变幅速度（m/min）		80			≤60t	17	
	回转速度（r/min）		0.5		回转速度（r/min）		带吊罐 0.5，有输送带	
	工况转换时间		吊装与浇筑工况间转换<30min；混凝土品种转换<15min		工况转换时间		吊装与浇筑工况间转换<30min；混凝土品种转换<15min	
	安装与顶升时间		整机安装和调试时间 6～8 周；塔带机自升 1 节（9.3m）时间 1 台班		安装与顶升时间		整机安装和调试时间 9 周；塔带机自升 1 节（5.78m）时间 1 台班	

注：数据基于 10 个塔节的自由高度，塔节高度以基础节为基准点。

（1）高程 79m 系统。高程 79m 系统布置 2 座生产能力均为 320m³/h 和 1 座 240m³/h 的拌和楼，系统总生产能力为 960m³/h（32 万 m³/月），7℃制冷混凝土生产能力 750m³/h（25 万 m³/月），主要承担泄洪坝段和左导墙坝段高程 160m 以下部位、左导墙、部分右纵坝身段加高和下游护坦等部位的混凝土供料。按招标设计进度计划，系统于 1998 年 9 月投产（实际 1998 年 10 月投产），2003 年 3～4 月拆除，主要向 1#～4#塔带机、左导墙处的胎带机、泄洪坝段下游高程 45m 栈桥上的高架门机供料，二期工程需生产的混凝土约为 536 万 m³。

（2）左岸高程 90/120m 拌和系统。左岸高程 90m 系统布置有生产能力分别为 360m³/h 和 240m³/h 的拌和楼各 1 座，系统总生产能力 600m³/h（20 万 m³/月），7℃制冷混凝土生产能力 430m³/h（14.3 万 m³/月），主要承担左厂 7#～14#坝段高程 155m 以下及部分泄洪坝段和左导墙坝段上块部位混凝土供料。高程 90m 系统于 1998 年 9 月投产，2002 年 10 月～11 月拆除拌和系统，保留部分制冷设施于 2003 年 3 月拆除，主要为 5#、6#塔带机、安III坝段至泄洪 23#坝段上游一线高架门机供料，左岸高程 90m 系统二期工程共需生产混凝土约 241 万 m³。

左岸高程 120m 拌和系统布置有 1 座生产能力为 240m³/h 的拌和楼，系统总生产能力 240m³/h（8 万 m³/月），14℃制冷混凝土生产能力为 180m³/h（6 万 m³/月）。主要承担左非 12#～18#坝段、左厂 1#～6#坝段以及安III～右纵坝身段的全线高程 160m（155m）以上部位混凝土的供料，以及向缆机、高程 120m 栈桥上的高架门机供料。左岸高程 120 拌和系统于 1998 年 9 月投入运行，在二期工程中共需生产混凝土约 305 万 m³。

（3）下游高程 82m 系统。下游高程 82m 系统布置有 2 座生产能力为 240m³/h 的拌和楼，系统总生产能力 480m³/h（16 万 m³/月），14℃制冷混凝土生产能力 180m³/h（6 万 m³/月），7℃制冷混凝土生产能力 180m³/h（6 万 m³/月）。高程 82m 系统于 1997 年 9 月投产，主要承担向左岸电站厂房混凝土供料，并在泄洪坝段混凝土浇筑初期，协助高程 79m 系统供料。二期工程期间，高程 82m 系统共需生产混凝土约 157 万 m³。

二期大坝与电站厂房混凝土供料情况见表 2—2—4。

表 2—2—4　　二期大坝与电站厂房混凝土供料分配表

浇筑部位	主要入仓手段	混凝土供料系统
左导墙坝段～泄洪 23#坝段∇160m 以下（含左导墙全部工程量）	1#～4#塔带机、∇45m 栈桥上 2 台高架门机、左导墙处 1 台胎塔带机	下游∇79m 系统
左导墙坝段～泄洪 23#坝段高程 160m 以上	∇120m 栈桥上的高架门机	左岸∇120m 系统
左厂 7#～14#坝段∇155m 以下	5#、6#塔带机	∇90m 系统
左厂 7#～14#坝段∇155m 以上	∇120m 栈桥上的高架门机	左岸∇120m 系统
左非 12#～安III坝段	∇120m 栈桥上的高架门机、安III上游∇75m 处门机、缆机、厂坝下游∇82m 栈桥上的门机	左岸∇120m 系统
左岸电站厂房	厂房下游∇34m 高架门机	下游∇82m 系统

4）混凝土水平运输工艺

泄洪坝段混凝土水平运输主要为专用皮带机，供应 4 台塔带机浇筑大坝高程 160m 以下混凝土。高程 120m 栈桥形成后，栈桥上的高架门机浇筑的混凝土由自卸汽车或侧卸料罐车运输。厂坝导墙外段的 RCC 导墙，也由自卸汽车运输。左厂房坝段 2 台塔带机浇筑的高程 155m 以下混凝土，由皮带机供料；左非 12#～18#坝段、左厂 1#～6#坝段、安III坝段及左厂 7#～14#坝段高程 155m 以上混凝土，均由汽车侧卸料罐车运输；左岸电站厂房主要部位混凝土由汽车侧卸罐车运输；缆机浇筑的混凝土由侧卸料罐车运输到左非卸料平台处。

混凝土浇筑方案采用“一机一带”方式，即每台塔带机配一条皮带机供料线。为了保证皮带机运输混凝土的质量，对搅拌楼提出以下要求：即搅拌楼混凝土卸料弧形门采用液压开启向出料皮带机卸料，以控制混凝土卸料量；其卸料斗根据布置需要，应能够旋转 90° 进行安装；另外在搅拌楼底部结构 4 个方向都留有一定的空间作为专用运输皮带机通道。

泄洪坝段 1#～4#塔带机混凝土水平运输皮带布置在泄洪坝段下游，由于受到高程 45m 栈桥和高架门机高度控制，皮带机支撑柱高程不能超过 110m，塔带机仅能浇到 130m 高程；为了使塔带机浇筑高程从 130m 提高到 150～160m，供料线皮带必须在坝内再转折一次，每台塔带机要增加供料皮带机和支撑柱。泄洪坝段内 4 条混凝土专用皮带机，由下游高程 79m 拌和系统供料。高程 79m 系统布置 3 座拌和楼，因此系统可同时供 3 条塔带机浇筑混凝土。为了能够向 4 条供料线供料，并可以向混凝土运输车供料，高程 79m 系统每座拌和楼出料皮带又设一条可伸缩式短皮带机，能向任一条供料线供料。两座拌和楼底也设有一条可移动式皮带机，即可向塔带机供料，又可将其移走作为混凝土运输车的通道。

泄洪坝段 4 条皮带机供料线从高程 79m 系统引出后，沿下游纵向围堰左侧布置 4 条平行于纵向围堰的皮带机。在高程 79m 系统内沿场地布置，系统场地外采用一根支撑柱挂两条皮带机的形式，皮带机在此柱上固定，不顶升。沿纵向围堰布置的皮带机在大坝下游距坝轴线 112m 处转折，以后平行于坝轴线布置。沿坝轴线布置的皮带机，支撑柱中心线距坝轴线 107.25m，同样采用一柱两机的形式，4 条皮带机支撑在同一轴线上。1#、2#塔带机的皮带机挂在前柱，且在上面；3#、4#塔带机的皮带机挂在后柱，且在下面；前后两柱尽量靠近，上、下层皮带机净空不小于 3m。

左岸厂房坝段 5#、6#塔带机混凝土供料线布置在厂房坝段上游，为使塔带机能够浇筑高程 150m～160m，供料线需通过左厂 10#坝段（高程 148m）的非钢管坝段。左岸厂房坝段的 2 条混凝土供料线由左岸高程 90m 系统供料。在 $4\times3m^3$ 搅拌楼底部设一条固定式皮带机，采用调频调速电机，控制向主皮带机的给料量，再接一条伸缩短坡带，使搅拌楼能向两条供料线的任一条供料。在 $4\times6m^3$ 搅拌楼底部设一台可以沿轨道前后移动的皮带机，同样采用调频调速电机以控制向主皮带机的给料量。供料线皮带机也采用一根支撑柱挂两条皮带机的形式，两条供料线的最大高程 130m。

5）混凝土仓面施工工艺

（1）浇筑方法包括平仓法或台阶法两种。三峡大坝横缝间距一般 20m 左右，顺流向设 1～3 条纵缝，每仓浇筑面积一般达 500～1000m² 左右。根据塔带机、胎带机、高架门机及缆机生产能力、混凝土允许初凝时间和浇筑仓面的面积与结构布置，来确定混凝土浇筑方法。由高架门机、缆机等入仓强度低的浇筑设备施工时，一般采用台阶法浇筑，浇筑升层高度 1.5～2.0m，浇筑坯层厚度 0.5m。采用塔带机、胎带机等入仓强度高的浇筑设备施工时，当仓面结构简单、面积较大时（大于 500m²），应首先考虑平仓法浇筑，以充分发挥塔带机、胎带机入仓强度高的特点。平仓浇筑升层高度 1.5～2.0m，浇筑坯层厚度 0.5m，同时必须确保与入仓强度相适应的振捣设备。对于结构厚度较小（<2.5m）、钢筋和金结埋件多的二期混凝土部位，可以采用泵送混凝土或挂溜槽浇筑混凝土，浇筑层厚度为 3～5m。电站厂房，采用高架门机入仓，一般宜用台阶法施工，当仓面面积较小时，也可采用平浇法施工。碾压混凝土浇筑压实层厚 30cm，每天上升 2～3 层，连续上升 7～

10层后间歇3～5天，一般采用自卸汽车直接入仓，推土机平仓，振动碾碾压密实。

（2）平仓振捣采用人工手持振捣器不仅劳动强度大、操作人员多，更重要的是不利于保证混凝土质量，尤其是大坝采用塔带机浇筑强度高，更需配置足够、可靠的平仓振实机械，以保证混凝土质量。除小仓位、钢筋或埋件密集的部位需人工振捣外，大量的常态混凝土平仓振捣都应使用效率高的平仓振捣机。

塔带机及胎带机入仓速度快，其浇筑的混凝土更需重视平仓振捣质量，宜优先选用8个振捣棒的平仓振捣机。高架门机与缆机的入仓速度也较快，按每台起重机配一台平仓振捣机，以提高施工机械化水平，加快施工进度并保证振捣质量。

根据混凝土入仓设备的生产能力，平仓振捣机生产能力应达到240m^3/h（适配塔带机或胎带机）或90～120m^3/h（适配门塔机、缆机入仓）。对于金属结构埋件多、钢筋密集、或仓面狭窄不能布置平仓振捣机的部位，采用手持式振捣器振捣。

泵送或挂溜槽施工的二（次）期混凝土，一般施工部位狭窄，需用小型手持式高频振捣器或电动软管振动器。

6）混凝土施工仓面作业

混凝土开仓浇筑前的主要作业包括施工缝面（或基岩面）的处理、模板安装、钢筋制安、结构预埋件安装等多项施工准备作业。对基础仓开仓浇筑前，基岩面应检查、清理松动岩石和有害淤泥或软弱夹层，并采用高压水将岩面清洗干净，排净积水。对于混凝土施工缝面，开仓浇筑前应采用风砂枪或高压水清除表面的浮浆乳皮，使缝面成毛面，并保持缝面清洁、湿润。

钢筋和模板一般采用浇筑入仓设备吊入仓内，或由仓面的起重机进行吊装。钢筋连接一般采用焊接或机械连接，钢筋的安装位置和型号应该符合设计要求。模板要有足够的强度、刚度和表面平整度，满足稳定、不变形走样，并且拼接紧密，不漏浆；模板安装应按混凝土结构物的体形要求放样，保证安装位置误差在允许范围内。

混凝土仓内埋件主要包括：接缝灌浆或冷却通水的预埋管道、金结安装预埋的插筋或钢衬、止浆和止水系统等，由混凝土浇筑设备吊入仓内，也可由仓面起重机械吊装。对于大件，由混凝土浇筑设备进行吊装。预埋管道系统主要是保证管道通畅，接头密闭，不漏水，各层预埋管道连接正确，金属结构埋件要求埋件的数量和位置均满足设计要求；止水片为紫铜止水片，止浆系统为预埋的塑料止水片，均要求接头牢固、不漏水，安装位置准确。

为充分发挥塔带机入仓强度高的优势，混凝土浇筑中在条件允许情况下尽可能采用平浇法施工，平仓振捣以大功率平仓振捣机为主，对钢筋或埋件密集部位或机械振捣困难部位辅以人工振捣器振捣。另外，经过试验第一坯料采用富浆三级配混凝土或二级配混凝土取代层面砂浆，并对塔带机布料方式和下料高度进行调整优化，以防止骨料分离，保证塔带机浇筑混凝土的质量。

7）塔带机为主方案的主要优缺点

（1）塔带机安装高度低，塔柱能自升，安装手段要求较低，安装简单，所需时间短；

（2）皮带机运输浇筑混凝土能力大、速度快，可以适应高强度浇筑需要，能正常浇筑三级配常态混凝土或碾压混凝土；

（3）此前已有墨西哥 Huites 大坝采用 TC2500 型塔带机浇筑三级配常态混凝土的实例，但对浇筑四级配混凝土和同仓面浇筑多品种混凝土尚缺乏成熟经验；

（4）塔带机为定点布置，一旦发生事故，在其控制的作业区内将全部停工；

（5）混凝土浇筑需要技术工人少，平仓工作量小；

（6）塔带机生产能力大，高速运输、高速入仓，相应的仓面铺料、平仓振捣设备都必须配套，要有一套先进的、严格的施工工艺和管理措施；

（7）塔带机能否满足大坝金结安装要求尚存在一定疑虑，需对塔带机进行修改设计，使工作幅度 70m 时吊 30t；工作幅度 60m 左右时吊 40～50t，以满足金属结构安装要求。

8）塔带机施工方案布置可能存在的问题及解决措施

（1）缆机与高程 120m 栈桥高架门机的干扰。缆机重载包络线最低高程 194m，上海港机厂高架门机安装最低状态的高度为 91m，吉林厂生产的高架门机为 94m（大型塔机最低高度较高架门机低），布置在高程 120m 栈桥上高架门机顶高程约 213m，缆机主索重载包络线最低处低于高架门机顶约 20m，在左岸 3#～6#厂房坝段低于高架门机顶 5m 左右。因此在缆机与高架门机存在干扰部位，不能同时进行工作。

在缆机重载条件下，由于前述两方面的干扰，采用缆机、塔带机和高架门机尽量完成左岸厂房坝段和泄洪坝段浇筑任务，也仍约有 160 万 m^3 混凝土（即左岸厂房坝段和泄洪坝段同时浇筑上升至坝顶，月强度约有 14 万 m^3 左右），无法靠 2 台摆塔式缆机完成。

此外左岸厂房坝段 1997 年第四季度开始浇筑混凝土，要求高架门机投入运行，那么在 1998 年下半年混凝土浇筑与缆机安装有可能产生干扰。

（2）缆机与塔带机的干扰。布置在大坝部位的 3#、4#、5#、6#塔带机浇筑大坝混凝土至高程 160m 时，塔带机的塔顶高程约为 203～208m；根据厂家提供的缆机包络线（至吊灌底）资料，塔带机相应部位的缆机主索重载包络线高程为 194～201m，低于塔顶 15m 左右。因此，为避受缆机干扰，塔带机只能浇筑至高程 135～145m。

（3）缆机与坝顶门机的干扰。据资料介绍，坝顶门机高度约 38m，按缆机重载包络线控制，坝顶门机只能开到左岸厂房 1#坝段以左及泄洪坝段 18#坝段以右，才能避开干扰。但 1#厂房坝段以左为非溢流坝段，需将坝顶门机轨道延伸至左非坝段。如果左岸厂房坝段的坝顶门机投入运行后，缆机还要承担泄洪坝段的混凝土浇筑和金结安装，则可能对左岸厂房坝段坝顶门机的安全运行产生不利影响。

以上干扰主要是因为缆机包络线偏低造成的，如果能在设备定货时升高塔架，或者采用措施将塔架基础提高 20m 左右，这些干扰可基本解决。为了减少缆机与塔带机、高架门机和坝顶门机的干扰，初步研究：①在缆机空索条件下，泄洪坝段混凝土用塔带机浇筑至高程 148m 后，停止施工；②左岸厂房坝段混凝土用塔带机和高程 120m 栈桥上的高架门机浇筑至高程 145～150m 后停止施工，高架门机开至泄洪坝段右端；③厂房坝段高程 145m～150m 以上的混凝土全由 2 台缆机来完成；④泄洪坝段高程 148m 至高程 185m 的混凝土和金结安装，可待缆机拆除后再由塔带机和高程 120m 栈桥上的高架门机或其他施工设备实施。当塔带机和高架门机浇筑大坝混凝土与缆机有严重干扰时，可拆除缆机，采用高程120m栈桥上的高架门机或其他施工设备完成大坝所余混凝土和金结施工。

为使缆机尽量发挥作用，要求缆机安装工期上确保1998年底投产。因大跨度摆塔式缆机国外很少，国内外均缺乏安装、拆除和运行经验，同时规范和手册都要求在一般情况下缆机和门、塔机等施工机械不能交叉作业，因此在缆机的安装拆除和长期运行过程中，一定要特别注意安全，制定严格的运行操作规程，采取切实、可行的安全措施，防患于未然。

9）塔带机浇筑混凝土工艺措施研究

此前塔带机浇筑混凝土的骨料最大粒径为80mm，并且主要用于仓面结构简单部位。在三峡工程中首次用于浇筑最大骨料粒径为150mm和仓面结构复杂部位的混凝土，有可能带来骨料分离、砂浆损失、平仓振捣设备配置、层面结合等一系列问题。另外，由于采用皮带机运输混凝土，其温度回升较大，如何保证混凝土浇筑温度也需研究专门措施。

（1）高强度入仓及其配套的仓面浇筑工艺措施。塔带机入仓强度高，仓面的浇筑工艺及平仓振捣设备必须与之相适应，以保证混凝土浇筑质量，并充分发挥塔带机的优势。通过不断实践探索与改进，主要有以下措施：①浇筑方法，对面积超过500m^{2}的仓号，原则上采用通仓浇筑，其他仓号，条件允许时也尽量采用通仓浇筑，否则应采用大台阶（宽度4～6m以上）浇筑；采用上述措施，下料层次分明，铺料厚度易于控制，不易漏振；②平仓振捣，仓面应配备大功率振捣机，并配备一定数量手持式振捣器，仓面振捣能力应大于入仓强度的1.5倍；对钢筋密集区和结构复杂仓号，必须保证振捣工人和振捣器数量；对塔带机布料困难的部位还应配备平仓机或布料机，加速仓面布料，防止下料堆积；③减少混凝土品种，优化混凝土标号分区，减少同一仓号内混凝土的品种，以发挥塔带机的优势。

（2）混凝土温度回升及其温控措施。采用皮带机运料，由于从拌和楼到仓面转料次数多、供料线长（最长737m）以及皮带上摊铺混凝土层薄等原因，运输中温度回升较快（实测温度回升率0.19～0.24，约每150m回升1℃）。对此，主要采取了避开高温时段浇筑混凝土、仓内采取铺设保温被及进行喷雾降温、降低混凝土出机口温度、加快浇筑速度、增加供料线隔热保温设施、及时进行初期通水等综合措施，以保证混凝土浇筑温度。

（3）骨料分离及其应对措施。采用塔带机浇筑混凝土时，混凝土料呈线流状下落，下落速度大，加之皮带上薄层长距离运输使混凝土的坍落度和砂浆均有一定的损失，使混凝土骨料分离情况较吊罐入仓严重；浇筑四级配混凝土及钢筋密集区部位时，分离情况尤为严重。为保证混凝土密实性，主要措施有：①调整配比，减少特大石（粒径8～15cm）用量5%～10%，并严格控制特大石超径；增加砂率1%～2%以补偿砂浆损失；适当增加混凝土坍落度，并严格控制砂的细度模数和含水率，保证混凝土坍落度的稳定；②控制下料，即控制混凝土出下料皮筒后自由下落高度1.5m左右，堆料高度不超过0.5m；按垂直水流方向条带状布料，条带间搭接宽度以条带宽度的1/3为宜，避免形成波峰波谷；③调整混凝土级配，对钢筋密集或下料困难的部位，采用较小级配混凝土；④加强现场处理，浇筑仓内安排专人分散集中的粗骨料，防止分离骨料架空。

（4）浇筑层面结合措施。塔带机运浇混凝土变换品种困难，且不宜运送砂浆，因此必须研究新老混凝土层面结合新工艺。根据不铺砂浆浇筑混凝土试验，在老混凝土面上铺一层二级配混凝土或三级配富浆混凝土作为结合层，可以满足层面抗剪和防渗要求，又方便塔带机施工。其工艺要求为：浇筑第一胚混凝土时，在大坝迎水面防渗区铺20cm厚同标号的二级配混凝土，其他部位采用40cm厚同标号三级配富浆混凝土代替层面砂浆。三级配富浆混凝土比一般三级配混凝土砂率增加3%，胶凝材料增加12kg/m^3。

三、栈桥快速安装施工研究

栈桥是大型水利水电工程水工建筑物混凝土浇筑和金属结构安装的关键施工手段和运输通道。三峡工程施工栈桥是二、三期混凝土工程施工方案研究的重要内容之一，在正常蓄水位175m枢纽方案的可行性研究、初步设计、国家“七五”科技公关和单项技设等阶段都曾进行了非常系统的研究。招标设计和施工设计阶段，结合大坝结构、浇筑施工进度和栈桥特点又进行了全面优化。

（一）栈桥总体布置研究

初步设计、攻关科研和单项技术设计阶段，三峡二期工程混凝土浇筑是以大型长臂塔机为主、高架门机和缆机为辅的施工方案。根据垂直起吊、运输设备性能及工况，分别在大坝上、下游高程50m和大坝下游高程120m处布置三座施工栈桥。二期大坝和电站厂房建安工程招标设计阶段，确定混凝土浇筑和金结安装是以塔带机为主、高架门机和摆塔式缆机为辅的施工方案。根据栈桥总体布置研究情况，在大坝泄洪坝段下游侧高程45m、厂房坝段高程82m和大坝下游高程120m分别布置三座施工栈桥。栈桥具体布置如下。

1. 高程45m栈桥布置研究

高程45m栈桥从泄洪1#坝段至23#坝段，总长度480m。其中，在泄洪18#～23#坝段下游81m位置直接铺设在基岩开挖石梗上，桥面高程45.5m，栈桥轴线距坝轴线下游124.5m；泄洪1#～17#坝段下游栈桥部分长399m，跨度19m，共19跨，栈桥轴线距坝轴线下游123.5m，桥面高程42.2m，栈桥桥墩高度6.5～32m。

高程45m栈桥为上承式简支梁桥，起重机轨距15m，两侧外挑2m人行道，桥面总宽度19m。主梁为起重机梁，桥面系设上平纵联，采用交叉撑及横向联结系，间隔10m，不设纵梁；柱子采用钢桥墩横向布置柱间支撑，每隔一孔布置一道纵向柱间支撑。因高程45m栈桥上不通行汽车，所以不设桥面板。

高程45m栈桥共计钢材用量5000t（上部钢结构钢材用量3270t，下部钢结构用量1730t），混凝土量1500m^3。

2. 高程82m栈桥布置研究

高程82m厂坝平台栈桥，布置在安Ⅲ～左厂房14#坝段，距坝轴线92.5m，总长230m，跨度分为21.2m和17.1m两种，各16跨，共32跨，钢桥墩高1.6m；梁底高程83.75m；轨距12m，采用弧形平板支座，不设桥面板。

高程82m栈桥共计钢材用量2000t（上部钢结构钢材用量1500t，下部钢结构用量

500t）。

3. 高程 120m 栈桥布置研究

高程 120m 栈桥从左非 13#坝段至泄洪 23#坝段，位于坝轴线下游 60.5m 处，栈桥总长 1210m，为上承式简支梁桥。为满足水工建筑物布置及施工要求，确定梁底高程为 118.5m，桥面高程 122.25m。桥上起重机轨距 15m，门机轨道间布置有两条自卸汽车或侧卸料罐车运输车道（一重一轻）和一条机动车道，轨道上下游各向外挑 2m 人行道，桥面总宽度 19m。高程 120m 栈桥共有五种跨度：泄洪坝段 21m，利用深孔出口闸墩布置栈桥桥墩，将梁跨分为 10m 和 11m 两种；左岸厂房坝段标准坝宽 38.3m，将梁跨分为 17.1m 和 21.2m 两种跨度；左导墙坝段利用闸墩布置桥墩，主跨度 14.2m，桥墩高度 8～39m 不等。栈桥在上游侧隔跨布置侧卸料罐车受料平台。

桥面梁系为钢结构，主梁为工形钢板式起重机梁，中间为 6 根汽车梁作为纵梁，支承于跨度两端的端横梁上。中间根据跨度的长短分别设 4～6 道纵梁，设上平纵联。下部结构采用钢桥墩，横向为Ⅱ形结构，柱间支撑以纵向每隔一跨设一道，以抵抗水平力产生的变形。在左非 13#～左厂 5#坝段柱子等高，安Ⅲ～左厂 14#坝段柱子为不等高形式。先在坝段预留台阶上埋设埋件，再安装栈桥，待栈桥拆除后再浇筑二期混凝土恢复到设计坝面，溢流坝段和左导墙坝段不设桥墩，桥面梁系直接搁置在导墙上。

高程 120m 栈桥共计钢材用量 20570t（上部钢结构钢材用量 16600t，下部钢结构用量 3820t，钢纤维 150t），混凝土量 12000m^3。

（二）三峡施工栈桥特点

三峡施工栈桥与其他施工栈桥相比，主要有以下特点：

（1）荷载大。上海港机厂生产的 MQ2000 型高架门机自重加配重、吊重达 1500t，吉林水工厂生产的高架门机重达 1200t。在栈桥上行驶的挂车为特挂—220 及 200t 胎带机，其荷载之大在国内外任何水利工程施工栈桥上设计前所未有。

（2）对栈桥强度及刚度要求高。栈桥担负大坝混凝土浇筑和金结安装等工作，不允许有任何质量问题，一旦栈桥失事，将造成工程巨大损失。MQ2000 型高架门机高度近 100m，铰点高度 71m，最大吊重达 63t，且在施工栈桥上自升和行走，要求高架门机四腿高差不得超过 5mm，且对刚度要求也非常严格。

（3）要求快速安装和拆除。栈桥是为大坝施工服务的，要求栈桥在尽可能短的时间内形成，最大限度地发挥施工栈桥的（浇筑、交通和安装施工）作用。

（4）功能齐全。由于三峡二期工程大坝较长，右端受导流明渠、纵向围堰等限制，特别是上下游基坑进水以后，在坝顶公路未通及三期围堰未施工之前，二期工程大坝像三面环水的一座孤岛，施工栈桥成为高程 82m 至坝顶高程 185m 之间垂直高度 103m 范围内唯一施工平台和水平对外交通通道。大部分设备、材料、金结、混凝土预制构件等通过栈桥运输、堆放、吊运，风水电等各种管线需从栈桥上通过，是参建各方人员及车辆交通的枢纽，而且业主、监理、施工单位现场管理用房均设在栈桥平台上。

（5）跨度种类多、梁系结构复杂。高程 120m 栈桥有六种跨度。栈桥桥面梁系结构与铁路及公路桥梁截然不同，同一跨度内有起重机梁、内外汽车梁、人行道梁等，汽车梁又分预应力混凝土梁、钢结构和混凝土结构组合梁、普通钢筋混凝土梁。

（6）边界条件复杂。栈桥坐落于坝体上，坝体结构本身较复杂，栈桥桥墩与各坝段分缝、坝面高程、压力钢管的安装及外包混凝土的浇筑、排沙孔及各种管线的布置、坝体施工进度等之间的关系十分复杂。

（7）时间紧迫。由于种种原因，施工合同签订时，比原计划推迟近一年。为了满足工程总进度要求，最大限度的发挥栈桥的作用，业主要求设计单位在方案确定后的三个月内拿出全部施工详图，设计研究时间非常紧迫。

（三）栈桥主要功能

三座施工栈桥主要功能分别为：

（1）高程 45m 栈桥。下游高程 45m 栈桥配置 1 台上海 MQ2000 型高架门机和 1 台 KROLL 大型塔机，主要担负初期混凝土浇筑、底孔弧门等安装及施工辅助作业，栈桥上不通行汽车。

（2）高程 82m 栈桥。左岸厂房高程 82m 栈桥专门用来安装压力钢管，并辅助厂房部位混凝土浇筑施工。

（3）高程 120m 栈桥。高程 120m 栈桥位于坝轴线下游 60.5m 处，桥面上布置 3 台 MQ2000 型高架门机，栈桥上可行驶载重量 20t 的自卸汽车、混凝土侧卸料罐车和载重 120t 的平板车。二期工程期间，高程 120m 栈桥既是混凝土浇筑施工的重要设施，又是联系两岸交通的桥梁及铺设高架门机运行轨道以及部分混凝土、金属结构运输通道和安装的平台。二期大坝建成后，高程 120m 栈桥作为导流底孔封堵混凝土运输通道及操作叠梁门机运行的轨道。此外，还作为施工期间敷设水管、电缆、通信线路的通道。

（四）栈桥的结构形式优化研究

1. 桥面板结构形式研究

桥面板设计比较了钢筋混凝土桥面板和钢板面板方案。考虑到汽车荷载较大，汽车转向有较大摩擦力等，钢板面板用钢量较多，焊接工作量大，施工进度慢，因此采用钢筋混凝土面板。钢筋混凝土面板厚度 20～25cm，分块吊装，与梁螺栓连接，并形成连续板，板上设铺装层。因摩擦力较大，面板采用钢纤维—钢丝网混凝土结构。

2. 起重机梁形式研究

起重机梁为主梁，设计对钢板梁和钢箱梁方案进行了比较。由于起重机轮压值较大（最大达 600kN），最大腿压 720t，箱形梁施工比较复杂，手工焊缝较多，施工速度慢，施工工期长。工形钢板梁施工简单，便于自动焊接，虽本身抗扭能力较差，但与纵梁通过横联和平联结成整个桥面系后，形成空间结构，能满足抗水平力要求。经过计算分析，选用工形钢板梁，梁高从 1.7～3.5m 不等。

3. 汽车梁形式研究

汽车梁为纵梁，汽车荷载相对起重机荷载较小。由于工形钢板梁施工安装方便，汽车梁也选用工形钢板梁，梁高 1.7m～3.5m 不等。

4. 端横梁形式研究

端横梁采用工形钢板梁，梁高 1.7m。溢流坝侧面和高程 45m 栈桥不设端横梁，纵梁直接搁置在导墙上。

5. 桥墩形式研究

桥墩设计进行了两个方案比较：一个是拼装式万能杆件钢桥墩；另一个是墩柱式，中间设柱间支撑。因起重机荷载较大，自重达 1500t，重心较高，稳定性指标对栈桥变形要求严格，拼装式万能杆件为双 H 型钢、施工复杂，变形也不能满足要求。因此，选用格构式墩柱，其主要杆件为双 H 型钢，按施工能力组成一定的拼装单元，单元之间用高强螺栓连接，纵横向用柱间支撑连接。

6. 支座与基础结构形式研究

设计比较了钢支座、平板式和盆式橡胶支座等几种不同形式。经计算分析，选用平板橡胶支座。栈桥基础为混凝土基础，用锚栓与钢柱连接。

7. 高程 120m 栈桥结构优化研究

（1）采用 Potain MD2200 型起重机，自重 660t，最大腿压 300t，最大轮压 50t，最大水平力 96t；经计算上部结构因起重机选型优化可以节省钢材 440t；下部结构由水平力控制，工程量不变。

（2）取消左非 12#以左 4 跨，长度约 80m，可减少钢材 1360t。

（3）将左非 13#～17#坝段钢墩改为混凝土墩，因此节省钢材 220t，增加混凝土 $2500m^3$。

（五）快速形成施工栈桥的技术措施

快速形成施工栈桥的技术措施对混凝土施工进度具有重大影响，“七五”科技攻关科研曾对其专题进行了深入研究。经过比较国内外施工栈桥的安装技术手段，提出以下快速形成施工栈桥的措施。

（1）运输与安装机械选型。根据三峡工程施工条件，栈桥构件（包括钢结构、型材、预制件）采用汽车或全（半）挂车运输，在载重量 20～50t。栈桥吊装设备以 MQ2000 型高架门机为主，辅以无轨履带式起重机实施安装。

（2）利用有利地形提前安装。高程 45m 栈桥右侧沿栈桥方向约有 100m 岩石基础较高且较平整，当限制性抽水至高程 40m 时，承包单位即可组织栈桥施工及高架门机安装，使高架门机尽早（1998 年 10 月前）投产。

高程 120m 栈桥左侧基础较高，不受基坑水位影响，可以先行安装施工；左侧随坝体浇筑到高程 120m 以后依次向右推进；右侧泄洪 18#～23#坝段建基面较高，先行浇至高程 120m 以后利用右纵坝身段，先进行右岸栈桥安装，形成两端向中间的推进安装。

（3）合理优化栈桥结构形式。实施中为便于快速安装，对桥面板采用预制混凝土桥面板，桥墩优先选用柱式组合钢桥墩。在起重机吊装能力内，尽可能加大吊装单元的重量，减少单元数量；栈桥结构形式尽量标准化、规格化；栈桥构件应预先在工厂内加工制造，并预拼装，减少现场拼装工作量。

第三章　国内外施工栈桥的技术发展

一、概述

18 世纪英国的工业革命，使大机器尤其是现代交通工具由幻想变为现实，与大机器时代配套的大型基础设施及建设工程应运而生。20 世纪以来，随着人类需求的膨胀和以新技术、新工艺、新设备、新材料为标志的突飞猛进，交通工程和水利水电工程的建设规模也越来越大。

在国内外大江大河上建设大型水利水电工程，特别是在高山峡谷或地形条件复杂地方建高坝大库，混凝土重力坝和混凝土拱坝占相当大比重。巨大的建设规模和巨额的投资，迫使这些建设项目的国家和业主研发或采用生产能力和效率双高的大型设备，也就是说更加依赖大型施工设备和临时施工设施。施工栈桥正是与这些大产能、高效大设备配套的临时交通设施，它集交通桥梁、施工物质材料与设备转运的施工平台、直接作为混凝土浇筑和金属结构安装的施工手段等多种功能于一身。因此，施工栈桥有以下一些特性：

（1）临时性。施工栈桥修建在坝体上，其作为施工辅助设施应适应坝体水工结构的要求，不能破坏主体工程坝体结构的完整性，因此在栈桥布置设计时，应尽可能不占压坝体，对于非占压不可的部位需予以恢复。

（2）重复性。尽可能考虑采用钢结构栈桥重复周转利用，以节约投资。

（3）方便施工。大坝施工需由栈桥上布置的浇筑和运输等机械完成，要求这些施工机械尽早投入，便于快速施工安装和拆除。

（4）多功能。栈桥上运行门、塔机以实现栈桥的多种功能。

（5）协调性。栈桥是沟通大坝施工的重要通道，栈桥设计要满足各标段及施工部位的功能，避免形成相互干扰。

（6）安全性与经济性。栈桥的运行关乎国家和参建各方生命财产安全，同时影响大坝的正常施工；栈桥属临时工程，必须充分考虑节省投资、降低造价。

由于三峡工程建设规模巨大、技术复杂，土建、金属结构和机电设备安装施工拟持续高强度，故在三峡工程可行性研究和初步设计过程中，我们对采用施工栈桥和无栈桥方案曾做过大量、详细的研究。结果是：不采用施工栈桥，需增加数台国外大型浇筑及运输设备；设备的转移或自升，土建至少拖后 8～12 个月；不仅是设备投资需多花几亿元人民币，而且三峡工程晚一年发电就会少发 847 亿 kW·h 的电量，效益损失达数百亿元人民币，经济性不能相比。

二、国外施工栈桥的技术发展

20 世纪初，科技、经济相对发达的西方国家如美国、法国、挪威等就已经开始建设大型水利水电工程。第二次世界大战前后，是美国和前苏联兴建水利水电工程的高峰。

高坝大库的水电站建设，不仅需要大功率、大产能的施工机械，同时也需要与施工机械配套并形成浇筑和安装手段的大型栈桥等临时设施。

20世纪30年代到60年代，美国采用施工栈桥浇筑混凝土的水电站就有约30个；同期，前苏联采用施工栈桥实施混凝土浇筑和金属结构安装的建设工程就有14个，还有其他许多国家也大量采用此类设施建设工程。尤其值得专述的是，20世纪60～70年代美国兴建的利贝坝（Libby Dam）和20世纪70～80年代委内瑞拉兴建的古力坝这两个超大规模水利水电工程均采用了高栈桥配门机的施工方案并取得成功，下面简述几个国外成功采用栈桥的技术实例。

1. 大古力水电站

美国大古力水利水电工程（Grand Goulee Hydropower Station），始建于1933年，1942年建成。

工程分二期施工，在第二期工程施工中，先架设低高程栈桥，将坝体浇至一定高程后，再架设高栈桥，高栈桥全长1100m，宽13.1m，高61m，共用钢材8900t（从两座低栈桥拆迁跨度结构3200t，新增加5700t）。栈桥共有33跨（34个钢柱）。在溢流坝段有26跨，净跨18m，挡水段7跨，净跨20m。

该施工栈桥安装采用2台动臂起重机（Derrick），臂长27m，起重量35t，从两岸同时向河床端进，采用大型汽车运输钢结构。

整个栈桥安装时间共计3个月，平均每月安装长度367m，每个工作面完成183.5m，每月完成钢材量2966.7t，每台起重机每月完成1483.4t。工地共有75个熟练安装工人，实行两班制，有6台双悬臂起重机从两个低栈桥迁至高栈桥，共用53天时间，速度非常快。

2. 芳坦纳水利水电工程

美国芳坦纳（Fontana）水利水电工程于1942年动工兴建，1945年建成完工。

该工程设置了两座栈桥，第一座栈桥主要浇筑电站厂房混凝土，第二座栈桥分低高程和高高程两次架设（简称低、高栈桥），专门浇筑大坝混凝土，栈桥钢材总量5336t。

高栈桥在平面上完全与低栈桥的轴线重合，高栈桥长470m，宽17.1m，高64m。在低栈桥完成了所承担的浇筑任务后，再加高形成高栈桥。高栈桥的安装开始于1943年9月1日，1944年1月16日建成，前后共138天（4.6个月），平均每月安装103m。低栈桥和厂房栈桥的钢材重复用于高栈桥上，此外，又制造6跨新的，其中4个12.2m长，一个18.3m长，一个19.2m长。从低栈桥向高栈桥的拆迁安装于1943年11月29日开始到1944年1月16日止，实际安装工期49天。在这期间，虽受恶劣天气影响，但仍按时完成两台双悬臂起重机、两台回转式门机、混凝土储料斗的拆迁与安装，以及5300t栈桥钢材的拆除和安装。栈桥安装方法及设备与大古力相同。

用于坝体混凝土浇筑的低栈桥高70m，长280.5m（约为20个坝段范围）。据资料分析，从开始安装至1943年4月20日首次从该栈桥上浇筑混凝土，工期约为两个月。

3. 道格拉斯水利水电工程

道格拉斯水利水电工程，始建于1942年，1945年建成。

栈桥位于坝轴线下游28.6m，全长346m，另加引桥59m，栈桥宽15.66m，高30m。

栈桥梁系由2个主要钢板梁和1个辅助钢板梁组成。其中：

（1）栈桥墩为框架结构，设在大坝内和厂房坝段引水钢管间的空隙内，为节约钢材，施工栈桥在埋入坝体部分（桥墩）采用钢筋混凝土结构，上半部采用可拆卸的金属结构的框架结架。

（2）栈桥的安装，其右岸第一号钢桥墩用设置在陡峻峭壁上的桅式动臂起重机安装，第二号、第三号钢墩用围堰顶的两台履带机安装。除此之外，栈桥都用起重机为40t的门式起重机以端进法进行安装。

（3）栈桥安装于1942年4月从右岸开始，先浇筑桥墩的钢框架支座、架设钢墩、钢梁，到铺设轨道桥面等全部完成，共历时9个月。

4. 利贝水利水电工程

利贝水利水电工程于1968年动工兴建，1973年建成投入运行。

利贝施工栈桥全长610m，宽11m，高96m，共用钢材5100t，安装工期7个月，平均每月完成728.6t。第一期栈桥长约400m，4个月完成，平均每月安装100m。

5. 齐姆良斯克水电站

齐姆良斯克水电站（Tsimliansk Hydropower Station）位于俄罗斯罗斯托夫州顿河，坝型为混凝土重力坝，始建于1949年，1952年建成。

栈桥全长716m，宽16m，高26m，桥跨为16.7～18m，共计37跨，合计36个钢桥墩及2个混凝土桥墩。钢墩及钢梁的钢材用量3442t，其中：

（1）钢桥墩和支撑1222t;

（2）梁系结构2163t;

（3）支架上锚栓和阻滑板32t;

（4）装配螺栓24t;

（5）梁系结构的支承部分1t。

栈桥安装，用2台臂长27m、起重量25t的动臂起重机从左岸和纵向围堰上采用端进法进行安装，准轨铁路运输，由6根钢梁组成不大于100t重的一跨梁系结构平均不超过一个昼夜即可安装完成。

栈桥从1950年8月初开始安装，到11月28日投产，合计2期4个月，平均月安装179m，约合钢材860t（平均可折合9跨多）。

第二期工程施工时，需将施工栈桥向下游移19m，跨度结构全部移到已浇好的混凝土大坝支墩上，移动和改装栈桥在9天内全部完成，最后一跨仅用了25分钟就搬迁完毕。栈桥设计特别注重栈桥构件及零件的统一，因而大大地减少了金结加工及工地安装的劳动量。

6. 布拉茨克水电站

布拉茨克水电站（Bratsk Hydropower Station）位于俄罗斯伊尔库茨克州安加拉河，是安加拉河水能梯级开发中的第二级电站，始建于1955年，1963年建成。

施工栈桥布置有主栈桥及辅助栈桥。

（1）主栈桥位于坝轴线下游46.5m，桥面高程101.4m，全长1358m，宽21.92m，高 70～87.4m，桥墩间距 44m（净跨 40m），跨度结构每片钢梁重达 80t；桥墩分成 6～7 节，每节长 11m，钢材总量 21380t。

（2）辅助栈桥位于主栈桥下游 32.45m，桥面高程 37.2m，全长 845m，宽 14m，高 25m，桥墩间距 22m，钢材总量 6630t。

主栈桥采用的特制专用起重机从岸边向河床逐跨端进法安装，安装工期为 36 个月，安装强度为 730t/月。

（3）专用起重机自重达 262t，臂距（净空）22m 内起重量 80t，起吊速度 0.9m/min，悬距 44m 时起重量 30t，起吊速度 7.5m/min。

每台专用起重机设计每月可安装 1500t 左右的金属结构。

7. 卡霍夫水电站

卡霍夫水电站（Kakhov Hydropower Station）位于乌克兰扎波罗热市以南上第聂伯河，始建于 1951 年，1957 年建成。

栈桥全长 1090m，桥面宽度 16m，高度 21～26m，整个栈桥共计 56 跨（1～49 跨为直线正桥段，50～56 跨为弧形引桥），其中左岸 22 跨的跨度为 25～25.5m，右岸 34 跨的跨度为 15～16m。整个栈桥设计共用钢材 5833t，而实际施工则耗费钢材 5807t（其中桥墩 1800t，跨度结构 2616t，起重机轨道梁 1246t，其他结构 145t）。

栈桥的架设采用两岸同时端进法。左岸采用臂长 33m 起重量 30t 的动臂起重机安装，右岸采用臂长 38m（原机臂长 33m，后加长 5m）、起重量 15t 的动臂起重机安装。基坑内还布置有一1003 履带式起重机 2 台和起重量 15t 的动臂起重机 1 台进行辅助工作。

工地布置有专用的栈桥装配场，场内设臂长 38m 起重量 15t 的动臂起重机和起重量 20t 的龙门式起重机各 1 台。施工时先将桥墩拼成 10～15t 的大型构件，整个桥墩拼成上、下两段后进行吊装。

栈桥的安装进度计划应在 1953 年 6 月初到 8 月底 3 个月完成，相应月安装强度各为 1160t、2280t、2367t。实际上栈桥安装从 1953 年 6 月开始，1954 年 3 月底完成，其中 1953 年 7～8 月仅安装左岸 6 跨，1954 年停工 2.5 个月。各月安装强度分别为 388t、553t、265t、808t、1551t、1422t、470t、0、0 及 349t，最大月安装强度出现在 1953 年 10 月和 11 月，分别为 1551t 和 1422t。安装强度和工期没有达到设计要求的原因如下：①未及时铺设通向栈桥右部的铁路，比计划规定时间推迟约半年，直到 1953 年 9 月底才完成；②承造方未能及时向工地供应金属结构，1954 年由于三个跨度结构未及时供应，致使安装工作停工 2.5 个月；③桥墩基础混凝土浇筑延迟。

8. 石山口水利水电工程

石山口水利水电工程，1945 年动工兴建，1952 年建成。

栈桥位于坝轴线下游 24.35～28.52m，高程 33.5m，全长 376m，宽度 16.55～13.25m，高度 35m，共 22 跨，合计钢桥墩 21 个和混凝土桥墩 2 个。在第一期工程，厂房坝段栈桥桥墩间距 11m，共 15 跨；在第二期工程，溢流坝段栈桥桥墩间距 22m 的有 6 跨、12.5m 的 1 跨。钢材总量 1500t，平均每延米栈桥长度重约 4t。第一期基坑的厂房坝段栈桥安装采用在基坑内沿着栈桥轴线多工作面同时进行的方法。

经验证明：当桥墩高 35m 时，桥墩间距 11m 显然太小，这会使桥墩的混凝土及钢材用量和跨度结构钢材用量大大增加；在基坑内沿着栈桥轴线多工作面同时进行安装栈桥桥墩和跨度结构不是一个好方法，因为基坑被金属结构和各种机械堵塞，对厂房和坝基施工造成很大干扰。

国外起重机栈桥技术发展见表 3－2－1。

三、国内施工栈桥的技术应用

中华人民共和国成立初期，由于战乱亟待恢复和发展经济，加上抗美援朝和肃反，国内几乎没有实施大型水利水电工程，或者说只是实施规模较小的治理淮河和黄河的水利工程。1954，长江流域发生世纪性大洪水并造成重大人员与财产损失。其后，拉开了以荆江分洪工程为代表的水利工程建设的序幕。

20 世纪 60～70 年代，随着施工技术的发展和机械化施工程度的提高，栈桥配起重运输设备的施工方案才在大型水利水电工程中采用。但这时的栈桥规模较小，且多为混凝土墩，工期较长，尚缺乏大型栈桥快速安装经验。

三门峡、新安江、丹江口等水利工程的建设，施工栈桥的桥墩多为混凝土墩，少数为钢墩，跨度结构为钢筋混凝土梁或钢梁。桥面梁系及其上的零件均利用浇筑混凝土的门式或塔式起重机，以端进法进行安装，每个工作面每天可完成一个跨度。

浙江石塘水利工程采用 8m 高的钢栈桥其上安装丰满门机和窄轨机车运输方案，钢梁长 20m。施工单位每天可完成一跨栈桥安装，包括 2 个 8m 高的钢墩及 20m 长的钢梁，钢材量 158.3t。也就是说，在三峡工程立项获批准前，可为三峡工程施工栈桥借鉴的国内实例并不多。

三峡工程规模巨大，工程建设分三期进行，总工期 17 年，整个建设期的主体即二、三期工程均需使用栈桥实施混凝土浇筑以及金属结构和机电设备埋件的安装。考虑到栈桥使用的临时性、多功能、连续使用、经济性，要求栈桥更多应采用钢结构，重复利用梁柱结构，以节省钢材、降低造价，同时有利于实施快速安装与拆除栈桥，确保全体大坝与电站厂房工程的施工进度。

这里所指的临时性，是指三峡工程建成后栈桥必须拆除，而钢结构栈桥有利于或方便拆除；多功能是指栈桥既要作为混凝土浇筑和金属结构安装的施工手段，同时兼作两岸交通桥和各类供水、供电、供风管线及设施的布置场地；连续使用是指尽可能设计通用结构，实现快速装拆、重复利用；经济性是指栈桥本身的造价应控制在概算范围内。

由于钢结构的制作与安装造价远高于混凝土或预制混凝土结构，在三峡工程科技攻关研究中，我们对全钢结构、全混凝土结构、钢混结构和不采用栈桥的施工方案也进行过综合研究。鉴于部分结构研究内容在后面章节中已涉及、全混凝土结构虽然造价低但缺乏安装手段、无栈桥方案外购设备多且土建工期需延后一年等，本章节不再赘述。

为比较方便，我们对当时曾用到的国内外栈桥资料，以及各种结构及参数附表于此（见表 3－3－1 至表 3－3－5）仅供参考。

表 3－2－1　　**国外起重机栈桥技术经济指标表**

国名	编号	水利枢纽名称	坝型及部位	主要建筑物尺寸（m）			栈桥尺寸（m）				栈桥金属结构重量（t）							栈桥上每浇筑1m³混凝土的金属用量(kg)	
				坝高	基宽	全长	全长	桥宽	桥高	跨距	总重量	跨度结构 重量	跨度结构 占总重量比例	支柱 重量	支柱 占总重量比例	埋入混凝土不能收回部分 重量	埋入混凝土不能收回部分 占总重量比例	按金属总重量计	不能回收部分
前苏联	1	卡霍夫水电站	重力坝	33	46	650	1090	2×6	26	15 25	6300	4300	68%	2000	32%	1800	29%	13.7	4.0
	2	新西北利亚水电站	重力坝	35	-	440	439	10	30	24 25	3928	2300	59%	1628	41%	1500	38%	13.1	5.0
	3	卡玛水电站	混合溢流式	36	-	-	391	-	18	16	4552	2800	62%	1752	38%	1080	24%	10.1	2.4
	4	古北雪夫水电站	重力坝																
			大坝	38	-	1000	1370	15.6	28	26	8400	5900	70%	2500	30%	2260	27%	9.6	2.6
			电站厂房	80	100	700	977	15.6	40	30	5367	3690	69%	1677	31%	1289	24%	4.3	1.0
	5	凯拉克库姆水电站	混合溢流式	40	-	102	212	-	32.6	17 22	1275	792	62%	483	38%	287	22%	16.0	3.6
	6	伊尔库茨克水电站	混合溢流式	56	77	233	276 264	13.4	上游 17.2 下游 19.4	24	3472	2872	83%	600	17%	348	10%	10.0	1.0
	7	齐姆良水电站	重力坝	41	60	610	716	17	26	21	3442	2188	64%	1254	36%	1254	36%	5.5	2.0
	8	斯大林格勒水电站	重力坝			1472													
			大坝	42	62	736	990	13	25	26	7204	5070	70%	2134	30%	1758	24%	10.9	2.7
			电站厂房	70	90	700	726	13	40	28	5513	2879	52%	2634	48%	2142	39%	5.9	2.3
	9	石山口水电站	重力坝	63	40	390	376	13.25 16.55	35	11 22	1500	950	63%	550	37%	460	31%	4.0	1.2
	10	布拉茨克水电站	宽缝重力坝	125	101	1441													
			主栈桥				1350	21.92	87.4	44	21380	11910	55%	9470	44%			5.7	
			辅助栈桥				845	2×6.0	25	22	6630	4000	60%	2630	40%	1850	28%	10.5	2.9
美国	11	奇洛基坝	重力坝	55	-	2060	535	15.66	29.85	19.2 9.3	2900					1750	40%	-	-
	12	道格拉斯坝	重力坝	61	45	483	346	15.66	30	-	1478	1100	74%	-	-	-	-	5.2	1.0
瑞士	13	大古力坝	重力坝	168	158	1270	1095	13	低 56 高 60	18 30	8900	-	-	-	-	-	-	2.6	-
	14	罗森斯坝	拱坝	83	28	320	-	12.5	54	16 20	55.4	-	-	-	-	-	-	0.23	

表 3－3－1　　国内外大坝施工栈桥施工方案汇总表

国名	大坝名称	栈桥规模				施工速度		施工安装方法			说明
		长（m）	宽（m）	高（m）	钢材量（t）	工期（月）	安装强度	加工方法	水平运输	垂直运输	
美国	大古力	1100	13.1	61	8900	3	365m/月 2967t/月	工厂预制	大汽车拖拉	2 台 35t 起重机	高栈桥，两岸端进法
	芳坦纳	（高）470 （低）280.5	17.1	64 70	3500	49 天 1.6 月 138 天 4.6 月	175m/月 2188t/月 102m/月 761t/月	工厂预制	大汽车拖拉	2 台 35t 起重机	两岸端进法 高栈桥 1943.11.29～1944.1.16 低栈桥 1943.9～1944.1.16
	利贝	610	11.0	96	5100	7	87m/月，729t/月	工厂预制	大汽车拖拉	2 台 35t 起重机	
	契罗克	532	15.7	30	3200	4	133m/月，800t/月			履带式机和门机	
	道格拉斯	405	15.7	30		9				40t 门机	右岸端进法
前苏联	布拉茨克	1358	21.92	87.4	213800		1500t/月	工厂预制	大汽车拖拉	臂长 22～44m 起重 80～30t	主栈桥、端进法
	乌斯特－伊利姆	1320	18.7	88	3000	22	1364t/月	基地组装	铁路运输	特制起重机	主栈桥
	卡霍夫	1090	12	25	5807		1551t/月			臂长 38m 起重量 15～30t 动臂起重机	两岸端进法
	石山口	376	16.55	35	1500				20t 门机	左岸端进法	
	齐姆良	716	16	26	3442	4				25t 起重机	两岸端进法
中国	三门峡	460	13.0	35	2000		桥面安装一天一跨	工厂预制		25t 塔机	端进法
	新安江	104、304	10、11	（14.1）	960		桥面安装一天一跨	工厂预制			
	丹江口	780	13	11			桥面安装一天一跨			门机	端进法
	石塘	100	10	8			158.8t/天		挂车运输	门机	

表 3—3—2　　栈桥钢梁自重资料

架截面形状	梁跨类型	梁上行驶荷载	梁长（m）	截面尺寸 $H×B$（cm）	一联梁重（t）	梁单位长重（kg/m）	备注
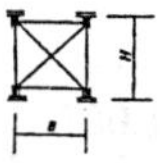	铆接钢板梁	102 型塔机（前苏联）	15.9	140×120	17.81	1120	三门峡
		102 型塔机（前苏联）	20.9	150×120	27.72	1325	三门峡
		$\frac{10}{20}$t×$\frac{40}{20}$m 门机（原东德）	13.4	130×120	18.1	1350	丹江口
		丰满门机	19.9	151.4×80	22.67	1139	新安江
		1000mm 列车	15.9	127×145	10.6	665	三门峡
		1000mm 列车	20.9	152×145	14.22	680	三门峡
		762mm 列车	19.9	151×140	13.84	695	新安江
		1524mm 列车（前苏联）	14.3	115.4×200	14.58	1020	卡霍夫
		1524mm 列车（前苏联）	23.6	228.6×200	35.83	1520	卡霍夫
		起重机（前苏联）	23.6	228.6×800	18.93（片）	802（片）	卡霍夫
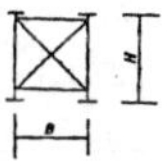	焊接钢板梁	丰满门机	17.9	154×90	13.56	760	潘家口
		$\frac{10}{30}$t 高架门机（圆筒式）	14.96	146×60	8.51	570	白　山
		$\frac{10}{30}$t 高架门机（圆筒式）	15.1	155×100	12.61	835	故　县
		$\frac{10}{30}$t 高架门机（圆筒式）	13.7	149.8×100	11.28	823	故　县
		$\frac{10}{30}$t 高架门机（圆筒式）	11.2	145×100	8.76	782	故　县
		$\frac{10}{30}$t 高架门机（圆筒式）	21.2	184.8×100	24.37	1150	故　县

表 3－3－3　　部分钢栈桥墩参数表

项目／单位／水电站名称	墩高	墩轴线横向宽度 B	墩轴线纵向宽度 A	起重机轨距	单墩用钢量	单位宽度每米高墩用钢量	每米高墩用钢量
	m	m	m	m	t	t	t
新安江	14	7	3	7			
三门峡	60	10	2.4	10	86	0.143	1.433
潘家口	17.6	7	3	7	35	0.283	1.989
白　山	13.2	10.5	3.5	7	65	0.884	4.924
卡霍夫（前苏联）	20				36		1.80
布拉茨克（前苏联）	70～87.4	18.72	5.7				
齐姆良（前苏联）	30				32		1.067
拉克库姆（前苏联）	16～29				38		1.689
大古里（美国）	49～61	13	10				

表 3－3－4　　栈桥钢筋混凝土梁自重资料（一联梁）

梁跨类型	梁上行驶活载	梁长（m）	混凝土量（m^3）	钢筋（t）	梁重（t）	梁单位长重（t/m）	备注
起重机钢筋混凝土梁	102 型塔机（前苏联）	6.9	4.5	1.48	11.3	1.64	三门峡
	$\frac{10}{20}$t×$\frac{40}{20}$m 门机（原东德）	8.0	11.2	3.52	28.0	3.5	丹江口
	$\frac{10}{20}$t×$\frac{40}{20}$m 门机	11.0	14.7	4.4	36.8	3.35	丹江口
	$\frac{10}{20}$t×$\frac{40}{20}$m 门机	11.9	12.4	6.94	31.0	2.61	丹江口
运输机车钢筋混凝土梁	1000mm 列车	6.7	5.04	0.89	13.0	1.94	三门峡
	1000mm 列车	6.9	4.5	1.04	11.25	1.63	丹江口
	1000mm 列车	7.1	5.0	0.99	13.0	1.83	丹江口
	1000mm 列车	11.0	8.82	2.17	22.1	2.01	丹江口
	1000mm 列车	11.9	10.0	2.95	25.5	2.14	丹江口
	1000mm 列车	13.4	13.3	3.42	33.3	2.49	丹江口

表 3－3－5　　　　　国内外部分水利水电工程栈桥特性

工程名称	混凝土工程量（万 m^3）				栈桥尺寸（m）			
	总数量	主要建筑物用量	栈桥浇筑量		桥长	桥宽	桥高	跨距
			数量	%				
新安江水电站	175.5	138			104 304	10,12,7		20
三门峡水利枢纽	210	163	28.3		460	13		15.9,20.9
丹江口水利枢纽	326	293			780	18.35		13.4,15.9,20.9
故县水库	162				183 207.6	13.6	27	10.7,13.2, 14.6,20.5
龙羊峡水电站	318.5				130.6	25.5	61	20,30
白山水电站	163				326	15.5	35	14.9,15.6
铜街子水电站	281				62.8 164.5	13.5 13.45		30,27.5,16.5
奇洛基坝	300	59			535	15.66	29.8	9.3,19.2
道格拉斯坝	42	42	35	83	400	15.7	38	
大古力坝（一期）	800		340		915	13	49	18,30
大古力坝（二期）					1095	13	61	
弗里安特坝	156				705	13.5	86	
契罗克坝	52.5				532	15.7	30	
方坦纳坝	214				305 470	17.1	69,61	
公牛滩坝					580	11.6	56	
赫尔斯峡坝	52.7				204	11.0	61	
利贝坝	305				610	11.0	84	
卡霍夫水电站	140	108	46	43	1090	16	26	15,25
新西伯利亚水电站	45	34	30	90	439	10	30	24,25
古比雪夫水电站大坝		249	88	35	1370	15.6	28	20
古比雪夫水电站厂房		312	125	40	977	15.6	40	30
伊尔库茨克水电站	81	81	34.7	43	276 264	13.4	17.2 19.4	24
齐姆良水电站	196	120	71	59	710	14	26	21
斯大林格勒水电站大坝		183	66	36	990	13	25	26
斯大林格勒水电站厂房		265	93	35	726	13	40	28
石山口水电站	66	63	38	60	376	13.25 16.25	35	11,22
布拉茨克水电站主栈桥			385	97	1350	21.92	87.4	44
布拉茨克水电站副栈桥			63	97	845	2×6.0	25	22
卡码水电站		71	45	63	391	12	18	16
莫洛托夫水电站	97	72	18.7	26	391		26	16
卡拉克库姆水电站	27	24	8	30	212		32.6	17,32
布赫塔尔明水电站	124	97	89	92	244 310	16.12	30,63	26,22

四、三峡栈桥与国内外同类栈桥技术特性对比

三峡工程高程120m施工栈桥从1998年开始设计，2001年建成投入运行，到2006年2月，已完成其所有使命。实践证明，三峡工程高程120m栈桥在诸多方面达到世界同类栈桥的领先水平。

1. 荷载等级居世界第一

三峡工程为世界一流工程，混凝土施工规模、强度及所采用的施工设备也是世界一流的，使栈桥设计荷载也在国内外水电工程中位居第一。栈桥运行的主要大型设备有高架门机和塔机，自重加配重、吊重计达1200t，还行走特挂-200平板挂车、200t胎带机、6m^{3}混凝土料罐车等。

2. 栈桥长度位居国内第一，世界第三

三峡二期工程高程120m栈桥正桥长1157.73m，引桥长约100m，总长约1260m。正桥总长仅次于前苏联古比雪夫水电站大坝栈桥（1370m）和布拉茨克水电站主栈桥（1350m）。

3. 桥面宽度位于国内第二，世界第三

三峡二期工程高程120m栈桥桥面宽度为1.5m（人行道）+20.5m（行车道），仅次于龙羊峡水电站栈桥（桥面宽度25.50m）。

4. 起重机梁采用钢箱梁居国内先进水平

我国水电站工程栈桥起重机梁大部分选用钢板梁结构，只有太平哨、铜街子工程采用钢箱梁结构，但荷载远小于三峡施工栈桥荷载。

5. 汽车道采用钢—混组合梁板结构在国内尚属首次

以前施工栈桥汽车道多采用钢板梁或预制混凝土板，且梁板分开计算，没有考虑梁板之间的共同作用，没有充分利用材料的性能。三峡左厂11$^{\#}$～14$^{\#}$坝段高程120m栈桥采用钢—混组合梁板结构，刚度大，节约了钢材，方便了施工，运行安全可靠。

6. 下部结构采用箱型立柱在国内居领先水平

国内施工栈桥下部结构均采用钢格构柱或混凝土桥墩，三峡二期大坝施工栈桥采用箱型钢立柱在国内尚属首次，满足了大型施工设备对栈桥的强度及刚度要求。

7. 结构复杂性居国内第一

三峡二期工程高程120m和45m施工栈桥由于位置不同，使用功能不同，施工单位对结构类型要求不同，故造成结构形式复杂多样。如汽车梁有预应力混凝土梁、钢板梁、普通钢筋混凝土梁三种；同一跨内有钢箱梁、钢板梁、钢混凝土组合板梁、预应力混凝土梁或普通钢筋混凝土梁、钢垫梁等。钢垫梁又因外形尺寸不同，分几种类型。

8. 结构计算全部采用计算机软件，CAD出图率达到100%

以前由于受条件限制，栈桥结构计算全部用手工计算，制图用手工绘制。设计一座栈桥需一年多时间，现采用计算机计算和制图，ⅡA标段120m栈桥从方案设计到全部施工图出图完毕只用4个多月时间，大大提高了工作效率。

第四章　三峡工程45栈桥方案优化

三峡二期工程高程45m和120m施工栈桥，是三峡水利枢纽二期大坝及电站厂房混凝土浇筑和金属结构、机电设备安装的重要施工手段，也是坝体水平和垂直运载物资和人员的必需通道。由于二期工程工期紧、任务重（前段临时工程和主体工程交叉进行；中段持续高强度浇筑混凝土；后段浇筑、金结制安和机电设备安装重叠），加上高程45m和高程120m栈桥设计荷载大、跨专业多、技术复杂，栈桥设计是否合理、可靠，其实施能否及时形成，直接关系到三峡二期工程能否顺利建成及2003年发电目标能否实现。

早在20世纪80年代初，长江委设计院在三峡工程“150m”和“175m”正常蓄水位方案的可行性研究、前期科研、初步设计和“七五”国家重点科技攻关（编号75-16-4-4-21）以及其后的技术设计和招标设计过程中，就已对三峡工程施工栈桥作过非常深入和十分详细的设计研究。考虑到三峡工程大坝及电站厂房主要浇筑设备选型决策和二期工程施工承包合同招定标决策较晚；各承包商投标的栈桥方案及报价差异较大；分标后栈桥设计的桥面荷载条件、运行工况和交通互扰因素等发生很大变化。业主、长江委设计院和参加三峡二期大坝及电站厂房工程施工承包合同评标的大多数专家均认为，有必要在实施阶段对承包商投标的栈桥方案进行统一规划和整体优化。合同谈判过程中，业主已明确了这一原则。

一、优化动因及过程

三峡二期大坝及电站厂房工程施工承包合同技术条款约定，承包商应在泄洪坝段下游高程45m左右建设一座施工栈桥，栈桥上安装两台由业主提供的大型塔机，栈桥的布置须与ROTEC塔带机及混凝土供料系统的布置相协调。桥面塔机的技术参数及工作性能与MQ2000型高架门机相近；塔身高约90m。后期，两台大型塔机可转移到泄洪坝段高程120m施工栈桥上。

高程45m施工栈桥及两台大型塔机的主要功能和作用是：

（1）在塔带机和缆机投产前，作为泄洪坝段初期混凝土的浇筑手段；

（2）塔带机、缆机投产后，作为其发生故障或定期维护、检修时的（混凝土）备用浇筑手段；

（3）导流底孔、泄洪深孔工作门等金结安装手段；

（4）塔带机及混凝土供料系统的大件安装；

（5）作为建设高程120m栈桥的安装条件；

（6）混凝土浇筑辅助作业。

因投标阶段，各投标人对二期临时工程的工程量及报价有不同的理解和竞标策略；评标时又缺乏准确一致的标准。合同谈判中，业主将大部分临时工程改为“单价不变、暂定总价、优化实施、节约分成”的承包方式。1997年11月，业主厂坝项目部致函泄洪坝段施工承包商（葛洲坝股份有限公司三峡建设承包公司），要求其从以下四个方面对高程45m栈桥方案进行优化：

（1）栈桥分台阶布置；

（2）尽可能利用开挖基岩面，增加直接辅设轨道部分的长度，以减少栈桥长度及工程量；

（3）深槽部位浇筑一定高度的碾压混凝土，增加栈桥桥墩的刚度；

（4）考虑高程45m栈桥和高程120m栈桥形成上的时间差，研究将高程45m栈桥部分结构拆至高程120m栈桥重复利用。

针对上述优化原则，葛洲坝股份有限公司三峡建设承包公司于1998年1月17日复函，接受优化原则的第2项，但以施工进度、技术难度和资源配置等方面不利于合同履行的理由否定了其他3项。1998年5月13日，业主厂坝项目部根据三峡总公司设备采购情况又致函葛洲坝股份有限公司，要求其研究取消高程45m施工栈桥，采用由业主购置并提供的两台大型（300t）履带吊代替高程45m栈桥及其两台大型塔机的功能。收函后，葛洲坝股份有限公司三峡建设承包公司迅即组织力量，在广泛咨询国内一些专家的意见基础上，对此要求做了深入详细的分析研究，并提出完整的施工论证方案报告（随附于三建函字〔1998〕第64号文）。其中主要结论性意见是：

（1）取消高程45m施工栈桥，合同直线工期比约定的控制性工期至少推迟8个月；

（2）塔带机频繁改变浇筑工况，生产效率降低；

（3）履带吊虽较灵活，但工作性能较塔机差；

（4）与合同约定由业主提供施工设备的性状不符，可能导致金结安装进度推迟9～15个月；

（5）施工难度增加；

（6）增加施工成本约5900万元。

鉴于承包商的论证结论可能导致合同重大变更或引发争议，1998年7月业主厂坝项目部以科学、严谨、慎重的态度，重新委托长江委设计院对高程45m栈桥进一步优化。拟研究的方案和内容是：

1. 栈桥分阶段形成方案

（1）充分考虑利用开挖基岩面，增加直接铺设门塔机轨道；

（2）栈桥分台阶布置；

（3）部分钢墩用混凝土墩代替。

2. 无栈桥方案

（1）泄洪坝段下游设路堤，堤顶高程45～46m；

（2）深槽部分$1^{\#}$～$8^{\#}$泄洪坝段设栈桥，上面布置上海港机厂生产的MQ2000型高架门机，其余部位用路堤。

二、技术论证阶段的方案优化

三峡工程规划、勘测、设计论证虽然近半个世纪，但各阶段规模及设计条件变化很大，也就是说在进入实施阶段时，大多数此前进行的栈桥设计成果仅能作为参考……故不赘述。

三、三峡前期及“七五”攻关科研的栈桥方案

由于三峡大坝河床基岩面高程为5～25m，根据坝址地质条件，枢纽大坝最大坝高设计为175m。因此，需要在适当高程上架设栈桥，以保证浇运设备能覆盖所有施工部位。

如前所述，整个枢纽工程施工分三期进行。一期工程：河床部位主要修建混凝土纵向围堰到90m高程，浇运设备布置在建筑物的左右侧基岩面上，无须设栈桥即可满足施工要求。

二期工程：河床部位主要修建混凝土纵向围堰以左的溢流坝段、厂房坝段等建筑物。浇筑溢流坝及厂房坝段的浇运设备布置在坝外的上、下游高程50m的基岩和专门架设的施工栈桥上（厂房坝段下游栈桥位于厂坝间平台），控制大坝全断面混凝土施工。当坝体浇筑至120m高程左右时，架设高程120m栈桥，将高程50m上的浇运设备转安至高程120m栈桥上，完成其上坝体混凝土浇筑和金结安装至185m坝顶高程。

三期工程：修建混凝土纵向围堰以右的厂房坝段等建筑物，浇运设备线路分别布置在上游坝外90m、58m、50m三个不同高程的基岩面上；下游浇运设备线路布置在专门架设的85m高程的施工栈桥上，能满足建筑物全断面的混凝土施工。当坝浇至120m高程左右时，架设高程120m栈桥，并与左部河床高程120m栈桥贯通，继续完成120～185m高程大坝混凝土浇筑。

按选型的浇运设备及现场施工地形条件，大坝上游（溢流坝段和厂房坝段）高程50m施工栈桥轴线距坝轴线30.5m。浇运设备轨道全长891.5m，其中非栈桥轨道线长345m占39%（含高度小于5m的部位），钢栈桥长546.5m占61%，宽25m，最大高度40m，一般高度18～28m，平均高度21.7m。从左到右各部位高程如图4－3－1所示，栈桥共27跨，其中溢流坝段17跨，每跨长21m。栈桥基础根据基岩开挖高程形成4个台阶，两端高、中间低。栈桥上安设大型塔机7台（塔机自重800t），汽车线路4条（汽车载重20t），其中3条在大型塔机轨道之间，一条在塔机轨道线的下游侧，其下游侧还有一条高程46m料罐停放线。栈桥钢材量估算约7024t。

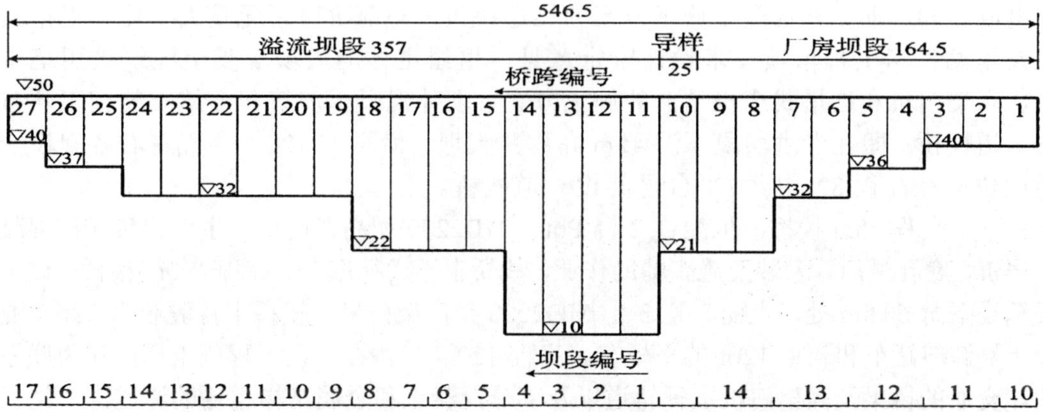

图4－3－1 上游高程50m栈桥基础高程示意图（距坝轴线30.5m）

溢流坝段下游 50m 高程栈桥轴线距坝轴线 144.25m，全长 483m，其中非栈桥线长 63m，钢栈桥长 420m，宽 25m，最大高度 30m，一般高度 10～12m，平均高度 14.2m，共计 20 跨，每跨长度 21m。桥面上布置 4 台大型塔机，运输线路与上游高程 50m 栈桥相间。栈桥钢材量估算 4346t。

厂房坝段下游高程 50m 栈桥轴线位于坝轴线下游 104.5m，全长 390.5m，其中非栈桥长 277.4m，钢栈桥长 113.1m，宽 17.5m。共 6 跨（高 25m 的 2 跨、高 16m 的 3 跨、高 10m 的 1 跨），跨度为 24m 和 13.7m 相间布置。桥面上布置大型高架门机和载重 20t 的汽车运输线。栈桥钢材量估算 1003t。

高程 50m 上、下游起重机线路总长 1765m，其中非栈桥线长 685.4m（占 39%），钢栈桥线长 1079.6（占 61%）。栈桥钢材总用量约 1.3 万 t。

四、初步设计阶段的栈桥方案

三峡工程施工栈桥研究，高栈桥即高程 120m 栈桥与混凝土施工方案及施工设备的选型密切相关。因此，在初设阶段，重点放到低栈桥的总体布置研究上。1992 年三峡工程初步设计报告提出，在全长 483m 的泄洪坝段上、下游均布置有高程 50m 的钢栈桥。上游栈桥可与左岸厂房坝段高程 50m 栈桥联通，总长增至 546.5m。其中，泄洪坝段钢栈桥 357m，厂房坝段 63.5m，栈桥梁柱最大高度约 40m。因泄洪坝段上游侧部分基岩面较高，另有约 126m 的长度上不需要架设钢结构桥，争取浇筑混凝土埂直接形成大型塔机的轨道基础。泄洪坝段下游侧也有约 63m 的长度可浇筑混凝土埂形成塔机基础，只需架设钢结构桥 420m。

高程 50m 栈桥主要工程量：

（1）混凝土浇筑 8438m^3；

（2）金属结构制作安装 7024t。

五、招标设计阶段的栈桥方案

高程 82m 栈桥和高程 120m 施工栈桥的总体方案设计，招标设计阶段受其设计深度制约和二期工程混凝土施工方案的比选决策，与前阶段暂无重大变化。根据大坝及电站厂房工程单项技术设计审定意见，枢纽主体的大坝混凝土浇筑采用塔带机、高架门机和摆塔式缆机结合的施工方案，坝体混凝土浇筑和金结安装施工共布置 3 道栈桥：即在泄洪坝段下游 45m 高程和大坝下游坝坡 120m 高程左右各架设一道栈桥；在高程 82m 厂坝平台再架设一道栈桥。

下游高程 45m 栈桥，拟配置 2 台 PotainMD2200 型高架门机，主要担负初期混凝土浇筑、底孔弧门等安装及施工辅助作业，栈桥上不通行汽车。高程 120m 栈桥，位于坝轴线下游 60.5m 处，上面布置 3 台 MQ2000 型高架门机，栈桥上行驶载重 20t 的混凝土侧卸料罐车和载重 120t 的平板车。高程 120m 栈桥在二期工程施工期间作为联系两岸交通的桥梁及高架门机运行轨道以及部分混凝土和金属结构运输的通道，二期工程大坝建成后，作为导流底孔封堵混凝土运输及操作叠梁门高架门机运行轨道，此外还可作为施工期间敷设水管、电缆、通信线路的通道。高程82m施工栈桥，主要担负左岸电站厂房混凝土浇筑和金属结构安装施工。

高程45m栈桥位于坝轴线下游120m处，从1#泄洪坝段至23#泄洪坝段，总长度480m。其中81m轨道直接敷设在基岩上，栈桥部分长度为399m，跨度21m，共19跨，栈桥桥墩高度分别为6.5～32m不等。

栈桥结构形式及布置为上承式简支梁桥，起重机轨距15m，两侧外挑2m人行道，桥面总宽为19m，栈桥跨度21m，共19跨，桥墩最大高度32m。上部结构主梁为起重机梁，桥面系设上平纵联，采用交叉撑及横向联结系，间隔10m，不设纵梁；柱子为钢桥墩横向布置柱间支撑，每隔一孔布置一道纵向柱间支撑。

因桥上不通行汽车，不设桥面板。

高程45m栈桥主要工程量为：混凝土1500m^3，金属结构制安5000t。

高程120m栈桥，从左非12#坝段通向23#泄洪坝段，总长度约为1230m。为适应主体水工建筑物布置，栈桥跨度分设计为21.2m、17.1m、14.2m、11m、10m五种，其中21.2m跨度15孔，17.1m跨22孔，14.2m跨3孔，11m跨22孔，10m跨23孔，桥墩高度从8m至29m不等。

六、投标阶段的栈桥方案

（一）总体布置

高程45m施工栈桥从泄1#坝段至泄23#段，总长度约480m，其中右端102m轨道直接布置在基础混凝土轨埂上。栈桥轴线位于坝轴线下游20+121.25m，桥上布置2台大型塔机，主要担负泄洪坝段初期混凝土浇筑、导流底孔弧门等金属结构安装及混凝土施工辅助作业，施工期间作为敷设水管、电线、通信线路的通道，栈桥上不通行汽车。

（二）平面及立面布置

栈桥大部分置于坝外，泄洪坝段宽21m，因此栈桥梁跨长度可以不受坝缝限制。栈桥上必须考虑混凝土运输车的通行及1#～4#塔带机的安装要求，故将梁跨结构长度选为21m和10.5m两种。桥墩中心距分别为21m和10.5m，间隔布置，其中墩距21m有12孔，墩距10.5m有12孔，共24孔。栈桥纵坡为平坡，起重机轨距13.5m，轨顶高程为45m。在栈桥下游侧布置一道2m宽人行道，桥面总宽15.5m。栈桥起重机梁采用箱形梁，栈桥桥墩采用组合钢桁架柱式钢桥墩。

高程45m栈桥主要工程量为：混凝土浇筑1570m^3，金属结构制安4875t。

（三）控制性进度

高程45m栈桥要求1998年1月～1999年1月完成桥体及大型塔机安装；1998年10月开始陆续投入运行；2002年6月将大型塔机拆至高程120m栈桥。

为有效降低由于高程55～100m之间密布的导流底孔和泄洪深孔以及其结构复杂、钢筋密集、门槽数量多、体型要求严、同时穿插安装钢衬形成的施工难度，确保持续高强度及塔带机发生故障等情况下的施工工期，承包商在签署合同之前就曾提出并承诺：

（1）塔带机投产前，利用多种施工手段进行基础混凝土浇筑，施工设备拟采用 2 台胎带机，3 台 WK-4 电吊，1 台索吊相互配合浇筑基础混凝土（特别是填塘混凝土、陡坡混凝土），为固结灌浆提供部位，为基础面以上混凝土的全面上升创造条件。1999 年 1 月缆机投产后，深槽部位（左导墙坝段以及 1#～4#泄洪坝段）发挥缆机优势多浇基础部位混凝土。

（2）大坝下游高程 45m 栈桥上在原有 2 台大型塔机的基础上再增加 2 台 SDTQ1800/60 高架门机，加快Ⅲ坝块上升速度。当混凝土浇筑上升至高程 94m 时，立即开始进行底孔弧门的安装及深孔弧门于深孔反弧段的拼装，为弧门安装留有足够的工期。

（3）塔带机投产后，4 台塔带机与缆机相配合，共同担负抢浇Ⅰ、Ⅱ坝块混凝土。1#、2#塔带机下游由高程 45m 栈桥上的 2 台 SDTQ1800/60 高架门机配合施工，抢浇Ⅲ坝块混凝土，形成塔带机与缆机相配合抢浇上游控制进度的关键部位，与大型塔机、高架门机相配合抢浇下游弧形闸门的安装部位的施工格局，为钢衬门槽埋件及安装留有足够的工期。

（4）混凝土浇筑与金结安装交叉的部位，可利用混凝土浇筑层的施工间隙时间并留适当直线工期进行金结埋件安装，尽可能缩短金结安装占用的直线工期。

（5）闸门槽埋件自下而上 30m 左右为一段进行安装，即：高程 90m 层、高程 120m 层、高程 158m 层和高程 185m 层。当混凝土浇筑到每个层面高程后，利用层间间歇搭设门槽安装保护平台，然后安装相应层以下的门槽，如此分成 4 个层面交错进行混凝土浇筑与门槽安装，既可保证两者的工期，又可保证门槽安装的整体质量。

（6）二期混凝土模板用预埋螺栓与外支撑相结合，提高模板刚度，防止变形失稳，加快二期混凝土浇筑上升速度，缩短其直线工期。

（7）底孔弧形闸门启闭设备先吊入启闭机室，然后封顶，为弧门启闭机安装创造工作条件。

（8）加强施工现场的资源优化配置，加强土建施工与金结安装管理协调，统一安装、浇筑手段，避免相互干扰。

七、取消 45 栈桥的方案论证

大坝及电站厂房二期工程土建与安装施工承包合同约定，施工栈桥等部分临时工程为“暂定总价项目”，最终总价以业主制定的统一优化原则和承包商实施实际发生的工程量以及投标报价中相应单价合理确定。在施工准备期间，业主依据合同提出优化取消高程 45m 栈桥的建议；作为备用措施，由其提供两台 300 吨级大型履带吊替代栈桥及大型塔机功能。

（一）履带吊总体布置

取消高程 45m 栈桥，300t 履带吊布置在泄 23#坝段至泄 1#坝段，总长度超过 480m。根据泄洪坝段下游地形、地质条件和基础开挖及大坝混凝土浇筑等因素，至少应分别形成高程 45m、40m 和 30m 三个履带吊施工平台。为了不与坝体下游 2#、3#塔带机混凝土供料线胶带机（中心线20+112.00，TB2#、TB3#混凝土运输线D段初始位置胶带机立柱高程69～81～97～112m）发生干扰，并保证留有一定的净距，履带吊中心线桩号在泄23#～泄17#坝段：20+125.0m；泄16#～泄5#坝段：20+126.5m；泄4#～泄3#坝段：20+133.50m；泄2#～泄1#坝段：20+136.76m。

300t履带吊拼装平台位于右纵1～泄20#坝段下游护坦高程45m，宽度30m。泄19#～泄9#坝段下游300吨级履带吊施工平台高程40m，宽度18m，长度231m；泄8#～泄1#坝段，履带吊平台高程30m，宽度18m，长度168m。上述三个履带吊施工平台，均与下游基坑施工道路相通。泄19#～泄17#坝段下游斜坡道坡度i=10%，高程45～40m；泄14#～泄5#坝段下游斜坡道坡度i=5%，高程40～30m，斜坡宽度均为12m。

300t履带吊施工平台采用$R_{28}150^{\#}$混凝土路面，厚度30cm，垫层厚20cm，斜坡道为泥结碎石路面。

泄1#～泄2#坝段下游挡土墙基础高程20m，墙顶高程30m，墙高10m，长度30m。

300t履带吊主要技术性能和参数见表4－7－1。

（1）两台300t履带吊施工平台布置见图4－7－1、图4－7－2和图4－7－3。

（2）300t履带吊施工平台工程量为：石方开挖15.70万m^3，碎石回填5000m^3，土石方回填2.50万m^3，混凝土8460m^3，浆砌块石200m^3。

（二）取消45栈桥泄洪坝段混凝土施工方案

根据300t履带吊主要技术性能和混凝土供料胶带机布置及大坝结构特点等，300t履带吊浇筑泄洪坝段混凝土拟考虑五种浇筑方案：

（1）300t履带吊采用塔式工况SW：主臂72m（或36m）及副臂36m（或66m）情况下，配合塔带机共同浇筑大坝下块（纵缝Ⅱ以下坝块）；

（2）300t履带吊采用塔式工况SW：主臂72m（或36m）及副臂36m（或66m）情况下，配合布料机（Putzmeister TB105皮带机）进行混凝土浇筑；

（3）300t履带吊采用主臂工况SH：主臂36m（或42～48m）开进下块仓面浇筑混凝土；

（4）300t履带吊采用主臂工况SH：主臂36m（或42～48m）占压一个坝段，浇筑相邻左、右坝段；

（5）300t履带吊采用塔式工况SW：主臂36m及副臂66m，起吊3m^3混凝土卧罐。

经过深入研究比较以上五个方案，可以得到如下结论。

1．第一方案

300t履带吊采用塔式工况SW：主臂72m（或36m）及副臂36m（或66m）情况下，吊重（6m^3混凝土罐）20t，工作幅度42m，起升高度95 m（或83 m），可以跨过TB2#、TB3#混凝土运输线D段初始位置（TB2#和TB3#的$Z_{23\text{-}5}$立柱最大高程为97m）进行混凝土浇筑，但由于泄23#～泄17#坝段和泄16#～泄5#坝段下游300t履带吊中心线20+125.0 m和20+126.5m，按起吊幅度42 m计，上述坝段下块可浇筑范围为桩号20+083和20+084.5m以下部分，而大坝纵缝Ⅱ桩号为20+064.0m，因此，大坝下块尚有靠上游约 20 m 的范围，需由塔带机浇筑完成。

表 4—7—1　　300t 履带吊（DEMAG　CC1800）主要技术参数

工况					浇筑	安装
工作范围	主臂长度 36m	起重量 20t		工作幅度（m）	30	
				起升高度（m）	30	
	主臂长度 72m SH	起重量 10t		工作幅度（m）	50	
				起升高度（m）	53	
		起重量 20t		工作幅度（m）	37	
				起升高度（m）	61	
		起重量 30t		工作幅度（m）	29	
				起升高度（m）	66	
		起重量 40t		工作幅度（m）	25	
				起升高度（m）	67	
		起重量 50t		工作幅度（m）	22	
				起升高度（m）	68	
工作范围	塔式工况主臂长度 36m SW	塔式工况副臂长度 66m	起重量 10t	工作幅度（m）	62	
				起升高度（m）	64	
			起重量 20t	工作幅度（m）	42	
				起升高度（m）	83	
			起重量 30t	工作幅度（m）	32	
				起升高度（m）	87	
	塔式工况主臂长度 72m SW	副臂长度 36m	起重量 20t	工作幅度（m）	42	
				起升高度（m）	95	
			起重量 30t	工作幅度（m）	24	
				起升高度（m）	100	
	回　转			360° 全回转		
工作速度	起升速度（m/min）			单绳	0～123	
				20t（2 倍率）	61	
	变幅速度（m/min）				10	
	回转速度（rpm）				0～1.1	
	行走速度（km/h）				0～2	
臂架组合（主臂 72m+副臂 66m）带荷载行走工况		当坡度为 0.5～1.5° 时，相应的吊重能力减小 15%；当坡度为 0.5°～2.5° 时，地面承地力不小于 77.9N/m^2，相应的吊重能力减小 25%				
塔式工况（主臂长度 72m，副臂长度 66m）行走允许坡度				地面承载能力的要求为不小于 77.9N/m^2，爬坡角度约为 10°		
标准自重（t）			199（不含配重 90～120t）			
标准最大起重量（t）			300			
发动机总功率（HP）			340			

第一方案 300t 履带吊浇筑混凝土情况见图 4—7—4、图 4—7—5、图 4—7—6。

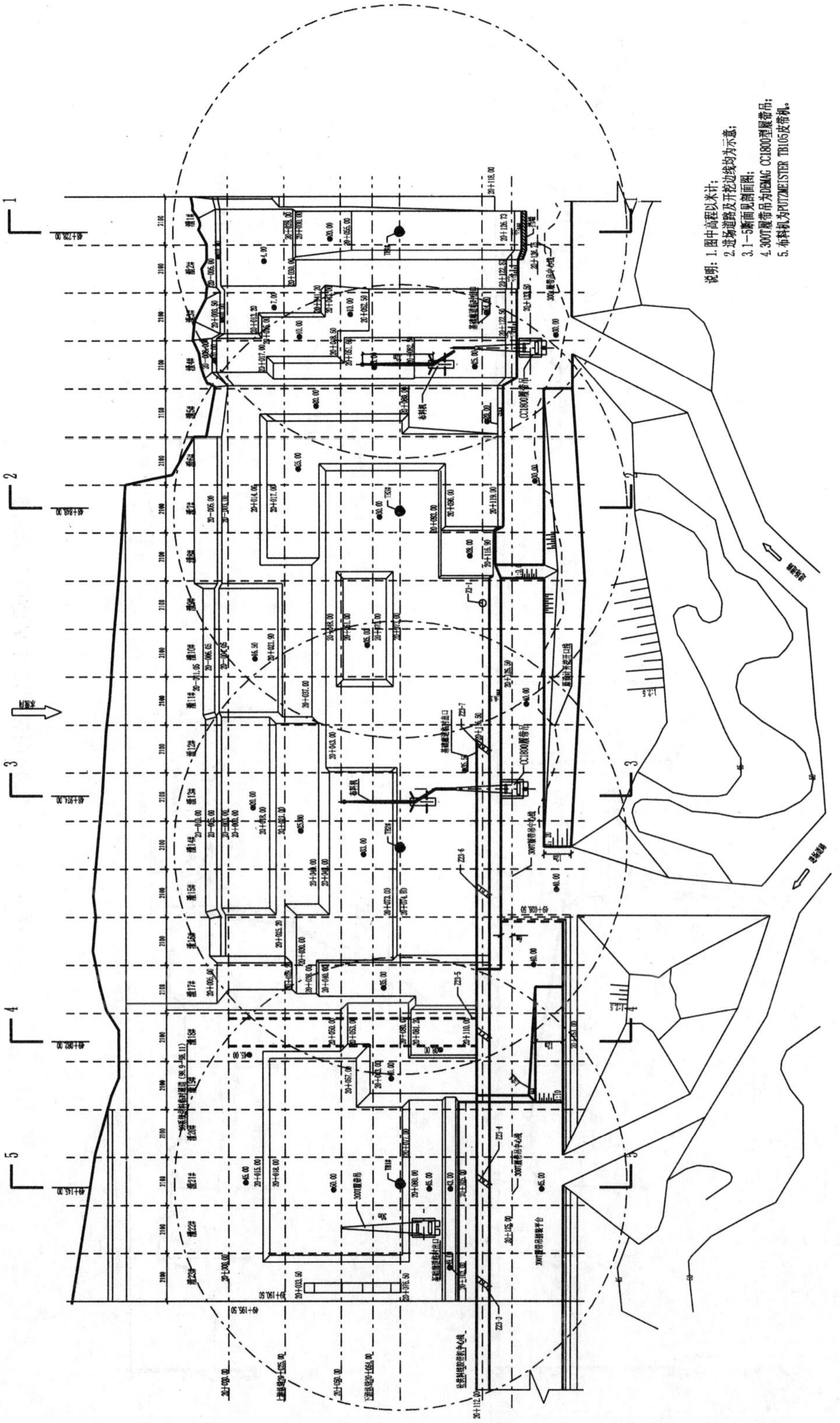

图 4—7—1　泄洪坝段 300t 履带吊工作平台平面图

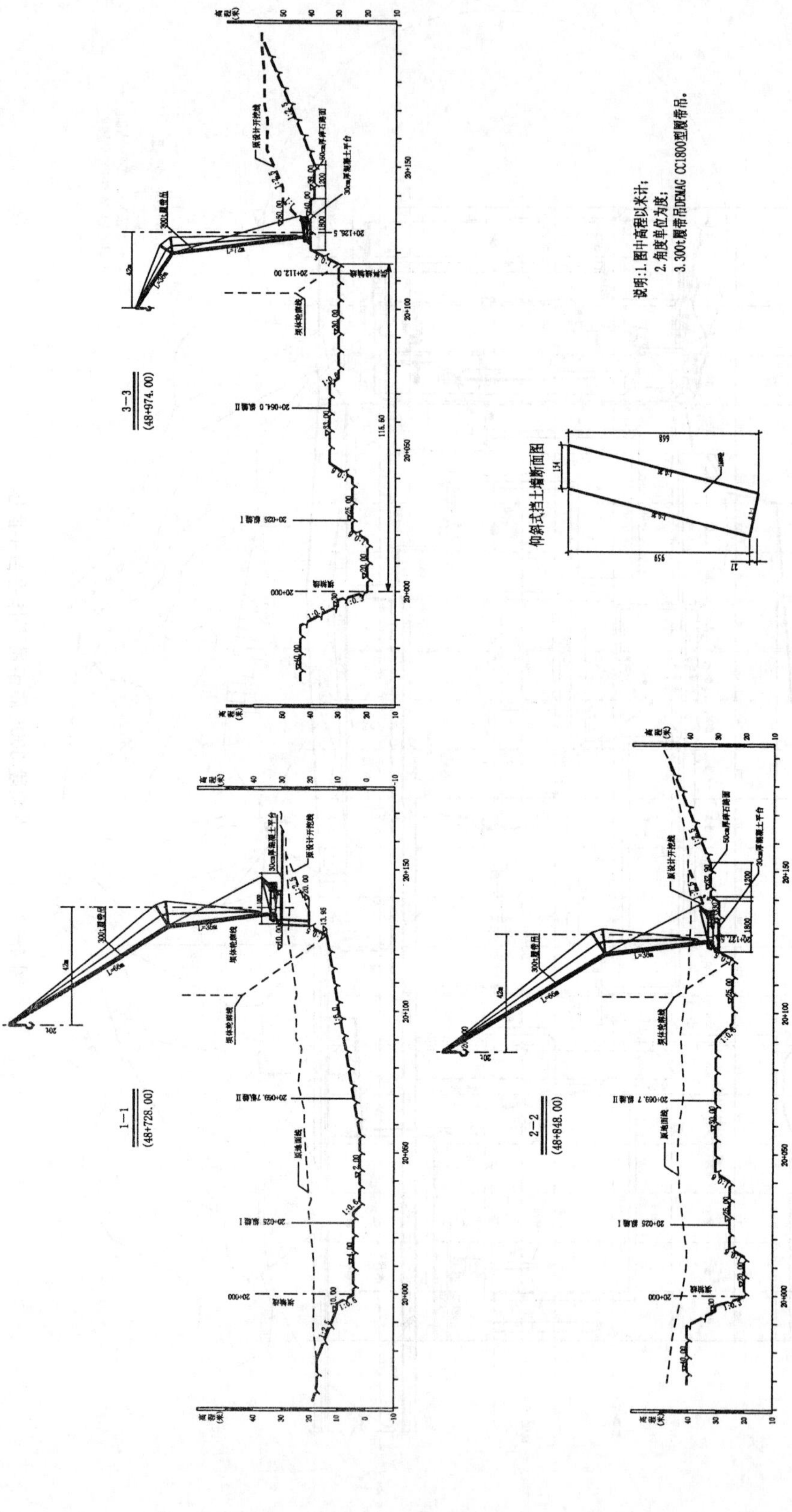

图4—7—2 300t履带吊工作平台典型剖面图

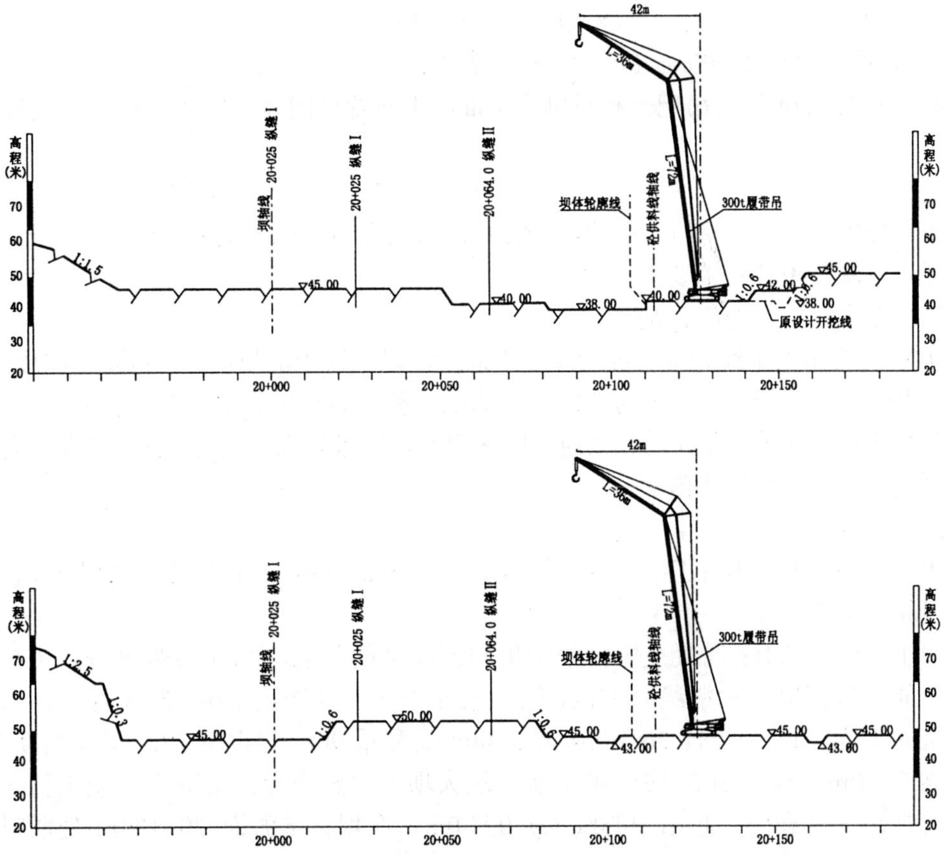

图 4－7－3　300t 履带吊工作平台典型剖面图

第一方案的优缺点是：

300t 履带吊和塔带机同浇一个坝块，仓面混凝土操作困难不大，能满足设计技术要求。但是，该方案存在的主要问题是：塔带机未投产前，此方案不能成立；施工初期，大坝基础混凝土缺少浇筑手段，直线工期拖期且后续施工将受到很大影响。塔带机和 300t 履带吊共同浇筑一个坝块，亦将增加施工管理的难度。

2. 第二方案

300t 履带吊采用塔式工况 SW：主臂 72m（或 36m）及副臂 36m（或 66m）情况下，其起重量、工作幅度和 300t 履带吊中心线均与第一方案相同，大坝下块采用 300t 履带吊不能浇筑的上游 20m 范围，利用仓面布料机配合浇筑，可以共同完成下块混凝土浇筑。

Putzmeister　TB105 型布料机主要技术参数：

（1）机型为伸缩式混凝土浇筑布料机；

（2）臂最大伸缩长度 32m；

（3）臂最小长度 12.62m；

（4）带宽 457mm；

（5）0°倾角时，混凝土浇筑能力 $257m^3/h$；

（6）20° 倾角时，混凝土浇筑能力 175m^3/h；

（7）重量约重 25000kg（包括 4 桥底盘重量）。

第二方案 300t 履带吊配合布料机浇筑混凝土布置见图 4—7—4、图 4—7—5、图 4—7—6。

第二方案的优点是：

在塔带机未投产前的施工初期，300t 履带吊配合布料机浇筑大坝基础混凝土，技术上可行，可满足设计技术要求。

第二方案存的主要问题是：

300t 履带吊与上述布料机浇筑速度不同步，以混凝土浇筑能力（m^3/h）比较，300t 履带吊浇能约为混凝土布料机的 0.15 倍，影响混凝土布料机的生产率和正常运行。布料机在仓面移动、支撑，受钢筋、廊道等因素限制，困难较大；同时，该布料机在施工初期能否及时交付使用尚待落实。

3. 第三方案

300t 履带吊采用主臂工况 SH：主臂 36m（或 42～48m），自行进入大坝下块浇筑区实施混凝土浇筑。

由于 TB2$^{\#}$、TB3$^{\#}$混凝土供料胶带机布置高度的限制，300t 履带吊塔式工况的起重臂不能穿过混凝土供料线胶带机，因此只能采取主臂浇筑工况（300t 履带吊由供料胶带机的下面穿过）：主臂 36m（或 42～48m），配重 90t，起重量 22t，工作幅度 30m，起吊高度 30m，导致 300t 履带吊不能浇筑大坝下块整个仓面混凝土。施工程序为：先将履带吊开进仓面，起吊中心线 20+094.0m，在坝体下游面 20+124m 处取料进行混凝土浇筑；然后采取从上游到下游的退浇法完成混凝土浇筑。

第三方案 300t 履带吊浇筑混凝土情况见图 4—7—4。

第三方案的优缺点是：

在塔带机和布料机未能投产情况下，采用 300t 履带吊开进仓面浇筑大坝基础混凝土，只能作为临时替代措施，以其为施工主方案，势必产能小、效率低，不能满足高强度连续施工要求。

第三方案存在的主要问题是：

仓面模板、钢筋、廊道、冷却水管和止浆片等，对 300t 履带吊的进退干扰很大，施工难度大，混凝土龄期和基岩面对履带吊行走要求严格，设计技术要求难以满足，施工质量不易保证。

4. 第四方案

300t 履带吊采用主臂工况 SH：主臂 36m（或 42～48m）占压一个坝段，浇筑相邻左、右坝段。

与第三方案相同原因，300t 履带吊采取主臂浇筑工况（从混凝土供料线胶带机下面穿过），占压一个坝段，履带吊主要技术参数同第三方案，浇筑左、右相邻两个坝段至 3m 盖重混凝土后，交付固结灌浆，退出占压坝段，恢复混凝土坝块上升浇筑，如此类推循环。300t 履带吊自右向左跳仓占压一个坝段，进行大坝下块基础混凝土浇筑。

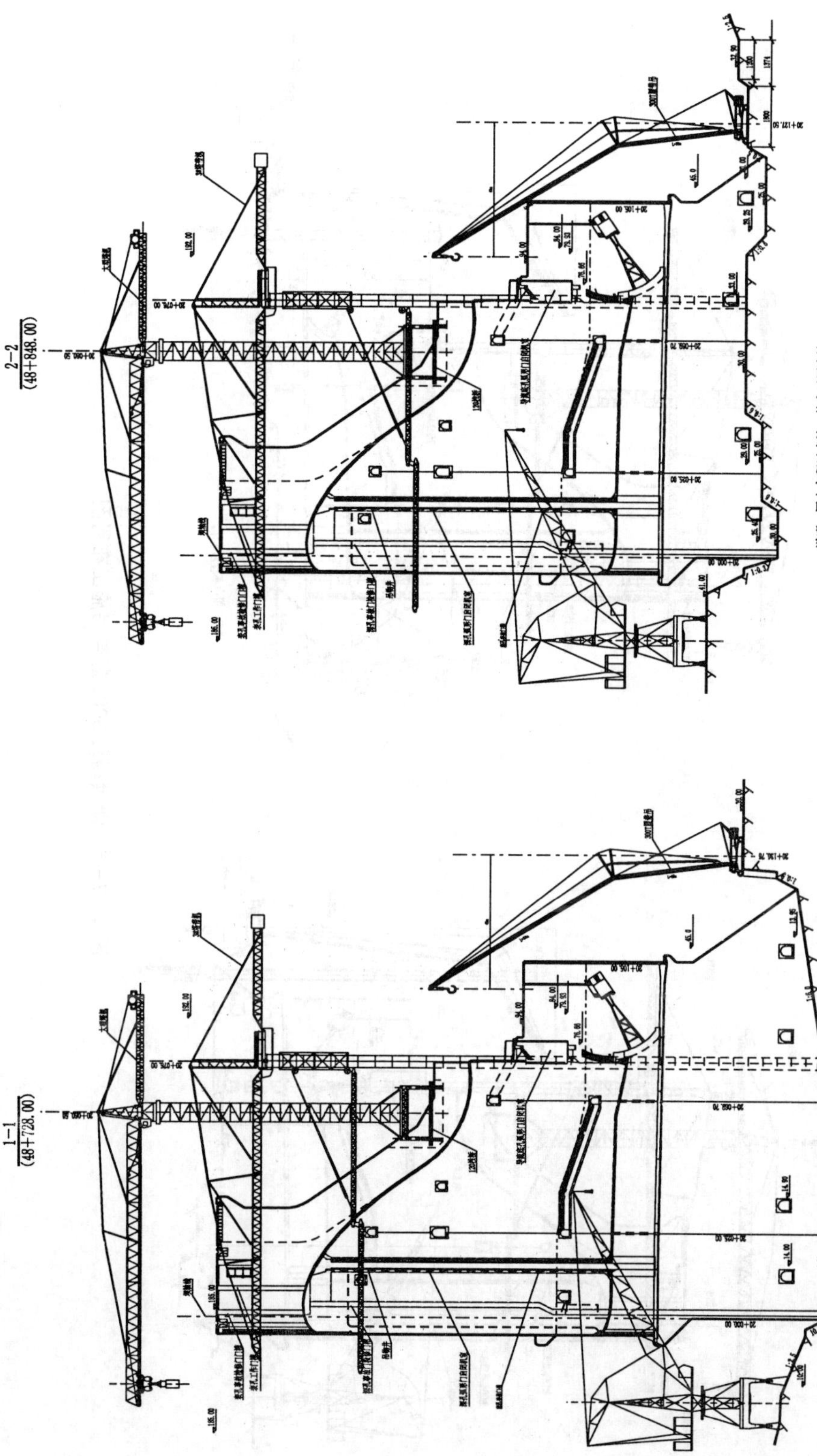

说明：图中高程以米计，其余以厘米计。

图 4—7—4　泄洪坝段 300t 履带吊施工布置图

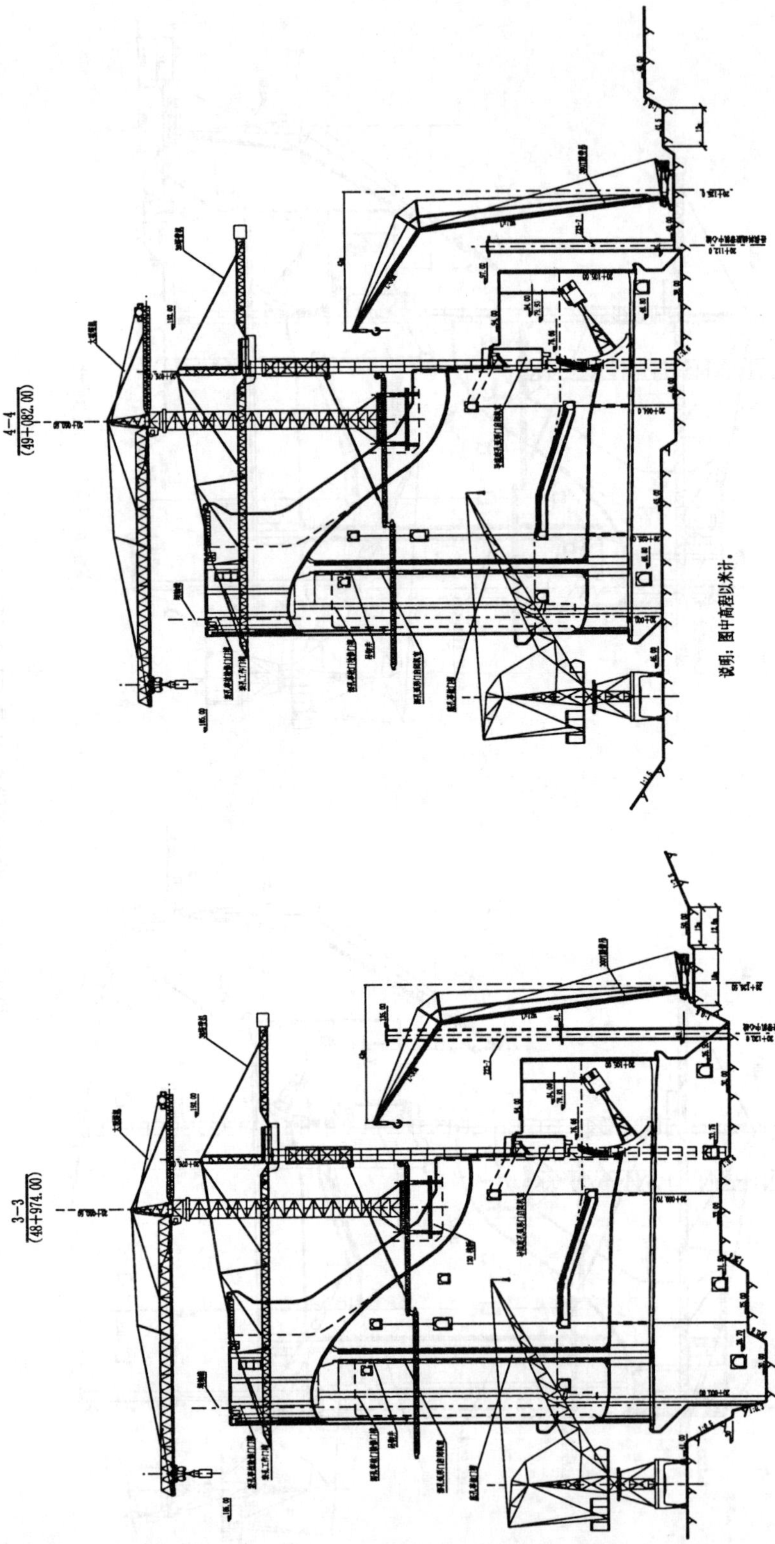

图 4－7－5　泄洪坝段 300t 履带吊施工布置图

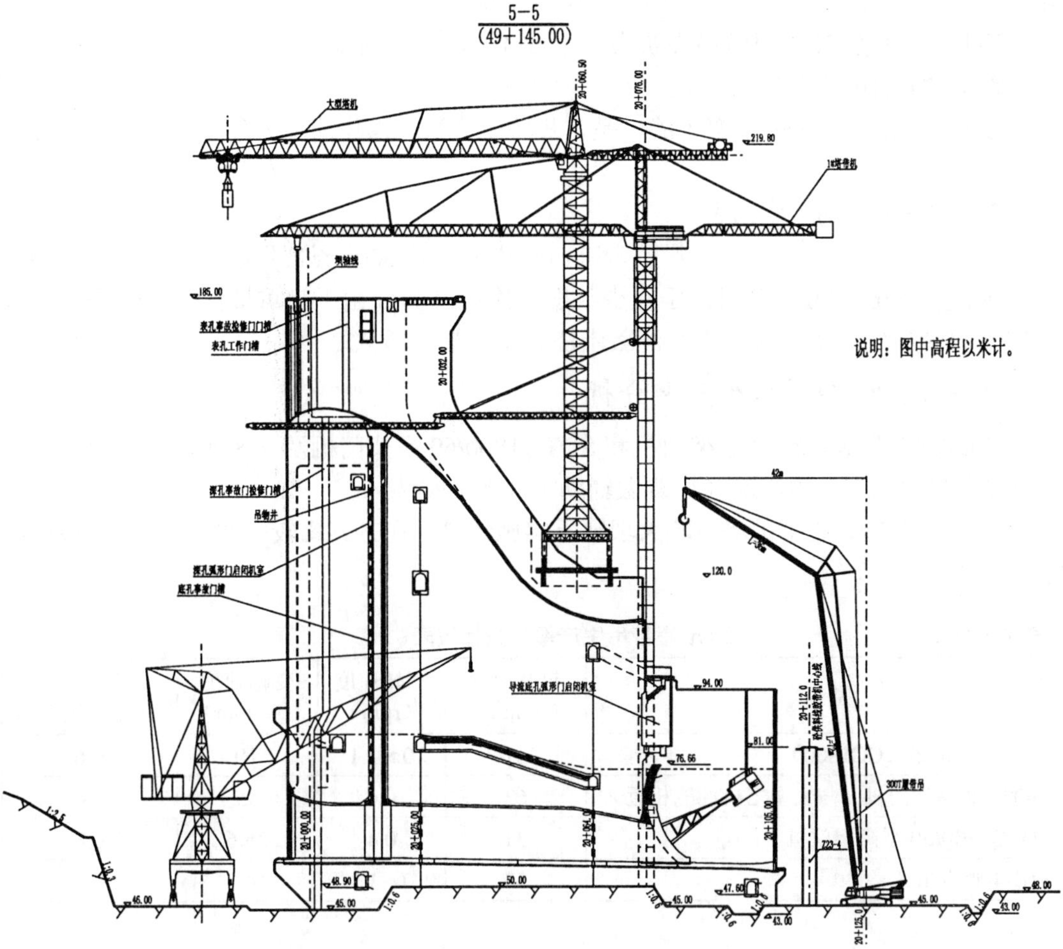

图 4—7—6　泄洪坝段 300t 履带吊施工布置图

第四方案的优缺点是：

施工初期，大坝下块混凝土浇筑，在没有大型混凝土施工机械的情况下，采用该方案作临时措施，技术上可行，但经济上尚待研究。

第四方案存在的主要问题是：

300t 履带吊占压坝段多，同时，由于工作幅度 300m（吊重 20t）的限制，对相邻左、右坝段混凝土浇筑，履带吊必须负载频繁行走，浇筑强度低，不利于三峡大坝快速上升，对施工工期影响较大。

5. 第五方案

300t 履带吊采用塔式工况 SW：主臂 36m 及副臂 66m，起吊 $3m^3$ 混凝土卧罐。该方案浇筑工况下，泄 12#～泄 5#坝段下游 300t 履带吊中心线 20+126.5m，按工作幅度 62m（起重量 10t）、起升高度 64m 计，上述坝段下块可浇范围为 20+064.5m，与纵缝 Ⅱ 20+064m

相近，起吊 $3m^3$ 混凝土罐，泄洪坝段下块可全部浇筑。

第四、五方案 300t 履带吊浇筑布置见图 4－7－4、图 4－7－5、图 4－7－6。

第五方案的优缺点是：

300t 履带吊起吊 $3m^3$ 混凝土罐，是常规施工方法，操作简单方便，能满足设计技术要求。

第五方案存在的主要问题是：

由于 TB2#、TB3#混凝土供料胶带机初始状态，对 300t 履带吊起升高度有一定的限制，因此起升 $3m^3$ 混凝土罐只限于在少数坝段使用。同时，由于起重量仅为 10t（R=60m），对 300t 履带吊生产率降低较大，混凝土浇筑强度影响较大。

（三）300t 履带吊生产率分析

300t 履带吊、MQ2000 高架门机和 SDTQ1800/60 高架门机及 WK-4 履带式起重机的主要技术参数和实际生产率（均兼做辅助工作等）如表 4－7－2。

由于采用 300t 履带吊浇三峡大坝缺乏实施经验，在方案比较中暂定其生产率为 0.6 万 m^3/月。

表 4－7－2　　300t 履带吊生产率分析比较表

型号	起升速度（m/min）	回转速度（rpm）	变幅速度（m/min）	实际生产率（万 m^3/月）
300t 级履带吊（CC1800）	61	0～1.1	10	0.6
MQ2000 高架门机（与大型塔机性能相近）	63	0.6	35	1.0
SDTQ1800/60 型高架门机	31	0.4	35.6	0.8
WK-4 履带吊	53	0～1.1	14.8	0.4

（四）施工初期混凝土浇筑情况

TB1#～TB4#塔带机投产前，泄洪坝段上游布置的 2 台 SDTQ1800/60 型高架门机随着基础开挖分别于 1998 年 10 月中旬、12 中旬投产，同期形成 CC200 型胎带机进料平台，用 CC200 型胎带机浇筑泄 23#～左导墙坝段上块（纵缝Ⅰ，20+025 上游部分）混凝土，2 台高架门机与缆机共同承担 23#～左导墙坝段施工初期混凝土的辅助工作（本标段按使用一台缆机考虑）。

泄洪坝段中块（泄 8#～泄 23#，20+025～20+064 和泄 1#～泄 7#，20+25～20+069.7 范围）混凝土施工考虑两种方案：

（1）泄 8#～泄 19#坝段由缆机浇筑混凝土，高架门机兼作辅助工作。缆机浇筑混凝土按生产率 1.5 万 m^3/月考虑，泄 8#～泄 19#坝段中块沿坝轴线长为 21m×11=231m，顺流向长 39m，覆盖面积约 $9000m^2$，按月均上升 2 层，混凝土浇筑强度基本满足（本方案主要取决于缆机能否按时投产）。

（2）左导墙坝段～泄 7#坝段中块下游部分和泄 20#～泄 23#坝段为缆机非工作区。因此，混凝土浇筑采用 CC200 型胎带机（不进入仓面）配 Putzmeister TB105 型布料机浇筑混凝土（布料机用缆机或高架门机吊入仓面），高架门机、缆机作辅助工作（本方案取决于能否按时提供布料机）。如果没有布料机，只能采用CC200型胎带机进入仓面，占压一个坝块，浇筑相邻坝块，高架门机，缆机作辅助工作。该方案虽技术上可行，但是需修筑入仓道路和仓面上料平台，影响占压坝块的直线工期一个月。

如有高程45m施工栈桥，泄洪坝段中块混凝土浇筑可由上游高架门机和栈桥上的大型塔机完成。

以上研究得出，取消高程45m施工栈桥，对上块基础混凝土施工影响不大，但对中、下块混凝土施工影响很大。左导墙坝段左块为300t履带吊机工作盲区，混凝土浇筑需由胎带机来完成，势必又要影响大坝中、上块混凝土浇筑。

（五）塔带机形成后混凝土浇筑分析研究

按照招标文件施工总进度安排，2002年2月底塔带机供料线开始拆除。以大坝剩余混凝土工程量应尽可能少的原则，塔带机投产后，应充分利用其浇筑混凝土产能高的特点，尽量减少改变浇筑工况，避免过多的辅助工作，影响塔带机效率的发挥。

1. 泄洪坝段混凝土施工辅助作业

混凝土施工辅助作业繁杂，主要包括钢筋、模板、电焊机房、振捣机房、平仓振捣机、空压机、风砂水枪、冲毛机、提升模板等的汽车吊装，灌浆管、止水片、冷却水管、乙炔、氧气瓶等设备和材料的吊入吊出，共计每仓混凝土约需20多个吊次。

招投标（合同）文件提供的泄洪坝段混凝土预制构件加工总量为18400m^3，预计施工中需采用的廊道顶拱混凝土预制模板约3700m^3。上述预制构件主要集中在坝体下游和上部结构，上游SDTQ1800/60型高架门机起吊数量有限，取消高程45m施工栈桥后，原来由大型塔带机承担的起吊工作只能改为塔带机来完成。

2. 无栈桥浇筑情况分析

取消高程45m栈桥后，TB1$^{\#}$～TB4$^{\#}$塔带机辅助工作分析有4种情况：

（1）TB4$^{\#}$塔带机担负左导墙坝段～泄4$^{\#}$坝段混凝土施工，其中上块、中块高程65m以下混凝土备仓工作由2$^{\#}$高架门机及缆机完成，高程65m至高程120m栈桥形成以前，仅由1台缆机承担混凝土备仓工作。下块高程60m以下混凝土备仓工作由300t履带吊来完成，兼做部分混凝土浇筑任务。高程60m以上由TB4$^{\#}$塔带机来承担。在此段时间内，泄1$^{\#}$～泄4$^{\#}$坝段底孔、深孔一期钢衬安装、深孔顶板倒T形梁安装和高程120m栈桥形成等任务均由TB4$^{\#}$塔带机承担。

左导墙坝段左块为300t履带吊工作盲区，20+025以下部分混凝土施工辅助工作亦由TB4$^{\#}$塔带机完成。

（2）TB2$^{\#}$塔带机担负泄11$^{\#}$～泄17$^{\#}$坝段混凝土施工，上块、中块高程86m以下混凝土辅助工作由1$^{\#}$高架门机及缆机承担，高程86m以上混凝土辅助工作需由缆机和TB2$^{\#}$塔带机承担。因塔带机下游供料线胶带机限制，下块混凝土辅助工作部分由300t级履带吊承担，主要依靠TB2$^{\#}$塔带机完成。同时，泄11$^{\#}$～泄12$^{\#}$坝段底孔和深孔一期钢衬安装、深孔顶板倒T形梁安装、高程120m栈桥形成等任务均由TB2$^{\#}$塔带机承担。

（3）TB1#塔带机担负右纵 1#、泄 23#～泄 18#坝段混凝土浇筑，上块、中块高程 90m 以上混凝土辅助工作由 TB1#塔带机承担。由于塔带机下游供料线胶带机高度限制，下块混凝土辅助工作主要由 TB1#塔带机承担。泄 18#～泄 23#坝段导流底孔和深孔一期钢衬安装、深孔顶板倒 T 形梁安装、高程 120m 栈桥形成等均由 TB1#塔带机承担。

从上述分析看出，取消高程 45m 栈桥及其 2 台大型塔机，大坝上游 2 台 SDTQ1800/60 高架门机和一台缆机担负左导墙坝段～泄 23#坝段的上、中块（48 个坝块）的混凝土施工辅助工作，战线长、任务紧，且高架门机轨道不在同一高程。当一台高架门机出现故障时，另一台不能支援；高架门机起吊高度以上部分混凝土施工，仅由一台缆机做辅助工作。下游 2 台 300t 履带吊由于现场实际施工条件及其技术性能的限制，混凝土辅助工作能力有限。

（4）由于坝体结构复杂，孔洞较多，每仓混凝土标号、级配至少两种以上。当塔带机浇筑混凝土时，标号、级配的变换只能通过塔带机变换工况来完成（原来可由大型塔机辅助）。如果塔带机出现故障，那么也失去了大型塔机提供支援的可能性。

3. 取消 45 栈桥塔带机实际生产率分析

按照投标文件，一台塔带机浇筑混凝土，配一台大型门塔机作辅助工作，混凝土浇筑月生产率可达 5 万 m^3/月。取消高程 45m 栈桥后，由于大量的混凝土辅助工作需由塔带机通过转换工况来完成，生产能力受到很大削弱。按照施工经验，塔带机实际生产率只能按 5 万 m^3/月的 60%计。因此，一台塔带机浇筑混凝土平均月生产率为 3 万 m^3/月。

（六）施工后期混凝土浇筑情况

2002 年 2 月底，高程 79m、高程 90m 混凝土生产系统及塔带机供料线开始拆除，各坝段达到的形象高程见混凝土施工进度计划表 4－7－3 和图 4－7－7。左导墙坝段～右纵 1#（共 25 个坝段）大坝剩余混凝土由有高程 45m 栈桥方案的 30 万 m^3 增加到取消高程 45m 栈桥方案的 47.05 万 m^3（未计导流底孔封堵混凝土），混凝土施工设备主要依靠高程 120 栈桥上的 2 台大型塔机和 2 台缆机。

两台大型塔机主要承担大坝剩余混凝土（包括二期混凝土）浇筑，以及坝顶门机轨道梁安装、金属结构和机电设备安装等任务。

塔带机供料线拆除后，高程 120m 栈桥成为泄洪坝段混凝土、材料、设备、金属结构件运输的通道。因大坝剩余混凝土工程量增大，相应的施工材料、混凝土运输强度增大。同时，金属结构安装强度持续增加，形成混凝土浇筑和金属结构安装争抢大型塔机和高程 120m 栈桥通道的紧张局面，可能导致施工工期大大后延的严重后果。

（七）取消 45 栈桥混凝土施工进度分析

泄洪坝段和左岸电站厂房 11#～14#坝段工程混凝土浇筑形象进度安排：

（1）1998 年 12 月～2000 年 4 月，泄洪坝段各坝段先后达到高程 54m，为底孔钢衬安装提供部位。

（2）1999 年 11 月～2001 年 2 月，各坝段先后达到高程 88m，为深孔钢衬安装提供部位。

表4—7—3 混凝土工程控制性施工进度表

部位	控制工期	有高程45m栈桥方案	取消高程45m栈桥桥方案	推迟时间（月）
泄18#～泄23#	达到高程54m	1998年10月31日～1999年1月20日	1998年10月31日～1999年3月20日	2个月
	达到高程88m	1999年9月30日～1999年12月15日	1999年11月30日～2000年2月15日	2个月
	达到高程120m	2000年6月30日～2000年9月15日	2000年10月10日～2000年12月31日	3.5个月
	达到高程148m	2001年2月30日～2001年5月31日	2001年7月15日～2001年11月30日	6个月
	达到高程185m	2001年11月30日～2002年4月30日	2002年7月31日～2002年12月31日	8个月
泄17#～泄5#	达到高程54m	1999年6月30日～2000年1月31日	1999年8月31日～2000年3月31日	2个月
	达到高程88m	2000年3月31日～2000年9月30日	2000年7月15日～2001年1月15日	3.5个月
	达到高程120m	2001年1月15日～2001年5月15日	2001年5月31日～2001年9月30日	4.5个月
	达到高程148m	2001年8月15日～2001年11月30日	2002年1月15日～2002年4月30日	5个月
	达到高程185m	2002年5月31日～2002年9月15日	2002年12月31日～2003年3月15日	7个月
泄4#～左导墙坝段	达到高程54m	2000年1月15日～2000年2月30日	2000年3月10日～2000年4月30日	2个月
	达到高程88m	2000年9月15日～2000年10月31日	2000年12月31日～2001年2月15日	3.5个月
	达到高程120m	2001年4月30日～2001年11月20日	2001年10月15日～2002年4月15日	5.5个月
	达到高程148m	2001年10月31日～2002年2月30日	2002年5月15日～2002年11月30日	6.5个月
	达到高程185m	2002年8月31日～2002年10月30日	2003年4月30日～2003年6月30日	8个月

（3）2000年4月～2001年5月，各坝段先后达到高程94m，为底孔、深孔弧形工作门安装提供部位。

（4）2000年10月～2002年4月，各坝段先后达到高程118m，为高程120m施工栈桥安装提供部位。

（5）2001年7月～2002年11月，各坝段先后达到高程148m。

（6）2002年7月～2003年6月，各坝段先后达到高程185m。

那么，有高程45m栈桥方案与取消高程45m栈桥方案，控制性施工进度比较及分析见表4—7—3。

对典型控制部位施工工期及施工强度分析表明，左导墙坝段至泄4#坝段位于河床深槽处，最大坝高达 183m，受基坑抽水的影响，开挖及提供浇筑部位的时间都比其他坝段晚。泄1#坝段混凝土工程量最大，是控制泄洪坝段工期的关键。其施工工期及强度分析见表4—7—4。

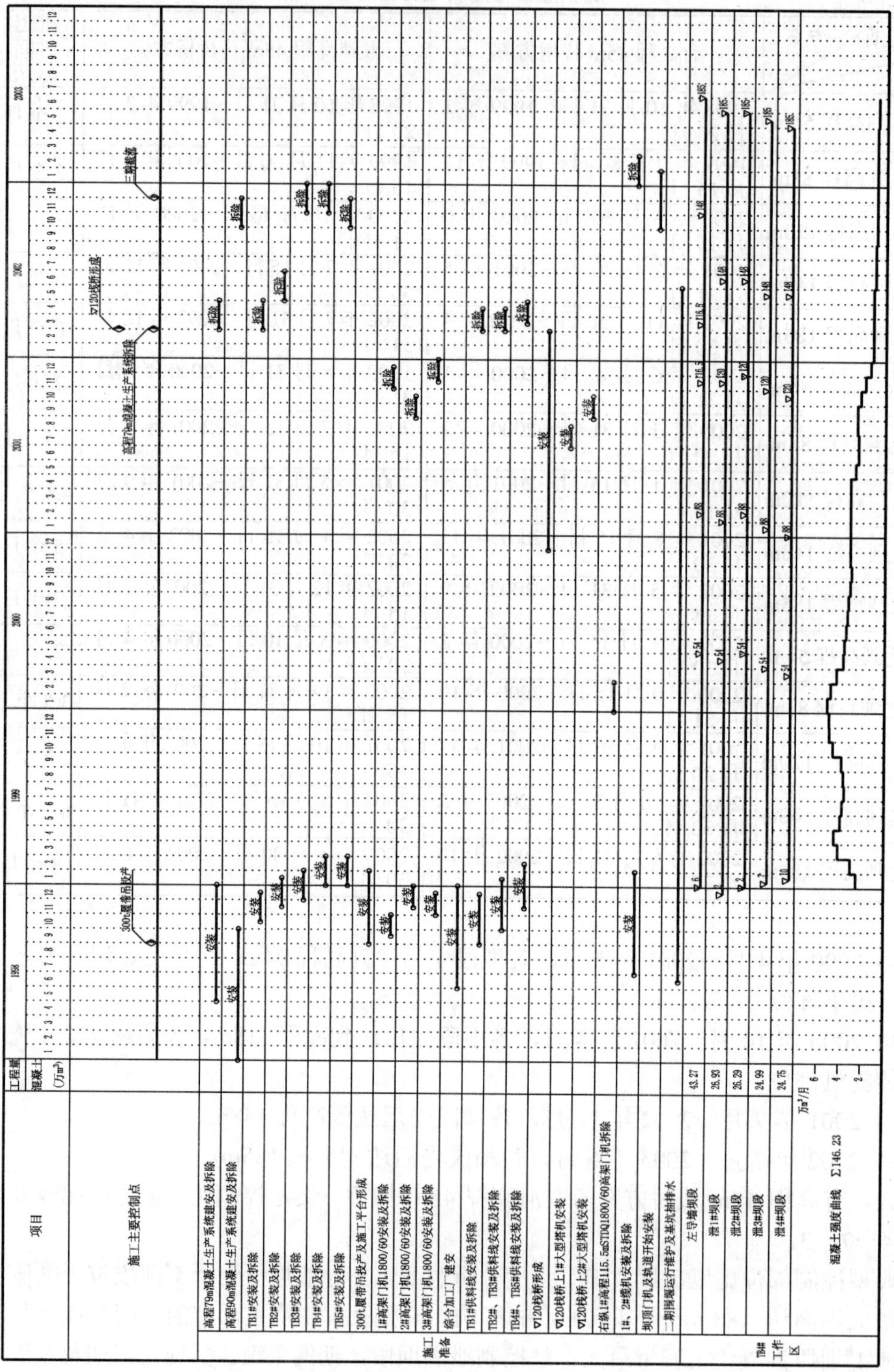

图 4-7-7　泄洪坝段取消 45 栈桥方案混凝土施工进度计划

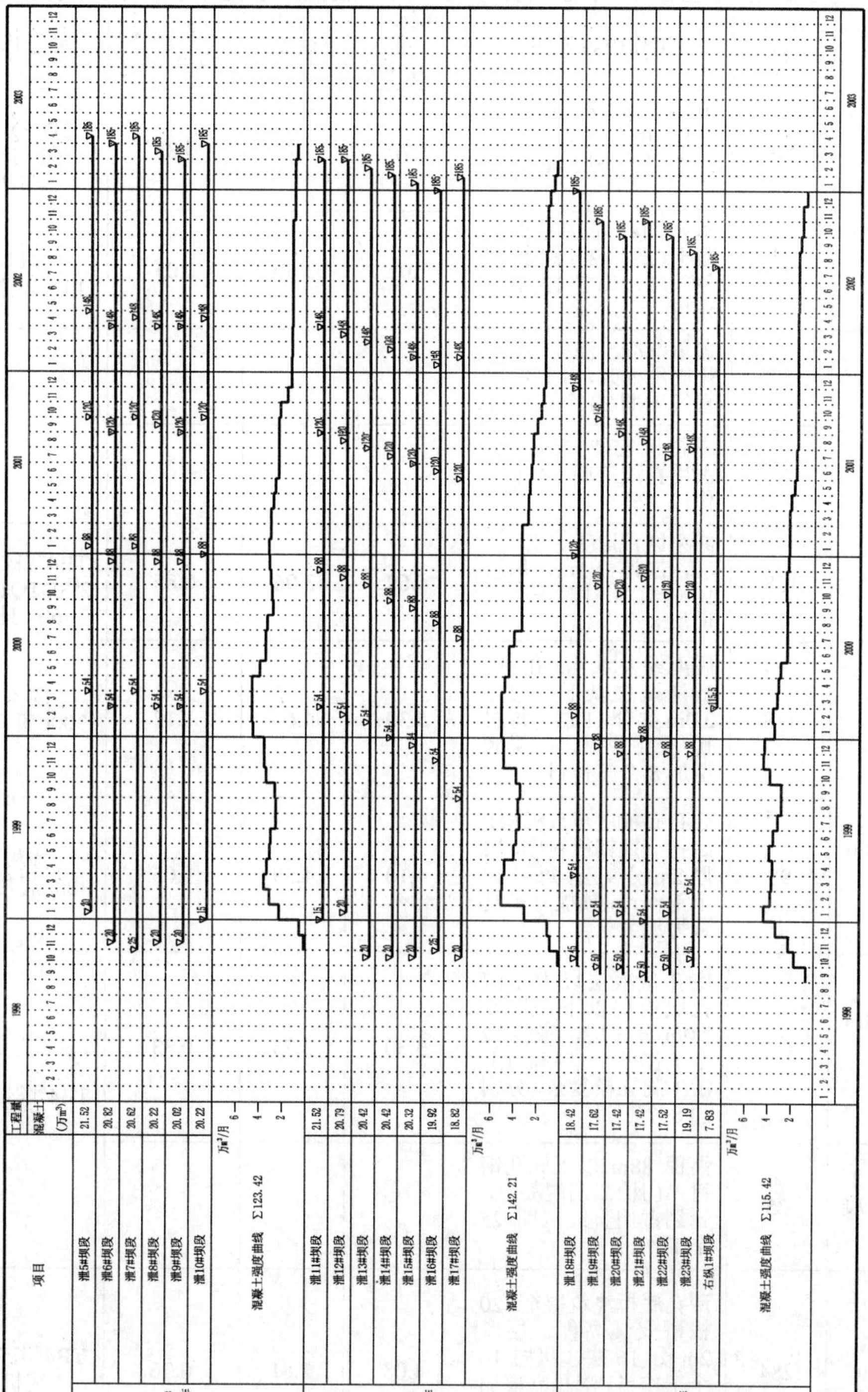

续图 4-7-7　泄洪坝段取消 45 栈桥方案混凝土施工进度计划

表 4—7—4　　　　**泄 $1^{\#}$ 坝段混凝土施工进度分析表**

项目描述	历时（天）	工作内容说明	混凝土量（万 m^3）	上升速度（m/月）	浇筑强度（万 m^3/月）	入仓手段
高程 10m 以下 ΔH=6～8m 13 仓次	50	填塘基础混凝土，找平高程 10m，层厚 1.5m，分 5 层，每层 10 个工作日	1.70	3.75	0.85	$2^{\#}$SDTQ1800/60 门机 胎带机
高程 10～13.5m ΔH=3.5m 6 仓次	24	基础固结灌浆盖重混凝土，层厚 2m 和 1.5m 各一层，每层 12 个工作日	1.01	3.60	1.05	缆机 300t 履带吊
固结灌装	28	盖重混凝土浇完后，安排固结灌浆，计划占用直线工期 28 个工作日				
塔带机安装	38	塔带机安装调试计划占用直线工期 38 个工作日				
高程 13.5～33m ΔH=19.5m 39 仓次	138	约束区混凝土，分 13 层，层厚 1.5m，每层 10 个工作日，一层廊道加 8 个工作日	4.69	3.96	0.85	TB4$^{\#}$塔带机 $2^{\#}$SDTQ1800/60 门机
高程 33～55m ΔH=22m 33 仓次	118	脱离约束区至底孔，底板浇筑层以下，层厚 2.0m 共分 11 层，每层 10 个工作日，一层廊道加 8 个工作日	5.30	4.66	1.12	缆机 300t 履带吊
高程 55～73m ΔH=18m 27 仓次	98	底孔底板层至顶板层，底孔一期钢板衬砌，层厚 2m 分 9 层，每层 10 个工作日，顶板立模复杂另加 8 个工日	4.10	4.59	1.05	缆机 300t 履带吊
高程 73～88m ΔH=15m 24 仓次	112	底孔顶板层以上至深孔底板层以下，层厚 2.0m 分 8 层，每层 12 个工作日，一层廊道上游牛腿立模复杂，分别加 8 个工日	3.30	3.75	0.83	TB4$^{\#}$塔带机 缆机
高程 88m 以下钢衬二期混凝土	25	高程 88m 以下底孔钢衬、门槽二期混凝土，计划占用直线工期 25 个工作日				
高程 88～120m ΔH=32m 48 仓次	284	深孔底板浇筑层至 120 栈桥安装高程，层厚 2m 分 16 层，每层 16 个工作日，深孔立模加 12 个工日，2 层廊道加 16 个工日	4.08	2.81	0.36	TB4$^{\#}$塔带机 缆机

续表 4—7—4　　　　　　　　泄 1$^{\#}$坝段混凝土施工进度分析表

项目描述	历时（天）	工作内容说明	混凝土量（万 m^3）	上升速度（m/月）	浇筑强度（万 m^3/月）	入仓手段
高程 120m 栈桥安装	13	高程 120m 栈桥安装计划占用直线工期 13 个工作日，其间浇筑高程 120m 以下二期混凝土				
高程 120m～148m ΔH=28m 14 仓次	142	高程 120m 到控制性高程 148m，层厚 2m 分 14 层，每层 9 个工作日。高程 130m 工作室封顶，一层廊道立模加 8 个工作日，溢流面立模加 8 个工日	1.62	5.65	0.33	TB4$^{\#}$塔带机 2$^{\#}$大型塔机
高程 148m～158m ΔH=10m 5 仓次	45	高程 148m 至表孔进水口底板浇筑层以下部分，层厚 2m。共 5 层，每层 9 个工作日	0.56	6.25	0.35	缆机
高程 158m 以下钢衬二期混凝土	50	底孔、深孔钢板衬砌，门槽二期混凝土，占直线工期 2 个月				2$^{\#}$大型塔机
高程 158m～185m ΔH=27m 14 仓次	180	表孔进水口底板浇筑层至坝顶高程，层厚 2m 分 14 层，每层 12 个工作日，电缆廊道加 12 个工日	1.24	5.45	0.25	缆机
Σ：233 仓次	1345		27.60			

由表 4—7—4 可以看出，取消高程 45m 栈桥方案的，泄 1$^{\#}$坝段直线工期需要 53.8 个月，坝体上升 183m，月均上升 3.4m。如果扣除固结灌浆、塔带机安装、底孔和深孔钢板衬砌、二期混凝土施工、高程 120m 栈桥安装所占用的直线工期 6.2 个月，则在 47.6 个月内坝体上升 183m，月平均上升 3.84m，共分 223 仓次。

与有高程 45m 栈桥方案比较，取消高程 45m 栈桥方案的工期（不包括金属结构安装的工期）比合同工期向后拟推迟 8 个月。主要原因是，高程 45m 栈桥及两台大型塔机的取消，使入仓手段大大削弱，表现在：

（1）各种廊道，导流底孔，泄洪深孔和其他结构复杂部位的混凝土标号变化频繁，只能由塔带机通过调整工况来完成，使塔带机工效大大降低；

（2）泄洪深孔顶板、启闭机室倒 T 形梁的安装、高程 120m 栈桥及其上大型塔机的安装，均需由塔带机完成，使塔带机的工作量大大增加；

（3）高程 45m 栈桥上大型塔机取消后，其承担的辅助工作，亦将由塔带机完成，塔带机只有投标文件 60%的工作时间用于浇筑混凝土。

八、取消 45 栈桥的金属结构安装方案

高程 45m 栈桥取消后，泄洪坝段的金属结构安装方案，特别是吊装方案将发生较大的变化，对吊装方案的可行性和安装工期将产生重大影响。

由于 300t 履带吊的种种局限性，尤其是由于位于大坝下游 20+112.0m 处的混凝土供料线胶带机的高度影响，300t 履带吊无法取代原高程 45m 栈桥上大型塔机的吊装起重功能，因此由高程 45m 栈桥上两台大型塔机承担的底孔和深孔大量金结安装工程量将不得不另觅它法，由此将导致安装方案的重大变化和安装工期推后的重大后果。

（一）履带吊安装方案的可行性分析

业主拟提供的 300t 履带吊 DEMAG CC1800 型吊车是一种大型自行式具有自安装功能的新型吊车，其起重能力和工作性能均大大优于国产同类型产品。但泄洪坝段的地形环境和起重作业类型却限制了它的优势，可以从诸多方面进行其他替代高程 45m 栈桥方案的可行性研究。

DEMAG CC1800 履带吊塔式工况时，起吊性能和安装范围见表 4－8－1。泄洪坝段 300t 履带吊塔式工况起吊性能：主臂长度 72m，副臂长度 48m。需要说明的是，300t 吊行走混凝土平台宽度为 18m，其中定位桩号上游方向宽度 5m，下游宽 13m。

表 4－8－1　　履带吊性能与安装范围表

部位	300t 吊定位位置	工作半径	额定起重量	工作半径对应桩号	可能安装范围
23#～17#坝段	20+124.0 高程 45m	30m	31t	20+094	底孔弧门铰座下游部位
		42m	21 t	20+082	底孔弧门支臂下游部位
16#～9#坝段	20+126.50 高程 40m	30m	31 t	20+096.5	出口封堵检修门槽
		42m	21 t	20+084.5	出口封堵检修门槽
8#～5#坝段	20+126.50 高程 30m	30m	31 t	20+096.5	出口封堵检修门槽
		42m	21 t	20+084.5	出口封堵检修门槽
4#～3#坝段	20+133.50 高程 30m	30m	31 t	20+103.5	出口封堵检修门槽
		42m	21 t	20+091.5	出口封堵检修门槽
2#～1#坝段	20+136.76 高程 30m	30m	31 t	20+106.76	出口封堵门槽
		42m	21 t	20+094.76	

1. 导流底孔金属结构安装方案比较

导流底孔金结安装工程量及安装位置见表 4—8—2，高程 45m 栈桥上两台大型塔机起吊性能和安装范围（轴线位置 20+121.25m）见表 4—8—3 和图 4—8—1。

表 4—8—2　　　　泄洪坝段 1#～22#底孔金结安装工程量及部位

项目	数量（台套）	单重（t）	总重（t）	最大分块重（t）	安装部位桩号
弧形工作门	22	160	3520	≤60	20+086.70
工作门钢衬砌	22	180	3960		20+074.00～20+088.50
弧门支铰					20+094.139
工作门其他埋件					～20+076.00
出口封堵检修门	22	70	1540	≤20	20+105.75
出口封堵检修门埋件	22	20	440		20+105.00
工作门液压启闭机	22	62.8	1382	≤40	20+078.696
工作门液压启闭机埋件	22	7	154		～20+078.696
底孔事故闸门及埋件	3/22		3500		20+016.10
进口封堵检修门及埋件	22	400	8800		20-006.00

表 4—8—3　　　　1#～23#泄洪坝段 MD2200 大型塔机性能及能力

工作半径	最大工作半径对应桩号	起重量（t）	吊重时大车行走	吊重时小车行走	安装能力
5～35m	20+86.25	63	便利	便利	门叶拼装，支臂及相应埋件安装
5～48m	20+78.25	40	便利	便利	启闭机油缸安装，所有埋件安装

2. 45 栈桥大型塔机与 300T 履带吊安装比较

POTAIN MD2200 大型塔机与 DEMAG CC1800 履带吊性能及能力由表 4—7—4、表 4—8—1、表 4—8—2、表 4—8—3 等有关资料得出。POTAIN MD2200 大型塔机在高程 45m 栈桥上安装 1#～23#泄洪坝段底孔金结时主要功能：

（1）将不大于 60t 门叶吊至 20+086.70 部位拼装；

（2）安装支座、支臂；

（3）安装不大于 40t 的油缸；

（4）将所有埋件吊入闸室安装部位；

（5）塔机的大车及小车均可吊重行走，且行走稳定、安全，适合安装。

DEMAG CC1800 履带吊安装 1#～23#泄洪坝段底孔金结时，主要功能有：

（1）只能满足部分埋件安装要求；

（2）不大于 60t 门叶、不大于 45t 油缸无法吊入闸室，也不能安装支臂；

（3）9#～19#泄洪坝段下游受混凝土供料线胶带机的影响，只能安装封堵门埋件，其余大量金属结构无法安装；

（4）大车行走及变幅不如大型塔机便利，致使效率降低，不适合安装；

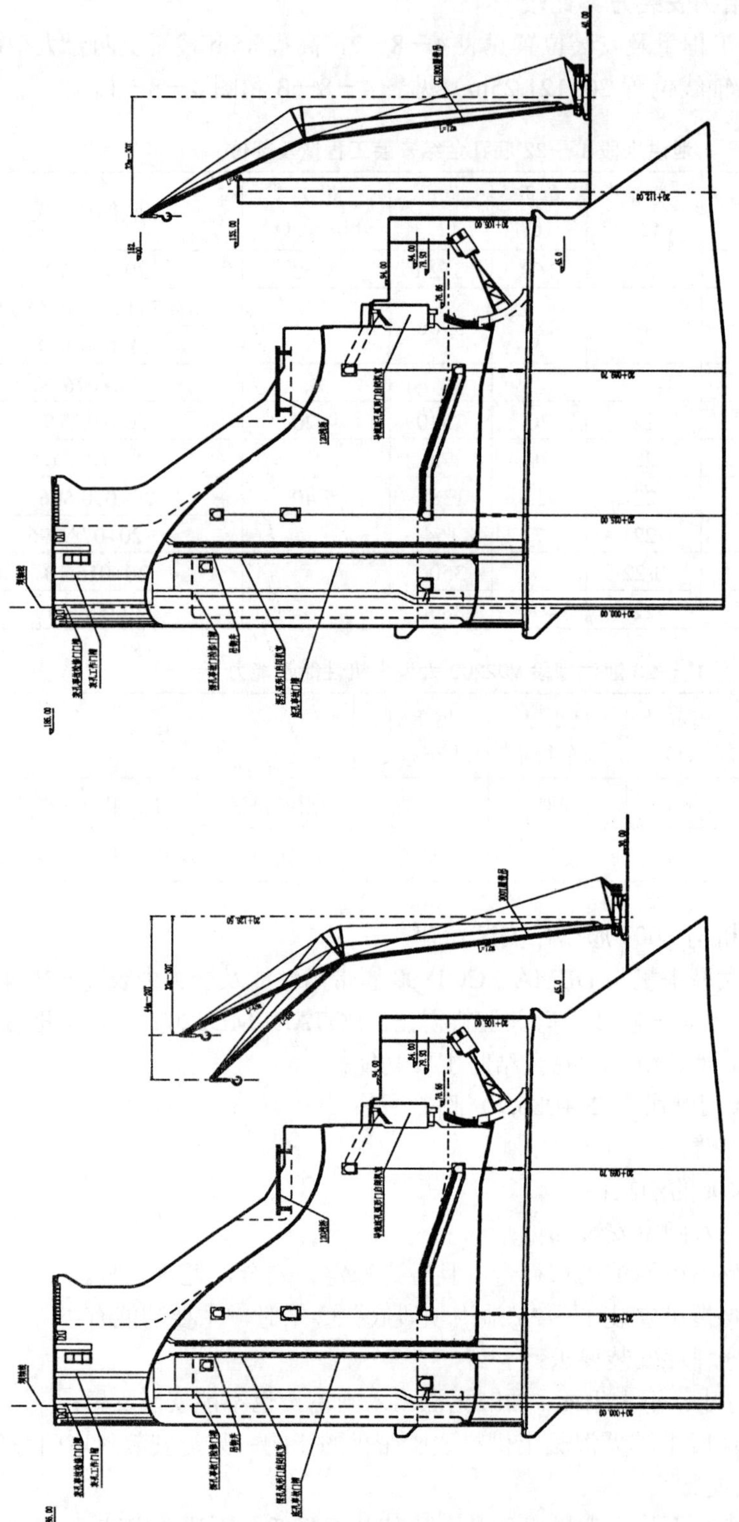

说明：1.图中高程以米计。
2.300T履带吊为DEMAG CC1800型履带吊。

图 4—8—1 泄洪坝段 300t 履带吊金属结构安装施工方案图

（5）在 9#～19#泄洪坝段考虑只用 72m 主臂，从供料线下进行吊装，可改善这一区段部分埋件安装状况，但频繁变换车位及拆装扒杆，将极大的降低效率，同时也不能满足门叶、油缸、支臂等主要构件的安装要求。

3. 主要结论

通过以上分析比较，可得出以下结论：

（1）300t 履带吊替代高程 45m 栈桥大型塔机，其性能及能力均不能满足泄洪坝段 1#～22#底孔金结安装要求；

（2）为了补充 300t 履带吊替代高程 45m 栈桥大型塔机其性能及能力的不足，须考虑其他替代方案，或增加施工手段。

（二）采用 120 栈桥上大型塔机安装底孔金属结构方案

根据 CC1800（300t）履带吊方案的可行性分析，采用 300t 履带吊的方案仅能满足部分埋件吊装的要求，对于工作弧形门（单元最大重量 60t）以及液压启闭机（油缸重 40t）根本无法进行吊装，因此提出利用高程 120m 栈桥上大型塔机作为取消高程 45m 栈桥后的替补方案。

1. 运输与吊装条件

导流底孔工作弧形门最大运输吊装单元重量不超过 60t，液压启闭机油缸最大运输吊装单元重量不超过 40t，出口封堵检修门最大运输单元不超过 20t，均用半挂汽车经高程 120m 栈桥运至相应部位，利用高程 120m 栈桥上的大型塔机进行吊装。

2. 吊装能力分析

（1）导流底孔工作弧形门支铰中心（桩号 20+094.139），至高程 120m 栈桥大型塔机中心（桩号 20+060.50）的距离为 33.639m；液压启闭机中心（桩号 20+078.696），至高程 120m 栈桥大型塔机中心（桩号 20+060.50）的距离为 18.196m，均在高程 120m 栈桥大型塔机吊重 63t、工作幅度 22～35m 的吊装能力范围内，但高程 120m 栈桥的大型塔机必须具有大于 65m 的负扬程。

（2）导流底孔出口封堵检修门（桩号 20+105.75），至高程 120m 栈桥大型塔机中心（桩号 20+060.50）的距离为 45.25m，在高程 120m 栈桥大型塔机吊重 35.5t、工作幅度 5～45m 的吊装能力范围内，但高程 120m 栈桥上的大型塔机也应具备 65m 的负扬程。

高程 120m 栈桥大型塔机吊装能力详见吊装能力分析表 4－8－4。

表 4－8－4　　120m 栈桥大型塔机吊装能力分析表

项目名称	最大吊装单元重量（t）	安装部位桩号（m）	安装部位至塔机距离（m）	大型塔机起吊能力	
				幅度（m）	起吊重量（t）
导流底孔工作弧门	≤60	20+094.139	33.639	22～35	63
启闭机油缸	≤42	20+078.695	19.196	22～35	63
出口封堵检修门	≤20	20+105.75	45.25	5～45	35.3

注：高程 120m 栈桥大型塔机中心桩号 20+060.50。

考虑到塔带机浇混凝土的施工任务极为繁重，因此未考虑采用塔带机的起重工况，进行金属结构安装施工。

（三）泄洪深孔金属结构安装方案

泄洪坝段23个深孔，共设置23扇弧形工作闸门。单扇弧形门重量260t，总重5980t，闸门为主纵梁结构，门叶和支臂各分4个运输单元，最大运输单元尺寸为7m×3.5m×2m，重量不超过45t。按投标文件，深孔弧形工作闸门安装时段为2000年8月到2002年6月。

1. 深孔弧形工作门反弧段托运法安装

根据招投标文件及施工组织设计，为尽量少占直线工期，当深孔相应部位的混凝土浇到高程120m时，开始安装深孔弧形工作门。弧门构件经下游高程45m栈桥上大型塔机转运，至深孔出口反弧段组拼，最后托运至闸室内实施土法安装。

变更为300t履带吊方案后，300t履带吊吊装弧形门构件，在泄9#～23#坝段弧形门构件必须越过混凝土供料线胶带机，考虑到胶带机机架高度、安全距离、起吊构件及钢丝绳的长度等因素，要跨越混凝土供料线胶带机，吊钩必须能升到高程145m以上。

此部位下游300t履带吊工作平台设在高程40m，即履带吊的最大吊高必须达到145－40=105m，300t履带吊的活动区域应在20+121下游。因此，300t履带吊不能满足将构件吊到深孔反弧段的要求。其理由是：

（1）反弧段的桩号约为20+086.0，300t履带吊能活动的上游方向极限位置为20+121，即最小吊幅约35m，最大吊高105m。要满足吊高105m，吊幅35m，300t履带吊必须采用塔式工况SW组合方式，$L_{主}$=72m，$L_{副}$=48m。此种工况时，单台300t履带吊的最大起重量为30t（活动半径为32m时），显然单台300t履带吊无法满足45t弧形门构件的吊装要求。

若采用双机抬吊，此时300t履带吊的最小幅度为32m，故两台吊车均停在20+121位置，但左右方向必须错开32+32=64m，此时起吊重量：（30+30）×0.8=48t，但双机同时回转到20+086.0位置落点时，吊车的幅度已达到$(35^2+32^2)^{1/2}$=47m。此幅度时，单台300t履带吊的起重量为18t，双机抬吊的起重量为（18+18）×0.8=29t，也无法满足45t构件的吊装要求。

（2）300t履带吊也不具备将构件吊装到深孔出口，即用卷扬机托运到反弧段拼装的能力。深孔出口可停放构件的极限位置为20+100.0左右，单机吊装要跨越混凝土供料线胶带机的最高点，吊高亦应达到高程105m以上，故履带吊的起重臂需采用$L_{主}$=72m、$L_{副}$=48m的组合方式，起吊最小幅度为32m，此时单台300t履带吊的最大起重量为30t，不能满足45t构件的吊装需要。

若采用双机抬吊方式，此时300t履带吊的最小幅度为32m，两台吊车均停在20+121.0位置时，左右方向必须错开32+32=64m，待回转到落点时，两台吊车的幅度均为$(21^2+32^2)^{1/2}$=38m，此幅度单台吊车的起重量约为24t，双机抬吊的起重量约为（24+24）×0.8=38t，仍无法满足45t构件的吊装要求。

综上所述，采用300t履带吊从下游转运安装深孔弧形工作门的方案不能成立。

2. 120 栈桥大型塔机安装深孔弧形门

300t 履带吊不能满足将深孔弧形门构件吊至深孔出口反弧段拼装的要求，因而也只能像底孔弧形门一样，需待高程 120m 栈桥形成和大型塔机投产后，才能将深孔弧形门构件由高程 120m 栈桥运输、吊装至各深孔出口反弧段，在拼装运输台车上进行拼装焊接，最后拖入深孔闸室，进行土法吊装就位，完成各深孔弧形门总装，两种方案安装见图 4—8—2。

对 4 台塔带机占压深孔反弧段部位的 4 扇深孔弧门，不能由下游反弧段拖运，而只能采取缆机吊装至深孔斜坡段拼装法。

具体方法是当土建混凝土达到高程 97.71m，深孔顶部预制混凝土梁尚未安装前，采用缆机将弧门构件吊入深孔斜坡段拼装运输台车上，进行拼装焊接，最后拖入闸室土法吊装就位。对单台缆机吊不动的 45t 弧门构件，只能采用双台缆机抬吊方法就位。此方法将占用混凝土施工直线工期，且双台缆机抬吊大件协调工作困难，故不能推广应用至其他 19 扇深孔弧门安装。

3. 深孔检修门和事故门的吊装

深孔检修闸门和事故闸门吊装手段和安装，仍由高程 120m 栈桥上的大型塔机运输转吊至坝顶，在坝顶门机起吊范围内进行拼装焊接，并利用坝顶门机主、副小车进行下门试槽。

（四）排漂孔表孔和坝顶门机金属结构安装

1. 排漂孔金结安装

大坝排漂孔共 2 孔，分别设置在纵向围堰坝段和左导墙坝段，每孔设置工作弧门和事故检修门各一扇，安装工程量为 1200t。

安装时段：2002 年 12 月～2003 年 12 月，相应土建高程 185m。

排漂孔金结安装首先在纵向围堰坝段，然后在左导墙坝段进行，主要构件运输路线经由高程 120m 栈桥到达右纵 1#坝段，然后使用高程 120m 栈桥上的大型塔机进行吊装。

2. 表孔金结安装

大坝表孔共 22 孔，设置平板工作门和事故检修门槽各 22 道，设平板工作闸门 22 扇和事故检修门 3 扇，安装工程量共 3350+1694（一期埋件）=5044t。

安装时段：2002 年 7 月～2004 年 3 月，相应土建高程 185m（但事故检修门槽为一期埋件，各坝段土建到高程 158m 后即需随时安装并与混凝土一起上升）。

表孔事故检修门槽一期埋件共 550t，工作门槽 550t 为二期埋件，主要吊装手段是高程 120m 栈桥上的大型塔机（缆机为辅助吊装手段）。

表孔工作闸门和事故检修门单重 90t，每扇门分为 6 节制造，单节重量不超过 25t，需在现场拼焊为上下两个吊装单元，其均需通过高程 120m 栈桥运往现场各孔孔口位置进行拼焊，并要由高程 120m 栈桥上的大型塔机进行吊装，相应吊装幅度为 55m，塔机允许吊重量 28t。

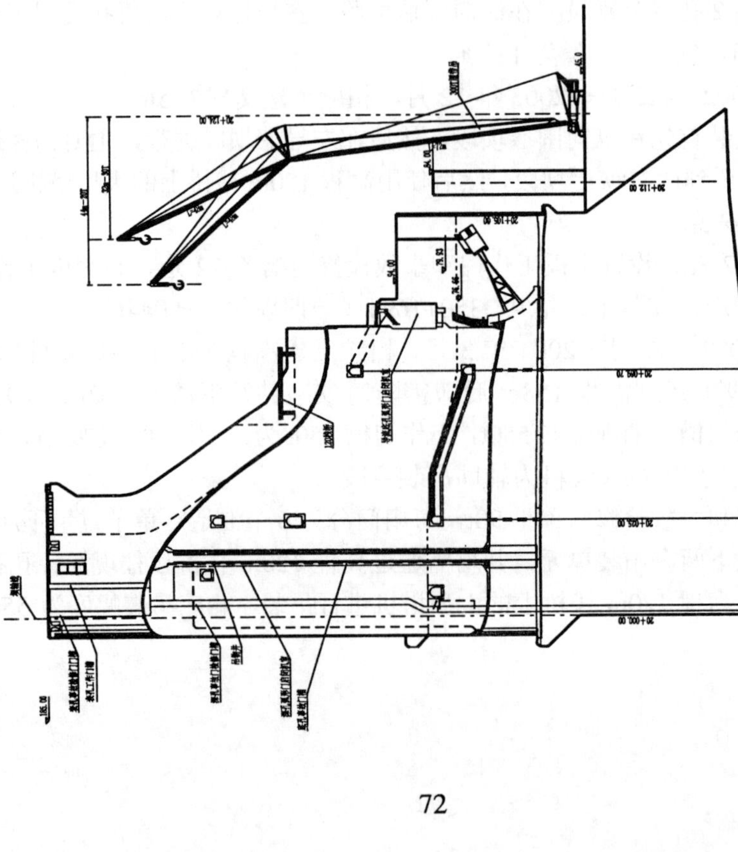

（a）泄20#～23#坝段300t履带吊金结安装施工方案图

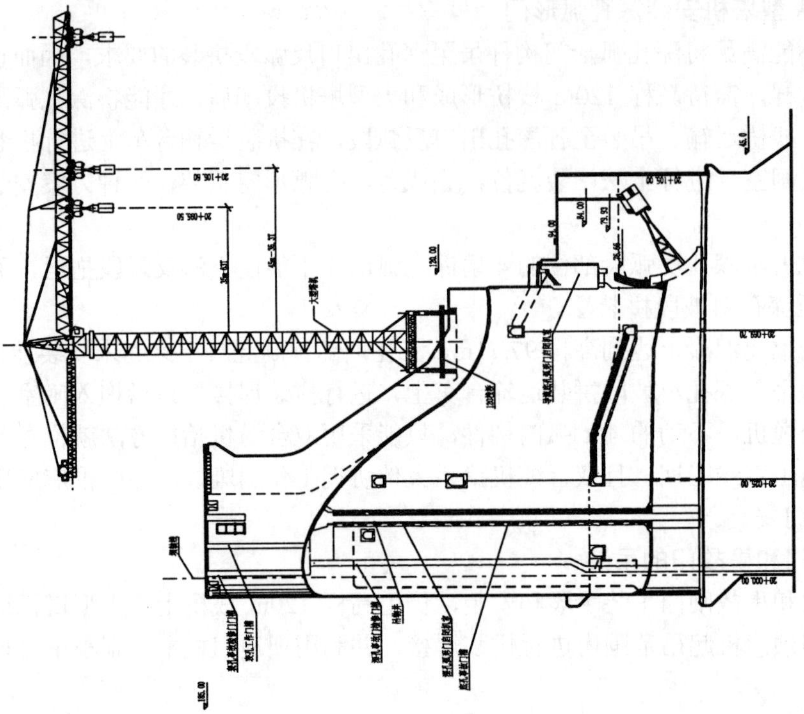

（b）120栈桥大型塔机金结安装方案图

说明：1.图中高程以米计。

图4－8－2

3. 坝顶门机及附属金结安装

三峡大坝坝顶高程 185m，共有 4 台容量为 4500kN 的双向门式起重机，用于起吊表孔工作门、事故门、深孔进口叠梁门、深孔事故检修门、底孔事故检修门、排漂孔事故检修门等。其中，副小车容量 2×500kN，回转吊容量 400kN，门机大车轨距 21m，轨道总长 583m，扬程 140/20m，另有挂钩梁、负荷实验梁、配重压铁等附属装置，安装工程量 6645t。施工安排分别为：

（1）安装时段：在 2002 年 3 月～2003 年 5 月。

（2）安装部位在右纵 1#、泄 23#坝顶。

（3）安装手段，主梁以下部件采用高程 120m 栈桥上的大型塔机；主梁及以上部件采用 200t～300t 吊车，但所有构件的转运和吊装仍须依赖高程 120m 栈桥上的大型塔机。

（4）吊装方案，坝顶门机所有构件由高程 120m 栈桥运往泄 23#坝段，用大型塔机分件转吊至坝顶。对坝顶门机主梁（单件重 80t），则需在坝体混凝土上设一临时转吊平台，再采用两台大型塔机将其抬吊至坝顶。主梁抬吊时，吊装幅度小于 33m，相应抬吊起重量为（60+60）×0.8=96t，可满足吊装要求。对其他构件，均可采用单机吊装至坝顶。

坝顶门机主梁及以上构件的吊装主要使用已吊至坝顶高程 185m 的 200～300t 吊车，对上部小车架应在起重能力允许范围内，尽量组装成整体起吊；起重机构主卷筒单件吊装。200t 吊车安装坝顶门机，待坝顶门机图纸收到后，另行编制单项施工技术措施。

九、300t 履带吊实施金属结构安装施工进度分析

采用 300t 履带吊取代高程 45m 栈桥及其上大型塔机后，影响金结安装施工进度的因素主要有：

（1）导流底孔主要安装工程量将由高程 120m 栈桥及其上的两台大型塔机承担运输和吊装任务。

经分析论证，300t 履带吊由于其起重量、起重幅度、起重高度等性能条件的限制，特别是位于 20+112.00 的混凝土供料线胶带机的影响，使其无法取代原高程 45m 栈桥上大型塔机的吊装功能，不能承担底孔弧形闸门和液压启闭机安装任务。因此导流底孔下游的金结安装工程量 11272.8t 中，约 9000t 安装工程量改由高程 120m 栈桥及其上的 2 台大型塔机承担。

（2）取消高程 45m 栈桥方案，导流底孔弧形工作门和液压启闭机的起始安装工期将推后至高程 120m 栈桥全线贯通及大型塔机安装后，由原来的 2000 年 1 月推后到 2002 年 1 月，完工工期顺延两年。

在招、投标文件中，高程 120m 栈桥全线贯通时间为 2001 年 10 月，其上的 1#大型塔机投产时间为 2001 年 12 月，由于改用 300t 履带吊方案，泄洪坝段施工初期混凝土浇筑进度将会受到很大影响，高程 120m 栈桥本身的安装，因没有高程 45m 栈桥上的大型塔机形成吊装手段，工期亦将明显推迟。

（3）取消高程 45m 栈桥方案，深孔弧门安装也将改为由高程 120m 栈桥上大型塔机吊运至反弧段的实施方法。依据合同商务条款，分部工程施工方法的改变，也构成实质性变更。

在投标文件中，深孔弧门构件由高程 45m 栈桥上塔机吊入深孔出口反弧段拼装，再

用台车拖入深孔闸室内土法安装就位。经分析论证，300t 履带吊因受各方面条件限制，无法承担弧门构件转吊至反弧段的任务。因此，只好将深孔弧门吊转方案改为由高程 120m 栈桥土大型塔机吊运至反弧段拼装，再拖往闸室土法安装就位。

（4）深孔弧门吊运方案改变后，弧门构件共 5980t 及部分埋件必须在高程 120m 栈桥上大型塔机形成后吊运，相应深孔弧门安装起始工期由原约定的 2000 年 7 月推后至 2002 年 1 月，完工工期顺延 18 个月。

（5）招投标文件中，深孔弧门安装基础不占用直线工期，而是与混凝土施工平行交叉作业完成的。取消高程 45m 栈桥后，由于高程 120m 栈桥及大型塔机在此时段内工作特别繁忙，因此吊装手段和时间可能受到很大的限制，需占用更多的直线工期，考虑到仅弧门和启闭机安装工程量已达 11673t，对高程 120m 栈桥的运输能力以及大型塔机的使用将形成极大的压力。

（6）由于大量的金结安装工作量在时间上集中到 2002 年 1 月至 2003 年 6 月，使得这个时段内的金结安装年强度高达 3.26 万 t，连续 12 个月的金结安装月强度高达 3049t；连续 3 个月月强度高达 3400t，已超出人力、机械等资源配置的极限，势必影响合同完工工期。

（7）由于大量的金结安装工作量在空间方面集中到高程 120m 栈桥上，而 120 栈桥上仅有 2 台大型塔机，与此同时坝体混凝土浇筑正在施工中，将造成吊装手段空间紧张、施工面上的人员大量窝工等待吊车的局面，也势必影响工期。高程 120m 栈桥上金结吊运拼装工程量见表 4－9－1。

表 4－9－1　　120 栈桥大型塔机运装转吊的金属结构工程量

序号	项目	工程量（t）	备注
1	底孔弧门及部分埋件、启闭机	7362	
2	底孔进出口封堵检修门、事故门	7460	不包括埋件
3	深孔弧门及埋件、启闭机	10615	不包括所有油缸
4	深孔检修门、事故门及其埋件	11376	事故门按 23 扇计
5	排漂孔闸门、启闭机及其埋件	1190	
6	表孔闸门及埋件	3350	
7	坝顶门机及附属装置	6645	门机按 4 台机
8	机电设备及埋件	约 1500	
9	4 台塔带机拆除	约 3116	

注：施工时段：2002.3～2003.6，工程量合计：52614t。

（8）坝面门机、排漂孔和表孔的金结安装与有高程 45m 栈桥方案基本相同，但均以高程 120m 栈桥及大型塔机形成作为运输、吊装的手段为前提。

考虑到高程 120m 以下混凝土施工和金结安装施工总进度推后，排漂孔、表孔、坝顶门机等金结安装工期均需向后顺延，相应各单项工程的完工工期将比原工期推后 3～6 个月。

综合以上各方面影响因素考虑，在采取力所能及的赶工措施后，本标段金结安装的控制性工期仍将分别推迟 9～18 个月，总工期将推后 9～12 个月。特别是对整个二期工程具有关键影响的底孔工作弧门和深孔工作弧门完工时间将分别推后 15 个月和 12 个月。

各项目施工进度详见“TGP/CIV-4-1&2B 标段取消高程 45m 栈桥方案，金属结构及机电设备安装施工进度计划”，总进度见图 4－9－1、图 4－9－2。

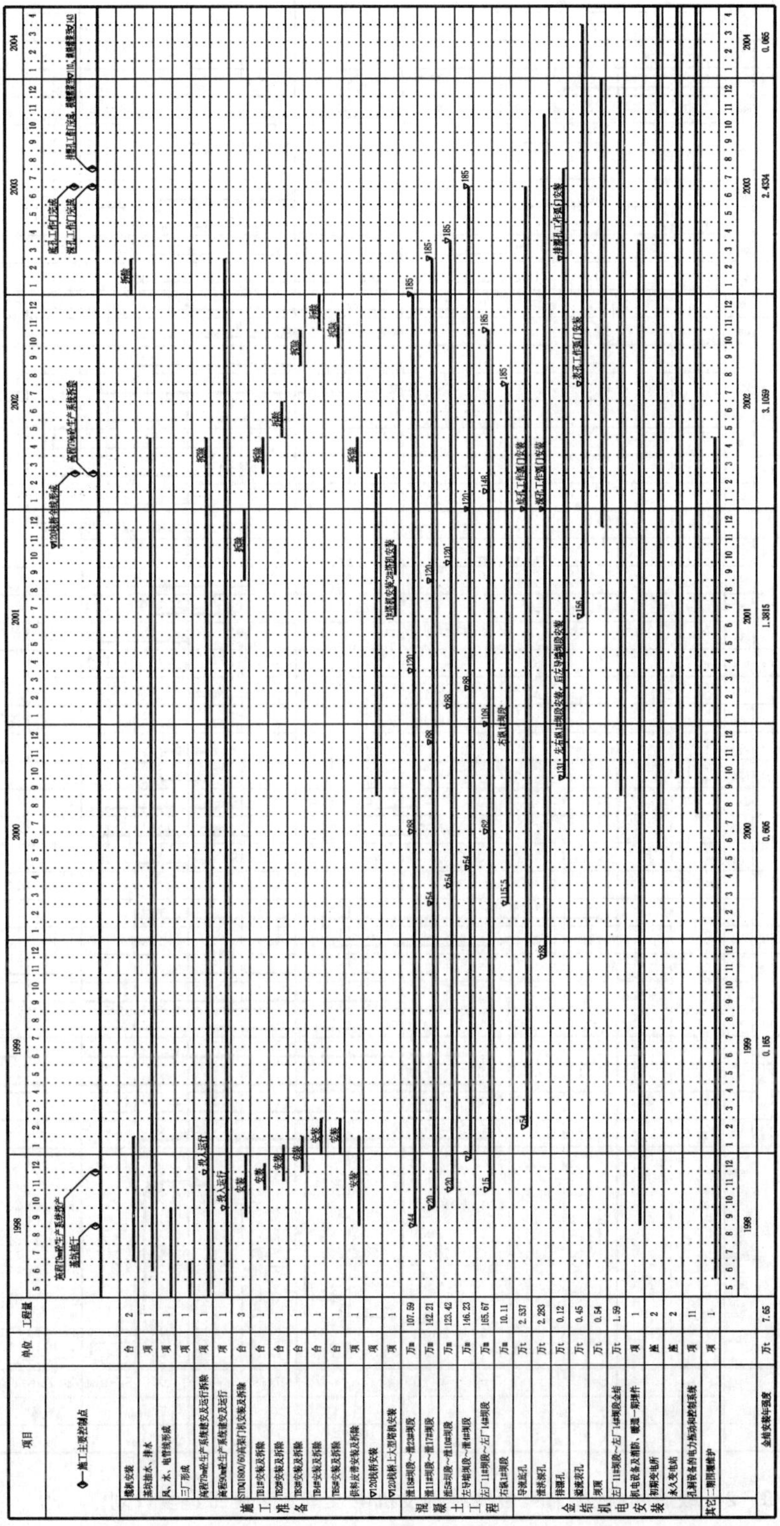

图 4－9－1　取消 45 栈桥方案施工总进度计划

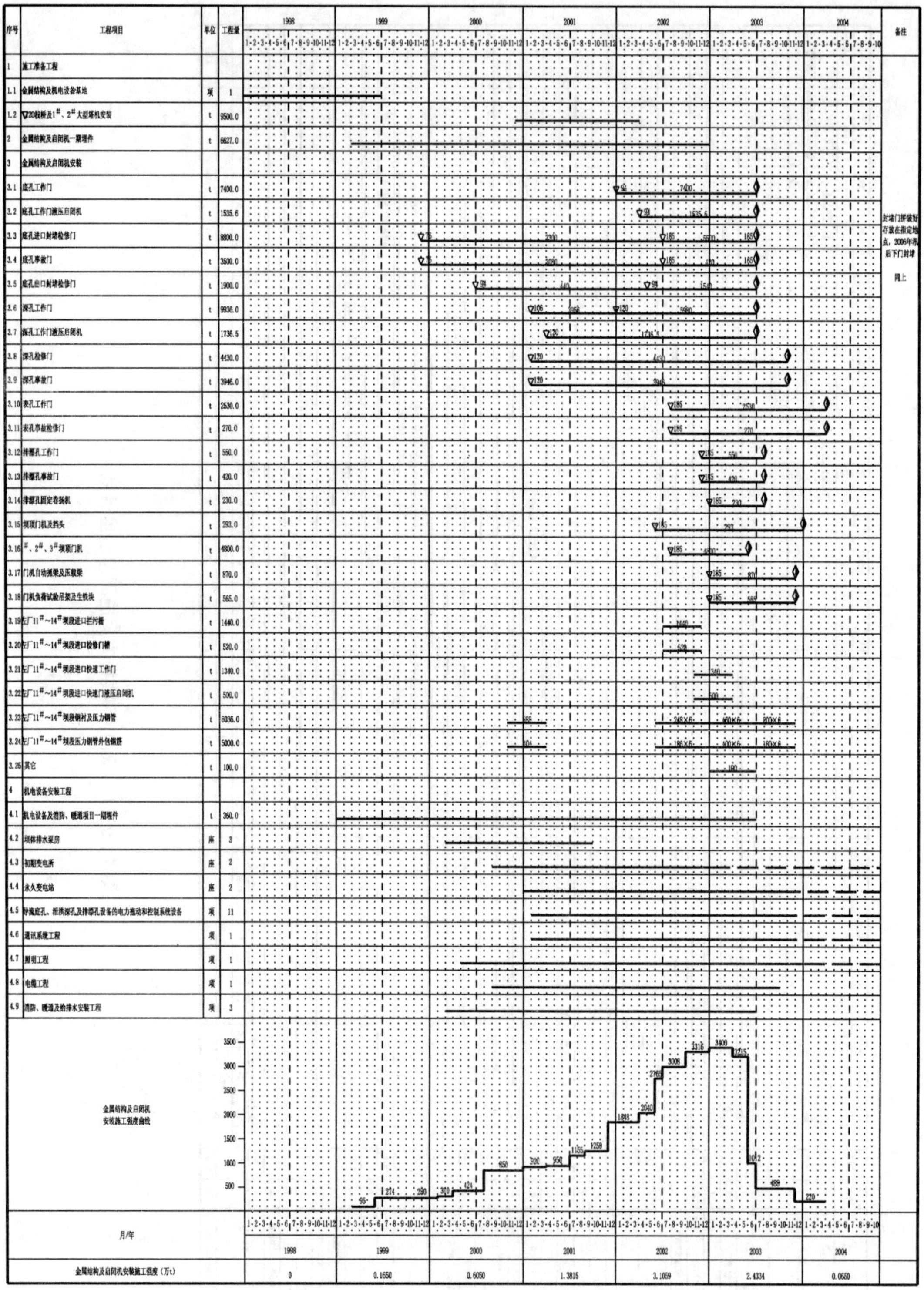

图 4—9—2　取消 45 栈桥方案金属结构及机电设备安装施工进度计划

有高程45m栈桥和取消高程45m栈桥两种方案金结安装施工工期比较见表4—9—2。

表4—9—2　　金结安装施工工期比较表

序号	项目	有45栈桥方案	300t履带吊方案	工期推后（月）
1	底孔弧形工作门	2000.2～2002.3	2002.1～2003.6	15
2	底孔弧门启闭机	2000.4～2002.3	2002.4～2003.6	15
3	底孔进口封堵门	1999.6～2003.3	1999.12～2003.6	3
4	底孔事故门	1999.6～2003.3	1999.12～2003.6	3
5	底孔出口封堵门	2000.2～2003.3	2000.7～2003.6	3
6	深孔弧形工作门	2000.8～2002.6	2002.1～2003.6	12
7	深孔弧形启闭机	2000.9～2002.6	2002.2～2003.6	12
8	深孔检修门	2000.8～2003.3	2001.2～2003.6	7
9	深孔事故门	2000.8～2003.3	2001.2～2003.10	7
10	表孔工作门	2001.12～2003.12	2002.8～2004.3	3
11	表孔事故检修门	2001.12～2003.12	2002.8～2004.3	3
12	排漂孔工作门	2002.6～2003.3	2002.12～2003.7	4
13	排漂孔事故门	2002.6～2003.3	2002.12～2003.7	4
14	排漂孔卷扬机	2002.9～2003.3	2003.1～2003.7	4
15	坝顶门机	2002.4～2002.10	2002.8～2003.5	7

十、取消45栈桥方案的经济效益分析

（一）经济比较

取消高程45m栈桥，即减少相应的金属结构制造安装，经济效益分析按业主建议采用的300t履带吊方案，测算可节省费用4517万元人民币。

但是，取消45栈桥，采用300t履带吊方案后，由于金结安装施工工期拖后一年，其直接经济损失表面为前期人工和机械设备窝工费用、设备超期保管费用和后期赶工费用三项。经仔细分析和初步测算，取消45栈桥金结安装工程部分可能需发生或增加的费用如下：

1. 前期窝工费

（1）人工窝工。{147（司机）+40（吊车工）+414（起重）+583（安装工）+442（机安工）+600（焊工）}×30%×299=199672工日

人工窝工费：34.16元/工日×199672×1.88=1282.3万元（间接费率88%）

（2）机械窝工损失费。据单价分析表，金结安装工程中机械费用约为人工费的50%，即：1282.3×50%=641.15万元。

2. 设备超期保管费

永久金结设备需超期保管的部分约5万t，以平均超期保管8个月计（含变形矫正、防腐补充措施等）费用为：

设备原值×正常采管费率×50%=50000t×9000元/t×4%×50%=900万元

3. 后期赶工费用

（1）人工费。人工人数×赶工天数×赶工人数比例×赶工时间比例×加班费单价
=2226 人×432 天×50%×50%×34.16 元/工日×1.88
=1543.92 万元

（2）机械费。机械费约为人工费用的 50%，即 1543.92×50%=771.96 万元。

取消高程 45m 栈桥，金属结构安装费用增加以上 1～3 项的合计：

1282.3+641.15+900+1543.92+771.96=5139.33 万元。

4. 土建费用

取消高程 45m 栈桥，土建施工经济分析按业主建议方案，采用 300t 履带吊需设施工平台，相应增加的费用：

（1）石方开挖 15.7 万 m^3，回填 2.5 万 m^3，测算为 500 万元；

（2）混凝土路面 8500m^3，测算为 250 万元；

（3）碾压碎石层 5000m^3，测算为 46 万元；

（4）浆砌石排水沟 200m^3，测算为 3.5 万元。

仅施工平台直接费用一项 799.5 万元。综上诸项，金结安装和 300t 履带吊多个施工平台，共拟增加直接费用 5938.83 万元（未计其他费用）。

（二）有 45 栈桥和取消栈桥方案的优缺点比较

有高程 45m 栈桥和取消高程 45m 栈桥方案的优缺点比较见表 4－10－1。

表 4－10－1　　有无栈桥方案优缺点比较表

比项＼方案	有高程 45m 栈桥	取消高程 45m 栈桥
满足施工进度和高峰强度要求	按合同文件要求和 1&2B 标段施工组织设计，有高程 45m 栈桥及其上的两台大型塔机及时投产，可以满足施工进度和高峰强度要求。	取消 45 栈桥，备用两台 300t 履带吊，大坝到达高程 185m 的施工进度拖后 8 个月，混凝土浇筑前期缺少手段，强度降低，后期强度增加（塔带机拆除后）；金属结构安装：导流底孔工作门完成工期拖后 15 个月；深孔工作门完成工期拖后 13 个月，金结安装年高峰强度由 2.8 万 t/年增加到 3.1 万 t/年。因此，取消 45 栈桥不能满足施工进度和高峰强度要求。
混凝土水平运输和垂直运输	混凝土水平运输采用混凝土侧卸车由高程 79m 系统自下游围堰至下游基坑受料点，混凝土垂直运输采用 45 栈桥上的两台大型塔机，起重量大，工作幅度大，起吊高度大，行走快捷。	混凝土水平运输采用自卸汽车由高程 79m 系统自下游围堰至下游基坑受料点；混凝土垂直运输采用两台 300t 履带吊。受施工条件限制，起吊功能发挥较小。
金属结构安装	导流底孔工作门，启闭机及埋件等和深孔工作门吊入反弧段，可由 45 栈桥上的两台大型塔机完成安装任务。金属结构件及机电设备运输由金结拼装场经下游围堰到 45 栈桥附近。	取消 45 栈桥，两台 300t 履带吊仅能安装部分埋件（约 2000t），绝大部分金属结构件（约 5.8 万 t），需通过高程 120m 栈桥运输，由大型塔机安装，时间紧、任务重、强度高、难完成。

续表 4—10—1　　有无栈桥方案优缺点比较表

方案 比项	有高程 45m 栈桥	取消高程 45m 栈桥
混凝土质量控制	大型塔机及混凝土侧卸车浇筑混凝土质量易控制。	300t 履带吊浇筑混凝土质量保证较差。
施工安全	有高程 45m 栈桥，可为大型塔机积累今后在高程 120m 栈桥上安全稳定运行经验。	300t 履带吊起重臂与 TB2#、TB3#混凝土供料线胶带机主体交叉，施工安全有风险。
经济效益	如果高程 45m 栈桥及大型塔机按时投产，可以确保工期，高程 45m 栈桥可以回收，大型塔机将及时转移至高程 120m 栈桥，经济效益良好。	金结部分因前期窝工、设备超时保管维护、后期赶工三项需增加额外费用约 5000 万元。300t 履带吊施工平台工程土建需增加直接费用 799.5 万元，合计约 5940 万元。其他费用未计入。
施工控制与管理	施工操作比较简单、方便，控制管理难度较小，供风、供水和供电管路布置在高程 45m 栈桥上，施工干扰少。	300t 履带吊配合塔带机或布料机及占压坝段浇筑大坝混凝土，施工控制与管理难度较大。
施工经验	由于大型塔机与 MQ2000 高架门机性能相近，通过（吉林产）MQ2000 高架门机多年运行经验，对大型塔机有一定了解。	虽然有 P&H90 和 P&H125 起重机的运行经验，但对 300t 履带吊缺乏浇筑三峡大坝混凝土的经验。

（三）结论性意见

根据以上有高程 45m 栈桥和取消高程 45m 栈桥施工方案的优缺点比较及技术经济分析，我们得出的结论性意见主要有：

（1）取消高程 45m 栈桥，泄洪坝段混凝土到达坝顶高程 185m 的时间变更为 2003 年 6 月，比招投标文件或合同约定的控制性工期 2002 年 10 月拟推后 8 个月，不能满足Ⅰ&ⅡB 标段合同要求的施工进度。

（2）取消高程 45m 栈桥，泄洪坝段的 4 台塔带机拆除后，Ⅰ标段剩余混凝土增加到 47.05 万 m^3（未计导流底孔封堵混凝土及右纵 1#高程 115.5m～123m 混凝土量），显然使本标段后期施工难度增加很大。

（3）取消高程 45m 栈桥，采用两台 300t 履带吊，由于施工条件的限制，300t 履带吊远不如高程 45m 栈桥上的大型塔机起吊高度大、起重量大、工作幅度大、行走快速便捷。因此，300t 履带吊在本标段施工中，只能作为辅助起吊手段，这与招、投标或合同文件中由业主提供的大型施工机械（大型塔机）是不相符的。

（4）取消高程 45m 栈桥及其上的两台大型塔机，使 4 台塔带机频繁改变浇筑工况，兼做大量混凝土施工辅助工作，使塔带机生产效率大大降低。

（5）取消高程 45m 栈桥，使泄洪坝段中块原来可由上游高架门机（20-025.0）和下游高程 45m 栈桥上的大型塔机共同浇筑的优化方案无法实现，大坝中块混凝土施工难度也有较大增加。

（6）经认真分析研究，300t 履带吊只能少量取代高程 45m 栈桥上的大型塔机功能，对导流底孔和深孔的主要安装工程量的吊装无法胜任。因此高程 45m 栈桥取消后，对本标段主要金结安装方案有重大影响，并将导致本标段金结安装各控制性工期分别推迟 9～15 个月，总工期推后 9～12 个月。

（7）高程 45m 栈桥取消后，原由金结拼装场经大坝下游基坑施工道路运输和高程 45m 栈桥上的大型塔机吊运的底孔弧门及启闭机、深孔弧门等将全部改由高程 120m 栈桥运输和吊运，使得在 2002 年 1 月至 2003 年 6 月的一年半时段内，高程 120m 栈桥上的大型塔机吊运拼装工程量达 53498t。考虑到高程 120m 栈桥还要运输本标段 48 万 m^3 混凝土及 5 台塔带机的拆除任务，使已极度繁忙的高程 120m 栈桥及 2 台大型塔机更加不堪重负，极难胜任实际施工需要。

（8）如果执意取消高程 45m 栈桥，直接经济效益分析计算的结果是负面效应，业主理应给予补偿。

综上所述，有高程 45m 栈桥比取消高程 45m 栈桥施工方案优越，因此取消高程 45m 栈桥是不合理的。

十一、专题研究阶段的优化

本专题研究阶段，是指总承包商回函拒绝接受业主取消高程 45m 栈桥的重大变更并提出论证结论后，业主重新委托长江委设计院进行的专题优化。根据业主厂坝项目部要求，专题研究有两个建设性方案。其一是高程 45m 栈桥分阶段形成方案，即充分利用坝址地质、地形条件和开挖基岩面，直接铺设大型门塔机轨道，随开挖进度逐步形成架设大型门塔机的台阶。对部分坝段的基岩面高程可满足直接形成架设门塔机轨道基础条件，则尽量采用混凝土墩基础取代钢结构柱。其二是无栈桥方案，既在泄洪坝段下游填筑路堤到高程 45～46m，采用两台大型履带吊取代合同此前约定的架设高程 45m 栈桥及功能。在泄 1#～8#深槽坝段仍架设栈桥，并安装上海港机厂 MQ2000 型高架门机。

（一）分阶段形成栈桥方案

考虑大坝混凝土浇筑及运输的工况要求，高程 45m 栈桥布置在桩号 20+121.5m 处，总体布置见图 4－11－1、图 4－11－2、图 4－11－3。按泄洪坝段施工进度计划安排及开挖图可标明的基岩面高程并结合栈桥的布置优化，高程 45m 栈桥以其功能和进度需要分阶段形成，栈桥上按行驶吉林水工厂生产的 MQ2000 型高架门机设计轨道梁，以便后期转移到高程 120m 栈桥，桥面不行驶汽车。根据坝址地形条件，拟从以下几方面进行布置及结构优化：

（1）右侧 19#～23#坝段，栈桥轨道直接布置在基岩混凝土埂上，基本与投标方案相同。

（2）中部 9#～18#坝段，下游侧轨道直接布置在基岩混凝土埂上，上游侧采用混凝土墩，在混凝土墩上布置起重机钢梁。

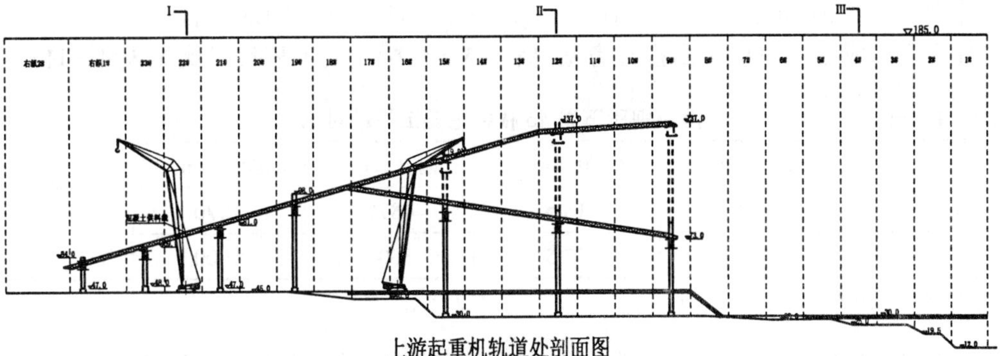

上游起重机轨道处剖面图

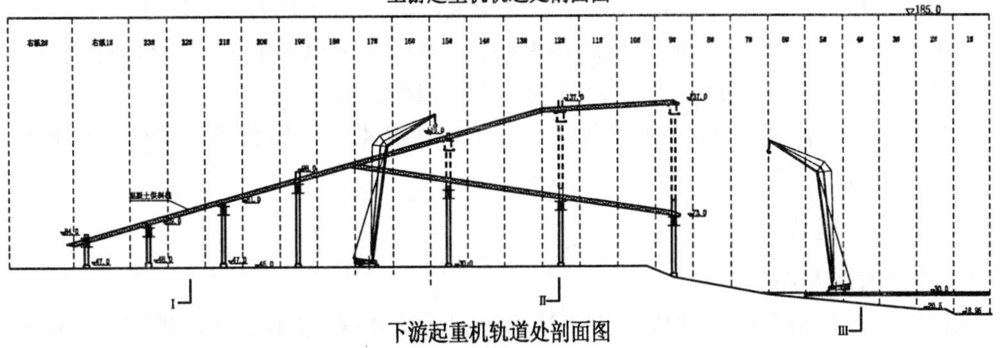

下游起重机轨道处剖面图

图 4—11—1　三峡泄洪坝段下游采用履带吊施工布置图

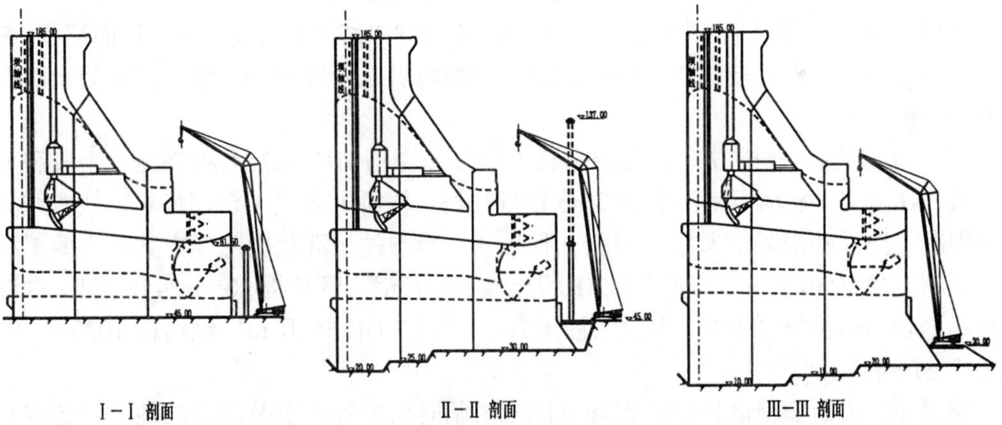

Ⅰ-Ⅰ 剖面　　Ⅱ-Ⅱ 剖面　　Ⅲ-Ⅲ 剖面

图 4—11—2　三峡泄洪坝段下游采用履带吊施工布置剖面图

（3）泄 8#坝段以左深槽坝段，基岩面较低，基岩至高程 30m 可采用混凝土墩，上部采用钢柱。栈桥不延伸至泄 1#坝段，那么可减少栈桥长度 20m 左右。

（4）对泄洪坝段中部上游侧和深槽部位的栈桥桥面跨度，从充分利用钢材、缩短工期的角度，结合高程 120m 栈桥施工需要，建议该高程 45m 栈桥采用 21.2m 和 10.5m 两种跨度（高程 120m 栈桥厂坝段跨度一致）间隔布置，以便其拆除后能将该栈桥的绝大部分钢结构（2000t 左右）转移到泄洪坝段和厂房坝段高程 120m 栈桥上。

分阶段形成栈桥与承包商投标方案高程 45m 栈桥主要工程量对比见表 4－11－1。

表 4－11－1　泄洪坝段下游 45 栈桥主要工程量对比

部　位	长度（m）	轨距（m）	钢材（t）	混凝土（m^3）	备　注
投标方案	480	13.5	4875	1570	
专题研究方案	456	13.5	3000	6000	

注：表中工程量仅列出主要工程量。

除上述优化外，将高程 45m 栈桥结合地形大部分布置在基岩及混凝土埂上，即使泄洪坝段中部（9#～18#坝段）上游侧和深槽坝段再降低台阶也不能节省栈桥桥面钢结构、混凝土墩和部分钢柱。因此，降低台阶减少工程量潜力不大。

但是，若能将高程 45m 栈桥整体降低 2m 到高程 43m，估算可节省钢材约 80t，节省混凝土 1500m^3，仅增加开挖约 2.4 万 m^3。

（二）无栈桥方案

1. 路堤方案及布置优化

无栈桥方案是指在泄洪坝段下游填筑路堤到适当高程，采用 2 台大型 300t 履带吊（或增加 1 台上海港机厂 MQ2000 高架门机）代替高程 45m 栈桥方案。因此简称为路堤方案，总体布置见图 4－11－1 和图 4－11－2。路堤方案以对工程量进行优化又可归纳为两个方案。其一为全路堤方案；其二为路堤结合栈桥方案。

（1）全路堤方案。在泄洪坝段下游垂直水流方向沿线铺设路堤，路堤顶面高程 55m、宽度 20～24m，下游边坡按 1∶2～1∶2.5，不考虑引道工程量，主要工程量为土石方填筑 93 万 m^3。

（2）路堤结合栈桥方案。为加强施工紧张的深槽部位混凝土浇筑施工手段和节省工程量，在泄 2#～8#坝段下游高程 30m 设低栈桥，栈桥上布置 1 台门塔机。栈桥结构可以为混凝土路堤和混凝土墩结合梁跨 2 种形式。第一种是混凝土路堤方案，主要工程量为：土石方填筑 56 万 m^3，混凝土 2.10 万～2.89 万 m^3，钢结构 205～245t。第二种混凝土桥墩结合钢结构梁系形式，主要工程量为：土石方填筑 56 万 m^3，钢结构 1020～1260t，混凝土 3100m^3。

路堤布置需协调泄洪坝段护坦和基础廊道临时出口等水工及施工的关系，还应复核深槽坝段坝体受力情况。使命完结后，填渣需挖除恢复到护坦的设计高程以下。

2. 施工特性分析

泄洪坝段下游采用路堤方案后，导流底孔工作门可直接运输到安装现场附近，使导流底孔的金结安装施工较为方便。

泄洪深孔工作门计划在泄洪坝段下游侧的泄洪深孔反弧段上进行安装，然后用卷扬机就位。

原高程 45m 施工栈桥方案，最重件底孔工作门等都可用大型塔机直接吊装，而大型履带吊的工作幅度和起重量则不能满足要求。

（三）方案比较

1. 起重设备性能比较

业主采购的 2 台 CC1800 型大型 300t 履带吊，转移方便、使用灵活，可用于永久船闸、大坝、电站厂房金属结构的安装，也可用于泄洪坝段合同范围内大型临时工程及设施的安装和拆除，如塔带机的安装、供料线的安装等。

大型塔机为轨道移动机械，需配施工栈桥。相对履带吊而言，起重机工作幅度大，起吊能力大。

大型塔机如图 4—11—3 所示；300t 大型履带吊如图 4—11—4 所示。两种起重机制主要起重性能对比见表 4—11—2。

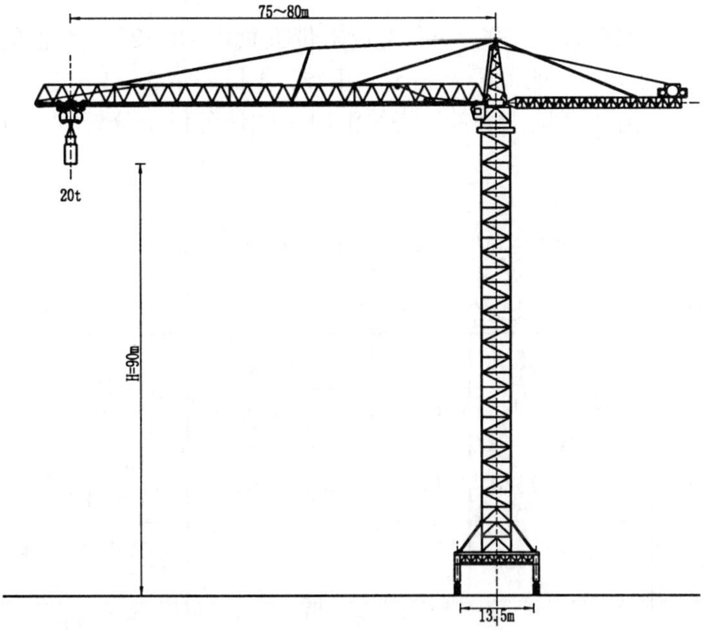

图 4—11—3　大型塔机

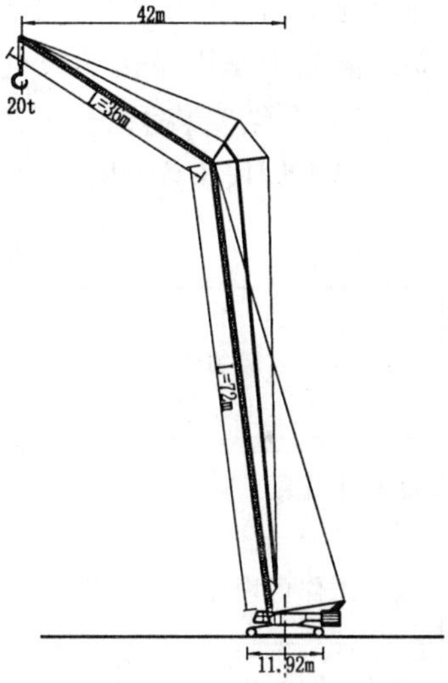

图 4—11—4　CC1800 型履带吊

表 4—11—2　　大型履带吊和大型塔机主要技术性能对比

项　目	大型履带吊	大型塔机
型号	CC1800	2000tm 级（MD2200 或 K1800）
最大起重量	300t	60t
60t 起重量工作范围	R=12～16m H≈70m	R=7～30（32）m H=90m
20t 起重量工作范围	R=42m H≈80～90m	R=7～75（80）m H=90m
10t 起重量工作范围	R=50m H≈75～85m	R=7～75（80）m H=90m
履带或门架尺寸	11.92m（长）×8.25m（宽）	轨距 13.5m
自重	约 200t	400t 左右

注：300t 履带吊主要性能按主臂 72m、副臂 36m。

2. 起重设备承担的工作分析

无论有无栈桥，泄洪坝段施工的起重设备必须具备以下三种功能：

1）作为混凝土浇筑备用手段

泄洪坝段的主要浇筑机械，塔带机和缆机投产以前，在泄洪坝段上下游还需配备初期混凝土浇筑设备，尤其1997年冬至1998年春是混凝土浇筑的黄金时段，如不按计划完成，将面临其后夏季高温时段浇筑约束区混凝土，对混凝土质量十分不利。大型履带吊可为初期混凝土浇筑备用手段，但不能覆盖第3仓，第2仓亦无法浇全。

泄洪坝段下部采用4台固定式塔带机浇筑混凝土，每台塔带机负责6～7个泄洪坝段，一旦塔带机发生故障，1台塔带机将影响1.5万～1.8万m^2范围的混凝土施工，上游侧SDTQ1800门机和缆机可以补充大坝上游侧65m左右的施工，下游侧施工需由泄洪坝段下游设备解决。

每台塔带机承担的混凝土量在100万～130万m^3，1台塔带机负责18～21个仓位的混凝土浇筑，每月浇筑50～60个仓次左右的混凝土施工，每个工作日浇筑2～3个仓次，每个仓位需连接浇筑7～10小时。由此可见，塔带机浇筑混凝土的任务已十分繁重，且浇筑混凝土是塔带机的长处。

2）金结安装手段

泄洪坝段下游侧金结及金结埋件安装及安装特性见表4－11－3。

表4－11－3　　泄洪坝段下游侧金结及金结埋件特性表

项目	数量（套）	单重（t）	总重（t）	最大分块		主要技术特性
				尺寸（m）	重量（t）	
底孔工作门	22	160	3520	11×3.5×2.0	60	6×8.5～80m 球铰弧形门
底孔工作门埋件及钢材砌	22	180	3960			焊接组合件，局部钢衬
底孔出口封堵检修门	22	70	1540	8×3.5×1.5	15	6×20～20m 平板迭梁
底孔出口封堵检修门埋件	22	20	440			反钩门槽，焊接主轨
底孔工作门液压启闭机埋件	22	62.8	1382			行程10.6m，摆缸式液压启闭机
底孔工作门液压启闭机埋件	22	7	154			焊接组合件
深孔工作门	23	260	5980	7×3.5×2.0	45	7×9～85m 圆柱铰弧形门
合计			16976			

安装时间：需在坝体上升及侧墙完成后，再行实施金结安装。金结埋件大部分与坝

体同时上升，主要安装工作量集中在 2000 年和 2001 年。

吊装方法：设置高程 45m 施工栈桥方案，最重件底孔工作门等都可用大型塔机吊装，单台大型履带吊工作幅度和起重量则很难满足要求。

3）辅助作业手段

泄洪坝段下游起重机需承担的其他主要工作有：

（1）安装塔带机与供料线（包括 4 台塔带机、3 台塔带机供料线）及移动吊车的安装。

（2）在高程 120m 栈桥未建成前，承担吊运模板、钢筋及其他辅助作业。

根据估算，泄洪坝段高程 120m 以下需由坝外吊入仓内的模板总重约 4500t，平均 1 台起重机 1 小时吊 0.5 次。泄洪坝段高程 120m 以下约有廊道长 6500m，廊道预制混凝土顶拱平均 1 台起重机 1 小时吊 0.7 次（导流底孔、泄洪深孔顶部、梁及钢衬由缆机吊装）。泄洪坝段高程 120m 以下钢筋约 75000t 需由坝外起吊入仓，平均 2 台起重机 1 小时吊 1.5 次。仓面起重机和平仓振捣机转仓，1 台起重机每小时吊 1 次。

综上分析，长江委设计院本着科学、实事求是的原则，对承包商的投标方案、分阶段形成栈桥方案和无栈桥（即路堤方案）三个方案的主要工程量罗列于表 4－11－4，便于业主和合同监理单位决策参考。

表 4－11－4　　栈桥各方案主要技术工程量表

项目		投标方案	分阶段形成栈桥方案	路堤方案	
				全路堤方案	路堤结合栈桥
长度（m）		480	480	483	333+147
宽度（m）		13、5+2	13、5+2	20～24	20～24/15+2
设备		2 台大型塔带机	2 台大型塔机	2 台履带吊	2 台履带吊/上海港机
主要工程量	钢材	4875t	3100t		245t/1260t
	混凝土	1570m^3	6700m^3	2000m^3	2.10 万～2.89 万 m^3（3100m^3）
	填筑			93 万 m^3	56 万 m^3
	其他				

（四）专题研究的结论

1. 概述

二期大坝混凝土浇筑，取决于塔带机及供料线和缆机等主要设备的采购到货进度以及安装投产进度。正常情况下，1#～5#塔带机安装进度（见表 4－11－5）应在 1999 年第一季度内完成。

表 4—11—5　　1#～5#塔带机的安装进度表

塔带机	1#	2#	3#	4#	5#
安装时间	1998 年 10 月中旬～12 中旬	1998 年 11 月中旬～1999 年 1 月中旬	1998 年 12 月～1999 年 1 月	1999 年 1 月～2 月	1999 年 1 月～2 月

施工初期混凝土浇筑是指从提供建基面开始，到大型浇筑设备投产前必须完成的工程量（见表 4—11—6）。尽管其间可以利用多种手段（如胎带机、WK-4 电吊、索铲等）进行基础混凝土浇筑，因设备适应性能较差、效率低，任务非常艰巨。

表 4—11—6　　初期混凝土浇筑工程量计划表　　单位：万 m^3

计划 \ 时间	1998.9	1998.10	1998.11	1998.12	1999.1	1999.2
承包商计划	0.9	2.15	3.86	7.61	15.82	19.48
设计计划		1.16	2.13	3.71	9.79	10.69

考虑到塔带机投产时间可能因供料线到货延期影响，会比原计划推迟 1～2 个月；缆机的投产时间也可能在 1999 年第二季度，比原来预计的晚 3 个月左右，主要设备在初期混凝土浇筑中难以发挥作用。1998 年底至 1999 年初的主要任务，是抢设备安装，形成浇筑手段，而两台履带吊也不可能用于浇筑混凝土。因此，从 1998 年 10 月至 1999 年 2 月的混凝土浇筑手段，承包商只能靠争取业主提供的两台胎带机，以及在上游布置 4 台 SDTQ1800 高架门机实现。

按照上述配置，最多可满足 7 万 m^3 左右的混凝土月浇筑强度，勉强维持到 1999 年 1 月份（长江委设计院进度安排）。否则，应采取措施，使塔带机提前投入运行。由于胎带机布置在下游，必须占压第 3 仓才能满足浇筑第 2 仓的要求。因此，在实现初期混凝土浇筑方面，只有塔带机安装顺利，才能基本满足要求。

2. 分阶段形成栈桥方案

因栈桥的工程量主要集中在 8#坝段以左深槽部位，从节省工程量出发，可以采取由右向左，逐段形成栈桥方案。右侧地形较高部分，直接在基岩面上铺轨道，先形成栈桥。深槽部位栈桥形成有两种方式：一是修建挡土墙，填渣压实后再铺轨道；二是待混凝土浇至 45m 高程以上时，再填石渣，将栈桥延伸至深槽部位。上述两个方案均可做到节省栈桥钢结构工程量 800 万～1000 万 t，增加石渣回填量约 25 万 m^3、混凝土量约 $1000m^3$，可节约投资约 500 万元。

前者的优点是可以及早形成栈桥，但是考虑到初期塔带机安装及胎带机浇筑混凝土等问题，必须在适当位置留有通道，也会带来一些问题和难度。

后者栈桥形成时间必须等到 1999 年底，深槽部位达到 50m 高程左右时，再回填石渣，延伸栈桥。由于栈桥上门机的荷载较大，对基础要求较严，两个方案均存在基础处理复杂制约工期的问题。

3. 部分钢墩优化为混凝土墩

业主建议将部分钢墩改为混凝土墩，虽可节省大量钢结构工程量，但1#～8#坝段上游侧墩柱应埋入坝体，不宜改为混凝土墩。该方案的缺点是，混凝土墩的施工期比钢结构墩要长。

4. 无栈桥方案

取消高程45m栈桥及两台大型塔机，以两台大型300t履带吊代替其全部功能。我们认为，履带吊可以代替塔式工况工作。当塔高（主臂）72m（最大）、副臂66m配置时，62m幅度时起吊能力可达11t，即起吊能力方面略逊于塔机。除1#～8#坝段外，履带吊必须越过塔带机供料线工作。当供料线高程较高时，9#～15#坝段的吊装作业会受到影响。总体上说，尽管吊装能力和工作适应性方面比塔机差，履带吊也可以基本满足做辅助工作的要求。与此相比，原高程45m栈桥上的塔机本来就可作为混凝土浇筑的备用手段。由于塔带机是固定的，相互之间的搭接有限，出现故障时，相互之间不能支援。因此，布置在下游的塔机和上游的缆机可以覆盖整个仓面，实现备用手段。

履带吊吊6m^{3}罐时的最大幅度为42m，如在坝外工作，只能浇筑第3仓，做为浇筑混凝土的备用手段，显得不足。

大坝高程120m以下金属结构安装，是高程45m栈桥上的门机最主要的任务。由高程45m栈桥上塔机安装的金属结构有：导流底孔工作门、工作门钢衬、出口封堵检修门、工作门液压启闭机、深孔弧形门的拼装等共计约2.2万t，其中超过40t以上的大件158件，每个底孔3件，每个深孔4件。

底孔超过40t以上的大件为门叶和启闭机油缸，桩号分别为0+86.7m和0+78.7m，坝体达到94m高程左右开始安装，安装时间为2000年1月至2002年3月；深孔超过40t的大件也是门叶，分为4个运输单元，最大运输单元尺寸为7m×3.5m×2m，当坝体达到120m高程左右时开始安装，安装时间为2000年8月至2002年6月。40t以下的金属结构件，绝大多数可以用履带吊安装，40t以上的大件履带吊则无法安装。

另一种可行方案是：由于大多数重件均在坝体达到94m高程（中心桩号约为0+100）以后安装，可以利用履带吊安拆又比较方便的优点，考虑将履带吊施工平台安装在坝体94m高程，设两跨10m和11m的栈桥，也可基本上满足大件吊装要求。当履带吊需要由右向左推进时，首先将后面的梁跨移至前面。但在穿越2#和3#塔带机的喂料皮带时，必须先将副臂拆除，过去之后，再装起来。

因此，采取一定的措施后，虽可满足大部分金属结构安装要求，但是在工期上将会带来较大的影响。

在原方案中，高程120m栈桥靠高程45m栈桥上的塔机进行安装，高程120m栈桥的中心线桩号为0+60.5m，单根梁重约25t，履带吊不能满足要求。就是说，即使将履带吊布置在大坝94m高程，也不能满足安装高程120m栈桥的要求。

根据进度安排，高程120m栈桥最终形成时间是2001年10月，而塔带机的拆除时间是2002年2月。此后仍有大量的混凝土（约75万m^3）浇筑和金属结构安装需要高程120m栈桥（从45栈桥迁移）上大型塔机完成，其强度见表4－11－7、表4－11－8。

表 4—11—7　　混凝土浇筑强度表　　单位：万 m^3/月

时间	2002.1	2002.2	2002.3	2002.4	2002.5	2002.6	2002.7	2002.8	2002.9	2002.10	2002.11
强度	17.1	14.2	13.9	11.7	8.2	7.8	6.3	5.2	3.2	2.1	0.7

表 4—11—8　　金属结构安装强度　　单位：万 t/月

时间	2002.1～3	2002.4～5	2002.6	2002.7～9	2002.10～12	2003.1～3
强度	0.1716	0.183	0.28	0.3	0.267	0.244

注：2 标段内部分金结量未包含在内。

塔带机拆除后，需要由缆机或高程 120m 栈桥上的门机完成的金属结构安装任务有：表孔的工作门、事故检修门、深孔检修门、底孔检修门、电站进水口快速工作门、拦污栅、坝顶门机等项目，工程量 4 万～4.5 万 t。

按照缆机、塔机和高架门机各 2 台，每台浇筑强度为 2 万 m^3/月计算，只能达到 12 万 m^3/月的浇筑强度。但是，此时大部分坝段都已浇至 155m 以上，仓面变小，备仓工作量大，同时从表中可知，金结安装任务非常繁重，再考虑缆机与塔机和高架门机之间的干扰，设备浇筑能力要大打折扣，设备数量的配置确实不宽裕。因此如省掉高程 120m 栈桥上的塔机，很难满足施工要求。

根据后期施工需要，2 台大型塔机不能取消，即使 45 栈桥取消，塔机还是要买，只不过晚投入而已。而且上述塔机不能用上海港机厂门机替代，因为该门机重达 1420t，已经超过 120 栈桥的设计荷载，轨距也不一样；同样情况，葛洲坝集团公司的 SDTQ1800 也不能满足要求。

除以上不利因素外，无栈桥方案即采用两台 300t 履带吊代替高程 45m 栈桥功能，其中一个前提是，两台履带吊必须长期固定在 1 标段承包商使用，基本丧失了履带吊灵活、移动方便、整个工地优化配置的特点。从合同概念上讲，取消高程 45m 栈桥，必然遭到承包商索赔，且技术及商务风险均明显增大，业主可权衡经济和工期得失决策。

第五章　三峡工程 120 栈桥设计优化

一、概述

三峡工程规模巨大、技术复杂，工程建设任务艰巨、责任重大；尤其是二期工程，施工项目多、施工难度大、施工强度高，为三峡工程建设的关键。为确保实现工程建设总目标和各阶段建设目标，制订科学、完备、可靠的技术方案，合理优化配置（人力、技术、设备、资金）各种资源至关重要。三峡工程施工栈桥是实施三峡二期和三期工程混凝土浇筑、金属结构和机电设备及埋件安装的重要施工手段，也是实现工程提前投产发电目标的保证性措施。

（一）二期主体工程规模及标段划分

三峡二期工程建设期 6 年，主要单项工程有左岸大坝、左岸电站、永久通航建筑物、茅坪溪防护坝等主体工程，以及附属或配套工程和必需的临时工程。

1. 二期工程建设规模

根据三峡工程建设总进度计划安排，二期主体工程拟完成：

（1）土石方可挖约 2600 万 m^3；

（2）土石方回填约 1200 万 m^3；

（3）围堰拆除约 850 万 m^3；

（4）混凝土浇筑约 1900 万 m^3；

（5）金属结构制造安装约 18 万 t；

（6）单机 70 万 kW 机组安装 4～6 台。

2. 二期工程建设标段划分

三峡工程建设是在我国建立社会主义市场经济体制的大环境下开始的，时任国务院总理及国务院三峡工程建设委员会主任李鹏提出："三峡工程应按市场经济的原则组织建设，实行工程业主负责制、招标承包制和项目监理制"，做到"一流的工程质量、一流的科学管理、一流的文明施工。"考虑到当时国内水电建筑业"僧多粥少"，业主（三峡总公司）引入竞争机制，选择最优秀的施工承包商，招标时将二期主体左岸大坝及电站厂房工程划分为以下 3 个独立标段：

1）第一标段（泄洪坝段）

泄洪坝段（合同编号：TGP/CⅣ-4-1）主要工程项目：

（1）左导墙坝段及左导墙（含坝顶结构、坝体结构、排漂孔结构、左导墙及泄槽结构）；

（2）1#～23#泄洪坝段（含坝顶结构、坝体结构、导流底孔结构、泄洪深孔结构、泄洪表孔结构和下游防冲护坦结构及坝体接缝灌浆等）；

（3）纵向围堰坝身段右纵 1#坝段高程 123m 以上及右纵 2#坝段高程 160m 以上部位混凝土（包括坝顶结构）；

（4）上、下游导渠及拦沙槽；

（5）下游护坦；

（6）导流底孔回填工程；

（7）基础处理工程（含纵向围堰坝段基础帷幕灌浆及排水）；

（8）建筑与一般装修工程；

（9）标段范围内的地质缺陷处理；

（10）机电、消防、暖通、给排水设备一期埋件；

（11）机电、消防、暖通、给排水设备安装和调试；

（12）底孔、深孔、表孔、排漂孔、门库、坝段部位的金属结构和启闭机安装及其一期埋件；

（13）导流底孔、深孔钢衬制造与埋设；

（14）标段范围内的安全监测工程或配合工作；

（15）临时工程。

2）第二标段（左岸厂房坝段）

左岸厂坝（合同编号：TGP/CⅣ-4-2）主要工程项目：

（1）左岸非溢流坝 12#～18#坝段（含坝顶结构、坝体结构、排沙孔结构、水厂取水口结构和电梯井结构及坝体接缝灌浆等）；

（2）左岸厂房 1#～14#坝段（含坝顶结构、坝体结构、电站进水、排沙孔结构、电梯井结构和基岩排水洞口结构、衬砌结构及坝体接缝灌浆等）；

（3）压力管道工程（包含外包钢筋混凝土结构和钢管制造与安装）；

（4）基础处理工程；

（5）建筑与一般装修工程；

（6）标段范围内的地质缺陷处理；

（7）部分机电、消防、暖通、给排水设备一期混凝土埋件；

（8）部分机电、消防、暖通、给排水设备的安装与调试；

（9）电站进水口、排沙孔、门库、供水取水口、坝顶部位的金属结构及启闭机械安装与一期混凝土埋件（排沙孔钢衬制造与埋设安装）；

（10）标段范围内安全监测工程或配合工作；

（11）临时工程。

3）第三标段（左岸电站厂房）

左岸电站厂房（合同编号：TGP/CⅣ-4-3）主要工程项目：

（1）1#～14#机组段主厂房；

（2）安Ⅰ、安Ⅱ及安Ⅲ段主厂房（含排沙底孔结构）；

（3）上游副厂房；

（4）下游副厂房及尾水平台；

（5）下游尾水渠及护坡工程；
（6）前区设施；
（7）基础处理工程；
（8）建筑和一般装修工程；
（9）标段范围内的地质缺陷处理；
（10）部分机电、消防、暖通、给排水设备一期埋件；
（11）部分机电设备、消防、暖通、给排水设备安装与调试；
（12）金属结构及启闭机械安装（含排沙底孔及一期埋件）；
（13）标段范围内的安全监测工程或配合工作；
（14）临时工程。

上述各个标段合同范围中，承包商为完成承建的工程项目而负责的设计、修建、安装、运行与维护的堤堰、施工道路、施工栈桥、储运设施、停放场地、施工辅助工厂、金结与机电安装基地、施工风、水、电系统，以及大型施工设备的安装与拆除、基坑抽排水、办公与生活营地（业主指定的现有办公与生活营地除外）、场地平整和其他设备均应包含在临时工程中。

每个标段合同工程的主要项量（不含临时工程量）见表 5—1—1。

表 5—1—1　　　　三峡二期大坝与电站厂房主要工程量估算表

项目		单位	第一标段泄洪坝段	第二标段左岸厂房坝段	第三标段左岸电站厂房	合计	备注
开挖	明挖	万 m^3	368.51	110.34	316.94	795.79	
	洞挖	万 m^3		0.03	0.03	0.06	
混凝土		万 m^3	610.21	469.08	159.61	1238.9	
机电设备及埋件		万 t	0.04	0.03	3.22	3.29	
金结	一期埋件	万 t	0.66	2.62	0.07	3.35	含启闭机
	安装	万 t	5.27	1.77	1.12	8.16	
钢筋		万 t	9.35	7.23	6.38	22.96	
钢材		万 t	0.08	0.03	0.03	0.14	土建结构用钢材
帷幕灌浆		万 m	5.09	4.61	1.23	10.93	
固结灌浆		万 m	5.13	5.67	3.57	14.37	
接缝灌浆		万 m^2	20.62	22.95		43.57	
接触灌浆		万 m^2		0.25	0.66	0.91	
回填灌浆		万 m^2	1.75	2.51	0.21	4.47	
排水孔		万 m	4.47	6.67	0.51	11.92	

经过评估和慎重决标，业主三峡总公司将第一标段授予葛洲坝股份有限公司；第三标段授予水电“三七八”联营公司（即由中国水电第三工程局、第七工程局、第八工程局组建的项目联合体）；同时将第二标段分拆，以占大部分的左非 12#～18#坝段和左岸 1#～10#厂房坝段工程授予宜昌青云水电联营公司（即由中国水电第四工程局和第十四工

程局组建的项目联合体，简称青云公司）；以占小部分的左岸 11#～14#厂房坝段工程划入到第一标段的中标单位。

3. 主要工程项量

由于第三标段的实施过程与本总结内容联系不多，故不再赘述。

葛洲坝股份有限公司承担的主要工程项目，包括全部泄洪坝段和部分厂房坝段。

泄洪坝段（合同编号：TGP/CⅣ-4-1）主要工程项目与招标文件内容一致，左岸厂房坝段 11#～14#坝段（合同编号：TGP/CⅣ-4-2B）即第二标段分拆的主要工程项目：

（1）左岸厂房 11#～14#坝段（含土石方开挖、坝顶结构、坝体结构、电站进水结构、坝体接缝灌浆等，不含坝顶门机的安装）；

（2）左岸厂房 11#～14#坝段压力管道工程；

（3）左岸厂房 11#～14#坝段基础处理工程；

（4）左岸厂房 11#～14#坝段建筑与一般装饰工程；

（5）左岸厂房 11#～14#坝段地质缺陷处理；

（6）左岸厂房 11#～14#坝段部分机电、消防、暖通、给排水等埋件安装及设备的安装与调试；

（7）左岸厂房 11#～14#坝段电站进水口、坝顶部位的金属结构、启闭机械安装与一期埋件；

（8）左岸厂房 11#～14#坝段安全监测配合工作；

（9）左岸厂房 11#～14#坝段大型临时工程。

主要工程量见表 5－1－2。

表 5－1－2　　TGP/CⅣ-4-Ⅰ&ⅡB 标段主要工程量

序号	项目	单位	工程量		合计
			TGP/CⅣ-4-Ⅰ标段	TGP/CⅣ-4-85　B 标段	
1	土石方开挖	万 m^3	368.51	47.55	416.06
2	混凝土	万 m^3	610.21	165.67	775.88
3	钢筋	万 t	9.35	1.87	11.22
4	金结制安	万 t	5.93	1.09	7.02
5	帷幕灌浆	万 m	5.09	1.48	6.57
6	固结灌浆	万 m	5.13	1.53	6.66
7	基岩排水孔	万 m	4.74	1.61	6.35
8	接缝灌浆	万 m^2	20.62	7.67	28.29
9	回填灌浆	万 m^2	2.79	0.70	3.49

宜昌青云水电联营公司承担的主要工程项目：

（1）左非 12#～18#坝段土石方开挖、基础处理、混凝土浇筑和金属结构安装；

（2）左岸厂房 1#～10#坝段压力管道工程；

（3）左岸厂房 1#～10#坝段基础处理工程；

（4）左岸厂房 1#～10#坝段建筑及一般装饰工程；

（5）左岸厂房 1#～10#坝段地质缺陷处理；

（6）左岸厂房 1#～10#坝段部分机电、消防、暖通、给排水等埋件安装、设备安装与调试；

（7）左岸厂房 1#～10#电站进水口、坝顶部位的金属结构启闭机安装与一期埋件；

（8）左岸厂房 1#～10#坝段安全监测配合工程；

（9）左岸厂房 1#～10#坝段大型临时工程。

TGP/CⅣ-4-2A 主要工程量：

（1）主体混凝土浇筑 300.60 万 m^3；

（2）金属结构安装约 1.4 万 t；

（3）金属结构一期埋件约 2.0 万 t；

（4）钢筋制安 5.36 万 t。

（二）栈桥设计范围

因三峡二期左岸大坝建筑与安装工程分为两个标段即两个承包商，在市场经济条件下，两个独立的承包商均有权招标选择具有相应资质的专业分包商承担栈桥的分包设计。考虑到两个总承包商共用一座栈桥，其设计条件、标准、高程完全一致，加上与水工结构有诸多方面需要协调，施工过程应避免相应干扰，以及栈桥本身按端进法施工也存在合理组织与相互配合，从有利于工程建设顺利实施的角度，长江委设计院分别与两家多次接触和承包洽谈，先后签订栈桥专业设计分包合同。

1. 2A 标段栈桥设计范围

2A 标段是指 TGP/CⅣ-4-2A 合同。栈桥按端进法最先从左逐渐向右推进形成，左岸的左段是青云公司的施工范围。

受青云公司委托，长江委设计院先承担的栈桥设计范围为：左非 12#～18#坝段和左岸 1#～10#厂房坝段高程 120m 施工栈桥方案设计和施工详图设计，包括栈桥和相应的引桥两部分。栈桥全长 532.1m，桩号为 47+990.10m～48+522.20m；引道部分包括从高程 120m 拌和楼出口至坝坡的栈桥以及与缆机供料平台连接的设计。

尽管 TGP/CⅣ-4-2A（青云公司）标段栈桥先行设计，但在方案研究阶段，仍应充分结合 TGP/CⅣ-4-1&2B（葛洲坝股份有限公司）标段的栈桥功能与工期要求，以及从桥面、荷载、桥宽等设计上充分考虑运输组织、避免干扰和两个承包商均出现加快大坝混凝土浇筑或金结安装施工进度的可能性问题。因此，分段的方案设计实际上已成为总体栈桥方案设计。

2. 2B 标段栈桥设计范围

2B 标段是指 TGP/CⅣ-4-1&2B 合同。受葛洲坝股份有限公司三峡建设承包公司的委托，2B 标段的栈桥设计范围为二期左岸 11#厂房坝段到右纵 1#坝段，本段栈桥全长 696.2m。

根据设计合同约定，栈桥分为两个阶段设计并提供全过程设计技术服务，即包括方案设计阶段、施工详图设计阶段、现场设计服务和栈桥各类验收。

（三）栈桥主要设计依据

高程 120m 栈桥的主要设计依据为：

（1）国家法律、行政法规；

（2）国家标准、技术规范和合同适用的规范；

（3）双方签订的栈桥设计合同；

（4）业主三峡总公司提出的栈桥优化原则；

（5）有关栈桥实施的会议纪要；

（6）施工监理单位的批复或通知；

（7）经双方协商达成的任何补充协议；

（8）其他文件。

（四）栈桥设计内容

因为栈桥方案需报经业主和两个标段的施工监理审查批准，故二期工程高程 120m 栈桥分为两个阶段展开设计。第一阶段为方案设计阶段；第二阶段为施工详图设计阶段。只有在方案设计通过审查后，才能实施施工详图设计。

1. 方案设计阶段主要内容

因施工规模、施工强度、工程量、运输量和资源投入的差异，两个标段的栈桥设计均需进行单独的方案研究，主要设计内容有：

（1）协调青云公司与葛洲坝股份有限公司两个承包商对高程 120m 栈桥的功能要求；

（2）栈桥布置方案比选；

（3）栈桥交通量估算与交通组织规划；

（4）栈桥结构方案比选（含结构布置、结构形式与结构方案设计）；

（5）栈桥对坝体结构影响的分析及处理措施研究；

（6）栈桥施工组织设计规划。

2. 施工详图阶段设计内容

栈桥方案设计报经业主和监理单位组织的审查并批准后，栈桥进入施工详图设计阶段，主要内容有：

（1）按合同约定陆续提交分部工程完整的施工图纸；

（2）进行现场设计交底；

（3）根据现场条件优化设计或变更设计；

（4）参与现场检查验收；

（5）配合项目完工验收；

（6）其他技术服务。

二、栈桥的功能与作用

三峡二期工程主体大坝工程量大、结构复杂（孔洞多、孔口尺寸大）、施工强度高、技术质量严、施工干扰多。高程 120m 栈桥作为大坝两端唯一的施工通道，其作用十分关键。因此，要求高程 120m 栈桥具有多功能、重载大运量并兼作大件物资的中转场地的作用。

（一）栈桥的设计与运行特点

高程 120m 栈桥上需要运行大型塔机、高架门机、胎带机、大型平板挂车、混凝土料罐车等各种大型施工设备，同时作为工程车辆、通勤车辆、指挥车辆和各种人员的必经要道，其上还布置有人行道、临时施工设施、临时储库和值班室，因此栈桥设计与运行具有以下特点：

（1）荷载大。上海港机厂生产的 MQ2000 型高架门机自重加配重、吊重达 1500t；吉林水工机械厂生产的高架门机重达 1200t。在栈桥上行驶的挂车为特挂-200 及 200t 胎带机，这在国内外任何水利工程施工栈桥上是前所未有的。

（2）栈桥强度及刚度要求高。栈桥担负大坝混凝土浇筑和金结及机电埋件等安装工作，决不允许有任何质量问题，否则对整个三峡工程建设进度产生巨大影响。MQ2000 型高架门机高度近 100m，铰点高度 71m，最大吊重达 63t，且在施工栈桥上自升，要求高架门机四腿高差不得超过 5mm，对刚度要求非常严格。

（3）要求快速安装和拆除。施工栈桥是为大坝施工服务的，要求栈桥在尽可能短的时间内形成，最大限度地发挥施工栈桥的作用。

（4）功能齐全。由于三峡二期工程大坝长度较长，另一端受导流明渠，纵向围堰等限制，特别是上下游基坑进水以后，在坝顶公路未通及三期围堰未施工之前，二期工程大坝像三面环水的一座孤岛，施工栈桥成为高程 82m 至坝顶高程 185m 之间垂直高度 103m 范围内唯一的施工平台和对外交通通道。大部分设备、材料、金结、混凝土预制构件等通过栈桥运输、堆放、吊运，风水电等各种管线需从栈桥上通过，还成为上、下班工作人员的主要通道，各种管理指挥车辆在栈桥上停留，业主、监理、施工单位的管理用房均设在栈桥平台上；既可方便施工，又较大提高施工工作效率。

（5）跨度种类多、梁系结构复杂。高程 120m 栈桥有六种跨度，栈桥桥面梁系结构与铁路及公路桥梁截然不同，同一跨度内有起重机梁、内外汽车梁、人行道梁等；汽车梁又分预应力混凝土梁、钢—混凝土组合梁、普通钢筋混凝土梁等。

（6）边界条件复杂。栈桥坐落于坝体上，坝体结构本身较复杂，栈桥桥墩与各坝段分缝、坝面高程、压力钢管的安装及外包混凝土的浇筑、排沙孔及各种管线的布置、坝体施工进度等之间的关系较复杂。

（7）时间紧迫。青云公司 2A 标段栈桥设计，由于种种原因，委托合同签订时，就比原计划推迟近一年；为了满足施工进度要求，最大限度的发挥栈桥的作用，要求设计在方案确定后的三个月内拿出全部施工详图，时间非常紧迫。

（8）临时性。施工栈桥需修建在坝体上，栈桥结构应适应水工结构，不能破坏永久坝体结构的完整性；因此在栈桥布置设计时，尽可能不占压坝体，对于非占压不可的部位必须予以恢复。

（二）栈桥起重与垂直运输功能

三峡高程 120m 施工栈桥是三峡大坝混凝土浇筑和金属结构安装的重要手段，也是沟通大坝施工的重要通道。栈桥运行的主要起重机械为吉林水工厂生产的 MQ2000 型高架门机和大型塔机。高架门机自重约 1100t。主要水平运输机械为北方重型机械厂生产的 LDC6 侧卸料罐车、自卸汽车和平板挂车。

根据三峡二期大坝与电站厂房土建与安装工程施工招标文件和 TGP/CⅣ-4-2A 及 TGP/CⅣ-4-1&2B 合同文件，高程 120m 栈桥拟承担混凝土浇筑、金属结构和钢筋的吊装以及机电设备及埋件的安装任务。经统计葛洲坝股份有限公司承担的 1&2B 标段和青云公司承担的 2A 标段的两份合同书，其主体工程施工量见表 5－2－1。需要说明的是，无论招标文件列出的工程量还是合同文件标明的工程量，都只是估算工程量；实际工程量必须在承包商依据施工详图实施完成后由监理工程师计量并确认的工程量。

表 5－2－1　　左岸厂房坝段和泄洪坝段主要起重运输量

项目		单位	2A 标段	1&2B 标段	合计	备注
混凝土		万 m^3	300.60	777.39	1077.99	含地质缺陷处理
机电设备及埋件		万 t	0.02	0.05	0.07	
金结	一期埋件	万 t	1.95	1.39	3.34	含启闭机
	安装	万 t	1.39	5.66	7.05	
钢筋		万 t	5.36	11.22	16.58	
其他		万 t				工具及施工设备

1. 混凝土浇筑与起吊运输

三峡大坝土建与安装工程施工，受塔带机施工高度限制，坝体高程 160m 以上混凝土，除采用 2 台缆机以外，主要需用大坝下游坝坡高程 120m 栈桥上的数台起重机承担混凝土浇筑，主要工程量包括综合计算大坝两个标段（两个承包商的）合同范围，其施工量及特性见表 5－2－2。但是：

（1）表中数据只计算 2002 年 3 月～2002 年 10 月通过栈桥的混凝土运输量；

（2）不计入后期导流底孔回填混凝土及在此时段内不经过栈桥的导墙坝外段混凝土；

（3）表中未包括缆机的起吊运输量。

表 5－2－2　　高程 120m 栈桥控制性混凝土运输特性表

部位	混凝土量（万 m^3）	高峰月强度（万 m^3/月）	高峰时段强度（万 m^3/月）	高峰小时强度（m^3/h）	高峰时段小时强度（m^3/h）
2A 标段	22.81	2.80	2.49	64.4	57.3
1&2B 标段	51.43	7.80	7.21	179.4	165.8
合计	74.24	10.60	9.70	243.8	223.1

2. 金属结构混凝土构件及辅助起吊运输

高程 120m 栈桥及布置的门塔机拟承担的金属结构、金结埋件、混凝土预制构件的吊装工程量，综合统计葛洲坝股份有限公司和青云公司两个标段合同文件，其施工规模及特性见表 5—2—3 和表 5—2—4。需说明的是：

（1）表中数据计算期为 2002 年 3 月～2003 年 12 月通过高程 120m 栈桥上的金属结构及金结埋件运输量；

（2）除混凝土、金属结构和金结埋件外，还有大量钢筋、仓面辅助作业、机电设备埋件、塔带机拆除等工作量，高程 120m 栈桥的起重运输工作任务十分繁重。

表 5—2—3　120 栈桥金属结构运输特性表

部位	金结量（万 t）	高峰月强度（万 t/月）	金结埋件量（万 t）	高峰月强度（万 t/月）	金结及埋件（万 t）	高峰月强度（万 t/月）
2A 标段	1.10	0.12	0.49	0.06	2.29	0.18
1&2B 标段	3.67	0.33	0.91	0.10	4.58	0.43
合计	4.77	0.45	2.10	0.16	6.87	0.61

表 5—2—4　120 栈桥塔带机拆除钢筋及模板量

部位	塔带机及坝内供料线拆除（t）	钢筋（万 t）	模板（万 m^2）	辅助作业等（万 t）	备注
2A 标段	710	0.84	12.95	0.06	
1&2B 标段	3120	2.20	14.91	0.30	
合计	3830	3.04	27.86	0.36	

（三）栈桥交通运输功能

所有要经高程 120m 栈桥起重及垂直运输的混凝土、金属结构、金结和机电设备埋件及物资、材料等，都必须由 120 栈桥提供水平运输到大坝上。也就是说，作为大坝交通桥的功能及作用，要超过安装在栈桥上的门塔机实施混凝土浇筑和金属结构安装的起重与垂直运输功能及作用。而且，栈桥的桥面宽度和流量设计，还应充分考虑到门塔机等垂直起重设备的运行以及被起重物件的平面卸载占用桥面和载重汽车在栈桥上回头等因素。

1. 栈桥平面交通运输的控制车型

除门塔机在桥面上平面行走外，各种工程车辆的交通运输行车组织主要受 3 种运输车型控制。分别是：

（1）LDC6 型混凝土侧卸料罐车；

（2）18～20t 级载重车（考虑部分自卸车）；

（3）200t 拖车组。

混凝土侧卸车，侧卸为 6m^3 混凝土料罐，侧卸位置设在右侧，牵引车头与料斗为铰接式，外形尺寸为 8.4m（长）×3.2m（宽）×4.1m（高），最小转弯半径约为 8m。经在三峡总公司坝河口设备仓库实测车体转弯 180° 的作业情况，车轮外缘所占尺寸在 13.0～18.5m；加上车体转弯时外部需留 1～1.5m，如栈桥不加宽转弯，困难且不安全。根据青云公司的要求，在左厂 5#和 10#坝段下游侧设置回车平台。

18～20t 载重车（含自卸车）在栈桥上回头，要求车体在栈桥上多次倒车。

200t 拖车组，主要运输重件。200t 组拖车车身较长，在栈桥上无法回车，因此拖车需要双向牵引的功能。

2. 栈桥交通运输的组织设计

栈桥上主要运行的起重设备和实施运输的各种施工车辆，以及拟运输的对象和影响运输的占道设施有以下几类：

（1）栈桥上布置吉林水工机械厂生产的 MQ2000 型高架门机和大型塔机，吊运混凝土及金结等有关构件；

（2）行驶北方重型汽车有限责任公司生产的 LDC6 型混凝土侧卸料罐车、200t 拖车组和 18～20t 重载车；

（3）拟运输和吊装的金结和埋件；

（4）运输和吊运钢筋、模板等辅助作业，运输和吊运冷却水管及仓面设备等，运输和吊运预制构件；

（5）作为塔带机等起重设备的拆除运输通道，也是栈桥本身的安装与拆除的运输通道等；

（6）消防、指挥车辆通道；

（7）铺设风、水管道和通讯线路，安置临时供电设施；

（8）导流底孔运行期及封堵时的施工运输通道；

（9）参建各方工作人员通道。

根据门塔机生产厂商提供的参数，起重机轨距为 13.5m。按照载重汽车宽度及安全运行距离，高架门机下只能行驶两个车道。另外，考虑栈桥下游侧设全线贯通右岸到左岸的回车道，在有高架门机门架处的栈桥上游侧只能行驶单向重载车，无门架处可布设从右岸到左岸的两车道，卸料平台在上游门轨以外 3.5m。

为减小栈桥的宽度，上高架门机的人行爬梯（在门架外的宽度达 1.8m，比下游侧无人行爬梯宽约 1.1m）应设在上游侧。

3. 交通流量的设计

综合两个标段的施工进度，测算栈桥上水平运输和起吊运输总量，得出高程 120m 栈桥的高峰车流量（含葛洲坝股份有限公司通过的量）单向为 70～90 辆/h，其中仅混凝土运输高峰车流量单向为 40～50 辆/h（未计参观、学习、考察、临时检查验收等通行量）。

原设计侧卸车需考虑不同部位的施工需要，要求有左侧卸料和右侧卸料两种车型，以满足不同的工程条件，但该车牵引车为进口，若司机位置与卸料口不同边，则无法观察和控制卸料，而且外方表示难以改为右侧驾驶。

按已采购的车型，业主三峡总公司提供施工承包商的无轨侧卸车驾驶员位置在左侧，料斗车卸料口亦在左侧。这样需侧卸车重载在栈桥上转弯后再到上游的卸料平台卸料。由于重载拐弯，行车速度受到限制，将严重影响栈桥上的车流量，特别是最靠左岸侧的高架门机施工时，形成高程 120m 栈桥交通的咽喉部位。1 台门塔机每小时浇筑混凝土在 10～15 罐，相应这台高架门机需有 10～15 辆/h 重载转弯，每辆车转弯阻碍交通时间需控制在 1～1.5 分钟以内，否则不能满足高峰车流量的需要。

为提高和保证栈桥的运输能力，方案设计时建议采取以下优化措施：

（1）将侧卸车左侧卸料改为右侧卸料：经与厂方联系，将料斗车改为右卸是可行的；改为右侧卸料后，倒车对交通的影响可减少约 50%，且为空载转弯，对交通安全有利，最好是驾驶和卸料均为右侧。

（2）加强现场管理，制定严格的栈桥交通管理运行规则，建议由交通武警指挥，以确保工程施工的安全。

（3）尽可能协调让 2A 标段的缆机多承担混凝土浇筑任务，以降低高程 120m 栈桥上的交通运输压力。

（四）栈桥的辅助功能

水利水电建设工程中施工栈桥与普通公路桥、铁路桥有很多的不同，除具有综合施工作业功能和交通运输功能之外，还赋予其有许多其他功能，如栈桥桥面应可以作为某一工程部位的施工平台，或某些施工设施（临时供电、供水、供风）的布置场地，以及参建各方（业主、设计、监理、承包商、检测机构等）现场指挥所、值班室。

根据 2B 标段施工总承包商葛洲坝股份有限公司报经工程监理审批的施工组织设计文件，高程 120m 栈桥还具有以下辅助功能。

1. 三通功能

根据施工总承包商要求，栈桥上拟布置供电、供水、供风、通信等施工设施，主要项量及位置：

（1）栈桥全线设 1 根 DN200 的供风管；

（2）栈桥全线设 DN200 初期冷却水供水管 1 根，设 DN400 中后期冷却水水管 2 根，设 DN500 施工生产水供水管 1 根；

（3）设 6kV 高压电缆 8 回，500～1000V 低压电缆 12 回；

（4）布置单台最大配电变压器容量 1000kVA，总重约 4.8t，外形尺寸 3.8m×2.2m×2.5m，每 4 个坝段（80～100m）集中安装两台；

（5）供水、供风所有管线以及供电设施均要求布置在桥面以下；

（6）风管及水管布置尽可能靠近上游坝坡，需设计检修维护通道，以方便安装及维修，每个坝段能够向坝面引接支管；

（7）变压器可以布置在栈桥下游侧的支墩上，设有检修维护通道。

2. 转料及调头功能

因栈桥桥面交通繁忙，桥宽不能满足大型车辆直接调头拐弯，需要增加转料及调头功能，主要有：

（1）栈桥上游设侧卸料罐车卸料平台共 8 处，分别为左厂 $12^{\#}$～$2^{\#}$坝段、左厂 $14^{\#}$～$2^{\#}$坝段以及泄 $2^{\#}$、泄 $6^{\#}$、泄 $10^{\#}$、泄 $14^{\#}$、泄 $18^{\#}$和 $23^{\#}$坝段；

（2）汽车回车平台设 3 处，分别在左导墙坝段、泄 $12^{\#}$坝段和右纵 $1^{\#}$坝段，回车平台宽度 21m；

（3）混凝土卸料平台尺寸为 3.5m×6.0m（顺流向×垂直流向），平台面高程为 117.1m（$6m^3$ 立罐直径 2500mm，高度 3296mm，吊罐上口低于桥面 300mm），每个平台设安全步梯进入。

三、栈桥总布置的设计与优化

栈桥无论其规模多大、造价多高，在三峡工程建设中属于大型临时工程。除非在栈桥使命完成后，对其进行改造成为大坝建筑物景观，通常情况下都应当拆除。栈桥的临时性，决定了其布置必须服从大坝主体结构并满足大坝及电站建筑物施工的需要。

栈桥布置设计主要是确定栈桥轴线、栈桥宽度、栈桥跨度、栈桥平面布置与高程、栈桥与坝体结构的关系、交通特性、风水电管线布置、变压器布置等。

（一）120 栈桥总体布置原则

栈桥布置设计需遵循以下几个原则：

（1）与坝体结构相适应原则。栈桥结构需与坝体结构相协调，不能破坏坝体结构的安全与完整性。

（2）栈桥运行与施工功能原则。栈桥布置及其结构设计需满足栈桥功能及其相应施工任务的要求。

（3）快速安装与拆除原则。栈桥的结构设计及布置需满足其快速施工安装要求，特别是梁跨结构对施工的影响最大；梁跨过短，则增加桥墩数量；梁跨过长则梁断面尺寸很大，运输安装困难。

（4）满足各标段施工的协调原则。栈桥是沟通三峡大坝左右两岸施工的重要通道，需同时满足青云公司和葛洲坝股份有限公司二期施工及三期大坝施工的要求。

（5）安全原则。栈桥的运行安全与否直接关系到工程建设能否顺利实施以及参建各方人员的生命财产损失，因此，栈桥的布置设计应确保安全、可靠。

（6）经济原则。栈桥是临时工程，设计上应尽可能考虑采用通用钢结构，争取重复使用，以节省投资。

（二）栈桥轴线的优化

栈桥轴线位置主要考虑大坝上部混凝土浇筑、坝体结构、塔带机和缆机布置，以及正在施工的两个标段对栈桥功能及布置、混凝土浇筑衔接等因素。结合三峡大坝结构设计，栈桥轴线应与坝轴线平行，其平面布置应尽量使混凝土浇筑部位及金结安装等置于栈桥上布置的起重机工作范围之内，并与混凝土及金结运输线路协调。

施工栈桥上布置的 MQ2000 型高架门机及 K1800 塔机臂长均为 71m，SDTQ1800/60 型高架门机臂长为 62m，按照葛洲坝股份有限公司的门塔机布置要求，结合坝体结构及栈桥的功能要求，如按起重机全部在控制范围之内，则要求栈桥轴线桩号在 20+058.5m 以内；若按起重机上游方向 2～3m 范围不在门塔机控制范围内，栈桥轴线可布置 20+058.5m～20+061.5m 之间。

三峡二期大坝混凝土浇筑共有 6 台塔带机，其中厂房坝段布置有 2 台 POTAIN 塔带机，安设在桩号 20+044m 处；泄洪坝段布置有 4 台 ROTEC 塔带机，安设在桩号 20+076m 处。根据 21m 栈桥宽度布置要求，栈桥轴线宜布置在桩号 20+059.2m～20+062m 之间。

栈桥轴线与大坝下游坡面结构密切相关，栈桥轴线越靠近坝轴线就对坝体的占压越多，对坝体结构影响越大。考虑以上施工机械布置和与坝体关系，结合两个标段施工栈桥轴线布置，综合比较确定栈桥轴线为桩号 20+060.5m。三峡混凝土施工布置与桥栈布置见图 5－3－1。

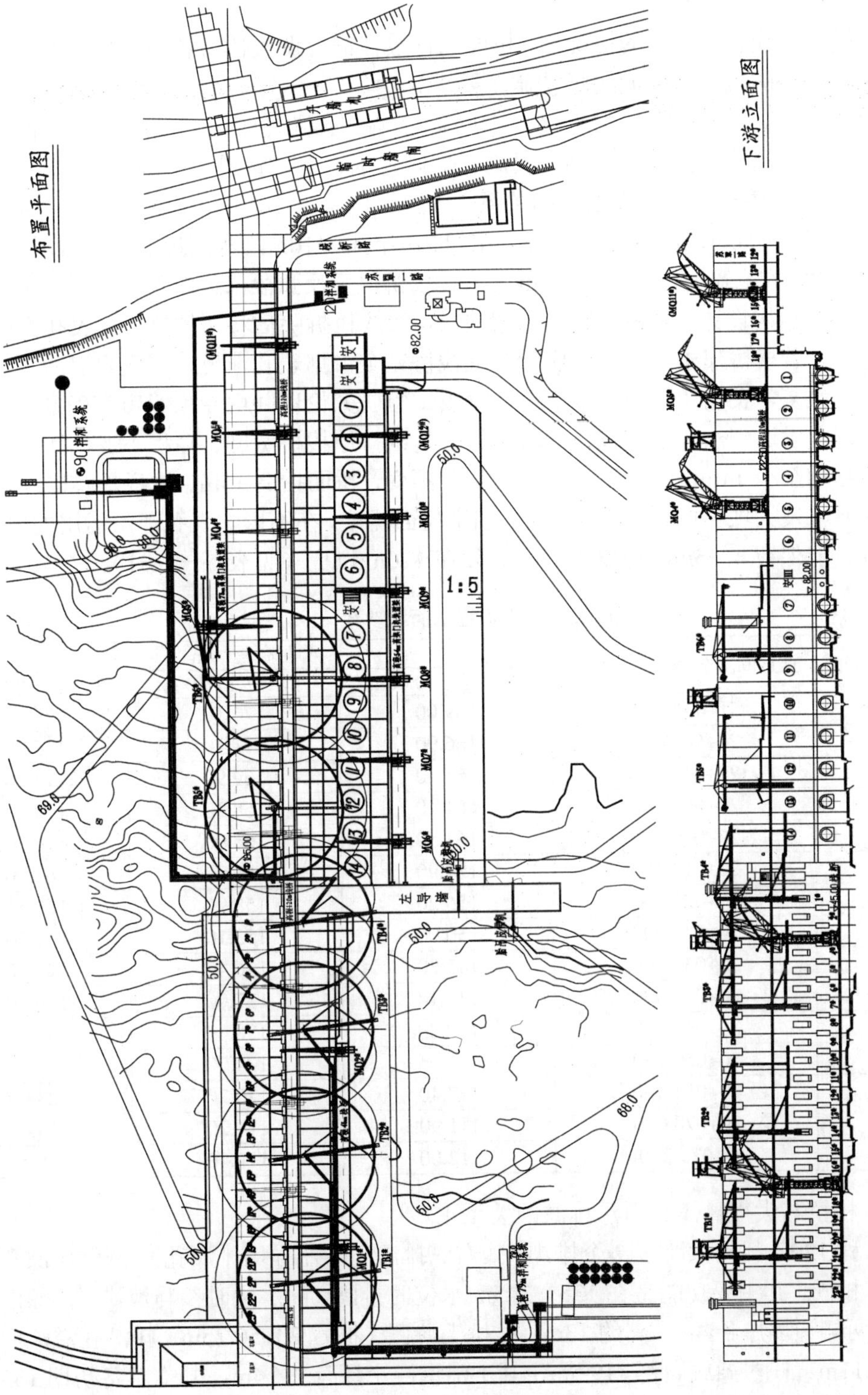

图 5—3—1　三峡混凝土施工方案及栈桥布置图

（三）栈桥桥面高程优化

在栈桥轴线位置确定的情况下，桥面高程设计需协调栈桥与各不同坝段的坝体结构和泄流曲线等的关系，并满足坝体施工要求。

桥墩墩顶高程需考虑平面布置、泄洪深孔、溢流表孔和排漂孔在不同水位的泄水水面曲线、坝体结构布置、施工临时设施（如风、水、电、管道）等因素。

1. 120 栈桥与大坝表孔泄洪的关系

表孔泄槽宽 8m，反弧半径 30m，出口挑坝高程 110m，两侧边墙厚 3m，根据泄槽最大水深 7m 左右确定其墙高为 10m 左右。栈桥位于反弧段部位略偏上游，按照现有的栈桥布置和结构设计，是在边墙上预留缺口，等栈桥拆除后将边墙恢复，表孔方能正常泄洪运行。若栈桥作永久保留，现行布置栈桥完全占据表孔泄槽，严重阻滞泄洪，并且边墙无法恢复，表孔体型是经多个设计阶段试验研究论证并由专家组审查确定。如调整栈桥布置，以达到永久保留栈桥的目的，一是维持原栈桥宽度、高程不变，其中心线须向下游移动至少 14m；或者维持中心线位置不变，桥面抬高 15m。这样均难以满足栈桥的功能要求及大坝机电布置要求。二是缩窄桥面宽度，在不影响表孔泄洪运用的情况下，桥面宽只能保留 4～5m，但梁底高程必须在 120m 以上（见表 5－3－1）。

表 5－3－1　　三峡表孔泄洪沿程水面线参数

断面编号	垂直断面位置桩号（m）	水面高程（m）		
		库水位 170.00m	库水位 175.00m	库水位 180.00m
1	20-004.820	169.00	174.10	179.20
2	20+000.400	166.90	171.40	175.90
3	20+001.900	165.70	169.90	174.20
4	20+007.700	164.40	168.30	172.20
5	20+009.200	163.50	166.90	170.30
6	20+019.310	157.90	160.90	163.90
7	20+022.000	156.20	158.90	161.50
8	20+028.000	150.00	153.10	156.20
9	20+034.000	143.20	146.40	149.60
10	20+041.000	134.10	137.00	139.90
11	20+045.420	129.00	130.60	132.30
12	20+050.750		124.90	
13	20+054.000	117.40	120.20	123.00
14	20+070.000	111.90	114.20	116.40
15	0+075.210	112.00	114.40	116.50

2. 栈桥与大坝排漂孔泄洪排漂的关系

高程 120m 栈桥共跨过 2 个排漂孔（右纵排漂孔与左导墙排漂孔）。两个排漂孔的布置基本相同，其主要功能是在 135～145m 水位时排漂，高水位时参与泄洪。排漂泄槽宽 10m，两侧边墙厚各 4m，高约 13m。栈桥上游侧（桩号 20+50.25m）排漂孔溢流面高程为 116.11m。栈桥梁底高程 119.5m，其下泄槽净空还有 3～4m，基本具备初期 135m 水位时的排漂运用要求（参与 175m 水位泄漂时，泄槽水深约 10m，水面线即排漂孔水深，见表 5－3－2）。若作为永久坝后交通保留，在不影响其运用功能条件下，桥面宽度只能保留 4～5m，但梁底高程必须在高程 121m 以上。

表 5－3－2　　　　　　　　　　三峡泄洪排漂孔水深值

上游水位(m)	135.07	138.0	140.0	145.0	150.0	155.1	160.1	165.0	167.0	170.0	175.1	备注
下游水位(m)	68.0	68.0	68.0	68.0	68.0	73.8	73.8	73.8	73.8	73.8	76.4	
流量(m^3/s) 测点位置	56.6		353.6	788.4	1361.2	1789	2086	2340.5	2432.4	2560	2765	
门槽上缘	0.9	2.4	4.0	8.5	12.2	13.9	14.0	16.0	16.5	17.0	19.0	#为底部测压孔编号
门井							14.0	16.0	16.5	17.0	19.0	
门槽下缘	0.8	2.3	3.8	8.2	12.0	13.4	14.0	16.0	16.5	17.0	19.0	
有压孔出口	0.6	2.0	3.3	6.75	10.35	12.0	12.0	12.0	12.0	12.0	12.0	
8#	0.5	1.5	2.33	4.8	7.3	9.25	9.6	9.7	9.7	9.7	10.0	
9#	0.4	1.3	2.0	4.0	6.2	8.2	8.6	8.9	9.1	9.2	9.4	
10#	0.35	1.2	1.9	3.8	5.8	7.7	8.2	8.4	8.6	8.7	9.1	
11#	0.3	1.2	1.9	3.8	5.8	7.4	7.8	8.0	8.4	8.4	8.9	
12#	0.3	1.1	1.8	3.7	5.4	6.9	7.4	7.8	8.0	8.2	8.7	
13#	0.3	1.0	1.7	3.6	5.1	6.7	7.1	7.5	7.8	7.8	8.4	
	0.3	0.9	1.6	3.4	4.7	6.4	6.9	7.4	7.4	7.6	8.1	
14#	0.3	1.0	1.4	2.9	4.2	5.7	6.4	6.9	7.1	7.3	7.8	
15#	0.3	0.8	1.3	2.8	4.4	5.8	6.4	7.0	7.3	7.3	7.7	
16#	0.3	0.7	1.2	2.8	4.2	5.8	6.5	7.1	7.5	7.8	8.0	
17#	0.3	1.0	1.2	2.6	4.2	5.8	6.5	7.1	7.5	7.5	8.0	
18#	0.3	0.6	1.4	2.6	3.9	5.1	5.8	6.3	6.5	6.8	7.1	
18#水冠花		0.6～1.1			3.9～5.5	5.1～6.9	5.8～7.5	6.3～8.0	6.5～8.7	6.8～8.5	7.1～9.3	

3. 栈桥与其他上部结构关系

栈桥料罐平台底和轨道梁底与各部位坝体结构关系见表 5－3－3，从表中可以看出栈桥梁底高程不低于 118.5m，还需考虑机组出线的影响。

表 5－3－3　　　　　　　　120 栈桥上部结构与水工建筑物关系　　　　　　　　单位：m

桩号	栈桥上游面梁底高程	左非坝下游面高程	左厂坝段下游面高程		左导墙坝段		泄洪坝段		右纵 1#坝段	
			钢管坝段	非钢管坝段	溢流面	边墩	溢流面	非溢流面	溢流面	边墩
20+50.25	≥119.5	110.77	118.68	115.21	116.11+3	119.18	117.00	115.44	116.11+3	119.18
20+52.75	≥118.5		117.68		118.00					

4. 栈桥桥面高程与机组出线的关系

栈桥桥面高程与栈桥轴线位置、坝体结构、机组出线、引道布置、泄流水面曲线、栈桥结构等因素有关，综合考虑后选定高程为 122.5m。

在确定栈桥桥面高程时，机组出线已采取措施（加高出线塔等），桥面运行车辆按

6m 限高可满足机组出线的 8m 安全距离要求。机组出线的最低点在桥面中部，栈桥轴线向上游移也不能相应提高栈桥桥面高程，且受 5[#]、6[#]塔带机布置限制，栈桥轴线即便可向上游移最多只能移 1m 左右。

（四）桥面宽度设计

120 栈桥的桥面宽度，受混凝土浇筑和金属结构安装的高峰施工强度、桥面辅助施工设施设备布置密度、栈桥车流量等因素影响。由于两个标段的施工承包商在栈桥工程的报价存在较大差异，尽管 2A 标段的栈桥桥面是 2B 标段承包商必须通过的“卡喉部位”，如果按 2B 标段承包商的要求的桥宽实施，可能导致 2A 标段承包商较大的经营亏损。

1. 2A 标段的桥宽设计

栈桥桥面顺流向从下游至上游分别布置有人行道、回车道、重载车道和机动车道或机动车道和重载车道、卸料平台、混凝土吊罐平台。人行道下游设高 1.2m 左右的栏杆，人行道宽 1.4m，高出栈桥桥面 20cm 左右；起重机轨道以内行驶各种工程车辆，上游门轨至上游侧宽 3.5m，含布置在上游的路沿护栏宽大约 20cm，路沿护栏高度为 20～25cm。

在栈桥上游布置混凝土吊罐平台，混凝土吊罐平台比栈桥桥面低大于 4m，宽 3.5m，吊罐平台布置在非钢管坝段；对左厂 8[#]非钢管坝段因布置塔带机不设吊罐平台，左非坝段设在 16[#]和 18[#]坝段上。

根据三峡总公司和青云公司的要求，栈桥宽度按 18.5～19m 设计，经对栈桥上交通和行车组织布置比较和优化设计，栈桥宽度确定为 19m。

由于起重机轨距为 13.5m，轨道上游 3.5m 为侧卸车道（在无高架门机处，3.2m 宽的侧卸车可卸料），下游侧设宽 2m 的人行道（2m 宽人行道内因高架门机门腿占下游侧约 0.6m，人行道实际宽度为 1.4m）。也就是说，19m 的桥宽情况下，需要有高效的运输组织和良好的监理协调机制，方可避免两个承包商之间的施工干扰。

2. 2B 标段的桥宽设计

2B 标段施工项量多、持续高峰期长，同时存在诸多影响进度或拖延工期的不利因素，加上原设备选型将栈桥上混凝土主要运输车辆确定为北方重型机械厂生产的 LDC6 型侧卸料罐车。经在三峡设备公司坝河口仓库实测，空载时车体转弯 180° 车轮外缘所占尺寸为 13～13.5m。由于在栈桥上车体转弯外部需留 1～1.5m，若考虑侧卸料罐车重载转弯，转弯半径另加 1～2m，设人行道宽为 1.5～2m，栈桥回车平台宽度不得少于 20.5m。

考虑到泄洪坝段标段混凝土浇筑强度高、金属结构运输安装量大，栈桥至少需要一重一轻一卸 3 个车道；侧卸料罐车外缘宽度为 3.2m，根据车辆行车速度每个车道至少 4m 宽。栈桥上门、塔机门架净宽度为 11.35m，门架内三车道不能同时畅通，对栈桥的交通有一定影响。

栈桥上车辆按左侧驾驶右行规则。栈桥设有人行道、空车道、重载车道、机动车道和卸料车道、混凝土料罐平台、人行道下游侧设高 1.2m 左右高的栏杆。起重机轨道以内行驶各种车辆，卸车道布置在栈桥上游侧，含布置在栈桥上的路缘石宽 15～20cm，路缘石高度为 20～25cm。

按照葛洲坝股份有限公司要求，混凝土料罐平台共设 8 处，分别为左岸 12#～2#厂房坝段、左岸 14#～2#厂房坝段以及泄 2#、6#、10#、14#、18#、23#坝段。混凝土料罐平台布置高程为 119m，宽 3.5m，沿栈桥轴线方向长度为 6m。左厂 12#～2#坝段桩号 20+044m 处布置有 5#塔带机，左厂 14#～2#坝段桩号 20+047.0m 处布置有 5#塔带机供料线立柱，料罐平台布置与其均有矛盾，因此左厂 12#～2#及左厂 14#～2#坝段均不宜设料罐平台，将该料罐平台改设在左厂 11#～2#及左厂 13#～2#坝段。

栈桥下游侧桥面距离地面（或坝体）存有较大高差，若料罐平台设在下游侧，存在着卸料车卸料对位时不安全也不容易对准确；料罐横跨栈桥对栈桥上运行车辆和行人安全构成威胁，导致施工机械生产效率降低，经综合比较料罐平台宜布置在栈桥上游侧。

栈桥布置与坝体关系是在满足栈桥功能的同时不得破坏坝体结构。依据栈桥功能和行车要求，桥面平面布置有以下 4 个方案。

1）布置方案 I

桥面布置方案为：门、塔机轨道宽 13.5m，轨道上游侧宽 3.5m，轨道下游侧宽 4m，全桥面结构均能承受载重汽车荷载。

栈桥顺水流向从下游至上游设有：2m 宽的人行道、7.2m 宽的空车车道（含门塔机门架宽度）、4m 宽的重载车道、4.3m 宽的卸料车道（含门塔机门架宽度）、3.5m 宽的卸料平台和混凝土料罐平台，合计 21m。

栈桥全桥均可用作回车平台，人行道与栈桥桥面同高，人行道与汽车道采用可移动式混凝土墩隔离，在设回车平台处不设隔离墩。这样即可保证行人安全，又可依据施工需要，在各处均可移开混凝土隔离墩即可形成回车平台。

该布置方案在无门、塔机处三车道均畅通，在门、塔机门架内仅能通行重载车道及空载车，对混凝土侧卸料罐车运输有利。混凝土侧卸料罐车重载转弯后，在门、塔机门架内已调头的料罐车向左逆行需占压重载车道 0.5m，对栈桥交通有一定影响，若拆除可移动式人行道隔离墩，全桥面均可回车，则可避免混凝土侧卸料罐车在门、塔机门架内逆行对栈桥交通的影响。自卸汽车可空载回车，对栈桥交通无阻碍。

2）布置方案 II

桥面布置方案为：门、塔机轨道宽还是 13.5m，轨道上游侧设计宽 2m，轨道下游侧设计宽 5.5m。

栈桥顺水流向从下游至上游设有：2m 宽的人行道、5.5m 宽的机动车道（含门塔机门架宽度）、4m 宽空车道，4m 宽的重载车道、5.5m 宽的卸料车道（含门塔机门架宽度）和混凝土料罐平台，人行道与栈桥桥面同高。为保证行人安全，人行道与汽车道采用可移动式混凝土墩隔离，在回车平台处不设隔离墩。

该布置方案无门、塔机处四车道均畅通，在门、塔机门架内仅能通行重载车道及空载车道；因设有机动车道，对金属结构运输车辆、仓面辅助作业车辆及机械、工程指挥车辆等的交通有利。混凝土侧卸料罐车重载转弯后，在门、塔机门架内已调头的料罐车向左逆行需占压重载车道 0.5m，对栈桥交通有一定影响；若拆除可移动式人行道隔离墩，全桥面均可回车，则可避免混凝土侧卸料罐车在门、塔机门架内逆行对栈桥交通的影响。自卸汽车可空载回车，对栈桥交通无阻碍。

从结构布置来看，方案Ⅱ上游轨道外侧只能设一片钢板梁，下游轨道外侧设三片钢板梁，单独一片钢板梁吊装稳定性差，水平及横向连接系均需现场装，施工难度大；若三片一联一起吊装，吊装重量和体积均较大，起吊不方便。

3）布置方案Ⅲ

桥面布置方案为：门、塔机轨道宽仍为13.5m，轨道上游侧设计宽5.5m，轨道下游侧设计宽2m。上游轨道上游侧宽5.5m将占压左岸厂房压力钢管外包钢筋混凝土结构，切断的钢筋难以恢复，对外包钢筋混凝土结构极为不利，且溢流表孔墩墙上需预留15.75×16.60（顺流向×高）缺口。料罐平台在泄洪坝段深孔上部的坝体上也需要预留4.34×6×6m（顺流向×高×垂直流向）缺口。该布置方案对坝体基本断面削弱较大，特别是对左厂房坝段，与压力钢管的外包混凝土在布置上有矛盾。若实施此方案则存在相当大的难度。

4）布置方案Ⅳ

方案Ⅲ与坝体结构有矛盾不成立，方案Ⅰ和方案Ⅱ桥面布置均可满足栈桥功能，全桥面可满足回车要求，但人行道与汽车道同高，车辆运行特别是回车时对人行道行人的安全有威胁，因此桥面布置应将人行道与汽车道分隔布置，即为方案Ⅳ。

方案Ⅳ桥面以门、塔机轨道的上、下游侧对称布置，上、下游侧栈桥宽为3.5m，桥面总宽为13.5m（门、塔机轨道）+3.5m（轨道上游侧宽）+3.5m（轨道下游侧宽）=20.5m，另外下游侧悬挑1.5m宽的人行道。

该布置方案同样可满足全桥面回车要求，栈桥桥面上的人、车分隔各行其道，对栈桥畅通有利，且车辆运行和行人安全。方案Ⅳ上、下游汽车道结构对称布置，对栈桥的快速安装有利。

5）方案比较及结论

除方案Ⅳ栈桥桥面宽20.5m外，其余三个栈桥布置方案的桥面宽度均为21m，四个方案布置特性见表5—3—4。

表5—3—4　栈桥桥面布置方案特性比较表

布置方案	跨距（m）	跨数	轨道上游侧宽（m）	轨距（m）	轨道下游侧宽（m）	桥宽（m）	备注
Ⅰ	21.2	4	3.5	13.5	4	21.0	
Ⅱ	17.1	4	2.0	13.5	5.5	21.0	
Ⅲ	14.2	5	5.5	13.5	2	21.0	与坝体矛盾
Ⅳ	11 10	22 23	3.5	13.5	3.5	20.5	下游侧外挑1.5m宽人行道，推荐布置方案
合计		58	栈桥全长696.2m				

四个布置方案桥面均可满足栈桥的使用功能要求，但方案Ⅲ与坝体结构有矛盾不成立；方案Ⅳ人行道与汽车道分隔布置，对栈桥车辆的畅通和车辆、行人安全均有利，且对称布置有利于快速安装，现阶段推荐布置方案Ⅳ。

各典型坝段不同布置方案栈桥施工横断面见图5—3—2至图5—3—7。

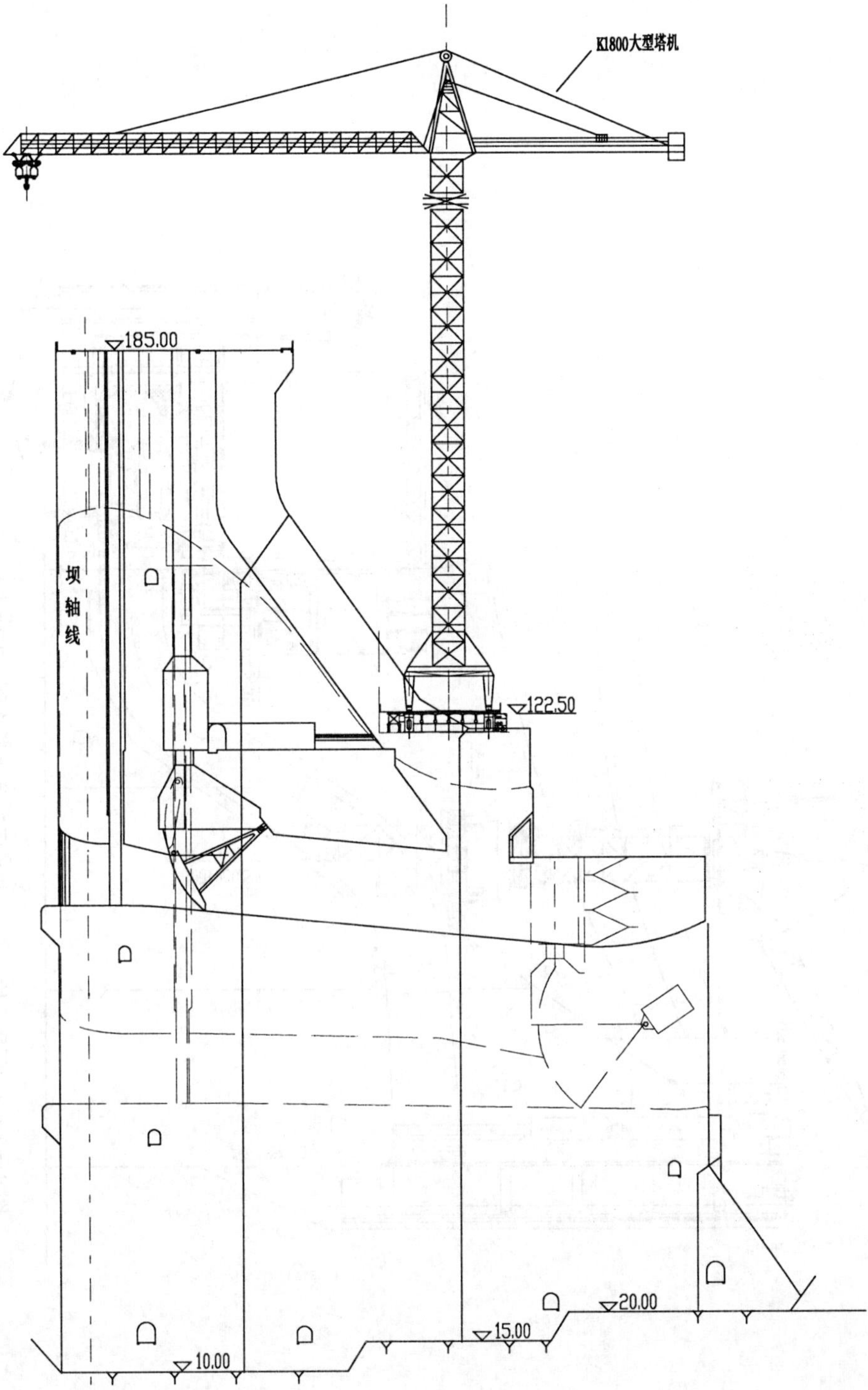

图 5－3－2　泄洪坝段 120m 栈桥施工布置横断面图（方案Ⅰ）

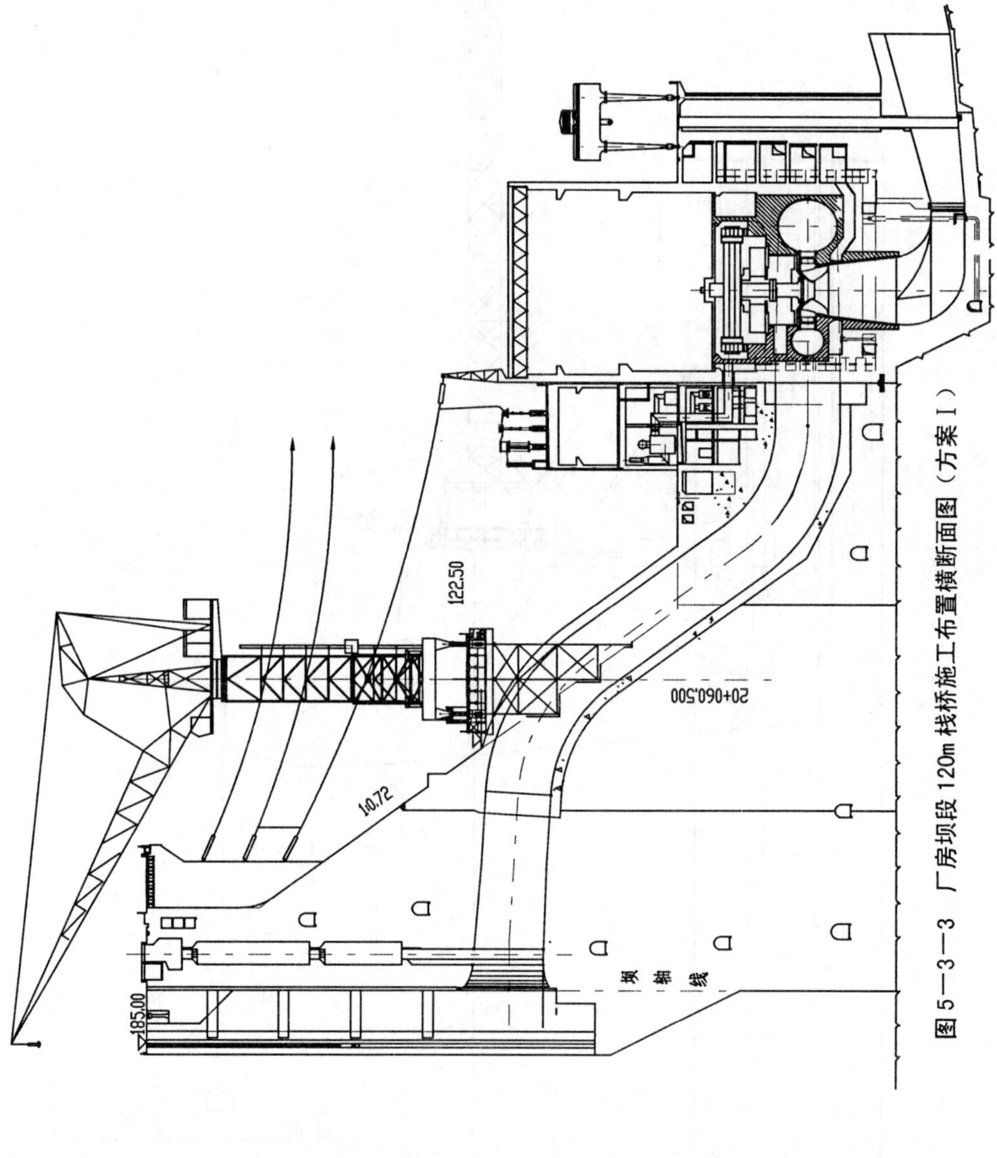

图 5—3—3　厂房坝段 120m 栈桥施工布置横断面图（方案Ⅰ）

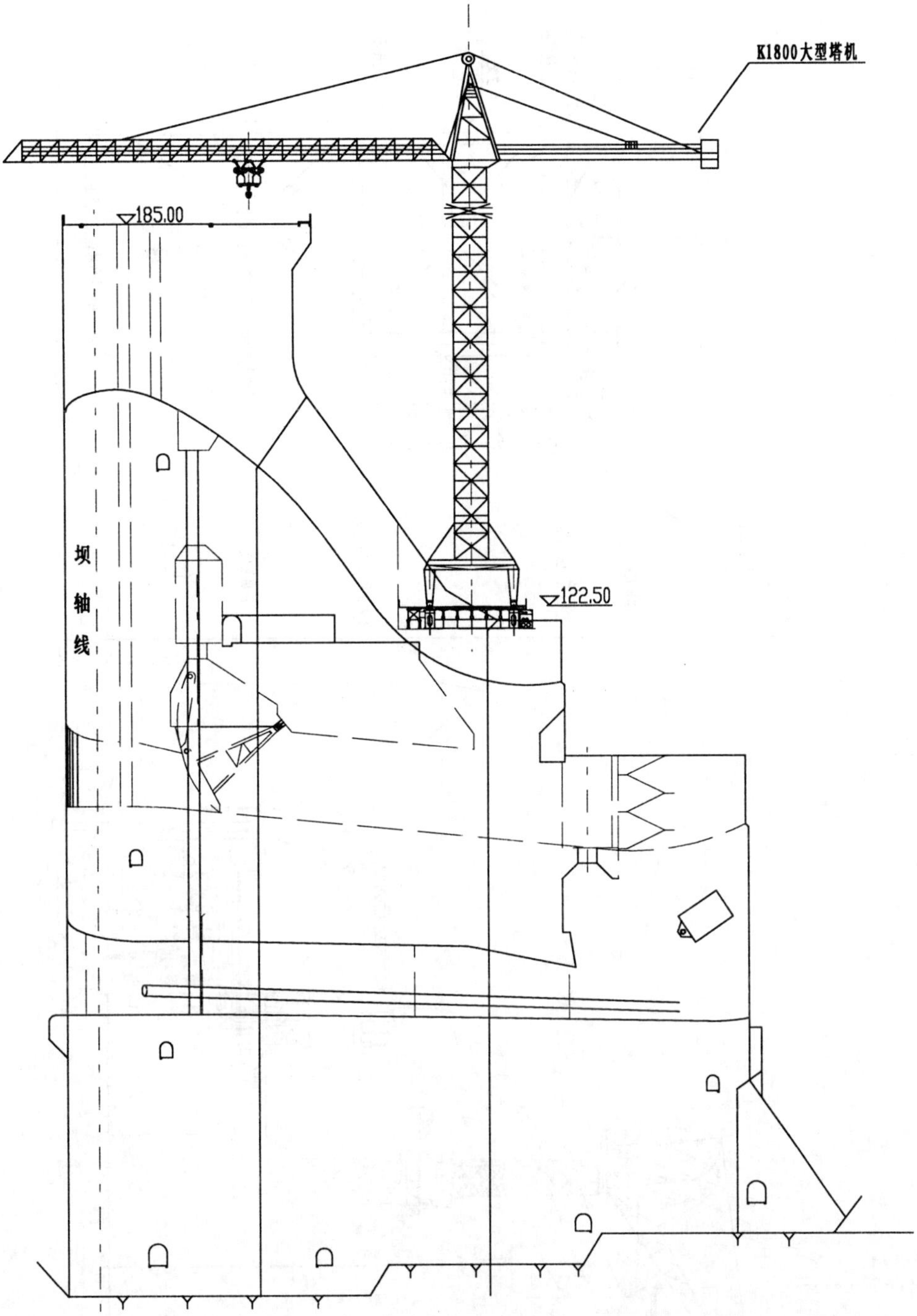

图 5—3—4　泄洪坝段 120m 栈桥施工布置横断面图（方案Ⅳ）

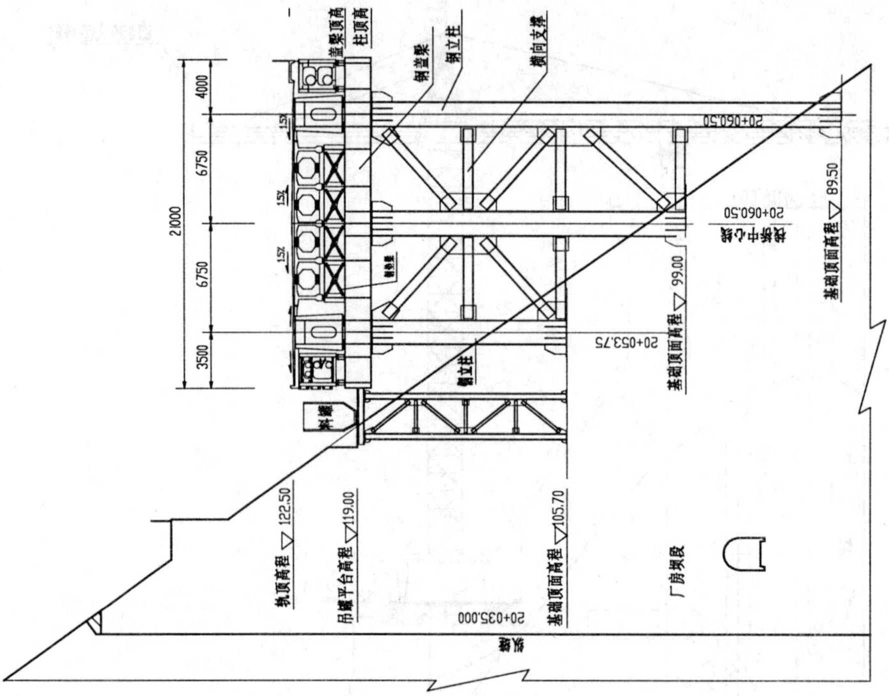

图5—3—6　非钢管坝段剖面图

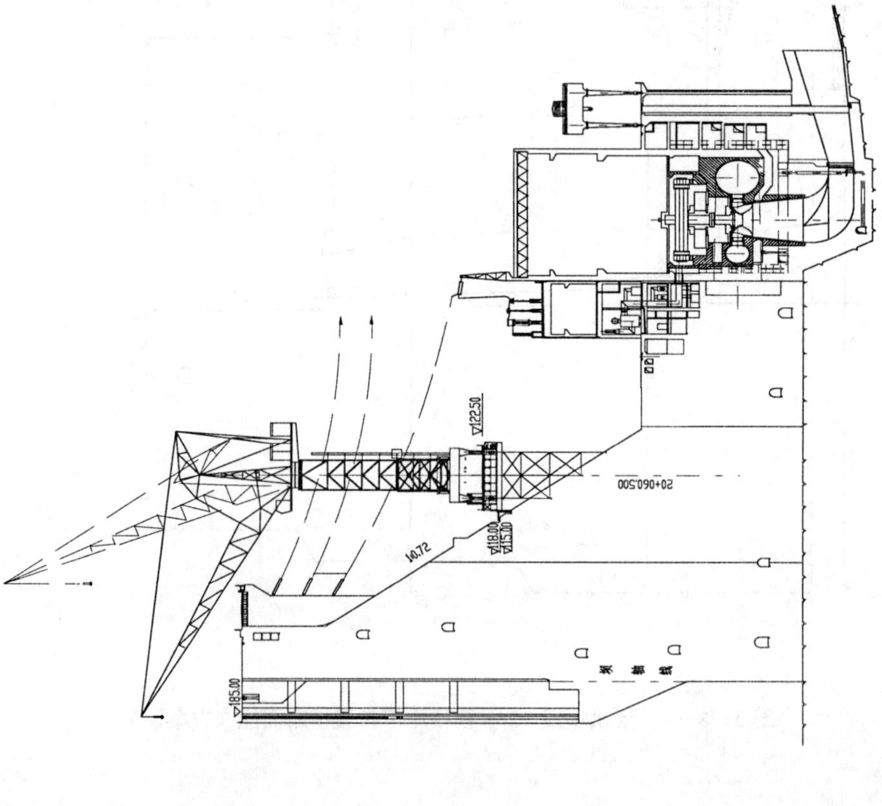

图5—3—5　厂房坝段120m栈桥施工布置横断面图（方案Ⅳ）

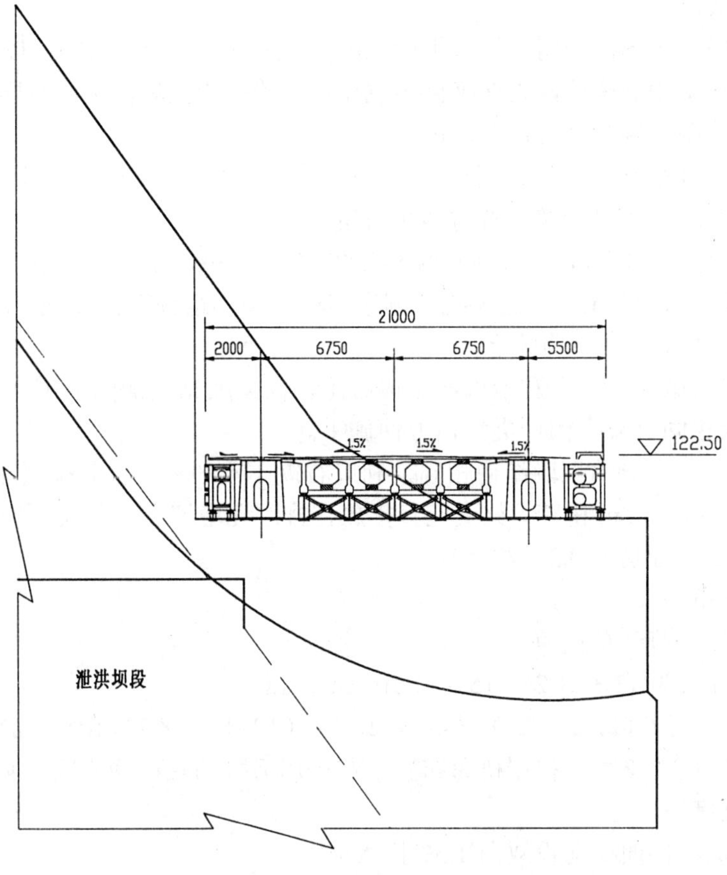

图 5－3－7　深孔位置剖面图

（五）栈桥跨度设计

结合坝体结构布置、坝块的分缝尺寸、加工安装条件及施工机械的安装能力等，梁跨结构布置应在适宜的范围内。梁跨过短，则增加桥墩数量；梁跨过长则梁断面尺寸很大，运输安装困难。此外，为便于栈桥的制作和安装，栈桥跨度类型应尽可能少。

1．跨度优化

根据三峡工程建筑物的特点，参照国内外已建栈桥的设计资料，栈桥梁跨长度宜控制在 22m 以下。

左厂 11#～14#坝段横缝宽度为 38.3m（25m+13.3m），若桥墩布置在非钢管坝段，梁跨采用 28.0m 和 10.3m 两种，栈桥结构单元最大重量将超过起重机的安装能力。为避开压力钢管和外包混凝土，栈桥还需抬高 0.5m 左右，这两种跨度的梁高差距更大。根据水工建筑物布置、压力钢管安装、混凝土施工要求，避开钢管槽，栈桥桥墩可布置在钢管坝段钢管槽两侧先期上升的 4.3m 宽的混凝土墩墙上，钢管槽宽度为 16.6m，则栈桥跨度分别为 17.1m 和 21.2m，两种跨度间隔布置，该布置方案栈桥最大吊装单元可控制在起重机的吊装能力以内。

左导墙坝段宽32m，利用左导墙坝段4m宽的排漂孔墩墙及与左厂以及泄洪坝段相邻部分布置3孔14.2m桥跨，梁支座直接放在左导墙排漂孔墩墙上，左导墙左、右侧桥墩中线产生偏心距分别为0.1m和0.3m。

泄洪坝段横缝宽度为21m，两坝段中部有7m宽表孔，表孔两侧墩墙宽3m，利用表孔墩墙布置桥墩。该段梁跨布置有两种方案：

（1）梁跨分为10m和11m，两种跨度间隔布置，桥墩中心与导墙中心线重合。

（2）梁跨均为10.5m，溢流表孔两侧墩墙产生偏心距分别为0.2m和0.3m。

10.5m跨度方案有如下优缺点：

（1）栈桥桥墩在溢流表孔墩墙产生偏心距，需采取结构加固措施；

（2）跨度相同可减少构件类型，方便施工。

右纵1#坝段与左导墙坝段结构相同，利用右纵1#坝段4m宽的排漂孔墩墙及泄23#坝段桥墩布置2孔14.2m桥跨，梁支座直接放在排漂孔墩墙上，右纵1#坝段左、右侧桥墩中线产生偏心距分别为0.3m和0.1m。

2. 跨度分布

综上从左至右跨度布置为：

（1）2A标段为13×21.2m+15×17.1m=532.1m

（2）2B标段为（21.2+17.1）×4+14.2×3+（10+11）×22+10+14.2×2=692.2m

上部结构采用简支梁，根据桥跨布置，共采用五种跨径的简支梁，见表5-3-5。

3. 桥面坡度

纵坡为平坡，桥面横向设双向1.5%排水坡。

左厂坝段桥墩横向排架基础顶面高程分别为89.50m、99.00m、105.70m，泄洪坝段导墙顶部高程为120.00m。

表5—3—5　　高程120m栈桥跨度布置

序号	墩中心距（m）	跨数	栈桥布置位置
1	21.2	17	布置在左厂钢管坝段
2	17.1	19	布置在左厂跨过13.3m非钢管坝段
3	14.2	5	分别布置在左导墙坝段和右纵1#坝段
4	11	22	布置在泄洪坝段的表孔部分
5	10	23	布置在泄洪坝段的深孔部分
合计		86	栈桥全长696.2m+532.1=1228.3m

（六）辅助管线及变压器布置

根据葛洲坝股份有限公司三峡建设承包公司要求，设计拟在栈桥上布置DN200供风管1根、DN200初期冷却供水管1根、DN400中后期冷却水水管2根、DN500施工生产水供水管1根；布置6kV高压电缆8回、500～1000V低压电缆12回，每4个坝段集中放置两台变压器。

上部结构为钢结构方案时：

（1）各种管线均布置在栈桥桥面以下与钢板梁之间；

（2）风、水管靠上游侧布置，高低压电缆靠下游侧布置，并设检修通道；

（3）在桥面上每隔70～100m设一个进人孔，进人孔靠下游布置，便于检修和维护；

（4）变压器布置在泄洪坝段导墙的端部，专门设置变压器平台，每4个坝段集中布置两台；

（5）栈桥上运行的起重机，每隔100～200m设一个接线桩；

（6）在栈桥的下游侧，设配套的起重机运行电缆；

（7）门塔机运行所需电缆及配电箱，设在下游侧人行及检修通道上；

（8）冲洗及消防水管，设在下游侧人行道及检修通道上，人车分流。

四、栈桥引桥设计

（一）引桥设计条件

（1）在左非11#坝段及栈桥路不加高，引道从栈桥路边缘开始布置。

（2）12#坝段（12#与11#坝段横缝附近）设4.5m宽缆机卸料平台；14#～16#坝段浇筑到高程122.5m，后形成施工门机安装及材料堆放平台。

（3）栈桥轴线20+060.50，栈桥与引道分界线为48+060.67，引道实体井段路幅宽度为16.4m。

（4）设计车辆荷载为汽车－40级，验算车辆荷载为特挂－220级拖车组。

（5）高程120m混凝土系统采用无轨道运输方式，经引道向布置在栈桥上的起重机供料；采用ROTEC专用胶带机从引道下廊道穿过，经过左厂13#坝段高程116.5m平台向上游6#塔带机供料；左厂13#坝段高程116.5m平台以上坝体混凝土待塔带机供料线拆除后上升。

（6）引道纵坡设计应符合规范要求，并尽量小。

（二）平面布置

1. 布置原则

引桥布置设计遵循以下原则：

（1）满足高程120m混凝土系统向栈桥门机（或大型塔机）供应混凝土的运输要求和向缆机供料的运输要求。

（2）满足高程120m施工栈桥至栈桥路对外交通及重大件运输的要求。

（3）不影响高程120m混凝土系统向6#塔带机供料及栈桥路至上游高程90m混凝土系统施工交通运输。

（4）满足栈桥主要功能及辅助功能与其他任务要求。

2. 引桥布置方案

引桥设计应适应栈桥总体的方案设计与布置，设计过程中我们比选了以下两个方案。

1）方案Ⅰ

方案Ⅰ将栈桥路以75m的转弯半径与高程120m栈桥相接，并将上游侧扩宽至左非12#、13#坝段下面；引道下游侧与高程120m混凝土系统场地相连，形成桥头平台。

为此需将通过左非11#坝段，引道由现在的120m高程加高至122m高程，以满足该平台的纵横向坡度及行车要求。

该方案需在左非12#、13#坝段下游修建高7m左右的挡墙，在引道下游侧修建高13m左右挡墙，与已建的高程120m混凝土系统挡墙相接。

2）方案Ⅱ

方案Ⅱ为栈桥路不加高方案。该方案与方案Ⅰ不同的是：左非11#坝段不加高，仍为120m高程，栈桥路以路堤的方式与高程120m栈桥相接；左非12#、13#坝段（116.5m高程）在引道路堤的上游坡脚下，左非11#坝段（120m高程）被引道路堤挤占5m左右，使得该处成为通向上游高程90m混凝土生产系统及向缆机取料平台运输的咽喉。

3）方案比选

方案Ⅰ在桥头形成一个较大平台，有利于车流组织和行车安全，缺点是要加高栈桥路，改建工程量较大；方案Ⅱ虽然改建工程量小，但是桥头道路狭窄，对车辆的运输及工程施工有较大影响。为此，推荐方案Ⅰ。

引道起点位于栈桥路边缘A点，以60m半径与栈桥轴线相接，引道直线段轴线与栈桥轴线一致。引道主体结构为实体井（直线段），其余两侧为钢筋混凝土扶壁式和悬臂式挡土墙的路堤形式。

3. 纵断面设计

栈桥引道最大纵坡选为4%。

高程120m栈桥高架门机轨道末端约30m长范围（桩号48+000～48+030.08），布置在引道路面斜坡上，轨道高于路面约0～0.8m，此处引道路面宽度约12.7m。

（三）路面设计

1. 设计标准

结合栈桥桥面设计标准，考虑到引道和栈桥路面若经常维修，将对大坝施工造成严重影响。经研究直线段采用与桥面相同的钢纤维混凝土路面（钢纤维混凝土技术要求已于1998年9月4日提供，其配合比由施工单位根据试验结果报经监理工程师批准后才能实施）；弯道段采用常规混凝土路面板形式。

2. 路面构造

弯道段路面板采用C35常规混凝土35cm等厚板；直线段路面板采用CF50钢纤维混凝土10cm等厚板，内置100×100 ϕ3mm钢丝网；水泥稳定砂碎石层弯道段最小厚度20cm，直线段最小厚度25cm，弹性模量E=25MPa（平均值），铺填宽度较面板两侧各超出20cm。

3. 分缝设计

直线段沿线栈桥轴线设置纵缝，横向缩缝间距10cm，即分块尺寸为6.35m×10m；

弯道段由于平面形状不规则，为避免立模过多造成不同浇筑块间高差，宜连续浇筑80～100m^{2}为一仓，待混凝土养护达到70%强度时用砂轮机按4m×4m左右尺寸切割缩缝。

4. 施工要求

施工前，对混凝土各组成材料进行取样试验，使其满足有关规范要求；混凝土面层振捣收浆后，应作横向拉毛处理，以增加面层糙度。混凝土冬季施工应在气温高于5℃时进行，否则须采取保温措施。

路拱横向坡度除起点附近5m范围外，允许偏差±0.5%；路面平整度为路中心一侧3m范围偏差±2.5mm；相邻板块间高差不大于3mm；面板厚度±5mm，宽度允许偏差±30～50mm，纵坡无波浪，允许偏差±0.2%。

考虑到实体井内回填石渣料在初期会有较大沉降变形，故建议实体井段等有关地段应沉降稳定后再铺筑基层和混凝土面层。

其余要求按《水泥混凝土路面施工及验收规范》（GBJ97-87）执行。

（四）路基设计

1. 回填要求

回填部位一律采用良好粒径不大于200mm的级配的石渣料，以尽量提高填筑密实度，回填前应清除基底的腐殖土、杂草及软弱土层。

2. 碾压要求

实体井部分应尽可能压实，路面基槽以下3m范围内机械压实密实度不小于95%；弯道部分应分层碾压，层厚不大于0.4m，压实度不小于95%。

（五）桥台及实体井结构设计

1. 桥台及实体井设计

引道实体井由三个独立的井段Ⅰ、Ⅱ、Ⅲ组成，相邻段接缝面满填3cm厚沥青杉板；每段实体井均由平行桥轴线的上、下游纵墙及垂直桥轴线的三道横墙组成，平面形状为“鼻孔”形；三个井段的宽度均为14.3m，井段Ⅰ的长度为23.67m，井段Ⅱ、Ⅲ的长度为20m，井深约13m。

MQ2000门机轨道直接安装于实体井纵墙上，纵墙顶面高程122.37m，轨顶高程122.5m。井内回填石渣，并在石渣上铺路面供上栈桥的车辆行驶。实体井横墙顶面高程均低于纵墙，且至少低于路面0.8m，以避免井内回填石渣沉降变形而造成路面局部超硬现象。

井段Ⅰ的外横墙与栈桥联结，并兼做桥台，支承栈桥上部各梁及下部钢支墩斜撑。

实体井内回填时，石渣内外高差按小于6m设计（下游纵墙、桥台除外），施工时不得超过。石渣回填后，实体井混凝土需达到设计强度100%。

井段Ⅰ设有MQ1260门机轨道梁及千斤顶，顶升平台支墩，用于MQ1260门机从上游坝体高程122.5m平台开往高程120m栈桥与转向。轨道梁断面尺寸1.0m×1.7m（宽×高），顶升平台支墩平面尺寸2.5m×2.5m。

下游侧纵墙顶面，沿门机轨道外侧设2.5m宽悬挑人行道，人行道外侧预埋护栏钢筋。

实体井为现浇钢筋混凝土结构，混凝土强度等级 C25，钢筋Ⅰ、Ⅱ级。除兼做桥台的横墙厚为 2.4m 外，其余各横墙最大厚度为 1.5m。纵墙为上小下大的变截面，顶宽 0.8m，底宽 1.5m。

2. 边坡处理设计

各段实体井大部分支承于高程 109.5m 的基岩面上，根据开挖后已形成的实际地形，实体井下游侧纵墙落在 1∶1 的基岩斜坡上。按照不影响坝体安全的原则，经多方案比较及多方征询意见后，采用在基岩面外侧做贴坡混凝土作为实体井下游侧纵墙的基础。根据开挖现状，贴坡混凝土顶面高程为 109.5m，顺流向宽度为 0.4～8.25m，底部坐落于高程 97m 平台，底宽约 5.0m。另在高程 97m 马道上浇一层厚 1.5m 的混凝土与贴坡混凝土连成整体，以改善贴坡混凝土的受力状况。

在高程 109.5m 以下、高程 97m 以上的基岩斜坡（i=1∶1）上设 ϕ25 锚杆，长度 4.5m（伸入基岩内 3.5m，露出 1.0m），按间距 a=2m 梅花形布置，锚杆的方向与 1∶1 边坡垂直。在高程 97m 马道以下 1∶0.5 基岩斜坡上，设 2 排 ϕ32mm 锁口锚杆，长度 9.0m，露出 0.2m，按间距 a=1.5m 梅花形布置，锚杆方向与 1∶0.5 边坡垂直，锚杆水泥砂浆等级 C30。

贴坡混凝土顺坝轴线的横向分缝与相应坝段横缝一致（即每块 20m 宽），分缝缝宽 25mm，缝内用沥青杉板填充。贴坡混凝土强度等级为 C20。

3. 施工要求

贴坡混凝土浇筑前，应对原开挖边坡面按大坝建基面要求进行处理并确保验收合格。

对高程 97m 马道局部顺坡岩面，用风镐处理成反坡面（i=10%），不得形成顺坡滑动的断面形状。基岩整形作业，严禁用爆破方法处理。

在高程 109.5m，贴坡混凝土与基岩面的接缝处设一防水层截水，采用 1∶2 水泥砂浆（加 5%防水剂），填缝抹平。

贴坡混凝土内预埋 ϕ100mm 塑料排水管，间距 a=3m，梅花形布置，排水坡度 5%，排水管一端伸入岩层内 1m，另一端露出贴坡混凝土外表面 50mm。

实体井上游侧纵墙基础外侧，设一排水盲沟，排水坡度 i=0.5%，流向左非 18#坝段。

贴坡混凝土和实体井钢筋混凝土施工按现行《混凝土施工及验收规范》（GB50204—92）的有关要求执行。

（六）挡土墙设计

1. 下游侧挡土墙

引道下游侧挡土墙一端与已建的高程 120m 混凝土系统挡墙连接，连接点高程 120m，另一端与实体井段Ⅲ的外墙相接，挡土墙底面位于高程 109.5m 的基岩面上。挡土墙顶面高程 120～121.80m，挡土高度 10.5～12.3m。挡土墙分缝长度约 10m，分缝缝宽 25mm，缝内用沥青杉板填充。挡土墙按图示间距设 ϕ100mm 排水孔。

挡土墙为现浇钢筋混凝土扶壁式结构，两扶壁间距离不大于 4.9m，除与实体井段Ⅲ相交扶壁为矩形外，其余扶壁均为三角形。扶壁厚 0.8m，挡墙面板厚 0.5m，底板厚 1.0m。

混凝土强度等级 C25，钢筋Ⅰ、Ⅱ级。

挡土墙面板顶面布置了护栏预埋钢筋。

挡土墙地基承载力按［R］=500kPa 设计。

2. 上游侧挡土墙

引道上游侧挡土墙布置在左非 12#、13#坝段附近，总长度约 31m，挡土墙底面高程 116.5m，顶面高程 122.5～120.50m，挡土高度 6.0～4.0m。挡土墙分缝长度 7.0～8.5m，分缝缝宽 25mm，缝内用沥青杉板填充。挡土墙设 ϕ100mm 排水孔，按图示间距布置。

上游侧挡土墙亦为现浇钢筋混凝土悬臂式结构，底板宽 4.83m，厚 0.8m，悬臂板顶宽 0.5m，底宽 0.7m。混凝土强度等级 C25，钢筋Ⅰ、Ⅱ级。

挡土墙基础位于回填石渣上，回填要求见合同技术规范。回填石渣应分层碾压，在基础底面以下碾压分层厚度小于 0.4m，压实系数不小于 0.95。石渣回填时，上下游挡土墙需达到设计强度。

挡土墙悬臂板顶面设有护栏预埋钢筋。

挡土墙地基承载力按［R］=250kPa 设计。

（七）廊道设计

6#塔带机供料皮带从引道路面之下廊道穿过，廊道纵剖面为 V 形折线，转折点位于栈桥下游侧门机轨道中心线的延长线上，桩号 20+067.250，廊道汇水从此处用 ϕ150mmPVC 管引向下游。廊道分段间距 6～7m，总长度 26.7m，分缝缝宽 20mm，缝内用沥青杉板填充。

廊道净空尺寸为 3.5m×3.5m，顶板、底板及侧面墙厚度均为 0.5m，采用现浇钢筋混凝土箱形结构，混凝土强度等级 C25，钢筋Ⅰ、Ⅱ级。

廊道处于回填石渣内，回填要求见合同技术规范，回填石渣应分层碾压，在廊道底面碾压分层厚度小于 0.4m，压实系数不小于 0.95。

（八）排水设计

1. 路面排水

因引道范围内汇水面积较小，考虑在门机轨道外侧的引道直线段两侧各埋设 6 根 ϕ100mm 铸铁管，将雨水引到下游侧顺坡面排走。上游侧埋管因涉及其他设施的布置，暂缓实施。

2. 路基排水

因引道范围路基较其他地段高，渗入路基的水量极少，可通过扶壁式挡土墙的实体井纵墙上布置的多层排水管将水排到引道以外，最低一排排水管高程为 109.7m。

3. 渗水处理

实体井上游外侧与坝体之间的回填石渣体渗水，通过设在底部的盲沟以 0.5%的纵坡流向左非 18#坝段。

（九）配套工程设计

1. 管道支架

在实体井下游侧墙外纵向布置有 3 排管道支架，顺流向由下至上分别为 ϕ600mm 水管 2 根（管底高程 110.5m）、ϕ400mm 冷水供水管 2 根（管底高程 112.1m）、ϕ325mm 风管 2 根（管底高程 114.3m），其中 ϕ400mm 的 2 根和 ϕ325mm 的二根管道在桥台处水平转弯 90° 走向上游。在实体井下游侧墙纵向及桥台右侧相应高程处，每隔 5m 均设有埋件和管道支架。

2. 护栏

护栏采用标准护栏设计，具体结构参见图《02E2A-120 桥-Y03》。

（十）引道工程量

三峡二期工程高程 120m 栈桥引桥工程量见表 5－3－6。

表 5－3－6　　引桥主要工程量表

部位	钢筋Ⅰ、Ⅱ级（kg）	混凝土（m^3）				锚杆长（m）		沥青杉板（m^3）	塑料排水管（m）		型钢及钢板（kg）	QU80门机轨道（kg）
		C25	C20	C15	C10	ϕ25	ϕ32		ϕ100	ϕ150		
边坡处理			4421			1580	918	7.5	1400			
实体井段Ⅰ	93155	1650							146		548	5600
实体井段Ⅱ	73656	1096						5.5	30		524	2560
实体井段Ⅲ	73719	1138						5.5	30		699	2560
上游侧悬壁式挡墙	8555	205		16				0.5	20			
下游侧扶壁式挡墙	42686	515						0.5	8			
6#塔带机供料皮带廊道	23548	220		3	13			0.5		30	23	
MQ1260门机轨道梁	8458	72			5						415	
管道支架	2795										12756	
合计	326572	4896	4421	19	18	1580	918	20	1634	30	14965	10720

（十一）其他要求

（1）对地质缺陷的处理根据现场岩面清理情况，由设计人员另外提出技术要求。上述引道工程量不包括岩面清理和地质缺陷处理的工程量。

（2）土石方开挖技术要求，参见长三峡局〔1998〕29 号文《长江三峡水利枢纽大坝和电站厂房二期工程土石方开挖技术要求》。

（3）若存在缺失标准，参见《大坝和电站厂房二期工程土建与安装施工招标文件》

（TGP/CIV-4）及其他有关规程规范。

五、栈桥对大坝结构的影响分析

（一）钢管坝段管槽两侧墩墙的受力分析

2A 标段钢管坝段栈桥基础设在钢管槽两侧 4.2m 宽的墩墙上，栈桥桥墩偏向墩墙的外侧（非钢管坝段一侧），中心线距钢管坝段与非钢管坝段分缝线 1.9m，距管槽一侧边壁 2.3m。四柱方案上柱中心线桩号分别为 20+0.65.25m 和 20+069.25m；三柱方案柱中心线桩号分别为 20+053.75m、20+060.50m 和 20+067.25m。栈桥荷载基本上全部由 4.2m 宽的墩墙承受，而墩墙又是钢管坝段的重要受力部位，为确保其结构安全，设计采用了多种方式对墩墙的应力及变形进行复核。

1. 荷载

钢管坝段栈桥下部结构四柱方案和三柱方案作用至墩墙顶部的控制工况的荷载，分析详见表 5—5—1 与表 5—5—2（表中荷载在详图设计阶段会有局部调整）。

表 5—5—1　　四柱方案控制工况荷载作用点位置及大小

荷载编号	作用点高程	作用点桩号	N（t）	QY（t）	MX（t·m）	QX（t）	MY（t·m）
101	106m	20+051.75	152.9	5.77	14.62	18.4	91.3
201	106m	20+055.75	240.6	0.88	3.84	18.4	102.7
301	87m	20+065.25	198.3	0.65	0.08	10.11	73.3
401	87m	20+069.25	192.3	3.16	8.47	10.66	77.0

注：N 为轴力，X 为沿坝轴向，Y 为顺流向。

表 5—5—2　　三柱方案控制工况荷载作用点位置及其大小

荷载编号	作用点高程	作用点桩号	N（t）	QY（t）	MX（t·m）	QX（t）	MY（t·m）
41	106m	20+053.75	595.3	65.4	188.4	3.27	29.4
51	99.5	20+060.5	504.5	1.8	1.18	7.3	55
61	87.5m	20+067.25	461.2	2.30	16.48	8.87	59.8

2. 力学分析计算

1）取单片柱墙计算

根据《水工混凝土结构设计规范》（SL/T191—96），顶部承受局部竖向荷载与水平荷载的墙体，可作为矩形截面的柱进行计算。计算宽度，根据墙宽及荷载作用范围及其扩散宽度确定。

（1）四柱方案。取栈桥桥墩上游两柱与下游两柱各为一组，假定其荷载集中作用在矩形截面的柱顶上，对于上柱计算截面为 4.2m×6m，柱底不出现拉应力。考虑到左厂 1#～5#坝段钢管槽超挖影响（取 1m），则计算截面为 3.2m×6m，柱底靠非钢管坝段一侧出现最大拉应力为 5.07kg/cm²，以沿坝轴向的水平荷载与弯矩控制（下柱在各种计算工况下均不出现拉应力）。

（2）三柱方案。同样对墩墙取三根矩形截面的柱子进行计算，计算结果表明，该方案对墩墙的影响主要以顺流向的水平力及弯矩控制，上柱柱底下游侧最大拉应力为 4.14kg/cm^2，中柱与下柱均为压应力。

2）取整片墩墙的计算

由于取单片的柱墙进行计算，墩墙局部出现较大的拉应力，考虑到这种假定限制了墩墙应力的扩散，忽略了墙体的整体作用，而且对于以顺流向的水平力及弯矩起主要作用的三柱方案来说，不太适合，故取钢管坝段第二条纵缝与第三条纵缝之间的整片墩墙进行计算（不考虑钢管下部一期混凝土作用）。计算简图见图 5－5－1 和图 5－5－2。

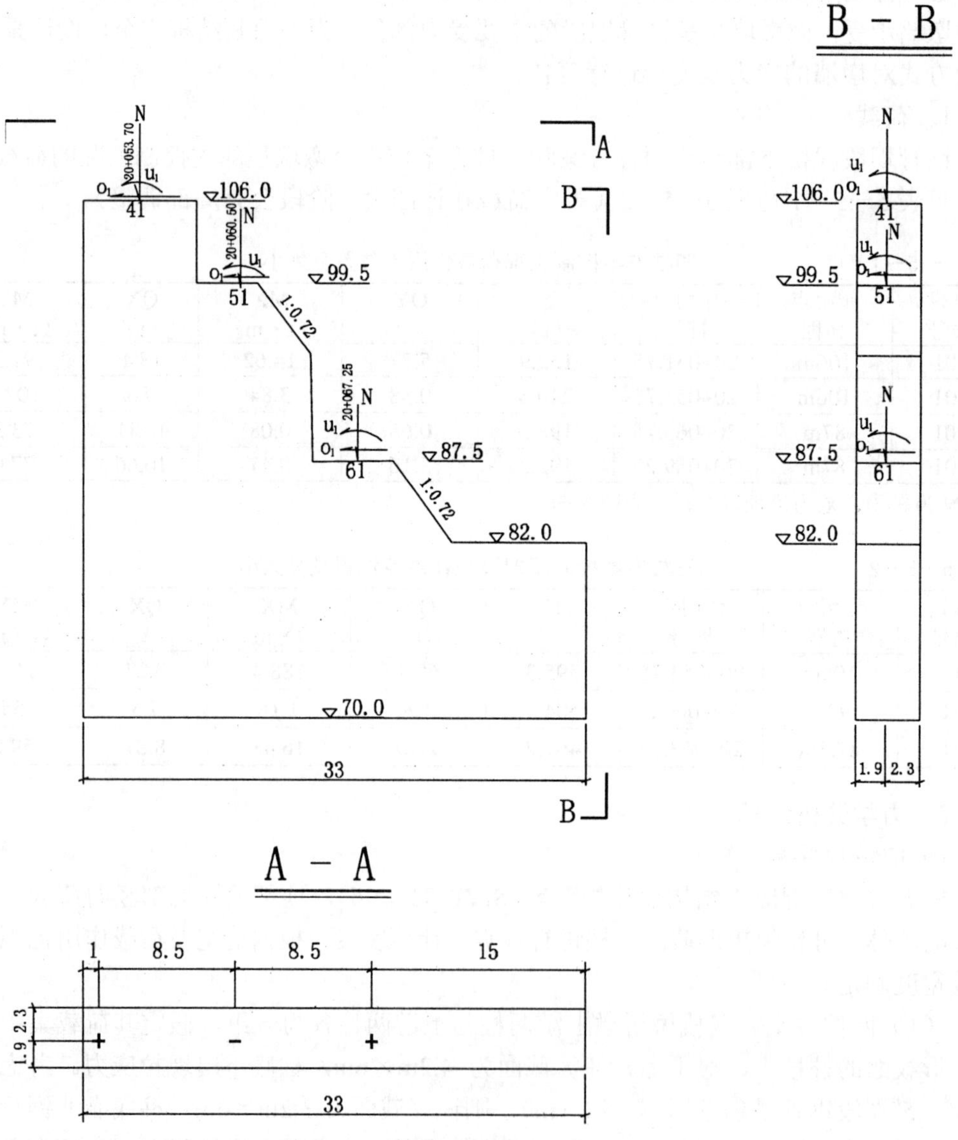

图 5－5－1　三柱方案墩墙整体计算简图

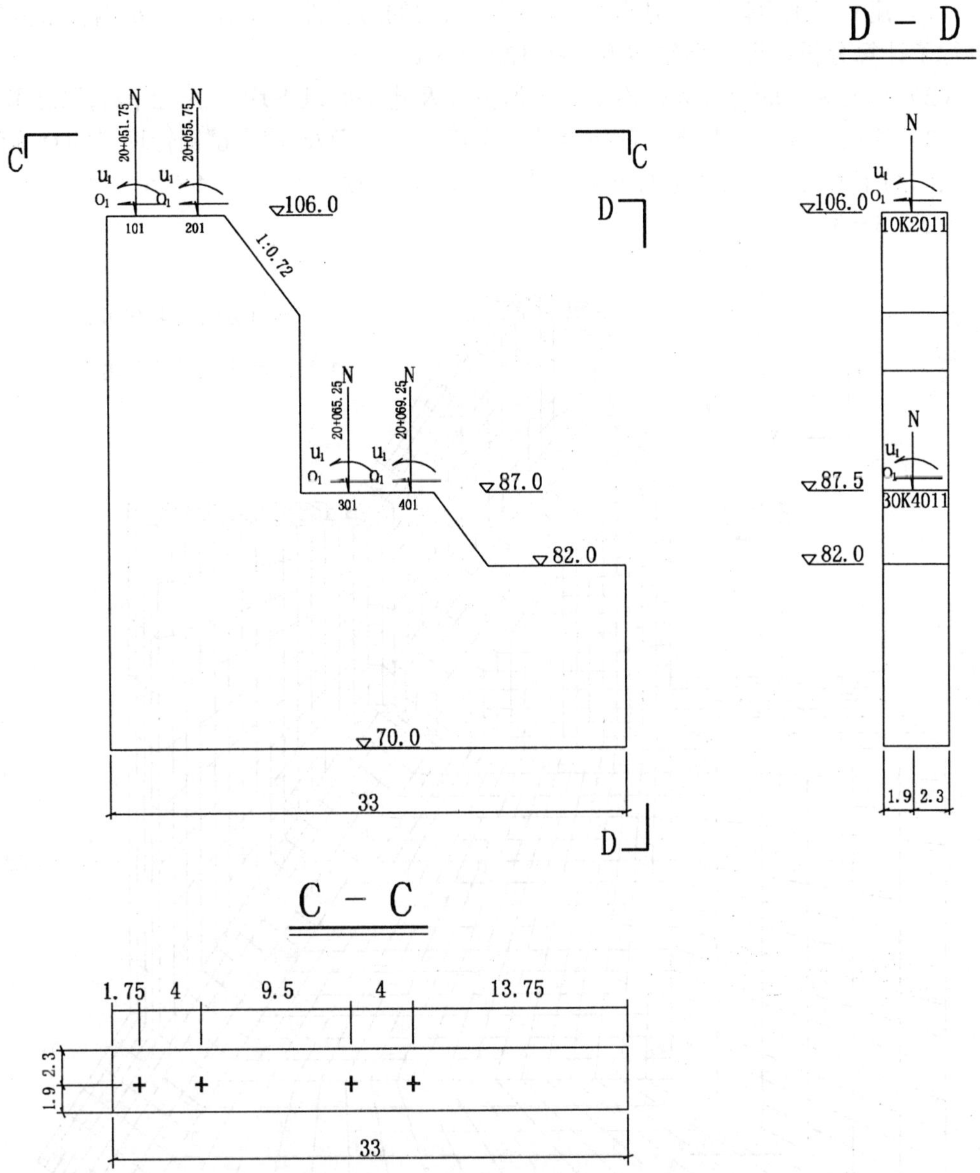

图 5－5－2　四柱方案墩墙整体计算简图

四柱方案：不考虑管槽的超挖，墩墙不出现拉应力；若考虑管槽超挖 1m，则墩墙靠近非钢管坝段侧出现 0.4kg/cm^2 拉应力。

三柱方案：各种工况均不出现拉应力。

3. 有限元计算成果

1）模型的选取

计算时所取的对象为左厂 6$^{\#}$坝段桩号 20+050.00～20+083.00m 部分的墩墙，墩墙的宽度按 4.20m 计算。

（1）建立三维有限元计算模型时，利用结构的对称性，仅对左厂 6#钢管坝段的一半进行了计算分析，即沿坝轴线方向按 12.5m 考虑。

（2）基岩选取的范围为：沿上、下游方向及建基面以下均按 1～2 倍的墙高考虑。

（3）约束条件为：基础底部按全约束考虑，下游面及左厂 6#钢管坝段的对称面上均按法向约束考虑，基础上游面按自由考虑（共计 6132 个单元，7440 个结点）。计算模型见图 5—5—3。

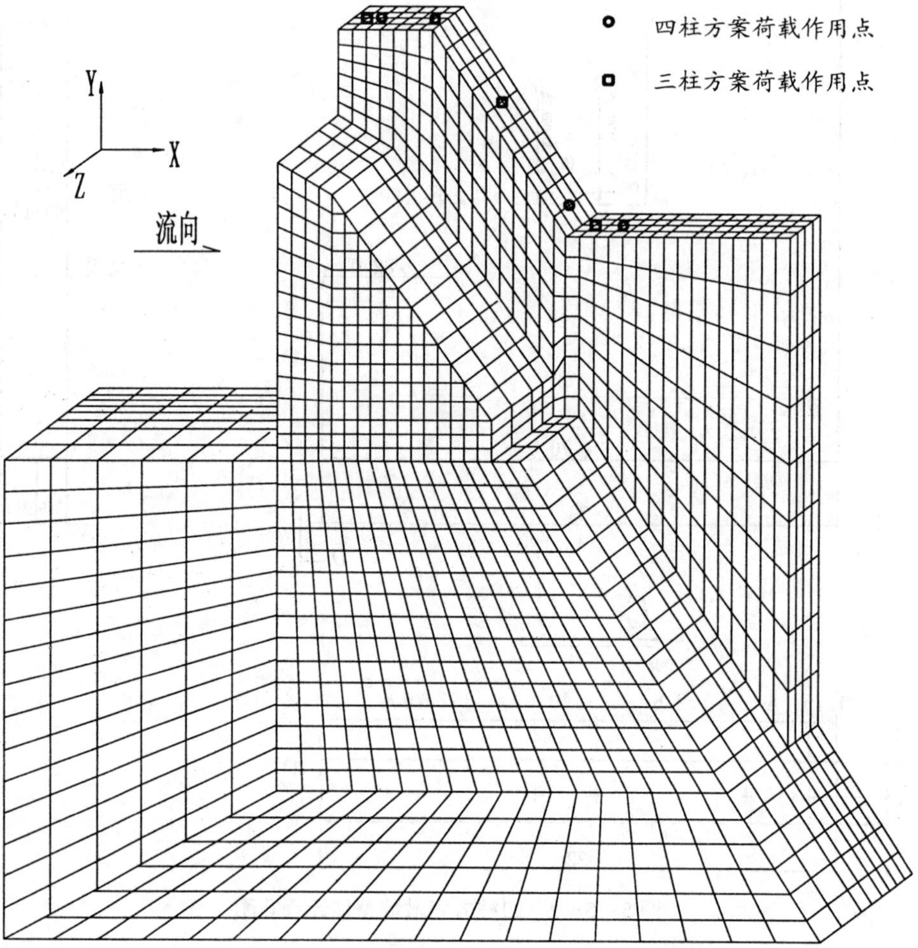

图 5—5—3　厂房坝段管槽墩墙部位三维有限元计算网格

2）荷载与计算工况

荷载见表 5-5-1、表 5-5-2。计算按三柱、四柱方案分别考虑，所有荷载均按集中荷载的形式，作用在墩墙上。

设定计算工况为：

（1）四柱方案为集中荷载作用；

（2）四柱方案集中荷载+坝体自重；

（3）三柱方案集中荷载作用；

（4）三柱方案集中荷载+坝体自重。

3）计算成果及分析

三维有限元计算成果见表5—5—3和表5—5—4。

表5—5—3　　四柱方案三维有限元计算成果

断面位置		基础部位铅垂向应力（t/m²）	荷载作用点处最大拉应力（t/m²）	荷载作用点处最大压应力（t/m²）	荷载作用点处坝轴向位移（mm）
计自重	101	−14.5	57.8	−252.7	0.278（0.02）
	201	−18.7	62.2	−313.7	0.297（0.02）
	301	−35.75	76.7	−206	0.161（0.04）
	401	−42.11	52	−242.1	0.139（0.05）
不计自重	101	1			0.184（0.0004）
	201	0.6			0.200（0.0004）
	301	−2.9			0.06（0.001）
	401	−3.19			0.064（0.00）

表5—5—4　　三柱方案三维有限元计算成果

断面位置		基础部位铅垂向应力（t/m²）	荷载作用点处最大拉应力（t/m²）	荷载作用点处最大压应力（t/m²）	荷载作用点处坝轴向位移（mm）
计自重	41	−46.5	385	−1076.2	DX=0.33（−0.06） DX=0.32（0.04）
	51	−27.9	188	−511.0	DX=−0.13（0.06） DX=0.25（0.06）
	61	−56.0	148	−675.0	DX=−0.06（0.07） DX=0.13（0.07）
不计自重	41	−31.0			DX=−0.31（−0.002） DX=0.23（0.002）
	51	−5.06			DX=−0.14（−0.02） DX=0.17（0.003）
	61	−6.0			DX=−0.04（−0.004） DX=0.07（0.007）

计算结果表明：

（1）由于荷载是以集中荷载的形式作用在墩墙上，故在集中荷载作用点附近会产生较大的拉应力（水平方向）、压应力（铅重方向），但范围较小。

（2）坝体建基面处的应力及墙顶的位移均列于表中，从表中可以看出，在上述各荷载作用下，坝体基本上没有产生拉应力，但墙顶出现位移，相对于建基面最大的达到0.2～0.3mm。

4. 三柱方案与四柱方案比较

根据材料力学与有限元分析结果表明，三柱方案主要受顺流向荷载控制，取整片墙计算在各种工况下均不出现拉应力。四柱方案采用有限元计算不出现拉应力（未考虑超挖 1m 的影响），但取单柱与整片墩墙用材料力学方法计算均出现局部拉应力。由于该方案栈桥对墩墙的影响以坝轴向为主，因此取单柱的计算成果较为安全，而且根据现场施工情况，左厂 1#～5#坝段大部分管槽超挖，其上 4.2m 的墩墙采用悬挑牛腿。墩墙自身产生顺轴向的偏心弯矩，而且四柱方案比三柱方案对坝体的削弱要多。从墩墙自身的安全性及坝体的整体性出发，认为采用三柱方案，传给墙顶的轴向水平荷载较小，结构受力较为有利。

（二）结构措施

基于厂房钢管坝段的重要性，尽管采用三柱方案后墩墙基本不出现拉应力，但考虑到栈桥运用时墩墙有 0.3mm 的变形，栈桥运用期较长，其荷载左右反复作用在墩墙上，可能对墩墙及其周边的钢管外包混凝土产生不利影响，经研究采取以下措施：

（1）调整左厂 1#～5#坝段栈桥的跨度，使栈桥桥墩在墩墙上的位置可以消除管槽超挖使墩墙产生的偏心荷载；调整幅度为 20～60cm，待进一步研究后确定。

（2）在左厂 1#～5#坝段钢管外包混凝土与一期墩墙混凝土之间设垫层，防止墩墙的振动变位对钢筋外包混凝土产生不利影响，垫层范围待进一步研究确定。

（3）将左厂 6#坝段第二条纵缝向上游移 1～2m，扩大上柱承载面积，使墩墙底部受力优化。

（4）优化栈桥结构，尽量利用非钢管坝段分担栈桥荷载，减轻墩墙负担。

（5）三维有限元计算成果表明：墙体柱基部位产生了较大的水平拉应力，最大为 38.5kg/cm^2，故在墩墙顶部配置两层 ϕ32 @ 20 水平钢筋网。

（三）左厂 6#坝段桥墩设置

左厂 6#坝段左侧，是基础高程 90～80m 的过渡部位，由于墩墙混凝土只有 2m 厚，故与钢管外包混凝土同期浇筑。但是，栈桥桥墩刚好位于高程 90m～80m 陡坡上，按施工进度安排，又不可能等钢管安装浇筑外包混凝土后再实施栈桥，因此需研究此处栈桥桥墩的设置问题。

基岩扩挖 2m 形成栈桥桥墩基础对结构影响相对较小，但在现有条件下施工困难，而且可能危及相临坝块的安全。另一种方法是直接将桥墩设在高程 80m 与高程 90m 的基岩上，形成高、低腿结构，但考虑到栈桥桥墩结构复杂，且在使用过程中产生振动，将对钢管槽进入初凝期的混凝土产生挠动，影响混凝土浇筑的强度。

基于上述情况，经研究认为，先将 2m 厚的墩墙混凝土浇至 92m 高程并沿墩墙侧壁打锚筋，以改善墩墙混凝土较薄、自身稳定性较差的结构状态。锚筋的数量与长度，以及墩墙与钢管外包混凝土的结合等结构措施有待进一步研究，已提供的施工详图需作相应修改。

（四）左非18#坝段桥墩设置

左非18#坝段设置有直径为5m的排沙孔，管槽底部开挖高程为57.5～86m，栈桥桥墩上柱落在左非18#坝体混凝土内部，下柱落在左非18#坝段永久纵缝下游1∶2.4（顺流向）与1∶0.5（沿轴向）的斜坡交汇处。根据施工进度安排及结构设计要求，上柱可待坝体混凝土上升至100～105m高程以后再安装；下柱所处位置排沙孔钢衬外包混凝土不能随坝体混凝土同期上升，则该柱基础处理难度大。而在斜坡上扩挖柱基，施工困难；若在斜坡上浇筑贴坡混凝土不但自身稳定难以满足，而且影响钢衬外包混凝土厚度。因此将跨度调整至23.5m左右，栈桥桥墩设置在排沙孔左侧边坡100m高程马道上（马道宽约3m）。

由于实际开挖边坡尚有局部地质缺陷，马道上基岩局部破碎，该处桥墩架设时需做基础处理、锚固或小范围清挖。

（五）工程量

由于设置栈桥，大坝增加的工程量见表5－5－5。

表5－5－5　　估算工程量表

规格	数量	合计	备注
ϕ32	320t	342t	不作报价及支付依据
ϕ32	36根 L=8m　2.0t		
ϕ25	20t		

上表中的工程量只包括左厂6#坝段左侧墩墙钢筋及锚筋、左厂1#～10#坝段栈桥桥墩处钢管槽两侧墩墙顶部的水平钢筋网，未计入墩墙侧壁的钢筋（原结构设计中已配置钢筋）。本工程量表只是初步估算结果，待下阶段方案确定后再计入钢筋外包混凝土与墩墙之间的垫层、预留缺口处插筋等及其他未计入的工程量。

（六）结构优化计算

前面对左厂房岸坡坝段钢管槽墩墙承受高程120m栈桥荷载的应力进行了复核性计算。有些专家提出，将部分桥墩由钢结构改为混凝土桥墩的优化方案，由此使柱脚水平荷载加大，有可能会对钢管管槽墩墙产生不利影响，故对该部分进行补充计算。

1. 计算模型及计算荷载

本次计算主要是在上次计算的基础上考虑混凝土桥墩的影响，即将混凝土桥墩与混凝土墩墙作为一个整体考虑，但计算重点范围仍为钢管槽两侧的混凝土桥墩宽度为4.2m，计算对象仍取左厂6#坝段，计算模型及网格划分同前一个阶段的计算模型，但在墩墙上面的荷载不是直接通过点荷载作用在墩墙上，而是通过一个混凝土框架将荷载传递至混凝土墩墙，因此下面给出荷载均为作用在118.5m高程上。

2. 计算荷载及成果

计算荷载，其大小及作用点见表5－5－4和表5－5－5。

同前次计算一样，现主要给出墩墙铅垂方向的应力及墙顶的最大位移（见表5－5

—6、表5—5—7）。结果是墙顶最大位移约2mm，较钢墩方案大许多。

表5—5—6　　　　　　　　　　　　优化计算成果

荷载点号	荷载作用点高程	Ny（t）	Nx（t）	Nz（t）	Mx（t·m）
1	高程118.5m	-318	45	33	13
2	高程118.5m	-295	23	33	15

表5—5—7　　　　　　　　　　　　优化计算成果

截面位置	最大铅垂直方向应力（t/m²）	最大墙顶位移（mm）
1#桥墩中心线	1	D_x=−0.62；D_z=1.97
2#桥墩中心线	−45.6	D_x=−0.07；D_z=0.4

（七）栈桥对泄洪坝段结构的影响与协调

1. 协调原则

（1）栈桥不得侵占表孔堰面，并要求升起有一定的高度，方便后期钢筋连接；

（2）在坝体上尽可能少的预留缺口，包括表孔导墙在内；

（3）卸料平台的布置要避开下游廊道出口。

根据以上原则，我们研究了两个方案：

1）方案Ⅰ

方案Ⅰ，栈桥中心线桩号为20+0.60.500m，上游轨道中心线桩号为20+053.750m，

2）方案Ⅱ

方案Ⅱ与方案Ⅰ相比，栈桥中心线桩号与轨道中心线桩号均不变，栈桥桥柱与坝体的关系亦同方案一。由于栈桥上游行车道宽度为2m，其上游边线向下移动了1.5m，桩号为20+051.75m，栈桥的上部结构对坝体混凝土为施工及钢管安装的干扰减少（见图5—5—4），卸料平台相应也向下移动1.5m，则卸料平台完全脱离非钢管坝段坝体。当大坝浇至高程119m时，不再需要预留缺口，对坝体的削弱减少（见图5—5—5）。

2. 方案Ⅰ与泄洪坝段结构的协调

方案Ⅰ在表孔两侧导墙上，需预留 13.75m×13.71m（顺流向长×高）的缺口（见图5—5—6）。卸料平台布置在深孔上部，需要在坝体基本三角形上预留1.1m×1.5m（顺流向×高）的缺口（见图5—5—7）。泄洪坝段本身孔洞多、结构单薄，再预留缺口对坝体造成一定的削弱。

3. 方案Ⅱ与泄洪坝段结构的协调

方案Ⅱ在表孔两侧导墙上需预留12.25m×11.57m的缺口（见图5—5—8）。卸料平台布置在深孔上部坝体混凝土以外，与坝体混凝土不发生干扰（见图5—3—6），该方案对泄洪坝段的影响较小。

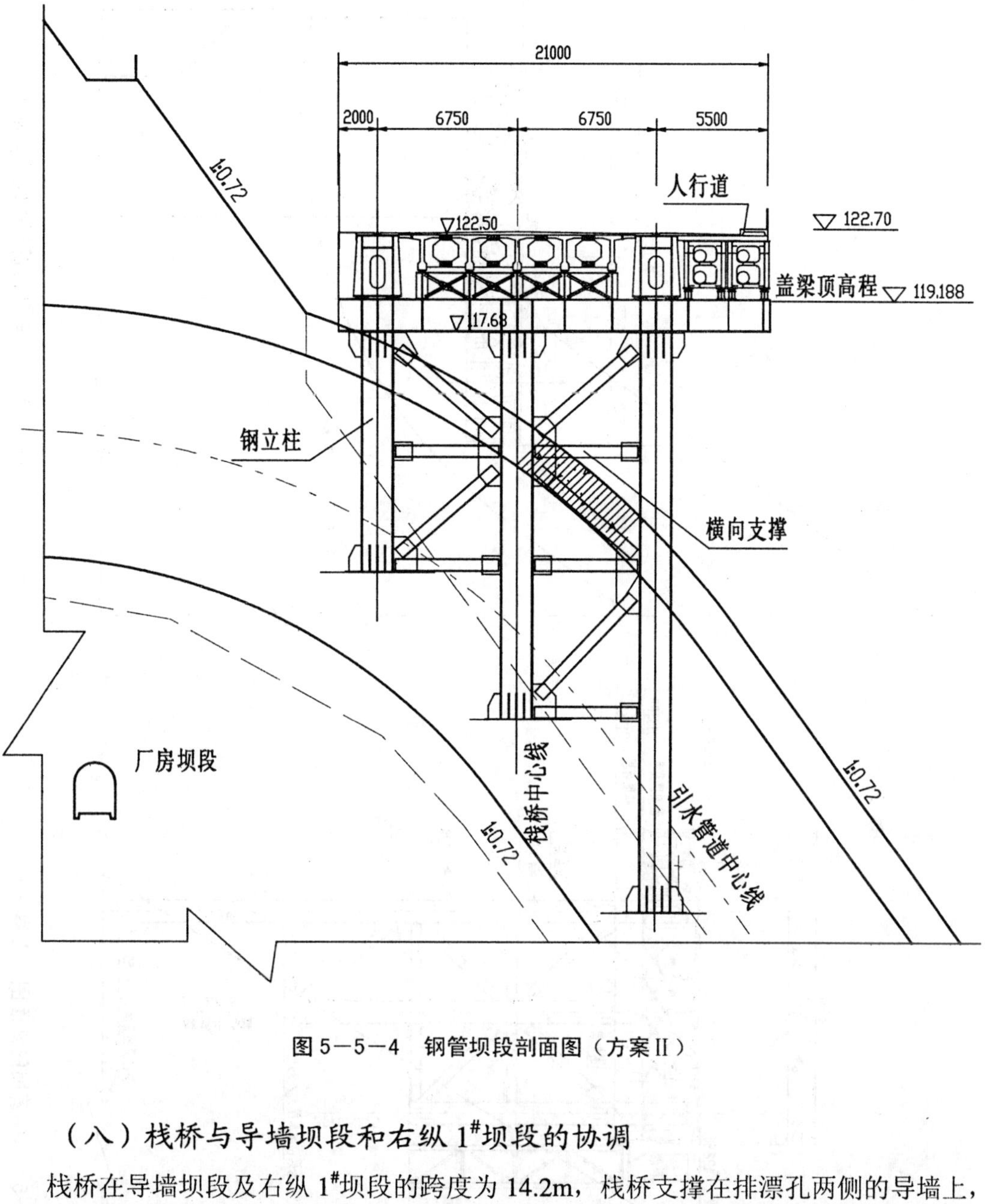

图 5—5—4　钢管坝段剖面图（方案Ⅱ）

（八）栈桥与导墙坝段和右纵 1[#]坝段的协调

栈桥在导墙坝段及右纵 1[#]坝段的跨度为 14.2m，栈桥支撑在排漂孔两侧的导墙上，需要在导墙上预留缺口，即纵缝Ⅰ下游导墙高程 120m 以上部分暂不浇筑，待栈桥拆除，将钢筋连接后，再浇筑高程 120m 以上部分。栈桥布置必须为导墙缺口伸出的受力钢筋留有一定空间，布置见图 5—5—9。

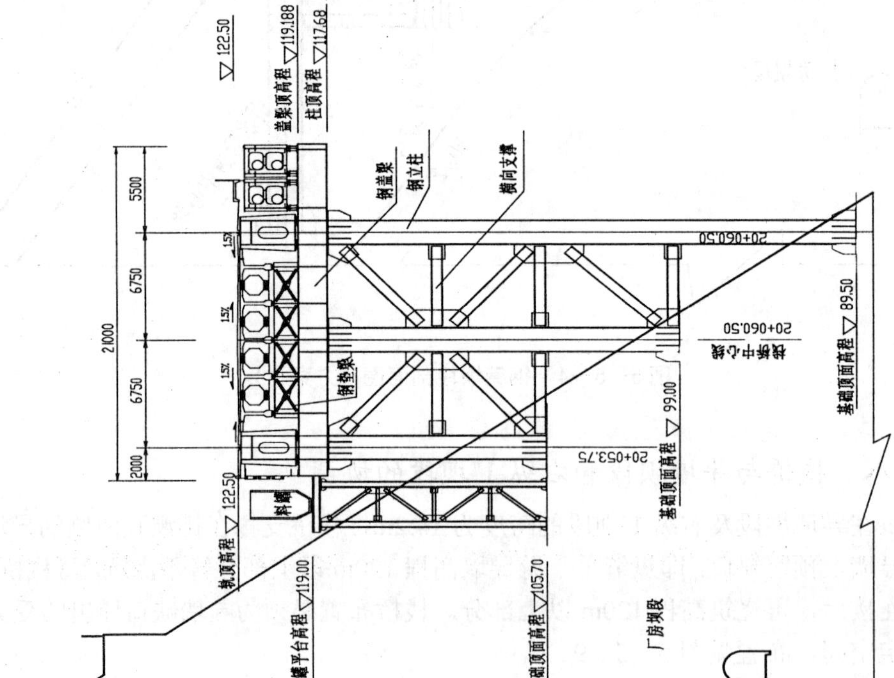

图 5—5—5 非钢管坝段剖面图（方案 II）

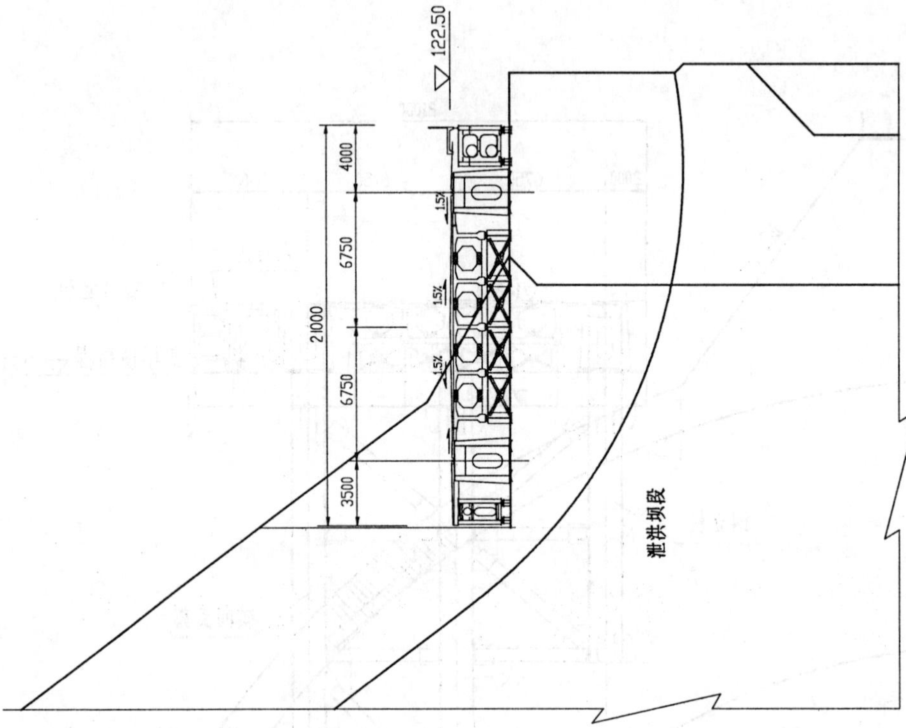

图 5—5—6 表孔位置剖面图（方案 I）

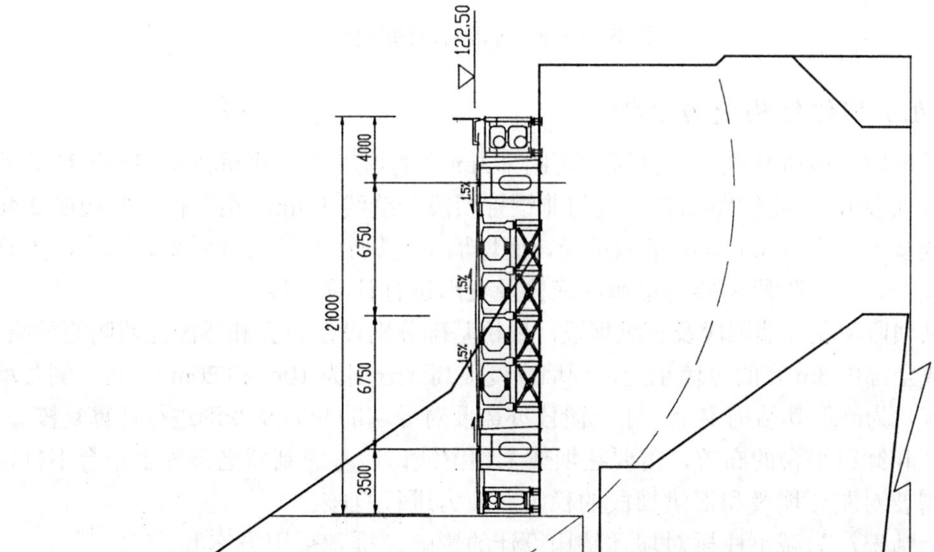

图 5－5－7　深孔位置剖面图（方案 I）

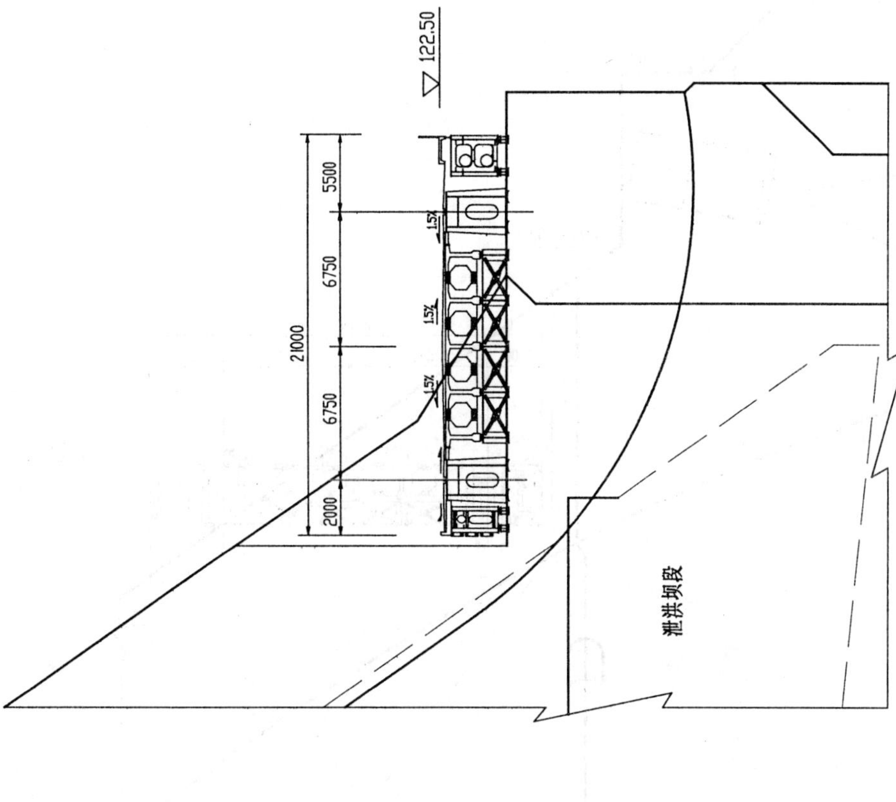

图 5－5－8　表孔位置剖面图（方案 II）

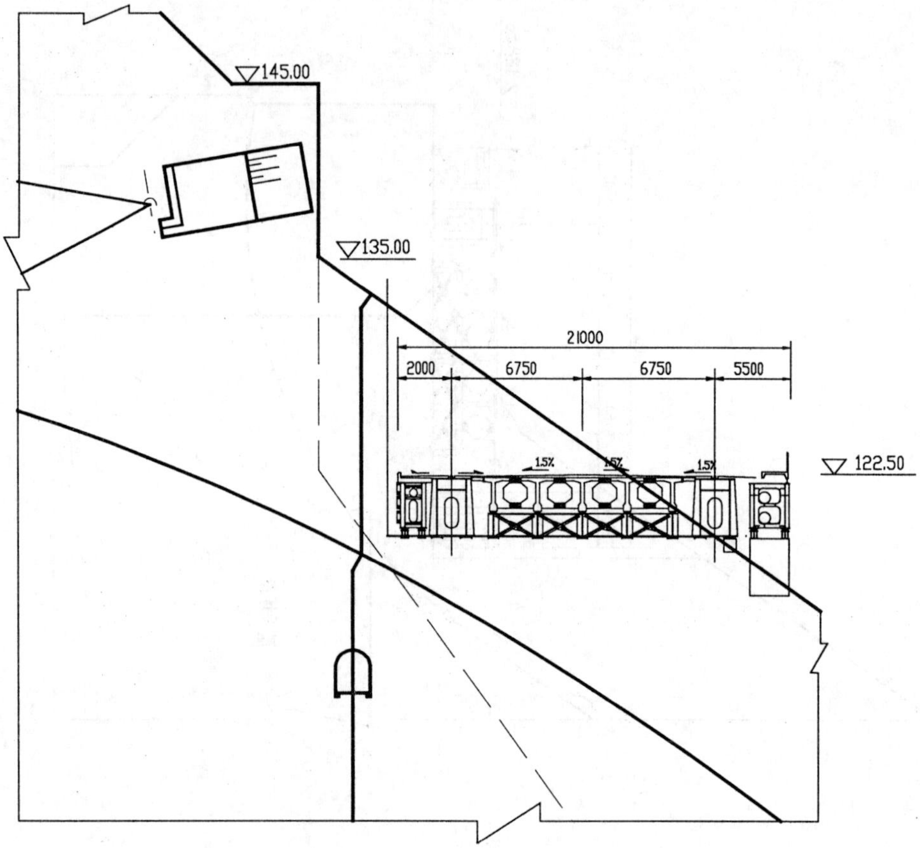

图 5—5—9　导墙坝段剖面图

（九）坝体结构受力分析

左厂坝段，栈桥基础设在钢管槽两侧 4.3m 宽的墩墙上，栈桥桥墩偏向墩墙的外侧（非钢管坝段），中心线距钢管坝段与非钢管坝段分缝线 1.9m，距管槽一侧边壁 2.4m。栈桥荷载基本上由 4.3m 宽的墩墙承受，而墩墙又是钢管坝段的重要受力部位，为确保其结构安全，下一阶段需要对墩墙的应力及变形进行计算复核。

泄洪坝段和左导墙坝段及右纵坝段，栈桥基础分别设在表孔和排漂孔两侧的导墙上，栈桥荷载全部由 3m 宽的导墙承受，导墙高度很高（分别为 10m 和 20m），其一侧要承受高速水流，为确保其结构安全，下一阶段亦需要对导墙的应力及变形进行计算复核。

桥柱和卸料平台的布置，需要在坝体上预留缺口，考虑到新老混凝土结合不好，下一阶段需要对左厂坝段和泄洪坝段的稳定和应力进行复核。

综上情况，为减小栈桥对坝体结构设计的影响，推荐采用方案Ⅱ。

六、栈桥结构设计与优化

栈桥的结构设计取决于栈桥的功能、荷载、运行条件（自然条件和最恶劣工况）和结构布置形式。

（一）栈桥运行的自然条件

1. 气温

高程120m栈桥布置在大坝的下游坝坡上，根据三峡工程坝址所在地湖北宜昌三斗坪气象站实测多年平均气温为17.3℃，据秭归县气象台多年实测气温资料，极端最高气温为42℃，极端最低气温为−5.6℃。多年各月平均、最高最低日平均气温见表5−6−1。

表5−6−1　　三斗坪多年各月最高及最低日平均气温值　　单位：℃

月　份	1	2	3	4	5	6	7	8	9	10	11	12
月平均	6.0	7.4	12.1	16.9	21.7	26.0	28.7	28.0	23.4	18.1	12.3	7.0
最高日平均	10.5	12.7	18.7	23.7	26.6	29.6	32.6	31.5	28.1	22.6	16.8	11.1
最低日平均	1.5	2.4	5.2	10.2	15.7	22.3	23.9	23.7	18.3	13.4	7.7	1.8

2. 风速

宜昌全年各月盛行东南风，年平均风速为1.2m/s，定时观测最大风速为20.0m/s，相应风向为WSW，瞬时最大风速为34.0m/s。根据三斗坪1960年1月～1968年4月资料统计，全年以静风出现时间最多，其次为南方；多年平均风速为1.1m/s，最大风速为20.0m/s，为东南风。三斗坪实测风速资料见表5−6−2。

表5−6−2　　三斗坪实测风速资料　　单位：m/s

月　份	1	2	3	4	5	6	7	8	9	10	11	12
多年各月平均风速	1.1	1.2	1.5	1.4	1.0	1.2	1.0	1.1	0.9	0.8	1.0	1.1
多年各月SE风速	2.2	2.2	2.7	2.6	2.4	2.6	2.6	2.3	2.1	1.7	2.2	2.3
多年各月最大风速	7	8	14	14	10	14	20	10	7	8	9	7

（二）栈桥设计适用的规范

栈桥设计主要适用以下规范：

（1）《铁路桥涵设计规范》（TBJ2−85）；

（2）《公路桥涵设计规范》（JTJ021−89）；

（3）《公路桥涵施工技术规范》（JTJ041−89）；

（4）《铁路钢桥制造规则》（TBJ212−86）；

（5）《铁路桥涵施工技术规范》（TBJ203−86）；

（6）《钢结构设计规范》（GB17−88）；

（7）《钢结构高强度螺栓连接的设计、施工及验收规范》（JGJ82−91）；

（8）《建筑地基处理技术规范》（JGJ79−91）；

（9）《钢纤维混凝土结构设计与施工规程》（CECS38－92）；

（10）《钢纤维混凝土试验方法》（ECS13－89）；

（11）《塔式起重机设计规范》（GB/T13752－92）；

（12）《起重机钢轨》（YB/T5055－93）；

（13）《起重机试验规范程序》（GB5905－86）；

（14）《港口起重机轨道安装技术条件》（JT5022－86）；

（15）《起重机械安全规程》（GB6276）。

（三）设计荷载

1. 起重机荷载

栈桥上布置有吉林水工机械厂生产的 MQ2000 型高架门机、丹麦 KROLL 公司 K1800 大型塔机和 SDTQ1800/60 型高架门机 3 种起重机。

1）MQ2000 型高架门机荷载

（1）门机工作时计算风压 $250N/m^2$，停机风压 $800N/m^2$。

（2）根据吉林水工机械厂提供的参数，因铰点高度由 50m 改为 70m，垂直腿压按表 5－6－3 中数据乘 1.05。

（3）横向水平轮压按《塔式起重机设计规范》（GB/T13752－92）取垂直轮压的 0.075 倍。

（4）纵向水平轮压，工作状态为 664kN，非工作状态为 883kN。

MQ2000 型高架门机行走机构相关尺寸见图 5－6－1，各支腿垂直压力值见表 5－6－3。

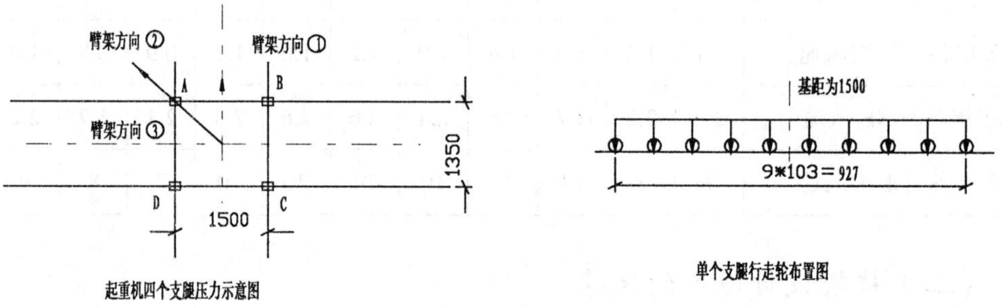

图 5－6－1　吉林水工厂 MQ2000 型高架门机行走机构相关尺寸

2）KROLL 公司 K1800 大型塔机荷载

（1）塔机工作时风速：20m/s，非工作时风速：42m/s；

（2）垂直腿压值见表 5－6－4；

（3）横向水平力：工作状态为 21kN，非工作状态为 29kN；

（4）纵向水平力：工作状态为 517kN，非工作状态为 408kN；

KROLL 大型塔机行走机构相关尺寸见图 5－6－2。各支腿垂直压力值见表 5－6－4。

表 5—6—3　　MQ2000 型高架门机荷载

荷载计算位置		20t/71m				63t/35.5m				0t/65m（非工作状态）			
		A	B	C	D	A	B	C	D	A	B	C	D
臂架方向①	有风动载	367.6	321.6	163.1	209.1	394	340.7	158	211.3				
	有风静载	331	331	200	200	200	354.7	197.3	197.3				
	无风动载	339	293	191.7	237.7	347	293.6	205	258.4				
臂架方向②	有风动载	396.9	253.7	133.9	277.1	427.3	262.5	124.7	289.5				
	有风静载	355.4	274.8	175.4	256	383.6	287.4	168.4	264.6	401.1	275.1	119.3	245.3
	无风动载	356.6	249.4	174.2	281.4	362.2	255.6	189.8	296.4				
臂架方向③	有风动载	359.4	171.4	171.4	359.4	384.4	167.6	167.6	384.4				
	有风静载	324.1	206.6	206.6	324.1	346.5	205.5	205.5	346.5				
	无风动载	334	196.8	196.8	334	342.5	209.5	209.5	342.5				

注：①资料来源：吉林水工厂；

②上述腿压已计入自升装置自重，如使用中拆除该装置，各支腿压力可减小约 35t；

③顶升时各支腿压力均比上述工况压力小。

表 5—6—4　　丹麦 KROLL 公司 K1800 塔机各支腿荷载　　单位：t

荷载计算位置		20t/71m				63t/35m				（非工作状态）			
		A	B	C	D	A	B	C	D	A	B	C	D
臂架方向①	有风动载	260	52	52	260	292	45	45	292	223	70	70	223
	有风静载	212	74	74	212	250	62	62	250	195	63	63	195
	无风动载	235	78	78	235	264	73	73	264	198	94	94	198
	无风静载	186	101	101	186	222	90	90	222	170	87	87	190
臂架方向②	有风动载	304	156	8	156	345	164	0	164	254	146	38	146
	有风静载	242	144	45	144	290	156	22	156	241	111	51	111
	无风动载	267	156	45	156	304	169	33	169	219	146	73	146
	无风静载	205	144	81	144	250	156	62	156	205	111	86	111
臂架方向③	有风动载	260	260	52	52	292	292	45	45	223	223	70	70
	有风静载	212	212	74	74	250	250	62	62	195	195	63	63
	无风动载	235	235	78	78	264	264	73	73	198	198	94	94
	无风静载	186	186	101	101	222	222	90	90	170	170	87	87

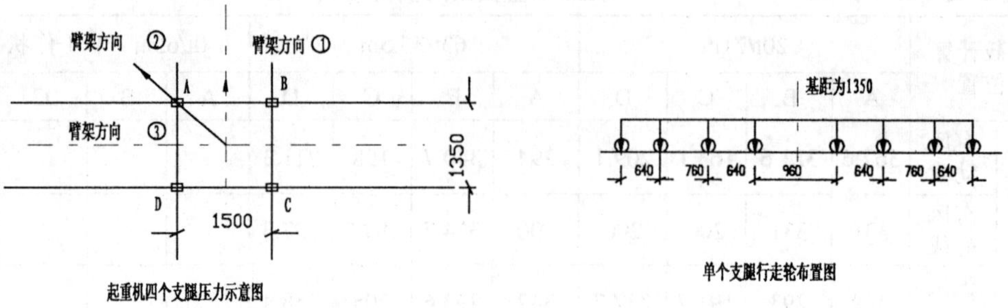

图 5—6—2　丹麦 KROLL 公司 K1800 型大型塔机行走机构相关尺寸

3）SDTQ1800/60 型高架门机

根据《水利水电工程施工组织设计手册》第 5 分册有关资料，SDTQ1800/60 门机最大垂直轮压为 417.5kN，相应最大横向水平力《单根轨道》260kN，最大纵向水平力为 280kN。

SDTQ1800/60 型高架门机行走机构相关尺寸见图 5—6—3，各支腿垂直压力值见表 5—6—5。

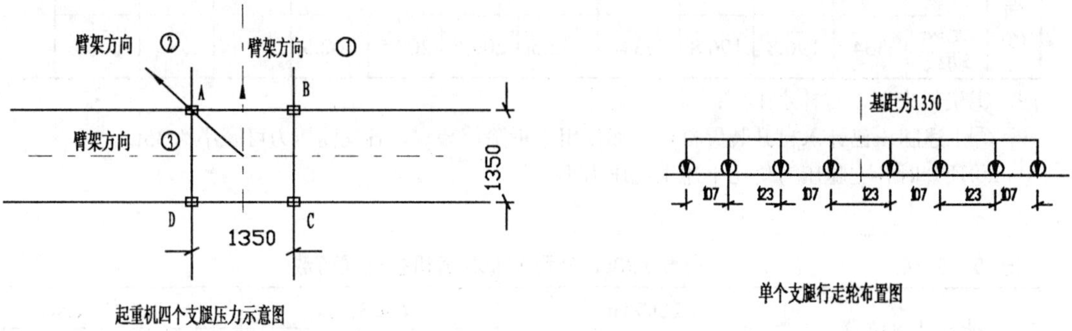

图 5—6—3　吉林水工厂 SDTQ1800/60 型高架门机行走机构相关尺寸

表 5—6—5　　SDTQ1800/60 型高架门机各支腿荷载

荷载计算位置	工作状态								非工作状态			
	风顺臂架方向				风垂直臂向							
	A	B	C	D	A	B	C	D	A	B	C	D
臂架方向①	290	290	77	67	287	182	70	175	307	307	20	20
臂架方向②	334	180	23	180	254	95	103	262	266	164	60	164
臂架方向③	290	67	290	290	287	172	70	185	306	21	21	306

2. 汽车荷载

汽车荷载由北方重汽 LDC6 型侧卸料罐车控制，考虑所有车辆必须在桥面上掉头，车辆通行不畅，经常停留，故在计算汽车梁垂直荷载时纵向排列按图 5—6—4 图式一采用，计算制动力时按图 5—6—4 图式二采用。

验算荷载为特挂-220 及汽-40 荷载。

LDC6 侧卸料罐车轴荷及纵横向排列见图 5—6—4，特挂-220 轴荷及纵横向排列见图 5—6—5。

汽-40 轴荷及纵横向排列见图 5—6—6。

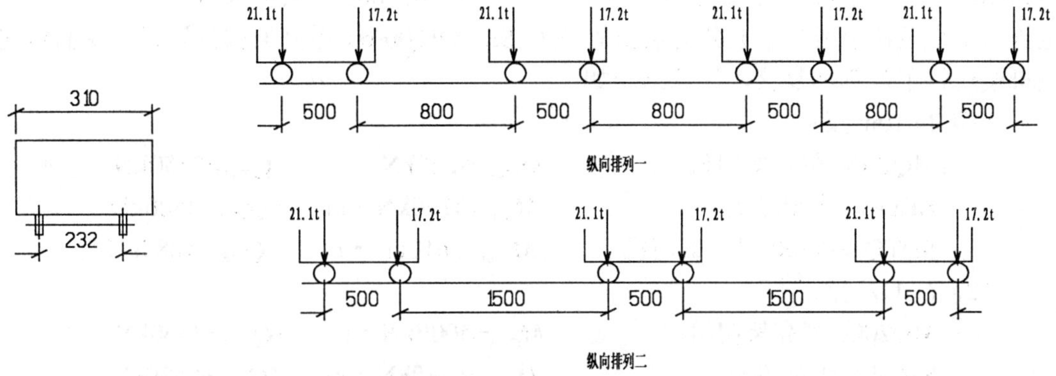

图 5—6—4 北方重汽街道 LCD6 型侧卸料罐车荷载分布图

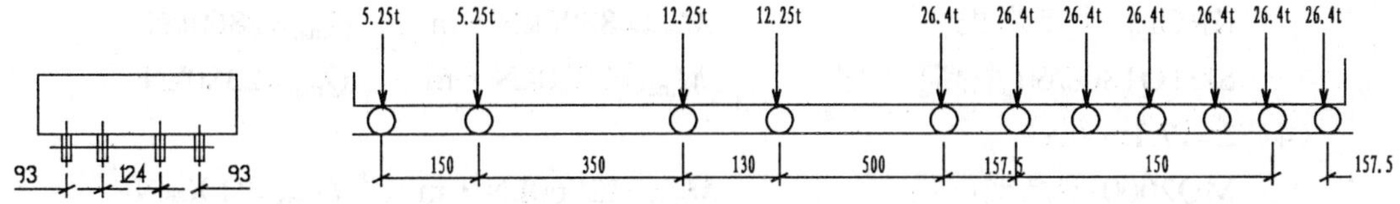

图 5—6—5 特种 200t 级拖车组荷载分布图

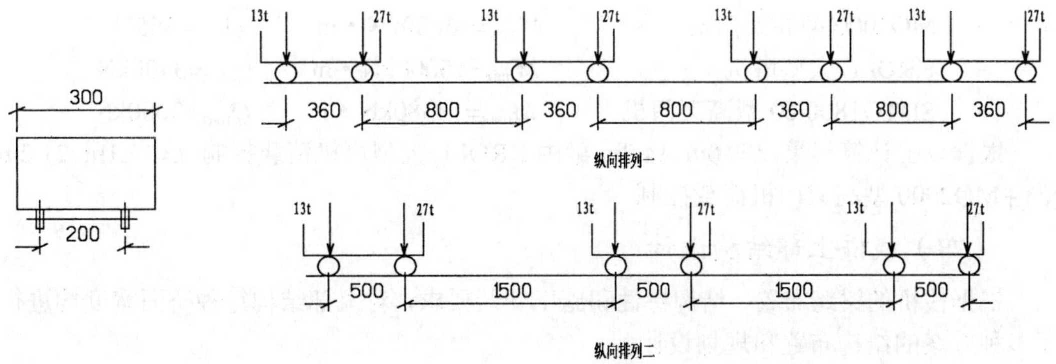

图 5—6—6 汽-40 荷载分布图

3. 位移

每个坝段收缩或膨胀按 2mm 计算。

4. 地震荷载

三峡地区地震烈度为Ⅵ度，栈桥设计不考虑地震荷载。

5. 起重机梁内力计算

根据葛洲坝股份有限公司三峡建设承包公司工程技函字〔1998〕第 118 号文提供的 KROLL 大型塔机荷载资料、吉林水工机械厂提供 MQ2000 门机荷载资料以及《水利水电施工组织设计手册》第五分册给出的有关 SDTQ1800/60 型高架门机资料，我们对起重机梁进行了计算和复核，计算结果如下：

（1）L=10m 梁：

MQ2000 型高架门机 M_{max}=4260kN·m Q_{max}=2150kN

KROLL 大型塔机 M_{max}=5150kN·m Q_{max}=2500kN

SDTQ1800/60 型高架门机 M_{max}=3610kN·m Q_{max}=1880kN

（2）L=11m 梁：

MQ2000 型高架门机 M_{max}=5000kN·m Q_{max}=2360kN

KROLL 大型塔机 M_{max}=6040kN·m Q_{max}=2630kN

SDTQ1800/60 型高架门机 M_{max}=4470kN·m Q_{max}=2040kN

（3）L=14.2m 梁：

MQ2000 型高架门机 M_{max}=8800kN·m Q_{max}=2890kN

KROLL 大型塔机 M_{max}=8800kN·m Q_{max}=2860kN

SDTQ1800/60 型高架门机 M_{max}=7220kN·m Q_{max}=2380kN

（4）L=17.1m 梁：

MQ2000 型高架门机 M_{max}=12060kN·m Q_{max}=3190kN

KROLL 大型塔机 M_{max}=11460kN·m Q_{max}=3064kN

SDTQ1800/60 型高架门机 M_{max}=9720kN·m Q_{max}=2630kN

（5）L=21.2m 梁：

MQ2000 型高架门机 M_{max}=16680kN·m Q_{max}=3650kN

KROLL 大型塔机 M_{max}=15000kN·m Q_{max}=3400kN

SDTQ1800/60 型高架门机 M_{max}=13380kN·m Q_{max}=3000kN

根据以上计算结果，L=10m、14.2m 梁由 KROLL 大型塔机荷载控制；L=17.1m、21.2m 梁由 MQ2000 型高架门机荷载控制。

（四）栈桥上部结构设计

根据栈桥的梁跨布置、结构特性和施工安装要求，对上部结构每种桥面宽度均进行了多种方案的结构布置和规划设计。

1. 全钢结构方案

起重机梁和汽车梁全部为钢结构。起重机梁采用全焊钢箱形梁截面，腹板间距 1.5m。

起重机梁之间设置六片焊接钢板梁，两片钢板梁之间设置上下平纵联，根据跨度的不同设置相应间距的横联，保证桥面有足够的横向刚度抵抗桥上横向水平力。

这种方案上下游钢轨外侧宽均为3.5m，上、下游起重机外侧均设两片钢板梁，各形成一联。在下游侧钢板梁外侧设人行及检修通道，使人车分流，各行其道，交通通畅，且便于铺设风、水、电等各种管线。

起重机梁搁置在柱顶盖梁上，盖梁为全焊钢箱形梁，因汽车梁与箱梁高度不同，中间设垫梁找平。

桥面板为现浇钢筋混凝土结构，混凝土面板厚δ=22～25m，桥面板用C30混凝土。为了增加耐磨和防止桥面混凝土开裂，桥面铺装层采用钢纤维混凝土，厚8cm。

经计算，起重机梁、汽车梁等强度、挠度均满足规范及设备厂家要求。

大坝用供水管及电缆管线均布置在两起重机梁之间桥面以下，并设进人孔和检修通道，栈桥桥面须等各种管线安装好后才能施工。

2. 钢混结构方案

起重机梁和起重机梁外侧梁系布置同全钢结构方案。起重机梁内侧结构布置如下：

（1）左厂房坝段两根起重机梁中间设五片预应力混凝土汽车梁，五片汽车梁之间设五道横隔板，保证桥面有足够的横向刚度。因起重机梁与汽车梁刚度相差较大，横向不能互相连接，起重机梁与汽车梁之间高差用垫梁找平，均搁置在柱顶钢盖梁上。

（2）左导墙坝段、泄洪坝段、右纵 $1^{\#}$坝段两根起重机梁之间设七片普通钢梁，梁之间设横隔板。

经计算，起重机梁、汽车梁、柱顶盖梁等强度、挠度等均满足规范及设备厂家要求。

为了增加耐磨度和防止桥面开裂，桥面铺装层采用钢纤维混凝土。上下游侧卸车平台面板采用钢筋混凝土行车道板，桥面板厚δ=22～25cm。桥面铺装层采用的钢纤维混凝土厚8cm。

根据总承包商的要求，需在栈桥上铺设供水、供风、供电等各种管线，其中在栈桥下游布置2 ϕ600mm、2 ϕ400mm、1 ϕ325mm水管共5根，布置 ϕ325mm风管一根，专门设置管网支架满足各种管网的铺设要求。在人行道下设置电缆廊道，安装活动盖板满足铺设管道与检修要求。

如果采用全混凝土梁，则无法铺设和检修各种管线，需另外设置管网支架结构满足各种管线的铺设要求。

3. 全混结构方案

因单片21.2m预应力起重机梁自重大于100t，超过栈桥施工吊装设备起吊能力，且横向稳定性差，故不作进一步方案论证。

上部结构方案比较见表5－6－6。

综合以上各方案比较，上部结构推荐采用钢混综合方案，即泄洪坝段为钢混方案，其余坝段为全钢结构方案；上部结构单元最大吊重不超过62t，满足起吊能力要求。

表 5－6－6　　上部结构各方案比较表

方案	优　点	缺　点
钢混结构	起重机梁为钢箱形梁，横向刚度大、自重轻，能满足施工吊装要求，能够重复利用。 汽车梁为预应力混凝土梁，用钢量省，自身刚度大，不需专门铺设预制桥面板，现场安装速度快，施工方便。 预应力混凝土梁可提前预制，有利于压缩施工工期。 造价比全钢方案低。	起重机钢箱梁用钢量较预应力混凝土梁大，造价比全混方案高。 预应力混凝土汽车梁自重大，起吊较为不便。 因钢箱梁与预应力混凝土汽车梁刚度相差较大，不能互相连接，互相独立，横向刚度比全钢方案差，需另外设横向支撑。 桥墩荷载相对较大。
全钢结构	起重机梁为钢箱梁，横向刚度大、自重轻，能满足吊装要求。 钢汽车梁自重轻，吊装方便，减少了桥墩的荷载。 起重机梁、汽车梁可提前在工厂加工，有利于压缩施工工期，汽车梁自重轻，运输方便。 起重机梁与汽车梁通过横向联结系联接，横向刚度大。	起重机梁、汽车梁均为钢结构，用钢量大，一次性投资大。 钢汽车梁上需搁置预制钢筋混凝土桥面，施工工序较多。
全混结构	起重机梁、汽车梁均为预应力混凝土结构，可提前在厂内预制，有利于压缩施工工期。 上部结构刚度大。 造价较低。	预应力混凝土汽车梁自重大，在现有条件下难以起吊，安装困难。 结构自重大，桥墩荷载大为增加，难以满足水工结构要求。 不便于重复利用。

（五）栈桥下部结构设计

根据该栈桥桥墩垂直力、纵横向水平力大的特点，结合坝工要求和大坝目前施工进展情况，对栈桥下部结构进行了三种方案的结构布置和规划设计。

1. 三柱式钢桥墩方案

横向排架设三根“双王形”钢柱，间距为 6.75m，柱间设剪刀撑。因坝体已上升一部分，根据坝体轮廓尺寸，横向排架柱均为不等高形式，高低腿最大高差达 20m。为了减少高低腿产生的变形差，尽量使上下游墩柱刚度相等，柱顶设柱顶横梁，以承受上部结构。盖梁上游侧悬挑 3.5m，支承侧卸车平台梁；下游侧悬挑 3m，支承风水管道平台；回车平台处另设一根钢柱，共增加 4 根钢柱。

纵向隔一跨设一制动墩，即在两片 17.1m 桥墩之间设十字形支撑，组成空间结构体系，并支承在非钢管坝段上形成制动墩，以抵抗起重机和汽车产生的制动力。

在横向排架上悬挑 7m 三角托架，上部搁置上承式桁架，形成平台用以放置料罐。

经计算柱截面强度、稳定及柱顶位移，均满足规范要求。

2. 四柱式钢桥墩方案

横向排架设 4 根双Ⅰ形钢柱，间距分别为 4m、9.5m、4m，两个 4m 柱之间设十字剪刀撑。桥墩横向为不等高排架形式，高低腿最大高差达 20m，为了减少高低腿产生的变形差，尽量使上、下游墩柱刚度相等。柱顶设柱顶横梁，用以支撑上部结构。

纵向两片 17.1m 桥墩之间设横撑，形成制动墩，抵抗起重机和汽车产生的制动力。

在横向排架上悬挑5m三角托架，上部搁置上承式桁架，以放置料罐。

经计算柱截面强度、稳定及柱顶位移，亦满足规范要求。

3. 混凝土墩方案

根据坝工复核计算，如在左厂房坝段采用混凝土墩，坝基抗拉应力和墩顶部位移均不能满足坝工规范要求。

在左非17#坝段以左部分桥墩，基础主要坐落在基岩上，与大坝主体工程直接影响不大，可以采用混凝土桥墩方案。具体结构形式采用实体混凝土桥墩，墩高8～10m，墩宽为1.6～2.8m，长15m，墩顶设挑梁。上游侧挑梁支承侧卸车平台梁；下游侧挑梁支承人行道梁和风、水、管、电缆支架。

左非13#坝段采用混凝土桥台，桥台长20m，基础直接坐落在基岩上。经计算桥墩抗倾、抗滑及应力，均满足规范要求。

综合比较以上3种方案，结论见表5－6－7。经审查，专家同意设计确定左厂部分下部结构推荐三柱式钢桥墩方案，左非17#坝段采用混凝土墩方案。

表5－6－7　　高程120m栈桥桥墩方案比较表

方案	优　点	缺　点
三柱钢墩	横向排架柱数量较少，用钢量少。 起重机梁分别由两根钢柱承担，中间柱支承汽车梁，受力较明确。 纵横向连接系均以斜杆连接，数量较少，构造简洁，加工简单，节点较少，安装方便。 因撑杆为剪刀撑，支承到非钢管坝段上，空间结构整体性好，受力条件较好，纵向水平力由两个桥墩共同承担，对水工结构影响较混凝土墩小。 钢桥墩便于拆除，不影响永久建筑物的美观。 钢桥墩安装速度快，占用直线工期短。 用钢量较四柱钢墩方案省。	柱截面为双王形，加工较双I形柱复杂。 钢桥墩不如混凝土墩稳定性好。 钢桥墩比混凝土墩造价高。
四柱钢墩	由两个双I形柱支承起重机梁，受力较明确。 由空间桁架组成的墩柱可一次起吊，安装方便。 纵向用斜杆连接形成空间结构，受力条件较好，水平力由两个桥墩共同承担，对水工结构影响较混凝土墩小。 安装速度快，占用直线工期时间短。 钢桥墩拆除方便，不影响永久建筑物的美观。	横向支撑小杆件多。数量多，节点较多，加工繁琐。 横向由四柱组成两个独立桥墩，通过柱顶横梁连接，稳定性不如三柱墩方案好。 稳定性不如混凝土墩好。 比混凝土墩造价高。 用钢量比三柱钢墩多。
混凝土墩方案	混凝土墩刚度大，稳定性好。 施工方便。 造价低。	与永久建筑物干扰大。 占用直线工期时间长。 拆除较困难。

（六）支座设计

不同的结构，采用不同材料的支座及形式，经优选：

（1）左厂部分起重机钢箱形梁，承受水平力大，垂直荷载大，采用铸钢支座。左导墙坝段以右部分起重机梁跨度小、承受垂直力小，设计采用盆式橡胶支座。

（2）钢板梁自重轻，承受水平力大，采用盆式橡胶支座。

（3）对于预应力混凝土汽车及普通钢筋混凝土梁，设计采用橡胶支座。

（七）基础设计

钢桥墩基础采用混凝土结构，左厂部分坐落于坝体上，需预留台阶，加设埋件。泄洪坝段，支座直接放在导墙上，需根据上部结构受力荷载，复核导墙的受力状态，将导墙混凝土标号和钢筋量适当修改。

七、施工方法与施工进度

如前所述，因栈桥设计委托滞后，2A 标段左厂 1#～5#坝段已开始浇混凝土，当务之急是尽快形成高程 120m 栈桥，在左非 13#～18#坝段位置安装高架门机。

下部结构单元最大吊重小于 40t，满足起吊能力要求。

左厂 11#～14#坝段施工栈桥上游桥墩基础高程为 105.7m，下游桥墩基础高程为 89.5m，泄洪坝段栈桥主梁可直接铺设在溢流表孔两侧的墩墙上，栈桥需在坝体浇至高程 120m 左右才能开始安装。

在泄洪坝段下游桩号 20+124.5m 处设有高程 45m 栈桥，其中泄 19#～23#坝段高程 45m 栈桥桥面高程为 45m，其上布置有上海港机厂生产的 MQ2000 型高架门机，泄 1#～18#坝段高程 45m 栈桥桥面高程为 42m，其上布置有 K1800 大型塔机。泄 1#、7#、14#、21#坝段中部桩号 20+076m 处分别布置有塔带机，左厂 12#坝段非钢管段中部桩号 20+044m 处设有顶带机，两台缆机控制范围为 20-010m～20+060m。高程 120m 栈桥主要由高程 45m 栈桥上的起重机吊装，上述其他施工机械均可作为辅助安装手段。

高程 120m 栈桥单元构件中，以起重机梁最重，起重机运行起止段梁均采用全钢结构，其单梁重量见表 5－7－1。泄洪坝段为汽车梁，采用普通混凝土结构，其最大单元重 20t。

栈桥上下部结构的设计及梁体重量大小，受控于施工机械的吊装能力及起吊位置，轨道梁单元构件较重，其上游轨道梁在桩号 20+053.75m 处；下游轨道梁在 20+067.25m 处。

栈桥安装主要施工机械特性见表 5－7－2。

表 5－7－1　　起重机钢梁单根重量表

跨度	21.2m	17.1m	14.2m	10m	11m	10.5m
最大单元重量	62t	46t	38t	23t	26t	24t

表 5－7－2　　栈桥安装主要施工机械特性表

参数	MQ2000 型高架门机（上海）	K1800 大型塔机	MQ2000 型高架门机（吉林）	SDTQ1800/60 型高架门机
工作级别	安装工况	安装工况	安装工况	安装工况
工作幅度（n）	32～71	71	22～71	26～62
起升高度（轨上）（m）	100	100.4	80	70
起升高度（轨下）（m）	40	50	40	30
起重量（t）	最大 63t	60t	最大 63t	60
大车运行距离（m）	150	150	150	150

摆塔式缆机工作范围为 20－15m～20+65m，其中距主塔 130m、副塔 110m 为非工作区，安装工况最大起重量为 25t，两台缆机可抬吊 46t。

（一）施工进度安排

1. 2A 标段施工进度安排

2A 标段栈桥施工进度为：

（1）1998 年 9～10 月，施工左非 13#～17#坝段栈桥。

（2）1998 年 10～12 月安装第一台高架门机。

（3）1998 年 11 月～1999 年 1 月安装左岸 5#坝段栈桥，同时安装第 2 台高架门机。

（4）1999 年 1～5 月，安装 6#厂房坝段和安Ⅲ坝段的栈桥。

（5）2001 年 3～10 月，形成左岸 7#～10#厂房坝段栈桥。

2. 2B 标段施工进度安排

Ⅰ&ⅡB 标段高程 120m 栈桥安装受大坝施工进度控制，栈桥安装进度：

（1）2001 年 1 月泄 23#坝段浇至高程 120m 左右，开始安装右纵 1#至泄 22#坝段栈桥，安装工期为 1 个月。

（2）2001 年 2 月开始安装右侧 SDTQ1800/60 型高架门机，门机安装期为 20 天左右。

（3）2001 年 3 月至 2001 年 10 月安装泄 21#～1#坝段栈桥。

（4）2001 年 7 月，左厂 11#坝段浇至 120m 左右，开始安装左厂 11#～左导墙坝段栈桥。

（5）2001 年 10 月与泄 1#坝段栈桥相连。

（6）2001 年 10 月高程 120m 栈桥全线形成，并具备运行条件。

（二）施工方法

栈桥的构件运输，一般采用汽车或全挂半挂拖车，载重量根据构件重量选定，一般为 20～62t。

栈桥构件需在加工厂加工，构件出厂前需进行预拼装，严格控制好制作质量。在栈桥施工现场的构件吊前组装成 5～20t 的吊装单元，以保证栈桥的顺利施工和减少占用起重机。

2A 标段，先形成左非 13#～17#坝段栈桥，采用移动式起重机械吊装。第一台高架门机也用移动式起重机安装；第二台高架门机和其他部分栈桥采用栈桥上的高架门机为主安装。

栈桥安装采用端进法。

2B 标段，泄洪 17#～23#坝段施工栈桥在泄 23#坝段浇至高程 120m 左右时，主要由高程 45m 栈桥上的上海港机从泄 23#坝段开始向河床端进安装。栈桥起重机轨道梁单根重最大约 26t，上游轨道安装位置距上海港机轨道中心 70.75m，吊装重超过上海港机的起重量，需由 1#塔带机吊装。

高程 120m 栈桥上右侧第一台 SDTQ1800/60 型高架门机由高程 45m 栈桥上的上海港机吊装门架，上部结构由上海港机吊至高程 120m 栈桥桥面，由 1#塔带机或缆机吊装。栈桥上高架门机投入运行后，栈桥可由该高架门机与上海港机接力安装，缆机及塔带机辅助安装。

泄 1#～16#坝段施工栈桥，由高程 45m 栈桥上的 K1800 塔机从泄洪 16#坝段开始向左端进安装，栈桥起重机上游轨道梁由 K1800 和高程 120m 栈桥上已安装的 SDTQ1800/60 型高架门机接力吊装。高程 120m 栈桥上另一台 SDTQ1800/60 高架门机由高程 45m 栈桥上的 K1800 塔机吊装门架，上部结构由栈桥上已投入运行的一台 SDTQ1800/60 高架门机吊装。

左厂 11#～左导墙坝段高程 120m 栈桥，由 2A 标段高程 120m 栈桥上的 MQ2000 型高架门机（吉林水工厂生产）安装完另一台 MQ2000 型高架门机（吉林水工厂生产）后，从左厂 11#坝段开始向右逐步端进形成栈桥。

高程 120m 栈桥上的 K1800 塔机，是由高程 45m 栈桥转移的，其拆除和安装由上海港机及高程 120m 栈桥上的 SDTQ1800/60 型高架门机共同完成。

八、方案设计主要工程量

（一）2A 标段

（1）钢混和三柱式钢墩组合方案（方案一）工程量见表 5－8－1。

（2）钢混和四柱钢墩组合方案（方案二）工程量见表 5－8－2。

（3）左非坝段为混凝土墩方案。方案三是以方案一和方案二为基础，左非 13#～18#坝段用混凝土墩取代钢墩方案（方案三），工程量见表 5－8－3。

（4）栈桥引道主要工程量见表 5－8－4。

（二）2B 标段方案设计主要工程量

1. 全钢和立柱式组合方案

全钢和三柱式钢墩组合方案主要工程量见表 5－8－5。

上部结构主要工程量合计：钢材 9907t、钢筋 375t、钢纤维 144t、C30 混凝土 2520m^3、CF50 钢纤维混凝土 1185m^3、盆式橡胶支座 1160 套。

下部结构主要工程量合计（钢结构）：钢材 1100t。

2. 钢混与三柱式组合方案

钢混和三柱式钢桥组合方案主要工程量见表 5－8－6。

上部结构主要工程量合计：钢材 8051t、钢筋 975t、钢纤维 144t、C30 混凝土 3950m^3、CF50 钢纤维混凝土 1185m^3、盆式橡胶支座 620 套、板式橡胶支座 630 套。

下部结构主要工程量合计（钢结构）：钢材 1100t。

表 5—8—1　　　　钢混和三柱式钢墩组合方案（方案一）主要工程量表

坝段	项目	部位	名称		材质	单位	总量	备注
左非 $13^{\#}$～左厂 $10^{\#}$ 坝段	上部结构	桥面梁系	起重机箱梁		16Mnq	t	2550	钢混方案
			钢汽车梁		16Mn	t	740	
			预应力混凝土汽车梁	ΦS5 碳素钢丝		t	90	
				钢筋埋件	Ⅰ、Ⅱ级	t	285	
				混凝土	c40	m^3	2140	
			料罐平台		A3	t	110	
			水管支架		A3	t	130	
			支座	钢支座	zg25Ⅱ	t	110	
				橡胶支座		个	280	
			其他		A3		50	
		桥面板	桥面板	混凝土	C20	m^3	790	
				钢筋	Ⅰ、Ⅱ级	t	180	
				钢纤维混凝土		m^3	1270	
		起重机轨道			QU80	t	80	
		起重机轨道锚固扣件			A3	t	160	
		上部合计			钢材：4485t 混凝土：4200m^3			
	下部结构	部位	名称		材质	单位	总量	备注
		墩柱	立柱		16Mn	t	1900	三柱钢墩方案
			柱间支撑		16Mn	t	1400	
			柱顶横梁		16Mn	t	1300	
		基础	钢筋埋件		16Mn	t	90	
			混凝土		C20	m^3	350	
		混凝土桥台	钢筋埋件		16Mn	t	5	
			混凝土		C20	m^3	700	
		岩基处理	石方开挖			m^3	550	
			锚杆			t	20	
		下部合计			钢材 4765t　混凝土：1050m^3			
总计	钢材 9120t　混凝土：5250m^3　高强螺栓：8.5 万套							

注：如果左非坝段（24）～（27）轴线钢排架改为混凝土墩，钢材可减少约 450t，混凝土增加 1880m^3。

表 5－8－2　　　　钢混和四柱钢墩组合方案主要工程量表（方案二）

坝段	项目	部位	名称		材质	单位	总量	备注
左非13#～左厂10#坝段	上部结构	桥面梁系	起重机箱梁		16Mnq	t	2550	钢混方案
			钢汽车梁		16Mn	t	740	
			预应力混凝土汽车梁	Φ^S5 碳素钢丝	每束 24 丝	t	90	
				钢筋埋件	Ⅰ、Ⅱ级	t	285	
				混凝土	C40	m^3	2140	
			料罐平台		A3	t	110	
			水管支架		A3	t	130	
			支座	钢支座	ZG25Ⅱ	t	110	
				橡胶支座		个	280	
			其他		A3	t	50	
		桥面板	桥面板	混凝土	C20	m^3	790	
				钢筋	Ⅰ、Ⅱ级	t	180	
				钢纤维混凝土		m^3	1270	
		起重机轨道			QU80	t	80	
		起重机轨道锚固扣件			A3	t	160	
		上部合计			钢材：4485t　混凝土：4200m³			
	下部结构	部位	名称		材质	单位	总量	备注
		墩柱	立柱		16Mn	t	2350	三柱钢墩方案
			柱间支撑		16Mn	t	1020	
			柱顶横梁		16Mn	t	1250	
		基础	钢筋埋件		16Mn	t	90	
			混凝土		C20	m^3	390	
		混凝土桥台	钢筋埋件		16Mn	t	5	
			混凝土		C20	m^3	700	
		岩基处理	石方开挖			m^3	550	
			锚杆			t	20	
		下部合计			钢材 4735t　混凝土：1090m³			
总计	钢材 9120t　混凝土：5290m³　石方开挖：550m³　高强螺栓：8.5 万套							

注：如果左非坝段（24）～（27）轴线钢排架改为混凝土墩，钢材可减少约 450t，混凝土增加 1880m³。

表 5－8－3　　　　左非坝段混凝土墩主要工程量表（方案三）

混凝土墩数量(座)	混凝土 C_{25}（m^3）	混凝土 C_{15}（m^3）	钢筋埋件（t）	混凝土开挖(m^3)
5	280	2300	40	700

表 5－8－4　　　　栈桥引道主要工程量表（方案Ⅰ/Ⅱ）

开挖（m^3）	填筑（m^3）	浆砌石（m^3）	混凝土（m^3）	钢筋（t）
50	18800/15900	200	3800	110/108

表 5—8—5　　　　　　　　　**上部结构全钢结构**

坝段	部位	名称	材质	单位	总量	备注
左厂11#坝段～右纵1#坝段	桥面梁系	起重机钢箱梁	Q345D	t	3170	
		汽车钢板梁	Q345D	t	4186	
		钢垫梁	Q345D	t	757	
		钢盖梁	Q345D	t	345	
		连接系	Q235	t	55	
		下游人行道	Q235	t	200	
		钢轨及扣件		t	170	
	桥面板	混凝土	C30	m^3	2520	
		钢筋	Ⅰ、Ⅱ级	t	375	
		钢板	Q345D	t	520	
	桥面铺装层	钢纤维混凝土	CF50	m^3	1185	
		钢纤维		t	144	
	支座	铸钢支座	ZG25Ⅱ	t	64	
		盆式橡胶支座		套	1160	
	料罐平台	平台及排架	Q235	t	20	
	变压器支架	变压器支架	Q235	t	120	
	其他			t	300	

表 5—8—6　　　　　　　　　**上部结构钢混结构**

坝段	部位	名称		材质	单位	总量	备注
左厂11#坝段～右纵1#坝段	桥面梁系	起重机钢箱梁		Q345D	t	3170	
		上、下游侧汽车钢板梁		Q345D	t	1673	
		预应力混凝土梁	混凝土	C50	m^3	780	
			钢绞线	$\phi_{\tau}15$	t	25	
			钢筋	Ⅰ、Ⅱ级	t	195	
		普通钢梁	混凝土	C30	m^3	2800	
			钢筋	Ⅰ、Ⅱ级	t	790	
		钢垫梁		Q345D	t	841	
		钢盖梁		Q345D	t	345	
		下游人行道		Q235	t	200	
		连接系		Q235	t	55	
		钢轨及扣件			t	170	
	桥面板	混凝土		C30	m^3	960	
		钢筋		Ⅰ、Ⅱ级	t	195	
		钢板		Q345D	t	180	
	桥面铺装层	钢纤维混凝土		CF50	m^3	1185	
		钢纤维			t	144	
	支座	铸钢支座		ZG25Ⅱ	t	64	
		盆式橡胶支座			套	464	
		板式橡胶支座			套	780	
	料罐平台	平台及排架		Q235	t	20	
	变压器支架	变压器支架		Q235	t	120	
	其他				t	300	

表 5—8—7　　上部结构钢混综合方案

<table>
<tr><th>坝段</th><th>部位</th><th colspan="2">名称</th><th>材质</th><th>单位</th><th>总量</th><th>备注</th></tr>
<tr><td rowspan="22">左厂 11#坝段～右纵 1#坝段</td><td rowspan="9">桥面梁系</td><td colspan="2">起重机钢箱梁</td><td>Q345D</td><td>t</td><td>3170</td><td></td></tr>
<tr><td colspan="2">上、下游侧汽车钢板梁</td><td>Q345D</td><td>t</td><td>1673</td><td></td></tr>
<tr><td rowspan="2">普通钢筋梁</td><td>混凝土</td><td>C30</td><td>m^3</td><td>2420</td><td></td></tr>
<tr><td>钢筋</td><td>Ⅰ、Ⅱ级</td><td>t</td><td>680</td><td></td></tr>
<tr><td colspan="2">钢垫梁</td><td>Q345D</td><td>t</td><td>857</td><td></td></tr>
<tr><td colspan="2">钢盖梁</td><td>Q345D</td><td>t</td><td>345</td><td></td></tr>
<tr><td colspan="2">连接系</td><td>Q235</td><td>t</td><td>55</td><td></td></tr>
<tr><td colspan="2">下游人行道</td><td>Q235</td><td>t</td><td>200</td><td></td></tr>
<tr><td colspan="2">钢轨及扣件</td><td></td><td>t</td><td>170</td><td></td></tr>
<tr><td rowspan="3">桥面板</td><td colspan="2">混凝土</td><td>C30</td><td>m^3</td><td>1530</td><td></td></tr>
<tr><td colspan="2">钢筋</td><td>Ⅰ、Ⅱ级</td><td>t</td><td>295</td><td></td></tr>
<tr><td colspan="2">钢板</td><td>Q345D</td><td>t</td><td>250</td><td></td></tr>
<tr><td rowspan="2">桥面铺装层</td><td colspan="2">钢纤维混凝土</td><td>CF50</td><td>m^3</td><td>1185</td><td></td></tr>
<tr><td colspan="2">钢纤维</td><td></td><td>t</td><td>144</td><td></td></tr>
<tr><td rowspan="3">支座</td><td colspan="2">铸钢支座</td><td>ZG25Ⅱ</td><td>t</td><td>64</td><td></td></tr>
<tr><td colspan="2">盆式橡胶支座</td><td></td><td>套</td><td>620</td><td></td></tr>
<tr><td colspan="2">板式像胶支座</td><td></td><td>套</td><td>630</td><td></td></tr>
<tr><td>变压器支架</td><td colspan="2">变压器支架</td><td>Q235</td><td>t</td><td>120</td><td></td></tr>
<tr><td>料罐平台</td><td colspan="2">平台及排架</td><td>Q235</td><td>t</td><td>20</td><td></td></tr>
<tr><td>其他</td><td colspan="2"></td><td></td><td>t</td><td>300</td><td></td></tr>
</table>

第六章　三峡工程 120 栈桥技术设计

一、栈桥主要作用和特点

（一）栈桥主要作用

针对三峡工程坝体高、混凝土量大、金属结构多的特点，高程 120m 栈桥主要作用为：

（1）作为混凝土运输通道。大坝施工期间，通过汽车等运输工具，将坝体所需的混凝土沿栈桥运到各个坝段附近，利用施工栈桥和起重设备配合，在平面和高程上将混凝土运到大坝所需要的仓位，完成大坝混凝土浇筑。

（2）作为钢筋、金属结构及施工用的模板、机械设备等运输通道，利用汽车和起吊设备配合，将钢筋等运到所需的工作部位。

（3）作为施工中水电管线敷设重要通道和现场施工管理人员行走通道。

（二）栈桥主要特点

三峡施工栈桥是为浇筑大坝混凝土和安装金属结构等而修建的大型临时建筑工程，是大坝施工期间重要运输通道和关键施工手段。根据栈桥总体布置研究情况，在大坝泄洪坝段下游侧高程 45m、左厂房坝段高程 82m 和大坝下游高程 120m 分别布置三座施工栈桥。其中高程 120m 栈桥是三座施工栈桥中规模最大、功能最齐全、技术最复杂的栈桥，其荷载、结构形式、运行方式、技术要求与普通桥梁和常规施工栈桥相比有较大的差别。它的主要特点表现在以下几个方面。

1. 荷载大且腿压经常变化

栈桥上运行 MQ2000 型高架门机、K1800 大型塔机和 SDTQ1800/60 型高架门机，三种门塔机自重分别为 8910kN、5750kN 和 6560kN，最大垂直腿压超过 3000kN。而它们的腿压随着臂架位置、风向和风速及吊物幅度的改变而不断变化。另外，桥面还行驶 220t 拖车组、LDC6 型侧卸料罐车、200t 胎带机和载重汽车等，荷载之大是其他桥梁和施工栈桥无法相比的。

2. 结构强度及刚度要求高

栈桥担负着三峡工程大坝混凝土浇筑和金属结构安装等工作，不允许有任何安全质量隐患，一旦栈桥失事，将造成工程的巨大损失，直接影响大坝施工和工程进度，后果十分严重。

3. 桥面结构复杂桥墩形式多样

对高程 120m 栈桥就有六种跨度，同一跨度内有起重机梁、内外有汽车梁、人行道梁和回车平台等；汽车梁又分预应力钢筋混凝土梁、普通钢筋混凝土梁和钢一混凝土组合梁，所以栈桥桥面结构复杂，与铁路及公路桥梁截然不同。根据大坝结构要求，桥墩有钢桥墩、混凝土桥墩、混合桥墩和利用闸墩做桥墩。

4. 要求快速安装与拆除方便

根据大坝浇筑程序和栈桥服务使命，由于栈桥是为大坝施工服务的临建工程，因此栈桥需在尽可能短的时间内形成，最大限度的发挥作用，同时还必须做到拆除方便，对坝体结构影响最小。

5. 运行条件要求高

高程 120m 栈桥上 MQ2000 型高架门机高度近 100m，最大吊重达 630kN，在施工栈桥上能顶升、行走和负重转动，要求四腿高差不得超过 5mm。

6. 边界条件复杂

高程 120m 栈桥坐落于坝体下游面，横贯左非坝段、左厂坝段、左导墙坝段、泄洪坝段及右纵坝段，坝体结构本身的复杂性，决定了栈桥桥墩与各坝段分缝、坝面高程、压力钢管的安装及外包混凝土的浇筑、排沙孔及各种管线的布置、坝体施工进度等之间关系的复杂，并要求其不能破坏坝体结构的完整性。

7. 服务功能齐全

由于三峡二期工程大坝长度超过 1200m，右端受导流明渠、纵向围堰等限制，特别是上下游基坑进水后，在坝顶公路未形成及三期围堰未施工之前，二期工程大坝像三面环水的一座孤岛，施工栈桥成为大坝施工区内唯一施工平台和水平对外交通通道。为此，大部分机械、设备、材料、金结、模板及混凝土需通过栈桥运输、堆放、吊运，施工中的风、水、电、通信等各种管线需顺栈桥敷设，同时栈桥也是业主、监理、施工单位现场管理的工作平台。

8. 栈桥规模大、耗钢量多

高程 120m 栈桥全长约 1230m，全宽 19～22m。总用钢量 20570t，总混凝土量 12100m^3。

二、栈桥总体布置

为满足三峡二期工程大坝施工需要，结合二期工程特点及施工方案、工期要求、施工设备、运输条件等，通过栈桥总体布置多年研究和比较，确定在大坝泄洪坝段下游侧高程 45m、左厂房坝段高程 82m 和大坝下游高程 120m 分别布置三座施工栈桥。其中，高程 45m 栈桥布置在泄 1$^\#$坝段至 23$^\#$坝段，位于坝轴线下游 123.50m 处，总长度 480m；高程 82m 栈桥布置在安Ⅲ～左厂房 14$^\#$坝段厂坝平台上，位于坝轴线下游 92.5m 处，总长度 230m；两者仅为起重机运行栈桥。

高程 120m 栈桥位于坝轴线下游 60.5m 处，起始于左非 12$^\#$坝段与栈桥路相接处，经左非 13$^\#$至 18$^\#$坝段、左厂 1$^\#$至 14$^\#$坝段、左导墙坝段、泄 1$^\#$至 23$^\#$坝段，右至右纵 1$^\#$坝段，总长度约 1230m。栈桥上起重机轨距 13.5m，轨道间布置汽车运输通道。为满足全桥面 LDC6 型侧卸料罐车回车要求，在上下游起重机轨道的外侧各布置宽 3.5m 车行道。另外，下游侧外挑宽 1.5m 人行道，满足运营管理需要。栈桥桥面总宽 19～22m，中心线高程 122.5m。

结合坝体结构布置、坝块分缝尺寸、加工安装条件及现场施工机械安装能力等，栈桥共分六种跨度：左厂、左非坝段为 17.1m、21.2m 和 23.5m 三两种；泄洪坝段为 10m 和 11m 两种；左导墙和右纵坝段为 14.2m 一种。六种跨度中，23.5m 跨度有 1 孔，21.2m 跨度有 15 孔，17.1m 跨度有 16 孔，14.2m 跨度有 5 孔，11m 跨度有 22 孔，10m 跨度有 23 孔。

桥面梁系中，起重机轨道梁为等截面简支钢箱梁，汽车梁有钢梁、预应力钢筋混凝土梁和普通钢筋混凝土梁。桥面为混凝土桥面板，钢纤维铺装面层。起重机轨道梁支座为铸钢支座，汽车梁支座为板式橡胶支座和盆式橡胶支座。下部结构中泄洪坝段、左导墙和右纵坝段直接以墩墙为支撑结构；左厂、左非坝段采用三柱式钢排架桥墩，柱间距 6.75m，柱间横向设剪刀撑，纵向每两榀 17.1m 桥墩之间设斜支撑，支撑在实体坝段上形成制动墩，以抵抗起重机产生的制动力。左非 17#坝段至左厂 14#坝段为不等高排架柱，相邻立柱最大高差 10m，最大单立柱高 29m。

图 6－2－1 为三峡二期工程高程 120m栈桥实景。

图 6－2－1　三峡高程 120m栈桥实景

三、栈桥运行条件及设计荷载

（一）栈桥运行条件

施工栈桥运行条件，虽与铁路桥、公路桥有类似的地方，但另具以下特点：

（1）活荷载大且运行频繁。由于三峡二期工程是控制整个工程的关键部位，其混凝土浇筑强度非常大，栈桥上配合浇筑的 MQ2000 型高架门机、K1800 大型塔机和 SDTQ1800/60 型高架门机，以及 LDC6 型侧卸料罐车和载重汽车等运行非常频繁。

（2）栈桥上起重机工作时，除产生垂直轮压外，同时出现较大的纵向（平行桥轴线方向）及横向（垂直桥轴线方向）水平荷载。

（3）栈桥上起重机四个支点受力很不均匀、差值大，且随不同工作状态及臂架位置而经常发生变化，荷载计算及其组合较复杂。

（4）栈桥上起重机及汽车行驶速度较慢，起重机行驶速度均低于 30m/min，汽车一般限制在 20km/h 以内。

（5）栈桥上通行的车辆、人员较多，各种型号车辆的长度、宽度和高度相差较大，还需在栈桥上回车，因此对栈桥运行管理要求高。

（6）栈桥作为大坝混凝土浇筑及金属结构运输、堆放、安装的重要手段，控制着大坝全断面混凝土施工和金属结构安装，且安装高度大，要确保其运行安全。

（7）栈桥上要满足上述三种起重机顶升的要求。

（二）栈桥设计规范

三峡施工栈桥具有规模大、荷载重、结构复杂等特点，设计有一定难度。而目前，我国尚未制定出专用于大坝混凝土施工栈桥的设计规范。结合栈桥运行条件，参照已建工程设计经验，从栈桥的重要性、安全性及梁跨结构重复使用等因素考虑，设计时以《铁路桥涵设计规范》（TBJ2－96）和《公路桥涵设计规范》（1989 年合订本）为主要技术规范，有关材料强度、构件设计计算方法、计算理论、构造要求等均以上述规范为依据。

但在应用时，根据以往设计经验，还需注意以下几个问题：

（1）由于栈桥上行驶的起重机，其行驶速度比铁路桥上的列车慢得多，因此，对起重机活荷载产生的冲击力和制动力的冲击系数可以适当降低。

（2）由于起重机在运行过程中，横向水平力较大，因此在梁跨结构设计时，必须计算横向水平力所产生的内力。

（3）由于起重机重心较高，支腿不平对其稳定性影响很大，因此要求在栈桥设计时力求桥面平整，在梁跨结构设计时要充分考虑其刚度，并按要求设置预拱度。

（4）由于起重机荷载很大，支座应采用铸钢支座或盆式橡胶支座，而汽车梁可采用板式橡胶支座。

（5）钢桥墩墩顶弹性水平位移不应超过 $H/600$ 和 $5\sqrt{L}$ 中的小值，其中 H 为桥墩高度，L 为桥梁跨度；当 $L<24$m 时，L 按 24m 计算；当为不等跨时，L 采用相邻梁跨中较小跨的跨度。

（6）栈桥使用的钢材，在条件可能的情况下，优先采用《铁路桥涵设计规范》（TBJ2－96）中的桥梁钢（16q、16Mnq）。在用 A3 钢或 16Mn 钢代用后，钢材基本应力安全系数仍取 1.70，钢材力学及化学性能指标，均须符合相应材质要求。

（三）栈桥设计荷载

1. 起重机荷载

1）MQ2000 型高架门机（吉林水工厂）

钢轨 QU80，轨距 13.5m，基距 15m；门机行走轮轮距 1.03m；门机总重 8910kN，最大轮压 425kN。当其起重幅度为 L_{max}＝71m 时，起重量 Q＝200 kN；当其起重幅度为 L_{min}＝35.5m 时，起重量 Q＝630 kN。门机各支腿垂直压力值见表 6－3－1，行走机构相关尺寸见图 6－3－1。

表 6－3－1　　MQ2000 型高架门机各支腿垂直压力值表　　单位：kN

荷载计算位置		200kN/ 71m				630kN/ 35.5m				无载/ 65m（非工作状态）			
		A	B	C	D	A	B	C	D	A	B	C	D
臂架方向①	有风动载	3676	3216	1631	2091	3940	3407	1580	2113				
	有风静载	3310	3310	2000	2000	3547	3547	1973	1973				
	无风动载	3390	2930	1917	2377	3470	2936	2050	2584				
臂架方向②	有风动载	3969	2537	1339	2771	4273	2625	1247	2895				
	有风静载	3554	2748	1754	2560	3836	2874	1684	2646	4011	2751	1195	2453
	无风动载	3566	2494	1742	2814	3622	2556	1898	2964				
臂架方向③	有风动载	3594	1714	1714	3594	3844	1676	1676	3844				
	有风静载	3241	2066	2066	3241	3465	2055	2055	3465				
	无风动载	3340	1968	1968	3340	3425	2095	2095	3425				

需要说明的是：

（1）表 6－3－1 中腿压已计入自升装置自重，如使用中拆除该装置，各支腿压力值可减少 350kN；

（2）顶升时各支腿压力值均比表中工况压力值小；

（3）若铰点高度由 50m 改为 70m，表中各支腿压力值应扩大 1.05 倍；

（4）各支腿轮压值为表中数值除以轮数。

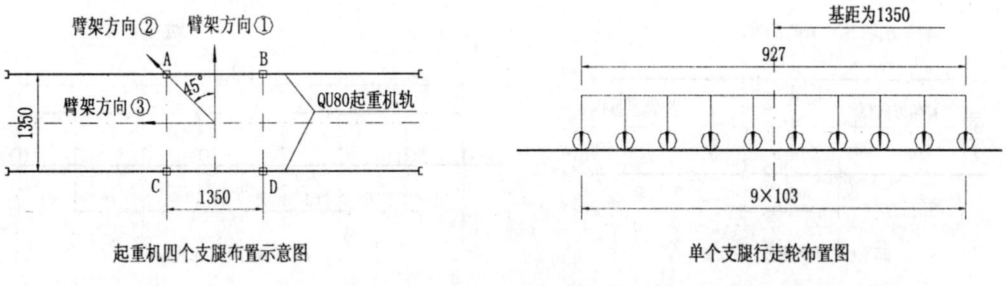

图 6－3－1　MQ2000 型高架门机行走机构相关尺寸图（单位：cm）

2）K1800 大型塔机（丹麦 KROLL 公司）

钢轨 QU80，轨距 13.5m，基距 13.5m；门机总重 5750kN，最大轮压 435kN。当其起重幅度为 L_{max}=71m 时，起重量 Q=200 kN；当其起重幅度为 L_{min}=33m 时，起重量 Q=600 kN。门机各支腿垂直压力值见表 6－3－2，行走机构相关尺寸见图 6－3－2。

表 6－3－2　　K1800 大型塔机各支腿垂直压力值表　　单位：kN

荷载计算位置		200kN/ 71m				600kN/ 33m				非工作状态			
		A	B	C	D	A	B	C	D	A	B	C	D
臂架方向①	有风动载	2600	2600	520	520	2920	2920	450	450	2230	2230	700	700
	有风静载	2120	2120	740	740	2500	2500	620	620	1950	1950	630	630
	无风动载	2350	2350	780	780	2640	2640	730	730	1980	1980	940	940
	无风静载	1860	1860	1010	1010	2220	2220	900	900	1700	1700	870	870
臂架方向②	有风动载	3040	1560	80	1560	3450	1640	0	1640	2540	1460	380	1460
	有风静载	2420	1440	450	1440	2900	1560	220	1560	2410	1110	510	1110
	无风动载	2670	1560	450	1560	3040	1690	330	1690	2190	1460	730	1460
	无风静载	2050	1440	810	1440	2500	1560	620	1560	2050	1110	860	1110
臂架方向③	有风动载	2600	520	520	2600	2920	450	450	2920	2230	700	700	2230
	有风静载	2120	740	740	2120	2500	620	620	2500	1950	630	630	1950
	无风动载	2350	780	780	2350	2640	730	730	2640	1980	940	940	1980
	无风静载	1860	1010	1010	1860	2220	900	900	2220	1700	870	870	1700

注：各支腿轮压值为表中数值除以轮数。

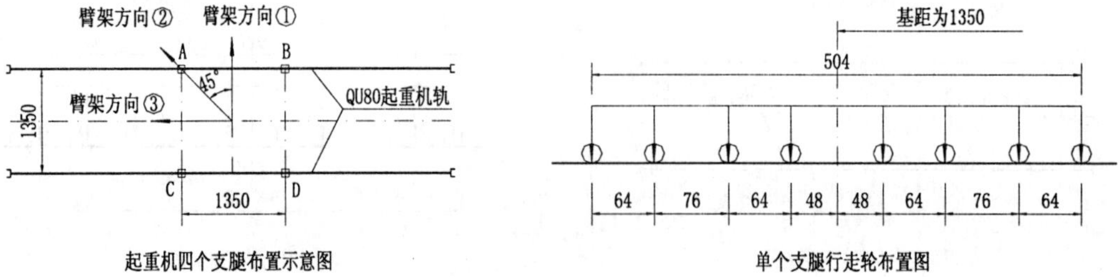

起重机四个支腿布置示意图　　单个支腿行走轮布置图

图 6－3－2　K1800 大型塔机行走机构相关尺寸图（单位：cm）

3）SDTQ1800/60 型高架门机（吉林水工厂）

钢轨 QU80，轨距 13.5m，基距 13.5m；门机总重 6560kN，最大轮压 417.5kN。当其起重幅度为 L_{max}＝62m 时，起重量 Q＝200 kN；当其起重幅度为 L_{min}＝26m 时，起重量 Q＝600 kN。门机各支腿垂直压力值见表 6－3－3，行走机构相关尺寸见图 6－3－3。

表 6－3－3　　SDTQ1800/60 型高架门机各支腿垂直压力值表　　单位：kN

荷载计算位置	工作状态								非工作状态			
	风顺臂架方向				风垂直臂架方向							
	A	B	C	D	A	B	C	D	A	B	C	D
臂架方向①	2900	2900	770	670	2870	1820	700	1750	3070	3070	200	200
臂架方向②	3340	1800	230	1800	2540	950	1030	2620	2660	1640	600	1640
臂架方向③	2900	670	670	2900	2870	1720	700	1850	3060	210	210	3060

注：各支腿轮压值为表中数值除以轮数。

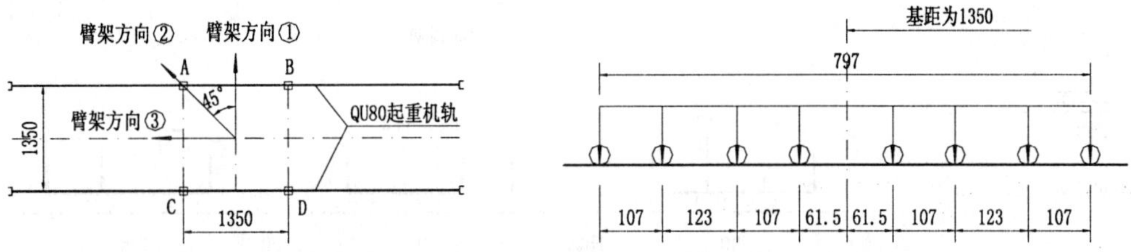

起重机四个支腿布置示意图　　单个支腿行走轮布置图

图 6－3－3　SDTQ1800/60 型高架门机行走机构相关尺寸图（单位：cm）

4）起重机纵向水平荷载（顺轨道方向）

（1）正常工作时，作用在钢轨顶面的纵向水平荷载，按下列公式计算：

$$H_2 = 0.15V_{驱}$$

式中：$V_{驱}$——起重机全部驱动轮轮压值，驱动轮数目一般为支承总轮数的一半。

（2）非正常工作时，作用在钢轨顶面的纵向水平荷载，按下列公式计算：

$$H_2 = H_{风}^{'}$$

式中：$H_{风}^{'}$——起重机非正常工作时沿轨道方向的风力。

5）起重机横向水平荷载（垂直轨道方向）

作用在钢轨顶面的横向水平荷载，按下列公式计算：

$$H_1 = 0.1V$$

式中：V——起重机垂直轮压。

栈桥上起重机荷载由MQ2000型高架门机控制，其横向水平轮压按《塔式起重机设计规范》（GB/T13752-92）取垂直轮压的0.075倍。

2. 汽车荷载

混凝土运输车荷载由LDC6型侧卸料罐车控制，牵引车和料罐车为铰接，轮距为5.0m，前后轴轮压分别为211kN和172kN；普通载重汽车、交通车等汽车荷载由汽车—40级控制，轮距为3.6m，前后轴轮压分别为130kN和270kN；大型载重拖车由特挂—220级控制，作为校核荷载。

考虑所有车辆必须在桥面上调头，车辆通行不畅，经常停留，由此在计算汽车梁垂直荷载时汽车纵向排列一和计算制动力时汽车纵向排列二有所不同。具体轴载和纵横向排列见图6—3—4、图6—3—5、图6—3—6。

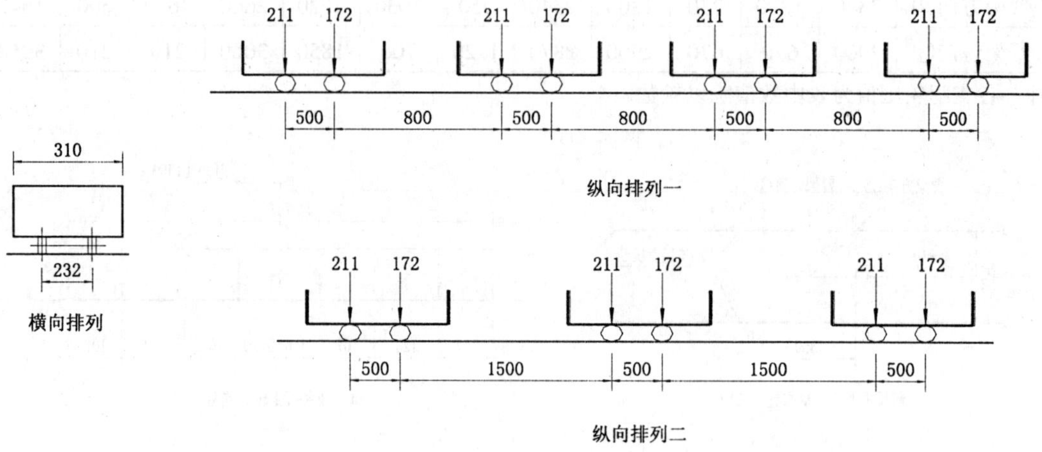

图6—3—4 LDC6型侧卸料罐车荷载分布图（单位：kN、cm）

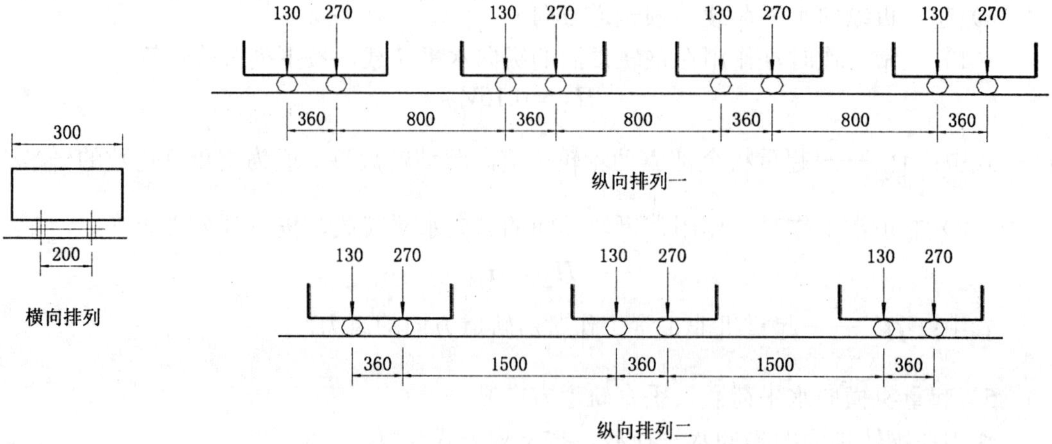

图6—3—5 汽车—40级荷载分布图（单位：kN、cm）

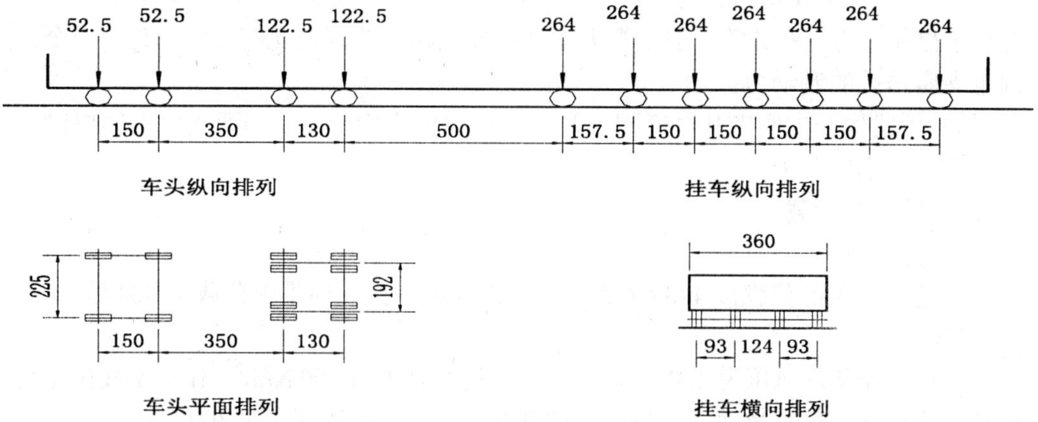

图6－3－6　特挂－220级荷载分布图（单位：kN、cm）

3. 冲击荷载

目前对于冲击作用是通过冲击系数来反映的，冲击系数K取值大小与梁跨结构的形式、跨径大小、荷载种类、行驶速度以及轨道的平整度等因素有关，一般根据设计经验取值。

结合大坝栈桥的运行特点，起重机的行走速度应当$V_{行}<1m/s$。按照《起重机设计手册》的规定，当起重机的运行速度$V_{行}<1m/s$时，其冲击系数$K=1.0$；为了安全起见，起重机的冲击系数统一取$K=1.1$。

对汽车的冲击系数取值按《公路桥涵设计规范》（1989年合订本）规定计算确定。

4. 制动力

在栈桥上行驶的起重机，其制动力按竖向静活荷载的10%计算。简支梁结构支座传递的纵向水平力数值，按表6－3－4的规定计算。

表6－3－4　　墩台各种支座传递的制动力

栈桥墩台及支座类型		应计的制动力	符号说明
简支梁桥台	固定支座	H_1	H_1为当荷载长度为计算跨径时的制动力
	滑动支座	$0.5H_1$	
	滚动（或摆动）支座	$0.25H_1$	
简支梁桥墩	两个固定支座	H_2	H_2为当荷载长度为相邻两跨计算跨径之和时的制动力
	一个固定支座，一个活动支座		
	两个滑动支座	$0.5H_2$	
	两个滚动（或摆动）支座	$0.25H_2$	

需要说明的是：

（1）每个活动支座传递的制动力不得大于其摩阻力；

（2）当简支梁桥墩上设有两种支座（固定支座及活动支座）时，制动力应按相邻两跨传来得制动力之和计算，但不得大于其中较大跨径的固定支座或两等跨中一个跨径的固定支座传来的制动力；

（3）板式橡胶支座当其厚度相等时，制动力可平均分配；当两支座不等厚时，按支座纵向抗剪刚度分配。

5. 其他主要荷载

1）人群荷载

人行道上的人群荷载按4.0kN/m^{2}计取，人行道板按竖向集中荷载1.5kN验算。

2）风荷载

起重机工作基本风压为250 N/m^2，非工作基本风压为800 N/m^2。作用于栈桥结构上的风荷载强度按《铁路桥涵设计规范》（TBJ2－96）规定计算，即300N/m^2。

3）管线及设备荷载

栈桥上布置的供风、供水、供电及设备荷载按实际布置情况取值。

四、栈桥桥面技术设计

（一）桥面布置

1. 概述

三峡二期工程左岸大坝建筑与安装工程分成两个标段，栈桥按端进法自左向右逐渐推进形成，全长1228.30m。左岸左段属青云公司施工范围（即ⅡA 标段），由左非11#至18#坝段和左厂1#至10#坝段，桩号为47+990.10m～48+522.20m，栈桥全长532.1m；左岸右段为葛洲坝股份有限公司施工范围（即Ⅰ&ⅡB 标段），由左厂11#房坝段到右纵1#坝段，桩号为48+522.20m～49+218.40m，栈桥全长696.2m。

2. 桥面布置

高程120m栈桥上需要运行大型塔机、高架门机、胎带机、大型平板挂车、混凝土料罐车、载重汽车等各种大型施工设备，同时作为工程车辆、通勤车辆、指挥车辆和各种人员的必要通道，其上还布置有人行道、临时施工设施、临时仓库和值班室。因此，桥面布置既要满足栈桥的功能要求，又要结合坝体结构的特点优化布置。

1）桥面的设计

桥面设计主要包括桥面布置和桥面板、桥面铺装、伸缩缝等设计。栈桥上车辆按左侧驾驶右行规划，栈桥桥面横断面从下游至上游分别布置有人行道、回车道、重载车道和机动车道、卸料平台、混凝土吊罐平台。重载车道和机动车道布置在起重机轨道以内。为利于桥面排水，桥面设1.5%的双向横坡。

2）ⅡA 标段桥面布置

起重机轨距为13.5m，之间布置重载车道和机动车道；轨道上游侧宽3.5m，为卸料车道；下游侧宽2m，其中人行道宽1.4m；桥面总宽为19m。为满足运输车辆回车要求，在左厂5#、左厂10#非钢管坝段下游侧局部加宽至4m，该处桥面总宽为21m。对LDC6

型侧卸料罐车回车，则是利用Ⅰ&ⅡB 标段回车平台。

在栈桥上游布置混凝土吊罐平台，吊罐平台尺寸为 3.5m×6m（顺水流向×栈桥轴线方向），吊罐平台比栈桥桥面低 4m，布置在非钢管坝段。左厂 8#非钢管坝段因布置塔带机不设料罐平台，左非坝段设在 16#和 18#坝段上。

桥面布置见图 6－4－1。

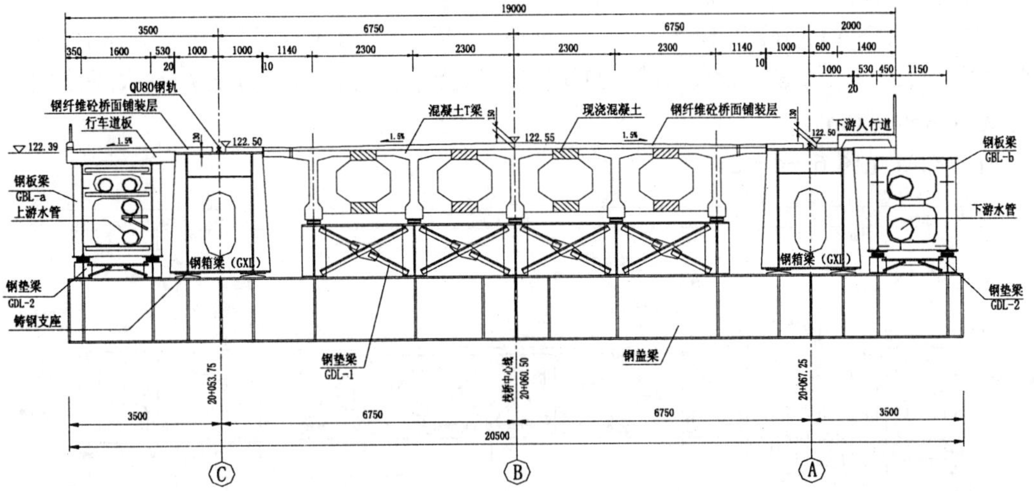

（a）

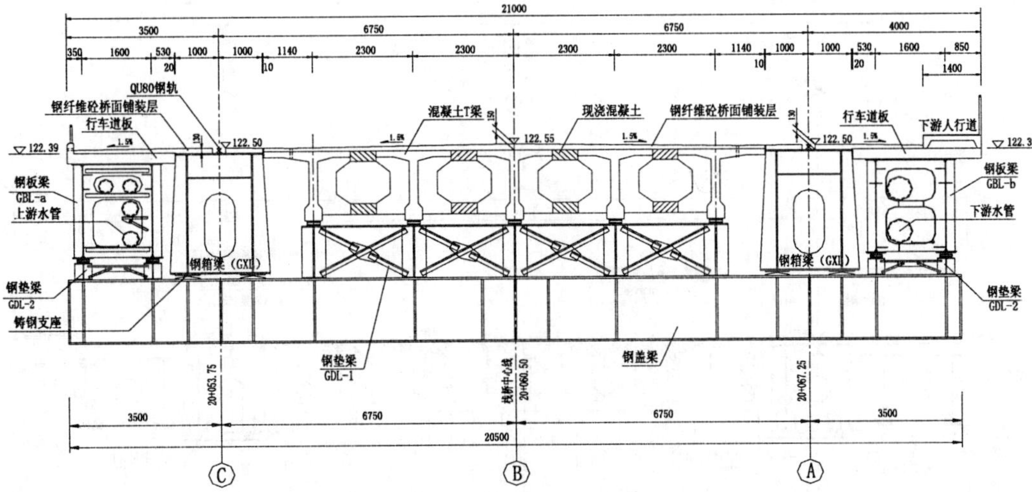

（b）

图 6－4－1　ⅡA 标段桥面布置（单位：mm）

（a）标准断面；（b）局部加宽断面

3）Ⅰ&ⅡB 标段桥面布置

根据北方重型机械厂生产的 LDC6 型侧卸料罐车实测资料，该车空载时车体转弯 180° 车轮外缘所占尺寸为 13.0～13.5m。由于在栈桥上车体转弯外部需留 1～1.5m，若考虑侧卸料罐车重载转弯，转弯半径另加 1～2m，则栈桥回车平台宽度不得少于 20.5m。

桥面以起重机轨道的上、下游侧对称布置，上、下游侧栈桥宽为 3.5m，桥面总宽为 3.5m（轨道上游侧宽）+13.5m（起重机轨距）+3.5m（轨道下游侧宽）＝20.5m，这样布置可满足全桥面回车要求。另外，下游侧还悬挑宽 1.5m 人行道，使人车分离，各行其道，对栈桥畅通有利，对车辆运行和行人安全。

在左厂 11#～14#坝段和泄洪 1# ～23#坝段，混凝土吊罐平台共设 8 处，分别为左厂 11#、13#坝段和泄 2#、6#、14#、18#、23#坝段。料罐平台布置高程为 118.50m，吊罐平台尺寸为 3.5m×6.0m。

桥面布置见图 6－4－2。

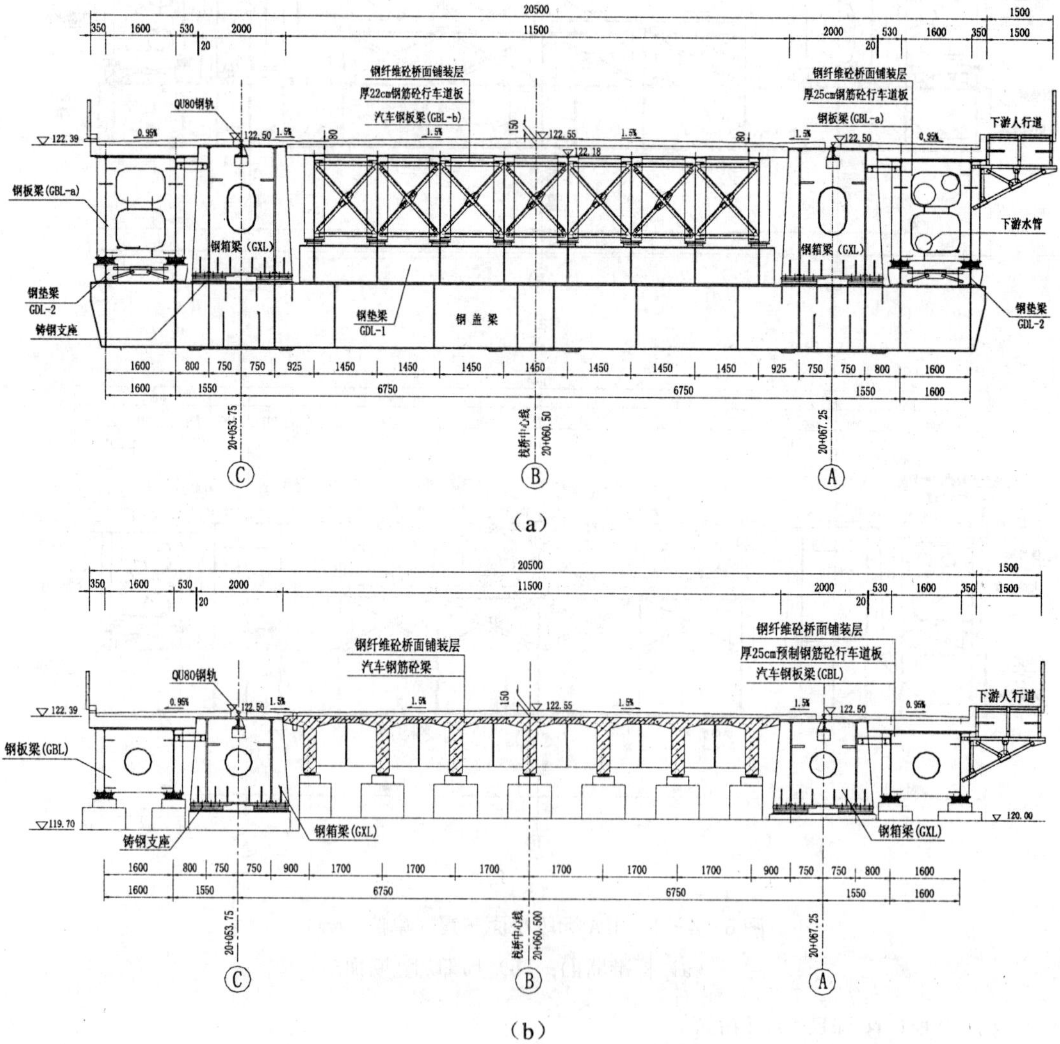

图 6－4－2　Ⅰ&ⅡB 标段桥面布置（单位：mm）

（a）左厂坝段；（b）泄洪坝段

4）桥面铺装设计

桥面铺装是车轮直接作用的部分，也称行车道铺装，其功能是保护属于主梁部分的行车道板不受车辆轮胎（或履带）的直接磨耗，防止主梁遭受雨水的侵蚀，并能使车辆轮重的集中荷载起一定的分布作用。

由于栈桥荷载大，栈桥桥面若经常维修，将对大坝施工造成严重影响，为此经研究桥面采用 CF50 钢纤维混凝土，钢纤维混凝土平均厚度 10cm。桥面铺装内，设 $\phi 8@100\times 100mm$ 钢筋网和 MD3030 扩张金属网。

5）桥面伸缩缝形式

为了保证桥跨结构在气温变化、活载作用、混凝土收缩与徐变等影响下按静力图式自由地变形，就需要使桥面在两梁端之间及在梁端与桥台之间设置横向的伸缩缝。伸缩缝的构造有简有繁，视桥梁变形量的大小和活载轮重而异，其作用是不但要保证梁能自由变形，而且要使车辆在设缝处能平顺地通过和防止雨水、垃圾泥土等渗入阻塞。伸缩缝构造应使施工和安装方便，其部件除本身要有足够的强度外，还应与桥面铺装部分牢固连结。

高程 120m 栈桥伸缩缝采用优质平板式橡胶伸缩缝，即富于弹性，又易于胶贴，且变形量较大，能满足变形要求和兼备防水的功能。橡胶和钢板组合的伸缩缝构造见图 6－4－3。

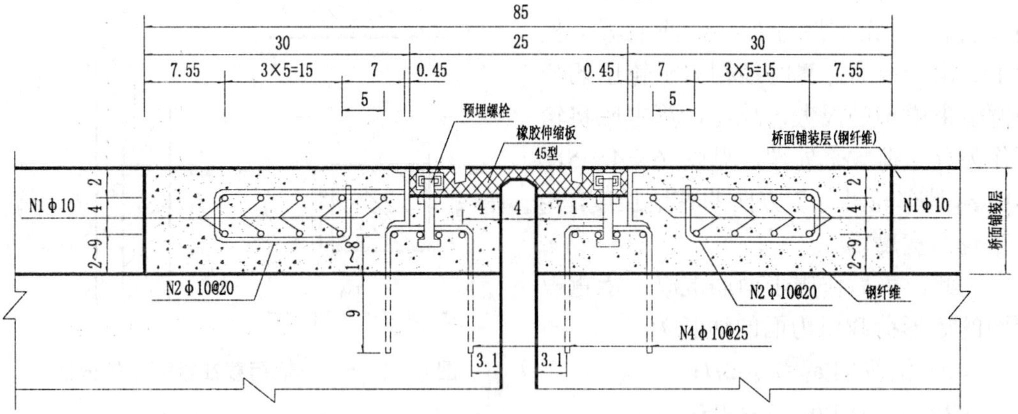

图 6－4－3　桥面伸缩缝构造（单位：cm）

6）桥面连续构造

桥梁运营的实践经验表明，桥面上的伸缩缝在使用中仍然很容易损坏，因此，为了提高行车的舒适性，减轻桥梁的养护工作和提高桥梁的使用寿命，就应力求减少伸缩缝的数量。根据栈桥桥跨多孔简支的布置特点，采用桥面连续的结构措施，其实质就是将简支上部构造在其伸缩缝处施行铰接。伸缩缝处的桥面部分应具有适应车辆荷载作用所需的柔性，并应有足够的强度来承受因温度变化和制动作用所产生的纵向力。这样，桥面连续的多孔简支梁桥，在竖直荷载作用下的变形状态属于简支体系，而在纵向水平力作用下则属于连续体系。栈桥桥面铺装钢筋布置及桥面连续构造见图 6－4－4。通过栈桥桥面连续构造的运行实践，表明该种构造效果较好。

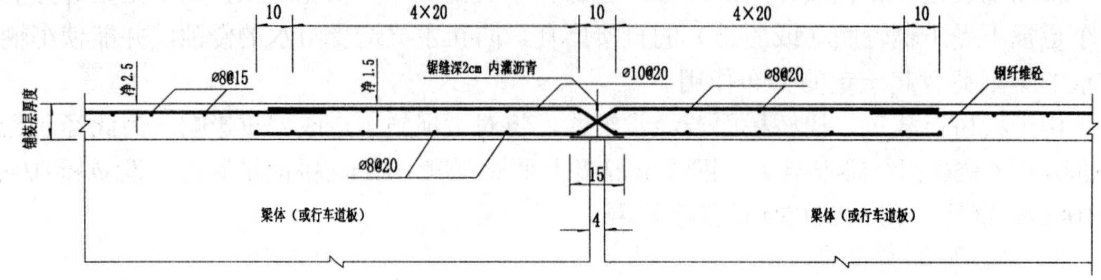

图 6－4－4　桥面连续构造（单位：cm）

（二）行车道板设计

1. 概述

高程 120m 栈桥的行车道板是直接承受车辆轮压的钢筋混凝土板，包括上游受料平台的行车道板和混凝土 T 形梁的行车道板。

1）车轮荷载在板上的分布

作用在桥面上的车轮压力，通过桥面铺装层 45° 角扩散分布在钢筋混凝土板面上，由于板的计算跨径相对于轮压的分布宽度来说不是很大，故在计算中应将轮压作为分布荷载来处理，见图 6－4－5，图中 a_2 是车轮沿行车方向的着地长度，b_2 为车轮的宽度。

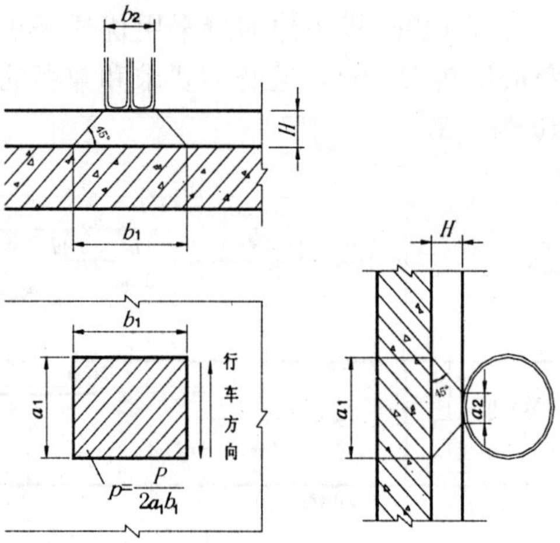

图 6－4－5　车辆荷载在板面上的分部

因此，最后作用于钢筋混凝土承重板顶面的矩形荷载压力面的边长为：

（1）沿纵向 $a_1 = a_2 + 2H$；

（2）沿横向 $b_1 = b_2 + 2H$；

式中：H——铺装层的厚度。

据此，当汽车车队中一个加重车的后轮作用于桥面板上时，作用于板面上的局部分布荷载为：

$$p = \frac{P}{2a_1 b_1}$$

式中：P——加重车后轴的轴重。

2）行车道板的有效工作宽度

行车道板在局部分布荷载 p 的作用下，不仅直接承压部分（例如宽度为 a_1）的板带参加工作，与其相邻的部分板带也会分担一部分荷载共同参加工作。因此，在行车道板的计算中，为了计算方便，桥梁设计规范中对于梁式单向板的荷载有效分布宽度作了如下规定：

（1）单向板，荷载在跨径中央：

单独一个车轮作用，垂直于板跨方向，车轮在板上的分布宽度见图 6—4—6（a）：

$a=a_1+\dfrac{L}{3}=a_2+2H+\dfrac{L}{3}$，但不小于 $\dfrac{2}{3}L$（L 为板的计算跨径）。

对于几个靠近的相同荷载，如按上式计算所得各相邻荷载的有效分布宽度发生重叠时，应按相邻靠近的荷载一起计算其有效分布宽度见图 6—4—6（b）：

$a=a_1+d+\dfrac{L}{3}=a_2+2H+d+\dfrac{L}{3}$，但不小于 $\dfrac{2}{3}L+d$。

式中：d——最外两个荷载的中心距离。

如果只有两个相邻荷载一起计算时，d 往往就是车辆荷载的轴距。

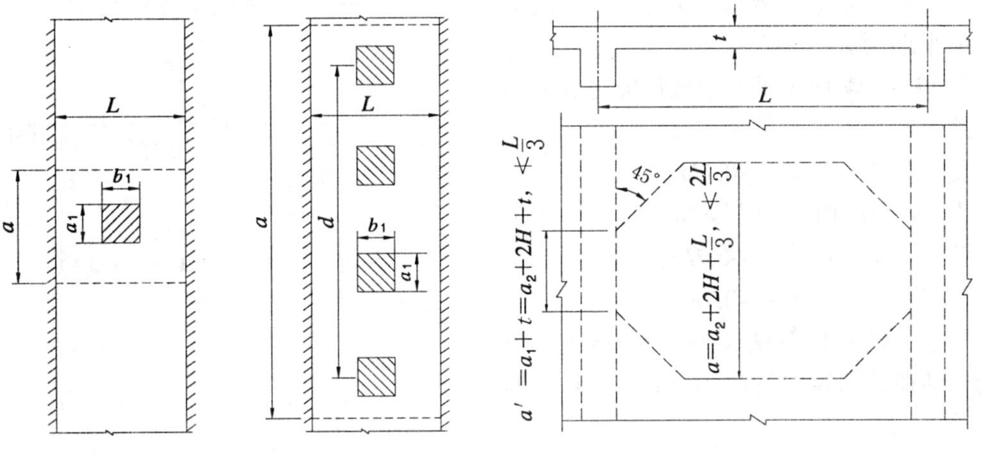

（a）　（b）　（c）

图 6—4—6　荷载有效分部宽度

（2）单向板，荷载在板的支承处：

$a'=a_1+t=a_2+2H+t$，但不小于 $\dfrac{L}{3}$，t 为板的厚度，见图 6-4-6（c）。

（3）悬臂板，悬臂板的有效工作宽度接近于二倍悬臂长度，即荷载可近似地按 45° 角向悬臂板支承分布（见图 6—4—7）。

根据桥梁设计规范对悬臂板规定的活载有效分布宽度为：

$$a=a_2+2H+2b'=a_1+2b'$$

式中：b'——为承重板上荷载压力面外侧边缘至悬臂根部的距离。

对于分布荷载靠近板边的最不利情况，b' 就等于悬臂板的跨径 l_0，于是：

$$a=a_1+2l_0$$

3）行车道板的内力计算

对于实体的矩形行车道板通常由弯矩控制设计。设计时，习惯以每米宽板条来进行计算。

（1）多跨连续单向板的内力计算。通常采用简便的近似方法进行计算，对于弯矩先算出一个跨度相同的简支板的跨中弯矩 M_0，然后再乘以偏安全的经验系数加以修正。弯矩修正系数可视板厚 t 与梁肋高度 h 的比值来选用。

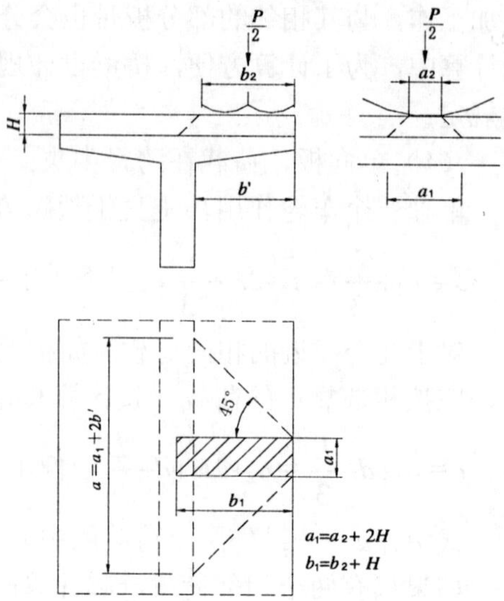

图 6—4—7　悬臂板的有效工作宽度

当 $t/h<1/4$ 时（即主梁抗扭能力大者）：

跨中弯矩　$M_{中}=+0.5M_0$

支点弯矩　$M_{支}=-0.7M_0$

当 $t/h\geqslant1/4$ 时（即主梁抗扭能力小者）：

跨中弯矩　$M_{中}=+0.7M_0$

支点弯矩　$M_{支}=-0.7M_0$

式中：$M_0=M_{op}+M_{og}$，M_{op} 为 1m 宽简支板条的跨中活荷载弯矩，见图 6—4—8（a），对于汽车荷载：

$$M_{op}=(1+\mu)\times\frac{P}{8a}\times\left(L-\frac{b_1}{2}\right)$$

式中：P——轴重；

a——板的有效工作宽度；

L——板的计算跨径，$L=l_0+t$；l_0 为板的净跨径；

$(1+\mu)$——冲击系数，对于行车道板通常为 1.3（对于挂车荷载不计冲击影响）。

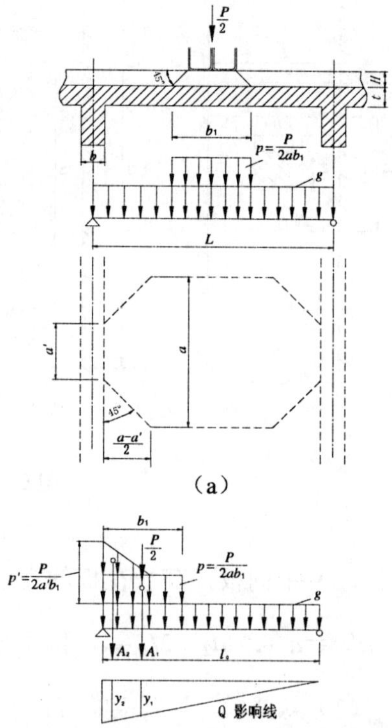

（a）

（b）

图 6—4—8　单向板内力计算图式

（a）求跨中弯距；（b）求支点剪力

计算单向板支点剪力时，可不考虑板和主梁的弹性固结作用，此时荷载必须尽量靠近梁肋边缘布置。考虑了相应的有效工作宽度后，每米板宽承受的分布荷载见图 6—4—8（b）所示。对于跨径内只有一个车轮荷载的情况，

支点剪力 $Q_{支}$的计算公式为：

$$Q_{支}=\frac{gl_0}{2}+(1+\mu)(A_1\cdot y_1+A_2\cdot y_2)$$

其中：矩形部分荷载的合力为（以 $p=\frac{P}{2ab_1}$ 代入）：

$$A_1=p\cdot b_1=\frac{P}{2a}$$

三角形部分荷载的合力为（以 $p'=\frac{P}{2a'b_1}$ 代入）：

$$A_2=\frac{1}{2}(p'-p)\cdot\frac{1}{2}(a-a')=\frac{P}{8aa'b_1}(a-a')^2$$

式中：p 和 p' ——对应于有效工作宽度 a 和 a' 处的荷载强度；

y_1 和 y_2 ——对应于荷载合力 A_1 和 A_2 的支点剪力影响线竖标值。

（2）铰接悬臂板的内力计算：混凝土 T 形梁翼缘板作为行车道板一般用铰接的方式连接，最大弯矩在悬臂根部。

根据计算分析可知，计算活载弯矩 M_{AP} 时，最不利的荷载位置是把车轮荷载对中布置在铰接处，这时铰内的剪力为零，两相邻悬臂板各承受半个车轮荷载，即 $P/4$，见图 6－4－9（a）所示。因此每米宽悬臂板在根部的活载弯矩为：

$$M_{AP}=-(1+\mu)\frac{P}{4a}(l_0-\frac{b_1}{4})$$

每米板宽的恒载弯矩为：

$$M_{Ag}=-\frac{1}{2}gl_0^2$$

此处 l_0 为铰接双悬臂板的净跨径。

悬臂根部 1m 板宽的最大弯矩为：

$$M_A=M_{AP}+M_{Ag}$$

（3）悬臂板的内力计算：由于沿纵缝不相连结的悬臂板，在计算根部最大弯矩时，应将车轮荷载靠板的边缘布置，此时，$b_1=b_2+H$，见图 6－4－9（b）所示。则活载弯矩：

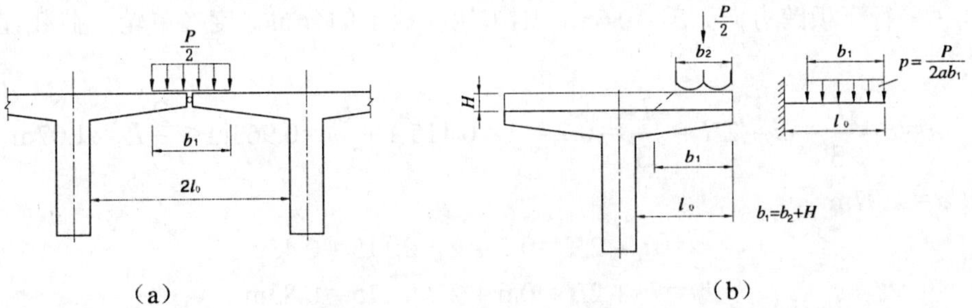

图 6－4－9　悬臂板计算图示

$$M_{AP}=-(1+\mu)\cdot\frac{1}{2}pl_0^2=-(1+\mu)\frac{P}{4ab_1}l_0^2\text{，（}b_1\geqslant l_0\text{时）}$$

$$\text{或}M_{AP}=-(1+\mu)\cdot pb_1(l_0-\frac{b_1}{2})=-(1+\mu)\frac{P}{2a}(l_0-\frac{b_1}{2})\text{，（}b_1<l_0\text{时=}$$

式中：$p=\dfrac{P}{2ab_1}$——作用在每米宽板条上的每延米荷载强度；l_0——悬臂板的长度。

恒载弯矩：$M_{Ag}=-\dfrac{1}{2}gl_0^2$

最后可得 1m 宽板条的最大设计弯矩为 $M_A=M_{AP}+M_{Ag}$。

由于以上所有活荷载内力的计算公式都是对于轮重为 $P/2$ 的汽车荷载推得的，对于挂车荷载可将轮重换成 $P/4$，并不计入冲击影响。

2. 上游受料平台行车道板设计

受料平台行车道板为简支板，计算跨径 1.6m，净跨 1.4m，板厚 25cm，其上钢纤维混凝土铺装层平均厚 11.5cm，行车道板混凝土标号为 30 号。铺装层容重为 $26kN/m^3$，行车道板容重为 $25kN/m^3$。行车道板上行驶侧卸料罐车 LDC6，其轴重 $P=211kN$。

1）恒载及其产生的内力

（1）每延米板上的恒载 g 包括钢纤维混凝土铺装层重和行车道板自重。

钢纤维混凝土铺装层重：$g_1=0.115\times1.0\times26=2.99kN/m$

行车道板自重：$g_2=0.25\times1.0\times25=6.25kN/m$

每延米板宽合计：$g=\Sigma gi=9.24kN/m$

（2）每延米板条恒载产生的内力计算如下：

$$\text{弯矩 }M_{og}=\frac{1}{8}\times9.24\times1.6^2=3.0kN\cdot m$$

$$\text{剪力 }Q_{og}=\frac{1}{2}\times9.24\times1.4=6.5kN$$

2）活载产生的内力

侧卸料罐车重轴车轮顺桥向着地长度（垂直于板跨方向）$a_2=0.2m$，车轮横桥向着地长度（平行于板跨方向）$b_2=0.6m$，则车轮在板上的分布宽度（单轮，荷载在跨径中央）为：

$$a=a_1+\frac{L}{3}=a_2+2H+\frac{L}{3}=0.2+2\times0.115+\frac{1.6}{3}=0.963m<\frac{2}{3}L=1.07m$$

取 $a=1.07m$。

$$a_1=a_2+2H=0.2+2\times0.115=0.43m$$
$$b_1=b_2+2H=0.6+2\times0.115=0.83m$$

式中：a_1、b_1——垂直于板跨及平行于板跨方向车轮通过铺装层后分布于板顶的尺寸；

H——铺装层厚度；

L——板的计算跨径。

荷载在板的支承处时，单轮在板上的分布宽度为（t 为板的厚度）：

$$a'=a_2+2H+t=0.2+2\times0.115+0.25=0.68\text{m}>\frac{L}{3}=\frac{1.6}{3}=0.53\text{m}$$

取 $a'=0.68$m。于是：

$$p=\frac{P}{2ab_1}=\frac{211}{2\times1.07\times0.83}=118.8\text{kN/m}^2$$

$$p'=\frac{P}{2a'b_1}=\frac{211}{2\times0.68\times0.83}=186.9\text{kN/m}^2$$

作用于每延米板条上的弯矩：

$$M_{op}=(1+\mu)\frac{P}{8a}(l-\frac{b_1}{2})=1.3\times\frac{211}{8\times1.07}\times(1.6-\frac{0.83}{2})=38.0\text{kN·m}。$$

由 $A_1=\frac{P}{2a}=\frac{211}{2\times1.07}=98.6$，

$$A_2=\frac{P}{8aa'b_1}(a-a')^2=\frac{211}{8\times1.07\times0.68\times0.83}\times(1.07-0.68)^2=6.64$$

$$\frac{a-a'}{2}=\frac{1.07-0.68}{2}=0.195$$ （见图 6—4—8）

$$x_1=\frac{b_1}{2}=\frac{0.83}{2}=0.415，\quad x_2=\frac{1}{3}\times0.195=0.065$$

$$y_1=\frac{1.4-0.415}{1.4}=0.704，\quad y_2=\frac{1.4-0.065}{1.4}=0.954$$

可得作用于每延米板条上的剪力：

$$Q_{op}=(1+\mu)(A_1y_1+A_2y_2)=1.3\times(98.6\times0.704+6.64\times0.954)=98.5\text{kN}。$$

3）荷载组合

$$M_o=1.2M_{og}+1.4M_{op}=1.2\times3.0+1.4\times38.0=56.8\text{kN·m}$$

$$Q_o=1.2Q_{og}+1.4Q_{op}=1.2\times6.5+1.4\times98.5=145.7\text{kN}$$

4）截面设计、配筋与强度验算

板混凝土标号为 30 号，$R_l=1.55$MPa，$R_a=14.5$MPa，$r_c=1.25$；板混凝土净保护层厚 2cm，若选用 Φ14 钢筋，则有效高度 $h_0=h-a-\frac{d}{2}=0.25-0.02-0.007=0.223$m；钢筋 II 级，$R_g=340$MPa。

按《公路钢筋混凝土及预应力混凝土桥涵设计规范》（JTJ023-85）（以下简称《公预规》）第 4.1.12 条，$0.051\sqrt{R}\,bh_0=0.051\times\sqrt{30}\times100\times22.3=623\text{kN}>Q_j=145.76\text{kN}$，截面尺寸满足要求。

按《公预规》第 4.1.13 条，$Q_j\leqslant0.038R_lbh_o$，对于实体板，容许限值可提高 25%，则 $0.038R_lbh_o=0.038\times1.55\times1.25\times100\times22.3=164.2\text{kN}>Q_j=145.76\text{kN}$，无需进行斜截面抗剪强度验算。

按《公预规》第 4.1.6 条，跨中配筋：

$$M\leqslant\frac{1}{\gamma_c}R_abx(h_0-\frac{x}{2})$$

即

$$56.8\leqslant\frac{1}{1.25}\times14.5\times1000x(0.223-\frac{x}{2})$$

可得 $x=0.023\text{m}<\xi h_0=0.55\times0.023=0.123\text{m}$。

按《公预规》第 4.1.7 条，$R_gA_g=R_abx$，得

$$A_g=\frac{R_abx}{R_g}=\frac{14.5\times1.0\times0.023}{340}=9.81\times10^{-4}m^2=9.81cm^2$$

查有关板宽 1m 内钢筋截面与间距表，选用 8 Φ14@125，则 $A_g'=12.3\text{cm}^2>9.81\text{cm}^2$。

强度验算：由 $R_gA_g=R_abx$，得 $x=\dfrac{340\times0.00123}{14.5\times1.0}=0.0288\text{m}$。

$$M_p=R_a(h_0-\frac{x}{2})bx$$

$$=14.5\times10^3\times(0.223-\frac{1}{2}\times0.0288)\times1.0\times0.0288$$
$$=87.1\text{kN}\cdot\text{m}$$

$$M_p/1.25=\frac{87.1}{1.25}=69.68\text{kN}\cdot\text{m}$$

$$M_j=M_A=56.8\text{kN}\cdot\text{m}<M_p=69.68\text{kN}\cdot\text{m}$$

强度满足要求。

3. 混凝土 T 形梁行车道板设计

计算跨径 1.7m，净跨 1.5m，T 形梁翼缘板平均板厚 20cm，其上钢纤维混凝土铺装层平均厚 10cm，行车道板混凝土标号为 40 号。铺装层容重为 26kN/m^3，行车道板容重为 25kN/m^3。

1）计算图式

考虑到主梁翼缘板在接缝处沿纵向全长设置连接钢筋，故行车道板可按两端固结和中间铰接的板计算，如图 6－4－10 所示。

2）恒载及其产生的内力

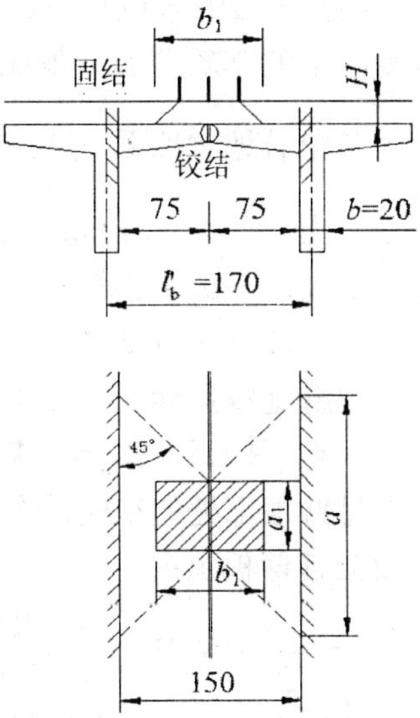

图6—4—10　计算图式

（1）每延米板上的恒载 g 包括钢纤维混凝土面层重和T形梁翼缘板自重。

钢纤维混凝土面层重：

$g_1 = 0.1\times1.0\times26 = 2.6$ kN/m，

T形梁翼缘板自重：$g_2 = 0.2\times1.0\times25 = 5.0$ kN/m，

每延米板宽恒载合计 $g = \sum g_i = 7.6$ kN/m。

（2）每延米板条恒载产生的内力为：

弯矩

$$M_{Ah} = -\frac{1}{2}g\left(l_b^{'} - b\right)^2 = -\frac{1}{2}\times7.6\times(1.7-0.2)^2 = -8.55$$

kN·m；

剪力 $Q_{Ah} = g\left(\frac{l_b^{'} - b}{2}\right) = 7.6\times\left(\frac{1.7-0.2}{2}\right) = 5.7$ kN。

（3）活载产生的内力计算分汽—40级和特挂—220级两种：

汽—40级以重车后轮作用于铰缝轴上为最不利荷载布置，此时两边的悬臂板各承受一半的车轮荷载（如图6—4—10所示）。

后车轮着地宽度 b_2 及长度 a_2 为：

$$a_2 = 0.2\text{m}，\quad b_2 = 0.6\text{m}$$

顺行车方向轮压分布宽度：

$$a_1 = a_2 + 2H = 0.2 + 2\times0.10 = 0.40\text{m}$$

垂直行车方向轮压分布宽度：

$$b_1 = b_2 + 2H = 0.6 + 2\times0.10 = 0.80\text{m}$$

荷载作用于悬臂根部的有效分布宽度：

$$a = a_1 + 2l_0 = 0.6 + 2\times0.75 = 2.1\text{m}$$

冲击系数为 $1+\mu = 1.3$。

作用于每米宽板条上的剪力为：

$$Q_{AP} = (1+\mu)\frac{P}{4a} = 1.3\times\frac{67.5}{2.1} = 42\,\text{kN}$$

作用于每米宽板条上的弯矩为：

$$M_{AP} = -(1+\mu)\frac{P}{4a}\times\left(l_0 - \frac{b_1}{4}\right)\times2 = -1.3\times\frac{67.5}{2.1}\times\left(0.75 - \frac{0.8}{4}\right)\times2 = -29.3\text{kN}\cdot\text{m}$$

特挂—220 级以重车后轮作用于铰缝轴上为最不利荷载布置，此时两边的悬臂板各承受一半的车轮荷载（如图 6—4—11 所示）。

车轮着地宽度b_2与长度a_2为：

$$b_2 = 0.5\,\text{m},\ a_2 = 0.2\,\text{m}$$
$$b_1 = b_2 + 2H = 0.5 + 2\times0.1 = 0.7\,\text{m}$$
$$a_1 = a_2 + 2H = 0.2 + 2\times0.1 = 0.4\,\text{m}$$

铰缝处纵向两个轮重对悬臂根部的有效分布宽度为：

$$a = a_1 + 1.5 + 2l_0 = 0.4 + 1.5 + 2\times0.75 = 3.4\,\text{m}$$

悬臂根部处的车轮尚有宽度为 c 的部分轮压作用于需计算的铰接悬臂板上：

$$c = \frac{b_1}{2} - (0.93 - l_0) = \frac{0.7}{2} - (0.93 - 0.75) = 0.17\,\text{m}$$

轮压面$c\times a_1$上的荷载对悬臂根部的有效分布宽度为：

$$a' = a_1 + 2c = 0.4 + 2\times0.17 = 0.74\,\text{m}$$

对于轮压面$c\times a_1$上的荷载并非对称于铰缝轴线，为简化计算，偏安全地仍按悬臂梁来计算内力。

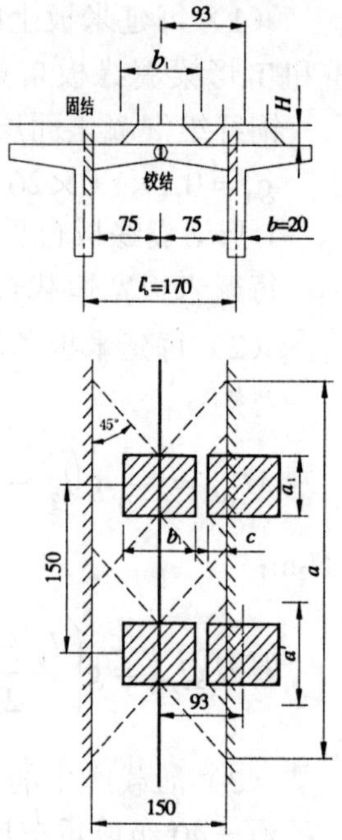

图 6—4—11　计算图式

最后可得悬臂根部每米板宽的弯矩为（见图 6—4—12）：

$$M_{Ag} = -\frac{P}{4a}\left(l_0 - \frac{b_1}{4}\right) - \frac{P}{4a'}\cdot\frac{c^2}{2b_1}$$

$$= -\frac{67.5}{3.4}\times\left(0.75 - \frac{0.7}{4}\right) - \frac{67.5\times0.17^2}{2\times0.74\times0.7}$$

$$= -11.42 - 1.88 = -13.3\,\text{kN}\cdot\text{m}$$

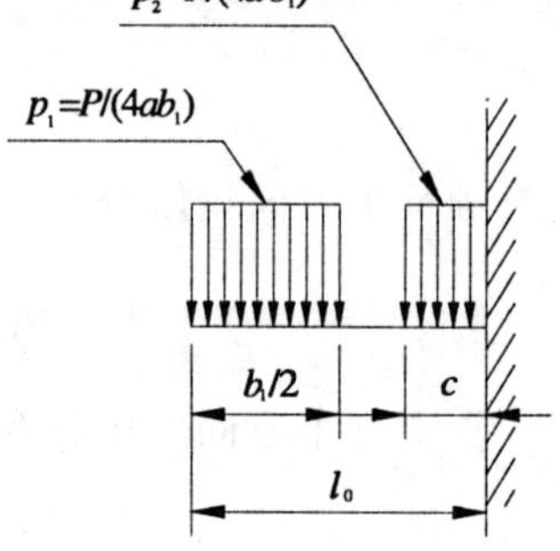

图 6—4—12　计算图式

作用在每米宽板条上的剪力为：

$$Q_{Ag} = \frac{P}{4a} + \frac{Pc}{4a'b_1} = \frac{67.5}{3.4} + \frac{67.5\times0.17}{0.74\times0.7} = 42\text{kN}$$

（4）按汽—40 级和特挂—220 级两种活载分别与恒载组合。

恒+汽：$1.2M_{Ah} + 1.4M_{Ap} = -(1.2\times8.55 + 1.4\times29.3) = -51.28\text{kN}\cdot\text{m}$

$$1.2Q_{Ah} + 1.4Q_{Ap} = 1.2\times5.7 + 1.4\times42 = 65.64\text{kN}\cdot\text{m}$$

恒+挂：$1.2M_{Ah}+1.1M_{Ag}=-(1.2\times8.55+1.1\times13.3)=-24.89\text{kN}\cdot\text{m}$

$$1.2Q_{Ah}+1.4Q_{Ag}=1.2\times5.7+1.1\times42=53.04\text{kN}\cdot\text{m}$$

故行车道板上的设计内力为：$M_A=-51.28\text{kN}\cdot\text{m}$，$Q_A=65.64\text{kN}$。

3）截面设计、配筋与强度验算

悬臂板根部高度 $h=25\,\text{cm}$，净保护层 $a=2.0\,\text{cm}$，若选用 $\Phi12$ 钢筋，则有效高度 $h_0=h-a-\dfrac{d}{2}=0.25-0.020-0.006=0.224\,\text{m}$。

按《公预规》第 4.1.6 条，$Mg\leqslant\dfrac{1}{\gamma_c}\cdot R_a bx\left(h_0-\dfrac{x}{2}\right)$，得

$$51.28=\frac{1}{1.25}\times23\times1000x\left(0.224-\frac{x}{2}\right)$$

$$x^2-0.448x+0.00557=0$$

$$x=0.0128\,\text{m}$$

验算 $\xi_{jg}h_0=0.55\times0.224=0.1232m>x=0.0128\,\text{m}$，符合要求。

按《公预规》第 4.1.7 条，$R_g A_g=R_a bx$，得

$$A_g=23\times1.0\times0.0128/340=8.66\times10^{-4}m^2=8.66\text{cm}^2$$

查板宽 1m 内钢筋截面与间距表，当选用 $\Phi12$ 钢筋时，需钢筋间距为 13cm 时，此时所提供的钢筋截面积为：

$$A_g'=8.70\text{cm}^2>8.66\text{cm}^2$$

按《公预规》第 4.1.12 条规定，矩形截面受弯构件的截面尺寸应符合下列要求，即：

$$Q_j=Q_A=65.64\text{kN}$$

$0.051\sqrt{R}bh_0=0.051\times\sqrt{40}\times100\times22.4=722.52\text{kN}>Q_j=65.64\text{kN}$，满足。

按《公预规》第 4.1.13 条规定，$Q_j\leqslant0.038R_1bh_0$，即：

$$0.038\times2.15\times100\times22.4=183.01kN>Q_j=65.64\text{kN}$$

故不需进行斜截面抗剪强度计算，仅按构造要求配置箍筋，板内分布钢筋用 $\phi8$，间距 25cm。

强度验算：考虑限裂和方便施工等因素，行车道板实配 $\Phi14@15$cm，

即 $A_g=10.26\text{cm}^2$，由 $R_gA_g=R_abx$，得

$$x=\frac{R_gA_g}{R_ab}=\frac{340\times0.001026}{23\times1.0}=0.0152\,\text{m}$$

$$M_p=R_a\left(h_0-\frac{x}{2}\right)bx=23\times10^3\left(0.224-\frac{0.0152}{2}\right)\times1.0\times0.0152=75.65\,\text{kN·m}$$

$$M_p/1.25=75.65/1.25=60.52\text{kN}\cdot\text{m}$$

$$M_j=M_A=51.28\text{kN}\cdot\text{m}<M_p/1.25=60.52\text{kN}\cdot\text{m}$$

强度满足要求。

五、栈桥上部结构技术设计

（一）起重机钢箱梁设计

1. 概况

三峡高程 120m 栈桥高架门机下起重机梁设计主要由吉林水工厂生产的 MQ2000 型高架门机控制。由于高架门机本身自重和起吊重量大，在运行过程中将产生巨大的竖向荷载和较大水平荷载，要求起重机梁在竖向荷载和水平荷载作用下都有很好的刚度和受力状态，为此起重机梁采用抗弯性能好和抗扭刚度高的钢箱梁结构。

为保证高架门机正常、安全地工作，高程 120m 栈桥钢箱梁的设计应满足强度、稳定性、刚度和疲劳强度的要求。钢箱梁的材料采用 16Mn 钢，强度、稳定性、刚度和疲劳强度的计算按允许应力法进行计算。

2. 设计参数

1）计算跨度

根据大坝各坝段分缝和高程 120m 栈桥总体布置，钢箱梁梁跨：左厂坝段有 17.1m、21.2m、23.5m 三种，左导墙、泄洪坝段及右纵 1#坝段有 14.2m、11m、10m 三种。钢箱梁的设计以 23.5m 跨作典型设计，其计算跨度 L_0=22.76m。

2）设计荷载

（1）起重机荷载：吉林水工厂生产的 MQ2000 型高架门机，见本章第三节。

（2）恒载：钢箱梁自重（包括上面所铺设的钢轨及混凝土垫块）。

（3）风荷载：基本风压 $250N/mm^2$。

3. 内力计算

1）荷载组合

（1）设计工况：恒载+一台高架门机荷载（臂架方向②有风动载情况）。其中，门机荷载为表6－3－1中臂架方向②有风动载值扩大1.05倍，即：

V_A=4487kN，V_B=2756kN，

V_C=1309kN，V_D=3040kN。

（2）验算工况：恒载+两台高架门机荷载（臂架方向①有风动载情况）。其中，门机荷载为表6－3－1中臂架方向①有风动载值扩大1.05倍，即：

V_A=4137kN，V_B=3577kN，

V_C=1659kN，V_D=2219kN。

2）设计工况内力分析

一台高架门机荷载作用，在臂架②有风动载情况下，钢箱梁内力计算，此时A支腿轮压 $P_1=V_A/10=448.7kN$，$P_2=V_B/10=275.6kN$。腿压布置见示意图6－5－1。

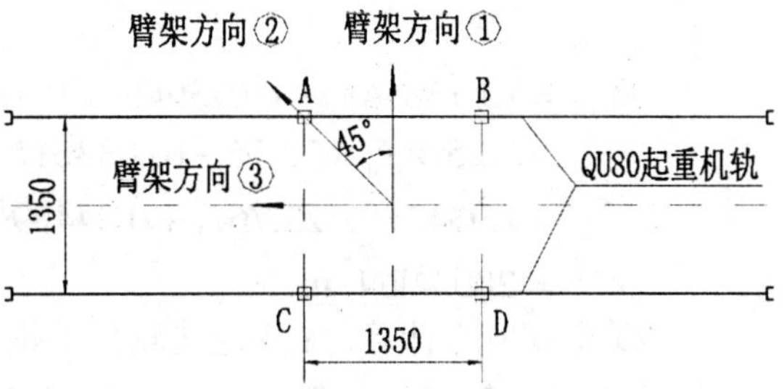

图6－5－1 起重机四个支腿布置示意图（单位：cm）

（1）跨中弯距计算。*A*支腿处于钢箱梁跨中，根据计算简图6－5－2和相应影响线图6－5－3（跨中 m＝0.25，支点 m＝0），可得跨中弯距。

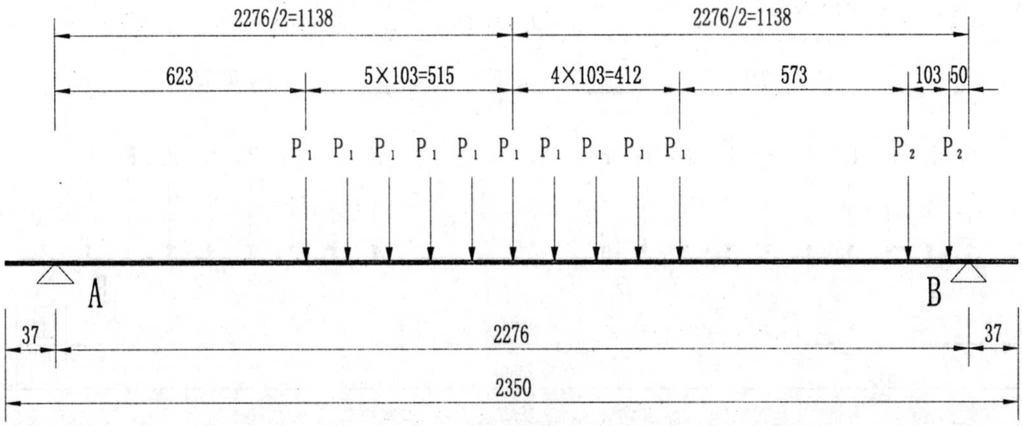

图6－5－2 计算简图（单位：cm）

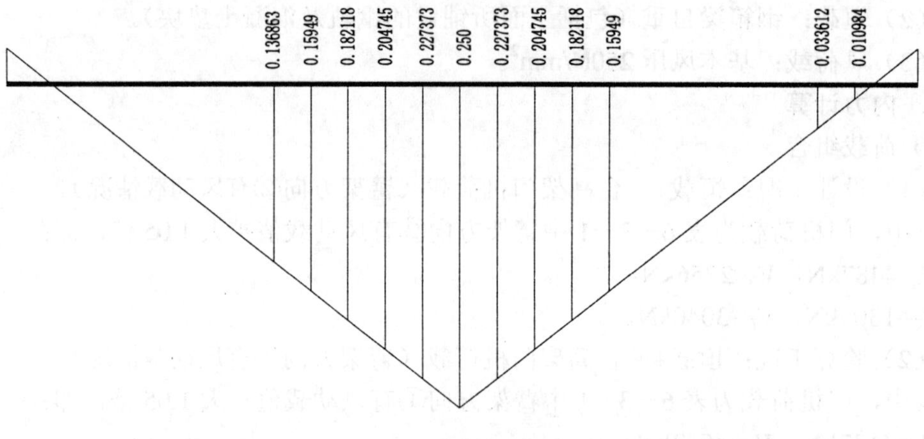

图6—5—3　相应影响线图

$$M_{中} = [0.136863 + (0.15949 + 0.182118 + 0.204745 + 0.227373)\times 2 + 0.25]\times P_1 \times 22.76 + (0.033612 + 0.010984)\times P_2 \times 22.76$$
$$= 1.934315\times 22.76P_1 + 0.044596\times 22.76P_2$$
$$= 20034\text{kN}\cdot\text{m}$$

（2）支座剪力计算。*A* 支腿边轮位于钢箱梁支点 *A* 处，依据计算简图6—5—4和相应影响线图6—5—5（*A* 支点 $m=1$，*B* 支点 $m=0$），求得支座剪力。

$$Q_A = (1 + 0.95475 + 0.90949 + 0.86424 + 0.81898 + 0.77373 + 0.72847 + 0.68322 + 0.63796 + 0.59271)\times P_1 + (0.34095 + 0.2957 + 0.25044 + 0.205185 + 0.15993 + 0.07645 + 0.06942 + 0.024165)\times P_2$$
$$= 7.96355P_1 + 1.34579P_2$$
$$= 3944\text{kN}$$

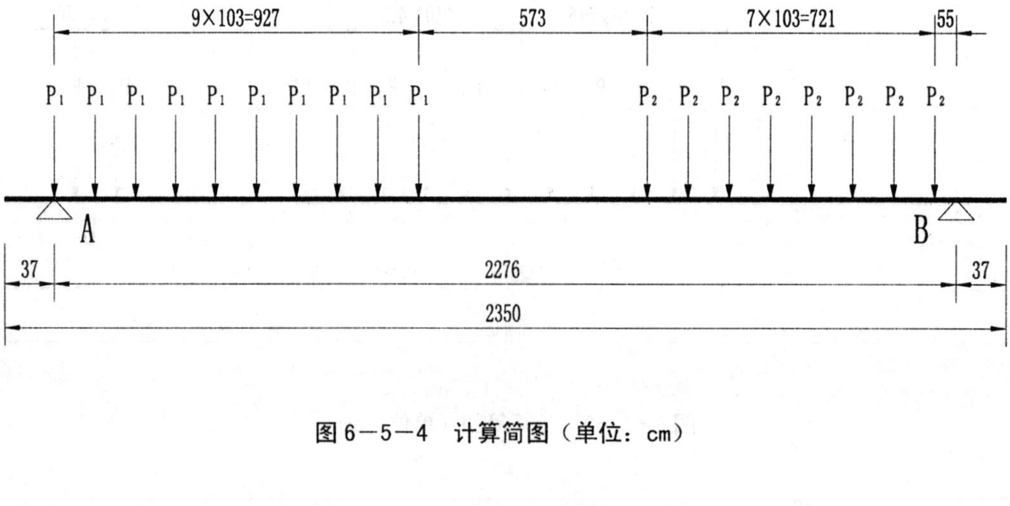

图6—5—4　计算简图（单位：cm）

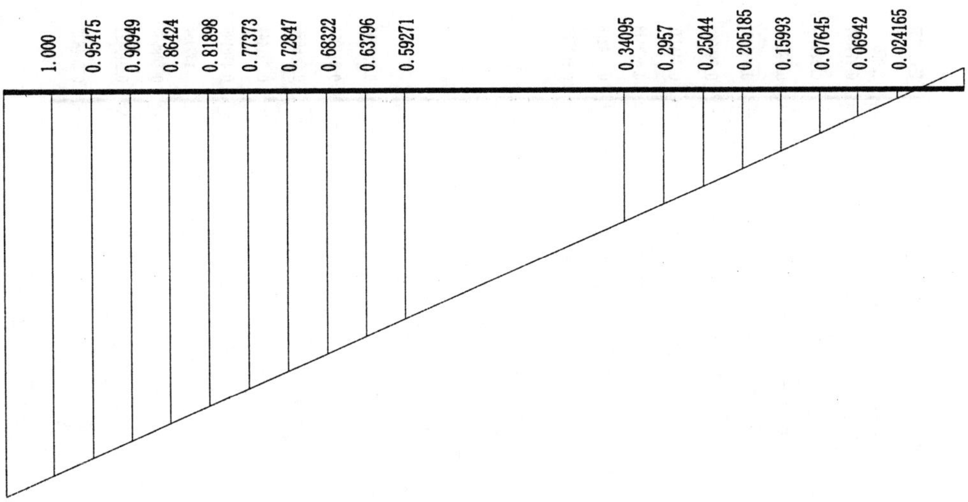

图 6—5—5　相应影响线图

（3）支座反力计算。*A* 支腿边轮处于钢箱梁端部，根据计算简图 6—5—6 和相应影响线图 6—5—7（*A* 支点 *m*=1，*B* 支点 *m*=0），可得支座反力。

$$
\begin{aligned}
R_A &= (1.016257 + 0.971002 + 0.925747 + 0.880492 + 0.835237 \\
&\quad + 0.789982 + 0.744728 + 0.699473 + 0.654218 + 0.628963) \times P_1 \\
&\quad + (0.357206 + 0.311951 + 0.266696 + 0.221441 + 0.176186 \\
&\quad + 0.130931 + 0.085677 + 0.040422 - 0.004833) \times P_2 \\
&= 8.126099P_1 + 1.585677P_2 \\
&= 4083\text{kN}
\end{aligned}
$$

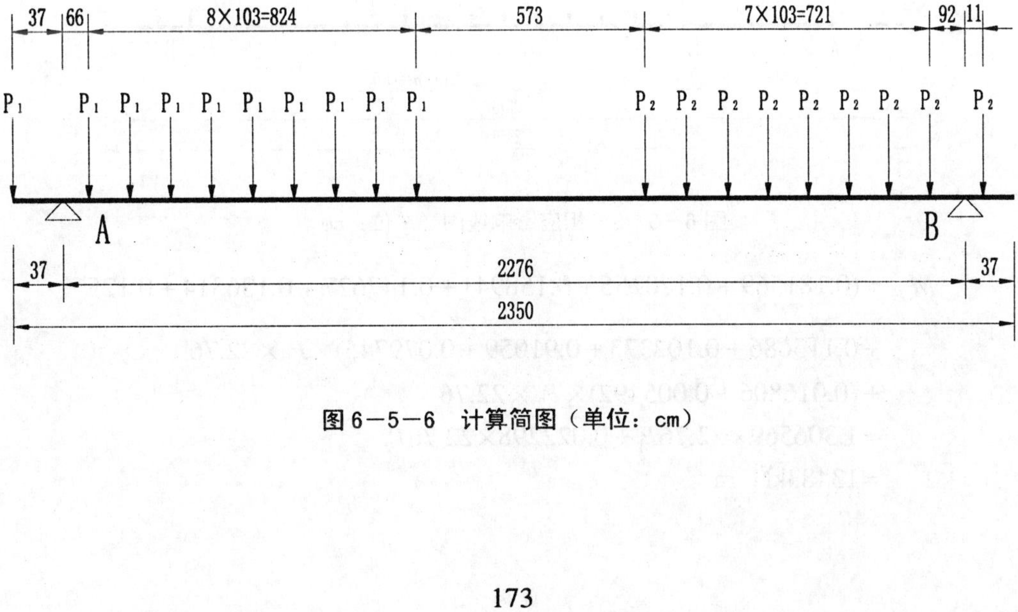

图 6—5—6　计算简图（单位：cm）

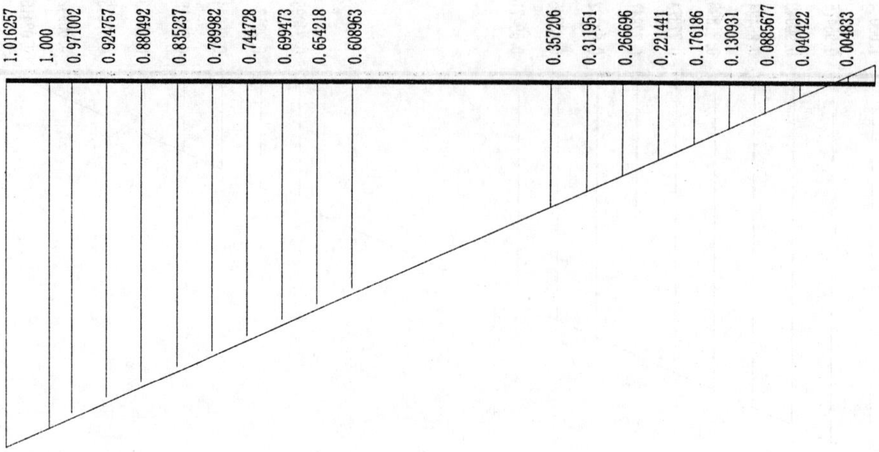

图 6—5—7　相应影响线图

（4）1/4 跨处弯距、剪力计算。对应 $M_{中max}$ 的荷载情况，a=2276/4＝569cm。由计算简图 6—5—8 和相应的 E 点 M_E 影响线图 6—5—9（$m=\frac{1}{4}\times\frac{3}{4}=0.1875$）、$Q_E$ 影响线图 6—5—10（$m_1=\frac{1}{4}=0.25$，$m_2=\frac{3}{4}=0.75$），可计算出 1/4 跨处（即 E 点）弯距和相应剪力。

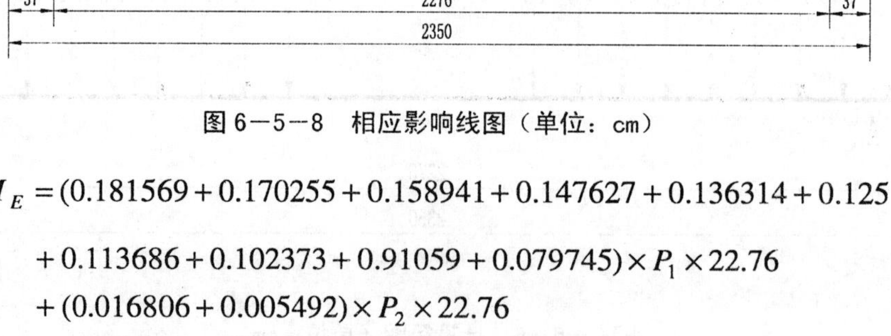

图 6—5—8　相应影响线图（单位：cm）

$$\begin{aligned}M_E=&(0.181569+0.170255+0.158941+0.147627+0.136314+0.125\\&+0.113686+0.102373+0.91059+0.079745)\times P_1\times 22.76\\&+(0.016806+0.005492)\times P_2\times 22.76\\&=1.306569\times 22.76P_1+0.022298\times 22.76P_2\\&=13483\text{kN}\cdot\text{m}\end{aligned}$$

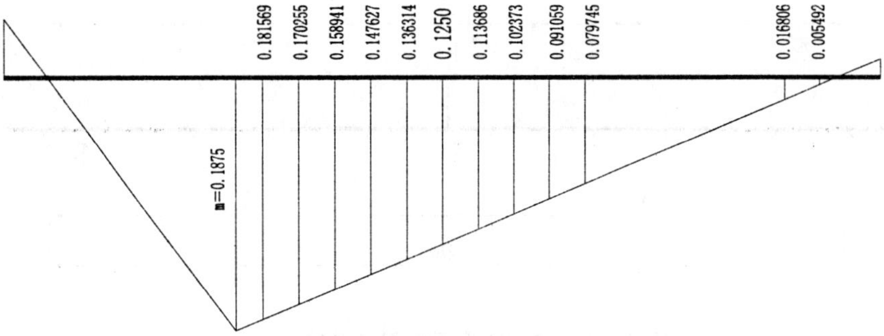

图 6－5－9　相应影响线图

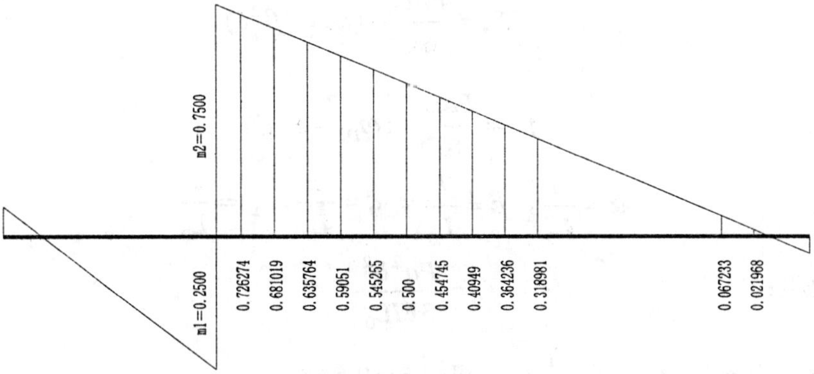

图 6－5－10　相应影响线图

$$
\begin{aligned}
Q_E &= (0.726274 + 0.681019 + 0.635764 + 0.59051 + 0.545255 \\
&\quad + 0.5 + 0.454745 + 0.40949 + 0.364236 + 0.318981) \times P_1 \\
&\quad + (0.067223 + 0.0219687) \times P_2 \\
&= 5.226274 P_1 + 0.089191 P_2 \\
&= 2370\text{kN}
\end{aligned}
$$

（5）跨中挠度计算：相应 $M_{中\max}$ 的荷载情况，计算简图见图 6-5-11。利用静力计算手册，跨内 C 点挠度计算图式图 6－5－12 及相应计算公式如下：

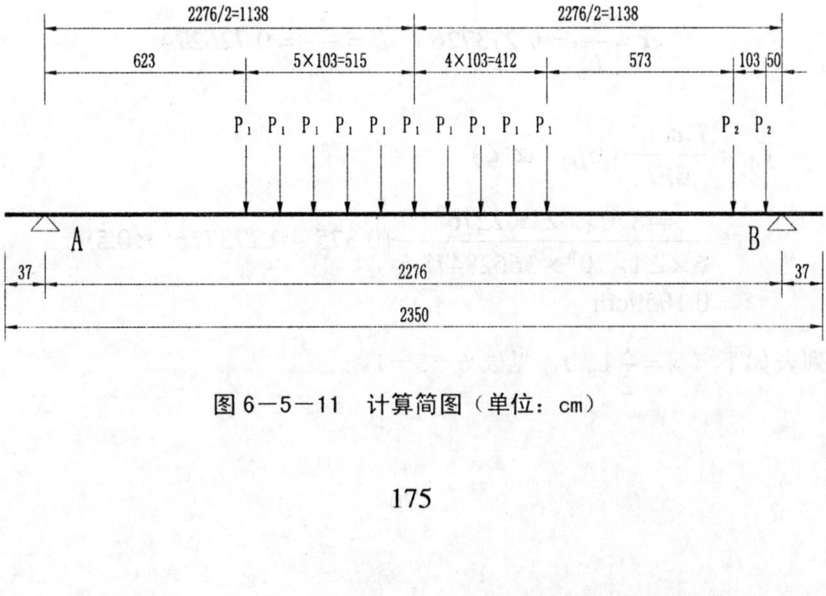

图 6－5－11　计算简图（单位：cm）

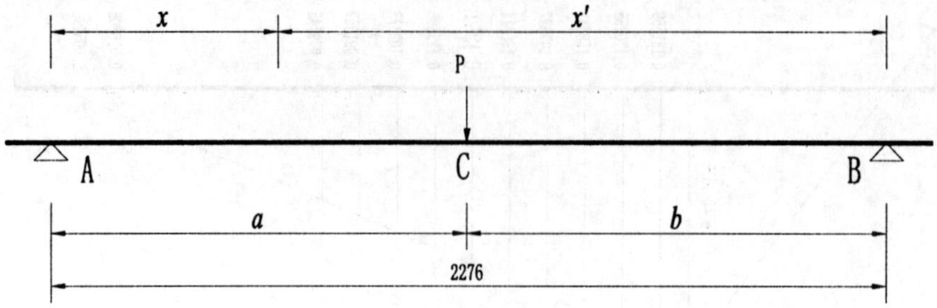

图 6—5—12　计算图式图（单位：cm）

AC 段：
$$f_x = \frac{PbL_0^{\ 2}}{6EI}(\omega_{D\xi} - \beta^2\xi)$$

CB 段：
$$f_x = \frac{PaL_0^{\ 2}}{6EI}(\omega_{D\zeta} - \alpha^2\zeta)$$

其中：
$$\alpha = \frac{a}{L_0},\ \beta = \frac{b}{L_0},\ \xi = \frac{x}{L_0},\ \zeta = \frac{x'}{L_0}$$

C 点挠度：
$$f_c = \frac{Pa^2b^2}{3EIL_0}$$

跨中时：由 $x = \frac{1}{2}L_0$，$x' = \frac{1}{2}L_0$，可得 $\xi = 0.5 = \zeta$

$$\omega_{D\xi} = \xi - \xi^3 = 0.5 - 0.5^3 = 0.375$$

$$\omega_{D\zeta} = \zeta - \zeta^3 = 0.375$$

于是各轮压 P_1、P_2 情况下，跨中挠度 $f_{中}$ 计算：

当 a=623cm 时，b=2276−623=1653cm

$$\alpha = \frac{a}{L_0} = 0.273726,\ \beta = \frac{b}{L_0} = 0.726274$$

$$\begin{aligned} f_{中} &= \frac{P_1 aL_0^{\ 2}}{6EI}(\omega_{D\zeta} - \alpha^2\zeta) \\ &= \frac{44870 \times 623 \times 2276^2}{6 \times 2.1 \times 10^6 \times 36628473.6}(0.375 - 0.273726^2 \times 0.5) \\ &= 0.1059\text{cm} \end{aligned}$$

其他列表如下（$x = \frac{1}{2}L_0$），见表 6—5—1。

表 6—5—1　　跨中挠度 $f_{中}$ 计算表

A	B	$\alpha=\frac{a}{L_0}$	$\beta=\frac{b}{L_0}$	$\omega_{D\xi}$	$\omega_{D\zeta}$	$\xi=\zeta$	$\frac{PbL_0^2}{6EI}$	$\frac{PaL_0^2}{6EI}$	$\omega_{D\xi}-\beta^2\xi$	$\omega_{D\zeta}-\alpha^2\zeta$	f_x
623	1653	0.273726			0.375	0.5		0.313737		0.337537	0.1059
726	1550	0.318981			0.375	0.5		0.365607		0.324126	0.1185
829	1447	0.364236			0.375	0.5		0.417476		0.308666	0.1289
932	1344	0.40949			0.375	0.5		0.469346		0.291159	0.1367
1035	1241	0.454745			0.375	0.5		0.521216		0.271603	0.1416
$\frac{L_0}{2}=1138$	1138	$f_x=\frac{P_1L_0^3}{48EI}=\frac{44870\times2276^3}{48\times2.1\times10^6\times36628473.6}=0.1433$									
1241	1035		0.454745	0.375		0.5	0.521216		0.271603		0.1416
1344	932		0.40949	0.375		0.5	0.469346		0.291159		0.1367
1447	829		0.364236	0.375		0.5	0.417476		0.308666		0.1289
1550	726		0.318981	0.375		0.5	0.365607		0.324126		0.1185
2123	156		0.067223	0.375		0.5	0.07705		0.372741		0.0287
2226	50		0.021968	0.375		0.5	0.02518		0.374759		0.0094

所以，

$f_{中}=0.1059+2\times(0.1185+0.1289+0.1367+0.1416)+0.1433+0.0287+0.0094$
$=1.3387\text{cm}$

则 $f_{中}\approx\dfrac{1}{1700}L_0$ 小于 $\dfrac{1}{1000}L_0=2.276\text{cm}$，满足规范要求。

（6）横向跨中弯矩、支座处剪力、支座反力计算。对应于高架门机垂直轮压引起的 $M_{中\max}$ 荷载情况下，相应的横向水平力取垂直轮压的0.075倍，即

T_1=0.075P$_1$=0.075×448.7=33.65kN，T_2=0.075P$_2$=0.075×275.6=20.67kN。

根据计算简图6－5－13和 $M'_{中}$ 影响线图6－5－14（跨中 m＝0.25，支点 m＝0），横向跨中弯矩 $M'_{中}$ 为垂直轮压产生的跨中弯矩的0.075倍，即 $M_{中}$=20034kN·m时，$M'_{中}$=0.075$M_{中}$=0.075×20034=1503kN·m。

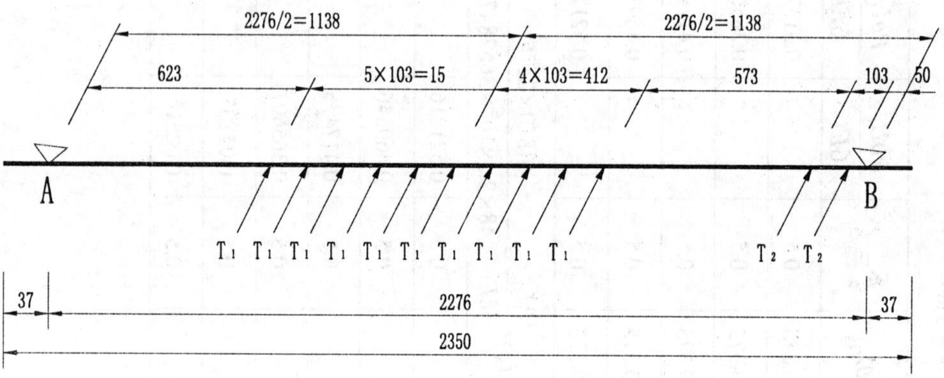

图6－5－13　计算简图（单位：cm）

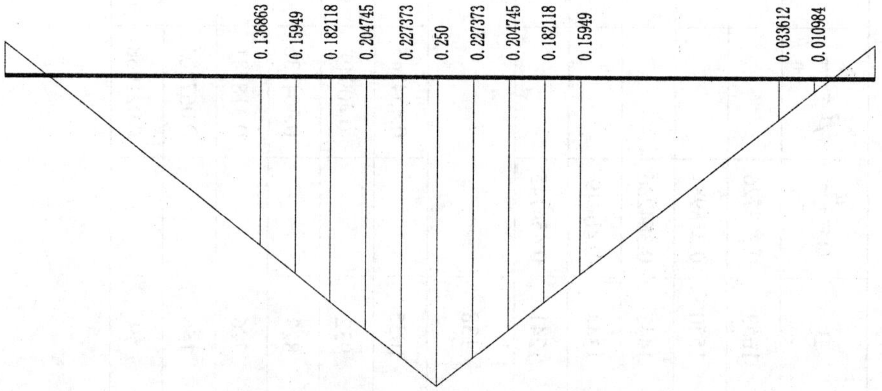

图6－5－14　相应影响线图

同样，支座处剪力 $Q'_{支}$ 为垂直轮压产生的支座剪力的 0.075 倍，即 $Q_{支}$=3944kN 时，$Q'_{支}$=0.075$Q_{支}$=0.075×3944=295.8kN；支座处反力为 $R'_{支}$ 垂直轮压产生的支座反力的 0.075 倍，即 R_A=4083kN 时，$R'_{支}$=0.075R_A=0.075×4083=306.2kN。

（7）扭矩计算：由计算简图 6—5—15，在 T_1=33.65kN，T_2=20.67kN，h_1=15cm，h=300cm 情况下，可得 $M_{n1}=T_1\times(h_1+\frac{1}{2}h)=33.65\times(0.15+3.0/2)=55.52\text{kN}\cdot\text{m}$，

$$M_{n2}=T_2\times(h_1+\frac{1}{2}h)=20.67\times(0.15+3.0/2)=34.11\text{kN}\cdot\text{m}。$$

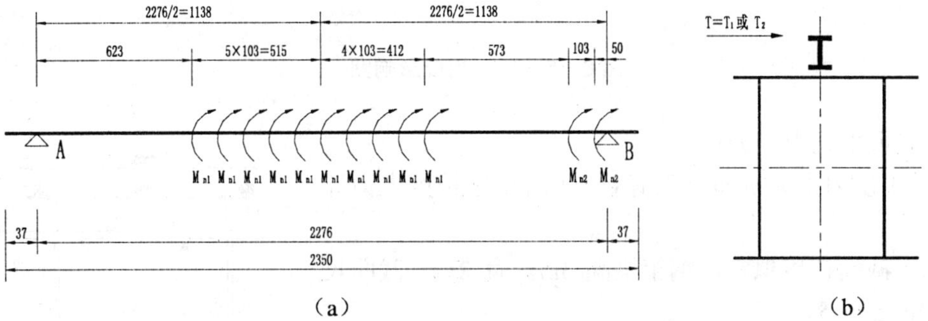

图 6—5—15　计算简图（单位：cm）

（8）相应 $M_{中\max}$ 时，跨中剪力 $Q_{中}$ 计算：依据计算简图图 6—5—16 和相应的 $Q_{中}$ 影响线图 6—5—17，可计算出相应 $M_{中\max}$ 时跨中剪力 $Q_{中}$ 为：

$$\begin{aligned}Q_{中}&=-(0.273726+0.5)P_1+(0.067223+0.021968)P_2\\&=-0.773726P_1+0.089191P_2\\&=-322.59\text{kN}\end{aligned}$$

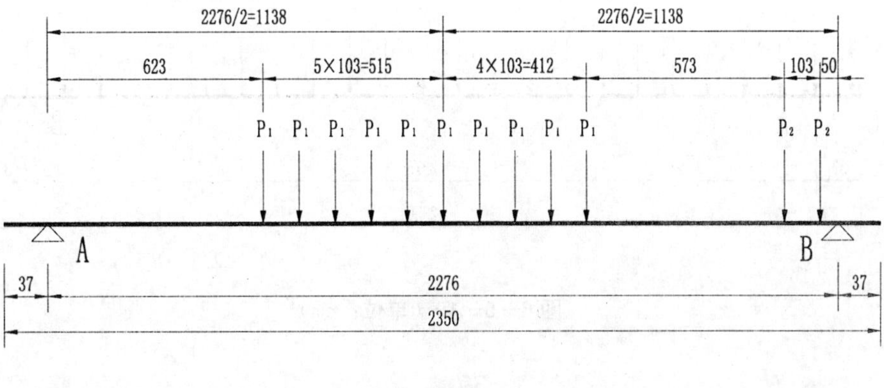

图 6—5—16　计算简图（单位：cm）

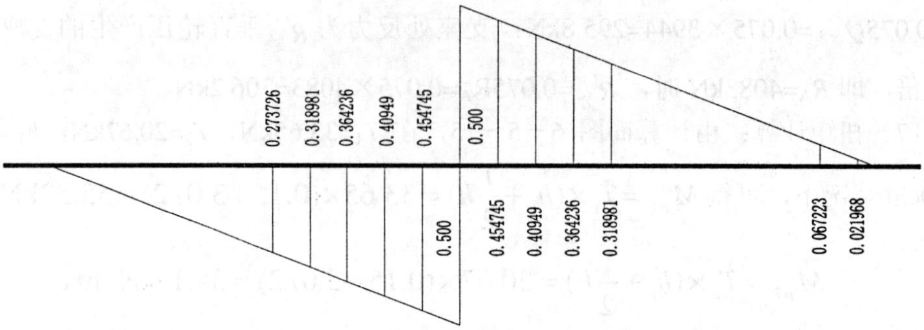

图 6－5－17　相应影响图

3）自重工况内力分析

自重工况内力分析即自重荷载作用下，钢箱梁内力计算。

（1）截面初步拟定，钢箱梁高 3m，宽 2m，截面尺寸如图 6－5－18。

截面面积：

A＝200×3×2+（300－6）×2.4×2

＝2611.2cm^2＝0.26112m^2，

钢箱梁自重均布线载：

q_1＝0.26112×78.5＝20.5kN/m，

考虑钢轨、垫板及扣件后，q＝1.2q$_1$＝24.6kN/m，

考虑加劲板和横隔板等影响后，q＝35kN/m。

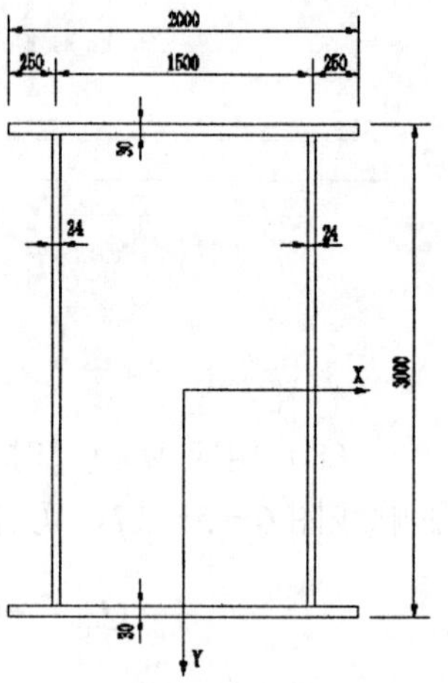

图 6－5－18　钢箱梁截面图（单位：mm）

（2）内力计算。计算简图见图 6－5－19。

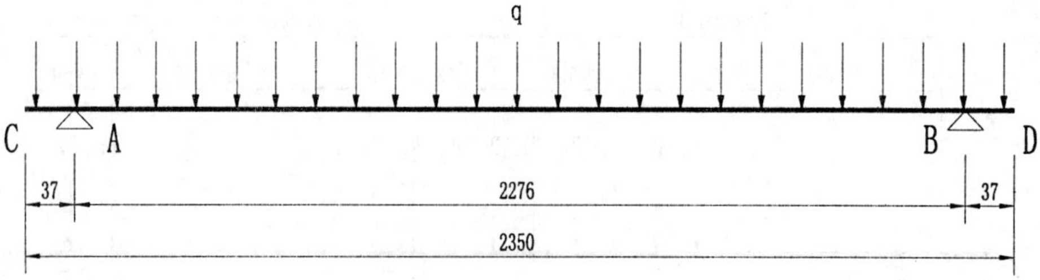

图 6－5－19（单位：cm）

$$\lambda=\frac{37}{2276}=0.01626$$

支座反力：$R_A = R_B = \frac{1}{2} \times 35 \times 22.76(1 + 2 \times 0.01626) = 411.25\text{kN}$

支座弯矩：$M_A = M_B = -\frac{1}{2} \times 35 \times 0.37^2 = -2.40\text{kN} \cdot \text{m}$

跨中弯矩：$M_{\max} = \frac{1}{8} \times 35 \times 22.76^2 (1 - 4 \times 0.01626^2) = 2263.93\text{kN} \cdot \text{m}$

支座剪力：$Q_{A左} = 0.37 \times 35 = 12.95\text{kN}$，　$Q_{A左} = 12.95 - 411.25 = -398.30\text{kN}$

（3）挠度计算：

$$I_x = \frac{1}{12} \times 2.4 \times 294^3 \times 2 + 2 \times (\frac{1}{12} \times 200 \times 3^3 + 200 \times 3 \times 148.5^2)$$
$$= 10164873.6 + 26463600 = 36628473.6\text{cm}^4$$

$$I_y = \frac{1}{12} \times 3 \times 200^3 \times 2 + 2 \times (\frac{1}{12} \times 294 \times 2.4^3 + 294 \times 2.4 \times 75^2)$$
$$= 4000000 + 7938677.38 = 11938677.38\ \text{cm}^4$$

$$\theta_C = -\theta_D = \frac{24.6 \times 2276^3}{24 \times 2.10 \times 10^6 \times 36628473.6}(1 - 6 \times 0.01626^2 - 4 \times 0.01626^3) = 0.00016$$

$$\theta_A = -\theta_B = \frac{24.6 \times 2276^3}{24 \times 2.10 \times 10^6 \times 36628473.6}(1 - 6 \times 0.01626^2) = 0.00016$$

$$f_C = f_D = \frac{35 \times 37 \times 2276^3}{24 \times 2.1 \times 10^6 \times 36628473.6}(-1 + 6 \times 0.01626^2 + 3 \times 0.01626^3) = -0.0058\text{cm}$$

跨中挠度：$f_{\max} = \frac{35 \times 2276^4}{384 \times 2.1 \times 10^6 \times 36628473.6}(5 - 24 \times 0.01626^2) = 0.159\text{cm}$。

4. 截面设计

1）设计主要参数

（1）截面几何尺寸，钢箱梁有上下翼缘板和两块腹板组成，高架门机行驶轨道布置在主梁截面中心上，钢箱梁截面如图 6－5－20，所选钢箱梁截面应能满足强度和刚度的要求。

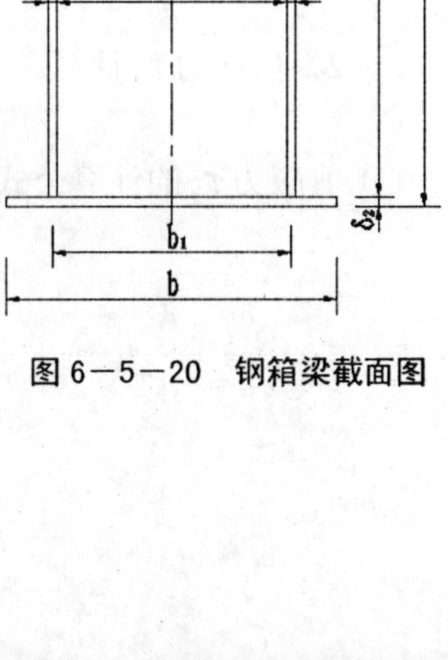

图 6－5－20　钢箱梁截面图

钢箱梁高度 h 与主梁跨度之比一般：h/L＝1/13～1/8，设计取 h＝3000mm。

钢箱梁两腹板间距与跨度之比：$b_0/L \geq 1/20$，为便于制作和焊接，工艺要求的钢箱梁腹板最小间距 $b_{0\min} \geq 700\text{mm}$。设计取 b_0＝1476mm。

翼缘板宽度 b 一般情况下，当为手工焊时：$b = b_0 + 2(10 + \delta_0)$；当为自动焊时：$b = b_0 + 2(20 + \delta_0)$，根据

三峡高程 120m 栈桥布置需要，取钢箱梁翼缘板宽度 b=2000mm。

上翼缘板厚度由局部稳定性要求确定，钢箱梁材料采用 16Mn 钢，$\delta_1/b_1 \geqslant 1/50$；翼缘板及腹板按构造要求：$\delta_1 \geqslant 10$mm，$\delta_2 \leqslant \delta_1$。设计中选取 $\delta_1 = \delta_2 = 30$mm，$\delta_0 = 24$mm。

（2）截面特性，钢箱梁截面如图 6－5－21。

$$A = 2611.2\text{cm}^2$$

$$I_x = 36628473.6\text{cm}^4$$

$$I_y = 11938677.38\text{cm}^4$$

$$W_x = \frac{I_x}{150} = 244189.824\text{cm}^3$$

$$W_{y1} = \frac{I_y}{76.2} = 156675.556\text{cm}^3$$

$$W_{y2} = \frac{I_y}{100} = 119386.77\text{cm}^3$$

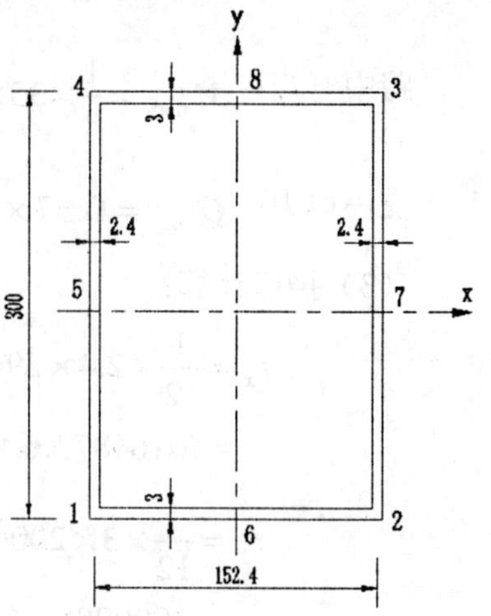

图 6－5－21 钢箱梁截面图（单位：cm）

2）钢箱梁强度验算

（1）弯曲应力 σ_M 计算。

①门机荷载作用下，跨中 $M_{x\max} = 20034\,\text{kN}\cdot\text{m}$，$M_{y\max} = 1503\text{kN}\cdot\text{m}$，则弯曲应力 σ_M 为：

$$\sigma_M = \frac{M_x}{W_x} + \frac{M_y}{W_y} = \frac{20034\times10^6}{244189.824\times10^3} + \frac{1503\times10^6}{156675.556\times10^3} = 82 + 10 = 92\text{N/mm}^2$$

②自重作用下，跨中 $M_{x\max} = 2263.93\text{kN}\cdot\text{m}$，则弯曲应力为：

$$\sigma_M = \frac{M_x}{W_x} = \frac{2263.93\times10^6}{244189.824\times10^3} = 9.3\text{N/mm}^2$$

（2）剪应力 τ_x 计算。

①剪应力 τ_x 的计算公式为：

$$\tau_x = \frac{QS_i}{I_x\delta_i}$$

式中：S_i——以剪力零点（如图 6—5—21 中的 6、8 点）为起点至计算截面对 x 轴的静矩；

δ_i——计算点的板厚。

②门机荷载作用下，支座处 Q_{max}=3944kN；自重作用下，支座处 $Q_{支}$=398.3kN。

③计算简图见图 6—5—21，截面几何特征如下：

截面周线围成的面积： $A_0=300\times152.4=45720\text{cm}^2$

截面面积： $A=152.4\times3\times2+294\times2.4\times2=2325.6\text{cm}^2$

上下翼缘板厚度： $\delta_1=3\text{ cm}$

腹板厚度： $\delta_2=2.4\text{ cm}$

$$b=150\text{cm},\ h=297\text{cm}$$

$$I_y=9708480.3\text{cm}^4$$

$$I_x=30330136.8\text{cm}^4$$

$$S_{4,3,1,2}=\frac{b}{2}\delta_1\times\frac{h}{2}=\frac{1}{2}\times150\times3\times\frac{297}{2}=33412.5\text{ cm}^3$$

$$S_{5,7}=\frac{h}{2}(\frac{b}{2}\delta_1+\frac{h}{4}\delta_2)=\frac{1}{2}\times297(\frac{1}{2}\times150\times3+\frac{1}{4}\times297\times2.4)=59875.2\text{ cm}^3$$

④双轴对称钢箱梁，6、8 点为剪力零点。

⑤其他各点剪应力，按公式 $\tau_x=\dfrac{QS_i}{I_x\delta_i}$ 计算。

在门机荷载作用下：

$$\tau_{4,3,1,2}=\frac{3944000\times33412.5}{30330136.8\times2.4\times100}=18.1\ \ \text{N/mm}^2$$

$$\tau_{5,4}=\frac{3944000\times59875.2}{30330136.8\times2.4\times100}=32.4\ \ \text{N/mm}^2$$

在自重作用下：

$$\tau_{4,3,1,2}=\frac{398300\times33412.5}{30330136.8\times2.4\times100}=1.8\ \ \text{N/mm}^2$$

$$\tau_{5,4}=\frac{398300\times59875.2}{30330136.8\times2.4\times100}=3.3\ \ \text{N/mm}^2$$

（3）截面翘曲几何特征值。对于双轴对称箱形截面，截面几何中心位置 O 点即为剪切中心位置，如图 6—5—21。

①主扇性面积 $\overline{\omega}$，如图 6—5—22，在点 1、3：

$$\overline{\omega}_1=\overline{\omega}_3=\frac{-bh(h\delta_1-b\delta_2)}{4(h\delta_1+b\delta_2)}$$

$$=\frac{-150\times297\times(297\times3-150\times2.4)}{4\times(297\times3+150\times2.4)}$$

$$=\frac{-23656050}{5004}=-4727.4\ \text{cm}^2$$

在点 2、4：

$$\overline{\omega}_2=\overline{\omega}_4=\frac{bh(h\delta_1-b\delta_2)}{4(h\delta_1+b\delta_2)}$$

$$=4727.4\ \text{cm}^2$$

则 $\overline{\omega}=4727.4\ \text{cm}^2$ 。

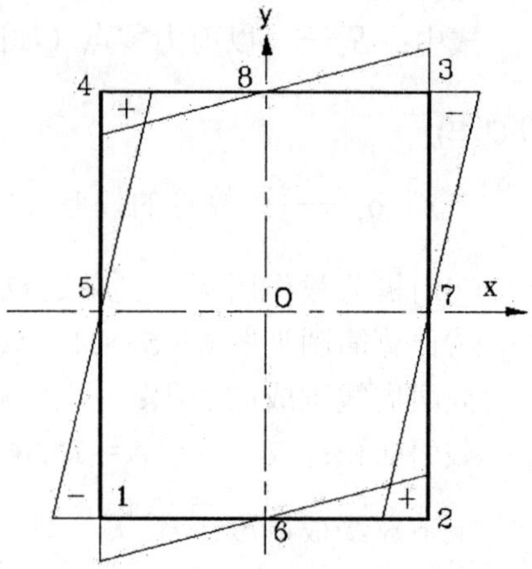

图 6—5—22 截面翘曲示意图

②主扇性面积静矩，如图 6—5—23，有：

$$\overline{S}_{\omega5}=\overline{S}_{\omega7}=\frac{bh(h\delta_1-b\delta_2)(2h\delta_2+b\delta_1)}{48(h\delta_1+b\delta_2)}$$

$$=\overline{\omega}\frac{2h\delta_2+b\delta_1}{12}=\frac{4727.4\times(2\times297\times2.4+150\times3)}{12}$$

$$=738892.62\ \text{cm}^2$$

$$\overline{S}_{\omega6}=\overline{S}_{\omega8}=\frac{bh(h\delta_1-b\delta_2)(2b\delta_1+h\delta_2)}{48(h\delta_1+b\delta_2)}$$

$$=\overline{\omega}\frac{2b\delta_1+h\delta_2}{12}=\frac{4727.4\times(2\times150\times3+297\times2.4)}{12}$$

$$=635362.56\ \text{cm}^2$$

$$\overline{S}_{\omega1}=\overline{S}_{\omega2}=\overline{S}_{\omega3}=\overline{S}_{\omega4}=\frac{bh(h\delta_1-b\delta_2)(b\delta_1-h\delta_2)}{48(h\delta_1+b\delta_2)}$$

$$=\overline{\omega}\frac{b\delta_1-h\delta_2}{12}=\frac{4727.4\times(150\times3-297\times2.4)}{12}$$

$$=-103530.06\ \text{cm}^2$$

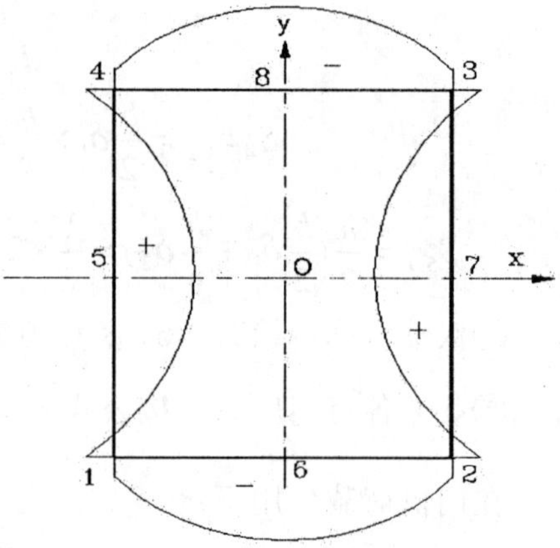

图 6—5—23 静矩示意图

③主扇性惯矩：

$$I_{\overline{\omega}}=\frac{b^2h^2(h\delta_1-b\delta_2)(b\delta_1+h\delta_2)}{24(h\delta_1+b\delta_2)^2}=\overline{\omega}\frac{bh(h\delta_1-b\delta_2)(b\delta_1+h\delta_2)}{6(h\delta_1+b\delta_2)}$$

$$=4727.4\times\frac{150\times297\times(297\times3-150\times2.4)\times(150\times3+297\times2.4)}{6\times(297\times3+150\times2.4)}$$

$$=1.73245\times10^{10}\ \ \text{cm}^6$$

④截面极惯性矩：

$$I_k=\frac{2b^2h^2\delta_1\delta_2}{h\delta_1+b\delta_2}=\frac{2\times150^2\times297^2\times3\times2.4}{297\times3+150\times2.4}=22845496.4\ \ \text{cm}^4$$

⑤截面方向惯性矩：

$$I_p=\frac{bh}{2}(h\delta_1+b\delta_2)=\frac{150\times297}{2}\times(297\times3+150\times2.4)=27866025\ \text{cm}^4$$

⑥截面翘曲系数：

$$\mu=1-\frac{I_k}{I_p}=1-\frac{22845496.4}{27866025}=0.180176658$$

⑦弯曲扭转特性系数：

$$K=\sqrt{\frac{\mu GI_k}{EI_{\varpi}}}=\sqrt{\frac{0.180166658\times0.81\times10^6\times22845496.4}{2.1\times10^6\times1.73245\times10^{10}}}=0.009572822$$

其中：$G=0.81\times10^6\ \text{kg/cm}^2$，$E=2.1\times10^6\ \ \text{kg/cm}^2$。

（4）扭转应力计算。

①假定用梁长的均布扭矩 m 来计算，则：

$$m=\frac{\sum M_n}{l}=\frac{10\times M_{n1}+2\times M_{n2}}{l_0}$$

$$=\frac{10\times55.52+2\times34.11}{22.76}=27.39\ \ \text{kN}\cdot\text{m}=2739\ \text{kg}\cdot\text{cm}$$

②双力矩 B_ω，当 $Z=\dfrac{l}{2}$ 为 $B_{\omega\max}$，如图 6—5—24，则：

$$B_{\omega\max}=-\frac{\mu m}{K^2}\left(1-\frac{1}{ch\dfrac{K\cdot l}{2}}\right)$$

$$=\frac{-0.180166658\times2739}{0.009573^2}\times\left(1-\frac{1}{ch\dfrac{0.009573\times2276}{2}}\right)$$

$$=-5384809.418\times\left(1-\frac{1}{ch10.894}\right)$$

$$=-5384609\ \ \text{kg}\cdot\text{cm}$$

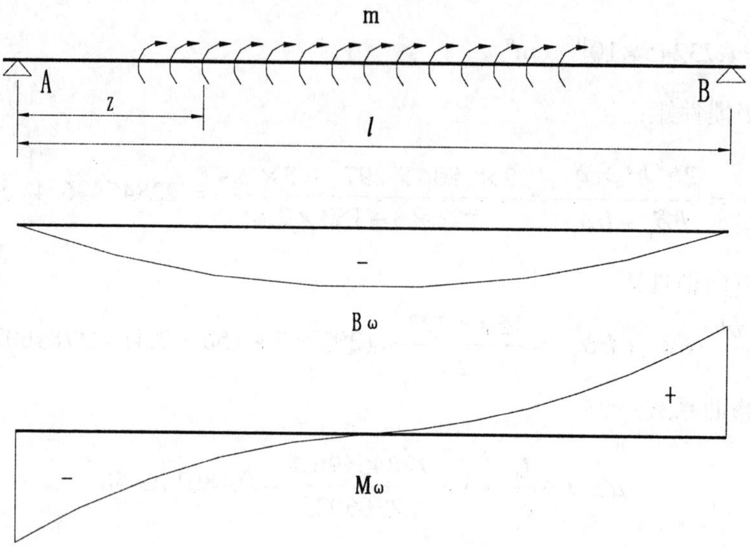

图 6—5—24　计算简图

③约束扭转力矩 M_ω，如图 6—5—24，则：
当 Z=0 时，

$$M_\omega = -\frac{\mu m}{K} th(\frac{K \cdot l}{2})$$
$$= -\frac{0.180166658 \times 27393}{0.009573} \times th(\frac{0.009573 \times 2276}{2})$$
$$= -51548.78 \times th10.894 = -51549 \quad \text{kg} \cdot \text{cm}$$

当 Z=l 时，　$M_\omega = +\frac{\mu m}{K} th(\frac{K \cdot l}{2}) = 51549 \quad \text{kg} \cdot \text{cm}$

④自由扭转力矩，$M_t = \frac{-ml}{2} + mZ$

当 Z=0 时，$M_t = -\frac{ml}{2} = -\frac{2739 \times 2276}{2} = -3116982 \text{kg} \cdot \text{cm}$

当 Z=l 时，$M_t = \frac{ml}{2} = 3116982 \text{kg} \cdot \text{cm}$

⑤约束扭转应力计算。

约束扭转法向应力 σ_ω，对跨中为 $\sigma_{\omega 1}$，则：

$$\sigma_{\omega 1} = \frac{B_\omega \overline{\omega}}{I_{\overline{\omega}}} = \frac{5384609 \times 4727.4}{1.73245 \times 10^{10}} = 1.47 \quad \text{kg/cm}^2$$

约束扭转剪应力 τ_ω（6、8 点）：

$$\tau_\omega = \frac{M_\omega . S_\varpi}{I_\varpi \delta_i} = \frac{51549 \times 635362.56}{1.73245 \times 10^{10} \times 3} = 0.63 \quad \text{kg/cm}^2$$

自由扭转剪应力 τ_t：

$$\tau_t = \frac{M_t}{2bh\delta_i} = \frac{3116982}{2 \times 150 \times 297 \times 2.4} = 14.58 \quad \text{kg/cm}^2$$

3）上翼缘板局部弯曲应力验算

一台门机工作，臂架方向②有风动载作用时，单个轮压 P＝44870kg，横隔板间距暂按 50cm 考虑。

（1）局部轮压计算：计算公式见《起重机及计算手机》，钢轨 I_G=1547.4cm^4，查表：K_1＝0.1846，b＝150cm，δ_1＝3cm，a_1＝50cm，如图 6－5－25。由 $b_1 > a_1$，b_1/a_1＝3，则：

$$N = \frac{P}{1 + \dfrac{96K_1 I_G}{a_1 \delta_1^3}}$$

$$= \frac{44870}{1 + \dfrac{96 \times 0.1846 \times 1547.4}{50 \times 3^3}} = 2105\text{kg}$$

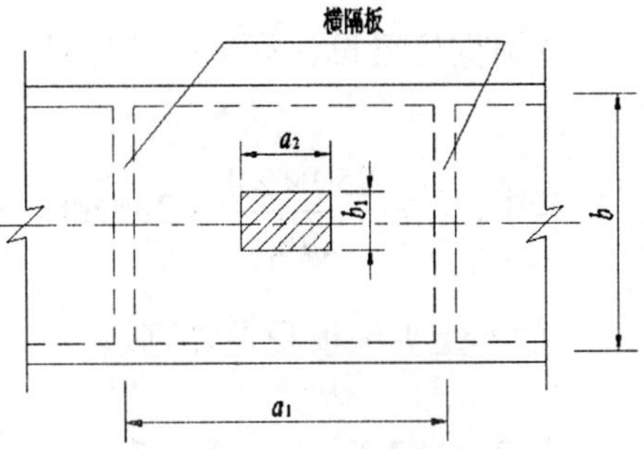

图 6－5－25　局部轮压示意图

（2）局部弯曲应力：

$$\sigma_{jz} = \frac{6K_2 . N}{\delta_1^2} = \frac{6 \times 0.214 \times 2105}{3^2} = 300\text{kg/cm}^2$$

$$\sigma_{jx} = \frac{6K_3 . N}{\delta_1^{\ 2}} = \frac{6 \times 0.214 \times 2105}{3^2} = 300\text{kg/cm}^2$$

4）组合应力验算

（1）法向应力：

$$\sigma = \sigma_M + \sigma_\omega + \omega_{3Z} = (921 + 65.16) + 1.15 + 300$$

$$= 1286\text{kg/cm}^2 < 1.2[\sigma_\omega] = 2520\text{kg/cm}^2$$

满足要求。

（2）剪应力：

$$\tau=\tau_{QX}+\tau_t+\tau_\omega=(335+18)+0.63+14.58=357\text{kg/cm}^2<1.2[\tau]$$

满足要求。

（3）换算应力：

$$Q_{换}=\sqrt{0.8\sigma^2+3\tau^2}=\sqrt{0.8\times1315^2+3\times357^2}=1329\text{kg/cm}^2<[\sigma_\omega]$$

满足要求。

5）钢箱梁稳定验算

（1）钢箱梁整体稳定可不予验算。

（2）局部稳定验算按桥梁设计规范要求复核。

①采用 16Mn 钢，$\sigma_s=2000\text{kg/cm}^2$，则 $70\sqrt{\dfrac{2400}{\sigma_s}}=76.7$，$160\sqrt{\dfrac{2400}{\sigma_s}}=175.3$。

②由 $h_0=294\text{cm}$，$\delta=2.4\text{cm}$，$\dfrac{h_0}{\delta}=122.5$，得 $70\sqrt{\dfrac{2400}{\sigma_s}}<\dfrac{h_0}{\delta}<160\sqrt{\dfrac{2400}{\sigma_s}}$，需设置竖向加劲板，设其间距 a。

③根据桥梁设计规范，支座处：$a\leqslant\dfrac{950\delta}{\sqrt{\tau}}=\dfrac{950\times2.4}{\sqrt{357}}=121\text{cm}$，

跨中：$a\leqslant\dfrac{950\times2.4}{\sqrt{94}}=235\text{cm}$。

（3）上翼缘板稳定验算。

由 $B=152.4$ cm，$\delta_1=3$ cm，$\dfrac{B}{\delta_1}=\dfrac{152.4}{3}=50.8$，得 $50\leqslant\dfrac{B}{\delta_1}\leqslant100$，需在盖板内侧设置一道纵向水平加劲肋，并应满足

$$I_{纵}\geqslant3.5B\times\delta_1^3=3.5\times152.4\times3^3=14401.8\text{cm}^4。$$

（4）水平加劲肋选用如图 6－5－26 所示，则：

$$h=300\text{ mm},\quad h_0\times t_\omega=268\times8\text{ mm}^2$$

$$b\times t=251\times16\text{ mm}^2$$

于是 $I_{纵}=17432\text{cm}^4>14401.8\text{cm}^4$，满足要求。

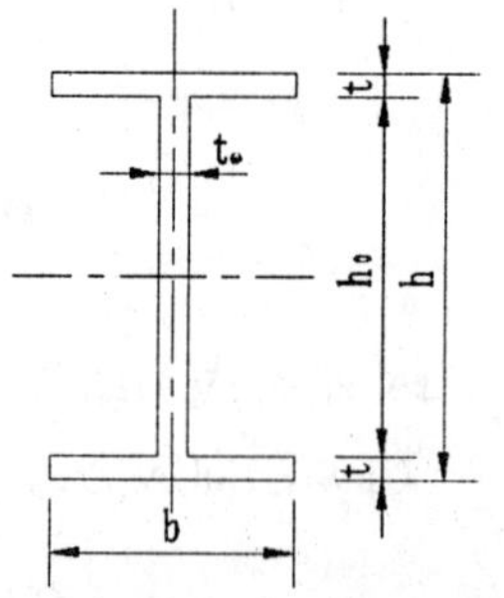

图 6－5－26　加劲肋示意图

5. 钢箱梁构造

1）一般要求

（1）钢箱梁的腹板与上翼缘板的连接应采用自动焊，要求焊透为 T 形联接焊缝；腹板与下翼缘板的连接一般采用单面剖口自动焊，而在背面（箱内）用手工焊补焊焊根。为了满足钢箱梁抗疲劳的要求，其焊接质量应不低于二级焊缝标准。

（2）为保证钢箱梁的质量，一般应在工厂制成整体，整运、整根安装。钢箱梁的刚度较大，在制造及运输过程中应严格控制梁的变形，以免组装后无法校正。

（3）钢箱梁的纵向加劲板截面可用轻型工字钢、槽钢或 T 形钢，其与上翼缘板的连接宜用焊脚较小的焊缝。

（4）纵向加劲板在箱内穿过刚性抗扭横隔处，可将横隔处预开孔，装配后再补焊补强板。

2）横隔板开门洞构造

（1）为便于施工，横隔板中部须开门洞，洞口净宽须大于 40cm，洞口四周须镶边加强。

（2）横隔板门洞口，如图 6—5—27。

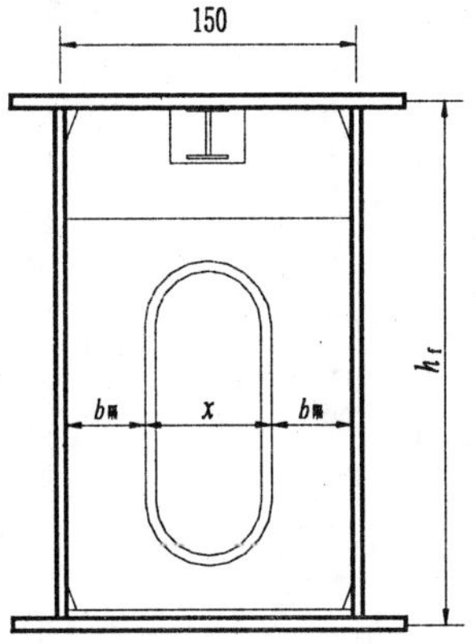

图 6—5—27　横隔板示意图

（3）横隔板开洞后，两侧余下宽度 $b_{隔}$ 及厚度 $\delta_{隔}$ 须满足：

$$b_{隔} \geqslant \frac{h_f}{30} + 40\text{mm} \geqslant \frac{2940}{30} + 40 = 138\text{mm}$$

$$\delta_{隔} \geqslant \frac{b_{隔}}{10} = 13.8\text{mm}$$

（4）取 $\delta_{隔} = 20\text{mm}$，则 $b_{隔} < 10\times 20 = 200\text{mm}$。

取 $b_{隔} = 180\text{mm}$，则 $x = 1500 - 2\times 180 - 24 = 1116\text{mm}$。

（5）横隔板开洞洞口四周须镶边加强，待钢箱梁加工后，将端横隔板洞口封死。起重机钢箱梁构造图见图 6—5—28、图 6—5—29。

（二）汽车工型钢板梁设计

1. 概述

根据高程 120m 栈桥总体布置，汽车钢板梁主要布置在栈桥上、下游侧 3.5m 宽卸料车道，以及左厂房 11#～14#坝段的机动车道下。卸料车道钢板梁由两片焊接Ⅰ形钢板梁组成一根梁形成承重结构；机动车道由 6 片焊接工型钢板梁拼装成三根梁通过纵横向联结系形成桥面承重结构。钢板梁上铺厚 25cm 预制（现浇）钢筋混凝土行车道板，形成桥面结构。

为了方便施工，卸料车道钢板梁跨径 10m、10.5m 及 11m 采用相同的梁高，均为 1.5m；跨径 14.2m 梁高 2.0m；跨径 17.1m、21.2m、23.5m 梁高 2.3m。机动车道钢板梁跨 17.1m、21.2 采用相同梁高均为 2.0m，跨径 23.5m 梁高 2.3m。

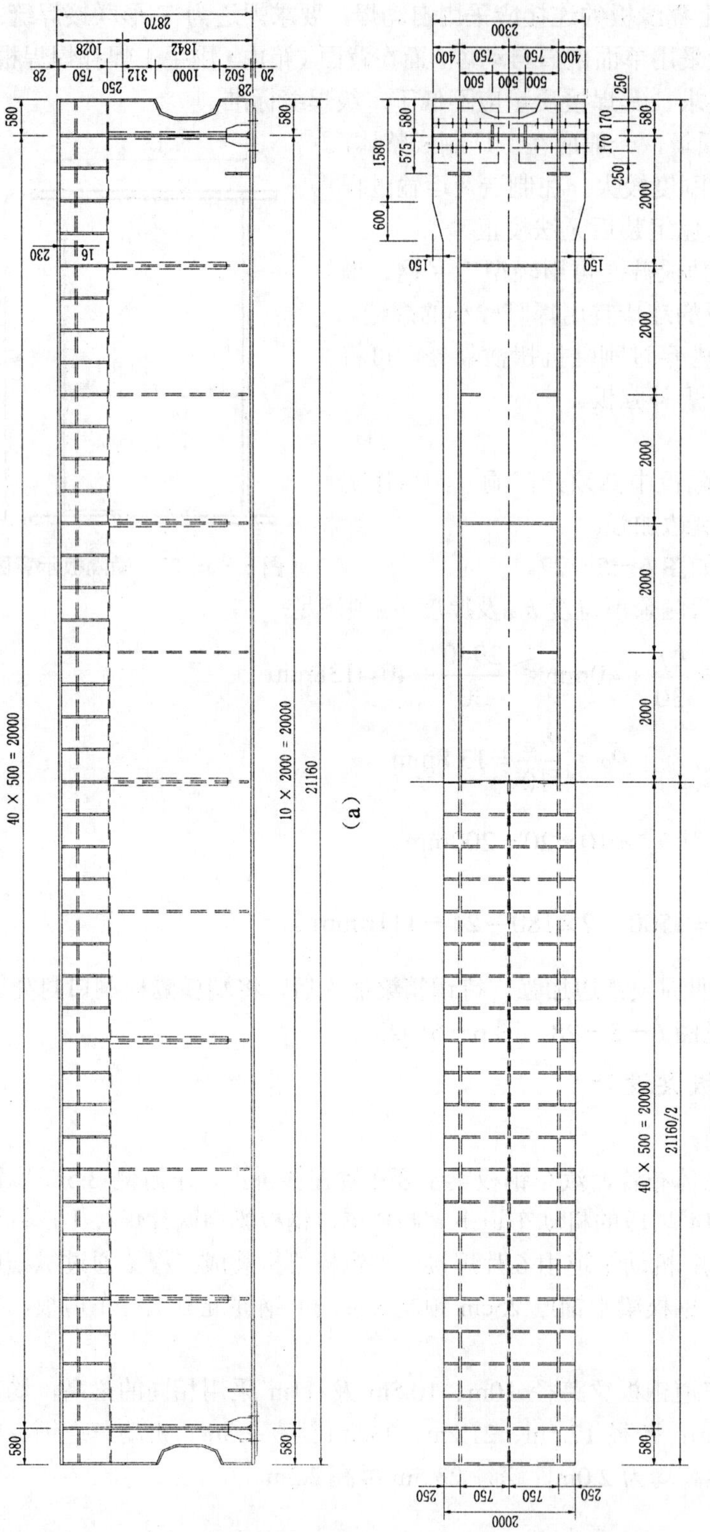

图 6—5—28　起重机钢箱梁结构图（单位：mm）

（a）箱梁立面图；（b）上翼板平面图；（c）下翼板平面图

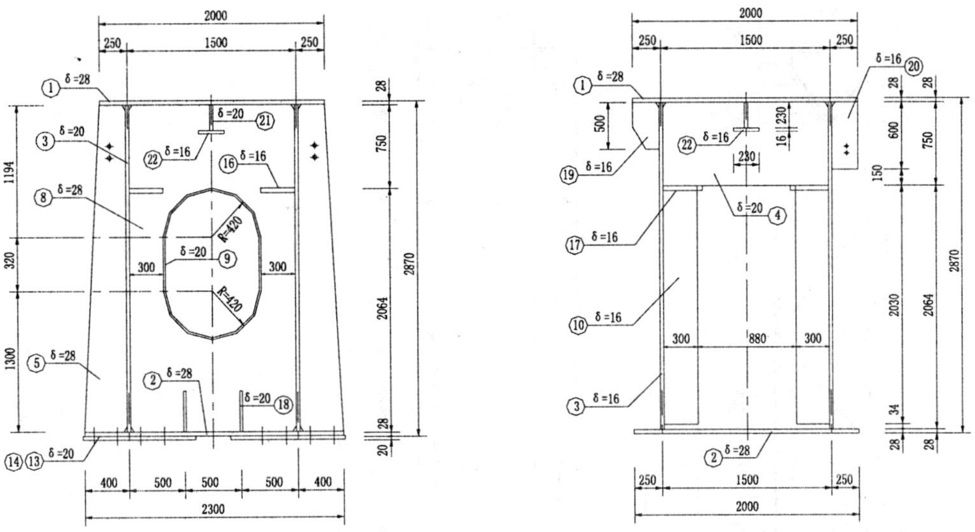

（a）支座处剖面图　　（b）跨中剖面图

图 6—5—29　起重机钢箱梁剖面图（单位：mm）

图 6—5—30 为跨径 21.2m 卸料车道钢板梁结构图，图 6—5—31 为跨径 17.1m 机动车道钢板梁结构图。

2. 设计资料

1）计算跨度

按高程 120m 栈桥总体布置，钢板梁在卸料车道布置有 10m、10.5m、11.5m、14.2m、17.1m、21.2m、23.5m 七种跨度，机动车道为 17.1m、21.2m、23.5m 三种跨度，钢板梁的设计以 21.2m 跨作为典型设计，其计算跨度 L_o=20.47m。

2）设计荷载

（1）汽车荷载。LDC6 型侧卸料罐车，大型载重拖车特挂—220 级。两者具体轴载和纵横向排列见本章第三节。

（2）自重荷载。钢板梁自重、桥面板及桥面铺装重量。

（3）风荷载。基本风压，250N/mm^2。

（4）人群荷载。人行道上的人群荷载按 4.0kN/m^2。

（5）管线及设备荷载。栈桥上布置的供风、供水、供电设备按实际布置情况取值。

3）材料

主材用 Q345D（16Mn），桥面板混凝土标号为 30 号，主筋用Ⅱ级钢筋，其余用Ⅰ级钢筋。

3. 内力计算

1）荷载组合

（1）设计工况。恒载+LDC6 型侧卸料罐车（重车）+人群荷载，其中恒载包括：钢板梁自重+桥面板重+桥面铺装重+设备管线重。

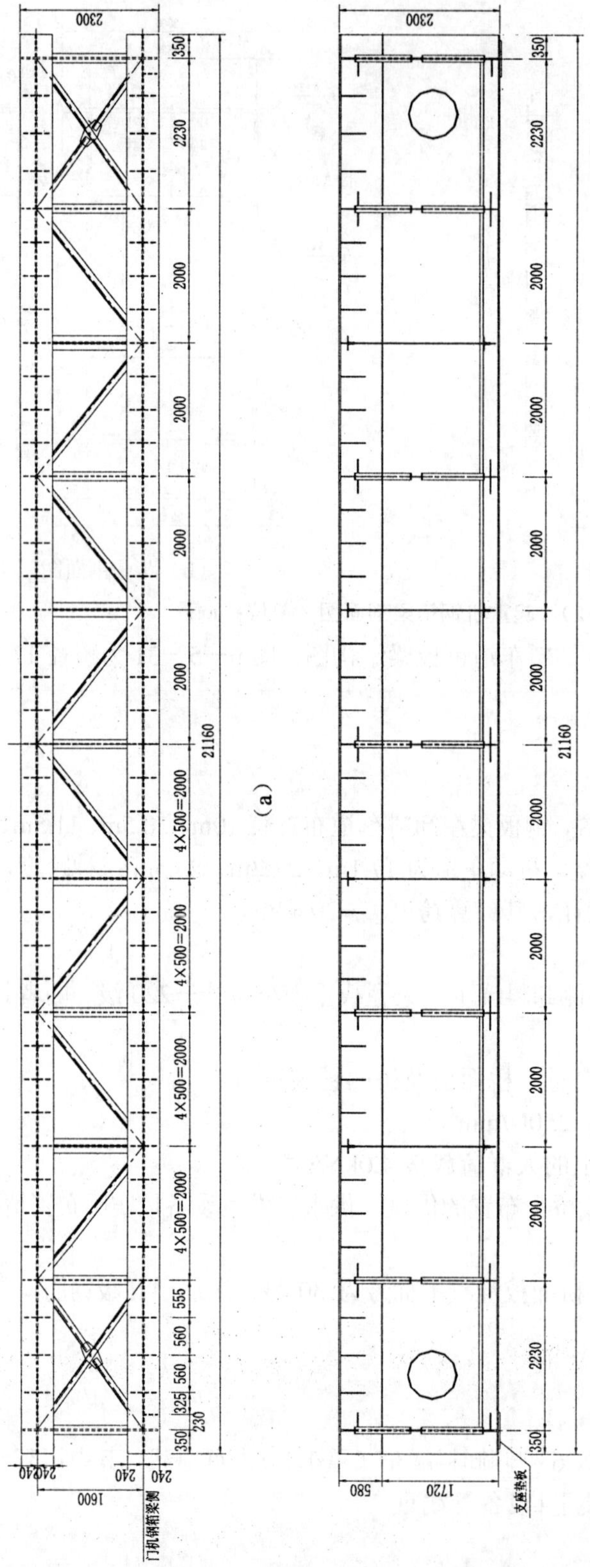

(b)

图 6—5—30　卸料车道钢板梁结构图

（a）平面图；（b）纵剖面图

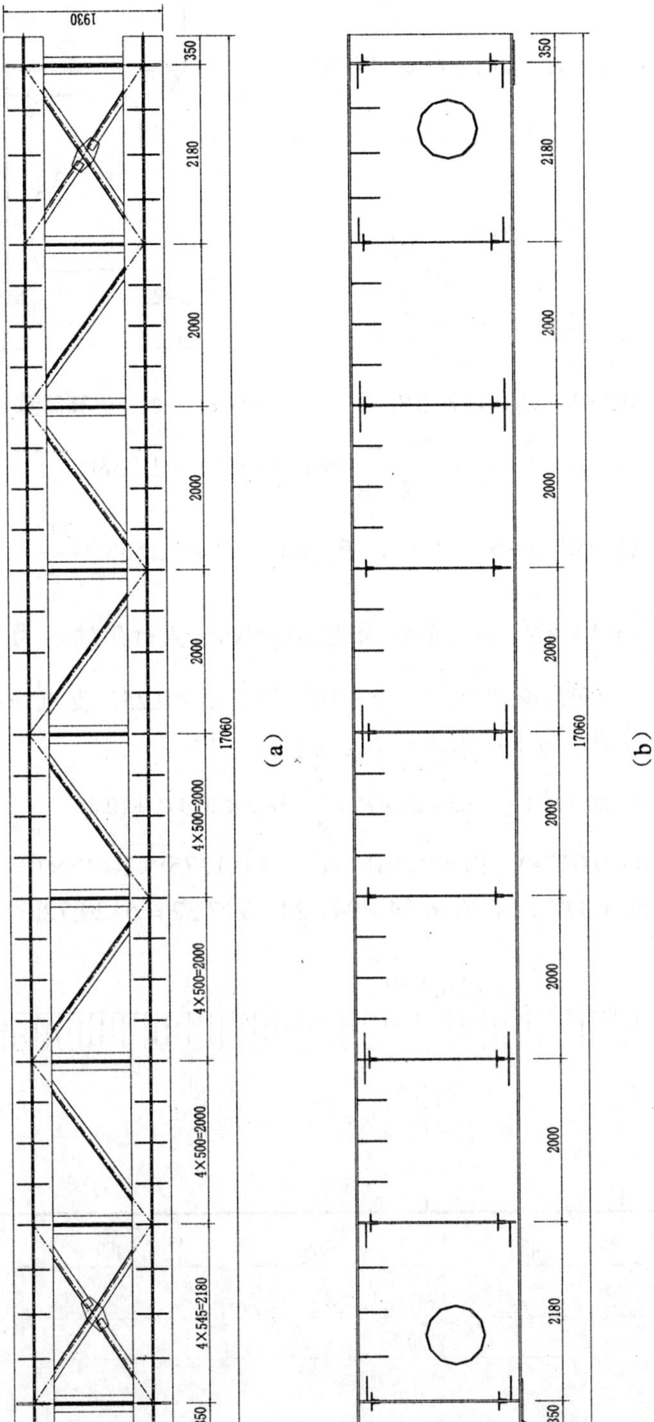

图6—5—31　机动车道钢板梁结构图

（a）平面图；（b）纵剖面图

（2）校核工况。恒载+特挂－220 级载重拖车。

2）内力计算

钢板梁设计跨度 21.2m，其计算跨度为 20.47m。

（1）设计工况。

①荷载横向分布系数，即考虑两片主梁受力的不均匀性。由计算简图 6－5－32，得：

$$R_A=\frac{P_1\times(53+160)-P_2\times 19}{160}=\frac{213P_1-19P_2}{160}$$

$$R_B=\frac{P_2\times(19+160)-P_1\times 53}{160}=\frac{179P_2-53P_1}{160}$$

当 $P_1=P_2$ 时，$R_A=1.2125P_1$，$R_B=0.7875P_1$。

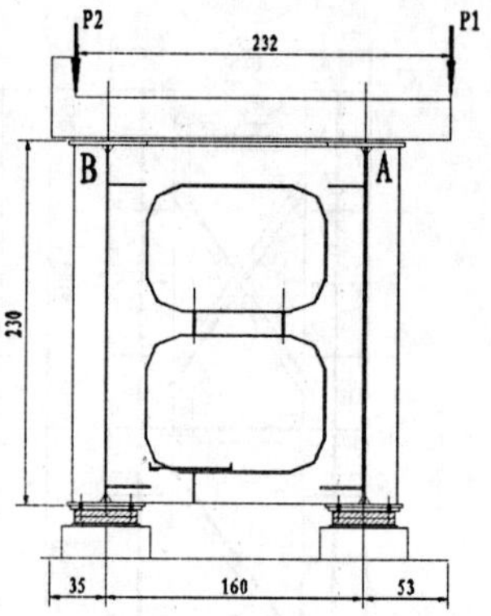

图 6－5－32　计算简图（单位：cm）

冲击系数为：$1+\mu=1+\dfrac{15}{37.5+20.46}=1+0.2588=1.2588$。

②跨中弯矩计算：计算简图 6－5－33 中，$P_{A1}=1.2125\times 1.2588\times\dfrac{211}{2}=161\text{kN}$，$P_{A2}=1.2125\times 1.2588\times\dfrac{172}{2}=131\text{kN}$；自重荷载 q_1 为 20.4kN/m，人行荷载 q_2 为 7.2kN/m，设备荷载 q_3 为 38.5kN/m。相应影响线见图 6－5－34：跨中 m＝0.25，支点 m＝0。

根据计算简图和影响线图，跨中弯距为：

$$M_{中}=\frac{1}{8}\times 20.4\times 20.47^2+\frac{1}{8}\times 7.2\times 20.47^2+\frac{1}{8}\times 38.5\times 20.47^2+(0.25$$
$$+0.0178+0.0178)\times 20.47\times 161+(0.14+0.1275)\times 20.47\times 131$$
$$=1068.50+377.12+2016.54+941.24+717.32=5120.72\text{kN}\cdot\text{m}$$

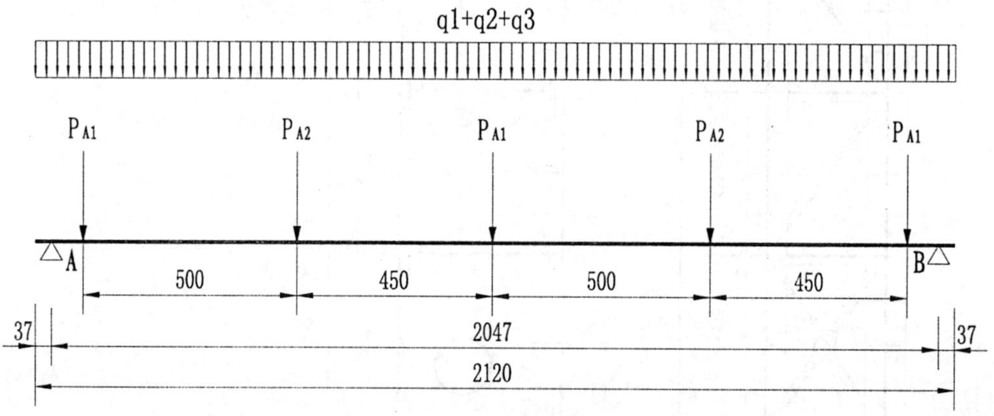

图 6－5－33　计算简图（单位：cm）

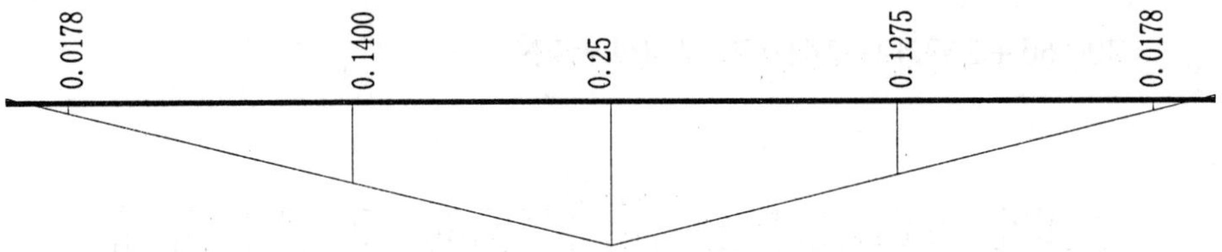

图6－5－34　相应影响线图

③支座剪力计算：依据计算简图6－5－35和影响线图6－5－36（A支点m=1，B支点m=0），可得支座剪力。

$$Q_A = \frac{1}{2}(20.4+7.2+38.5)\times 20.47+(1+0.536+0.071)\times P_{A1}+(0.756+0.290)\times P_{A2}$$

$$=676.53+258.73+137.03=1072.29\text{kN}$$

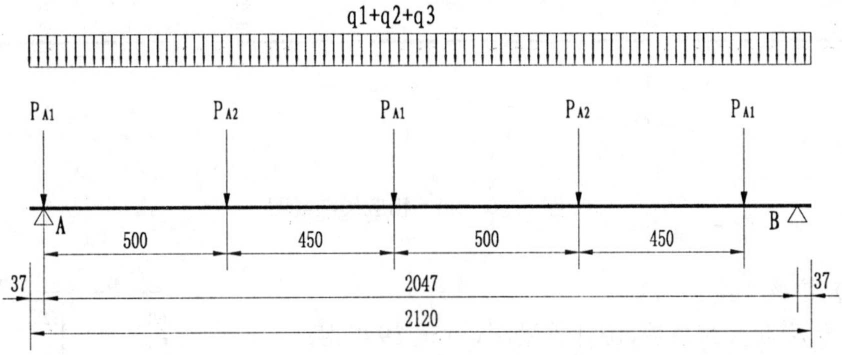

图6－5－35　计算简图（单位：cm）

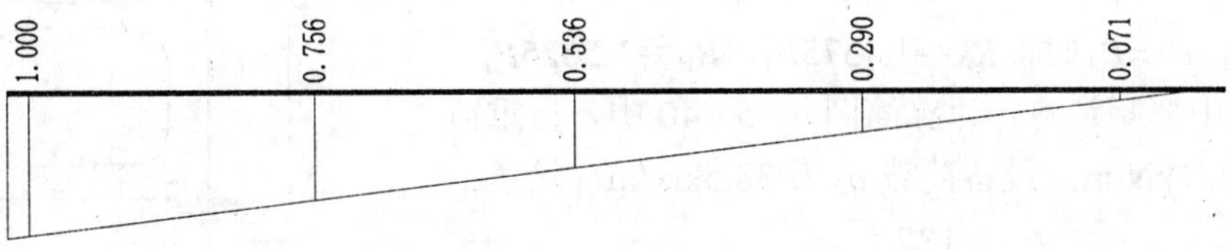

图6－5－36　相应影响线图

④支座反力计算：根据计算简图6－5－37和影响线图6－5－38（A支点m=1，B支点m=0），可算出支座反力。

$$R_A = \frac{1}{2}(20.4+7.2+38.5)\times 21.2 + (1.018+0.554+0.089)P_{A1} + (0.774+0.309)P_{A2}$$

$$= 700.66 + 267.42 + 141.87 = 1109.95\text{kN}$$

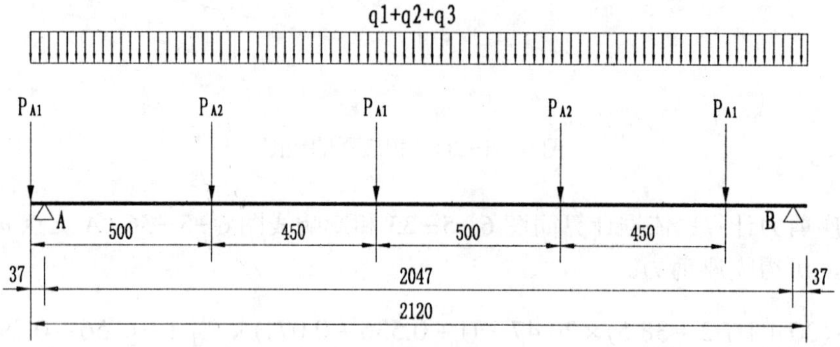

图 6—5—37　计算简图（单位：cm）

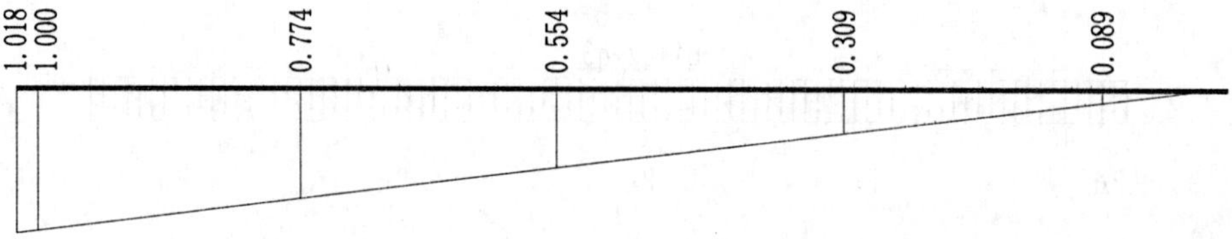

图 6—5—38　相应影响线图

（2）校核工况：

①荷载横向分布系数，由计算简图 6—5—39 可得：

$$R_A = \frac{P_1\times 180 + P_2\times 87 - P_3\times 37}{160}$$

$$R_B = \frac{P_3\times 197 + P_2\times 73 - P_1\times 20}{160}$$

当 $P_1=P_2=P_3$ 时，$R_A=1.4375P_1$，$R_B=1.5625P_1$。

②跨中弯矩计算：计算简图 6—5—40 中，自重荷载 q_1 为 10.1kN/m，设备荷载 q_2 为 38.5kN/m，轮压：

$$P_{2A} = 1.5625\times\frac{122.5}{2} = 95.70\text{kN},$$

$$P_{3A} = 1.5625\times\frac{264}{4} = 103.13\text{kN}。$$

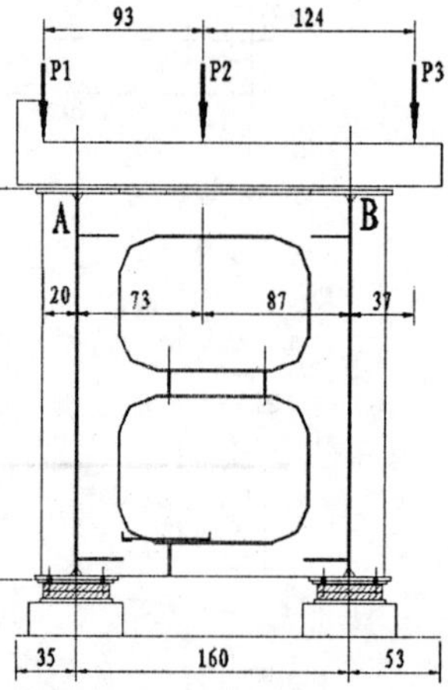

图 6—5—39　计算简图（单位：cm）

由计算简图 6—5—40 和影响线图 6—5—41（跨中 m=0.25，支点 m=0），可求得跨中弯距。

$$M_{中}=\frac{1}{8}\times20.4\times20.47^2+\frac{1}{8}\times38.5\times20.47^2+(2\times0.1399+2\times0.1767$$
$$+2\times0.2134+0.25)\times20.47\times103.13+0.0708\times20.47\times95.70$$
$$=1068.50+2016.54+2765.50+138.70$$
$$=5989.24\text{kN}\cdot\text{m}$$

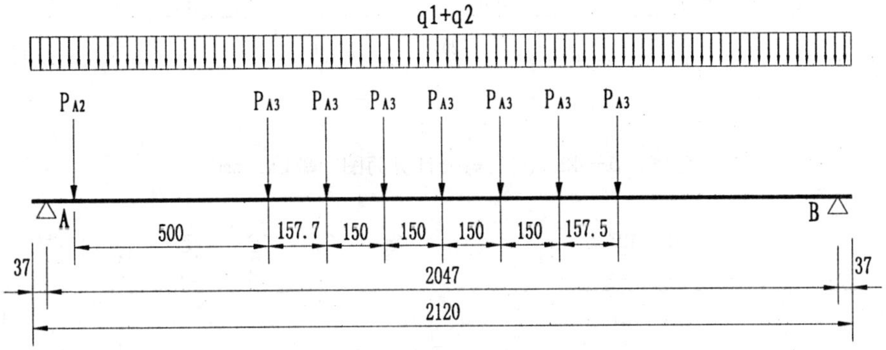

图 6－5－40　计算简图（单位：cm）

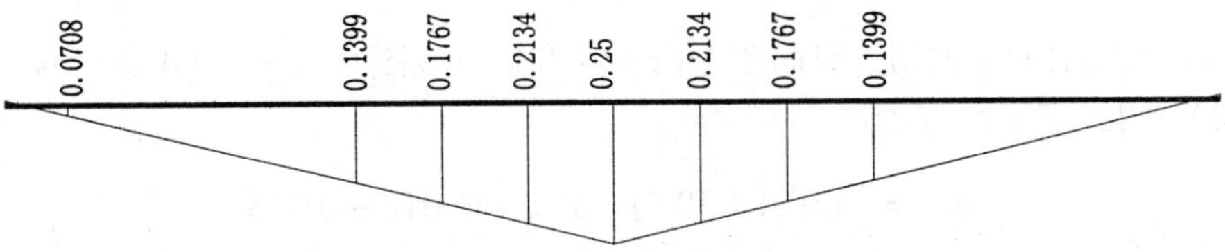

图 6－5－41　相应影响线图

③支座剪力计算：计算简图 6－5－42 中，$P_{1A}=1.5625\times\frac{52.5}{2}=41.02\text{kN}$，$P_{2A}=95.7\text{kN}$，$P_{3A}=103.13\text{kN}$。影响线图 6－5－43 中，$A$ 支点 $m=1$，B 支点 $m=0$。依据计算简图和影响线图，求得支座剪力。

$$Q_B=\frac{1}{2}(20.4+38.5)\times20.47+(1+0.927+0.853$$
$$+0.780+0.706+0.633+0.560)P_{3A}$$
$$+(0.21+0.315)P_{2A}+(0.007+0.081)P_{1A}$$
$$=602.84+562.99+50.24+3.61$$
$$=1219.7\text{kN}$$

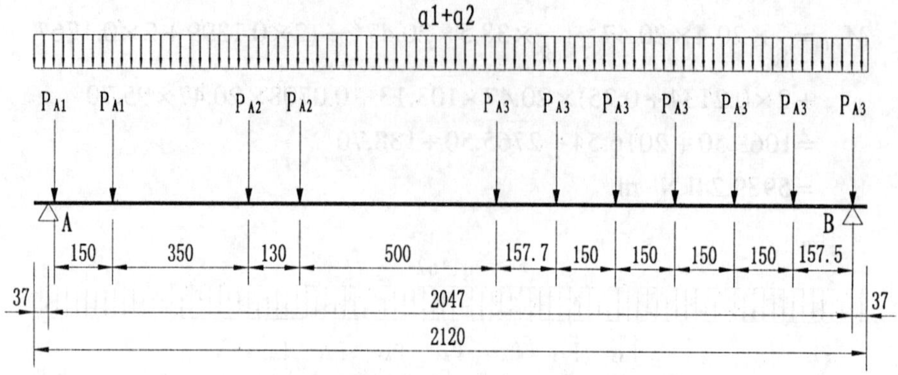

图 6－5－42 支座剪力计算简图（单位：cm）

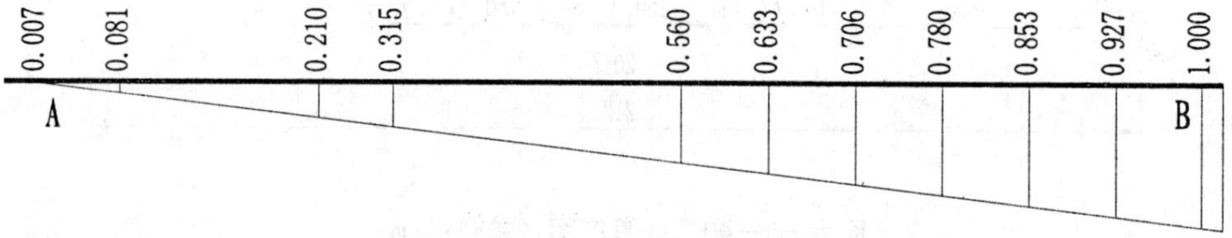

图 6－5－43 相应影响线图

④支座反力计算：根据计算简图 6－5－44 和影响线图 6－5－45（A 支点 $m=1$，B 支点 $m=0$），得到支座反力。

$$R_B = \frac{1}{2}(20.4+38.5)\times 21.2+(1.018+0.945$$

$$+0.871+0.798+0.725+0.651+0.578)P_{3A}$$
$$+(0.27+0.333)P_{2A}+(0.025+0.099)P_{1A}$$

$$=624.34+576.08+57.71+5.09$$
$$=1263.22\text{kN}$$

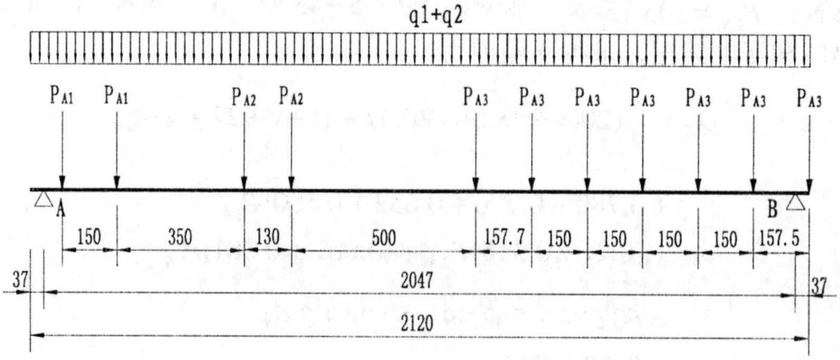

图 6－5－44 计算简图（单位：cm）

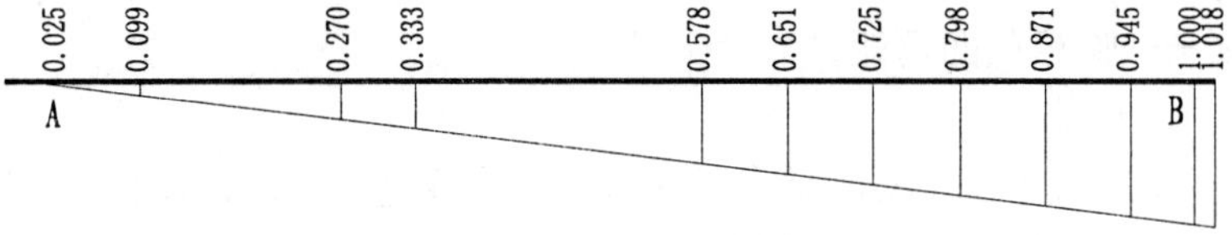

图 6－5－45　相应影响线图

4. 截面选择

大型 I 形钢板梁主要由钢板焊接而成，由两片主梁、上平纵联和下平纵联、端横联和中间横联组成。主梁为工字形截面，由上下翼缘、腹板和加劲肋组成。梁截面主要尺寸包括梁高 H、腹板厚度 δ_f、翼缘板尺寸及梁中心距离 B。

1）梁高 H 确定

选定梁的高度，应考虑钢板用量最省，梁的弹性挠度不大于容许值，以及建筑高度要求等。简支钢板梁梁高一般为梁长的 1/13～1/8。跨径 21.2m 梁高 H 取 2.3m，约为梁长的 1/9。

2）腹板厚度 δ_f确定

梁的腹板厚度，应满足抗剪强度、腹板的局部稳定及钢板防锈蚀厚度的要求。

（1）按抗剪强度要求腹板的最小厚度 δ_f 可按下式计算：

$$\delta_f \geqslant 1.2\frac{Q_{\max}}{h_f[\tau]}$$

式中：$Q_{\max}$——梁支点截面的最大剪力；

$[\tau]$——钢材的容许剪应力；

h_f——腹板高度。

（2）按腹板局部稳定要求，为防止腹板发生翘曲而丧失稳定，腹板厚度 δ_f 需满足规范中 δ_f/h_f 有关要求。一般腹板厚度不小于其高度的 1/140，便于在腹板上只设竖向加劲肋而不设纵向加劲肋，但也应小于其高度的 1/50。

（3）按规范要求，对主要构件所用钢板厚度不宜小于 12mm，以减小焊接所引起的变形，同时也避免因钢板锈蚀后过多削弱构件截面。但腹板的厚度也不宜过厚，一般不超过 24mm，以利加工制造。

经计算，跨径 21.2m 梁腹板厚度 δ_f=12mm 即可。

3）翼缘尺寸确定

焊接钢板梁翼缘面积 A，可用下式估算：

$$A_y = \frac{M}{[\sigma]}\cdot\frac{1}{H} - \frac{\delta_f}{6}\cdot H$$

$$A_y = 2b_y \cdot \delta_y$$

式中：b_y、δ_y——为翼缘宽度、厚度；

M——验算截面弯矩；

H——梁高。

翼缘厚度 δ_y 应大于 10mm，且小于 32mm。翼缘宽度 b_y 通常取梁高的 1/5～1/2.5，且不宜小于 240mm。同时，根据规范要求，翼缘板伸出肢的宽（$b_y/2$）厚（δ_y）比，不得超过 10，以保证受压翼缘板的局部稳定，并减小焊接变形。为此，翼缘厚度为 24mm，宽度为 480mm。

4）梁中心距 B 确定

两片主梁之间的中心距离 B 与梁的横向倾覆稳定及梁的横向刚度等因素有关。梁的横向倾复稳定安全系数应大于 1.3，梁的横向刚度应满足 $\dfrac{B}{L} \geqslant \dfrac{1}{20}$ 的要求。

两片主梁之间的中心距离 B 取 1.6m，则 $\dfrac{1.6}{20.47} = 0.078 > \dfrac{1}{20} = 0.05$。

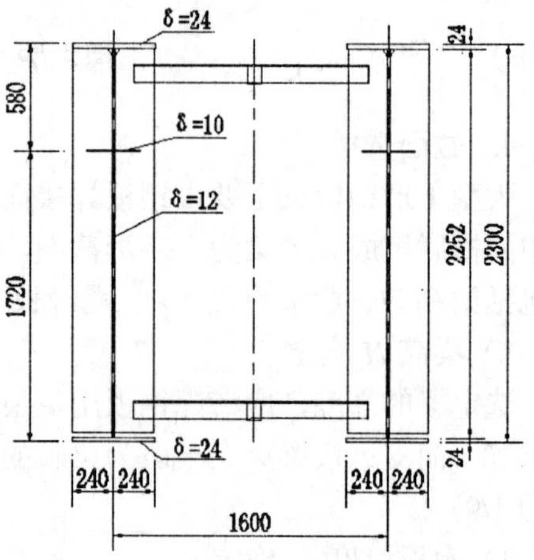

图 6－5－46　钢板梁断面图（单位：cm）

5）梁断面确定

钢板梁断面尺寸及构造见图 6-5-46。

5. **截面应力验算**

（1）跨中正应力：

$$M_{\text{中}}=5989.24\text{kN·m}$$

$$\sigma_1 = \frac{My}{I} = \frac{5989.24\times10^6\times1150}{4.937181\times10^{10}} = 139.5\ \ \text{N/mm}^2$$

满足要求。

（2）支座剪应力：

$$Q_{\text{支}}=1263.22\text{kN}$$

$$\tau = \frac{3}{2}\cdot\frac{Q}{h_f\delta_f} = 1.5\times\frac{1263.22\times10^3}{2252\times12} = 70.1\ \ \text{N/mm}^2$$

满足要求。

6. **疲劳强度计算**

钢板梁在汽车荷载多次重复作用下，可能在梁上某些部位产生疲劳破坏。因此，除避免梁截面急剧变化，严格控制焊接质量等构造措施外，还应对梁内可能产生应力集中部位，进行疲劳强度验算。验算疲劳强度时只考虑主力作用。

1）翼缘对焊接缝处疲劳强度

翼缘因钢板长度不够而设置的对接焊缝（等宽等厚），或在梁截面变化处的翼缘对接焊缝（等宽不等厚度或等厚不等宽），均须按下式计算疲劳强度。

$$\sigma = \frac{M_x}{I_x} \cdot y \le [\sigma_n]$$

式中：y ——中和轴至计算疲劳处的距离；

$[\sigma_n]$——钢材疲劳容许应力，当钢材为 16Mn 钢并用自动焊接时，按下式计算：

$$以拉为主 [\sigma_n] = \frac{190}{1-0.6\rho} \leqslant [\sigma]$$

$$以压为主 [\sigma_n] = \frac{-190}{0.6-\rho} \leqslant [\sigma]$$

式中：ρ ——应力循环特征值，按下式计算：

$$\rho = \frac{绝对值最小的应力}{绝对值最大的应力} = \frac{M_{恒}}{M_{恒} + M_{活}}$$

2）腹板受拉区的中间竖向加劲肋端部疲劳强度

由于竖向加劲肋端部，腹板承受弯曲拉应力和剪应力的共同作用，故应验算其换算应力，并不得超过疲劳容许应力。即：

$$\sigma_{换} = \sqrt{0.8\sigma^2 + 2.4\tau^2} \leqslant [\sigma_n]$$

$$[\sigma_n] = \frac{150}{1-0.6\rho}$$

式中：σ、τ ——加劲肋端部 a 处的法向应力、剪应力。

$$\sigma = \frac{M_x}{I_x} y_a，\tau = \frac{QS_a}{I_x \delta_f}$$

式中：y_a ——a 点至中性轴距离；

S_a ——a 点以上面积对中性轴的面积距。

按上式计算得出 $[\sigma_n]$ 若等于或大于构件的材料容许应力，以及公式中 ρ 大于 0.6 时，可不计算疲劳强度。

7. 竖向挠度验算

钢板梁的竖向变位按规范要求，在静活载（不计冲击力的活载）作用下，竖向挠度不超过[f]＝L/700＝20470/700＝29.24mm。

1）均布荷载作用产生的跨中挠度f

按下式计算：

$$f=\frac{5}{48}\frac{Ml^2}{EI}<[f]$$

在$M=3085.04\text{kN}\cdot\text{m}$时，$f=\frac{5}{48}\times\frac{3085.04\times10^6\times20470^2}{2.1\times10^6\times4.12\times10^{10}}=1.56\text{mm}$。

2）数个集中荷载作用产生跨中挠度f

计算简图6－5－47中，$P_{2A}=95.70\text{kN}$，$P_{3A}=103.13\text{kN}$。

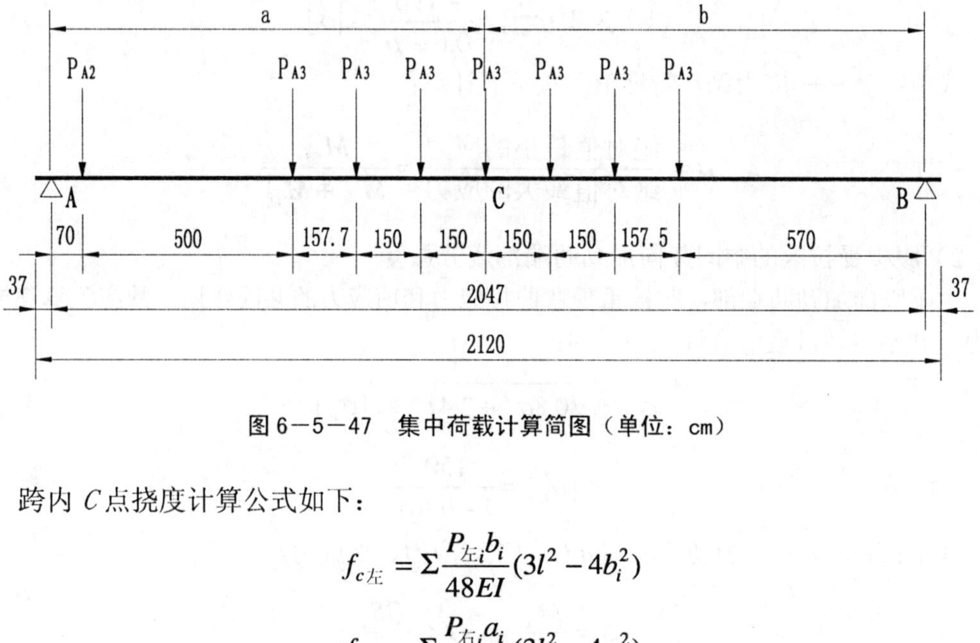

图6－5－47　集中荷载计算简图（单位：cm）

跨内C点挠度计算公式如下：

$$f_{c左}=\Sigma\frac{P_{左i}b_i}{48EI}(3l^2-4b_i^2)$$

$$f_{c右}=\Sigma\frac{P_{右i}a_i}{48EI}(3l^2-4a_i^2)$$

$$f_c=\frac{P_cl^3}{48EI}$$

则钢梁跨中挠度为：

$$f_{中}=1.56+0.03+2\times0.19+2\times0.22+2\times0.24+0.21=3.10\text{ mm}$$

满足要求。

8. 加劲肋设计

为了防止腹板局部丧失稳定及支座处传递反力，设置竖向加劲肋与水平加劲肋。竖向加劲肋又分为中间竖向加劲肋及端加劲肋，如图 6－5－48 所示。

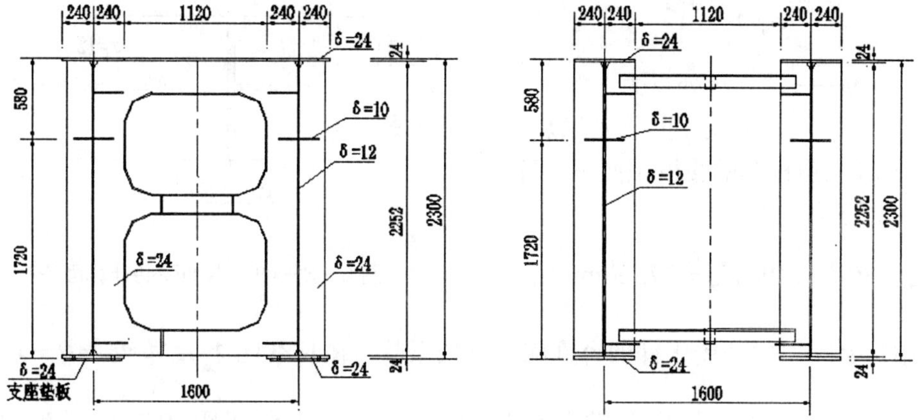

（a）端加劲肋　　　　（b）中间加劲肋

图 6-5-48　加劲肋示意图（单位：cm）

当 $h_1/t_w=2252/12=187.67>170\sqrt{235/f_y}=147$ 时，应配置横向加劲肋和在受压区配置纵向加劲肋。

1）中间竖向加劲肋

加劲肋宽度 $b_l\geqslant\dfrac{h_f}{30}+40\text{mm}=115\text{mm}$，厚度 $\delta_l\geqslant\dfrac{b_l}{10}=12\text{mm}$，且要求 $\dfrac{b_l}{\delta_l}<15$。

为保证加劲肋有一定的刚度，每对加劲肋绕腹板截面中心线的截面惯性 I_l 须满足下式：

$$I_l\geqslant 3h_f\delta_f^3=3\times2252\times12^3=1.167\times10^7\ \text{mm}^4$$

$$I_l=\frac{1}{12}\delta_l(2b_l+\delta_f)^3=\frac{1}{12}\times12\times(2\times230+12)^3$$

$$=1.052\times10^8\ \text{mm}^4\quad>1.167\times10^7\ \text{mm}^4$$

符合要求。

2）端加劲肋

端加劲肋用来传递支座反力，它的截面要比中间竖向加劲肋大，且肢宽比 $\dfrac{b_p}{\delta_p}=\dfrac{230}{24}=9.58<12$。

（1）端加劲肋稳定验算。公式如下：

$$\sigma = \frac{N}{A_m\varphi} \le [\sigma]$$

式中：N——端支承处反力；

A_m——端加劲肋全面积加每侧不大于15倍腹板厚的腹板截面积（见图6—5—49阴影线部分）；

$$A_m = 30\delta_f^2 + 2b_p\delta_p = 27360\text{mm}^2;$$

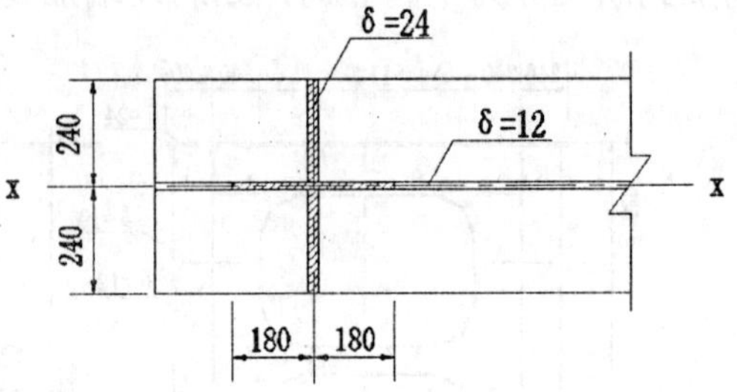

图6—5—49　端加劲肋计算面积

式中：φ——中心受压杆的容许应力折减系数，按长细比 $\lambda_x = \frac{l_x}{r_x}$ 查表6—5—2；

l_x——端加劲肋在横向连接系上、下两节点间距0.7倍；l_x =0.7×2300=1610mm；

r_x——为计算面积 A_m 绕x-x轴回转半径。

表6—5—2　　16Mn钢中心受压杆轴向容许应力折减系数

焊接H形（验算翼板平面总稳定性）及焊接T形构件				焊接H形（验算腹板平面内总稳定性）及焊接箱形杆件			
λ	φ	λ	φ	λ	φ	λ	φ
0～30	0.900	100	0.400	0～30	0.900	100	0.420
40	0.855	110	0.340	40	0.865	110	0.352
50	0.780	120	0.298	50	0.805	120	0.309
60	0.705	130	0.265	60	0.741	130	0.276
70	0.630	140	0.237	70	0.672	140	0.244
80	0.553	150	0.215	80	0.598	150	0.220
90	0.475			90	0.505		

$$I_x = \frac{2\times180\times12^3}{12} + \frac{24\times230^3}{12} + 2\times230\times24\times(\frac{230}{2}+\frac{12}{2})^2$$

$$=51840+24334000+161636640=1.86\times10^8\text{mm}^4$$

$$r_x = \sqrt{\frac{I_x}{A_m}} = \sqrt{\frac{1.86\times10^8}{2\times180\times12+2\times230\times24}} = 110\text{mm}$$

$$\lambda_x = \frac{l_x}{r_x} = \frac{1610}{110} = 14.6$$

查表6－5－2，得 ϕ=0.90

$$\sigma=\frac{1263.22\times10^3}{27360\times0.90}=51.3\text{N/mm}^2$$，满足要求。

（2）端加劲肋下端承压验算。端加劲肋与下翼缘接触处的承压应力 σ_a 计算公式如下：

$$\sigma_a=\frac{N}{A_z}\le[\sigma_a]$$

式中：A_z——端加劲肋与下翼缘磨光顶等的承压面积。

$$A_z=2\times200\times24=9600\text{mm}^2$$

$$\sigma_a=\frac{1263.22\times10^3}{9600}=131.6\text{N/mm}^2$$

满足要求。

9. 联结系设计

高程120m栈桥钢板梁均为上承式受力结构，在上、下平面设置纵向联结系，在端部及纵向联结构架节点处设置钢性强的横向联结系。

1）上、下平面纵向联结系

为承受横向水平荷载（包括汽车离心力、风力等），增强梁的整体稳定，在梁的上、下平面设置纵向联结系，形式见图6－5－50。

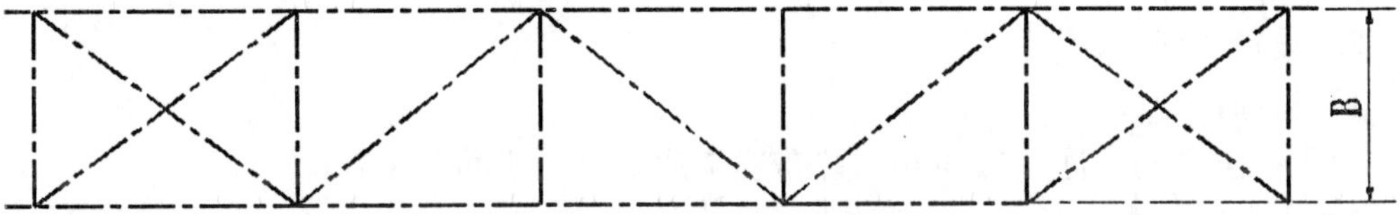

图6－5－50　上、下平面纵向联结系图

（1）上、下平纵联杆件内力计算：

上、下平纵联设计时，看成是水平放置的简支梁铰接桁架，按结构力学中的方法计算，分别计算斜杆及支杆的内力。

（2）联结系杆件容许长细比见表6－5－3。

表6－5－3　**杆件容许最大长细比[λ]**

杆件		长细比[λ]
主桁杆件	弦杆，受压或受反复应力腹杆	100
	不承受荷载的腹杆	150
	仅受拉力的腹杆	180
联结系杆件	纵向联结系，支点横向联结系，制动联结系	130
	中间横向联结系	150

（3）计算各杆件轴向应力：

$$中心拉力\ \sigma=\frac{N}{A}<[\sigma]$$

$$中心受压\ \sigma=\frac{N}{A_m\varphi}\le[\sigma]$$

式中：A——杆件净截面积；

A_m——杆件毛截面积；

φ——拆减系数。

2）横向联结系

在上承式板梁中，在梁端部及纵向平面联结桁架节点处，设置横向联结系，横联形式见图 6－5－51。

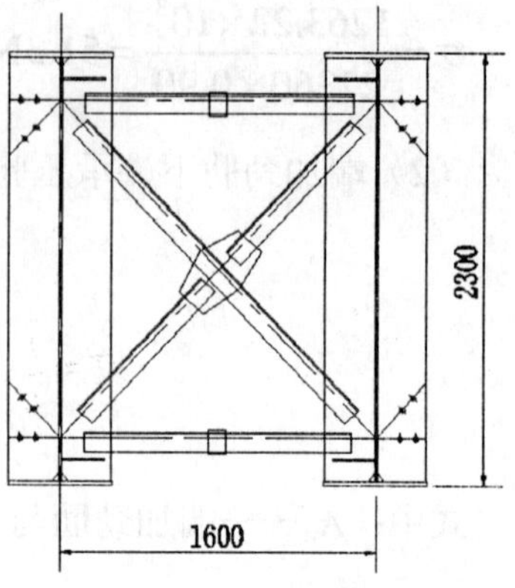

图 6－5－51　横联形式示意图

图中构件规格为 $L90\times8$。

（三）汽车普通钢筋混凝土 T 形梁设计

1. 概况

依据高程 120m 栈桥总体布置，汽车普通钢筋混凝土 T 形梁主要布置在左导墙坝段、泄洪坝段和右纵 1#坝段，其中左导墙和右纵 1#坝段跨径为 14.2m，泄洪坝段表孔部分跨径为 11m，泄洪坝段深孔部分跨径为 10m。

为方便施工，跨径 10m 和 11m T 形梁采用相同的梁高，均为 1.0m ；跨径 14.2m T 形梁梁高为 1.3m。

2. 设计资料

1）桥面净空

起重机梁之间，净--11.46m，共布置 7 片主梁，梁间距 1.7m。

2）主梁跨径和全长

跨径 14.2m 梁：标准跨径 l_b＝14.20m（墩中心线），计算跨径 l＝13.40m（支座中心线），主梁全长 $l_{全}$＝14.16m（主梁预制长度）。

跨径 11m（10m）梁：标准跨径 l_b＝11m（10m）（墩中心线），计算跨径 l＝10.3m（9.3 m）（支座中心线），主梁全长 $l_{全}$＝10.96 m（9.96m）（主梁预制长度）。

3）汽车荷载

特挂－220 级拖车组和 LDC6 型侧卸料罐车（重车）组合，两者具体轴载和纵横向排列见本章第三节。

4）材料

主筋用Ⅱ级钢筋，其余用Ⅰ级钢筋；混凝土标号为 40 号。

5）结构尺寸

（1）梁的高度。

根据经验，普通钢筋混凝土 T 形梁的梁高 h，一般为跨度 L 的 1/17～1/10；跨度愈大，荷载愈大，则 h/L 愈趋于下限。另外，梁高还要满足有关限界要求。根据这一原则，同时参考国内已完成的类似工程经验，再考虑到本栈桥荷载超出常规荷载的特点，在设计中按下限取用梁高，即跨径 14.2m 梁高 1.3m，跨径 11m 及 10m 梁高 1.0m。

（2）梁肋厚度计算。

梁肋厚度取决于主拉应力的容许值和构造方面的要求，由于假定混凝土不能受拉，因而在普通钢筋混凝土梁的受拉区，主拉应力在数值上与剪应力相等，即

$$\sigma_{ZL}=\tau=\frac{Q}{bZ}$$

式中：Q——截面剪力；

Z——内力偶臂，可近似取（0.8～0.92）h；

b——梁肋厚度。

如果 σ_{ZL} 值超过容许值 $[\sigma_{ZL}-1]$，则必须增大梁肋厚度和高度。由于主拉应力在梁内的变化，梁肋的厚度可以分段选取。

构造上对梁肋厚度也有一定的要求，通常 h/b 可取 3～9.5，为便于施工和保证梁体质量，梁肋厚度 b 不得小于 12～14cm。同时，在保证抗剪等条件下应尽可能减小梁肋的厚度，以期减轻结构自重。因此，综合考虑，本次设计梁肋厚度定为 20cm。端部为便于支座安装和增强抗剪强度逐步加宽至 30cm。

（3）横隔板构造设计。

一般在梁端和跨中设有横隔板与梁体一起浇筑，为了传递较大的集中反力和维修或更换支座，端部横隔板尺寸通常较大一些。本次设计考虑到施工方便，端部和跨中横隔板厚度为 18～20cm，上大下小；横隔板高度，对跨径 14.2m 梁端部高 80cm，跨中高 100cm；对跨径 11m 和 10m 梁端部高 50cm，跨中高 70cm；横隔板数，对跨径 14.2m 梁用 4 道，对跨径 11m 和 10m 梁用 3 道。

图 6—5—52 为跨径 14.2m T 形梁一般构造图，图 6—5—53 为跨径 11m 和 10m T 形梁一般构造图。

3. 主梁的计算

以跨径 14.2m T 形梁的结构为典型进行分析计算，其余两种跨径计算方法相同。

1）计算软件和方法

主梁计算主要由公路桥梁通用计算程序（PR91）完成。

根据《公预规》的规定，强度及配筋计算按承载能力极限状态法进行设计，裂缝宽度及变形计算按正常使用极限状态法进行。

强度及配筋计算按《公预规》第四章第一节的相关规定进行。裂缝宽度按《公预规》第 4.2.5 条规定进行计算，同时根据第 4.2.6 条规定，裂缝宽度值不应超过 0.25mm。变形计算应满足《公预规》第 4.2.3 条规定。2）主梁的荷载横向分布系数

采用手算横向分布系数对电算结果进行比较和复核，其中跨中荷载弯矩横向分布系数采用比拟正交异性板法（G—M 法）进行计算，梁端剪力横向分布系数采用杠杆法进行计算。

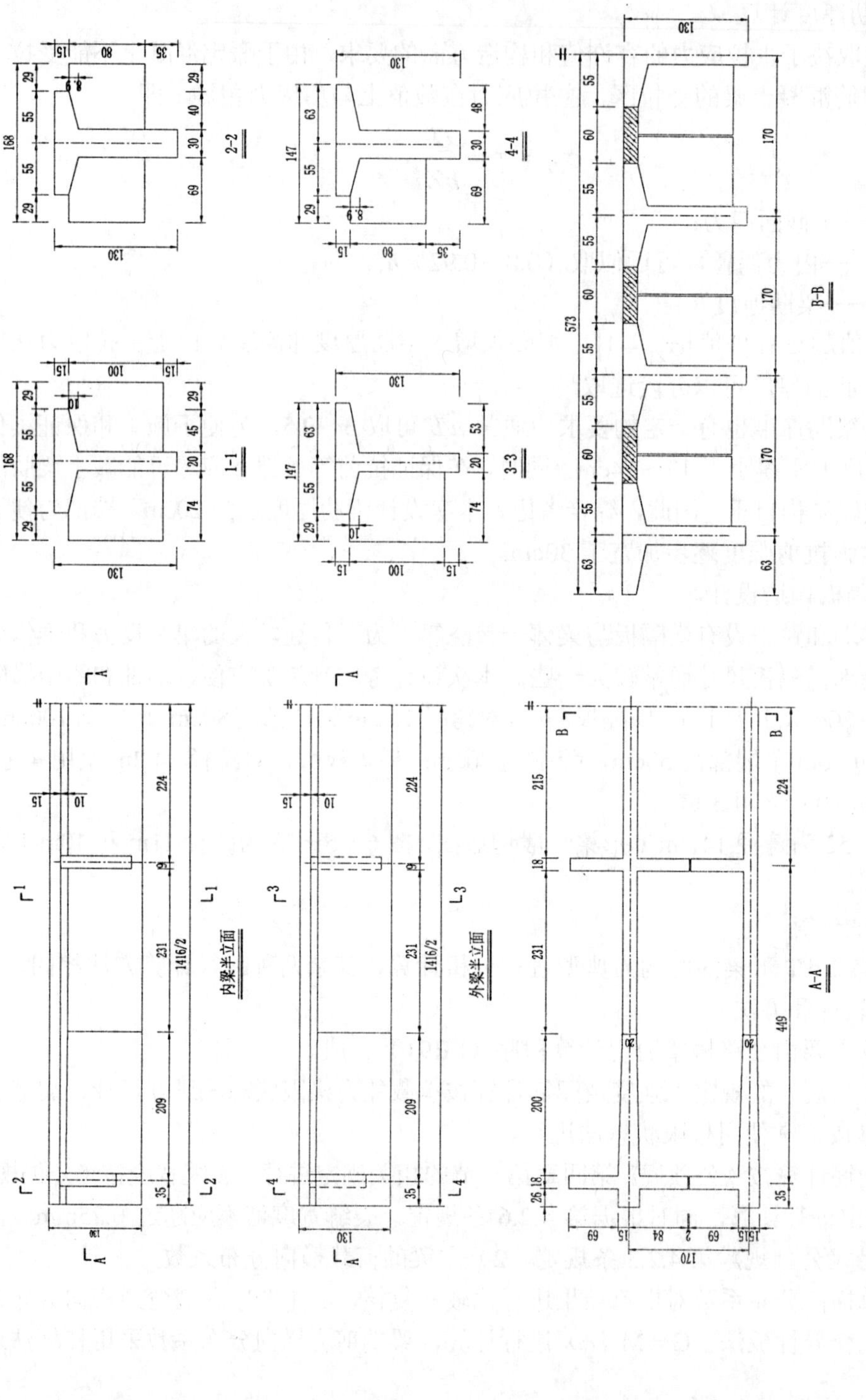

图 6－5－52　跨径 14.2m T 形梁一般构造图（单位：cm）

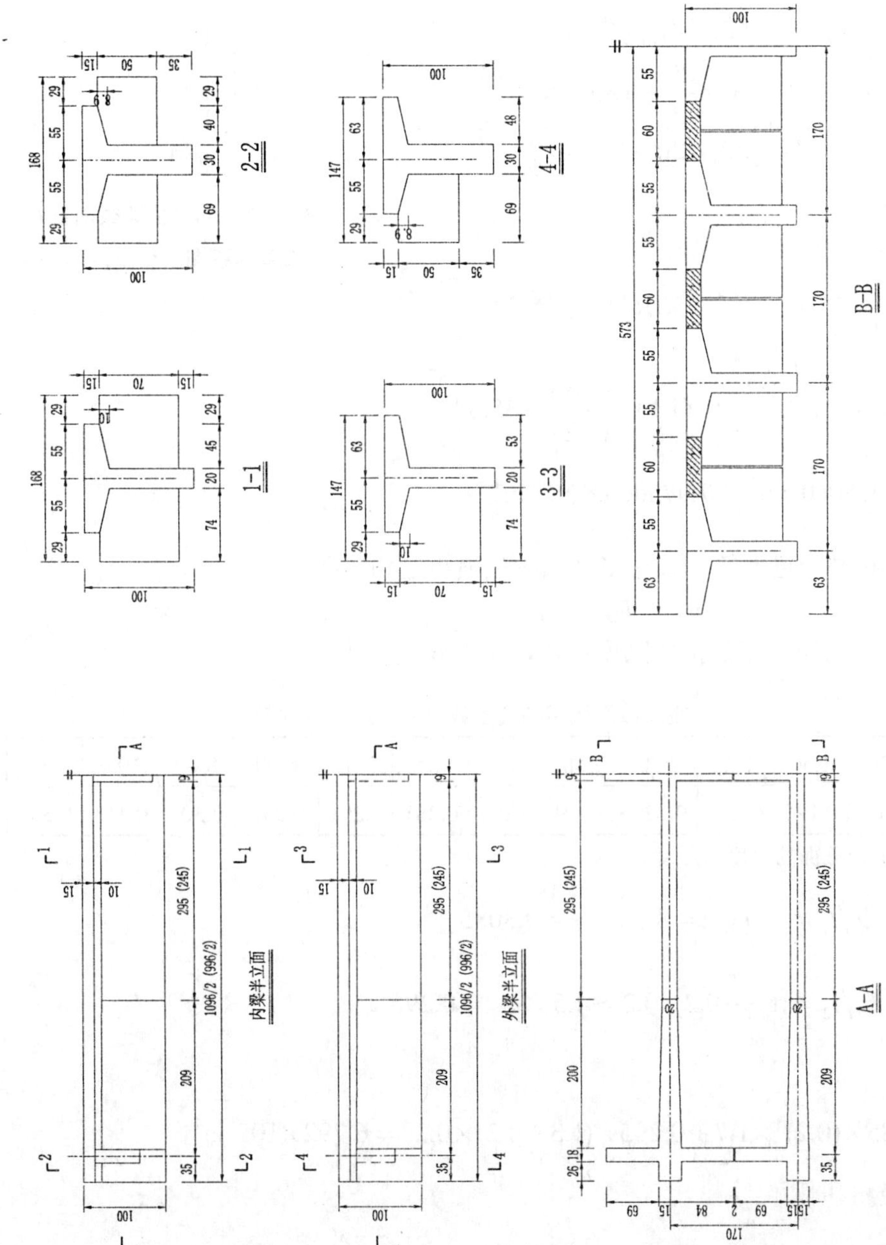

图6—5—53 跨径11m和10m T形梁一般构造图（单位：cm）

（1）主梁的抗弯及抗扭惯矩 I_x 和 I_{Tx} 计算。

先求主梁截面的重心位置（见图 6—5—54）a_x：

平均板厚 $h_1=\frac{1}{2}(15+25)=20\,\text{cm}$

则截面形心至等厚度翼缘板中心距离为：

$$a_x=\frac{S}{A}=\frac{(170-20)\times 20\times \frac{20}{2}+130\times 20\times \frac{130}{2}}{(170-20)\times 20+130\times 20}$$

$=35.54\,\text{cm}$

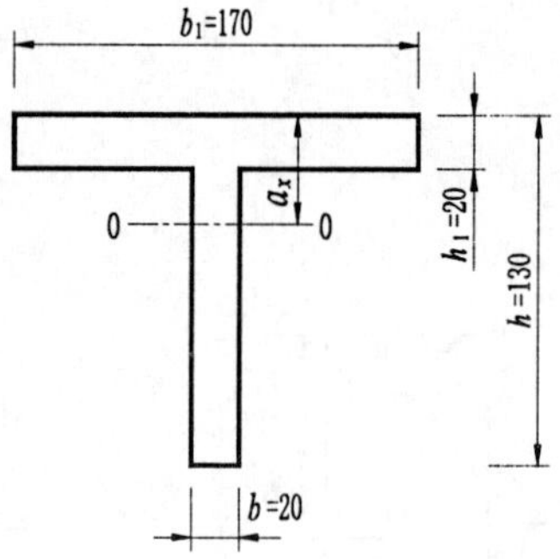

图 6—5—54　主梁截面重心位置示意图（单位：cm）

截面抗弯惯矩 I_x：

$$I_x=\frac{1}{12}\times 150\times 20^3+150\times 20\times\left(35.54-\frac{20}{2}\right)^2$$

$$+\frac{1}{12}\times 20\times 130^3+20\times 130\times\left(\frac{130}{2}-35.54\right)^2$$

$$=7975060\ \text{cm}^4=7.975060\times 10^{-2}\ \text{m}^4$$

T 形主梁抗扭惯矩近似等于各矩形截面抗扭惯矩之和，即：

$$I_{Tx}=\sum c_i b_i t_i^3$$

式中：c_i ——为矩形截面抗扭刚度系数，查表 6—5—4。

表 6—5—4　　矩形截面抗扭刚度系数

b/t	1.00	1.20	1.50	1.75	2.00	2.50	3.00	4.00	5.00	6.00	8.00	10.0	∞
c	0.141	0.166	0.196	0.214	0.229	0.249	0.263	0.281	0.291	0.299	0.307	0.313	0.333

注：b_i、t_i 为相应矩形截面的宽度与厚度。

查表可知　$b_1/t_1=1.7/0.2=8.5$，$c_1=0.3085$

$b_2/t_2=(1.1-0.2)/0.2=4.5$，$c_2=0.295$

故有

$$I_{Tx}=0.3085\times(0.2)^3\times 1.7+0.295\times(1.3-0.2)\times 0.2^3=6.792\times 10^{-3}\ \text{m}^4$$

单位抗弯及抗扭惯矩：

$$J_x=I_x/b=7.978060\times 10^{-2}/170=4.691\times 10^{-4}\ \text{m}^4/\text{cm}$$

$$J_{Tx}=I_{Tx}/b=6.792\times 10^{-3}/170=3.995\times 10^{-5}\ \text{m}^4/\text{cm}$$

（2）横梁的抗弯及抗扭惯矩计算。

翼板有效宽度λ计算（图6—5—55）：
横梁长度取为两边主梁的轴间距，即
$l=6b=6\times1.7=10.2$m
$c=(4.45-0.18)/2=2.135$m
$h'=1.15$m，$b'=0.18$m
$c/l=2.135/10.2=0.209$
根据 c/l 比值查表6—5—5，求得 $\lambda/c=0.775$

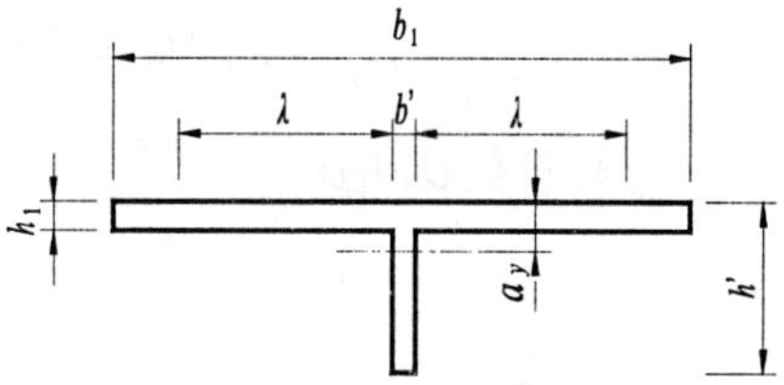

图6—5—55　计算简图

表6—5—5　参数表

c/l	0.05	0.10	0.15	0.20	0.25	0.30	0.35	0.40	0.45	0.50
λ/c	0.983	0.936	0.867	0.789	0.710	0.635	0.568	0.509	0.459	0.416

所以　$\lambda=0.775c=0.775\times2.135=1.65$m
求横梁截面重心位置 a_y：

$$a_y=\frac{2\lambda\times h_1\times\frac{h_1}{2}+h'\times b'\times\frac{h'}{2}}{2\lambda\times h_1+h'\times b'}=\frac{2\times1.65\times0.2\times\frac{0.2}{2}+1.15\times0.18\times\frac{1.15}{2}}{2\times1.65\times0.2+1.15\times0.18}=0.213\text{m}$$

横梁的抗弯和抗扭惯矩 I_y 和 I_{Ty}：
由公式

$$I_y=\frac{1}{12}\times2\lambda h_1^3+2\lambda h_1\left(a_y-\frac{h_1}{2}\right)^2+\frac{1}{12}b'h'^3+b'h'\left(\frac{h'}{2}-a_y\right)^2$$

$$I_{Ty}=c_1b_1h_1^3+c_2b_2h_2^3$$

可得 $I_y=6.06\times10^{-2}\ \text{m}^4$

由 $h_1/b_1=0.2/4.45=0.045<0.1$，查表有 $c_1=\frac{1}{3}$，但由于连续桥面板的单宽抗扭惯矩仅为独立宽扁板者的一半；为此，取 $c_1=\frac{1}{6}$。

$$h_2/b_2=0.18/(1.3-0.2)=0.164，查表有 c_2=0.299。$$

于是，$I_{Ty}=\frac{1}{6}\times0.2^3\times4.45+0.299\times1.1\times0.18^3=7.851\times10^{-3}\text{m}^4$

单位抗弯及抗扭惯矩 J_y 和 J_{Ty}：

$$J_y=I_y/b_1=6.06\times10^{-2}/445=1.362\times10^{-4}\ \text{m}^4/\text{cm}$$

$$J_{Ty}=I_{Ty}/b_1=7.851\times10^{-3}/445=1.764\times10^{-5}\ \ \text{m}^4/\text{cm}$$

（3）参数θ和α的计算：

$$\theta=\frac{B}{l}\sqrt[4]{\frac{J_x}{J_y}}=\frac{5.73}{13.40}\sqrt[4]{\frac{4.691}{1.362}}=0.5825$$

式中：B——桥梁承重结构的半宽，即 B＝11.46/2＝5.73m

$$\alpha=\frac{G(J_{Tx}+J_{Ty})}{2E\sqrt{J_x\cdot J_y}}=\frac{0.425E(3.995\times10^{-5}+1.764\times10^{-5})}{2E\sqrt{4.691\times10^{-4}\times1.362\times10^{-4}}}=0.0484$$

则$\sqrt{\alpha}=\sqrt{0.0484}=0.22$

（4）各主梁荷载横向分部系数计算：

已知$\theta=0.5825$，从G—M法计算图表可查得影响系数K_1和K_0的值，再利用内插法求得实际梁位处的K_1和K_0的值，则K_a＝K_0+（K_1－K_0）$\sqrt{\alpha}$，于是$\eta_{ki}=K_{\alpha i}/7$。

LDC6 型侧卸料罐车（重车）和特挂－220 级拖车组作用下各主梁的荷载横向分布系数见表 6－5－6。

表 6－5－6　　主梁的荷载横向分布系数

计算结果			1#梁	2#梁	3#梁	4#梁	5#梁	6#梁	7#梁
跨中弯矩	手算	料罐车	0.4447	0.5373	0.4407	0.3978	0.4185	0.5328	0.4399
		特挂车	0.2351	0.2827	0.2151	0.1737	0.2146	0.2804	0.2326
	电算	料罐车	0.6006	0.5212	0.4125	0.3675	0.4123	0.5162	0.5901
		特挂车	0.3818	0.3055	0.2163	0.1324	0.2159	0.3036	0.3807
支点剪力	电算	料罐车	0.5685	0.5849	0.6176	0.6176	0.6176	0.5735	0.5420
		特挂车	0.4824	0.4324	0.1412	0.1412	0.1412	0.4324	0.4824

对比电算结果可看出，由于手算查表偏差，取电算结果相对偏安全，故以下结构设计按电算结果进行。

3）内力计算

内力计算通过电算完成，由《公预规》第 4.1.2 条规定，荷载组合及荷载安全系数采用（荷载效应同号时）：

S＝1.2 恒载内力+1.4 汽车内力

S＝1.2 恒载内力+1.1 特挂内力（提高 3%）

弯矩、剪力均由 1#梁特载组合控制设计，即

$M_{1/4}$ ＝ 1781.20 kN·m；$M_{1/2}$ ＝ 2377.82 kN·m

$$Q_0 = 771.56\ \text{kN};\ Q_{1/2} = 204.38\ \text{kN}$$

4）截面设计、配筋与强度验算

（1）配置主筋。考虑施工方便，偏安全地一律按 1#梁计算弯矩配筋，主梁截面尺寸如图 6－5－56。

设钢筋净保护层为 3cm，钢筋重心至底边距离 a ＝10.5cm，则主梁有效高度：

$$h_o = h - a = 130 - 10.5 = 119.5\ \text{cm}$$

已知 1#梁跨中弯距 $M_{1/2}$＝2377.82 kN·m，假设 T 形截面中性轴位于翼缘板内，则可由公式

$$M_j \leqslant \frac{1}{\gamma_c} R_a b_i' h_i' \left(h_o - \frac{h_i'}{2} \right)$$

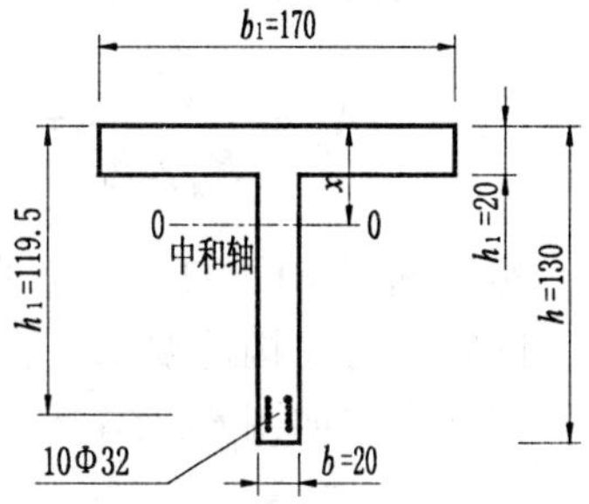

图 6－5－56　主梁截面图（单位：cm）

来判定 $x \leqslant h_i'$。

式中：M_j ——主梁的计算弯矩；

R_a ——混凝土抗压设计强度；

b_i' ——T 形截面受压区翼缘板计算宽度；

h_i' ——T 形截面翼缘高度；

h_0 ——截面的有效高度；

γ_c ——混凝土安全系数，取 1.25。

$$\frac{1}{\gamma_c} R_a b_i' h_i' \left(h_o - \frac{h_i'}{2} \right) = \frac{1}{1.25} \times 23 \times 1700 \times 200 \times \left(1195 - \frac{200}{2} \right)$$

$$= 685.032 \times 10^7\ \text{N/mm} = 6850.32\ \text{k N/m}$$

由计算结果知：$M_j < \frac{1}{\gamma_c} R_a b_i' h_i' \left(h_o - \frac{h_i'}{2} \right)$，故该截面为中性轴位于翼缘内的第一种类型 T 形截面，可按截面宽度为 170cm，高为 130cm 的矩形截面进行计算。

由公式 $A_0 = \frac{\gamma_c M_j}{R_a b_i' h_0^2}$，有：

$$A_0 = \frac{1.25 \times 237.782 \times 10^7}{23 \times 1700 \times 1195^2} = 0.053$$

查钢筋混凝土受弯构件正截面强度计算表，可得：$\gamma_0 = 0.968$

则所需的受拉钢筋截面面积A_g为：

$$A_g = \frac{\gamma_s M_j}{R_g \gamma_0 h_0} = \frac{1.25 \times 237.782 \times 10^7}{340 \times 0.968 \times 1195} = 7557\ \text{mm}^2 = 75.57\text{cm}^2$$

实际选用 10 Φ32 钢筋，配筋面积A_g＝80.43cm^2＞75.57 cm^2。
同时，考虑构造要求，在受压区配置了 2 Φ22 架立钢筋。
钢筋布置如图 6-5-56 所示，布置后的实际钢筋重心位置y'为：

$$y' = \frac{\sum a_{g_i} y_i}{\sum a_{g_i}} = \frac{8.043 \times (4.5 + 3.5 + 2.5 + 1.5 + 0.5) \times 3.45}{5 \times 8.043} = 8.63\ \text{cm}$$

实际有效高度：　　　$h_0 = h - a - y' = 130 - 3 - 8.63 = 118.40\ \text{cm}$

配筋率：　　　$\mu = A_g / bh_0 = 80.43/(1.7 \times 118.40) = 0.40\% > 0.15\%$

满足《公预规》第 6.2.15 要求。
（2）截面强度验算。按截面配筋值x为：

$$x = R_g A_g / (R_a b) = 340 \times 80.43 / (23 \times 170) = 7.0\ \text{cm}$$

截面抗弯强度M_p为：

$$M_p = R_a b x \left(h_0 - \frac{x}{2}\right) = 23 \times 10^3 \times 1.7 \times 0.07 \times \left(1.184 - \frac{0.07}{2}\right) = 3144.81\ \text{kN·m}$$

$$M_p / 1.25 = 2515.85\ \text{kN·m} > M_j = 2377.82\ \text{kN·m}$$

满足规范要求。
（3）斜筋配置。为偏安全计，一律采用 1#梁剪力值，即：

$$Q_0 = 771.56\ \text{kN},\ Q_{l/2} = 204.38\ \text{kN}$$

依据《公预规》第 6.2.13 条的构造要求，假设有 2 Φ32 通过支点，则

$$a = \frac{1}{2} \times 3.45 + 3 = 4.73\ \text{cm}$$

$$h_0 = h - a = 130 - 4.73 = 125.27\ \text{cm}$$

复核截面尺寸，由《公预规》第 4.1.12 条规定，截面需满足$Q_j \leqslant 0.051\sqrt{R} b h_o$要求：

$$0.051\sqrt{R} b h_o = 0.051 \times \sqrt{40} \times 20 \times 125.27 = 808.12\ \text{kN} > Q_j = 771.56\ \text{kN}$$

故 T 形梁截面尺寸满足要求。

根据《公预规》第 4.1.13 条规定，由式 $Q_j \leqslant 0.038R_l bh_o$ 判断是否需配置箍筋：

$$0.038R_l bh_o = 0.038\times 2.15\times 20\times 125.27 = 204.69\,\text{kN} < Q_{\text{j}} = 771.56\,\text{kN}$$

所以应进行斜截面抗剪强度计算。

（4）斜截面配筋的计算图式如图 6－5－57。根据《公预规》第 4.1.14 条之规定：

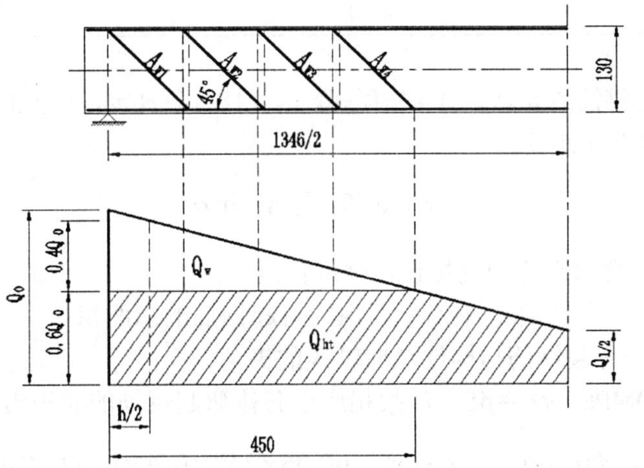

图 6－5－57　斜截面配筋计算图示

①最大剪力取用距支座 $h/2$（梁高一半）处截面的数值，其中混凝土与箍筋共同承担 60%，弯起钢筋（45° 弯起）承担 40%；

②计算第一排（支点向跨中计算）弯起钢筋时，取用距支座中心 $h/2$ 处由弯起钢筋承担的那部分剪力值；

③计算以后每一排弯起钢筋时，取用前一排弯起钢筋弯起点处承担的那部分剪力值。

距支座中心 $h/2$ 处截面的计算剪力 $Q_{h/2}$：

$$\frac{h}{2} = \frac{130}{2} = 65\,\text{cm}$$

由图 6－5－46 内插可得 $Q_{h/2} = 716.54\,\text{kN}$，其中

$$Q_{hk} = 0.6\times Q_{h/2} = 0.6\times 715.54 = 429.92\ \ \text{kN}$$

$$Q_w = 0.4\times Q_{h/2} = 0.4\times 715.54 = 286.62\ \ \text{kN}$$

相应各排弯起钢筋位置与承担的剪力值见表 6－5－7。

表 6－5－7　　弯起钢筋位置与承担剪力值表

跨径	斜筋排次	弯起点距支座中心距离（m）	承担的剪力值 Q_{wi}（kN）
14.2m	1	1.20	286.62
	2	2.30	240.06
	3	3.40	149.94
	4	4.50	53.82

（5）各排弯起钢筋的计算。由《公预规》第 4.1.10 条规定，与斜截面相交的弯起钢筋的抗剪能力，按下式计算：

$$Q_w = 0.06R_{gw}\sum A_w \sin\alpha$$

式中：R_{gw}——弯起钢筋的抗拉设计强度；

A_w ——在一个弯起钢筋平面内的弯起钢筋的总面积；

α ——弯起钢筋与构件纵向轴线的夹角。

已知 R_{gw}=340MPa，α =45°，故相应于各排弯起钢筋的面积为：

$$A_{wi} = Q_{wi}/(0.06R_{gw}\sin\alpha) = Q_{wi}/(0.06\times340\times0.707) = Q_{wi}/14.423$$

则有：

$$A_{w1} = 286.62/14.423 = 19.872\,\text{cm}^2$$

弯起 4 Φ32，$A_{w1}' = 32.172\ \text{cm}^2 > A_{w1}$

$$A_{w2} = 240.06/14.423 = 16.644\,\text{cm}^2$$

弯起 2 Φ32，$A_{w2}' = 16.086\ \text{cm}^2 \approx A_{w2}$

$$A_{w3} = 149.94/14.423 = 10.396\,\text{cm}^2$$

弯起 2 Φ32，$A_{w3}' = 16.086\,\text{cm}^2 > A_{w3}$

$$A_{w4} = 53.82/14.423 = 3.732\,\text{cm}^2$$

弯起 2 Φ22，$A_{w4}' = 7.60\,\text{cm}^2 > A_{w4}$

按《公预规》第 6.2.17 条规定，弯起钢筋的弯起点，应设在按弯起强度计算不需要该钢筋的截面以外不小于 $h_0/2$，满足要求。

（6）主筋弯起后正截面抗弯强度的校核。计算每一弯起截面的抵抗弯距时，由于钢筋根数不同，其钢筋的重心位置亦应不同，则有效高度 h_0 大小不同。就本设计用同一数值，其影响不大。

2 Φ32 钢筋的抵抗弯矩 M_1 为：

$$M_1 = 2R_g A_{g1}\left(h_o - \frac{x}{2}\right)$$

$$= 2\times340\times10^3\times8.043\times10^{-4}\times\left(1.184-\frac{1}{2}\times0.07\right)=628.42\ \ \text{kN·m}$$

跨中截面总抵抗弯矩为：

$$\sum M = 340\times10^3\times80.43\times10^{-4}\times\left(1.184-\frac{1}{2}\times0.07\right)=3142.08\ \ \text{kN·m}$$

全梁承载能力校核见图 6－5－58。

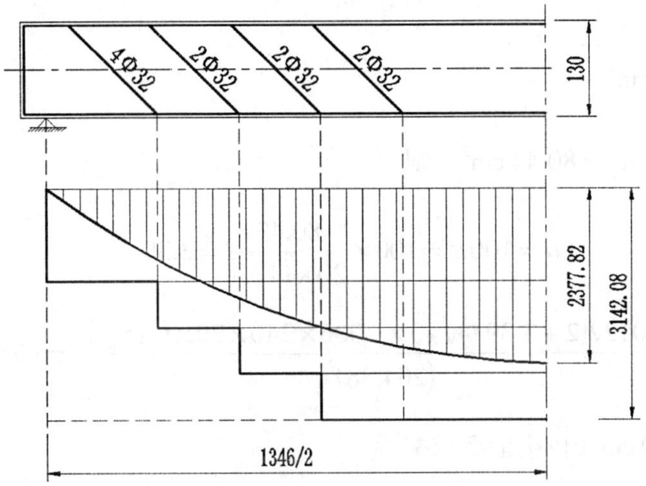

图 6－5－58　全梁承载能力校核图

（7）箍筋配置。按《公预规》第 4.1.14 条规定，箍筋间距的计算公式为：

$$S_k = \frac{0.0033\cdot(2+p)\cdot\sqrt{R}\cdot A_k\cdot R_{gk}\cdot b\cdot h_o^{\ 2}}{(Q_j')^2}$$

式中：Q_j' ——距支座中心 $h'/2$ 处截面上的计算剪力；

p ——斜截面内纵向受拉主筋的配筋率， $p=100\mu$ ， $\mu = A_g / bh_0$ ；

A_k——同一截面上箍筋的总截面面积；

R_{gk}——箍筋的抗拉设计强度；

选用 2 ϕ8 双肢箍，则 $R_{gk}=240\,\text{MPa}$，$A_k=1.006\,\text{cm}^2$

距支座中心 $\frac{h}{2}$ 处的主筋为 4 Φ32，

则 $A_g=32.172\,\text{cm}^2$，$h_o=130-3-3.45=123.55\,\text{cm}$。

梁肋宽度 $b=20\,\text{cm}$，则 $\mu=A_g/bh_0=32.172/(20\times123.55)=1.3\times10^{-2}$，$p=100\mu=1.3$

计算剪力 $Q'=716.54\,\text{kN}$，将上述结果代入上式，可得：

$$S_{k0}=\frac{0.0033(2+1.3)\sqrt{40}\times1.006\times240\times20\times(123.55)^2}{(716.54)^2}=9.89\,\text{cm}$$

选用 $S_{k0}=10\,\text{cm}$。

跨中截面处，$A_g=80.43\,\text{cm}^2$，则

$$p=100\mu=100\times\frac{80.43}{20\times118.4}=3.397$$

$$S_{k\frac{l}{2}}=\frac{0.00122(2+3.397)\sqrt{40}\times1.006\times240\times20\times(118.4)^2}{(204.38)^2}=67.398\,\text{cm}$$

选用 $S_{k\frac{l}{2}}=20\,\text{cm}$（按构造要求配置）。

距支座中心 2.3m 处，$A_g=50.52\,\text{cm}^2$，$p=2.133$，$h_0=118.4\,\text{cm}$；

$$S_{k(2.3)}=\frac{0.0033(2+2.133)\sqrt{40}\times1.006\times240\times20\times(118.375)^2}{(716.54)^2}=11.37\,\text{cm}$$

距支座中心 3.4m 处，$A_g=66.604cm^2$，$p=2.813$，$h_0=117.925\,\text{cm}$；

$$S_{k(3.4)}=\frac{0.0033(2+2.813)\sqrt{40}\times1.006\times240\times20\times(117.925)^2}{(716.54)^2}=13.14\,\text{cm}$$

综上所述，全梁箍筋的配置为 2 $\phi8$ 双肢箍，由支点距支座中心 3.4m 处，S_k 为 10cm；由 3.4m 至 $h/2$ 处，S_k 为 20cm。

则配箍率 $\mu_k = A_k / bS_k$ 分别为：

当 $S_k = 10$ cm 时，$\mu_k = 1.006/(20\times10) = 0.00503$

当 $S_k = 20$ cm 时，$\mu_k = 1.006/(20\times20) = 0.00252$

均大于规范规定的最小配箍率 0.0010～0.0018。

（8）斜截面抗剪强度验算。按《公预规》第 4.1.10 条规定，受弯构件配有箍筋和弯起钢筋时，其斜截面抗剪强度验算公式为：

$$Q_j = Q_{hk} + Q_w$$

式中：Q_{hk} ——斜截面内混凝土与箍筋共同的抗剪能力，按下式计算：

$$Q_{hk} = 0.0349bh_0\sqrt{(2+p)\sqrt{R}\cdot\mu_k\cdot R_{gk}}$$

式中：μ_k ——箍筋的配筋率，$\mu_k = A_k / bs_k$；

Q_w ——与斜截面相交的弯起钢筋的抗剪能力，按下式计算：

$$Q_w = 0.06R_{gw}\sum A_w \sin\alpha$$

斜截面水平投影长度 C 可近似为：$C \approx h_0$（h_0 可用平均值），即

$$C = \frac{123.55+118.4}{2} = 120.98 \text{ cm}$$

由 C 值可内插求得各斜截面顶端处的最大剪力和相应弯距。斜截面抗剪强度的验算截面如图 6－5－59 所示，即有：

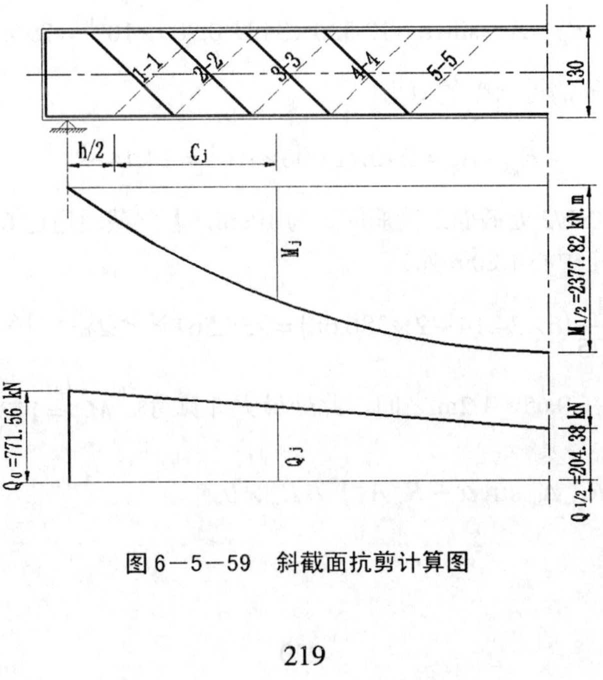

图 6－5－59 斜截面抗剪计算图

①距支座中心 h /2 处截面 1－1，相应的 Q=665.74kN，M=834.14 kN·m；
②距支座中心 1.2m 处截面 2－2，相应的 Q=619.18kN，M=1132.04 kN·m；
③距支座中心 2.3m 处截面 3－3，相应的 Q=526.06kN，M=1619.70 kN·m；
④距支座中心 3.4m 处截面 4－4，相应的 Q=432.95kN，M=1978.38 kN·m。
验算结果见表 6－5－8，均满足要求。

表 6－5－8　　斜截面抗剪强度验算结果

截面	p	μ_k	Q_{hk}（kN）	Q_w（kN）	$Q_{hk}+Q_w$（kN）	Q_j（kN）
1－1	1.330	0.00503	425.79	464.01	889.80	665.74
2－2	0.758	0.00503	387.50	264.60	652.10	619.18
3－3	1.423	0.00503	431.70	232.01	663.71	526.06
4－4	2.088	0.00168	272.65	232.01	504.66	432.95

（9）斜截面抗弯强度验算。验算斜截面抗弯强度的位置，按《公预规》第 4.1.9 条规定选取。其最不利的斜截面按下式通过试算确定：

$$Q_i = \frac{1}{\gamma_s}\left(R_{gk} \cdot \sum A_k + R_{gw} \cdot \sum A_w \sin\alpha\right)$$

式中：Q_j ——按荷载计算通过斜截面顶端的正截面内相应于最大弯距时的剪力；

γ_s ——钢筋安全系数，取 1.25。

一组（二根）弯起钢筋可承受的剪力：

$$\Phi32:\ R_{gw} \cdot A_w \cdot \sin\alpha = 16.086 \times 340 \times 0.707 \times 10^{-1} = 386.68\,\text{kN}$$

$$\Phi28:\ R_{gw} \cdot A_w \cdot \sin\alpha = 12.320 \times 340 \times 0.707 \times 10^{-1} = 296.15\,\text{kN}$$

一组（双肢）箍筋可承受的剪力：

$$R_{gk} \cdot A_k = 240 \times 1.006 \times 10^{-1} = 24.14\,\text{kN}$$

验算距支座中心 h/2 处截面：箍筋间距为 10cm，若斜截面通过 6 根箍筋、1 组斜筋（4 根）时（距支座中心 1.20m 处）

$$Q = \frac{1}{1.25}(6 \times 24.14 + 2 \times 386.68) = 734.56\,\text{kN} > Q_j = 716.54\,\text{kN}$$

故最不斜截面在 0.65～1.2m 之间，此处最大计算弯矩 $M_j = 1132.04$ kN·m。则

$$x = \left(R_{gw} A_w \sin\alpha + R_g A_g\right) / (R_a \times b)$$

$$=(340\times16.086\times2\times0.707+340\times16.086\times2)\ /(23\times170)$$

$$=4.775\text{cm}$$

$$Z_g=h_0-\frac{x}{2}=123.55-\frac{4.775}{2}=121.2\text{cm}=1.212\text{m}$$

$$Z_w=0.707\times1.2=0.85\text{m}$$

根据《公预规》第 4.1.15 条规定，斜截面抗弯强度按下列公式计算：

$$M_j\leqslant\frac{1}{\gamma_s}\left(R_gA_gZ_g+\sum R_{gw}A_wZ_w+\sum R_{gk}A_kZ_k\right)$$

代入相应数据，可得：

$$\frac{1}{\gamma_s}\left(R_gA_gZ_g+\sum R_{gw}A_wZ_w+\sum R_{gk}A_kZ_k\right)=1839.32\text{ kN·m}\ >M_j=1132.4\text{kN·m}$$

故斜截面抗弯强度满足设计要求。

5）裂缝宽度计算

按《公预规》第 4.2.5 条的规定，最大裂缝宽度按下式计算：

$$\delta_{f\max}=c_1c_2c_3\frac{\sigma_g}{E_g}\left(\frac{30+d}{0.28+10\mu}\right)\quad(\text{mm})$$

式中：c_1——考虑钢筋表面形状的系数，$c_1=1.0$；

c_2——考虑荷载作用的系数，长期荷载作用时，$c_2=1+0.5\frac{N_0}{N}$；

c_3——与构件形式有关的系数，$c_3=1.0$；

d——纵向受拉钢筋 A_g 的直径，取 $d=32$mm；

μ——含筋率 $\mu=A_g/[bh_0+(b_i-b)h_i]$；

σ_g——受拉钢筋在使用荷载作用下的应力，即 $\sigma_g=M/0.87A_gh_0$；

E_g——钢筋的弹性模量。

计算结果：

$$c_2=1+0.5\times\frac{408.76}{(408.76+1652.77)}=1.099$$

$$\mu=\frac{80.43}{20\times118.4+(170-20)\times20}=0.015$$

$$\sigma_g=\frac{408.76+1652.77}{0.87\times80.43\times10^{-4}\times1.184}=24.88\times10^4\text{ kN/m}^2$$

$$E_g = 2.0\times10^5\ \text{MPa}$$

$$\delta_{f\max} = 1.0\times1.099\times1.0\times\frac{24.88\times10^4}{2.0\times10^8}\left(\frac{30+32}{0.28+10\times0.015}\right)=0.197\ \text{mm}$$

$$\delta_{f\max} < [\delta_{f\max}] = 0.25\ \text{mm}$$

满足规范要求。

根据《公预规》第 6.2.10 条规定，在梁腹高的两侧设置直径Φ8 的纵向钢筋，以防产生裂缝。若用 4 Φ8，则 $A_g' = 2.012\ \text{cm}^2$，$\mu' = A_g'/bh = 2.012/(20\times130) = 0.00077$，介于 0.0005～0.001 之间，可行。

6）变形验算

按《公预规》第 4.2.2 条规定，钢筋混凝土受弯构件计算变形时的截面刚度：对于简支梁等静定结构采用 $0.85E_hI_{01}$，其中 E_h 为混凝土的弹性模量，I_{01} 为开裂截面的换算惯性矩。

$$I_{01} = nA_g(h_0-x)^2+\frac{1}{3}b_1x^3+\frac{1}{3}(b_1-b)(x-t)^3$$

$$=10\times80.43\times(118.4-x)^2+\frac{1}{3}\times170x^3-\frac{1}{3}\times(170-20)\times(x-20)^3$$

$$=804.3\times(118.4-x)^2+\frac{170}{3}x^3-50\times(x-20)^3$$

其中，由 $\frac{1}{2}b_1x^2-\frac{1}{2}(b_1-b)(x-t)^2-nA_g(h_0-x)=0$，可得

$$\frac{1}{2}\times170x^2-\frac{1}{2}(170-20)(x-20)^2-10\times80.43\times(118.4-x)=0$$

解方程，得到　$x=30.5\ \text{cm}$

$$I_{01}=80.43\times(118.4-30.5)^2+\frac{170}{3}\times(30.5)^3-50\times(30.5-20)^3$$

$$=7764252.4\ \text{cm}^4 \approx 0.078\text{m}^4$$

活载挠度计算：

$$f=5M\cdot l_p^2/(48E_hI_{01}\times0.85)$$

$$=5\times1652.77\times13.4^2/(48\times0.85\times2.85\times10^7\times0.078)$$

$$=0.0164\text{m}=1.64\text{cm}<1.2[f]=1.2\times\frac{1}{600}\times1340=2.68\text{cm}$$

变形满足《公预规》第 4.2.3 条要求。

六、栈桥下部结构技术设计

（一）栈桥桥墩设计特点

栈桥桥墩在荷载和墩体构造上与铁路、公路桥梁桥墩相比有许多不同之处。栈桥桥墩设计时要具体情况具体分析，有针对性地正确选择合理墩型。影响栈桥桥墩设计的主要因素有坝体结构类型、大坝高度、大坝施工方法、作用在栈桥上的活荷载种类等。栈桥桥墩设计时，除注意这些因素外，针对高程 120m 栈桥，应当考虑荷载组合方式、栈桥与坝体关系、墩顶结构选型及坝体应力应变等问题。

1. 荷载组合方式

（1）栈桥上作用的活荷载复杂，要进行各种荷载组合。栈桥上作用的起重机荷载，不仅要考虑其较大的竖向荷载，而且还要考虑可能出现的纵向及横向水平荷载。因此，设计桥墩时需考虑一个方向的主力和可能出现的两个方向（顺桥向和横桥向）的附加力组合。

（2）高程 120m 栈桥上作用的主要活荷载，有起重机和运输车辆两类。为充分发挥栈桥的作用，高程 120m 栈桥上布置了 MQ2000 型高架门机、K1800 大型塔机和 SDTQ1800/60 型高架门机三种不同型号的起重机和行驶 LDC6 型侧卸料罐车、220t 拖车组、载重汽车等多种运输车辆。因此，栈桥上的起重与运输设备可能有多种组合方式；起重机有工作状态和非工作状态的不同作用方式；起重机在工作状态下，臂架、吊点位置的不同，对栈桥产生的荷载效应也不同。由此可见，栈桥上作用的活荷载种类多、重量大、荷载分布复杂，桥墩不仅承受较大的竖向力，而且承受可能同时出现的纵向水平力和横向水平力。所以，在进行栈桥桥墩设计时，要针对实际情况，正确选用活荷载的组合方式，力求桥墩设计既安全可靠又经济合理。

2. 栈桥与坝体关系

（1）栈桥桥墩设计须考虑与坝体的紧密关系。一般大坝施工栈桥桥墩是布置在坝体内或坝面上，在确定桥墩位置、结构形式、断面尺寸、墩身高度及墩身材料等方面，都要考虑与坝体的结构协调，并要避开溢流面、钢管槽、伸缩缝、廊道等位置。

（2）对于埋在坝体内的混凝土桥墩，所采用的混凝土强度标号和抗渗标号要满足该部位的坝体混凝土受力性能要求，并要求墩身四周设键槽或加拉结构钢筋等措施，以便与后期浇筑的坝体混凝土紧密结合。

（3）对于埋在坝体内的钢桥墩，要注意拆除后便于回收和混凝土浇筑密实。

（4）栈桥桥墩虽是临时结构，但它与坝体相结合的部分应是永久建筑物的一部分，应按永久结构设计。利用坝体墩墙、侧墙、导墙等永久建筑物作为桥墩时，要考虑桥墩尺寸和墩墙、侧墙、导墙相适应。而凸出坝体以外的部分则属于临时结构，设计时除考虑快速安装和方便拆除外，尚要考虑可重复利用。

3. 墩顶结构选型

桥墩墩顶结构形式要适应不同梁高要求。由于栈桥上起重机、汽车荷载悬殊很大，一个桥墩相邻两跨的计算跨度也不一样，因此一个桥墩上的各种梁高相差也较大，这就使得桥墩顶部结构和受力复杂。所以，栈桥桥墩顶必须设计成凹凸不平或设置梁垫，以满足不同梁高和不同受力的要求。

4. 坝体应力复核

（1）栈桥桥墩设计要复核墩底坝体局部应力。大坝施工初期大都可以利用简便方法完成坝基部位混凝土的施工，而无须借助栈桥。故栈桥往往都是坝体施工达到一定高度后才开始修建。因此，大坝施工栈桥桥墩多数都直接坐落在坝体上。

（2）由于栈桥桥墩承受的外力都很大，在进行桥墩技术设计时，必须复核桥墩底部坝体受力性能，特别是竖向力和水平力较大工况；对桥墩坐落在坝体墩墙、侧墙、导墙上的部位，则要重点复核。

（二）栈桥桥墩选型

1. 栈桥桥墩类型及选择

栈桥桥墩根据使用材料可分为钢桥墩、实体混凝土桥墩、钢筋混凝土桥墩和钢混组合式桥墩4种；按照桥墩结构形式，又可分为重力式桥墩、框架式桥墩和桁架式桥墩3种。

鉴于高程120m栈桥跨缝、跨槽多、桥面宽度大、高程高、结构与坝体关系紧密并多数露出坝面的特点，考虑坝体结构和施工进度安排，高程120m栈桥在泄洪坝段、左导墙和右纵坝段可直接以墩墙为支撑结构；左厂、左非坝段则利用钢管槽两侧先期浇筑的厚4.2m的混凝土墩墙布置钢桥墩以最大限度地满足栈桥快速施工和便于拆除的要求。

2. 钢桥墩结构形式

针对起重机轨距为13.5m、总宽度达22m的栈桥桥面，为尽可能少在坝体上预留缺口，便于坝面恢复，采用加工单元可标准化、便于拼装的柱式钢桥墩。该类桥墩一般由横梁、柱头、柱身、柱脚及柱间支撑组成，栈桥上的荷载，经主梁传给横梁，再传给立柱。由于栈桥桥面较宽、荷载大，需布置多片主梁，故横梁截面和刚度要求较大，采用钢箱梁密横隔板结构。

常规的施工栈桥柱式钢桥墩多由纵联及横向双排架组成一个立体空间结构，以承受较大的垂直荷载及纵、横向水平荷载。根据文献资料，部分已建栈桥钢桥墩的平面轴线几何尺寸见表6－6－1、形式见图6－6－1。但也有少数高度不大的柱式钢桥墩由单排架构成，如美国西弗吉尼亚州的巴西县水电站及加利福尼亚州的赫尔姆思水电站栈桥桥墩即为单排架。

表6－6－1　栈桥钢桥墩平面尺寸资料表

工 程 名 称	桥墩高（m）	横向宽（m）	纵向宽（m）	起重机轨距（m）
新安江	14.1	7.0	3.0	7.0
白　山	13.2	10.5	3.5	7.0
潘家口	17.6	7.0	3.0	7.0
三门峡	60.0	10.0	2.4	10.0
丹江口	12.5	11.4	4.8	10.0
大古里（美国）	49.0～61.0	13.0	10.0	
布拉茨克（前苏联）	70.0～87.4	18.72	5.7	

注：表中三门峡及丹江口为栈桥初设资料。

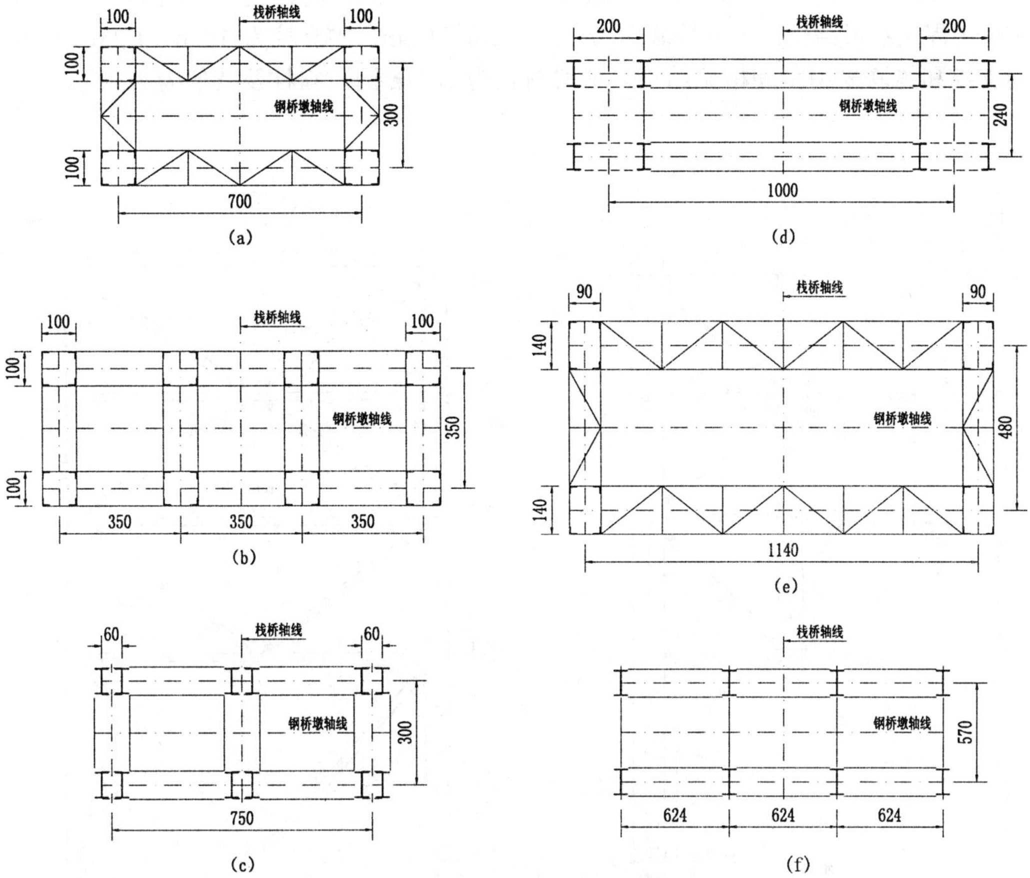

图 6－6－1　栈桥钢桥墩平面尺寸及形式图（单位：cm）

（a）新安江水电站；（b）白山水电站；（c）潘家口水利枢纽；

（d）三门峡水利枢纽；（e）丹江口水利枢纽；（f）前苏联布拉茨克水电站

由于高程 120m 栈桥上荷载大和高架门机顶升要求高，结合已建工程经验和高程 120m 栈桥跨径布置，为满足坝体轮廓尺寸和钢管槽净空及混凝土施工要求，消除栈桥上部梁端的空距，横向采用单排架结构，纵向将跨径 17.1m 的相邻钢桥墩通过纵联组成空间受力体系，并设斜向支撑在实体坝段上形成制动墩，以抵抗起重机和汽车产生的制动力。

桥墩横向宽度一般应与起重机轨距相适应，并将柱顶横梁伸出立柱外形成悬臂端，以承受起重机轨道外侧的梁跨结构，从而有效地缩短了钢桥墩的横向宽度，减小了横梁弯距。

从墩墙自身的安全性及坝体的整体性出发，经多方案比较，高程 120m 栈桥钢桥墩采用三柱式单排架方案。为适应坝体坡面的形状和混凝土浇筑要求，横向三个排架柱高度按不等高布置，最大高差 16.2m。三柱式钢排架桥墩，柱顶横梁高 1.5m、长 20.5m，柱间距 6.75m，内外柱中心线与起重机梁中心线对齐，柱间横向设支撑（见图 6－6－2）。立柱采用焊接箱形结构，内外柱截面尺寸为 1.5m×1.2m，中立柱为 1.2m×1.2m；柱间横向支撑和纵联采用空间桁架结构。横梁材料为 16Mn 钢，立柱及其他为 A3 钢。

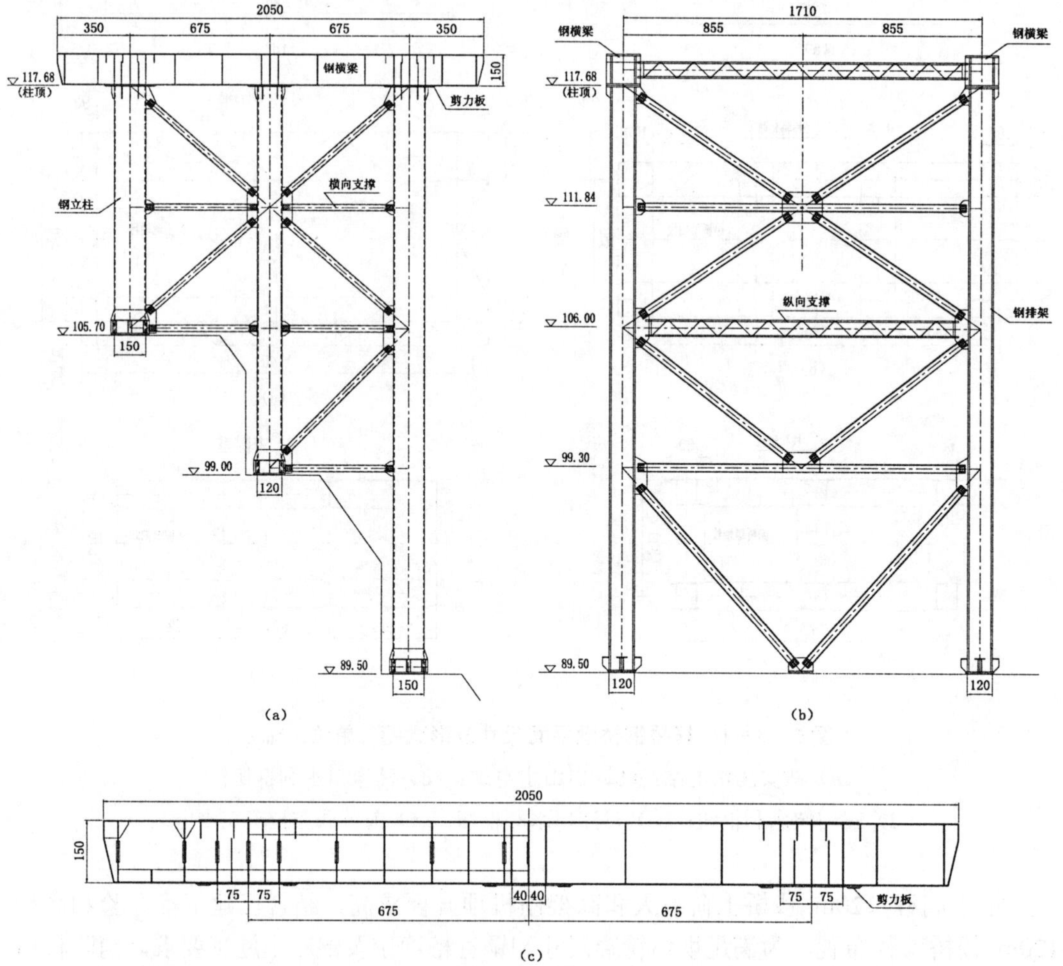

图 6－6－2　钢桥墩结构形式图（单位：cm）

（a）横向排架形式；（b）纵联形式；（c）箱型钢横梁

（三）栈桥桥墩结构设计

1. 主要依据和计算软件

钢桥墩设计时，有关材料强度、构件设计计算方法、计算理论、构造要求等均以《钢结构设计规范》（GBJ17－88）为主要依据。

本设计采用的计算软件为 SAP84 结构分析通用程序。

2. 栈桥运行条件

由于栈桥上作用的外荷载种类、条件非常多，要进行完全符合工程实际情况的荷载组合是很难的，因此需进行一些筛选工作，抓住主要因素，舍取一些次要因素，进行较为切合实际的假设，尽可能地简化计算工作。针对上部梁体为简支结构体系，在进行桥墩验算时，将考虑以下几个栈桥运行条件：

（1）一个桥跨内，两台起重机靠近并列操作作为起重机的最大工作荷载；

（2）当超过6级风时，起重机停止运行，一跨内只允许停放一台起重机作为起重机非工作状态下的最大荷载；

（3）同一跨度内，运输汽车的最大工作荷载；

（4）同一跨度内，一台起重机和一列运输汽车同时制动作为最大水平荷载；

（5）当相邻两跨均布置起重机且间距最小时，只允许一跨上的起重机制动。

3. 活荷载加载图式

在桥墩验算时，除考虑栈桥运行条件外，还要考虑活荷载在一跨或两跨内满载和空载的加载方式，以便找出最不利的荷载组合。具有代表性的双跨满载工作状态和单跨满载工作状态的加载图式见图 6－6－3，其中前者使墩顶产生最大的竖向压力，后者使墩顶产生最大的偏心荷载。一般情况下，只计算这两种加载图式，即能得到栈桥桥墩的控制荷载。

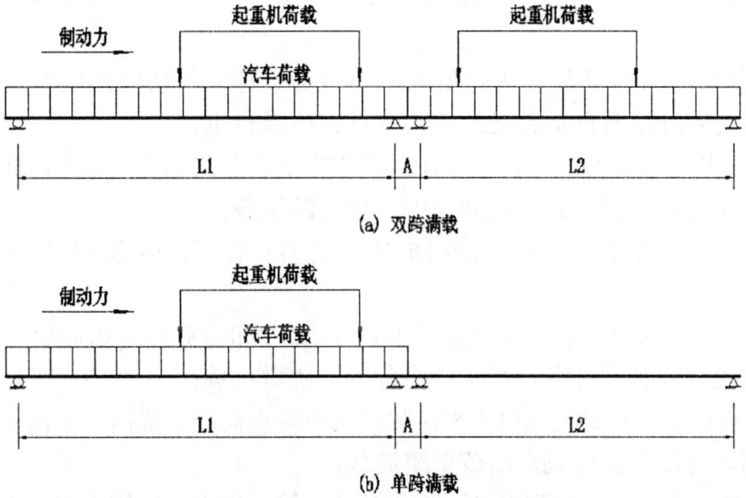

图 6－6－3　栈桥活荷载加载图式

L1、L2—计算跨度　　A—支座间距

图 6－6－3 中的加载图式含义如下：

（1）图式（a）：双跨工作状态。每跨内各布置一台起重机，两台起重机相向靠近布置在各跨的端部，并满负荷工作，同时两跨内满布汽车工作时的最大垂直活荷载。在此种状态下，栈桥上除恒载和活载外，还存在着起重机工作时产生的纵向和横向水平荷载。

（2）图式（b）：单跨工作状态。一台起重机靠近支座布置，并满负荷工作，同时跨内满布汽车工作时的最大垂直活荷载。在此种状态下，栈桥上的作用力有恒载、活载、起重机工作时产生的最大纵向和横向水平荷载。

4. 荷载组合

在验算桥墩时，要找出各种不同的荷载组合，以便对桥墩作出正确计算。结合栈桥桥墩设计，考虑三种不利的荷载作用情况及相应荷载：

（1）当墩顶承受最大垂直荷载时，相应作用在桥墩上的纵向荷载和横向水平荷载；

（2）当墩顶承受最大纵向水平荷载时，相应作用在桥墩上的垂直荷载和横向水平荷载；

（3）当墩顶承受最大横向水平荷载时，相应作用在桥墩上的垂直荷载和纵向水平荷载。

根据高程120m栈桥运行条件、荷载作用情况及桥墩验算内容，进行6种荷载组合。

（1）组合1：恒载+活载（加载图式a）+风力，即验算桥墩压应力。

其中：恒载为桥面系自重、梁跨结构自重、桥墩自重；

活载为起重机工作时最大垂直荷载及相应纵向、横向水平荷载；汽车荷载及相应纵向制动力，人群荷载，活载考虑相邻两跨满载；

风力为正常工作风力，按基本风压250N/m^{2}计算；作用在桥墩上的风力与起重机风向相适应。

（2）组合2：恒载+活载（加载图式a）+风力，即验算桥墩压应力及纵向稳定。

其中：恒载为桥面系自重、梁跨结构自重、桥墩自重；

活载为起重机工作时最大纵向水平荷载及相应垂直荷载和横向水平荷载，汽车荷载及相应纵向制动力，人群荷载，活载考虑相邻两跨满载；

风力为正常工作风力，按基本风压250N/m^{2}计算；作用在桥墩上的风力（风力平行桥轴线）。

（3）组合3：恒载+活载（加载图式b）+风力，即验算桥墩纵向稳定。

其中：恒载为桥面系自重、梁跨结构自重、桥墩自重；

活载为起重机工作时最大纵向水平荷载及相应垂直荷载和横向水平荷载，汽车荷载及相应纵向制动力，人群荷载，活载单跨满载；

风力为正常工作风力，按基本风压250N/m^{2}计算；作用在桥墩上的风力（风力平行桥轴线）。

（4）组合4：恒载+活载（非工作时）+风力，即验算桥墩纵向稳定。

其中：恒载为桥面系自重、梁跨结构自重、桥墩自重；

活载为起重机非工作时最大纵向水平荷载及相应垂直荷载；

风力为非正常工作风力，按基本风压800N/m^{2}计算，桥墩承受的纵向风力（风力平行桥轴线）。

（5）组合5：恒载+活载（加载图式a、b）+风力，即验算桥墩横向稳定及压应力。

其中：恒载为桥面系自重、梁跨结构自重、桥墩自重；

活载为起重机工作时最大横向水平荷载及相应垂直荷载和纵向水平荷载，汽车荷载，人群荷载，活载为相邻两跨满载或单跨满载；

风力为正常工作风力，按基本风压 250N/m^2 计算；桥面系、梁跨结构及桥墩承受的横向风力（风力垂直桥轴线）。

（6）组合 6：恒载+活载（非工作时）+风力，即验算桥墩横向稳定。

其中：恒载为桥面系自重、梁跨结构自重、桥墩自重；

活载为起重机非工作时最大横向水平荷载及相应垂直荷载；

风力为非工作时风力，按基本风压 800N/m^2 计算，桥面系、梁跨结构及桥墩承受的横向风力（风力垂直桥轴线）。

5. 内力计算

桥墩属于超静定结构，采用杆件有限元法利用 SAP84 结构分析软件进行空间内力计算。经计算分析，柱顶最大横向位移 0.97cm，最大纵向位移 1.11cm，最大竖向变形 0.45cm，单柱最大轴向力 6500kN，最大弯矩 2072kN·m。

6. 横梁构造

横梁长 20.5m，为保证横梁有足够的强度和刚度，采用箱型截面（见图 6—6—4）。横梁高 1.5m，为跨度的 1/4.5；横梁宽 1.6m，两腹板中心距 1.2m，为跨度的 1/5.6。横梁顶、底板厚 28mm，腹板厚 20mm；在起重机钢梁支承处，顶板局部加宽为 1.94m，腹板局部加厚为 40mm。横梁横隔板最小间距 0.60m，最大间距 2.30m。

由于横梁高 h 与两腹板中心距 b_0 之比小于 6，且横梁受压翼缘的自由长度 l_1 与两腹板中心距 b_0 之比小于 65，所以横梁满足整体稳定要求。

横梁两腹板中心距 b_0 与受压翼缘板厚度 δ 之比小于 $40\sqrt{235/f_y}$，受压翼缘板满足局部稳定要求。

为满足连接和传递水平荷载，在柱顶位置、横梁底板面设置连接板和剪力板，板厚 20mm。通过螺栓将连接板和柱顶板连接在一起，使横梁荷载通过连接板传给柱头，完成上部荷载对栈桥桥墩的传递。

7. 立柱构造

立柱采用焊接箱型结构（见图 6—6—5），其中翼缘板（横向）与横梁腹板对齐，腹板（纵向）与横梁横隔板对齐。由于内外立柱直接承受起重机荷载，而中立柱只承受汽车荷载，为使桥墩各立柱受力均匀，变形协调，内外立柱截面尺寸取一致，即为 1.5m（横向）×1.2m（纵向），两者高度的差异通过板厚来调整；外立柱板厚为 40mm，内立柱板厚为 30mm。中立柱由于受力较小，柱截面尺寸为 1.2m×1.2m，板厚度为 20mm。立柱截面内均设纵向加劲肋加强，立柱间采用连接板通过 10.9 级 M22 高强螺栓连接。

经验算，对双壁箱型偏心受压柱，受压翼缘板的宽厚比和腹板的高厚比满足 $40\sqrt{235/f_y}$ 要求。

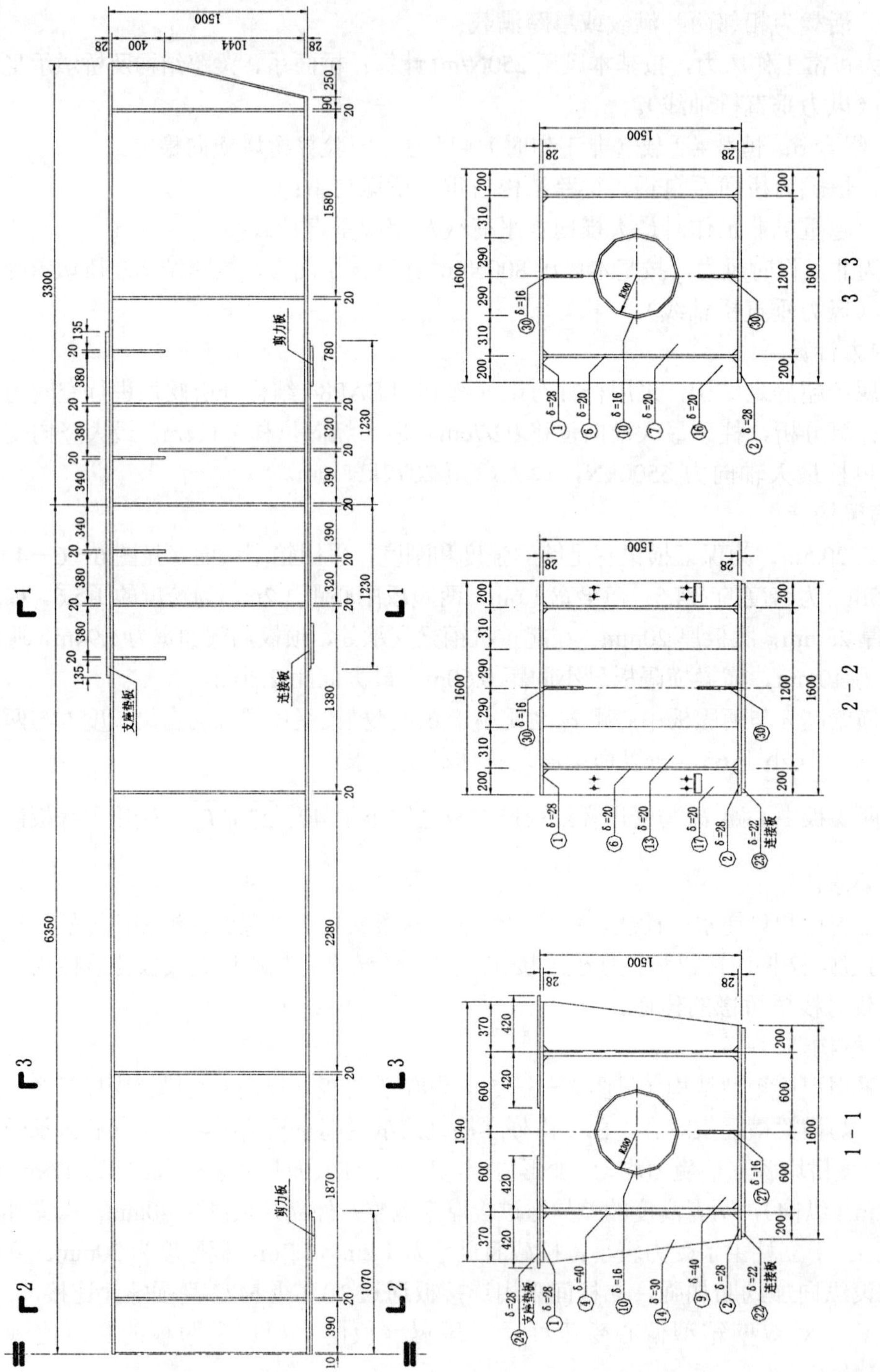

图6—6—4 横梁结构图（单位：mm）

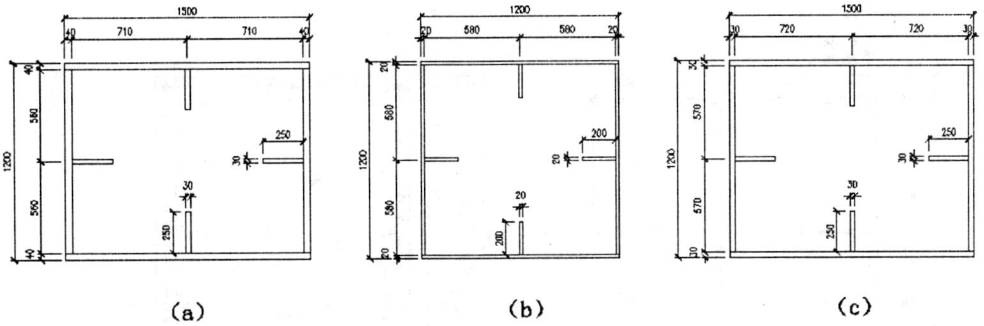

图 6—6—5　立柱断面图（单位：mm）

8. 柱头构造

柱头是在立柱的顶端设置柱顶板和加劲肋而成，它的作用有两个：一是与柱顶横梁的连接，承受横梁传来的荷载；二是加强柱顶的强度和刚度以提高承载能力，保证荷载较好地传给立柱。所以，柱顶板一般不宜薄于 20mm。加劲肋应成对配置，其高度不宜小于 500mm，外伸宽度与其厚度的比不得大于 12。

根据荷载大小、横梁结构和立柱截面，按照加劲构件的布置可分为板肋式和板梁式两类（见图 6—6—6）。板肋式柱头仅由柱顶板和加劲板构成，常用于实腹式立柱的情况；板梁式柱头由柱顶板、下平板、腹板和加劲板组成，常用于格构式立柱的情况。

本设计立柱为箱型结构，故采用板肋式柱头，具体构造见图 6—6—7。柱顶板厚 40mm，加劲肋高 600mm、厚 20mm，并且柱顶端、加劲肋上端刨平顶紧于柱顶板。

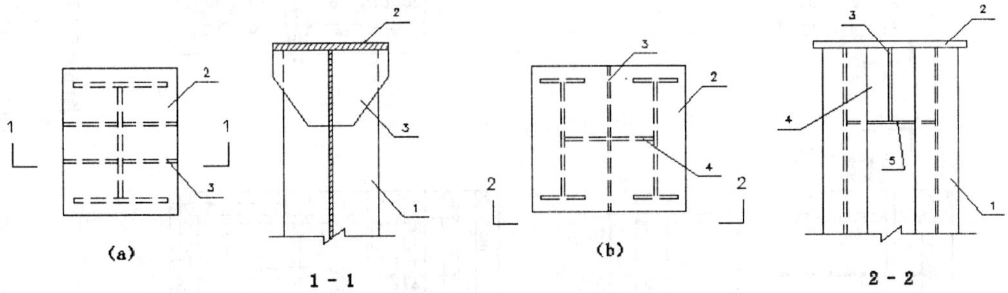

图 6—6—6　柱头形式图

（a）板肋式柱头；（b）板梁式柱头

1. 立柱；2. 柱顶板；3. 加劲肋；4. 腹板；5. 下平板

9. 柱脚构造

柱脚形式可分为整体式和分离式两种。实腹式柱常采用整体式柱脚；格构式立柱根据柱肢间距大小，采用整体式或分离式柱脚。

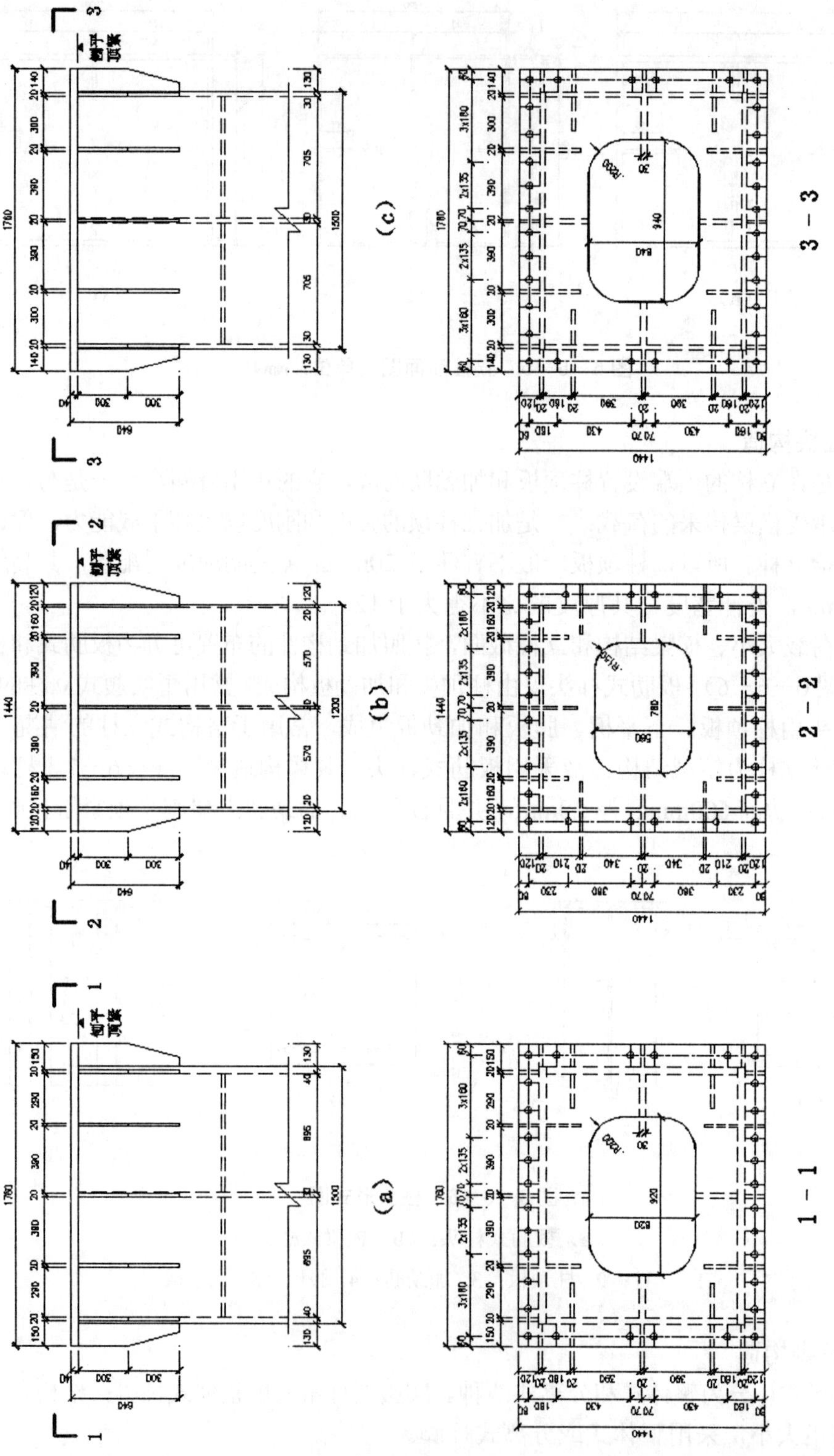

图 6－6－7　桥墩立柱柱头构造图（单位：mm）

（a）外立柱柱头；（b）中立柱柱头；（c）内立柱柱头

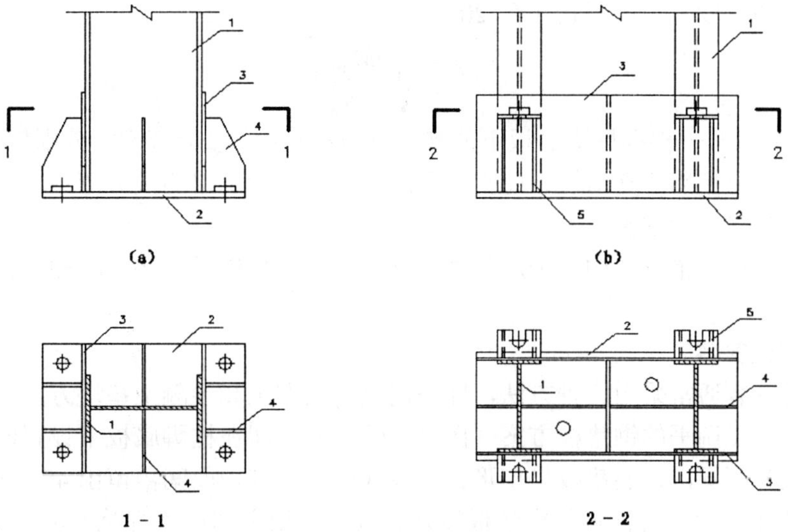

图 6－6－8　柱脚形式图

（a）轻型整体式柱脚；（b）重型整体式柱脚

1. 立柱；2. 柱底板；3. 靴板；4. 加劲板；5. 锚栓支承托座

柱脚一般由柱底板、靴板、隔板、加劲板和锚栓支承托座等组成（见图 6－6－8）。柱底板保证了立柱的稳定，并将立柱荷载较均匀地传给基础；靴板、隔板和加劲板是为了加强柱底刚度和强度，并改善底板受力状况，以提高立柱的承载能力。

靴板的宽度，一般其上部取与立柱翼缘同宽，下部取与柱底板同宽。当连接需要时，其跨度可适当加大。靴板高度一般不宜小于 450mm，其厚度取与立柱翼缘板厚度相同或适当加厚。

隔板、加劲板一般厚度 $\delta \geqslant b/50$（b 为板跨长），且加劲肋外伸宽度与其厚度的比不得大于 15。

锚栓支承托座的高度应按锚栓受拉所需要的焊缝长度来确定，一般不宜小于 400mm 高。支承托座顶板的厚度根据荷载大小来确定，一般取 20～40mm，支承加劲肋的板厚度不宜小于 12mm。

柱底板边距一般取 20～50mm，宽度 B 一般按构造确定，长度 L 则按底板下混凝土的压应力不超过容许设计强度的条件来确定。对于整体式柱脚，按下式计算：

$$\sigma_{\max} = \frac{N}{BL} + \frac{6M}{BL^2} \leqslant \frac{1}{K} R_a$$

式中：M，N —— 使柱底板一边产生最大压应力的柱子最不利组合弯距和轴心力；

R_a—— 混凝土的轴心抗压设计强度；

K —— 强度设计安全系数；当基础顶面为混凝土时，K=1.65；当基础顶面为钢筋混凝土时，K=1.55。

柱底板的厚度 δ 一般不得小于 20mm，计算公式如下：

$$\delta \geqslant \sqrt{\frac{6M_{\max}}{[\sigma]}}$$

式中：$M_{\max}$——根据柱脚底板下的基础反力和底板的支承条件，分别按四边支承板、三边支承板、两相邻边支承板、简支板及悬臂板计算所确定的最大弯距。具体计算公式参见《钢结构设计手册》。

本立柱设计为箱形结构，采用整体式柱脚，具体构造见图 6－6－9，柱身底部采用铣平顶紧。

10. 钢柱安装

钢柱的安装通常采用两种方法，即采用钢垫板方案和混凝土垫块方案。本设计采用施工方便、易于调平的钢垫板方案（图 6－6－10），即在柱脚底板下设置四处钢垫板，每处钢垫板分两层，每层垫板呈楔形；柱脚底板与基础顶面间需留出 40～60mm 空隙，待钢柱安装校正后，将柱脚与钢垫板以及垫板与垫板之间以点焊临时固定。

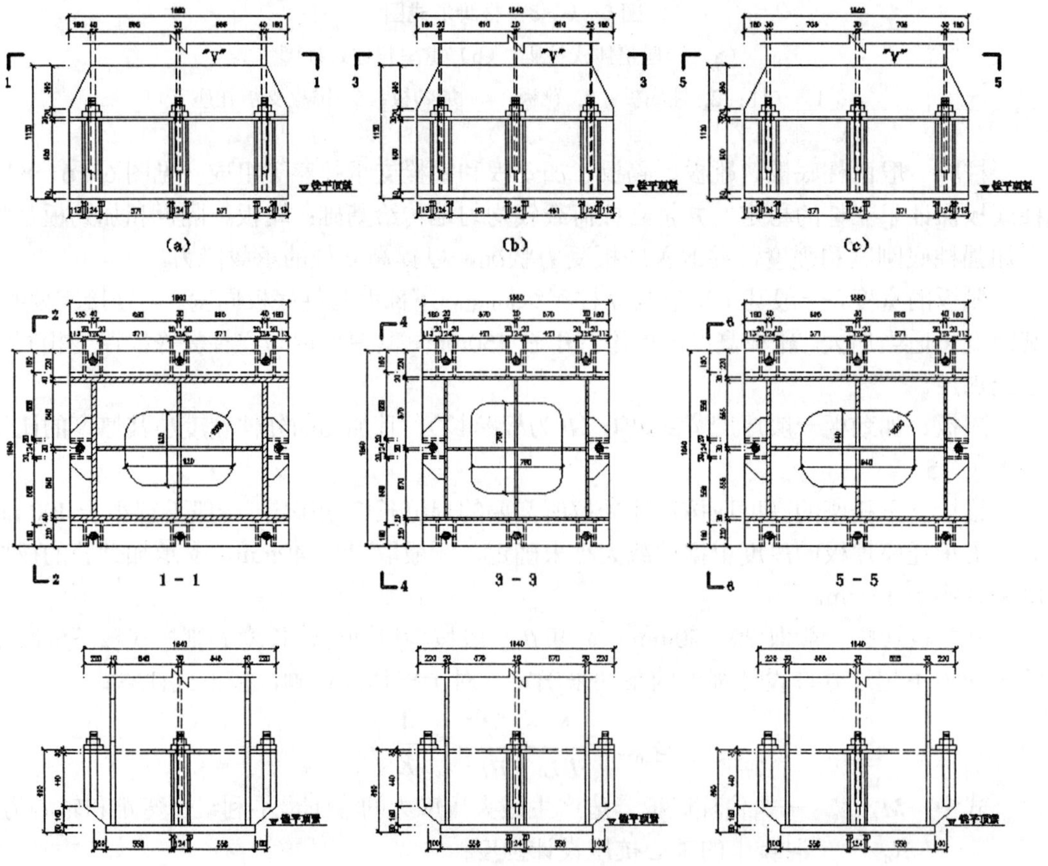

图 6－6－9　桥墩立柱柱脚构造图（单位：mm）

（a）外立柱柱脚；（b）中立柱柱脚；（c）内立柱柱脚

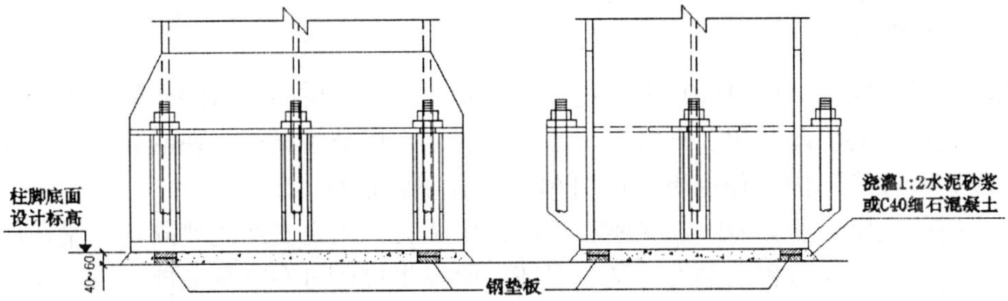

图 6－6－10　柱脚安装图示

完成以上工序并将上部结构全部安装校正完毕后，再将钢柱的柱脚底面与基础顶面间的空隙用 1∶2 水泥砂浆或 C40 细石混凝土浇灌密实，最后将柱脚锚栓的螺母拧紧，并将螺母与垫板以及垫板与柱脚锚栓支承托座焊牢。

由于柱底板尺寸较大，为在柱底板下二次浇灌混凝土的方便，在柱底板上开设了直径为 ϕ100mm 的孔，4 个孔呈矩形布置，间距为 700mm。

11）柱间支承构造

根据柱间距 l 与柱间支撑的高度 h 的关系，采用十字形交叉支撑和人字形支撑两种形式，其中十字形交叉支撑的斜杆倾角一般控制在 35°～55°之间。

当等截面柱且截面高度不大于 600mm 时，可沿柱中心线设单片支撑，否则应设双片支撑。由于立柱设计截面高度大于 600mm，故采用双片支撑。双片支撑的允许长细比：压杆 $[\lambda]=150$，拉杆 $[\lambda]=200$。

双片支撑的连系杆为斜杆式，如图 6－6－11 所示，连系杆与支撑杆件交点之间的距离 l' 满足下列要求：

当支撑杆为压杆时 $l'\leqslant 40r$，当支撑杆为拉杆时 $l'\leqslant 80r$。

其中 r 为被连接之支撑杆件的回转半径，根据其截面形式和连接情况确定。

柱间支撑与立柱的连接采用 10.9 级 M22 高强螺栓连接。

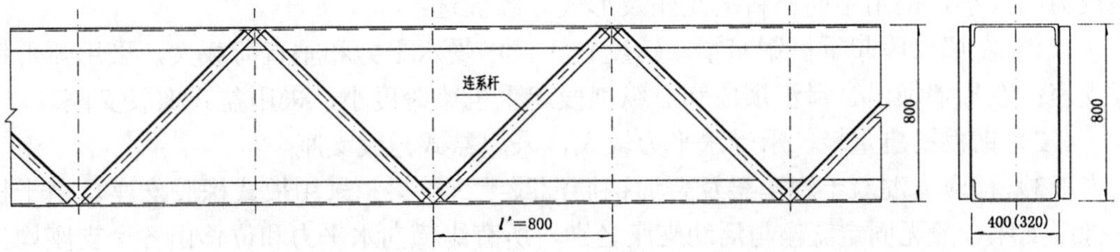

图 6－6－11　双片支撑的连系杆布置（单位：mm）

七、栈桥支座技术设计

（一）概述

栈桥支座在栈桥结构中占有十分重要的位置，它是将桥的上部结构的作用力（包括恒载和活载引起的竖向力和水平力）传递到墩台上，保证桥梁结构在活载、温度变化、混凝土收缩和徐变等因素作用下能够自由变形并正常运行。

梁式桥的支座一般分为固定支座和活动支座两种。固定支座既要固定主梁在墩台上的位置并传递竖向压力和水平力，又要保证主梁发生挠曲时在支承处能自由转动，如图6—7—1 左端所示。活动支座只传递竖向压力，但它要保证主梁在支承处既能自由转动又能水平移动，如图6—7—1右端所示。

按照静力图式，简支梁桥应在每跨的一端设置固定支座，另一端设置活动支座。固定支座和活动支座的布置，应以有利于墩台传递纵向水平力为原则。对于多跨的简支梁桥，相邻两跨简支梁的固定支座，不宜集中布置在一个桥墩上；但若个别桥墩较高，为了减小水平力的作用，可在其上布置相邻两跨的活动支座。

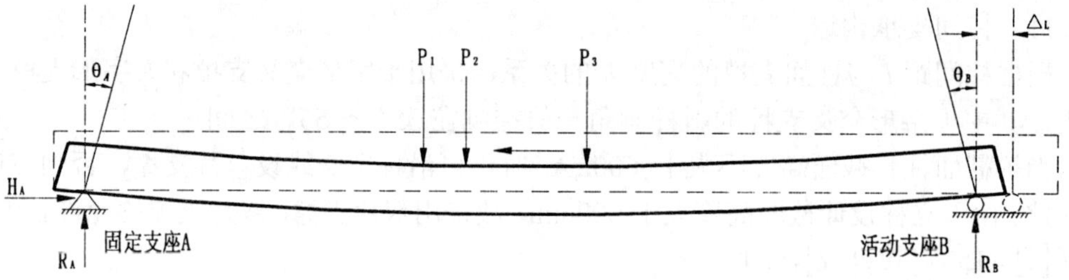

图6—7—1　简支梁的静力图示

（二）支座的类型及选用

梁式桥支座常用的类型有平面钢板支座、弧形钢板支座、钢筋混凝土摆柱式支座、盆式橡胶支座、板式橡胶支座等。根据栈桥的特点，不同的梁结构形式，依据跨径和支座反力的大小，采用不同材料的支座及形式。经优选：

（1）左厂坝段起重机钢箱梁，跨度较大，承受水平力和垂直荷载大，采用弧形钢板支座；左导墙坝段、泄洪坝段和右纵坝段起重机梁跨度小，采用盆式橡胶支座。

（2）钢板梁自重轻，承受水平力较大，采用盆式橡胶支座。

（3）预应力混凝土汽车梁及普通钢筋混凝土汽车梁，采用板式橡胶支座。由于板式橡胶支座一般无固定支座与活动支座之别，所有纵横向水平力和位移由各个支座均匀分配，所以设计中配以滑板式橡胶支座，通过桥面连续构造，使汽车梁桥面分缝得以减少。

（三）弧形钢板支座的设计

弧形钢板支座的设计与计算，包括确定支座的平面尺寸 a 和 b、支座垫板的厚度 h 及弧形钢板的弧面半径 r，固定支座还须验算齿板或销钉的抗剪强度。

1. 确定钢板的平面尺寸

栈桥上部结构的恒载和活载（包括冲击力）引起的支点反力 N 通过支座上垫板与梁底的接触面以及下垫板与墩台顶的接触面由上向下传递。鉴于接触面间传递压力时均属于局部承压情况，故钢板的平面尺寸必须满足局部承压的强度条件。

支座垫石局部承压的强度条件：

$$N \leqslant ab\beta R_a^b \,/\, \gamma_m$$

式中：N——支座的计算反力（取最大值）；

a、b——支座垫板的平面边长，a 为顺桥向边长，b 为横桥向边长；

γ_m——混凝土材料安全系数，$\gamma_m = 1.25$；

R_b^a——混凝土抗压标准强度；

β——混凝土局部承压时标准强度 R_b^a 的提高系数，按下式采用：

$$\beta = \sqrt{\frac{A_d}{A_c}}\;;$$

式中：A_d——局部承压时按规定取用的计算面积；

A_c——局部承压面积。

在设计钢板尺寸时，通常横桥向边长 b 取等于或略小于支承处的梁肋宽度，边长比 a/b 约为 0.6～1.0。下垫板的宽度 b 应比上垫板小 2cm，这是由焊接齿板与齿槽相配合所需要的。

2. 确定钢板的厚度

忽略梁的转动影响并考虑到支座钢板具有足够的刚性，则梁的支点反力将平均分布在上、下钢垫板上，如图 6—7—2 所示。再考虑到上下钢垫板接近于线接触传力，因此就可按图 6—7—2（b）所示的计算图来确定截面 mnop 的弯矩。即：

$$M = \frac{N}{a \cdot b_1} \cdot \frac{a}{2} \cdot b_1 \cdot \frac{a}{4} = \frac{Na}{8}$$

钢板的厚度应满足强度条件：

$$\sigma_{\max} = \frac{M}{W} = \frac{\dfrac{Na}{8}}{\dfrac{b_1 h^2}{6}} = \frac{3Na}{4b_1 h^2} \leqslant [\sigma_w]$$

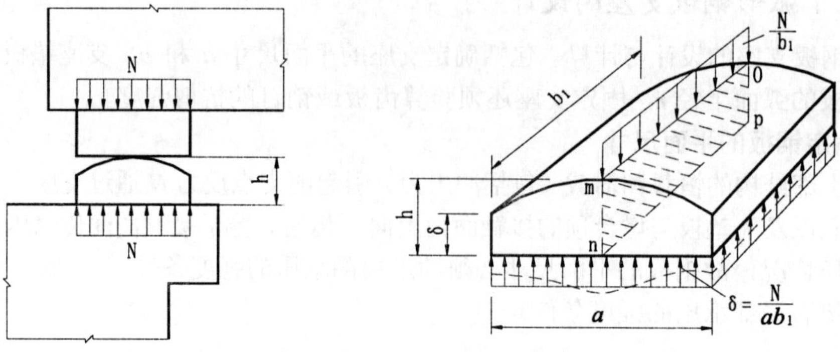

(a)　　(b)

图 6—7—2　弧形钢板支座计算图式

则得钢板厚度：

$$h \geqslant \sqrt{\frac{3Na}{4b_1[\sigma_w]}}$$

式中：W ——钢板截面 mnop 的截面模量；

$[\sigma_w]$ ——铸钢材料的容许弯曲应力；

$\frac{N}{b_1}$ ——接触线间单位长度上的压力，$b_1 \leqslant b$。

对于活动支座，考虑到温度变化等因素，上垫板将发生一个纵向位移△（如图 6—7—3 所示），它将会引起附加弯距，因此，钢板厚度 h 计算式修改成为：

$$h \geqslant \sqrt{\frac{3Na}{4b_1[\sigma_w]}}\left(1+\frac{2\Delta}{a}\right)$$

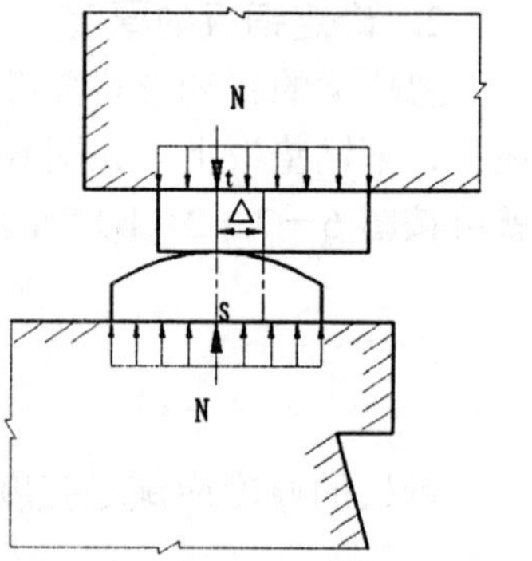

图 6—7—3　支座位移示意图

3. 确定下垫板弧面半径

两块钢板接触面传力时，弧面半径由接触应力的强度条件来确定。显然，弧面半径愈小，接触面上的应力愈集中，则最大接触应力值也愈大。

弧形钢板支座上下垫板间的最大接触应力按赫尔茨计算公式计算的强度条件为：

$$\sigma_{\max} = 0.423\sqrt{\frac{NE_g}{b_1 \cdot r}} \leqslant [\sigma_{gc}]$$

式中：E_g——铸钢的弹性模量；

b_1——上下垫板的实际接触长度；

r ——下垫板的弧面半径；

$[\sigma_{gc}]$——铸钢自由接触时的容许局部承压应力。

由上式可得需要的弧面半径为：

$$r \geqslant \left(\frac{0.423}{[\sigma_{gc}]}\right)^2 \cdot E_g \cdot \frac{N}{b_1}$$

引入铸钢自由接触时的换算径向承压强度：

$$R_{ck} = \frac{1}{2E_g}\left(\frac{[\sigma_{gc}]}{0.432}\right)^2$$

则 $r \geqslant \dfrac{N}{2b_1 R_{ck}}$，式中 R_{ck} 参见公路设计相关规范的规定。

另外，当钢板厚度 h 和顺桥向长度已确定时，从几何上要求，r 尚应满足以下条件：

$$r \geqslant \frac{a^2 + 4(h-\delta)^2}{8(h-\delta)}$$

式中：δ ——弧形钢板两侧保留的竖直面高度，参见图 6－7－2(b)，通常 $\delta \geqslant$15mm。

4. 齿板（或销钉）的抗剪强度验算

按容许应力法验算齿板（或销钉）强度。对于齿板，鉴于两侧受力的不均匀性，验算时偏安全地按单侧齿板受力计算。验算公式为：

$$\tau = \frac{T_1}{A} \leqslant [\tau_g]$$

式中：T_1——支座摩阻力或制动力；

A ——一块齿板或一根销钉的有效剪切面积；

$[\tau_g]$——齿板或销钉钢材的容许直接剪应力。

5. 起重机梁支座计算

起重机钢箱梁为简支梁，以标准跨径 23.5m 为例计算，钢梁全长 23.5m，计算跨径为 22.76m。作用在支座上的最大竖向压力 N＝5000kN，最大顺桥向水平力 T_1＝500kN，最大横桥向水平力 T_2＝620kN。计算温差 ΔT = 40 ℃。

（1）确定钢板的平面尺寸。取 a＝500mm，b＝750mm，得

$$\beta = \sqrt{\frac{A_d}{A_c}} = \sqrt{\frac{1500 \times 1750}{500 \times 750}} = 2.65$$

支座支承面为 20 号混凝土，$R_a^b=14\,\text{MPa}$，则

$$a\times b=375000\text{mm}^2\geqslant\frac{\gamma_m N}{\beta R_a^b}=\frac{1.25\times5000\times1000}{2.65\times14}=168466\text{mm}^2$$

满足要求。

（2）确定钢板的厚度。上部钢板与弧形钢板均采用 ZG25 II 铸钢，其容许弯曲应力 $[\sigma_w]=130\,\text{MPa}$，则

$$h\geqslant\sqrt{\frac{3Na}{4b_1[\sigma_\omega]}}=\sqrt{\frac{3\times5000\times500\times1000}{4\times750\times130}}=139\,\text{mm}$$

由于温度变化，上部钢板产生一个纵向位移 Δ：

$$\Delta=\alpha\cdot\Delta T\cdot l_0=0.000012\times40\times22.76\times1000=10.9\,\text{mm}$$

$$1+\frac{2\Delta}{a}=1+\frac{2\times10.9}{500}=1.0436$$

此时钢板厚度需满足：

$$h\geqslant\sqrt{\frac{3Na}{4b_1[\sigma_\omega]}}\left(1+\frac{2\Delta}{a}\right)=139\times1.0436=145\text{mm}$$

取 $h=150\text{mm}$。

（3）确定弧曲面半径 r。ZG25 II 铸钢自由接触时的容许局部压应力为：

$$[\sigma_c]=500\text{MPa}$$

铸钢自由接触时的换算径向承压强度为：

$$R_{ck}=\frac{1}{2E_g}\left(\frac{[\sigma_c]}{0.423}\right)^2=\frac{1}{2\times2.1\times10^5}\times\left(\frac{500}{0.423}\right)^2=3.33\text{MPa}$$

$$r\geqslant\frac{N}{2b_1R_{ck}}=\frac{5000\times10^3}{2\times750\times3.33}=1001\text{mm}$$

从几何要求上，r 尚需满足 $r\geqslant\dfrac{a^2+4(h-\delta)^2}{8(h-\delta)}$，取 $\delta=40\text{mm}$

$$r\geqslant\frac{500^2+4\times(150-40)^2}{8\times(150-40)}=339\,\text{mm}$$

因此，取 r＝1000mm。

（4）销钉的抗剪强度验算。

$$\tau_1=\frac{T_1}{n_1\frac{\pi}{4}d_1^2}\leq[\tau]=65\text{MPa}$$

$$T_1=500\text{kN}$$

取 n_1＝2

$$d_1\geqslant\sqrt{\frac{4\times500\times10^3}{2\times\pi\times65}}=70mm$$

因此，取 n_1＝2，d_1＝70mm。

（5）验算锚栓剪应力。

$$\tau_2=\frac{T'}{n_2\frac{\pi}{4}d_2^2}\leq[\tau]$$

$$T'=T_2=620\text{kN}$$

取 n_2＝8

$$d_2\geqslant\sqrt{\frac{4T'}{n_2\pi[\tau]}}=\sqrt{\frac{4\times620\times10^3}{8\times\pi\times65}}=40\text{mm}$$

因此，取 n_2＝8，d_1＝40mm。

（6）销钉的孔壁承压应力。计算如下：

$$挤压面积\ A_o=60\times70=4200\text{mm}^2$$

$$挤压力\ N_1=\frac{N}{2}=\frac{500}{2}=250\text{kN}$$

$$\sigma_o=\frac{N_1}{A_o}=\frac{250\times10^3}{4200}=59\text{MPa}$$

满足要求。

（四）板式橡胶支座的设计

板式橡胶支座的设计与计算包括确定支座的平面尺寸、验算支座的受压偏转情况以及验算支座的抗滑稳定性。按《公预规》第 3.5.5 条与第 3.5.6 条规定设计。

1. 选定支座的平面尺寸

其平面尺寸由橡胶板的抗压强度和梁端或墩台顶混凝土的局部承压强度来确定。对橡胶板应满足：

$$\sigma_j = \frac{N}{a \times b} \leqslant [\sigma_j]$$

式中：N——最大支座反力；

a——支座顺桥向边长；

b——支座横桥向边长；

$[\sigma_j]$——橡胶支座的平均容许压应力，当支座形状系数 S＞8 时，$[\sigma_j]$＝10MPa；当 5≤S≤8 时，$[\sigma_j]$＝7～9MPa。

若选定支座平面尺寸：$a \times b = 25 \times 35 = 875\text{cm}^2$；

则支座形状系数 S 为：$S = \dfrac{ab}{2t(a+b)} = \dfrac{25 \times 35}{2 \times 0.8(25+35)} = 9.11$

其中中间层橡胶片厚度 t＝0.8cm。

当 S＞8 时，橡胶板的平均容许压应力$[\sigma_j]$＝10MPa，橡胶支座的弹性模量E_j为：

$$E_j = (530S - 418) \times 0.1\text{，则有 } E_j = 441.03\text{MPa}$$

按容许应力法计算的最大支座反力 N 为：

$$N = \frac{771.56}{1.25} = 617.25\text{kN}$$

故$\sigma_j = \dfrac{617.25}{875} = 0.7054\text{kN/cm}^2 = 7.054\text{MPa} < [\sigma_j] = 10\,\text{MPa}$，可以选用。

2. 确定支座的厚度

主梁的计算温差取$\triangle T$＝40℃，温度变形由两端的支座均摊，则每一个支座承受的水平位移$\triangle_D$为：

$$\triangle_D = \frac{1}{2}\alpha \cdot \triangle T \cdot l' = \frac{1}{2} \times 1.0 \times 10^{-5} \times 40 \times (1340+30) = 0.274\text{cm}$$

式中：l' ＝梁长+支座长度。

计算活载制动力引起的水平位移$\triangle_L$（见图6－7－4）。对跨径 14.2m 桥跨可布置荷载总量为：汽－40 级一列车队，总重 400kN，制动力为 400×10%＝44kN；一辆加重车总重 400kN，制动力 400×30%＝120kN。

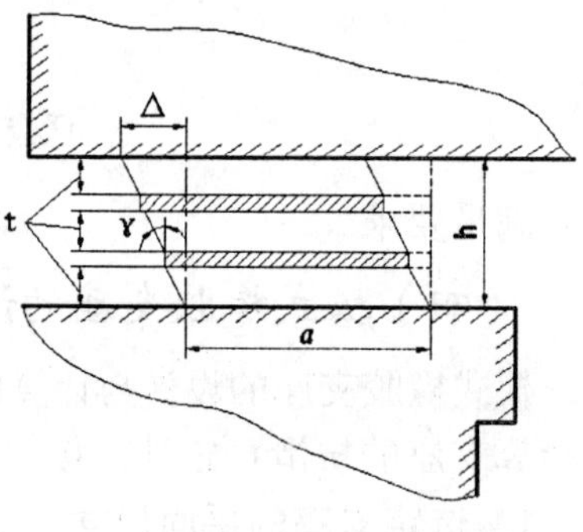

图 6－7－4 支座水平位移段示意图

七根主梁共 14 个支座，每一支座承受的水平力 H_T 为：

$$H_T = \frac{120}{14} = 8.57\text{kN}$$

按规范要求，橡胶层总厚度$\sum t$应满足：

（1）不计汽车制动力时，$\sum t \geqslant 2\triangle_D = 0.548cm$；

（2）计入汽车制动力时，$\sum t \geqslant \triangle_D \bigg/ \left(0.7 - \dfrac{H_T}{2Gab}\right)$；

$$\sum t \geqslant 0.274 \bigg/ \left(0.7 - \frac{857}{2\times 11\times 875}\right) = 0.418\text{cm}。$$

（3）考虑到橡胶支座工作的稳定性，$\sum t \leqslant 0.2a = 0.2\times 25 = 5.0\text{cm}$。

选用五层钢板，六层橡胶组成橡胶支座，上下表层橡胶片厚度为 0.25cm，中间各层厚度为 0.8cm，薄钢板厚度为 0.2cm，则橡胶层总厚度：

$\sum t = 4\times 0.8 + 2\times 0.25 = 3.7\text{cm}$，于是

$0.2a = 5.0\text{cm} \geq \sum t = 3.7\text{cm} \geq 2\triangle_D = 0.548\text{cm}$，符合规范要求。

故支座总厚度$h = \sum t + 5\times 0.2 = 4.7\text{cm}$。

3. 验算支座的受压偏转

支座的平均压缩变形δ为：

$$\delta = \frac{N\sum t}{abE_j} = \frac{617.25\times 0.037}{0.25\times 0.35\times 441030} = 5.92\times 10^{-4}\,\text{m} = 5.92\times 10^{-2}\,\text{cm}$$

按规范要求应满足$\delta \leqslant 0.05\sum t$，即：

$$\delta = 5.92\times 10^{-2}\,\text{cm} \leqslant 0.05\times 3.7 = 18.5\times 10^{-2}\,\text{cm}\text{（满足）}$$

梁端转角为：设恒载时主梁处于水平状态。已知跨中挠度为 1.64cm，则

$$\theta = \frac{16}{5}\times\frac{f}{l} = \frac{16\times 1.64}{5\times 1340} = 3.92\times 10^{-3}\,\text{rad}$$

验算偏转情况应满足：

$$\delta = 5.92\times 10^{-2}\,\text{cm} \geq \theta\times\frac{a}{2} = 3.92\times 10^{-3}\times\frac{25}{2} = 4.9\times 10^{-2}\,\text{cm}\text{（满足）}$$

4. 验算支座的抗滑稳定性

按《公预规》第 3.5.6 条规定，按下式验算支座的抗滑稳定性：

$$\mu R_{\min} \geqslant 1.4GA\frac{\triangle_D}{\sum t} + T$$

或

$$\mu R_D \geqslant 1.4GA\frac{\triangle_D}{\sum t}$$

式中：$R_{\min}$ ——支点最小反力（结构自重加相应于计算制动力时的最小荷载），kN；

R_D ——在结构重力作用下的支座反力，即 $R_D = 127.03\text{kN}$；

G ——橡胶支座的剪切模量，取 G=1.1MPa；

A ——支座承压面积；

T ——汽车制动力，取 T=8.57kN；

μ ——橡胶支座与混凝土表面的摩阻系数，取 μ =0.3。

代入公式，得到：

$$1.4 \times G \times A \times \frac{\triangle_D}{\sum t} + T = 1.4 \times 1.1 \times 250 \times 350 \times \frac{0.274}{3.7} \times 10^{-3} + 8.57 = 18.55\text{kN}$$

$$\mu R_{\min} = 0.3 \times (232.51 + 127.03) = 107.87\text{kN}$$

故 $1.4GA\frac{\triangle_D}{\sum t} + T < \mu R_{\min}$

$$\mu R_D = 0.3 \times 127.03 = 38.11\text{kN}$$

$$1.4GA\frac{\triangle_D}{\sum t} = 1.4 \times 1.1 \times 250 \times 350 \times \frac{0.274}{3.7} \times 10^{-3} = 9.99\text{kN}$$

均满足规范要求，支座不会发生相对滑动。

（五）盆式橡胶支座

盆式橡胶支座适用于支座反力在1500kN以上，支座最大转角为5‰及支座最大位移为150mm的栈桥中。由于将橡胶板放置于扁平的钢盆之中，盆顶用钢盖盖住，处于三向应力状态，大大提高了支座的承载能力（橡胶板的容许压应力可达25MPa），一般地讲，只要钢盆不破坏，橡胶就不会丧失承载力。

本次栈桥设计时，在跨径14.2m、11m和10m起重机梁下采用了TPZ系列盆式橡胶支座。每根梁下设4个支座，考虑到变形协调性，其中固定支座1个，单项活动支座2个，多项活动支座1个。

鉴于盆式橡胶支座反力较大，支承垫石按配置间接钢筋的钢筋混凝土构件的局部承压强度进行验算，即

$$N_c \leqslant 0.6\left(\beta R_a + 2\mu_t \beta_{he}^2 R_g\right)A_c$$

式中符号见《公预规》第4.1.24条说明。

八、栈桥施工技术要求

（一）引用规范和标准

（1）《铁路桥涵设计规范》（TBJ 2—96）；

（2）《铁路钢桥制造规范》（TB 10212—98）；

（3）《铁路桥涵施工规范》（TBJ 203—96）；

（4）《涂装前钢材表面锈蚀等级和除锈等级》（GB 8923－88）；

（5）《焊接件通用技术条件》（JB / ZQ 4000. 9）；

（6）《涂装通用技术条件》（JB / ZQ 4000. 10）；

（7）《水工金属结构防腐蚀规范》（SL 105－95）；

（8）《钢结构工程施工及验收规范》（GB 50205－95）；

（9）《钢结构工程质量检验评定标准》（GB 50221－95）；

（10）《钢结构高强度螺栓连接的设计、施工及验收规程》（JGJ 82－91）；

（11）《公路桥涵施工技术规范》（JTJ 041－2000）；

（12）《钢纤维混凝土》（JG / T3064－1999）；

（13）《钢纤维混凝土结构设计与施工规程》（CECS 38:92）；

（14）国家现行的其他有关规程规范。

（二）基准点和测量工具的要求

（1）构件画线和检查所有的钢尺和各种测量工具应经过校验，所用样板，其误差不应大于0.5mm。

（2）用于测量高程和安装轴线的基准点及安装用的控制点，均应明显、牢固和便于使用，并应用不低于下列精度且经过校验的钢尺和仪器进行测量，即：精度为1/10000的钢尺、DJ2型经纬仪、DJ3水准仪。

（3）基准点和控制点应由测量部门在现场向安装单位和质量检查部门以及监理工程师交清，并提供位置简图和复核检查资料。

（三）上部钢结构制作安装要求

1. 材料

（1）钢结构包括起重机钢箱梁、汽车钢板梁、钢垫梁、钢盖梁等结构。所使用的钢材、焊接材料、涂装材料和紧固件等须符合设计要求和施工图的规定。所选用板材其机械性能和化学成分须符合国家现行的有关标准的规定。

（2）进场原材料除须有生产厂家出厂质量证明书外，并应按合同要求和有关现行标准进行检验和验收，做好检查记录。

（3）焊条型号或焊丝代号及其焊剂必须符合规程规范规定，焊接材料都须有产品质量合格证。

（4）钢板的表面不应有气泡、结疤、拉裂、裂缝、折叠、夹渣和压入的氧化铁皮，钢板边缘不应有分层；有夹层钢板不得使用。

（5）零部件在加工过程中如发现原材料有缺陷，须报监理工程师按有关标准规范处理，并做好记录。

（6）承重结构的钢材应保证抗拉强度、伸长率、屈服点和硫磷的极限含量，应保证碳的极限含量，并应具有冷弯试验合格的保证和低温冲击韧性的保证。

（7）进场钢板需做拉伸、冲击和弯曲试验。夏比（V形缺口）冲击试验的冲击力和试验温度应符合GB / T1591－94表2规定。

（8）当厚度大于 20mm 钢材作弯曲试验时，试样经单面刨削，使其厚度达到 20mm，弯心直径满足 GB／T1591-94 表 2 的规定。进行试验时，未加工面应位于弯曲外侧。如试样未经刨削，弯心直径应比表 2 所列数值增加 1 个试样厚度 *a*。

2. 杆件组焊

（1）在施焊重要结构的焊缝前，应由施工单位根据结构的特点及其质量要求，编制焊接工艺规程，指导焊接工作。

（2）凡参加Ⅰ、Ⅱ级焊接的焊工必须经考试合格后持证上岗。焊工必须熟悉工艺要求，明确焊接工艺参数。

（3）焊件组装前应熟悉施工图和工艺文件，准备好工艺装备零件，核对无误后方可组装。焊接杆件及焊接箱形梁组装允许偏差按 TBl0212-98 有关规定执行。

（4）钢梁翼板和腹板拼接后焊引弧板和引出板（其厚度和剖口与主材相同），并保证焊透。焊缝要求机械加工。

（5）钢梁翼板与腹板连接的 T 形焊缝必须焊透。

（6）起重机箱梁中横隔板与短横隔板及承轨纵梁的上端应与上翼缘板顶紧后施焊，下端不应与受拉下翼缘板焊接。

（7）Ⅰ、Ⅱ级焊缝的组装点焊缝，如施焊时不刨去，则应由合格焊工用焊接焊缝的焊条点焊，长度一般为 40～100mm，间距 400～600mm，厚度不超过正式焊缝高度的二分之一，最厚不超过 10mm。

（8）施焊前应将坡口及两侧的铁锈、氧化铁皮、熔渣油垢、水迹等彻底清除干净，显露出金属光泽。清除范围按 TB10212-98 中第 4.6.2 条的规定办理。

（9）施焊前应检查点焊焊缝质量，如有裂纹、气孔、夹渣等缺陷，均应清除干净。

（10）腹板两侧坡口均应机械加工，与上、下翼板组装时，应顶紧施焊。角焊缝表面应成形良好，并和母材平缓过渡。

（11）焊接工作宜在室内进行，环境湿度应小于 80%；焊接低合金钢的环境温度不应低于 5℃，焊接普通碳素钢不应低于 0℃，主要杆件应在组装 24 小时内焊接。

（12）当板厚大于 15mm 时，定位焊、手弧焊及埋弧焊应进行预热，预热温度 80～120℃，预热范围为焊缝每侧 100mm 以上。

（13）焊缝出现裂纹时，应进行质量分析，找出原因，订出措施，方可处理。

（14）焊接完毕，焊工应进行自检，Ⅰ、Ⅱ级焊缝自检合格后，应于焊缝附近做上标记，并做好记录。

（15）焊剂、焊条，在焊接前应按厂家说明书规定进行烘焙，并随焊随取；焊剂中的脏物、焊丝上的油锈等必须清除干净：CO_2 气体纯度应大于 99.5%。

（16）为减少焊接变形和残余应力，焊接时应采取下列工艺：①选用对称或分段焊的焊接方法；②厚度较厚的焊缝应采用多层多道焊；③根据结构特点和坡口形式，预留反变形；④起弧点和熄弧点应溶化在焊道内，且不得有未填满的熔池；⑤埋弧自动焊必须在距杆件端部 80mm 以外的引板上起、熄弧；⑥焊缝表面应成型良好，减少咬边等缺陷，焊缝两侧不得随意点焊、引弧或焊接临时支架。

（17）焊缝组装的局部间隙超过 5mm，长度不大于该焊缝的 15%，可在坡口两侧做堆焊处理，但应符合下列要求：①严禁在间隙内填入金属材料；②当局部间隙堆焊至允许范围内，该焊缝方可进行焊接；③根据堆焊长度和间隙大小酌情进行探伤检查。

（18）要求焊透的焊缝，在焊背缝时，应将根部的焊瘤、焊渣和未焊透等缺陷清除干净。

（19）焊缝分类。腹板与腹板的对接焊缝、翼板与翼板的对接焊缝为Ⅰ级焊缝；纵向对接焊缝、主要角焊缝为Ⅱ级焊缝；不属于Ⅰ、Ⅱ级焊缝的其他焊缝为Ⅲ级焊缝。

（20）焊缝磨修。杆件焊接后，两端的引板或产品试板必须用气割切掉，并磨平切口，不得损伤杆件；垂直应力方向的对接焊缝必须除去余高，并顺应力方向磨平；焊脚尺寸、焊坡或余高等超出规范 TB10212-98 表 4.7.11-1 规定的上限值的焊缝及小于 1mm 且超差的咬边必须修磨匀顺；焊缝咬边超过 1mm 或焊脚尺寸不足时，可采用手弧焊进行返修焊。

（21）焊缝检查。除满足按 TB10212-98 第 4.7 条有关规定以外，还应满足以下要求：①焊接时当板厚大于 35mm 时Ⅰ级焊缝射线探伤比例 20%，Ⅱ级焊缝 10%。当板厚小于 35mm 时Ⅰ级焊缝射线探伤比例 15%，Ⅱ级焊缝 10%。②射线探伤范围为焊缝两端各 250～300mm。焊缝长度大于 1200mm 时，中部加探 250～300mm；引弧试板则全部探伤。③局部探伤部位应包括全部丁字缝及每个焊工所焊焊缝的一部分。进行局部超声波探伤的焊缝，当发现裂纹或较多其他缺陷时，应扩大该条焊缝探伤范围，必要时可延至全长。进行射线探伤的焊缝，当发现超标缺陷时应加倍检验。

（22）不合格焊缝的补充检查应符合下列规定：①Ⅰ级焊缝探伤检查发现有不合格时，则应对该焊工在该条焊缝上所焊接部位或整条焊缝进行检查。②Ⅱ级焊缝探伤检查发现有不能允许的连续缺陷时，应酌情在延伸方向作补充检查，必要时对该焊工在该条焊缝上所有的焊接部位进行检查。③Ⅲ级焊缝中不能允许的缺陷，其累计长度（指不能允许缺陷的实际总长）超过该条焊缝探伤全长的 10%时，应酌情在可疑部位作补充检查，必要时对整条焊缝进行检查。

（23）不合格焊缝的返修焊应符合如下规定：①应采用碳弧气刨或其他机械方法清除焊接缺陷。在清除缺陷时，应刨出利用返修焊的坡口，并用砂轮磨掉坡口表面的氧化皮，露出金属光泽。焊接裂纹的清除长度应由裂纹端各处延 50mm。用埋弧焊返修焊缝时，必须将焊缝清除部位的两端刨成1∶5 的斜坡。②同一部位的返修次数，一般不应超过两次。超过两次的返修，应经施工单位技术负责人批准，并应取得监理工程师的认可，并作好记录。③返修焊后的焊缝应随即铲磨匀顺，并按原质量要求进行复检。

（24）焊缝射线检查工作应按 TB10212－98 第 4.7.11 款有关规定进行。Ⅰ、Ⅱ级焊缝内部质量应按下列规定评定：凡在透照底片上发现有裂纹的焊缝，应评为不合格。

除磨平顶紧焊外，凡在透照底片上发现有沿焊缝坡口方向的未熔合或双面施焊的对接焊缝根部接合处有未焊透及条状夹渣的焊缝，均应评为不合格。

3. 制造及安装要求

（1）样板、样杆、样条制作的允许偏差应符合 TBl0212－98 中表 4.2.2 的规定。

（2）作样必须熟悉施工图及工艺文件，严格按照施工图、工艺文件 TBl0212-98 有关规定制作。

（3）起重机箱梁、汽车钢板梁制造时，应采用腹板下料起拱法预拱：*L*=21.2m 跨中预拱值 20mm；*L*=17.1m 跨中预拱值 16mm；*L*=14.2m 跨中预拱值 13mm；*L*=10m、11m 跨中预拱值 8.5mm。

（4）所有钢梁的下列部位，应用机械加工（砂轮打磨或刨削）。对接焊缝引弧板割去处；受拉翼缘边缘，当有用手工气割或剪切机切割时，应沿全长刨边；当用自动或半自动气割时，可局部修整。

（5）零部件加工的有关质量要求应符合 TB10212－98 第 4 章的有关规定。

（6）所有钢梁的受拉翼缘，不得焊接悬挂设备的零部件，不宜打火或焊接夹具，并不得有压痕或撞伤。

（7）当起重机箱梁轨道采用压板时，应使压板与轨道紧密接触，每个压板至少用两个螺栓与梁连接。

（8）轨道的接头构造，应保证车轮平稳的通过。若采用焊接长轨时，应考虑轨道受温度作用后有纵向伸缩的余地。

（9）钢板梁基本尺寸允许偏差应符合 TB10212－98 表 5.0.2－1 的规定。

（10）钢箱梁、钢盖梁基本尺寸允许偏差应符合 TB10212－98 表 5.0.2－3 的规定。

（11）有关铸钢支座部分技术要求，详见《铁路桥梁铸钢支座技术条件》有关规定。

4. 防腐

1）基本要求

（1）暴露的钢结构涂装要求，底漆为 WF20 环氧富锌漆两道，干膜厚度 80μm；中间漆为 WF101 环氧云铁漆一道，干膜厚 70μm；面漆为 WF70 化工大气缓蚀漆两道，干膜厚 70μm，颜色为银灰色（B04）；漆膜总厚度为 220μm。

（2）背靠背角钢、槽钢等结构以及各连接板在拼装前，对单件进行喷射处理，涂装一道改性无机富锌漆。涂装之后，进行背靠背结构的焊接拼接。成品之后，再对焊缝以及涂层碰伤之处进行防腐处理。

（3）埋入部分（与混凝土接和面）：涂刷无机改性水泥浆，干膜厚 300μm。

（4）埋入螺杆的螺纹部分用黄油涂刷并进行保护。

（5）涂料质量应符合国家标准，并附有材质证明、产品合格证及使用说明。

2）表面处理

（1）除涂层修补外，所有钢结构裸露的表面都必须采用喷砂除锈，对无法进行喷射处理的结构允许采用动力工具防锈。

（2）喷射处理后的钢结构表面清洁度等级应不低于 Sa2.5 级，对于混凝土接触表面应达到 Sa2 级，手工和动力工具除锈的表面清洁度等级应达到 St3 级。

（3）喷射处理后的表面粗糙度值应在 R_y40～80μm。

（4）认真做好表面处理的质量评定工作，并填好质量检测记录，评定表面清洁度时应与 GB8921 中相应的规定进行目视对比评定；评定表面粗糙度时，应按照 GB/T12188

用标准样块目视比较评定或用仪器测定粗糙度值。

3）工艺要求及措施

（1）表面处理前必须仔细清除焊渣、飞溅附着物，并清洗基体钢结构表面可见的油脂及其他污物。

（2）喷射处理所用的磨料必须清洁、干燥，磨料可采用石英砂、金刚砂、棕刚玉砂或矿物磨料等。磨料应不易碎裂、粉尘少，磨料的粒径为0.5～1.5mm。也可采用喷丸或抛丸除锈，其钢丸或铁丸的磨料及粒径应符合有关规范要求。喷砂角度：喷嘴与工作表面角度应在60° ～70° 之间；喷砂距离：喷嘴与工作表面应保持100～300mm的距离。

（3）表面处理所用的压缩空气，必须经过冷却装置及油水分离器处理，以保证压缩空气的干燥、无油。

（4）表面处理和涂装施工时，施工环境相对湿度应不大于85%，环境温度应不低于5℃，钢结构表面湿度应不低于露点以上3℃，以便有效地控制环境条件，确保质量。露天施工时，雨、雪、降露和高温天气不得进行涂装施工。

（5）清除钢结构表面浮尘后，应采用高压无气喷涂或刷涂涂装。各层涂料涂装间隔时间，应在前一道漆膜达到表干后才能涂装下一道涂料。涂料调配方法、质量控制措施和具体间隔时间应按涂料生产厂产品说明书的规定执行。

（6）涂装前发现表面被污染和泛锈，应重新处理以达到表面清洁度等级。

（7）涂装过程中对每一道涂层均应进行湿膜和干膜的外观检查，并应符合有关规范要求。

（8）涂装结束漆膜固化后，应进行干膜厚度的测定，附着力的检查、针孔检查、检查方法按规范进行，面漆颜色应符合色卡要求。

（9）涂装的每一道工序，必须经过监理工程师许可，方能进行下一道工序。

（10）当天使用的涂料应在当天配置，并不得在涂装作业中途随意添加稀释剂。

（11）因吊装和安装过程中涂层损坏的部分，应按原要求进行修补。

（12）涂料应配套使用，底、中、面漆应选用同一厂家的产品。

（13）涂装和固化期间应避免雨淋、暴晒等；涂装后漆膜应进行维护。

4）涂料涂装检验

（1）干膜厚度分布状态，符合85%要求。如果没有达到，必须根据具体情况作局部或全部补涂。

（2）湿膜厚度与干膜厚度检测：湿膜厚度由施工人员随时检测，以便于控制干膜厚度。具体检测平整平面表面上每10m^{2}不少于3个测点，保证达到两个85%要求。

（3）涂装应均匀，面漆光滑平整、颜色一致，无针孔、气泡、起波和流挂等缺陷。

5. 运输与吊装

（1）箱梁、板梁、盖梁、钢垫梁设计为制造厂整体制造及运输、吊装。

（2）钢构件的安装程序，必须保证结构的稳定性和不发生永久性的变形，并能保持或及时校正结构的预拱度和平面位置。

（3）钢构件在运输和安装过程中，被破坏的涂漆等，应按照有关规定补涂。涂面层漆应在钢桥安装完成后进行。

（4）钢梁安装前，应对墩顶高程、中线及每孔跨径进行复测，不超过允许偏差后方可安装。

（5）钢梁在落梁过程中，应保证其平稳下落，使钢梁各部杆件不超出容许应力。钢梁就位前后，均应检查其建筑拱度和平面尺寸，并做好记录。

（6）铸钢支座、盆式支座均应按设计图和设计要求安设。

6. 交接验收

（1）钢梁安装工程完工后，应进行工程验收，其制造与安装和质量应符合设计图纸和本条件的规定。

（2）交接验收时，应向监理工程师及设计单位提出下列资料：①设备和结构的出厂合格证；②主要材料出厂合格证；③制作、安装时最终的检查和试验的测试记录；④设计修改通知单；⑤重大缺陷处理记录和有关会议纪要；⑥焊缝探伤报告；⑦检查、测量安装结果和质量评定资料；⑧各项试验资料和施工记录资料；⑨安装竣工图纸。

（四）下部钢结构制作安装要求

1. 材料

（1）钢材必须符合设计要求和施工图的规定，其机械性能和化学成分必须符合现行的国家标准，并应具有出厂合格证。

（2）所采用的连接材料和涂装材料应具有出厂质量证明书，并应符合设计的要求和国家现行的有关标准的规定。

（3）进厂原材料除必须有生产厂家出厂质量证明书外，并应按合同要求和有关现行标准进行检验和验收，做好检查记录。

2. 技术要求

（1）柱相邻两板接缝应错开200mm以上，以避免焊缝交叉和焊缝缺陷的集中，所有对接焊缝均为Ⅰ级焊缝，箱形柱四角连接焊缝、节点板与柱身连接焊缝为Ⅱ级，其余焊缝为Ⅲ级。

（2）柱两端与柱底板及顶板的焊缝应采取顶紧焊。

（3）当板厚大于38mm时，Ⅰ级焊缝射线探伤比例20%，Ⅱ级焊缝10%；超声波探伤Ⅰ级焊缝100%，Ⅱ级焊缝50%。当板厚小于38mm时，Ⅰ级焊缝射线探伤比例为15%，Ⅱ级焊缝8%；超声波探伤Ⅰ级焊缝50%，Ⅱ级焊缝30%。

Ⅰ级焊缝用超声波探伤时，根据需要可用射线探伤复验，复验长度为5%。Ⅱ级焊缝只有在超声波探伤有可疑波形，不能准确判断时，才用射线探伤复验。局部探伤部位应包括全部丁字缝及每个焊工所焊焊缝的一部分。

射线探伤Ⅰ级焊缝Ⅱ级合格，Ⅱ级焊缝Ⅲ级合格。超声波探伤，Ⅰ、Ⅱ级焊缝B级合格。

（4）下部结构在跨度方向的垂直不大于 $H_1/2500$（H_1 为柱底至盖梁顶距离），且不大于±6mm。两柱的偏斜方向相反且宜向跨内偏斜。

（5）上、中、下三柱的平行度要求为柱高的 H_1 / 2000，但不超过 6mm。

（6）相临柱高相差不大于 5mm。跨度方向柱高相对差应不大于 5mm。

（7）高强度螺栓连接范围内，构件接触面的处理应符合规范要求，其接触面的磨擦系数应达到规定值 0.35。在表面除锈后，涂刷无机富锌漆。

（8）柱与柱接头处高强螺栓的拧紧应分为初拧、复拧、终拧三道工序，初拧扭矩为施工扭矩的 50%，复拧扭矩等于初拧扭矩。

柱与撑杆连接处高强螺栓的拧紧应分为初拧和终拧两道工序，初拧扭矩为施工扭矩的 50%。

（9）初拧和复拧后的高强螺栓应用不同颜色在螺母上涂上标记，然后按 JGJ82－91 规定的施工扭矩值进行终拧。终拧后的高强螺栓应用另一种颜色在螺母上涂上标记。

（10）高强螺栓安装的各道工序应在同一天内完成。

（11）测力扳手在使用前，应检验其力矩值，并在使用过程中定期复验。

3. 防腐

有关防腐要求同上部钢结构制作安装技术要求第 4 条。

4. 运输和安装

（1）柱脚底板与基础顶面间需留出 40～60mm 空隙，待钢柱安装校正后，将柱脚与钢垫板以及垫板与垫板之间以点焊临时固定。

（2）完成以上工序并将上部结构全部安装校正完毕后，钢柱的柱脚底面与基础顶面间的空隙应用 1∶2 水泥砂浆或 C40 细石混凝土浇灌密实，然后将柱脚锚栓的螺母拧紧，并将螺母与垫板以及垫板与柱脚锚栓支承托座焊牢。

（3）其他要求按国家有关规程规范执行。

5. 交接验收

（1）下部钢结构安装工程完工后，应进行工程验收，其制造与安装和质量应符合设计图纸和本条件的规定。

（2）交接验收时，应向监理工程师及设计单位提出的资料同上部钢结构制作安装技术要求第 6 条。

（五）钢筋混凝土 T 梁制作安装

1. 一般规定

钢筋混凝土 T 梁的模板、混凝土及钢筋混凝土的施工、各期施工、构件安装，请按施工图和《公路桥涵施工技术规范》（JTJ041－2000）有关规定执行。

2. 主要材料

（1）混凝土。垫梁采用 C25 混凝土；支承垫石采用 C40 混凝土；T 梁和行车道板湿接缝采用 C40 混凝土；桥面铺装采用 CF50 钢纤维混凝土。

（2）钢筋。Ⅰ级热轧光圆钢筋，Ⅱ级热轧螺纹钢筋，其技术标准符合国标 GB1499－1991、GB13013－1991 的规定。

（3）钢板。支座垫板、横隔板连接钢板采用 16Mn 钢，技术条件必须符合 GB/T709

—88 的规定。

（4）水泥。大厂生产的 425 号、525 号普通硅酸盐水泥。

（5）其他材料。砂、石、水的质量要求均按《公路桥涵施工技术规范》有关条文办理。

3. 施工要点

有关桥梁的施工工艺及其质量检查标准，按《公路桥涵施工技术规范》有关条文办理，另外尚需注意下列几点：

（1）梁体混凝土必须达到 85%设计强度时方准移梁（检验混凝土强度时注意试件的取样及养生条件需与 T 梁梁体混凝土相符合），达到 100%强度后方能安装。

（2）焊接钢筋骨架要严格检查焊接质量和几何尺寸。

（3）T 梁翼板湿接缝处的混凝土表面必须凿毛、冲洗，以保证新老混凝土的结合，提高整体性和抗剪能力。

（4）为确保 T 梁在运输及安装就位时的稳定性，应采取支撑或其他有效措施，防止梁体倾倒；T 梁就位后应及时将横隔梁焊接好。

（5）T 梁就位后只有进行了横隔梁的焊接并浇筑了湿接缝混凝土，且其强度达到设计强度的 85%并采取压力扩散措施后，方可在其上运梁。

（6）T 梁吊运按兜托梁底吊装法考虑，不设吊环。预制时应在梁底顶留穿索兜底所需的活动段底模，同时在 T 梁翼板上的对应位置预留穿索孔洞。吊具等由施工单位自行设计。

（7）在浇筑 T 梁时，应将支座垫板、伸缩缝有关部件、泄水管等预先埋入。

（8）凡需焊接的受力部位，均应满足可焊性要求，并且当使用强度级不同的异种钢材相焊时（如 16Mn 钢和 A3 钢相焊）所选用焊接材料的强度应能保证焊缝及接头强度高于较低强度级的钢材（如 A3 钢）之强度。

（9）桥面铺装混凝土未达到设计强度的 100%时，不允许车辆直接在桥面上行驶。

（10）钢筋混凝土预制板和现浇板参照钢筋混凝土 T 梁有关技术要求执行。

4. 支座安装

安装板式橡胶支座时，应注意下列事项：

（1）橡胶支座在安装前，应全面检查产品合格证书中有关技术性能指标，如不符合设计要求时，不得使用。

（2）安装前应将墩台支座支垫处和梁底面清理干净。

（3）吊装钢筋混凝土 T 梁前，抹平的水泥砂浆必须保持清洁和粗糙。安放时必须仔细，使 T 梁就位准确且与支座密贴；就位不准时，必须吊起重放，不得用撬棍移动梁体。

5. T 梁安装的允许偏差

（1）相邻两构件顶面高程为 10mm；

（2）支座平面位置为 5mm；

（3）支座四周边缘高差为 1mm。

6. 试验任务

（1）混凝土配合比试验。

（2）原型静载试验。在 L=10m、11m 中取一根、在 L=14.2m 梁中取一根分别进行静载试验。

7. 交接验收

（1）钢筋混凝土 T 梁安装工程完工后，应进行工程验收，其制作与安装和质量应符合设计图纸和本条件的规定。

（2）交接验收时，应向监理工程师提出下列资料：①结构的出厂合格证；②主要材料出厂合格证；③制作、安装时最终的检查和试验的测试记录；④设计修改通知单；⑤重大缺陷处理记录和有关会议纪要；⑥检查、测量安装结果和质量评定资料；⑦各项试验资料和施工记录资料；⑧安装竣工图纸。

（六）预应力混凝土 T 梁制作安装

1. 一般规定

（1）预应力混凝土的模板和非预应力钢筋等一般工程施工及预应力混凝土部分未详事项，请按施工图和《公路桥涵施工技术规范》（JTJ041－2000）有关规定执行。

（2）预应力混凝土在施加预应力张拉时，应特别注意加强安全防护措施。张拉前，应全面检查张拉系统，确保安全可靠。

（3）张拉预应力钢束时，应由专人负责指挥，千斤顶对面严禁站人；操作时严禁摸踩及碰撞预应力钢束；在量测预应力钢束的伸长值及锚固时，应停止开动千斤顶或卷扬机；预应力钢束的锚夹具应有足够的夹固能力；孔道压浆时，工人应戴防护眼镜，以免灰浆喷出而射伤眼睛。

（4）预应力管道定位网格尺寸必须正确，公差±2mm；网格应保证位置正确，公差±8mm；预应力管道连接时，管口不得有卷边、毛口，连接套处以胶带缠封密实，防止漏浆。

2. 材料

1）低松弛预应力钢绞线— ϕ15.24（270 级）

（1）对于无出厂合格证和外观检查有裂纹、小刺、锈蚀、机械损伤、油迹污染等缺陷者不得使用。

（2）对有出厂合格证、包装方法及标志内容齐全、正确、外观检查良好、规格符合要求者，下料前按每批盘数的 10%（但不少于三盘，如有可疑者尚需适当增加）截取试样，试样部位为每盘两端分别截去 50cm 以后，再按需要长度取样进行检验。虽两端抽样检验合格，但如开盘后，发现任何长度内有可疑现象时，还必须随时截取试样。经过检验符合下述要求者，才能使用。

（3）检验要求：

直径允许偏差为＋0.66/－0.15mm；

抗拉标准强度 $R^b{}_y$＝1860 MPa；

弹性模量 E_y ＝1.9×10^5 MPa；

最小延伸率（标距 610mm） 3.5%；

破断力不小于 260.7kN；

1%伸长时的负荷为 234.7kN；1000 小时最大松弛率：初载 70%、松弛率 2.5%；初载 80%、松弛率 3.5%。

（4）钢绞线在运输、装卸时应注意保护和防雨，且不得与腐蚀性物质混装。每次只能吊一件，避免碰撞、挤压或快速落地。否则，会损坏包装，崩断钢带，甚至散包。

（5）钢绞线应储放在干燥的仓库中，离地面 20cm 以上的隔潮地板上，禁止放在露天的湿地上。仓库的硬地有时会擦伤钢绞线，以致损害钢绞线的机械性能，应予避免；过度挤压钢绞线，也是有害的。

（6）下料。钢绞线的切断，宜采用直径 300mm 的砂轮切割机，作为下料工具；锚口切割使用直径 230mm 砂轮切割机，砂轮片厚 3mm，且必须是加劲的，不得使用电切割。

（7）钢绞线绝对禁止焊接；孔道中的钢绞线不能交叉、缠结；孔道中不能有积水、泥浆等腐蚀性介质。

（8）张拉时如果出现断丝现象，应着手以下工作，以查找原因：①检查施工记录，向操作工人调查；②检查孔道中的情况，是否有交叉、缠结、腐蚀、机械损伤或其他不适当状态；③检查千斤顶是否准确；④检查锚具有无问题；⑤调查下料方式是否有问题；⑥取断丝到厂家分析，并附调查材料。

（9）选用 OVM 锚具。锚具现场安装质量非常重要，安装质量不好，会降低钢绞线的承载能力。此外，过度的侧压力、刻痕等也会降低钢绞线的承载能力。

（10）在进行张拉前的操作准备时，如需钢绞线弯曲，其弯曲半径不得小于直径的 5 倍。

2）非预应力钢筋——Ⅰ级、Ⅱ级

（1）Ⅰ级热轧光圆钢筋，Ⅱ级热轧螺纹钢筋，其技术标准符合国标 GB1499－1991、GB13013－1991 的规定。

（2）钢筋必须按不同钢种、等级、牌号、规格及生产厂家分批验收，分批堆存，不得混杂，且应立牌以资识别。钢筋在运输、储存过程中，应避免锈蚀和污染。钢筋宜堆置在仓库（棚）内，露天堆置时，应垫高并加遮盖。

（3）使用的钢筋应有出厂质量证明书，对无出厂质量证明书的钢筋不能使用。所使用的钢筋要进行抽验，需要焊接的受力钢筋，还应作可焊性试验。

（4）钢筋代用时，应征得设计单位同意。

3）混凝土——40 号一级配

（1）水泥。采用 525 号普通硅酸盐新鲜水泥，标号由试验确定，不得有受潮结块现象。水泥如受潮或存放时间超过 3 个月，应重新取样检验，并按其复验结果使用。

（2）粗、细骨料。按《公路桥涵施工技术规范》（JTJ041－2000）有关规定执行。

（3）外加剂。为了改善和易性可通过试验加入适量的减水剂，但不得掺用各种氯盐。

4）锚具及夹具

（1）锚具和夹具的类型须符合设计规定和预应力钢材张拉的需要。用预应力钢材与锚夹具组合件进行张拉试验时的锚固能力，不得低于预应力钢材标准抗拉强度的90%。

（2）锚夹具出厂前应由供方按规定进行检验并提供质量证明书。锚夹具进场时，应分批进行外观检查，不得有裂纹、伤痕、锈蚀，尺寸不得超过允许偏差。对锚具的强度、硬度、锚固能力等，应根据供货情况确定是否复验的项目、数量。当质量证明书不符合要求或对质量有疑问时，应按有关规定进行检验，符合要求时才能验收和使用。

（3）锚具技术性能：①锚具静载性能，锚具钢绞线组装件锚固效率系数 $\eta_A \geq 95\%$，极限应变 $\varepsilon_\mu \geq 2\%$；②锚具动载性能，锚具钢绞线组装件能承受200万次动载，应力幅度为 $\Delta\sigma$=80MPa，上限为钢绞线标准强度的 65%，试验后钢绞线破断面不大于原面积的 5%；③锚具内缩量不大于 6mm；④锚具锚口摩阻不大于 0.025；⑤千斤顶摩阻不大于0.05。

5）孔道灌注水泥浆

水泥（同梁体混凝土品种和质量），水泥浆指标应由试验确定。

3. 混凝土浇筑

（1）浇筑混凝土时孔管位置不可移位且不漏入水泥砂浆，以防止孔道堵塞。

（2）预应力 T 梁宜在预制厂预制。为防止产生薄弱断面，采用连续浇筑，一般应水平分层，斜向分段，一次浇筑成型。从机口出料到全浇筑并振捣完毕的时间不宜超过2小时。浇筑时用附着式振动器振动为主，以插入式、平板式振动器振动为辅进行振动。T 梁腹板、翼板隔板连接处、预应力钢材锚固端以及其他钢筋密集部位，宜特别注意振捣质量。

（3）应避免振动器碰撞预应力钢束的管道、预埋件等。应经常注意检查模板、管道、锚固端钢板及支座预埋件等，以保证其位置及尺寸符合设计要求。

（4）每片T梁取混凝土试样6组，其中3组按标准养护28天，作为梁体混凝土质量检验依据；另3组随梁养护，作为拆模、张拉等强度依据。

（5）养护。日最低气温5℃以上时，才可以自然养护。洒水养护期不少于7天。养护期内，必须经常保证混凝土表面潮湿。

（6）梁体混凝土质量检查：①当混凝土强度按试件强度进行评定达不到合格条件时不能使用。②混凝土表面应平整、密实，不得有蜂窝、露筋现象。如表面有少数直径小于30mm、深度小于10mm的小蜂窝或长度小于30mm、深度小于25mm的缺棱，可用环氧砂浆修补，如有削弱截面影响结构性能的缺陷（空洞、裂缝、大蜂窝）则不能使用。③预应力混凝土T梁的外形尺寸允许偏差应符合JTJ041－2000有关规定。

4. 张拉

1）准备工作

（1）张拉机具应与锚具配套使用，应在进场时进行检查和校验。

（2）油压表的校验及千斤顶内摩阻力的测定，千斤顶与油压表配套进行升压、退压、率定，并绘制率定曲线，以确定张拉力与压力表读数之间的关系曲线。张拉时千斤顶油压表与率定曲线配套使用，根据油压表读数查千斤顶张拉吨位。所用压力表的精度不低于1.5级，校验千斤顶用的试验机或测力计的精度不得低于±2%。校验时千斤顶活塞的运行方向应与实际张拉工作状态一致，当采用试验机校验时，宜以千斤顶试验机的读数为准。

（3）锚圈口摩阻力和孔道摩阻力的测定。

（4）梁体混凝土质量检查合格。

（5）检查锚垫板和孔道，锚垫板应位置正确，孔道内应畅通、无水分和杂物。

（6）清除锚具支承垫板上的水泥浆、浮锈、油污、混凝土等杂物。

（7）穿钢绞线应梳理顺直，编号定位，不得错乱；张拉前适当左右抽动。

（8）张拉机具应在使用前全面进行校验，千斤顶使用6个月或200次以及在千斤顶使用过程中出现不正常现象时，应重新校验。弹簧测力计的检验期限不宜超过2个月。

2）张拉作业

（1）梁体混凝土达到设计强度后才能进行张拉。

（2）锚圈、限位板、孔道、千斤顶应处于一条轴线上。

（3）张拉顺序应按施工图中设计说明进行。

（4）同一束钢绞线两端同时张拉，同步升压，分级张拉一次完成，并派专人做好每束钢绞线张拉过程现场记录。

（5）分别量得钢绞线两端的实际伸长量与计算伸长量相差应控制在±6%范围以内。超出规定范围时，应及时查找原因。

（6）张拉完毕后移走张拉设备。切除多余的钢绞线，余留钢绞线80mm。

3）张拉注意事项及事故处理

（1）夹片与锚圈锥孔不应粘附泥浆或其他杂物，且不允许锈蚀。若有轻微浮锈，应彻底清除。

（2）对表面有锈的钢绞线，张拉前应彻底除锈。

（3）锚具安装到位后，应及时张拉，以防止因锈蚀而产生滑丝、断丝。

（4）限位板应根据钢绞线的实际外径来选择。

（5）张拉系统使用前应进行标定。

（6）张拉锚固定后应及时压浆，一般应在48小时内完成，如情况特殊不能及时压浆者，应采取保护措施，保证锚固装置及钢绞线不被锈蚀，以防滑丝。

（7）切割多余钢绞线，必须在距锚具80mm以外的位置使用切割器，并采取保护措施，使锚具附近的温度不超过150℃，以防止夹片受热退火而滑丝，还应特别注意勿使氧炔焰及溅射物质触及锚具。

（8）孔道灌浆后3天内不得切割钢绞线和碰撞锚具。

（9）张拉前，应全面检查张拉系统，确保安全可靠。张拉时，千斤顶后严禁站人。

（10）当出现如下问题时，应分别及时处理：①如5分钟油压有下降现象，要补油至规定油压。②如有断丝现象，应抽换钢绞线，重新张拉。③如有滑丝现象，采用千斤顶和卸荷支座支承在锚具上，用千斤顶张拉滑丝钢绞线，直至滑丝夹片取出，换上新夹片，张拉至设计应力即可。如遇严重滑丝，则应将锚具上的所有钢绞线全部卸荷，找出原因并解决，再重新张拉。

5. 孔道灌浆

1）准备工作

（1）张拉锚固定后应在48小时内压浆填孔。

（2）用环氧砂浆封堵锚圈周围的钢绞线间隙。

（3）用水压0.2MPa的压力水将孔道冲洗干净，然后用风压0.1MPa的风压吹去孔道内的积水，务使孔道干净湿润。

（4）如发现冒水、漏水现象，应及时堵塞漏洞。

（5）如有冲洗时发现有串孔现象，则将串孔同时进行灌浆。

（6）每次水泥浆的拌制量以不超过40分钟的用量为宜，水泥浆的温度应不超过25℃，也不低于5℃。

2）操作程序

（1）孔道两端各装灌浆嘴一只。

（2）打开两端灌浆嘴阀门，由进浆一端以0.4～0.5MPa的压力灌入泥浆，当另一端排完水、气和稀浆，出浓浆达规定水灰比时（或控出浆口压力0.05～0.1MPa）关闭出浆口阀门，继续压浆，压力逐渐上升至0.6MPa，保持此压力，并压浆30分钟后，关闭进浆口阀门，使水泥浆在有压状态下凝结。

（3）灌浆顺序，先下排孔，后上排孔，先中后边。

3）注意事项

（1）每个孔道必须一次完成，不得中途停顿。

（2）水泥浆从拌制到灌入孔道的时间不得超过40分钟，并且在此时段内不断搅拌。

（3）输浆管长度不超过30m。

（4）灌浆后48小时内，必须保证构件温度不低于5℃。

（5）每班应制作7cm×7cm×7cm立方体标准试件三组，其中一组标准养护28天，以评定水泥浆强度，另两组随梁同样条件养护，作为控制吊运时间的依据。

6. 封梁端

封梁端混凝上的配比、强度与梁体相同。浇注时，应认真振换捣，特别是锚具处务求密实。浇注后，在常温下养护7天左右。

7. 起吊和存放

1）起吊时注意事项

（1）在孔道灌浆的水泥浆试块强度大于20MPa和封梁端混凝土完成养护期以后，才能开始吊运、架梁。

（2）吊运时应轻起轻落。

（3）防止碰撞、倾覆。

2）存放时注意事项

（1）存放时，应在平整的地面上设置垫木，垫木支垫位置靠近两端支座内侧，跨中严禁任何支垫。

（2）梁体应保护端正，不能侧卧，为了防止倾倒，应在外侧加设支撑。

（3）梁体上最多允许叠放一层。

8. 支座安装

安装板式橡胶支座时，注意事项同普通钢筋混凝土T梁。

9. 试验任务

（1）预应力混凝土配合比试验。

（2）孔道灌浆水泥浆试验。

（3）预应力孔道摩阻和锚圈口摩阻试验。

（4）单片梁原型静载试验。

10. 交接验收

（1）预应力T梁安装工程完工后，应进行工程验收，其制造与安装和质量应符合设计图纸和本条件的规定。

（2）交接验收时，应向监理工程师及设计单位提出下列资料：①结构的出厂合格证；②主要材料出厂合格证；③制造、安装时最终的检查和试验的测试记录；④设计修改通知单；⑤重大缺陷处理记录和有关会议纪要；⑥检查、测量安装结果和质量评定资料；⑦各项试验资料和施工记录资料；⑧安装竣工图纸。

第七章　三峡工程120栈桥施工组织设计

一、栈桥施工组织设计

（一）概况

三峡工程二期左岸大坝高程120m施工栈桥布置于枢纽大坝下游坝坡面之上，距坝轴线60.50m，桩号为20+060.50m，其轨顶高程122.50m，施工总承包合同范围栈桥总长696.2m，金属结构制安总工程量为6094.826t。因为2A标段的高程120m栈桥工程量较小、梁跨较短、制安相对简单，本章主要总结Ⅰ&ⅡB标段高程120m栈桥的施工过程。除21.2m钢梁委托武昌造船厂制作外，高程120m栈桥其他所有钢结构的制作、安装均由葛洲坝股份有限公司机电建设公司和机械有限公司承担。

机械有限公司承担泄 1#～23#坝段和右纵 1#坝段的栈桥制作与安装任务，桩号为48+718.0至49+218.40m，总长为500.4m，其制安吨位为2857.879t（此吨位不包括固定支座锚栓、盆式橡胶支座的重量），其具体制安吨位见表7－1－1。

表7－1－1　　金结制作安装工程量表

序号	名　称	数 量	单 位	单重（t）	总重（t）	备 注
1	10m钢箱梁	2×23	对/根	19.4689	895.569	
2	10m钢板梁	2×23	对/根	8559.2	393.723	
3	11m钢箱梁	2×22	对/根	20.6583	910.153	
4	11m钢板梁	2×22	对/根	9.1043	400.5892	
5	铸钢支座下座板	464	kg/块	305.5/块	141.752	
6	固定支座锚栓	8×190	根	1520		带双螺帽
7	活动支座锚栓	8×176	根	1408		带双螺帽
8	固定盆式橡胶支座	4×47	个	188		
9	活动盆式橡胶支座	4×47	个	188		
10	固定支座上座板	232	kg/块	251.2	58.2784	
11	活动支座上座板	232	kg/块	249.2	57.8144	
12	M36×210螺栓	8×562	根	4496		带双螺帽
	小计				2857.879	

（二）施工组织设计编制依据

高程 120m 栈桥施工组织设计编制依据主要有：

（1）有关法律、法规文件；

（2）业主提供的有关文件及施工图纸；

（3）制作安装技术要求中所涉及的规范与标准；

（4）施工承包合同；

（5）ISO9001 质量体系文件、《质量手册》和《程序文件》；

（6）装备条件及制造能力。

（三）本项目生产及进度安排

1. 生产组织安排

机械公司三峡栈桥项目部，负责组织本工程项目的施工，按已建立的 ISO9001 质量管理体系，科学组织、精心施工。高程 120m 栈桥金结制造安排在三峡机械厂、金属结构厂和第一工程部三个单位承担（第二工程部作为预备队伍，根据工期情况随时进行调整），整体安装任务由三峡机械厂承担。铸钢支座等由机械加工厂和起重设备厂承担任务。

2. 总体安排

从 1997 年底葛洲坝股份有限公司组织投标到 1998 年 8 月 18 日，葛洲坝股份有限公司与三峡总公司签订三峡二期大坝土建与安装工程施工承包合同。因机械有限公司全过程配合参与了三峡二期工程高程 120m 栈桥的技术投标。公司接到中标通知后即将栈桥的部分制作加工与安装任务交给了机械有限公司。经认真研究合同文件，公司及项目部依据约定进行了施工计划安排，并制定可落实的下列计划：

（1）资金投入计划；

（2）材料采购计划；

（3）设备、人员计划。

同时，留有适当的工期余地，确保按业主要求随时调整，实行动态管理，满足工程的总体需要。

（四）施工组织与施工装备

鉴于三峡二期工程及高程 120m 施工栈桥的特殊性、重要性、安全性、可靠性要求，为顺利实施该项目，机械有限公司进行了全体动员，集优势资源（人力、物力、厂房）全力以赴投入到该项目，并挑选骨干人员组成施工项目部。

1. 项目组织结构

机械有限公司三峡栈桥项目部生产组织机构见图 7—1—1。

2. 栈桥金结项目部制安主要责任人

机械有限公司三峡工程高程 120m 施工栈桥金结制安项目部，选派了具有丰富经验和高级技术与管理骨干担任项目负责人。

项目经理王志生；项目总工程师罗斌；项目副总工程师田爱军；质检负责人吴文信。

项目部组织结构见图7—1—2。

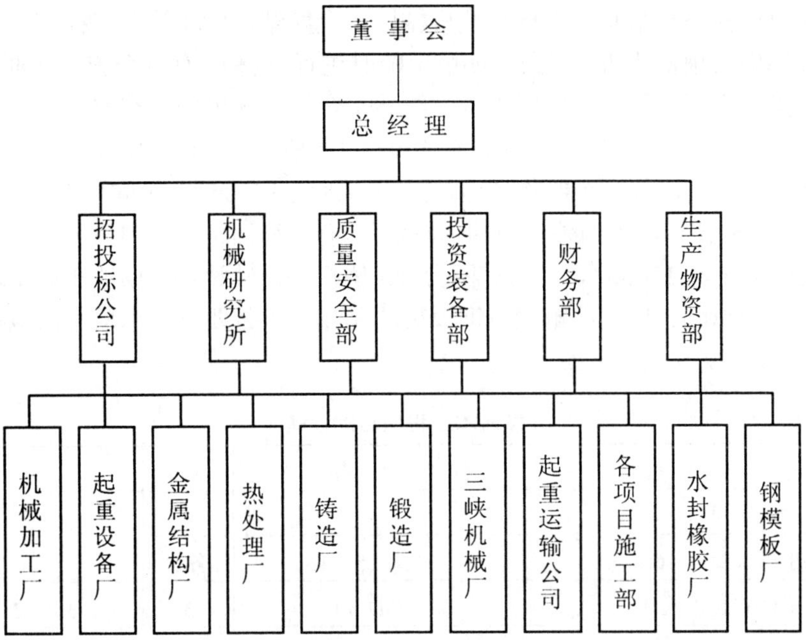

图7—1—1　机械公司组织机构图

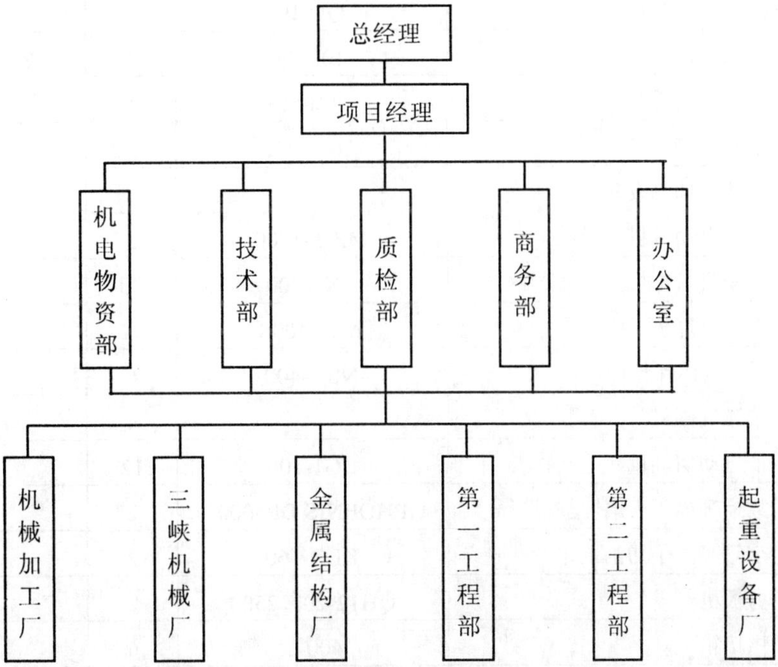

图7—1—2　项目部组织结构图

3. 项目施工场地和起重等设备配置

高程 120m 栈桥金结制造安排三峡机械厂、金属结构厂和第一工程部三个单位承担（第二工程部作为预备队伍，根据工期情况随时进行调整），有五个施工作业场地。每个施工场地均搭设有下料平台、构件平台、组装平台。三峡机械厂在前后方都有厂房，前方占地约 2500m^2，后方占地 3000m^2，有 15t 和 20t 桥机、25t 和 16t 汽车吊等吊装设备；金属结构厂有厂内、厂外两个制作场地，厂内占地约 1500m^2，车间内有两台 30t 桥机、1 台 20t、1 台 15t 桥机，车间外占地约 3000m^2，有东德门机、龙门吊等吊装设备；第一工程部的施工场地约 1500m^2，厂内有两台 20t 桥机等吊装设备。场地和设备均能满足我公司目前承担的 10m、11m 钢箱梁、钢板梁的制作、拼装要求。本项目部拟投入的施工设备见表 7－1－2。

表 7－1－2　　投入本工程项目的设备

序号	设备名称	规　格	数量	备　注
	起重运输设备			
1	汽车吊（25t、16t）	QL3-25、16	各 2	
2	双梁桥式起重机	QD-30	3	30t，L=16.5m
3	双梁桥式起重机	QD-20	3	15t/3t
4	双梁桥式起重机	QD-15	5	15t/3t
5	双梁桥式起重机	QD-10	3	10t
6	东德门机	10t/20t	1	20t-20m/10t-40m
7	龙门式起重机	16t/5t	1	跨距 24m
8	运输汽车、半挂	10t、25t	各 2	
	焊接、切割设备			
9	埋弧自动焊机	MZ-1-1000	5	
10	逆变式弧焊机	BX7-400	30	
11	直流弧焊机	AX7-400S	12	
12	CO_2 气体保护焊机	NBC-400	6	
13	碳弧气刨机		4	
14	半自动切割机	CG1-100	12	
15	数控等离子火焰切割机	PHOENIS DP5000	2	
16	空气等离子切割机	KLG-160	2	
17	剪板机	QH12-20×2500	2	
18	烘培箱	400℃	6	
19	四柱万能油压机	YA32-500	2	
20	四柱万能油压机	YA32-315	1	

续表 7—1—2　　投入本工程项目的设备

序号	设备名称	规　格	数量	备　注
21	单臂压力机	YZ10070-800/100	1	
22	H形钢翼缘校正机	JZ-40	1	
23	牛头刨床	B690	4	L=900
24	龙门刨床	B2016	1	1.6m×6m
25	龙门刨床	B2152	1	1.5m×4m
26	龙门刨床	B2010A	1	1m×3m
27	精密立式车床	CM5231	1	
28	立车	C5225	1	∮3150mm
29	立车	CM5231	1	∮2500mm
30	立车	SC2000	1	∮2000mm
31	摇臂钻	E3080	4	
32	万能升降台铣床	X63W	4	
33	万能升降台铣床	X62W	6	
	探伤设备			
34	超声波探伤仪	CTS-22	2	
35	X射线探伤仪	XXQ2505C	2	
	防腐设备			
36	高级喷砂机	HCR-4-21	1	Sa2$^1/_2$级以上
37	火焰线材喷枪	SQP-1	1	
38	电弧喷涂枪	DP300A	2	
39	高压无气喷涂机	GPQ8CS	1	300μm涂厚层
40	空压机	2V-6/8-1	2	
41	电脑涂层检测仪	Hcc-24	2	精确度0.1%
42	经纬仪	DJ2	2	
43	水准仪	BS3-2	4	
44	砂轮切割机		3	
45	台式砂轮机	Φ300	3	
46	角向磨光机		20	

（五）制造工艺编制原则及措施

1. 技术准备

依据合同适用的技术规范，在项目总工程师的直接领导下，由机械研究所统一实施技术管理与技术组织工作，并完成施工图样的审核及工艺编制等，严格按合同技术要求和有关规范执行。

2. 零部件加工准备

所有板材、型材经校平或校直后，板材达到每米范围内不平度不大于1mm，型材直线度每米偏差为长度的1/1000。

3. 下料加工

所有零件均放样确定尺寸，保证放样的正确性。放样和号料应根据工艺要求预留制作和安装时的焊接收缩余量及切割等加工余量。

4. 零件制造

为保证零件尺寸的准确性和一致性，零件采取无余量制造。零件制造尺寸的确定，考虑焊接收缩量等工艺因素，结合以往制造经验和数据，放样确定下料的工艺尺寸，零件加工精度及质量措施如下：

（1）所有零件的下料切割，均采用剪板机或半自动切割机切割，或采用型材切割机及数控火焰等离子切割机切割，保证切割零件形状、尺寸的准确性及切割质量。

（2）用钢板或型钢下料而成的零件，其未注公差尺寸的极限偏差见表7—1—3。

表7—1—3　施工允许偏差值表

基本尺寸	允许偏差	
	切割	刨（铣）边缘
≤1000	±2.0	±0.5
1000-2000	±2.5	±1.0
2000-3150	±2.5	±1.5
3150	±3.0	±2.0

5. 表面粗糙度

切割钢板或型钢，其被切断面形位公差及表面粗糙度有以下要求：

（1）钢板或型钢切断面为待焊边缘时，切断面无对焊缝质量有不利影响的缺陷；

（2）断面粗糙度 R_a≤50um，长度方向的直线度公差不大于边棱长度的0.5/1000，且不大于1.5mm；

（3）厚度方向的垂直度公差，当板厚 $\delta \leq 24$mm 时，不大于0.5mm；$\delta \geq 24$mm 时，不大于1.0mm。

钢板或型钢切断面为非焊接边缘时，切断面光滑、整齐、去毛刺，长度方向的直线度公差不大于上表中尺寸公差的一半，厚度方向的垂直度公差不大于厚度的1/10，且不大于2.0mm。

（六）栈桥制造与安装工艺

栈桥制安工艺，详见三峡水利枢纽Ⅰ&ⅡB 标段高程120m 栈桥制造与安装工艺的下列技术文件：

（1）《三峡水利枢纽Ⅰ&ⅡB 标段高程 120m 栈桥钢箱梁、钢板梁（*L*=10m、*L*=11m）、铸钢支座制造安装工艺总则》；

（2）《三峡水利枢纽Ⅰ&ⅡB 标段高程120m 栈桥钢箱梁（*L*=10m、*L*=11m）制造工艺指导书》；

（3）《三峡水利枢纽Ⅰ&ⅡB标段高程120m栈桥钢板梁（L=10m、L=11m）制造工艺指导书》；

（4）《三峡水利枢纽Ⅰ&ⅡB标段高程120m栈桥铸钢支座制造工艺方案》；

（5）《三峡水利枢纽Ⅰ&ⅡB标段高程120m栈桥安装工艺》；

（6）《三峡水利枢纽Ⅰ&ⅡB标段高程120m栈桥钢箱梁、钢板梁（L=10m、L=11m）制造工艺设计示意图》。

（七）质量保证体系

根据ISO9001质量保证体系及公司质量管理要求，三峡工程高程120m栈桥的制造、检验、安装、服务等各环节，严格按相关质量管理办法及程序文件执行。

1. 质量方针与目标

葛洲坝股份有限公司机械有限公司的质量方针和质量目标遵循：

（1）质量方针。科学管理、质量一流、顾客满意；

（2）质量目标。售后服务，用户满意；主导产品，达到国内先进；产品合格率100%，优良率95%。

2. 质量工作体系

葛洲坝股份有限公司机械有限公司金属结构设备制造、安装质量体系见图7—1—3。

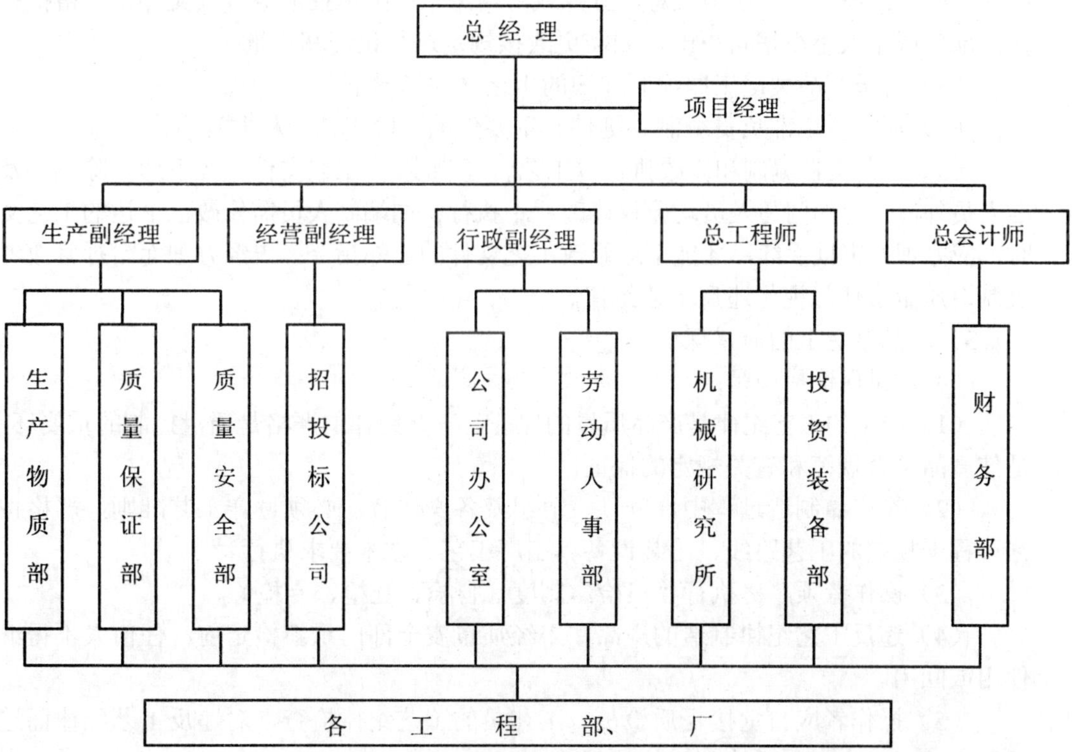

图7—1—3　质量保证体系职能机构图

3. 优质产品的保证措施

1）产品图纸的质量保证

图纸的质量保证措施有：

（1）项目部按合同约定提出供图计划（含主要材料清单）。

（2）机械研究所对由设计院设计的施工图样和技术文件进行工艺性审查，如发现遗漏、差错和模糊不清之处，及时通知监理工程师和设计院复核，确保图样及技术文件的正确、完整、清晰。

（3）业主拟对施工图样进行修改时，机械研究所以监理工程师或经确认设计院签发的设计修改通知单为依据进行修改。

（4）如本项目部要求对施工图样和技术文件进行优化时，机械研究所提出书面联系单交业主，经设计单位同意、业主或监理工程师审查批准后，机械研究所根据业主的书面通知单对施工图样及技术文件进行修改。

2）产品工艺上的质量保证

工艺质量保证措施是：

（1）产品工艺由机械研究所编制，工艺编制及管理执行《过程控制程序》（CXj 4.9 B1）和《工艺管理制度》。

（2）对于关键部件、重要部件，专门制定“关键件、重要件制造工艺”质量保证措施；经工艺评审，并报项目总工程师或公司总工程师审批形成有效文件，严格执行，任何部门或个人不得擅自更改，如需更改按规定进行论证和审批。

（3）对于产品关键工序编制详细的工艺文件指导书。

（4）质量安全部负责编制关键件、重要件的检验工艺规程并评审。

（5）工艺文件编制和修改执行《工艺管理制度》；工艺文件一经下达，除编制及批准人员外，任何部门与人员均无权修改或不执行；如编制人员需修改已下达的工艺文件时，应办理好审批手续，才能下达修改工艺文件的通知指令；未经办理而自行修改者应负制造质量责任，视作违反工艺纪律。

3）产品制造上的质量保证

产品质量保证措施是：

（1）严格的工艺纪律是产品质量的保证，工艺纪律的严格是质量控制的重要环节，是使产品符合规范和有关规定的保证。

（2）在产品制造过程中，分厂、班组及各操作者，必须遵守工艺准则，严格按工艺过程卡规定的工艺路线、工装设备、工序工艺、技术要求执行。

（3）操作者须严格执行“三检”制度（自检、互检、专检）。

（4）违反工艺纪律制造的产品在未经质量安全部门重新检定前，任何人不得继续使用或回用。

（5）操作者应自觉接受质检员、工艺员的工艺纪律检查，对违反工艺纪律而造成质量事故者，将受到质检部门的处理。

（6）合理配置设备、技术力量确保产品质量。

设备是产品质量保证的基础，机械有限公司现有设备和技术力量完全能满足栈桥的制安要求。

4）原材料与外协购件的质量保证

采购环节质量保证措施是：

（1）材料采购严格执行《采购控制程序》（CXj4.19B1）。

（2）在原材料的采购中，材料需有材质证明书和产品合格证；若有业主或规范要求复检的材料，进厂后还须进行材料的复检。

（3）在外购件、标准件的采购上，选择信誉较好、有一定知名度的厂家，外购件、标准件采购回厂后也需进行严格复检，不合格品不得入库。

4. 切削加工质量保证

1）加工前的准备

产品及任何部件，加工前应做如下准备：

（1）操作者接到加工任务后，首先要检查加工所需的产品图样、工艺规程和有关技术资料是否齐全。

（2）要看懂、看清工艺规程与产品图样及其技术要求，有疑问之处应找有关技术人员问清后再进行加工。

（3）按产品图样或（和）工艺规程复核工件毛坯或半成品是否符合要求，发现问题应及时向有关人员反映，待问题解决后才能进行加工。

（4）按工艺规程要求准备好加工所需的全部工艺装备，发现问题及时处理；对新夹具、模具等，要先熟悉其使用要求和操作方法。

（5）加工所使用的工艺装备应放在规定的位置，不得乱放，更不能放在机床导轨上。

（6）工艺装备不得随意拆卸和更改。

（7）检查加工所用的机床设备，准备好所需的各种附件，加工前机床要按规定进行润滑和空运转。

2）刀具与工件的装夹

（1）刀具的装夹。在装夹各种刀具前，一定要把刀柄、刀杆、导套等擦拭干净；刀具装夹后，应用对刀装置或试切等检查其正确性。

（2）工件的装夹。在机床工作台上安装夹具时，首先要擦净其定位基面，并要找正其与刀具的相对位置；工件装夹前应将其定位面、夹紧面、垫铁和夹具的定位、夹紧面擦拭干净，并不得有毛刺；按工艺规程中规定的定位基准装夹，若工艺规程中未规定装夹方式，操作者可自行选择定位基准和装夹方法。

3）加工要求

在加工过程中应注意以下几个方面：

（1）为了保证加工质量和提高生产率，应根据工件材料、精度要求和机床、刀具、夹具等情况，合理选择切削用量；加工铸件时，为避免表面夹砂、硬化层等损坏刀具，在许可的条件下，切削深度应大于夹砂或硬化层深度。

（2）对有公差要求的尺寸，在加工时应尽量按其中间公差加工。

（3）工艺规程中未规定表面粗糙度要求的粗加工工序，加工后的表面粗糙度 R_a 值应不大于 25 μm。

（4）铰孔前的表面粗糙度 R_a 值应不大于 12.5 μm。

（5）精磨前的表面粗糙度 R_a 值应不大于 6.3 μm。

（6）粗加工时的倒角、倒圆、槽深等都应按精加工余量加大或加深，以保证精加工后达到设计要求。

（7）图样和工艺规程中未规定的倒角、倒圆尺寸和公差要求应执行 GB1804-79 的规定。

（8）凡下工序需进行表面淬火、超声波探伤或滚压加工的工件表面，在本工序加工的表面粗糙度 R_a 值应不得大于 6.3 μ m。

（9）在本工序后无去毛刺工序时，本工序加工产生的毛刺应在本工序去除。

（10）在大件加工的过程中应经常检查工件是否松动，以防因松动而影响加工质量或意外事故。

（11）当粗、精加工在同一台机床上进行时，粗加工后一般应松开工件，待其冷却后重新装夹。

（12）在切削过程中，若机床—刀具—工件系统发出不正常的声音或加工表面粗糙度突然变坏，应立即退刀停车检查。

（13）在批量生产中必须进行首件检查，合格后方能继续加工。

（14）在加工的过程中，操作者必须对工件进行自检。

（15）检查时应正确使用测量器具；使用量规、千分尺等必须轻轻用力推入或旋入，不得用力过猛；使用卡尺、千分尺、百分表、千分表等时事先应调好零位。

4）加工后的处理

（1）工件在各工序加工后应做到无屑、无水、无脏物，并在规定的工位器具上摆放整齐，以免磕、碰、划伤等。

（2）暂不进行下道工序加工或精加工后的表面应进行防锈处理。

（3）用磁力夹具吸住进行加工的工件，加工后应进行退磁。

（4）凡相关零件成组配加工的，加工后需做标记（或编号）。

（5）各工序加工完的工件，经专职检查员检查合格后方能转向下道工序。

5）其他要求

（1）工艺装备用完后要擦拭干净（涂好防锈油），放到规定的位置或交还工具库。

（2）产品图样、工艺规程和所使用的其他技术文件，要注意保持整洁，严禁涂改。

5. 焊接质量保证

焊接是技术含量比较高的工作，稍有疏忽容易造成缺陷，因此必须严把质量管理关：

（1）焊材发放必须按《焊接材料保管发放制度》进行，并做好发放记录。

（2）焊工按工艺卡、凭领用单领用焊材，领用的焊材必须与工艺要求的牌号、规格一致。

（3）各金属结构件焊接均应制定焊接工艺规程，并按规范要求进行焊接工艺评定，评定合格的焊接工艺文件经监理工程师批准后，方能用于生产。

（4）凡从事本项目施焊人员必须经过培训合格，并取得水利水电行业及水工钢结构焊工考试合格证书，持证上岗。

（5）制作和安装过程中技术人员、质检人员跟踪监测，严格控制焊接变形和焊缝质量，并根据实际情况对工艺流程和焊接工艺进行修正，对于焊接变形超差部位和不合格的焊缝应逐项按返修工艺进行处理，并详细记录，处理合格后才能转入下道工序施工。

6. 焊接缺陷的处理

（1）当焊缝发现有超标的外观缺陷时，焊接检验员必须向操作者说明情况，在焊接质检员和焊接工艺人员指导下进行返工。

（2）当焊缝内部存在有超标或不允许的缺陷时，焊接工艺人员、焊接质检员、操作者一道分析缺陷产生的原因，并会同焊接责任工程师一道制定返修工艺，经焊接责任工程师签发交操作者，焊接质检员监督并填写焊接“返修工艺记录”。

（3）主要结构焊缝同一部位的返修次数不宜超过两次，两次返修仍不合格的焊缝，如需再次返修，需由焊接责任工程师制定返修工艺，项目总工程师批准，并由其作出对返修是否进行硬度测定和热处理的决定。

（4）返修部位，次数和无损探伤结果记入质量证明书。

7. 检验人员资格

（1）焊接质检员必须持有水利水电行业协会颁发的并与其工作相适应的资格证书，方可从事焊接外观质量检验。

（2）无损检测人员必须持有国家有关部门签发的，并与其工作相适应的资格证书；评定焊缝质量应由Ⅱ级或Ⅱ级以上的检测人员担任。

8. 检验质量保证

公司质量安全部对产品质量全过程进行质量监控，执行《检验和试验控制程序》（CXj4.10B1），做好质量记录。工序间的检验执行自检、互检、专检的“三检制”，只有经过检验合格的产品才能出厂。

1）领料检验

用材检验是质量保证的预控环节，把住此关意义重大。即：

（1）凡水工金属结构设备制造用领料时，应持施工图和材料工艺定额卡领料。

（2）发料时，材料检验员应按图、卡检查所发材料是否与定额相符。

（3）材料仓管员应认真核实图、卡进行发料，并将所发材料登记在相应产品用“材料工艺定额卡”上。

2）下料检验

（1）下料过程中，画线工序完成时，下料员应及时进行材料标记移植；

（2）未经金属结构制作检验员检验确认，不能流转切割工序。

3）主要件及半成品检验

（1）主要件、半成品从领料、画线、下料、校正、单件拼装、焊接到完工均属检验之列。

（2）在制造传递中，应按工艺或图纸、规范要求逐项检验，每一工序完工，由有关检验员检验后，将检验结果填入检验卡，签字确认后，方能转入下道工序。

（3）超差的构件，执行《不合格品控制程序》（CXj4.13B1）。

4）成品组装检验

成品组装前，金属结构制作检验员，对转组装的主要构件或其他部件按图纸及工艺卡核实无误后方准组装。

组装过程检验内容如下：

（1）组装方法是否符合工艺或图纸要求；

（2）对接错边、棱角、焊缝布置，对装间隙；

（3）装配总尺寸，按相应标准与规范要求检查；

（4）检验超差，执行《不合格品控制程序》（CXj4.13B1）。

5）焊接检验

（1）焊接前，焊接质检员应对图纸、焊接工艺卡及检验卡核实，并对焊工资格、焊接材料检查无误后，方能焊接。

（2）焊工必须填写焊接参数，如焊条直径、类型、焊接电流等，一、二类焊缝焊接完毕后，由施焊者打上焊工钢印，由焊接质检员确认。

（3）按相应标准要求检查焊缝表面下列质量情况：表面气孔、夹渣、未熔合、裂纹、未焊透；焊高、焊宽、高低差、宽窄差；焊缝错边、棱角、咬边。

（4）经外观检查，焊接质检员应填写“焊缝质量检验记录表”，以上检验全部合格后，需探伤的由焊接质检员填发“无损检测申请单”，方能探伤，填写内容为：焊工代号、产品编号、名称、焊缝编号、探伤部位、探伤方法、比例、标准、级别。

（5）焊接质检员应将探伤结果填写在“焊缝质量检验记录表”上；另外，焊工、焊接质检员在焊接过程卡上签字。

（6）焊缝一、二次返修，由探伤室填发“探伤返修通知”，交焊接质检员，由焊接质检员通知焊接专业工程师作返修工艺，项目总工程师审批。

6）成品检验

成品检验主要有以下内容：

（1）检验焊缝错边、棱角、咬边、裂纹、弧坑等焊缝表面。

（2）查焊工钢印、探伤标记、材料标记是否相符。

（3）检查成品外形尺寸、方位及位置尺寸、外观质量、焊缝布置与工艺图是否相符。

（4）产品总装完毕，经终检（监理、设计、业主同意）资料整理完整、齐全后，方可进行防腐喷漆等工序。

8. 表面防腐蚀质量保证

1）防腐质检资格

表面防腐与油漆质量的检测人员，必须持有水利水电行业颁发的并与其工作相适应的资格证书，方能进行防腐涂层质量检测和评定。

2）表面预处理

（1）预处理前，应将钢梁表面整修完毕，并将金属表面铁锈、氧化皮、油污、焊渣、灰尘、水分等污物清除干净。

（2）表面预处理应采用喷射或抛射除锈，所用磨料表面应干燥、清洁干净，喷射用的压缩空气应经过滤，除去油水。

（3）表面除锈等级应符合《涂装前钢材表面锈蚀等级和除锈等级》（GB8923）中规定的 Sa2.5 级，使用照片目视对照评定；除锈后，表面粗糙度数值应达到 40～70μm，用比较样块检测。

3）涂装

涂装作业质量主要应控制：

（1）除锈后，钢材表面应尽快涂装底漆，潮湿天气应在 4 小时内涂装完毕，如晴天和较好的天气条件下，最长也不应超过 12 小时。

（2）涂装的涂料应符合图纸规定，涂装层数、每层厚度、逐层涂装间隔时间、涂料配制方法和涂装注意事项，应按设计文件或涂料生产厂家的说明书技术要求执行。

（3）出厂前应涂装底漆、面漆。

（4）在下述施工条件下严禁涂装：空气相对湿度超过 85%；施工现场环境温度低于 10℃。

（5）每层漆膜涂装前应对上一层外观进行检查，涂装时如有漏涂、流挂、皱皮等缺陷应进行处理。

（6）涂装后涂层应进行外观检查，表面光滑、颜色一致，无皱皮、起泡、流挂、漏涂等缺陷。

漆膜厚度用测厚仪测定，必须满足技术条款和图纸、规范的要求。

9. 计量测试器具的质量保证

计量器具的使用和管理严格执行《检验、测量和实验设备控制程序》（CXJ4.B1），同时应做到：

（1）凡为钢结构制造使用的计量器具，必须在检定合格有效期内。

（2）使用者不得自行拆卸计量器具，不得损坏计量器具上的编号、标志、铅封等，不得丢失合格证。

（3）精密计量仪器、仪表，应配备并带好防护罩。

（4）凡到周检日期的量具，由计量室向使用部门和个人发出“周检通知单”。

（5）接到“周检通知单”的单位或个人应在规定的日期（3～10天）内，将计量器具送往计量室，任何人不得拒绝送检，无故超过检定期，由使用者负责。

（6）对超过一个检定周期不使用的计量检测器具，可由计量员提出封存申请，报质量安全部批准备案后，贴上“封存”标志，由设备保管员集中保管，重新启用时，必须检定合格后方可使用。

（7）对严重不合格或损坏无法修复的计量器具，由计量员指出报废意见，经质量安全部批准后予以报废，报废的计量检测设备应在计量器具台账上注明报废原因，报废日期及检定证书编号。

（8）计量检测量具使用结束后，应及时保养，由专人保管。

10. 包装及搬运质量保证

栈桥的搬运与交付执行《搬运、储存、包装、防护和交付实施程序》（CXj4.15B1）。

（1）对于结构件、铸件用垫木支撑并绑扎包装，对标准件等用包装箱包装。在起吊过程中要避免碰撞，防止变形和损坏。

（2）机械研究所制定并监督实施运输方案，确保钢栈桥已形成的质量，并按期运到三峡工地业主指定的安装地点。

二、栈桥制造安装工艺总则

（一）编制依据

三峡水利枢纽Ⅰ&ⅡB 标段高程 120m 栈桥钢箱梁、钢板梁（*L*=10m、*L*=11m）铸钢支座制造安装工艺的编制依据有：

（1）施工承包合同文件；

（2）长江三峡水利枢纽Ⅰ&ⅡB 标段高程 120m 栈桥钢箱梁、钢板梁和铸钢支座的制造图纸；

（3）长江三峡水利枢纽Ⅰ&ⅡB 标段高程 120m 栈桥钢结构和钢筋混凝土结构制作安装技术要求。

（二）适用规范和标准

（1）《铁路桥涵设计规范》（TBJ2－96）；

（2）《公路桥涵钢结构及木结构设计规范》（JTJ 025－86）；

（3）《铁路钢桥制造规范》（TB 10212－98）；

（4）《铁路桥涵施工规范》（TBJ 203－96）；

（5）《低合金高强度结构钢》（GB/T1591－94）；

（6）《碳素结构钢》（GB 700－88）；

（7）《气焊、手工电弧焊及气体保护焊焊缝坡口的基本形式与尺寸》（GB 985－88）；

（8）《埋弧焊焊缝坡口的基本形式和尺寸》（GB 986－88）；

（9）《焊缝符号表示法》（GB 324－88）；

（10）《焊接件通用技术要求》（JB/TQ4000.9）；

（11）《钢焊缝手工超声波探伤方法和探伤结果分级》（GB 11345）；

（12）《钢焊缝射线照相及底片分类法》（GB 3323－82）；

（13）《钢熔化焊对接接头射线照相和质量分级》（GB 3323－87）；

（14）《涂装前钢材表面锈蚀等级和除锈等级》（GB 8923－88）；

（15）《涂装通用技术条件》（JB / ZQ 4000.10）；

（16）《涂漆通用技术条件》（SDZ014－85）；

（17）《表面粗糙度参数及数值》（GB1031－83）；

（18）《漆膜厚度测定法》（GB1764－79）；

（19）《漆膜附着力测定法》（GB1720－79）；

（20）《涂装作业安全规程、涂漆前处理工艺安全》（7692－87）；

（21）《铁路钢桥保护涂装》（TB/T1527－84）；

（22）《金属夏比（V 形缺口）冲击试验方法》（GB2106）；

（23）《桥式和门式起重机制造及轨道安装公差》（JB10183）；

（24）《铁路桥梁铸钢支座技术条件》（TB1853－86）；

（25）有关其他现行规程规范。

（三）材料

（1）栈桥所使用的钢材、焊接材料、涂装材料和紧固件等必须符合设计要求和施工图样的规定；所选用主要板材为 16Mn，其机械性能和化学成分必须符合现行的国家标准 TB/T1591 的规定要求。

（2）进厂原材料除必须有生产厂家出厂质量证明书外，并应按合同要求和有关现行标准进行检验和验收，做好检查记录。

（3）焊条型号或焊丝代号及其焊剂必须符合规程规范规定，焊接材料都必须具有产品质量合格证。

（4）钢板的表面不应有气泡、结疤、拉裂、裂缝、折叠、夹杂和压入的氧化铁皮，钢板边缘不应有分层，有夹层钢板不得使用。

（5）零部件在加工过程中如发现原材料有缺陷，必须报监理工程师按有关标准规范处理并做好记录。

（6）承重结构的钢材应保证抗拉强度、伸长率、屈服点和硫、磷的极限含量，并应保证碳的极限含量。

（7）对钢梁应具有冷弯试验合格的保证措施，并具有低温冲击韧性的技术措施。

（8）进场钢板需做拉伸、冲击和弯曲试验；夏比（V 形缺口）冲击试验的冲击荷载和试验温度应符合 GB/T1591－94 中表 2 规定。

（9）实施厚度大于 20mm 钢材的弯曲试验时，试样经单面刨削，使其厚度达到 20mm，弯心直径执行 GB/T1591－94 中表 2 规定；进行试验时，未加工面应位于弯曲外侧；如试样未经刨削，弯心直径应比表 2 所列数值增加 1 个试样厚度 a。

（四）基准点和测量工具的精度

（1）构件画线和检查所有的钢尺和各种测量工具应经过校验，所用样板其误差不应大于 0.5mm。

（2）用于测量高程和安装轴线的基准点及安装用的控制点，均应明显、牢固和便于使用，并应用不低于下列精度且经过校验的钢尺和仪器进行测量：精度为 1/10000 的钢尺；DJ2 型经纬仪和 DS3 水准仪。

（3）基准点和控制点应由测量部门在现场向安装单位和质量检查部门以及监理工程师交清，并提供位置简图。

（五）杆件组焊

1. 技术要求

（1）在实施焊拼重要结构的焊接前，根据结构的特点及其质量要求，编制焊接工艺规程，指导焊接工作。

（2）参加Ⅰ、Ⅱ级焊接的焊工必须经考试合格后持证上岗，焊工必须熟悉工艺要求，明确焊接工艺参数。

（3）焊件组装前应熟悉施工图和工艺文件，准备好工艺装备零件，核对无误后方可组装，焊接杆件及焊接箱形梁组装允许偏差按TB10212－98有关规定执行。

（4）钢梁翼板和腹板采用双定尺钢板，不进行拼接。

（5）翼板与腹板连接的T形焊缝必须焊透。

（6）门机箱梁中横隔板与短横隔板及承轨纵梁的上端应与上翼缘顶紧后施焊，下端不应与受拉下翼缘焊接。

（7）Ⅰ、Ⅱ级焊缝的组装点焊缝，如施焊时不刨去，则应由合格焊工用焊接焊缝的焊条点焊，长度一般为40～100mm，间距400～600mm，厚度不超过正式焊缝高度的1/2，最厚不超过10mm。

（8）施焊前应将坡口及两侧的铁锈、氧化铁皮、熔渣油垢、水迹等彻底清除干净，显露出金属光泽；清除范围按TB10212－98中第4.6.2条的规定办理。

（9）施焊前应检查点焊焊缝质量，如有裂纹、气孔、夹渣等缺陷，均应清除干净。

（10）腹板两侧坡口均应机械加工，或用切割机切割后进行修磨处理；与上、下翼板组装时，应顶紧施焊；角焊缝表面应成型良好，并和母材平缓过渡。

（11）焊接工作宜在室内进行，环境湿度应小于80%；焊接低合金钢的环境温度不应低于5℃，焊接普通碳素钢不应低于0℃，主要杆件应在组装24小时内焊接。

（12）当板厚大于15mm时，定位焊、手弧焊及埋弧焊应进行预热，预热温度80～120℃，预热范围为焊缝每侧100mm以上。

（13）焊缝出现裂纹时，应进行质量分析，找出原因，订出措施，方可处理。

（14）焊接完毕，焊工应进行自检，Ⅰ、Ⅱ级焊缝自检合格后，应在焊缝附近做上标记，并做好记录。

（15）焊剂、焊条在焊接前应按厂家说明书规定进行烘焙，并随焊随取；焊剂中的脏物、焊丝上的油锈等必须清除干净；CO_2气体纯度应大于99.5%。

2. 控制度形工艺

为减少焊接变形和残余应力，焊接时应采取下列工艺：

（1）采用对称或分段焊的焊接方法；

（2）厚度较厚的焊缝应采用多层多道焊；

（3）根据结构特点和坡口形式，预留反变形；

（4）起弧点和熄弧点应溶化在焊道内，且不得有未填满的熔池；

（5）埋弧自动焊必须在距杆件端部80mm以外的引板上起、熄弧；

（6）焊缝表面应成型良好，减少咬边等缺陷，焊缝两侧不得随意点焊、引弧或焊接临时支架。

3. 堆焊工艺要求

焊缝组装的局部间隙超过 5mm，长度不大于该焊缝的 15%，可在坡口两侧做堆焊处理，但应符合下列要求：

（1）严禁在间隙内填入金属材料；

（2）当局部间隙堆焊至允许范围内，该焊缝方可进行焊接；

（3）根据堆焊长度和间隙大小酌情进行探伤检查。

要求焊透的焊缝，焊背缝时，应将根部的焊瘤、焊渣和未焊透等缺陷清除干净。

4. 焊缝分类

（1）腹板与腹板的对接焊缝，翼板与翼板的对接焊缝为Ⅰ级焊缝；

（2）纵向对接焊缝、主要角焊缝为Ⅱ级焊缝；

（3）不属于Ⅰ、Ⅱ级焊缝的其他焊缝为Ⅲ级焊缝。

5. 焊缝磨修

（1）杆件焊接后，两端的引板或产品试板必须用气割切掉，并磨平切口，不得损伤杆件。

（2）垂直应力方向的对接焊缝必须除去余高，并顺应力方向磨平。

（3）焊脚尺寸、焊坡或余高等超出规范 TB10212－98 表中 4.7.11－1 规定的上限值的焊缝及小于 1mm 且超差的咬边必须修磨匀顺。

（4）焊缝咬边超过 1mm 或焊脚尺寸不足时，可采用手弧焊进行返修焊。

6. 焊缝检查

焊缝检查除满足按 TB10212－98 中第 4.7 条有关规定以外，还应满足以下要求：

（1）焊接时当板厚大于 35mm 时，Ⅰ级焊缝射线探伤比例 20%、Ⅱ级焊缝 10%；当板厚小于 35mm 时，Ⅰ级焊缝射线探伤比例 15%、Ⅱ级焊缝 10%。

（2）射线探伤范围为焊缝两端各 250～300mm；焊缝长度大于 1200mm 时，中部加探 250～300mm；引弧试板则全部探伤。

（3）局部探伤部位应包括全部丁字缝及每个焊工所焊焊缝的一部分；进行局部超声波探伤的焊缝，当发现裂纹或较多其他缺陷时，应扩大该条焊缝探伤范围，必要时可延至全长，进行射线探伤的焊缝，当发现超标缺陷时应加倍检验。

7. 补充检查与返工

对不合格焊缝的补充检查、返修焊应符合下列规定：

（1）Ⅰ级焊缝探伤检查发现有不合格时，则应对该焊工在该条焊缝上所焊接部位或整条焊缝进行检查；

（2）Ⅱ级焊缝探伤检查发现有不能允许的连续缺陷时，应酌情在延伸方向作补充检查，必要时对该焊工在该条焊缝上所有的焊接部位进行检查；

（3）Ⅲ级焊缝中不能允许的缺陷，其累计长度（指不能允许缺陷的实际总长）超过该条焊缝探伤全长的 10%时，应酌情在可疑部位作补充检查，必要时对整条焊缝进行检查；

（4）应采用碳弧气刨或其他机械方法清除焊接缺陷，在清除缺陷时应刨出利用返修焊的坡口，并用砂轮磨掉坡口表面的氧化皮，露出金属光泽。

（5）焊接裂纹的清除长度应由裂纹端各处延 50mm。

（6）用埋弧焊返修焊缝时，必须将焊缝清除部位的两端刨成 1∶5 的斜坡。

（7）同一部位的返修次数，一般不应超过两次，超过两次的返修应经施工单位技术负责人批准，应取得监理工程师的认可，并做好记录；

（8）返修焊后的焊缝应随即铲磨匀顺，并按原质量要求进行复检。

8. 焊接质量检查评定

焊缝射线检查工作应按 TB10212－98 中第 4.7.11 款有关规定进行；Ⅰ、Ⅱ级焊缝内部质量应按下列规定评定：

（1）凡在透照底片上发现有裂纹的焊缝，应评为不合格；

（2）除磨平顶紧焊外，凡在透照底片上发现有沿焊缝坡口方向的未熔合或双面施焊的对接焊缝根部接合处有未焊透及条状夹渣的焊缝均应评为不合格。

（六）制造及安装要求

1. 偏差要求

（1）样板、样杆、样条制作的允许偏差应符合 TB10212－98 中表 4.2.2 的规定。

（2）钢板梁基本尺寸允许偏差应符合 TB10212－98 表 5.0.2－1 的规定。

（3）钢箱梁基本尺寸允许偏差应符合表 5.0.2－3 的规定。

2. 边缘修整

所有钢梁的下列部位，应用机械加工（砂轮打磨或刨削）：

（1）对接焊缝引弧板割去处；

（2）受拉翼缘边缘，当有用手工气割或剪切机切割时，应沿全长刨边，当用自动或半自动气割时，可局部修整。

3. 制安工艺要求

（1）作样必须熟悉施工图及工艺文件，严格按照施工图、工艺文件和 TB10212－98 有关规定制作。

（2）门机箱梁、钢板梁制造时，应采用腹板下料起拱法预拱，L=10m、11m 跨中成品预拱值 8.5mm。

（3）零部件加的有关质量要求应符合 TB10121－98 中第 4 章的有关规定。

（4）所有钢梁的受拉翼缘不得焊接悬挂设备的零部件，并不宜打火或焊接夹具。不得有压痕或撞伤。

（5）当门机箱梁轨道采用压板时，应使压板与轨道紧密接触，每个压板至少用两个螺栓与梁连接。

（6）轨道的接头构造，应保证车轮平稳的通过。若采用焊接长轨时，应考虑轨道受温度作用后有纵向伸缩的余地。

（7）有关铸钢支座部分技术要求，详见《铁路桥梁铸钢支座技术条件》（TB1853－86）。

（七）防腐

1. 表面处理

（1）除涂层修补外，所有钢结构裸露的表面都必须采用喷砂除锈；对无法进行喷射处理的结构允许采用动力工具防锈。

（2）喷射处理所用的磨料必须清洁、干燥，磨料可采用石英砂、金钢砂、棕刚玉砂或矿物磨料等；磨料应不易碎裂、粉尘少，磨料的粒径为0.5～1.5mm；也可采用喷丸或抛丸除锈，其钢丸或铁丸的磨料及粒径应符合有关规范要求。

2. 表面处理的要求

（1）喷射处理后的钢结构表面清洁度等级应不低于Sa2.5级，对于混凝土接触表面应达到Sa2级，手工和动力工具除锈的表面清洁度等级应达到St3级。

（2）喷射处理后的表面粗糙度值R_y应在40～80μm。

3. 防腐蚀材料选择和涂装要求

1）材料选择

暴露的钢结构采用：

（1）底漆采用水性无机富锌漆；

（2）中间漆采用环氧云铁；

（3）面漆采用丙烯酸聚胺脂

2）埋入部分

（1）与混凝土结合面涂刷无机苛性水泥浆，干膜厚300μm；

（2）埋入螺栓杆的螺纹部分用黄油涂刷并进行保护。

3）涂装要求

（1）底漆水性无机富锌三道，干膜厚90μm；

（2）中间漆环氧云铁一道，干膜厚30μm；

（3）面漆丙烯酸聚胺脂二道，干膜厚80μm；

（4）漆膜总厚度为200μm；

（5）面漆的颜色为银灰色（B04）。

4. 涂装方法

涂装方法应采用高压无气喷涂或刷涂。

5. 涂装工艺

（1）表面处理前必须仔细清除焊渣、飞溅附着物，并清洗基体钢结构表面可见的油脂及其他污物；

（2）表面处理所用压缩空气，必须经过冷却装置及油水分离处理，以保证压缩空气的干燥、无油；

（3）表面处理和涂装施工时，施工环境相对湿度应不大于85%，钢结构表面湿度应不低于露点以上3℃，以便有效地控制环境条件，确保质量；露天施工时，雨、雪、降露和高温天气不得进行涂装施工；

（4）各层涂料涂装间隔时间，应在前一道漆膜达到表干后才能涂装下一道涂料；具体间隔时间可按涂料生产厂的规定进行；

（5）涂装过程中对每一道涂层均应进行湿膜和干膜的外观检查，并应符合有关规范要求；

（6）涂装结束漆膜固化后，应进行干膜厚度的测定，附着力的检查、针孔检查、检查方法按规范进行，面漆颜色应符合色卡要求；

（7）涂装的每一道工序，必须经过监理工程师许可，方能进行下一道工序；

（8）因吊装和安装过程中涂层损坏的部分，按原要求进行修补。

（八）运输与吊装

1. 运输与吊装技术要求

（1）箱梁、板梁设计为制造厂整体制造、运输及吊装。

（2）钢构件的安装程序，必须保证结构的稳定性和不发生永久性的变形，并能保持或及时校正结构的预拱度和平面位置。

（3）钢构件在运输和安装过程中，被破坏的涂漆等，应按照有关规定补涂。

（4）钢梁安装前，应对墩顶高程、中线及每孔跨径进行复测，不超过允许偏差后方可安装。

（5）钢梁在落梁过程中，应保证其平稳下落，使钢梁各部杆件不超出容许应力；钢梁就位前后，均应检查其建筑拱度和平面尺寸，并做好记录。

（6）铸钢固定支座、活动支座均应按设计图安设。

2. 支座安装注意事项

安装盆式橡胶支座时，除应满足厂家有关技术要求外，还应注意下列事项：

（1）盆式橡胶支座安装前，应全面检查产品合格证书中有关技术性能指标，如不符合设计要求时，不得使用；

（2）安装前应计算检查支座中心位置，安装宜在年平均气温相差不大时进行；

（3）支座组装时其底面和顶面（置于墩顶和梁底面）的钢板，预埋或用锚固螺栓栓接在梁体底面和墩台顶面，上、下支座安装顺序，宜先将上座板固定在大梁上，而后据其位置确定底盆在墩台的位置，最后加以固定；

（4）安装支座的标高应符合设计要求，平面纵横两个方向应水平，四角高差不得大于 1mm；

（5）支座中心线应尽可能与主梁中线重合，其最大水平位置偏差不得大于 2mm；

（6）安装固定支座时，其上下各个部件纵轴线必须对正；

（7）安装纵向活动支座时，上下各部件纵轴线必须对正，横轴线应根据安装时的温度与年平均的最高、最低温差，由计算确定其错位之距离；支座上、下导向挡块必须平行，最大偏差的交叉角不得大于 5'；

（8）支座安装要严格保持清洁，活动支座的聚四氟乙烯板和不锈钢板不得有刮伤、撞伤；氯丁橡胶板块密封在钢盆内，要排除空气，保持紧密。

（九）交接验收

钢梁安装工程竣工后，应进行工程验收，其制造与安装和质量应符合设计图纸和本条件的规定。

1. 提交验收资料

交接验收时，应向合同监理工程师及设计单位提出下列资料：

（1）设备和结构的出厂合格证；

（2）主要材料出厂合格证；

（3）制造、安装时最终的检查和试验的测试记录；

（4）设计修改通知单；

（5）重大缺陷处理记录和有关会议纪要；

（6）焊缝探伤报告；

（7）检查、测量安装结果和质量评定记录资料；

（8）各项试验资料和施工记录资料；

（9）安装竣工图纸。

2. 其他

本总则未尽要求，请严格按照 TB10212－98 有关规定执行。

三、钢箱梁制造工艺指导书

（一）概述

三峡水利枢纽Ⅰ&ⅡB 标段高程 120m 栈桥钢箱梁（GXL-1）L=10m 和 L=11m 两种跨度的钢梁用于三峡水利枢纽高程 120m 施工栈桥上，梁长 L_1=10m，高 H_1=2.00m，翼板宽 B_1=2.00m，总重 19468.9kg；梁长 L_2=11m，高 H_2=2.00m，翼板宽 B_2=2.00m，总重 20685.3kg。梁为箱形结构，内设横隔板，纵向加劲肋等，外设与栈桥平行布置的钢板梁和支座相联的联结板（竖向加劲肋）、端板、支座垫板等。施工图：三峡水利枢纽高程 120m 栈桥钢箱梁（GXL-1）（L=10m）结构图（一）（二），图号“02EⅠ&ⅡB-120 桥-SG-01、02”；三峡水利枢纽高程 120m 栈桥钢箱梁（GXL-2）（L=11m）结构图（一）（二），图号“02EⅠ&ⅡB-120 桥-SG-03、04”

10m 钢梁有 46 根，以栈桥中心线对称布置，布置于栈桥上游线 23 根、下游线 23 根。

11m 钢梁有 44 根，以栈桥中心线对称布置，布置于栈桥上游线 22 根、下游线 22 根。

编写本工艺指导书和其他技术文件以及制造全过程，都必须严格执行长江委设计院提交的施工图纸及《高程 120m 栈桥钢结构制造安装技术要求》以及《铁路钢桥制造规范》（TB10212－98）等标准。

（二）质量标准

1. 基本偏差

基本尺寸允许偏差为：

（1）梁高为±2mm（测量两端腹板处高度）；
（2）跨度为±6mm（测两支座中心距离）；
（3）全长为±15mm；
（4）腹板中心距为±3mm（测两腹板中心距）；
（5）翼板宽度为±4mm；
（6）横断面对角线差为4mm（测两端断面对角线差）；
（7）旁弯为4mm；
（8）拱度为$_{-5}^{+10}$；
（9）支点高度差为5mm；
（10）腹板平面度为5（测相邻两加劲肋之间）；
（11）扭曲为每米1，且全长不大于10。

2. 外观要求

（1）梁的平面不得有焊疤、凹陷、烧伤等缺陷；梁的边、棱、角不得有毛刺、尖角、凹陷等缺陷。

（2）焊缝外观质量标准应符合《铁路钢桥制造规范》中表4.7.11－11的要求。

（3）腹板与腹板对接，翼板与翼板对接为Ⅰ级焊缝，腹板与翼板角焊缝为Ⅱ级焊缝；其超声波探伤范围和检验等级应符合《铁路钢桥制造规范》中表4.7.11－3的规定以及第4.7条有关条文的规定，还应符合设计院《技术要求》有关探伤方面的要求。

（4）表面除锈及油漆应符合其他技术文件有关要求。

（三）准备工作

1. 基本准备

（1）制作人员。金属结构制造加工前，所有生产人员必须熟悉图纸、工艺文件、设计文件、有关规范。

（2）组装用平台不小于14m×8m，共设七处。

2. 主要设备

钢箱梁主要制作准备有：
（1）埋弧自动焊机5台；
（2）逆变式弧焊机30台；
（3）直流焊机12台；
（4）数控切割机2台；
（5）半自动切割机12台；
（6）起重量大于10t的吊车20台；

3. 专用吊具

（1）钢板吊卡8对；
（2）直角吊具4套；
（3）成品梁吊具4套

4. 主要胎具的配备

（1）腹板装配卡具 10 套；

（2）船形焊支架 4 套；

（3）翻转胎具 4 套；

（4）其他卡具若干。

5. 焊机及保温设备

为了保证焊接工艺及质量，项目部拟采用和配备焊材及保温的设备：

（1）自动焊丝 H08MnA，焊剂 HJ431，手工焊条 E5015；

（2）焊条烘箱 6 个，保温筒若干。

6. 焊接工艺参数的确定

确定参数应做好焊接工艺评定，提出评定报告。取得合理的焊接参数，还需做腹板对接、翼板对接、腹翼板 T 形接头（船形焊）三种试验，按《铁路钢桥制造规范》附录 C 的要求进行。

（四）备料

钢材的材质和型号，对于金属结构的强度和刚度十分重要。在加工之前，应备料充分，避免用错材料和使用替代材料。此两种钢箱梁用材要求为：

（1）所用钢板型号为 16Mn，腹板厚 δ=14mm，翼板厚 δ=20mm，端横隔板厚 δ=24mm，中横隔板厚 δ=16mm。

（2）检查钢板质量应符合有关要求，并持有材质证明书；做好入库验收记录。

（3）钢板标记应清楚，施工中注意标记移植。

（4）对标记有疑问的钢板应做力学强度、化学试验。

（5）腹板、翼板平面度，1m 测量长度内 1mm。

（6）钢板应按厚度分开堆放，不要与其他项目的钢板混合堆放。

（五）翼板、腹板、横隔板拼接

1. 焊前要求

钢箱梁翼板、腹板采用双定尺钢板，一般不需要进行拼接；如果需要进行拼接时，应满足图纸和规范的技术要求。具体规定：

（1）拼接翼板、腹板时，板材轧制延展方向应与梁长方向一致。

（2）采用数控切割机下料、切割口；也可采用半自动切割机下料，刨边机刨边及割口；埋弧自动焊机施焊。

（3）腹板拼接焊缝为双面 V 形剖口，双面焊（反面用碳弧气刨清根）；翼板拼接焊缝为双面 K 形剖口，双面焊（反面用碳弧气刨并打磨清根）。

（4）焊前应彻底清除（砂轮打磨）焊道两侧 30mm 范围内的污物、锈斑（以后凡一、二类焊缝的焊前处理均如此）。

2. 焊接要求

（1）点焊应符合有关技术要求（以下同）。

（2）板材拼接拼缝间隙不大于 1mm，两边高低错位不大于 0.5mm。

3. 控制尺寸

拼接后材料最小尺寸（长×宽）：

（1）腹板 9952×2000mm，注意拼接缝与横隔板距离；

（2）上翼板 9980×2030mm，注意拼接缝与横隔板距离；

（3）下翼板 9980×2330mm，注意拼接缝与端横隔板距离；

（4）端横隔板最小尺寸 1970×1496mm；

（5）中横隔板最小尺寸 1940×1496mm。

检查尺寸、波浪度、焊缝质量应符合要求。

（六）下料及零部件制备

1. 腹板

（1）画跨度中线，用数控切割机将拼制板料的两边切出预拱抛物线，中线处拱值 13.5mm；为可靠，应先在板料上画出抛物线，并制成检验样板。

（2）抛物线轨迹坐标曲线：$y=-0.78x^2+13.5$

（3）用数控切割机切割出双面剖口，以样板检查之。

（4）画跨度中线（两面都划）、纵向加劲肋位置线，按隔板间距放 1/1000 焊收量，画端、中、短横隔板位置线，两腹板割口对称。

（5）磨平受拉区及纵向加劲肋的拼接焊缝。

（6）检查尺寸、波浪度应符合要求。

2. 上翼板

（1）画纵向中线（打样冲眼）和两边线。

（2）用半自动切割机切割两边，使板宽 2000^{+2}_{0}mm。

（3）检查尺寸及波浪度应符合要求。

3. 下翼板

（1）画纵向中线（打样冲眼）和两边线。

（2）用半自动切割机切割两边，使板宽 2000^{+2}_{0}mm/2300^{+2}_{0}mm。

（3）检查尺寸及波浪度应符合要求。

4. 端、中、短横隔板

（1）件 4、11 允许拼接，拼接焊缝为双面剖口双面焊，焊透。

（2）画中线、加工边线（切割线放加工余量 5mm）、椭圆孔、L 槽，圆角位置线。

（3）用数控切割机切割外边线、椭圆孔，L 槽，圆角。

（4）矫正，去毛刺。

（5）用龙门刨床加工各需加工边及单面剖口，保证宽度尺寸 $1486^{0}_{-0.5}$mm，两相邻边成 90°，其垂直度偏差不大于 0.5mm。

（6）检查尺寸及变形符合要求。

（7）切割并弯制件 9、12，可分段制备；下料件 4’，去毛刺。

（8）将件 9、12 点焊于端中横隔板的椭圆孔上，并进行焊接校正。

（9）将件 4’点焊于短横隔板上组成 T 形梁，焊接 T 形梁，矫直。

5. 纵向水平加劲肋

（1）半自动切割机切割下料，放长 50mm。

（2）组装成 T 形梁，控制直线度，焊接 T 形梁，矫直。

（3）在压力机上弯制抛物线弧线。

（4）画跨度中线。

（5）检查尺寸及焊缝应符合要求。

6. 其他零件制作

其他零件（件 5、6、7、13、14、15、16、18、19、21、22、24）的制备程序：

（1）用数控切割机切割下料，去毛刺，矫平。

（2）件 7 模压成形。

（3）制作件 5、19，件 5 及件 22 两种孔组加工钻模。

（4）画线、钻孔。

（5）检查尺寸及变形应符合要求。

（七）π 形梁组装定位

将上翼板铺于平台上，画跨度中线，纵向中线（均打样冲眼），划纵向水平加劲肋（件 17），腹板位置线，按隔板间距的 1/1000 放焊收余量，画各横隔板位置线。在此基础上：

（1）磨平腹板，纵向水平加劲肋位置线内的拼接焊缝。

（2）对准跨中线组装纵向水平加劲肋，用拉紧器将其与翼板顶紧。

（3）用压板及楔子将翼板预弯成抛物面形。

（4）组装各横隔板，从中间往两端进行，各横隔板的两侧边需平齐。

（5）对准跨中线组装两侧腹板，应与翼板顶紧（调整楔子），同时应与横隔板靠紧（用专用卡具卡紧）。

（6）组装各水平加劲肋，先装件 15，再装件 14、13，注意不要影响横隔板的垂直度，该板组装时可稍向上倾斜。

（八）下翼板与 π 形梁组装定位

组装定位施工程序如下：

（1）将下翼板铺于平台上，画跨度中线、纵向中线（打样冲眼）、划腹板、端横隔板、中横隔板（检查参考）位置线。

（2）磨平腹板位置线内的拼接焊缝。

（3）检查下翼板水平弯曲情况，组装时使其与 π 形梁的水平弯曲方向一致。

（4）将翼板放置于 π 形梁上，对准跨中线及纵向中线。

（5）用楔子将翼板向下顶，使其与 π 形梁腹板和端横隔板顶紧。

（6）检查正确后点焊定位焊。

（7）对箱形梁的外形尺寸，各组装零件的位置尺寸、拱度、水平弯曲、扭曲等进行全面的检查，并做好记录。

（九）箱形梁的焊接

箱形梁内部焊接的顺序如下：

（1）焊横隔板与纵向水平加劲肋的联接焊缝。

（2）焊加劲板件 24 与纵向水平加劲肋（件 17）（先焊）及横隔板（后焊）的联结焊缝。焊前加劲板需顶紧纵向水平加劲肋。

（3）焊纵向水平加劲肋与翼板联接焊缝，两名焊工从中间双面对称往两端进行分段退步焊。

（4）焊横隔板与腹板联结焊缝，两腹板分别朝两头对称进行，若焊前检查箱形梁此时的水平弯曲，凸面腹板应先焊。

（5）焊横隔板与翼板联接焊缝，端横隔板必须顶紧翼板，从中部往两头对称焊接。

（6）焊纵向加劲肋（件 15 与件 14、13）与腹板的联结焊缝的朝上侧，组装时已作反变形处理。

（7）焊腹板与翼板的联接焊缝内侧，检查拱度情况，值大侧先焊，每边由两名焊工从中间往两端进行分段退步焊。

（8）对飞边、毛刺、尖角、焊疤、焊缝进行修磨。

（9）对下翼板与腹板的定位焊接牢固，然后翻面进行焊接。

（10）焊纵向加劲肋的朝上焊缝。

（11）焊下翼板与腹板的内侧角焊缝，方法同上翼板的；四人从中间往两端对称进行分段退步焊。

（12）检查箱形梁的外形尺寸，以及各组装零件的位置尺寸、拱度、水平弯曲、焊缝外观质量，做好记录。

（十）船形焊

在 45° 支架或翻转胎具上，用埋弧自动焊机焊接腹板与翼板联结的外侧角焊缝。

1. 焊接顺序

根据焊前梁的拱度及水平弯曲情况，确定四条焊缝的焊接顺序：

（1）若拱度过大，顺序为①～⑧。

（2）若拱度过小，顺序为④～①，⑧～⑤，见示意图 7－3－1。

（3）由于两侧拱度值可能不一致，可先焊过大一侧的焊缝。

（4）由于水平弯曲方向的不同，上、下翼板的水平弯曲方向和大小也可能不同，应先焊凹向一边的焊缝。

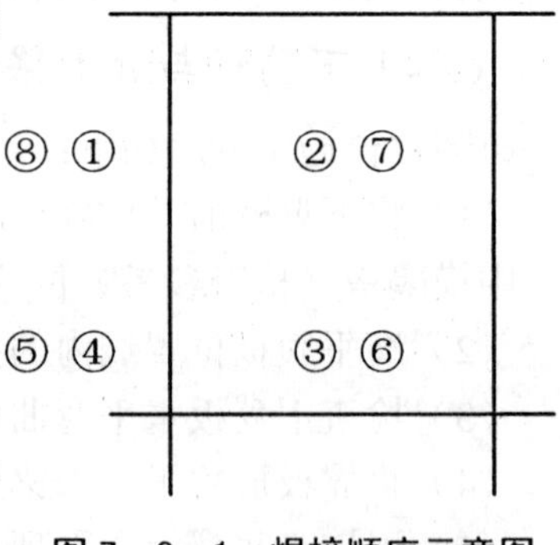

图 7－3－1　焊接顺序示意图

2. 注意事项

（1）设置与母材材质、厚度相同的引弧引出板，长度×宽度为160mm×90mm，焊缝引出长度不小于80mm。

（2）焊道应彻底清根，两侧清理干净。

（3）去除引弧引出板，不得伤及母材及焊缝。

（十一）组装定位焊接外部各零件

焊接各零件时：

（1）将梁正放，跨中垫起30mm，两头垫平稳（不起支承作用）。实施组装定位焊时，先焊接上面的竖向加劲肋（件5）、水平支撑连接板（件19）和加劲肋（件18）或竖向加劲肋（件5）。

（2）在梁正放时，焊接纵向加劲肋的朝上焊缝。

（3）以跨中为基准向两端测量，截取梁长，画线，半自动切割机或手工切割（用靠模），切削梁长的多余部分，注意翼板与腹板的长度不同，使翼板长度为9960±5mm，腹板长度比翼板一端短14mm；分别修磨齐平。

（4）画线切割出腹板，下翼板的凹口部。

（5）组装焊接端板件6和件7，保证端面与翼板共面且垂直下翼板。

（6）将梁倒放，组焊支座垫板（件22）。

（7）梁倒放，在支座板上画线钻ϕ38孔。

（十二）检查及其他

钢箱梁基本完工后，生产部门按下列步骤实施移交安装的准备：

（1）修整；

（2）编出厂顺序号及梁型号；

（3）公司自检并记录；

（4）交甲方及监理验收；

（5）交喷砂除锈涂漆，喷梁型号及出厂顺序号；

（6）再交甲方及监理验收；

（7）支座M36螺栓与铸钢支座需配套出厂。

（十三）其他技术工艺文件

钢箱梁金属结构加工制作过程，应当建立和归档下列文件：

（1）零件加工工艺卡；

（2）焊接工艺评定卡及评定报告；

（3）焊接工艺规范；

（4）焊缝探伤报告；

（5）检验计划及检验卡片。

（十四）出厂资料

钢箱梁制作完成，应当完备下列需提交给合同监理单位的资料：

（1）产品合格证；

（2）钢板材质证明书；

（3）质检记录（含油漆）；

（4）焊缝探伤报告；

（5）设计修改通知单；

（6）重大缺陷处理记录和有关会议纪要；

（7）焊缝重大修补记录。

四、钢板梁制造工艺指导书

（一）概述

高程 120m 栈桥钢板梁（GBL-1）（L=10m）、（GBL-2）（L=11m）的钢板梁用于三峡水利枢纽高程 120m 施工栈桥上，梁长 L_1=10m，高 H_1=1.5m，翼板宽 B_1=0.48m，钢板梁宽 2.08m，总重 8559.2kg；梁长 L_2=11m，高 H_2=1.5m，翼板宽 B_2=0.48m，总重 9104.3kg。梁为板梁结构，内设横隔板，撑杆等等，外设与栈桥平行布置的钢箱梁和人行道托架相联的联结板（竖向加劲肋）、端板、支座垫板等。施工图："三峡水利枢纽高程 120m 栈桥钢箱梁（GBL-1）（L=10m）结构图（一）（二）"，图号"02EI& ⅡB-120 桥-SG-11、12"；"三峡水利枢纽高程 120m 栈桥钢箱梁（GBL-2）（L=11m）结构图（一）（二）"，图号"02EI & ⅡB-120 桥-SG-13、14"。

10m 钢板梁有 GBL-1a 和 GBL-1b 两种结构形式，对称制造，共 46 根，其中 a 型（布置于栈桥上游线）23 根，b 型（下游线）23 根。

11m 钢板梁有 GBL-2a 和 GBL-2b 两种结构形式，对称制造，共 44 根，其中 a 型（布置于栈桥上游线）22 根，b 型（下游线）22 根。

编写本工艺指导书和其他技术文件以及制造全过程，都必须严格执行长江水利委员会设计院提交的施工图纸及《高程 120m 栈桥钢结构制造安装技术要求》以及《铁路钢桥制造规则》（TB10212－98）、《公路桥涵施工技术规范》（JTJ041－89）等标准。

（二）质量标准

1. 基本偏差

基本尺寸允许偏差为：

（1）梁高为±2mm（测量两端腹板处高度）；

（2）跨度为±8mm（测两支座中心距离）；

（3）全长为±15mm；

（4）主梁中心距为±3mm（测两腹板中心距）；

（5）每片主梁侧弯不大于 5mm；

（6）横联对角线差2.5%；

（7）拱度为-3^{+10}_{-3}两片主梁拱度差不大于4mm；

（8）支点高度差为5mm；

（9）主梁腹板平面度为4mm（用平尺测量）。

2. 外观要求

（1）梁的平面不得有焊疤、凹馅、烧伤等缺陷；梁的边、棱、角不得有毛刺、尖角、凹陷等缺陷。

（2）焊缝外观质量标准应符合《铁路钢桥制造规范》中表4.7.11－11的要求。

（3）腹板与腹板对接，翼板与翼板对接为Ⅰ级焊缝，腹板与翼板角焊缝为Ⅱ级焊缝。其超声波探伤范围和检验等级应符合《铁路钢桥制造规范》中表4.7.11－3的规定以及第4.7条有关条文的规定，还应符合设计院《技术要求》有关探伤方面的要求。

（4）表面除锈及油漆应符合其他技术文件有关要求。

（三）准备工作

1. 基本准备

（1）制作人员熟悉图纸、工艺文件、设计文件、有关规范。

（2）组装用平台不小于14m×4m，共设四处。

（3）主要设备、吊具和胎具同钢箱梁的设备和胎具。

2. 焊材

（1）自动焊丝H08MnA，焊剂HJ431，手工焊条E5015。

（2）焊条烘箱2个，保温筒若干。

（3）做好焊接工艺评定，提出评定报告，取得合理的焊接参数，需做腹板对接、翼板对接、腹翼板T形接头（船形焊）三种试验，按《铁路钢桥制造规范》附录C的要求进行。

（四）备料

（1）所用钢板型号为16Mn，腹板厚δ=12mm，翼板厚δ=16mm，端横隔板厚δ=20mm。

（2）检查钢板质量应符合有关要求，并持有材质证明书；做好入库验收记录。

（3）钢板标记应清楚，施工中注意标记移植。

（4）对标记有疑问的钢板应做力学强度、化学试验。

（5）腹板、翼板平面度，1m测量长度内1mm。

（6）钢板应按厚度分开堆放，不要与其他项目的钢板混合堆放。

（五）翼板、腹板、横隔板拼接

1. 焊前要求

钢板梁翼板、腹板采用双定尺钢板，一般不需要进行拼接；如果需要进行拼接时，应满足图纸和规范的技术要求，具体规定是：

（1）拼接翼板、腹板时，板材轧制延展方向应与梁长方向一致。

（2）采用数控切割机下料；也可采用半自动切割机下料；埋弧自动焊机施焊。

（3）腹板与腹板拼接焊缝为双面 V 形剖口，双面焊（反面用碳弧气刨清根）。

（4）焊前应彻底清除（砂轮打磨）焊道两侧 30mm 范围内的污物、锈斑（以后凡一、二类焊缝的焊前处理均如此）。

2. 焊接要求

（1）点焊应符合有关技术要求（以下同）。

（2）板材拼接拼缝间隙不大于 1mm，两边高低错位不大于 0.5mm。

（3）如果材料是双定尺材料，则长宽都不需要进行对接，2000mm 宽的翼板材料分成 4 块下料。

（六）下料及零件制备

所有钢板采用数控切割机或半自动切割机下料、打剖口，型钢采用型钢切割机切割下料；去毛刺，矫平。

1. 腹板

（1）画跨度中线，用数控切割机将拼制板料的两边切出预拱抛物线，中线处拱值 13.5mm；为可靠，应先在板料上画出抛物线，并制成检验样板。

（2）抛物线轨迹坐标曲线：$y=-0.78x^2+13.5$

（3）用数控切割机切割出双面剖口，以样板检查之。

（4）画跨度中线、竖向加劲肋位置线，按隔板间距放 1/1000 焊收量。

（5）检查尺寸、波浪度应符合要求。

2. 翼板

（1）画纵向中线（打样冲眼）和两边线。

（2）用半自动切割机切割两边，使板宽 480^{+2}_{0}mm。

（3）检查尺寸及波浪度应符合要求。

（4）预制反向角变形，反向角变形 a 值定为 1.5mm。

3. 其他零件制备

（1）弯制件 11、12、22，可分段制备。

（2）制作件 5、6、8、21、24 及件 25 六种孔组的加工钻模，画线并钻孔。

（3）组装件 4 与件 12、件 3 与件 22、件 7 与件 11 并进行焊接，校正。

（七）工字梁的制备

工字梁的制作过程，将上、下翼板铺于平台上，画跨度中线，纵向中线（均打样冲眼），画腹板位置线，按隔板间距的 1/1000 放焊收余量，画各横隔板、竖向加劲肋位置线。在此基础上：

（1）磨平腹板，加劲肋位置线内的拼接焊缝。

（2）用压板及楔子将上翼板预弯成抛物面形。

（3）依次组装定位。

（4）对准跨中线组装腹板，将腹板垫成水平，防止腹板本身的扭曲，腹板应与上翼板顶紧（调整楔子）。

（5）对准跨中线组装下翼板，应与腹板顶紧；组装过程中要控制反变形翼板两边缘形成的平面与腹板垂直。

（6）对点固焊加焊牢固；并在非坡口面按一定间隔在翼板与腹板之间加焊斜拉筋，使腹板和翼板角度固定。

检查并记录外形尺寸、拱度、水平弯曲、波浪度等数值。

（八）船形焊

在45°支架或翻转胎具上，用埋弧自动焊机焊接腹板与翼板联结的角焊缝。

1. 焊接顺序

根据焊前梁的拱度及水平弯曲情况，确定四条焊缝的焊接顺序：

（1）焊接时拉筋朝下，先焊坡口侧，后焊另一侧。

（2）焊完后翻个垫平，铲掉拉筋用碳弧气刨清根到背面打磨干净再进行焊接。

（3）若拱度过大，顺序为①④。见示意图7－4－1。

（4）若拱度过小，顺序为②①④③。

2. 注意事项

（1）设置与母材材质、厚度相同的引弧引出板，长度×宽度为160mm×90mm，焊缝引出长度不小于80mm。

（2）焊道应彻底清根，两侧清理干净。

（3）去除引弧引出板，不得伤及母材及焊缝。

（4）对工字梁进行校正，检查。

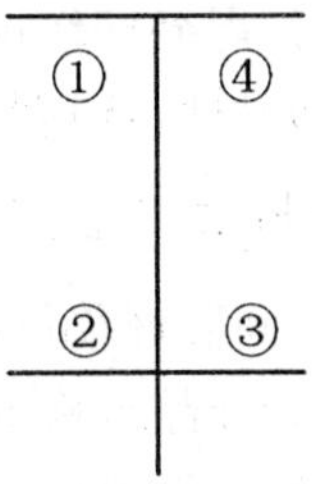

图7－4－1　焊接顺序示意图

（九）钢板梁的组装定位

钢板梁组装定位的施工程序是：

（1）搭设拼装平台，在平台上放样，画梁的中心线和跨中线，然后将两根工字梁置于平台上，跨中按预拱情况将梁垫起30mm，两头垫平稳（不起支承作用），然后进行定位。

（2）组装竖向加劲肋件5、件6、件8、件20及各连接件，并进行加固。

（3）检查并记录钢板梁的外形尺寸、拱度、水平弯曲、波浪度等数值。

（4）焊接各构件及竖向加劲肋件5、件6、件8、件20的连接焊缝（先立焊，后平焊）。从中间往两端对称进行。

（5）将梁倒放，组焊支座垫板（件24、件25），并焊接各竖向加劲肋的平角焊缝。

（6）梁倒放，在支座板上画线钻ϕ17孔。

（7）以跨中为基准向两端测量，截取梁长，画线，半自动切割机或手工切割（用靠模），切削梁长的多余部分，修磨齐平。

（8）检查并记录外形尺寸、拱度、水平弯曲、波浪度等数值。

（十）检查及其他

板梁基本完工后，按下列步骤实施移交安装的准备：

（1）修整；

（2）编出厂顺序号及梁型号；

（3）公司自检并记录；

（4）交甲方及监理验收；

（5）交喷砂除锈涂漆，喷梁型号及出厂顺序号；

（6）再交甲方及监理验收；

（7）支座 M16 螺栓与铸钢支座需配套出厂。

（十一）其他技术工艺文件

拟应建立和归档的文件：

（1）零件加工工艺卡；

（2）焊接工艺评定卡及评定报告；

（3）焊接工艺规范；

（4）焊缝探伤报告；

（5）检验计划及检验卡片。

（十二）出厂资料

向合同监理单位应提交的资料有：

（1）产品合格证；

（2）钢板材质证明书；

（3）质检记录（含油漆）；

（4）焊缝探伤报告；

（5）设计修改通知单；

（6）重大缺陷处理记录和有关会议纪要；

（7）焊缝重大修补记录。

五、120 栈桥铸钢支座制造工艺方案

（一）概述

高程 120m 栈桥钢箱梁支座组共 464 套，其中固定支座和活动支座各 232 套；固定支座和活动支座上座板各 232 件，支承面为平面，固定支座和活动支座下座板各 232 件，支承面 R 为 600mm 弧面。上、下座板材料为 ZG35Ⅱ，其底平面、支承面加工后表面粗糙度 R_a 为 6.3，侧面、端面机加工后表面粗糙度 R_a 为 12.5，每件设有 8 个 ϕ38 螺栓连接孔和 2 个 ϕ70 销孔（活动支座上座板为 2 个 70×100mm 长孔），机加工后表面粗糙度 R_a 为 6.3。由此可见，上、下座板的机加工工作量较大。

（二）上下座板制造工艺流程

上下座板的制造工艺流程为：

（1）铸钢毛坯外购（退火状态）→进货检验；

（2）画线①→刨削→画线②→立车（车弧面）→画线③；

（3）钻孔、锪平→铣削→终检。

（三）上、下座板制造工艺

上、下座板制造工艺程序为：

（1）毛坯外协，拟分包厂家为 403 厂、武钢机总、鄂钢、鄂城冶金。

（2）毛坯检验。毛坯进厂后，对毛坯外形尺寸和内部质量进行复检。

（3）画线①。在工作平台上画出毛坯中心线；以中心线为基准，画周边及底平面加工线，并打洋冲眼。

（4）刨削。上、下座板的周边、底平面可在龙门刨床、牛头刨床上进行加工；吊装工件，校底平面加工线及中心线无误后压紧工件，刨底平面及两侧面；检验合格后，重新装夹，校线、压紧后，刨两端平面。

（5）画线②。以底平面及中心线为基准面，画出 600mm 弧面加工线，并打样冲眼。

（6）立车。在立车上，采用辅助工装，进行支承弧面的加工；先在立车上安装工装夹具并对其进行校正；以立车旋转工作平台旋转中心为基准，校正 6 件工装夹具，并压紧固定在工作平台上；然后，吊装工件，一次装夹 6 件下座板，以工装夹具的平面直接定位，用压紧螺栓和压板固定在工装夹具上；再对压紧的工件加工线进行校正，确认无误后，车圆弧面，达到图纸要求。

（7）画线③。画 8 极 ϕ38 孔的加工线、2 级 ϕ70 销孔的加工线和 2 根 70×100 长孔加工线，并打洋冲眼。

（8）钻孔。在摇臂钻床上钻 8 个 ϕ38 孔并锪平至图示要求。

（9）铣削。用 ϕ70 的铣刀铣 ϕ70 孔和 70×100 长孔至图示要求。

（10）终检。按图纸要求，对工件各部尺寸进行检查，并做好检验记录。

（四）加工设备

项目部拟投入上、下座板的加工设备有：

（1）6m、4m、3m 龙门刨床各 1 台；

（2）900mm 牛头刨床和立式铣床各 4 台；

（3）立式车床 3m、2.5m、2m 各一台；

（4）摇臂钻床 4 台。

（五）制造工期

控制性的工序时间为：

（1）上、下座板的刨削工作量最大、工期最长，车削工作量及工期次之，其他工序工作量相对较小，工期较短，可采用流水线作业。

（2）毛坯进厂检验合格后，6m、4m、3m 龙门刨床一次可同时分别加工 7 件、4 件和 3 件。从装夹工件开始到底面、侧面、端面及支承平面全部刨完一个刨削工作循环约 2 个台班。900mm 牛头刨床 2 个台班可完成一个刨削工作循环（投入 4 台），平均一天按 2 个台班计算可加工 18 件。按此进度，完成 928 件座板刨削工作量需 52 天。

（3）下座板 R600mm 圆弧面的加工：每台立车一次可装夹 6 件，每 6 件的车削周期为 1 个台班，3 台立车同时投入使用，平均每天按 2 个台班计算可加工 36 件，464 件下座板弧面车削约需 13 天。

（4）刨削工序开始后的第二天即可开始弧面的车削工序，第三天可开始钻削和铣削工序，按此进度，完成上下座板的全部加工约需 60 天。

六、高程 120m 栈桥安装工艺

（一）概况

三峡工程高程 120m 栈桥布置于三峡大坝下游坝坡面之上，距坝轴线 60.50m，桩号为 20+060.50m，其轨顶高程 122.50m，本合同标段总长 696.2m，总制安吨位为 6094.826t。本段栈桥的制作、安装由机电建设公司和机械有限公司承担。

机械有限公司承担泄 1#～23#坝段，右纵 1#坝段的制作与安装任务，桩号为 48+718.0 至 49+218.40m，总长为 500.4m，其制安吨位为 2741.786t（此吨位不包括固定支座锚栓、盆式橡胶支座的重量），其具体安装吨位及数量见表 7－6－1。

表 7－6－1　　高程 120m 门机栈桥安装吨位表

序号	名　　称	数 量	单　位	单重（t）	总重（t）	备 注
1	10m 钢箱梁	2×23	对/根	19.4689	895.569	
2	10m 钢板梁	2×23	对/根	8.5592	393.723	
3	11m 钢箱梁	2×22	对/根	20.6583	910.153	
4	11m 钢板梁	2×22	对/根	9.1043	400.589	
5	铸钢支座下座板	464	kg/块	305.5/块	141.752	
6	固定支座锚栓	8×190	根	1520		带双螺帽
7	活动支座锚栓	8×176	根	1408		带双螺帽
8	固定盆式橡胶支座	4×47	个	188		
9	活动盆式橡胶支座	4×47	个	188		
	小计				2741.786	

（二）垂直运输手段

高程 120m 栈桥安装时，吊装手段选用高程 45m 栈桥上已经安装的几种机型高架门座式起重机（高程 45m 栈桥轨中轴线为 20+123.5，桩号 48+716.65 至 49+054.05m），高程 120m 栈桥安装时最大高度为 75m，最大垂直距离 63m，几种机型最大工况性能如下：

（1）MQ2000 高架门座式起重机。轨面以上最大吊高 120m，最大幅度 71 m，此工况下吊重可达 20t。

（2）MQ6000 门座式起重机。轨面以上最大吊高 100m，最大幅度 71m，此工况下最大吊重可达 60t。

（3）K1800 塔起重机。轨面以上最大吊高 100.4m，最大幅度 71m，此工况下吊重可达 21.9t。

因此，这几种起重设备均满足高程 120 栈桥钢箱梁的吊装需要。

（三）水平运输设备

水平运输手段选用 10t 以上东风全挂车，钢箱梁运输选用 25t 以上半挂平板拖车，以满足钢板梁、钢箱梁运输的需要。

（四）支座锚栓安装

各坝段锚栓埋设之前，先请测量队交待锚栓所在坝段桩号，高程及可使用的坐标，然后自己再核实各桩号、高程、校核无误后方可进行作业。埋设时为保证每块支座安装的精确度，先将锚栓装在工艺架上，再整体与连接钢筋点焊牢固，核准各相关尺寸后，再将螺栓的丝扣部分抹上黄油，然后用布式塑料袋捆扎牢固，以免混凝土溅到丝扣上去。

（五）高程 120m 钢栈桥安装顺序

高程 120m 栈桥金属结构安装顺序为：支座锚栓安装→上游钢板梁吊装就位→上游钢箱梁吊装就位→钢箱梁、钢板梁之间的连接件安装→下游钢箱梁吊装就位→下游钢板梁吊装就位→钢箱梁、钢板梁、人行道托架之间的连接件安装。

（六）质量安全措施

质量安全措施见机械有限公司质量体系文件。

第八章　三峡工程 120 栈桥施工实践

一、栈桥工程概况

三峡二期工程高程 120m 栈桥位于三峡大坝下游坝坡面之上，栈桥中心线为大坝相对坐标 20+060.50m，距坝轴线 60.50m。按标段划分，由本项目部（葛洲坝股份有限公司三峡建设承包公司栈桥项目部）承建左厂 11#～右纵 1#坝段部分栈桥制造安装工作，其桩号为 48+522.20～49+218.40，总长度 696.20m，桥面净宽 20.50m，总宽 22.00m（含人行道）。

Ⅰ＆ⅡB 标段高程 120m 施工栈桥（以下简称高程 120m 栈桥）按Ⅱ级建筑物设计，上部结构为钢混简支结构，桥面连续构造。桥跨组成为（从左至右）4×（21.2+17.1）+3×14.2+22×（10.0+11.0）+10.0+2×14.2m，桥面起重机轨顶高程 122.50m，桥面路中心高程 122.55m。

桥型分为两部分，左厂 11#～14#坝段有两种跨度，即 17.1m 和 21.2m。中间 11.46m 范围内为七片四联钢板梁，现浇混凝土桥面板厚 22cm。两侧为起重机钢箱梁，轨距 13.50m。外侧为钢板梁，预制混凝土板。该长度为 153.20m，桩号为 48+522.20～48+675.40。轴线号 51a～59a。左厂 14#～右纵 1#坝段跨度有 3 种，即 14.20m、11.0m、10.0m，中间 11.46m 范围内为 7 片简支钢筋混凝土 T 形梁，两侧为起重机钢箱梁，轨距 13.50m。外侧为钢板梁，预制混凝土板。该段长度为 543.00m，桩号为 48+675.40～498+218.40。轴线号 1a～51a。

支座布置：起重机钢箱梁采用铸钢支座，钢板梁采用盆式橡胶支座，混凝土 T 形梁采用板式和四氟板式橡胶支座。

钢垫梁布置：各种梁支座底部设垫梁以调整梁高，保持梁顶面平齐。

下部结构布置：在 3a、48a、51a～59a 轴线采用钢排架柱，钢排架柱基础均坐落于坝体上，其余轴线均支承在导墙上。

二、工程设计

根据三峡二期工程大坝与电站厂房土建与安装施工合同约定，左厂 11#～14#坝段至右纵坝段高程 120m 栈桥由葛洲坝股份有限公司（中标单位）全面负责设计、施工。鉴于高程 120m 栈桥的布置与二期厂坝建筑物之间有着密切的关系，葛洲坝股份有限公司将高程 120m 栈桥委托给长江委设计院设计，设计时段为 1999 年 3 月～2000 年 10 月。所有设计报告、优化方案及设计详图均经过长江委三峡工程建设监理部审核批准后实施。

有关设计内容及具体情况见“三峡水利枢纽高程 120m 施工栈桥设计报告”和本书第五章、第六章。

三、施工总布置总进度与完成的工程量

（一）施工总布置

在三峡工程建设中，高程 120m 栈桥属临时工程，其布置必须服从三峡工程总体布置，并充分利用已形成的其他施工条件。

1. 临时三通工程

施工道路、施工供、排水及供电均是利用三峡二期工程已建的临时设施。

2. 建材生产布置

所浇筑混凝土除钢纤维混凝土是在刘家河拌和楼拌制外，其余均是在高程 79m 和高程 90m 拌和系统拌制，采用自卸汽车运至施工现场。

3. 起重与垂直运输布置

混凝土垂直运输采用布置在下游高程 45m 栈桥上的 MQ2000 上海港机和 KROLL1800 塔机运输浇筑。

4. 预制构件生产布置

在综合加工厂预制件加工区，靠近拌和楼旁地坪地布置为栈桥预制件浇筑区，占地 $2100m^2$，该区域端部及一侧均为预制件堆放区，共占地 $4500m^2$。在浇筑场地旁设 $900m^2$ 钢筋焊接区，焊接区内主要用于钢筋对接及形成钢筋骨架，焊接加工厂内相应的区域内组织专业化生产。

在浇筑区内共制作 28 条预制梁底模木台座，分四排、排距为 5m，台座间相互间隔 4.5m；混凝土板直接在预制件加工区地坪上浇筑。模板采用定型钢模板和木模板两种，模板材料主要根据各种预制构件数量的多少和模板周转次数选择的进行木制底模及木制定型模板，表面用 4mm 钢板覆面。

预制构件混凝土在 $1m^3$ 搅拌站集中生产，浇筑采用门机配吊罐入仓。

5. 桥面铺装施工平面布置

桥面铺装采取跟进 T 形梁安装进程组织施工，分六个施工段进行浇筑，待栈桥门机安装完成后开始浇筑桥面混凝土。$23^{\#}$坝段至左导墙坝段桥面混凝土浇筑垂直运输手段分别利用栈桥上安装的 MQ2000、STDQ1800/600 门机及 K1800 塔机配吊罐，左厂坝段混凝土浇筑仍使用已安装好的 MQ2000、STDQ1800/600 门机。

桥面铺装钢钎维混凝土在综合加工厂内生产，用三台 5t 自卸汽车运输。

6. 钢结构制造布置

金结制造主要安排葛洲坝股份有限公司三峡机械有限公司、安装公司金属结构厂和第一工程公司三个单位承担，其主要构件 6 根 21.2m 钢箱梁分包给武昌造船厂制造。

金属结构制作布置有五个施工作业场地，每个施工场地均搭建有下料平台、构件平台、组装平台。葛洲坝股份有限公司三峡机械有限公司在前后方都有厂房，前方占地约 $2500m^2$，后方占地 $3000m^2$，有 15t、20t 桥机、25t 和 16t 汽车吊等吊装设备；安装公司金属结构厂有厂内、厂外两个制作场地，厂内占地约 $1500m^2$，车间内有两台 30t 桥机、

1台20t、1台15t桥机，车间外占地约3000m²，有东德门机、龙门吊等吊装设备；第一工程公司的施工场地约1500m²，厂内有两台20t桥机等吊装设备。施工场地和设备均能满足本项目部目前承担的10m、11m钢箱梁、钢板梁共7000余t的制作、拼装要求。

（二）施工总进度

1. 合同施工进度要求

高程120m施工栈桥制造安装工程合同工期要求：Ⅰ标为2001年11月30日全线形成，ⅡB标为2001年10月30日全线形成。

2. 实际完成情况

高程120m施工栈桥于2001年1月1日正式开工，当年9月18日凌晨门塔机轨道梁安装全线贯通，9月23日门塔机内主干道混凝土路面与ⅡA标段高程120m施工栈桥接通，9月28日正式通车，较合同工期分别提前1个月和2个月。

（三）完成的主要工程量

1. 左导墙至右纵1#坝段工程

栈桥金结制安 3579.078t，现浇垫梁、垫石混凝土（含湿接缝）1705.10m³，钢纤维混凝土1436.99m³，预制混凝土梁制安1913.54 m³。

2. 左厂11#至14#坝段工程

栈桥金属结构制安3513.913t，钢纤维混凝土200.46 m³，现浇钢筋混凝土桥面386.24 m³，预制构件40.40 m³。

同期还完成栈桥桥柱基座CGM-2灌浆材料13189.59L。

四、栈桥金结制作施工实践

（一）施工依据

1. 法律性依据

（1）国家法律、法规；

（2）有关高程120m栈桥的施工及设计合同文件；

（3）业主、设计、监理工程师有关施工的文件及会议纪要等；

（4）国家技术标准和规范。

2. 合同适用的规程规范

（1）《钢结构工程施工及验收规范》（GB50205－95）；

（2）《铁路钢桥制造规范》（TB10212－98）；

（3）《公路桥涵施工技术规范》（JTJ041－89）；

（4）《钢结构高强螺栓连接的设计、施工验收规程》（KGJ82－91）；

（5）《钢焊缝手工超声波探伤方法和探伤结果分级》（GB11345－89）；

（6）《气焊、手工电弧焊及气体保护焊焊缝坡口的基本形式与尺寸》（GB 985－88）；

（7）《埋弧焊焊缝坡口的基本形式和尺寸》（GB 986－88）；

（8）《焊接件通用技术要求》（JB / TQ4000.9）；

（9）《涂装前钢材表面锈蚀等级和除锈等级》（GB 8923－88）等；

（10）《铁路桥梁铸钢支座技术条件》（TB1853－86）；

（11）《铁路钢桥保护涂装》（TB/T1527－84）。

3. 施工设计图纸及施工组织设计

（1）长江三峡水利枢纽Ⅰ&ⅡB 标段高程 120m 栈桥钢结构和钢筋混凝土梁结构制作、安装技术要求及有关施工图纸等；

（2）经监理部审批的高程 120m 栈桥施工方案、施工组织设计和施工详图。

（二）主要施工程序

1. 土建施工程序

土建施工程序主要有：桥台基础清理、立模→预埋件安装、检测→垫石混凝土浇筑→钢结构安装→机座化灌施工→预制梁安装→桥面铺装层施工。

2. 钢结构制造施工程序

金属结构制作施工程序主要有：材料进厂检验→平板下料→零件校正→部件拼焊→单榀拼焊→检验→防腐→出厂验收。

3. 钢结构安装施工程序

金属结构安装施工程序主要有：埋件安装检查→混凝土浇筑→钢结构立柱安装→柱脚混凝土回填→柱间支撑安装→钢箱（板）梁安装→轨道安装→荷载试验。

（三）金属结构制造

1. 施工放样和下料

1）钢梁起拱方法

按照设计技术条款要求，钢箱梁和钢板梁在制作时要求先起拱，其目的为了避免或减少启门机运行的阻力和打滑现象的发生。为保证钢梁上拱度的稳定性和均匀性，根据葛洲坝股份有限公司现有设备能力，钢箱梁和钢板梁制作起拱采用工艺起拱法，即腹板下料按给定的起拱曲线进行起拱，且梁上下弦同时起拱。

由于存在焊接收缩应力，其工艺上拱值应大于设计上拱值。

（1）工艺上拱值 F_Y：

$$F_Y=（1.5\sim1.7）F_S$$

式中：F_S——设计规定上拱值。

（2）上拱曲线。上拱曲线沿梁跨度对称全跨中心线均匀布置，上拱曲线采用二次抛物线，其方程为：

$$Y=4F_YX（L-X）/L^2$$

式中：L——支承跨度；

X——上拱曲线。

上拱曲线见图 8－4－1。

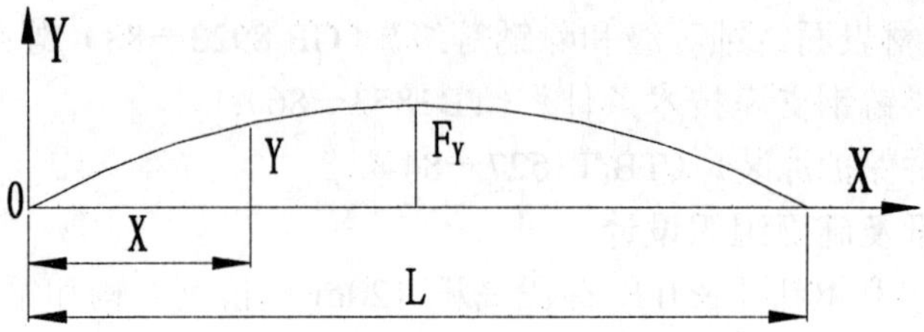

图 8－4－1　上拱曲线示意图

2）焊接收缩余量

钢梁（钢箱梁、钢板梁、垫梁和钢盖梁）腹板和翼板、桥墩立柱面板的下料长度按 *L*/1000mm 留焊接收缩余量，其余均按理论值下料 。

钢梁隔板、桥墩立柱的隔板为便于装配，宽度尺寸按负偏差控制。

3）钢板拼接缝

钢梁的翼板和腹板大部分采用定尺板，小部分采用拼接板，要求如下：

（1）钢梁的翼板和腹板、立柱面板的接料长度不宜小于 1000mm，宽度不得小于 200mm。

（2）上部结构的钢板接料应符合《铁路钢桥制造规范》（TB10212－98）规范中 4.6.1 条的规定，腹板与翼板接缝应错开 200mm。

（3）钢箱梁的对接焊缝离横隔板及竖肋距离不少于 300mm，对接焊缝离腹板两端距离支座 1000mm 范围内不允许有拼缝接头。

（4）下部结构钢板接缝应符合设计技术要求，桥墩立柱相临两面板接缝应错开 200mm 以上，以避免焊缝交叉和焊缝缺陷的集中。

4）坡口形式

所有Ⅰ、Ⅱ类焊缝的对接坡口全部为双面对称 V 形坡口，采用埋弧自动焊进行焊接，翻面清根，其坡口形式如图 8－4－2。

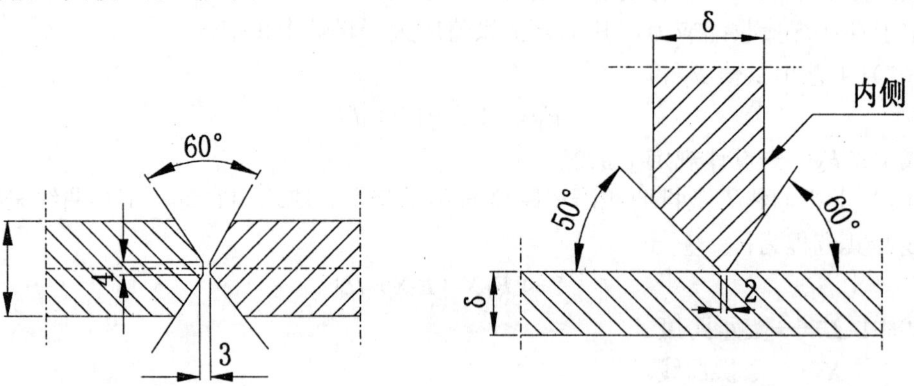

（a）对接焊缝坡口形式　　（b）组合焊缝坡口形式

图 8－4－2　焊缝形式示意图

所有Ⅱ类组合焊缝的坡口，其腹板（或面板）全部开不对称的K形破口，内侧采用手工封底，外侧用碳弧气刨清根，再用埋弧自动焊进行焊接接，其坡口形式如图8－4－2。

5）下料

翼板、立柱面板等零件采用半自动切割机下料，钢梁腹板、隔板、异形板等均采用数控切割机下料，保证下料质量达到规范要求，坡口全部采用刨边机进行加工，其下料与画线偏差按如下要求：

（1）钢箱梁和钢盖梁、钢板梁和钢垫梁按《铁路钢桥制造规范》（TB10212－98）规范中表4.22和4.4.4-1执行；

（2）桥墩钢排架柱柱按《钢结构工程施工及验收规范》（GB50205－95）规范中表4.1.2和4.1.5执行。

2. 装配与焊接

1）钢梁（箱梁、盖梁、垫梁和板梁）装配

（1）制作原则。梁系类的隔板与隔板内护圈拼焊成部件，钢板梁中组合工字钢先单独组焊矫正，最后再单榀梁组焊成型。

（2）钢箱梁和钢板梁拼装。由于此梁要求起拱，为保证达到起拱要求，采用倒置拼焊法，上翼板朝下垫成曲线形，以梁中心为基准放样、拼装。单根梁焊接矫正后再画线钻上翼板轨道安装孔及支座垫板上孔。

（3）钢梁矫正采用火焰和机械矫正方法（在油压机上进行矫正）。

另外，对于3a轴线钢盖梁的制作，由于吊装手段的影响，项目部向设计提出分段制作方案，形式是在3a轴线钢盖梁中部分成相等的两部分，中间用法兰板、螺栓连接，保证最终的钢盖梁的长度，其余依照钢梁制作。

2）钢梁焊接

此处钢梁包括箱梁、盖梁、垫梁和板梁。

（1）焊接原则。先立缝，再平缝、仰焊，先焊钢梁内侧再焊外侧焊缝。

（2）焊接顺序由钢梁的拱度情况而定。

（3）当拱度不够时应先焊下盖板侧的两条组合角焊缝，拱度过大时应先焊上盖板侧的两条组合角焊缝。

（4）为了控制钢梁的旁弯，焊内侧焊缝及外侧劲板立焊时要对称放焊。

（5）内侧采取CO_2气体保护焊，焊接时先焊接隔板与腹板的立焊缝，再焊下翼板与腹板的横仰焊缝，紧接焊腹板与上翼板的组合焊缝，然后焊筋板与腹板的立焊，最后焊接隔板、次梁、筋板与上翼板的平角焊缝。

（6）内部施焊时，采用分段、间跳、对称的施焊方法，同时加强焊接过程的监测，随时调整焊接顺序，以达到控制变形的目的。

3）下部结构立柱装配

（1）桥墩柱间支撑所有槽钢下料后一端用套模先钻孔再大拼，节点连接板下料后用套模钻孔后与柱身单独拼焊。

（2）单节立柱的柱身先拼装焊接矫正；设计分节的立柱，先分节单独下料，然后装配连接板，为控制立柱几何尺寸及错位，整体组装焊接，连接板不拆开钻孔。

（3）每根柱身单独装焊柱底板，校正控制底板倾斜度，以底板为基准画线装配节点连接板，控制定位尺寸。

（4）柱身与柱间支撑采用卧式滚动拼装法，配钻柱间支撑连接孔，控制桥跨距和轴跨距及柱身垂直度。

4）下部结构立柱焊接

下部结构立柱，先焊面板组合的四条内角缝，再焊两隔板与面板缝，最后焊长筋板缝。

焊接原则：

（1）为减小焊接变形和残余应力，焊接采取对称或分段焊方法，钢板较厚的焊缝应采用多层多道焊，δ40钢板焊前应予热。

（2）焊接时先内侧，后外侧，立柱面板组合的四条角焊缝，先内缝手工焊封底，再外缝采用埋弧自动焊，其余均采用手工焊接。

3. 钻孔

由于立柱之间采用螺栓连接形式，立柱顶板与钢盖梁也采用螺栓组进行连接，钢盖梁与垫梁同样采用螺栓连接形式。为提高产品质量，方便安装，使其达到互换性，钻孔要求采用套模钻孔，按标准化进行钻孔。立柱节点板上孔群、立柱顶板孔组下料后用套模钻孔，钢盖梁上孔组、垫梁孔组、钢梁支座孔等钢梁组焊合格后，定出孔群中心再用套模钻孔。

五、优质施工的保证措施

（一）产品图纸的质量保证

（1）项目部按合同约定提出供图计划（含主要材料清单）。

（2）技术部对由设计院设计的施工图样和技术文件进行工艺性审查，如发现遗漏、差错和模糊不清之处，及时通知监理工程师和设计院复核，确保图样及技术文件的正确、完整、清晰。

（3）业主拟对施工图样进行修改时，项目施工技术部以监理工程师或设计院签发的设计修改通知单为依据进行修改。

（4）如施工方要求对施工图样和技术文件进行修改时，技术部提出书面联系单交业主，经设计单位同意，业主或监理工程师审查批准后，技术部根据业主的书面通知单对施工图样及技术文件进行修改。

（二）产品工艺的质量保证

（1）产品工艺由项目施工技术部编制，工艺编制及管理执行《过程控制程序》和《工艺管理制度》。

（2）关键件、重要件专门制定“关键件、重要件制造工艺”，经工艺评审，并报项目总工程师或公司总工程师审批形成有效文件，严格执行，任何部门或个人不得擅自更改，如需更改按规定进行论证和审批。

（3）对于产品关键工序编制详细的工艺文件。

（4）质检部负责编制关键件、重要件的检验工艺规程并评审。

（5）工艺文件编制和修改执行《工艺管理制度》，工艺文件一经下达，除编制及批准人员外，任何部门与人员均无权修改或不执行；如编制人员需修改已下达的工艺文件时，应办理好审批手续，才能下达修改工艺文件的通知指令；未经办理而自行修改者应负制造质量责任，视作违反工艺纪律。

（三）产品制造上的质量保证

1. 严格的工艺纪律是产品质量的保证

工艺纪律的严格是质量控制的重要环节，是使产品符合规范和有关规定的保证。

（1）在产品制造过程中，分厂、班组及各操作者，必须遵守工艺准则，严格按工艺过程卡规定的工艺路线、工装设备、工序工艺、技术要求执行。

（2）操作者须严格执行“三检”制度（自检、互检、专检）。

（3）违反工艺纪律制造的产品在未经质检部重新检定前，任何人不得继续使用或回用。

（4）操作者应自觉接受质检员、工艺员的工艺纪律检查，对违反工艺纪律而造成质量事故者，将受到质检部门的处理。

2. 优化资源配置是产品质量的保证

加工设备是产品质量保证的基础，葛洲坝股份有限公司现有设备和技术力量完全能满足栈桥的制安要求，项目部根据合同，适时配置人力、资金和性能优良的加工设备。

3. 原材料及外购件的质量保证

材料采购严格执行葛洲坝股份有限公司颁布的《采购控制程序》。

（1）在原材料的采购上，采购的材料需有材质证明书和产品合格证；若有业主或规范要求复检的材料，进厂后，须进行材料的复检。

（2）在外购件、标准件的采购上，选择信誉较好、有一定知名度的厂家，外购件、标准件采购回厂后也需进行严格复检，不合格品不得入库。

4. 切削加工质量保证

1）加工前的准备

（1）操作者接到加工任务后，首先要检查加工所需的产品图样、工艺规程和有关技术资料是否齐全。

（2）要看懂、看清工艺规程与产品图样及其技术要求，有疑问之处应找有关技术人员问清后再进行加工。

（3）按产品图样或（和）工艺规程，复核工件毛坯或半成品是否符合要求，发现问题应及时向有关人员反映，待问题解决后才能进行加工。

（4）按工艺规程要求准备好加工所需的全部工艺装备，发现问题及时处理；对新夹具、模具等，要先熟悉其使用要求和操作方法。

（5）加工所使用的工艺装备应放在规定的位置，不得乱放，更不能放在机床导轨上。

（6）工艺装备不得随意拆卸和更改。

（7）检查加工所用的机床设备，准备好所需的各种附件，加工前机床要按规定进行润滑和空运转。

2）刀具与工件的装夹

（1）刀具的装夹。在装夹各种刀具前，一定要把刀柄、刀杆、导套等擦拭干净；刀具装夹后，应对刀装置或试切等检查其正确性。

（2）工件的装夹。在机床工作台上安装夹具时，首先要擦净其定位基面，并要找正其与刀具的相对位置；工件装夹前应将其定位面、夹紧面、垫铁和夹具的定位、夹紧面擦拭干净，并不得有毛刺；按工艺规程中规定的定位基准装夹，若工艺规程中未规定装夹方式，操作者可自行选择定位基准和装夹方法。

3）加工要求

（1）为了保证加工质量和提高生产率，应根据工件材料、精度要求和机床、刀具、夹具等情况，合理选择切削用量；加工铸件时，为避免表面夹砂、硬化层等损坏刀具，在许可的条件下，切削深度应大于夹砂或硬化层深度。

（2）对有公差要求的尺寸，在加工时应尽量按其中间公差加工。

（3）工艺规程中未规定表面粗糙度要求的粗加工工序，加工后的表面粗糙度 R_a 值应不大于 25μm。

（4）铰孔前的表面粗糙度 R_a 值应不大于 12.5μm。

（5）精磨前的表面粗糙度 R_a 值应不大于 6.3μm。

（6）粗加工时的倒角、倒圆、槽深等都应按精加工余量加大或加深，以保证精加工后达到设计要求。

（7）图样和工艺规程中未规定的倒角、倒圆尺寸和公差要求应执行 GB1804－79 的规定。

（8）凡下工序需进行表面淬火、超声波探伤或滚压加工的工件表面，在本工序加工的表面粗糙度 R_a 值应不得大于 6.3μm。

（9）在本工序后无去毛刺工序时，本工序加工产生的毛刺应在本工序去除。

（10）在大件加工的过程中应经常检查工件是否松动，以防因松动而影响加工质量或意外事故。

（11）当粗、精加工在同一台机床上进行时，粗加工后一般应松开工件，待其冷却后重新装夹。

（12）在切削过程中，若机床－刀具－工件系统发出不正常的声音或加工表面粗糙度突然变坏，应立即退刀停车检查。

（13）在批量生产中必须进行首件检查，合格后方能继续加工。

（14）在加工的过程中，操作者必须对工件进行自检。

（15）检查时应正确使用测量器具。使用量规、千分尺等必须轻轻用力推入或旋入，不得用力过猛；使用卡尺、千分尺、百分表、千分表等时事先应调好零位。

4）加工后的处理

（1）工件在各工序加工后应做到无屑、无水、无脏物，并在规定的工位器具上摆放整齐，以免磕、碰、划伤等。

（2）暂不进行下道工序加工或精加工后的表面应进行防锈处理。

（3）用磁力夹具吸住进行加工的工件，加工后应进行退磁。

（4）凡相关零件成组配加工的，加工后需做标记（或编号）。

（5）各工序加工完的工件，经专职检查员检查合格后方能转向下道工序。

5）其他要求

（1）工艺装备用完后要擦拭干净（涂好防锈油），放到规定的位置或交还工具库。

（2）产品图样、工艺规程和所使用的其他技术文件，要注意保持整洁，严禁涂改。

5. 焊接质量保证

1）焊接质量预控制

（1）焊材发放必须按《焊接材料保管发放制度》进行，并做好发放记录。

（2）焊工按工艺卡，凭领用单领用焊材，领用的焊材必须与工艺要求的牌号、规格一致。

（3）各金属结构件焊接均应制定焊接工艺规程，并按规范要求进行焊接工艺评定，评定合格的焊接工艺文件经监理工程师批准后，方能用于生产。

（4）凡从事本项目施焊人员必须经过培训合格，并取得电力工业部水工钢结构焊工考试合格证书，持证上岗。

（5）制作和安装过程中技术人员、质检人员跟踪监测，严格控制焊接变形和焊缝质量，并根据实际情况对工艺流程和焊接工艺进行修正，对于焊接变形超差部位和不合格的焊缝应逐项按返修工艺进行处理，并详细记录，处理合格后才能转入下道工序施工。

2）焊接质量补救措施

（1）当焊缝发现有超标的外观缺陷时，焊接检验员必须向操作者说明情况，在焊接质检员和焊接工艺人员指导下进行返修。

（2）当焊缝内部存在有超标或不允许的缺陷时，焊接工艺人员、焊接质检员、操作者一道分析缺陷产生的原因，并会同焊接责任工程师一道制定返修工艺，经焊接责任工程师签发交操作者，焊接质检员监督并填写焊接“返修工艺记录”。

（3）主要结构焊缝同一部位的返修次数不宜超过两次，两次返修仍不合格的焊缝，如需再次返修，应由焊接责任工程师制定返修工艺，项目总工程师批准，并由其作出对返修是否进行硬度测定和热处理的决定。

（4）返修部位、次数和无损探伤结果记入质量证明书。

3）严把检验人员资格

（1）焊接质检员必须持有电力工业部签发的并与其工作相适应的资格证书，方可进行焊接外观质量检验。

（2）无损检测人员必须持有国家有关部门签发的，并与其工作相适应的资格证书，评定焊缝质量应由Ⅱ级或Ⅱ级以上的检测人员担任。

6．检验质量保证

三峡建设承包公司质检部对产品质量全过程进行质量监控，执行《检验和试验控制程序》，做好质量记录，工序间的检验执行自检、互检、专检的三检制，只有经过检验合格的产品才能出厂。

1）领料检验

（1）凡水工金属结构设备制造用、领料，应持施工图和材料工艺定额卡领料。

（2）发料时，材料检验员应按图、卡，检查所发材料是否与定额相符。

（3）材料仓管员应认真核实图、卡进行发料，并将所发材料登记在相应产品用“材料工艺定额卡”上。

2）下料检验

下料过程中，画线工序完成后，下料员应及时进行材料标记移植，经金属结构制作检验员检验确认后，方能流转切割工序。

3）主要件与半成品检验

（1）主要件、半成品从领料、画线、下料、校正、单件拼装、焊接到完工，均属应检验之列。

（2）在制造传递中，应按工艺或图纸、规范要求逐项检验，每一工序完工，由有关检验员检验后，将检验结果填入检验卡，签字确认后，方能转入下道工序。

（3）超差的构件，执行《不合格品控制程序》。

4）成品组装检验

成品组装前，金属结构制作检验员对转下道工序的主要构件或其他部件按图纸及工艺卡核实无误后方准组装。

组装过程检验内容如下：

（1）组装方法是否符合工艺或图纸要求；

（2）对接错边、棱角、焊缝布置，对装间隙；

（3）装配总尺寸，按相应标准与规范要求检查；

（4）检验超差，执行《不合格品控制程序》。

5）焊接检验

（1）焊接前，焊接质检员应对图纸、焊接工艺卡及检验卡核实，并对焊工资格、焊接材料检查无误后，方准焊接施工。

（2）焊工必须填写焊接参数，如焊条直径、类型、焊接电流等，一、二类焊缝焊接完毕后，由施焊者打上焊工钢印，由焊接质检员确认。

（3）按相应标准要求检查焊缝表面质量。

表面质量包括表面气孔、夹渣、未熔合、裂纹、未焊透等；

焊高、焊宽、高低差、宽窄差；

焊缝错边、棱角、咬边。

（4）经外观检查，焊接质检员应填写“焊缝质量检验记录表”，以上检验全部合格后，需探伤的由焊接质检员填发“无损检测申请单”，方能探伤，填写内容：焊工代号、产品编号、名称、焊缝编号、探伤部位、探伤方法、比例、标准、级别。

（5）焊接质检员应将探伤结果填写在“焊缝质量检验记录表”上，另外，焊工、焊接质检员在焊接过程卡上签字。

（6）焊缝一、二次返修，由探伤室填发“探伤返修通知”，交焊接质检员，由焊接质检员通知焊接专业工程师作返修工艺，项目总工程师审批。

6）成品检验

（1）检验焊缝错边、棱角、咬边、裂纹、弧坑等焊缝表面。

（2）查焊工钢印、探伤标记、材料标记是否相符。

（3）检查成品外形尺寸、方位及位置尺寸、外观质量、焊缝布置与工艺图是否相符。

（4）产品总装完毕，经自检合格，再经监理、设计、业主中间验收合格后，方可进行防腐喷漆等工序。

7. 表面防腐蚀质量保证

1）上岗资格

表面防腐、油漆质量检测人员，必须持有水利部或电力行业签发的、并与其工作相适应的资格证书，方准进行防腐涂层质量检测和评定。

2）表面预处理

（1）预处理前，应将钢梁表面整修完毕，并将金属表面铁锈、氧化皮、油污、焊渣、灰尘、水分等污物清除干净。

（2）表面预处理应采用喷射或抛射除锈，所用磨料表面应干燥、清洁干净，喷射用的压缩空气应经过滤，除去油水。

（3）表面除锈等级应符合《涂装前钢材表面锈蚀等级和除锈等级》（GB8923）中规定的 Sa2.5 级，使用照片目视对照评定；除锈后，表面粗糙度数值应达到 40～70μm，用比较样块检测。

3）涂装

（1）除锈后，钢材表面应尽快涂装底漆，在潮湿天气应在 4 小时内涂装完毕，如晴天和较好的天气条件下，最长也不应超过 12 小时。

（2）涂装的涂料应符合图纸规定，涂装层数、每层厚度、逐层涂装间隔时间、涂料配制方法和涂装注意事项，应按设计文件或涂料生产厂家的说明书规定执行。

（3）出厂前应涂装底漆、面漆。

（4）在下述施工条件下严禁涂装：空气相对湿度超过 85%；施工现场环境温度低于 10℃。

（5）每层漆膜涂装前应对上一层外观进行检查，涂装时如有漏涂、流挂、皱皮等缺陷应进行处理。

（6）涂装后涂层应进行外观检查，表面光滑、颜色一致，无皱皮、起泡、流挂、漏涂等缺陷。

漆膜厚度用测厚仪测定，必须满足技术条款和图纸、规范的要求。

8. 计量测试器具的质量保证

计量器具的使用和管理严格执行《检验、测量和实验设备控制程序》。

（1）凡用钢结构制造使用的计量器具，必须在检定合格有效期内。

（2）使用者不得自行拆卸计量器具，不得损坏计量器具上的编号、标志、铅封等，不得丢失合格证。

（3）精密计量仪器、仪表，应配备并带好防护罩。

（4）凡到周检日期的量具，由计量室向使用部门和个人发出“周检通知单”。

（5）接到“周检通知单”的单位或个人应在规定的日期（3～10天）内，将计量器具送往计量室，任何人不得拒绝送检，无故超过检定期，由使用者负责。

（6）对超过一个检定周期不使用的计量检测器具，可由计量员提出封存申请，报质量安全部批准备案后，贴上“封存”标志，由设备保管员集中保管；重新启用时，必须检定合格后方可使用。

（7）对严重不合格或损坏无法修复的计量器具，由计量员提出报废意见，经质量安全部批准后予以报废，报废的计量检测设备应在计量器具台账上注明报废原因，报废日期及检定证书编号。

（8）计量检测量具使用结束后，应及时保养，由专人保管。

9. 包装及搬运质量保证

栈桥的搬运与交付执行《搬运、储存、包装、防护和交付实施程序》。

（1）对于结构件、铸件用垫木支撑并绑扎包装，对标准件等用包装箱包装。在起吊过程中要避免碰撞，防止变形和损坏。

（2）技术部制定并监督实施运输方案，确保钢栈桥已形成的质量，并按期运到三峡工地业主指定的安装地点。

六、栈桥安装施工实践

（一）安装前的准备工作

实施金属结构安装前必须做到：

（1）检查吊装构件的几何尺寸、类型，复核吊装重量、位置和吊装路线。

（2）吊装支座前，全面检查支座产品合格证书中有关技术性能指标，符合设计要求时，方可使用。

（3）清理钢箱梁底面，将铸钢支座的上支座与钢箱梁相连，参考钢箱梁制作时的检验数据（扭曲和梁高），用组合垫板调整下支座顶面高程。

（4）吊装钢板梁、钢箱梁前，复测支座顶面高程和轴线里程，合格后方可吊装。

（5）吊装钢立柱前，检查、复测立柱垫板的高程和轴线里程，合格后方可吊装。

（二）右纵 1#坝段至泄 23#坝段金结安装

右纵 1#坝段和泄 23#坝段主要有 14.2m 钢箱梁、14.2m 钢板梁、20.5m 钢盖梁、支座和垫梁等组成，主要使用的吊装设备有上海港机 MQ2000 和 ROTEC 的塔带机。

吊装按照坝体高度进行，从右纵 1#坝段向泄 23#坝段采用端进法安装。

1. 1a～2a 轴线

首先安装、调整 1a～2a 轴线上的盆式橡胶支座和板式橡胶支座，再吊装 14.2m 钢箱梁；安装完毕后，吊装外侧钢板梁，最后吊装 14.2m 钢筋混凝土简支梁和盖板。

2. 2a～3a 轴线

首先吊装立柱，从上游向下游侧依次吊装 C、B、A 轴线的立柱，采用上海港机 MQ2000 和其他吊车在空中将立柱吊到垂直状态，再用上海港机 MQ2000 吊装到位。立柱就位后，即带上地脚螺栓，固定牢靠，并调整立柱到设计状态。立柱调整、安装合格后，吊装剪刀撑，检查合格后吊装钢盖梁，调整、安装符合技术要求再吊装 3a 轴线上的钢垫梁（GDL-7、8、9），调整、安装检验合格后装盆式橡胶支座和板式橡胶支座，再吊装 14.2m 钢箱梁；安装完毕后，吊装外侧钢板梁，最后吊装 14.2m 钢筋混凝土简支梁和盖板。

3. 吊装设备

以上海港机 MQ2000 为主，既主要件的立柱、下游钢箱梁、下游钢板梁、钢垫梁和支座由上海港机 MQ2000 吊装；上游钢箱梁、上游钢板梁由 ROTEC 塔带机吊装。

钢盖梁由 ROTEC 塔带机吊至泄 22#坝段下游平地，上海港机 MQ2000 开到 3a 轴线，在钢盖梁上设 4 个吊耳，用 ROTEC 塔带机和上海港机MQ2000 抬吊；ROTEC 塔带机吊上游吊点，MQ2000 吊下游吊点。

（三）泄 23#坝段至泄 1#坝段金结安装

在吊装钢箱梁前先安装铸钢支座，将铸钢支座的下支座装在基础上。实施前，参考钢箱梁制作时的检验数据，用组合垫板调整下支座顶面高程，与钢箱梁的扭曲值吻合，以使铸钢支座和钢箱梁紧密接触，并满足设计要求，注意区分活动和固定支座，将对应的铸钢支座的上支座与相应的钢箱梁相连。准备好以后，吊装钢箱梁就位，使支座销插入铸钢支座的上支座的销孔中，然后复测钢箱梁顶面高程，合格后吊装外侧钢板梁。

（四）左厂 11#坝段至左导坝段金结安装

左厂 11#坝段～左导坝段（59a～48a）大件有 14.2m、17.1m 和 21.2m 钢箱梁及 14.2m、17.1m 和 21.2m 钢板梁以及 20.5m 钢盖梁、支座和垫梁等组成。主要使用的吊装设备有 2#缆机、5#顶带机 MD2200 和吉林门机 MQ2000。

从左厂 11#坝段向左导坝段端进法安装，先利用 2#缆机和 5#顶带机 MD2200 吊装立柱，然后利用青云公司安装的吉林门机 MQ2000 吊装上部结构（包括钢盖梁、钢垫梁、钢箱梁、钢板梁等）。

1. 安装立柱

立柱分节吊装，从上游向下游侧依次吊装58a C、B、A轴线的立柱，再吊装57a C、B、A轴线的立柱。采用5#顶带机MD2200和其他吊车在空中将立柱吊到垂直状态，再吊装到位。A轴线下节立柱单根重24312kg，用5#顶带机MD2200进行吊装，48a～52a轴线的立柱超过了5#顶带机MD2200的吊装范围，采用2#缆机吊装。立柱就位并带上地脚螺栓后，加固牢靠，调整立柱到设计状态。分节吊装的立柱分节处搭设平台，上节立柱吊装前将能够安装的剪刀撑安装到位。

2. 立柱吊装设备

立柱吊装，以5#顶带机MD2200和2#缆机为主。

3. 吊装上部结构

青云公司负责施工的左厂11#坝段以左部分的高程120m栈桥安装完后，利用其上的吉林门机MQ2000吊装上部结构。59a属青云公司施工的标段，其上的钢垫梁（GDL-1）由本项目部安装，故先吊装59a轴线上的钢垫梁（GDL-1）。

1）58a～57a轴线

青云公司安装的高程120m栈桥上的MQ2000投入使用后，先安排吊装钢盖梁，调整、安装合格后吊装58a轴线上的钢垫梁（GDL-4）和57a轴线上的钢垫梁（GDL-2），待检查检验后装盆式橡胶支座和铸钢支座。其后吊装17.1m和21.2m钢箱梁，安装完毕后，吊装外侧钢板梁，合格后吊装内侧钢板梁。内侧钢板梁，四件分布在横截面上，分左右两部分（每部分2件拼成整体）吊装；合格后，安装两部分之间的连接系，最后吊装钢筋混凝土盖板。

吊装设备以吉林门机MQ2000为主，吊装构件主要有钢盖梁、钢箱梁、钢板梁、钢垫梁、内侧钢板梁、支座和钢筋混凝土盖板。

2）59a～51a轴线

59a～51a轴线与58a～57a轴线结构相同，按同样方案安装。

3）51a～48a轴线

51a～48a轴线与59a～51a结构相似，主要是14.2m的钢箱梁和钢板梁，现场设备为2#缆机，起重量和起重范围不大于59a～51a轴线，可按59a～51a轴线吊装方案实施。

（五）混凝土梁的安装施工技术方案

1. 运输方案

（1）泄22#～右纵1#坝段混凝土梁，由葛洲坝股份有限公司起运公司将混凝土梁从七公司预制厂运至泄洪坝段下游相应部位的空地，于轴线20+122.5（高程45m栈桥轴线为20+123.5）靠近坝体的一侧，应不妨碍高程45m栈桥上的设备正常运行。

（2）泄21#～泄19#坝段混凝土梁，由起运公司将混凝土梁从七公司预制厂运至泄洪坝段下游上海港机MQ2000的吊装范围内相应部位的空地上。

（3）泄18#～泄6#坝段混凝土梁，由起运公司将混凝土梁从七公司预制厂运至泄洪坝段下游KROLL 塔机K1800的吊装范围内相应部位的空地上。对于暂时不能由KROLL

塔机K1800吊装的混凝土梁，卸在泄洪坝段下游相应部位的空地，在轴线20+122.5（高程45m栈桥轴线为20+124.5）靠近坝体的一侧，不妨碍高程45m栈桥上的设备正常运行，安装施工由高程120m栈桥上的高架门机完成。

（4）泄5#～左导墙坝段混凝土梁，由起运公司将混凝土梁从七公司预制厂运至泄洪坝段下游KROLL塔机K1800的吊装范围内。如果卸车时KROLL塔机K1800可以使用，直接将混凝土梁卸在高程120m栈桥桥面上；若卸车时KROLL塔机K1800不能使用，则卸在轴线20+122.5（高程45m栈桥轴线为20+124.5）靠近坝体的一侧，应不妨碍高程45m栈桥上的设备正常运行。条件具备时，使用高程120栈桥上的高架门机实施吊装。

2. 安装前的准备工作

1）分类

（1）检查混凝土梁几何尺寸，确认混凝土梁类型。

（2）每跨有7片混凝土梁，两侧为外梁，只有一侧有隔板；中间5片为内梁，两侧都有隔板。

（3）混凝土梁共3种长度：1a～3a、48a～51a轴线为14.2m梁；3a～48a共45跨，10.0m和11.0m混凝土梁交错分布，10.0m占23跨，11.0m占22跨。在伸缩缝处的混凝土梁一端梁底有不锈钢板，另一端没有，不锈钢板与活动支座（四氟板式橡胶支座）接触。

（4）全面检查板式橡胶支座和四氟板式橡胶支座产品合格证书中有关技术性能指标，符合设计要求时，方可使用。

（5）清理垫石顶面，将水平仪和经纬仪架在导墙上，根据测量队给出的基准点复测相应坝段垫石顶面高程和轴线里程，并以测量队给出的基准点为基准放出混凝土梁安装的地样和支座轴线，在混凝土梁和支座的轴线处作出明显的标记。

2）区位及轴线

（1）混凝土梁轴线从上游到下游依次为：20+55.4、20+57.1、20+58.8、20+60.5、20+62.2、20+63.9、20+65.6，相临轴线相距1.7m。

（2）每片混凝土梁在跨度方向上有两个支座，其轴线距1a～51a导墙纵轴线370mm处。支座具体布置见Ⅰ&ⅡB标段高程120m栈桥梁支座平面布置图（一）、（二），图号为02EⅠ&ⅡB-120桥-ZJ-16、17。

3）控制高程

（1）1a、2a、49a、50a混凝土梁支座下的垫石顶高程为121.04m；

（2）4a～47a混凝土梁支座下的垫石顶高程为121.24m；

（3）3a、48a混凝土梁支座下是钢盖梁，钢盖梁顶面高程为119.586m。

4）允许误差

放样允许误差为：

（1）支座轴线里程相对基准点偏差为±2mm；

（2）垫石顶高程相对基准点偏差为±2mm；

（3）相邻支座轴线平行度≤2mm；

（4）每跨内支座轴线平行度≤3mm。

5）支座安装技术要求

安装前，划分板式橡胶支座和四氟板式橡胶支座的中心线，作上标记。根据“1&2B标段高程120m栈桥支座平面布置图（一）、（二）”（图号：02E1&2B-120桥-ZJ-16、-17）安装板式橡胶支座和四氟板式橡胶支座。安装时，支座要保持清洁，聚四氟乙烯板和不锈钢板不得有刮伤、撞伤。注意区分板式橡胶支座和四氟板式橡胶支座。

板式橡胶支座和四氟板式橡胶支座安装允许偏差为：

（1）支座分中放样偏差≤1mm；

（2）支座轴线相对地样偏差≤1mm；

（3）支座高程相对基准点偏差≤3mm；

（4）同一跨相邻支座相对高差≤3mm；

（5）支座四周边缘高差≤1mm。

清理混凝土梁与支座接触的底面、板式橡胶支座和四氟板式橡胶支座平面，复测板式橡胶支座和四氟板式橡胶支座顶面高程和轴线里程，并在混凝土梁搭接钢板-14×50×220和-14×65×220以及混凝土梁上的连接钢板上放出中心线，打上样冲，作出明显的标记。合格后可以准备吊装混凝土梁。

3. 吊装方案

混凝土梁分为内梁和外梁2种，长度分为10.0m、11.0m、14.2m 3种，均为T形；在腹板中心线上，混凝土梁两端的顶面各设了一个吊环；吊装时，用卡扣和吊环吊装。

1）吊装顺序

吊装顺序为从上游侧向下游侧依次吊装混凝土梁，吊装状态与工作状态相同，仔细安放，使梁就位准确，且与支座密贴；就位不准时，吊起重放，不得用撬棍移动梁体。

（1）吊装上游侧外梁，利用线锤与地样上的轴线检查，当混凝土梁下端轴线与地样偏差大于5mm时，吊起重放。下端轴线合格后，用拉紧器将混凝土梁与上游侧钢箱梁连接，通过拉紧器调整混凝土梁的垂直度；当混凝土梁基本竖直时，用线锤检查混凝土梁上中，继续调整拉紧器直到混凝土梁上中与地样的偏差不大于5mm时，与上游侧钢箱梁连接加固，并在两端设置斜撑，防止梁体倾倒、移动。斜撑的设置不能影响下一根混凝土梁的吊装。

（2）吊装相邻的混凝土梁，就位准确后，调整混凝土梁；调整方法与上游侧外梁相似，但不是与钢箱梁相连，而是与相临先吊装并加固可靠的混凝土梁连接。设置斜撑，并在混凝土梁上翼侧面用钢筋与先吊装合格且加固可靠的混凝土梁相连，加固可靠。

（3）复测合格后，拼装并焊接相邻混凝土梁之间的连接钢板。

相邻混凝土梁之间，通过在混凝土梁有隔板处的上翼侧面和隔板侧面的钢板相连。相邻混凝土梁隔板处的上翼侧面各有一块钢板，每个接头处用2块-14×65×220mm的16Mn钢板与之搭接，安装人员在混凝土梁上拼装此钢板。此钢板的焊缝焊角为14mm，采用J507焊条焊接，焊接人员在混凝土梁上翼板上以平焊位置施焊。

混凝土梁每侧的每个隔板的外侧下部都有 2 块钢板，每个接头处用 4 块-14×50×220mm 的 16Mn 钢板与之搭接。

混凝土梁的隔板分为中间隔板和端隔板。端隔板位于混凝土梁端部 350mm 的地方，其下是导墙、垫石和支座。安装人员站在导墙上拼装此钢板，焊接人员站在导墙上焊接此钢板。焊角 14mm，采用 J507 焊条，全位置焊。

2）隔板安装方法

中间隔板的拼装和焊接有一定的难度，采用以下方法：

（1）在混凝土梁两端是导墙，中间隔板处下方是闸室，在有中间隔板处（10.0m、11.0m 混凝土梁有一个中间隔板，14.2m 混凝土梁有两个中间隔板）的混凝土梁上翼之间有 600mm 间距，但布置有 $\phi16$ 的钢筋，将此钢筋折弯 4 根，在此间隙内放下活动吊篮，施工人员从此间隙处下到吊篮中。

（2）由于空间狭小，吊篮中只能容纳 1 个施工人员，故拼装和点焊均有一人完成。

（3）由焊接技术合格的铆工拼装，一手持搭接钢板拼装，用头戴式面罩，另一手持焊把点焊，合格后，换成焊工，在吊篮中点焊加固，并焊接。

（4）焊角 14mm，采用 J507 焊条，全位置焊；完成后，取出活动吊篮，并恢复折弯的钢筋。

连接钢板拼装中心线允许偏差≤3mm。

依次吊装混凝土梁，直到下游侧外梁吊装完成，下游侧外梁除与相邻混凝土梁连接加固外，还要与下游侧钢箱梁相连加固。

3）安装偏差

混凝土梁安装完成时的允许偏差：

（1）相邻两构件顶面高程为 10mm;

（2）支座平面位置为 5mm;

（3）支座四角边缘高差为 1mm。

4）安装手段

作为安装手段的吊装设备，主要有上海港机 MQ2000、KROLL K1800、ROTEC 塔带机和安装在高程 120m 栈桥上的高架门机可用。

（1）泄 23#坝段混凝土梁、右纵 1#坝段混凝土梁和泄 22#坝段上游侧外梁，使用 ROTEC 1#塔带机或安装在高程 120m 栈桥上的高架门机吊装泄 23#和右纵 1#坝段混凝土梁。上海港机 MQ2000 只能开到泄 21#坝段中部，泄 22#坝段上游侧的一根外梁无法用上海港机 MQ2000 吊装，只能使用 ROTEC 1#塔带机或安装在高程 120m 栈桥上的高架门机吊装。

（2）泄 19#～泄 22#坝段（不含泄 22#上游侧外梁），使用上海港机 MQ2000 或 ROTEC 塔带机吊装此范围内混凝土梁。若安装在高程 120m 栈桥上的高架门机能够使用时，此高架门机亦可作为吊装混凝土梁的备用手段。

（3）若安装泄 22 坝段混凝土梁时，高程 120m 栈桥上的高架门机不能使用，需用 ROTEC 1#塔带机吊装泄 22#坝段上游侧的一根外梁；ROTEC 1#塔带机吊装完泄 22#坝段上游侧的外梁后，其他6根混凝土梁使用上海港机MQ2000依次从上游侧向下游侧吊装。也就是说，安装到上游侧的一根外梁时，只能使用ROTEC 1#塔带机。

（4）泄6#～泄18#坝段的混凝土梁，主要由KROLL K1800和安装在高程120m栈桥上的高架门机实施吊装。

高程120m栈桥上的高架门机轴线位于20+060.5，最大起吊范围为62m，故最远可吊至20+122.5轴线。

（5）泄1#～泄18#坝段的混凝土梁全部卸在相应坝段的轴线20+122.5靠上游侧，高程120m栈桥上的高架门机可全部吊装。

（6）泄5#～左导坝段，由于高程45m栈桥上的高5#和高9#两台高架门机的影响，KROLL K1800不能开到泄5#坝段。此部分混凝土梁先卸在高程45m栈桥下，然后用高5#门机转到98m高程，再用ROTEC 4#塔带机吊装。

4. 其他

由于左厂21.2m跨上游侧有4根钢板梁的位置影响左厂压力钢管的吊装，故此4根钢板梁在约定的工期内未实施安装，相应的桥面也未施工。

（六）高强螺栓安装

1. 高强螺栓现场的保管措施

（1）高强螺栓连接副应在同批内配套使用，由制造厂家按批配套供货，必须提供出厂质量保证书。

（2）高强螺栓在运输、保管过程中，应轻装、轻卸，防止损伤螺纹。

高强螺栓连接副应按包装箱上注明的批次、规格分类保管，室内存放，堆放不宜过高，防止生锈和沾染脏物。

（3）在使用前严禁任意开箱。

（4）在工地安装时，应按当天高强螺栓连接副需要使用的数量领取；当天安装剩余的必须妥善保管，不得乱扔、乱放。

（5）安装过程中，不得碰伤螺纹及沾染脏物，以防扭矩系数发生变化。

2. 高强螺栓抗滑移试验及扭矩扳手校准

（1）高强螺栓摩擦面的抗滑移系数应按KGJ82－91第3.3.2条规定进行检验。

（2）扭矩扳手校准后的误差不得大于±5%，合格后方准使用。

（七）接地工程

高程120m栈桥的接地主要分为两部分，一部分为栈桥钢轨间的接地连接线，相邻钢轨间的连接采用纵向连接卡；相平行的两列钢轨间每隔40m引40×4mm镀锌扁钢相连接。纵向连接卡采用40×4mm镀锌扁钢制作，成Ω形，平均每个纵向连接卡高2cm、长40cm。纵向连接卡施工一方面要保证钢轨间的柔性连接；另一方面要不影响高架门机的正常行走，施工中按设计完全达到了上述要求。另一部分为接地装置引出线，通过设计、监理、施工单位现场勘察，采用大坝接地，分别从泄1#坝段、23#坝段、15#坝段左右两侧共引4根大坝接地装置，引出线与高程120m栈桥相连接。

接地施工完成后，按国家规程规范要求，采用 ZJ-18 型号的接地摇表测试的接地电阻为 1.2Ω，符合设计要求。

七、栈桥土建工程施工实践

（一）预制构件施工

1. 预制构件的工艺流程

预制构件主要施工工艺流程：见图 8－7－1。

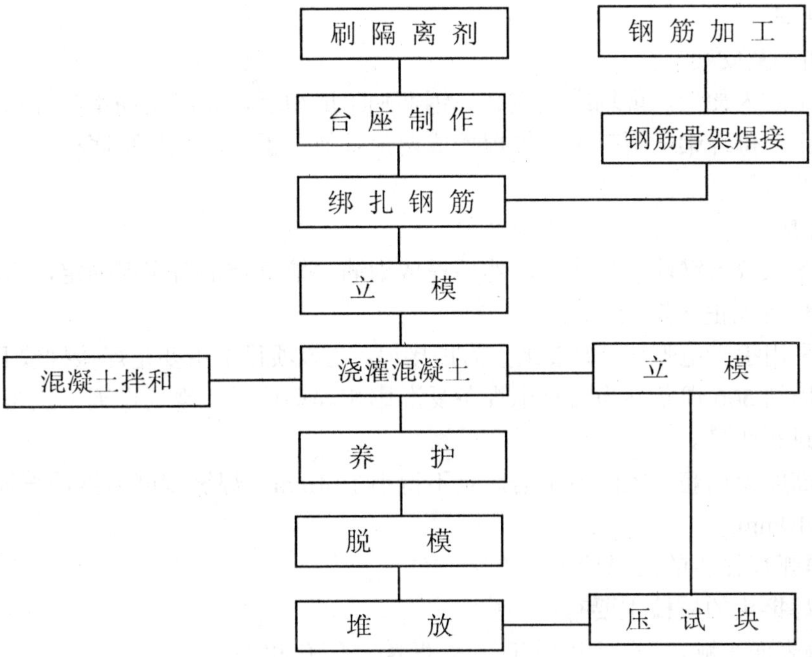

图 8－7－1　预制构件主要施工工艺流程图

2. 模板及台座制作

1）T 形梁模板

T 形梁底模在预制件加工厂混凝土地坪上铺设，先用两条 10cm×10cm 的木方沿 T 形梁长度方向架设，木方分别用抓钉固定在混凝土地坪上的分缝木条上，两条木方外边距小于 T 形梁底面宽度，并在木方上每隔 50cm 设置一道 10cm×10cm 木制横隔栅，顶面铺 5cm 厚木板，木板与梁底面同宽，铺设木板前后要分别测量隔栅和木板面的相对高程，保证板面水平，其误差不得大于 2mm，最后在木板上铺设 4mm 厚的钢板作为底模。

侧模板共制作 8 套，分别为 10m 梁和 11m 梁各 3 套，14m 梁 2 套。10m 梁和 11m 梁模板为钢结构，14.2m 梁为木结构，内覆 4mm 厚钢板，模板内面应涂刷脱模剂。

2）预制板模板

预制件加工区混凝土地坪浇筑时严格按照相关规范施工，其平整度满足规范要求，可直接作为预制板混凝土浇筑平台。

预制板高度有25cm、50和58cm三种，长度均为248cm，B-1和B-1′预制数量各为180块，其余数量较少。预制板分规格先后浇筑，不同规格的预制板的模板稍做改造即可通用。故先各做三套B-1和B-1′型号板的模板，待浇筑完这两种规格的板后再改造模板。预制板的模板均采用定型钢模板，主要用槽钢在外侧加工成桁架梁形式。

现浇混凝土板GBL-6、7的钢筋加工在综合厂内加工，用平板车运至现场绑扎。底模采用组合钢模板及木模板，侧模采用木模板。混凝土浇筑租用厂坝项目部布置在泄洪与左厂坝段的门塔机入仓。

3. 钢筋制安

1）钢筋加工及安装

钢筋在加工厂内加工，现场绑扎安装。钢筋加工成型后，先将主筋用自卸汽车运至焊接加工场加工，每片梁和所有主筋均焊接成两片骨架，手用门机吊至底模上，然后临时固定后再绑扎成型。

2）钢筋焊接

先按设计图纸放出钢筋骨架大样，然后摆放钢筋、检查合格后点焊固定，再吊离放样台，在焊接平台上正式焊接。

钢筋焊接采用手工电弧焊，焊接接头为搭接焊。在该项目中主要是焊接螺纹Ⅱ级钢，因此电焊条选用结506焊条。为防止电焊条受潮影响焊接质量，现场设置了烘烤炉，在电焊条使用前进行烘烤。

钢筋焊缝高度为钢筋直径的0.3倍，且不得小于4mm；焊缝宽度为钢筋直径的0.7倍，且不小于10mm。

3）钢筋电弧焊接头的质量检验

钢筋电孤焊接头的质检主要有：

（1）焊缝表面平顺，没有明显的咬边、凹陷、气孔和裂缝。

（2）用小锤敲击接头时，应发出清脆声。

（3）焊接尺寸偏差及缺陷不得超过规范允许值。

4）强度检验

在每次改变钢筋的类别、直径、焊条牌号或调换焊工时，特别是在操作条件、参数改变时，施焊前要制作两个抗拉试件。当试验结果大于或等于该类钢筋的抗拉强度时，才允许正式施焊。

必要时还要从成品中抽取试件进行抗拉试验，结果要求：

（1）三个试件的抗拉强度均不得低于该钢筋级别的规定抗拉强度值；

（2）至少两个试件呈塑性断裂。

4. 预制构件混凝土施工

1）混凝土试验

混凝土配合比的试配由葛洲坝股份有限公司中心试验室在混凝土浇筑前完成，并取得试配成果，在混凝土拌和时严格按配料单下料，控制混凝土坍落度。浇筑过程中坚持每仓做两组试块，并做好混凝土浇筑记录。

2）混凝土浇筑

混凝土浇筑前，对全部模板和钢筋施工碎屑和其他附着物进行清除，模板缝隙填塞严密，模板内面涂刷脱模剂，并经监理工程师检查批准后方进行浇筑。

每根梁分三层全断面浇筑，采用插入式振捣器进行混凝土的振捣，振动棒要快插慢抽，其移动距离不大于振动器作用半径的 1.5 倍，振捣时与侧模保持 5～10cm 的距离，且插入下层混凝土 5～10cm。为保证梁表面光滑、减少表面气泡，在模板上安装了一排附着式振捣器，间隔 1.5m，在每层混凝土用插入式振捣器振捣后，再开启附着振捣器进行辅助振捣。预制板只用插入式振捣器进行混凝土的振捣。

3）预制构件养护

混凝土浇筑完且初凝后，在每根梁顶面安装一根带小孔的塑料管，每天 24 小时喷水养护，并用麻袋覆盖。待混凝土强度达到设计的 80%后，用门机吊入存梁区洒水养护。冬天施工时，采用保温棚保温。

（二）垫石施工

1. 施工程序

施工程序为：测量放样→底层油毡铺设→钢筋绑扎→吊环安装→模板、样架安装→样架校核→冲洗→验收签证→混凝土浇筑→测量校核→误差校正→验收。

2. 施工方法

主要施工方法：钢箱梁支座是与主体混凝土整体浇筑，其余垫石施工均是在各表孔墩墙上现浇，其底部铺油毡与主体混凝土隔开，采用整体立模、整体浇筑的方式施工，相邻垫石之间设沥青杉板隔开。吊环采用 ϕ28 的圆钢在加工厂内加工成型，安装好后点焊在垫石钢筋上固定。

3. 质量控制

整个施工过程均严格按照相关设计图纸、设计通知及有关技术规范要求进行控制。模板采用 P3015 型散装钢模板和定型木模板，混凝土采用吊罐直接入仓、ϕ50 软管振捣器振捣的方式施工。混凝土初凝后，由测量队对垫石顶部高程进行校核检查，然后根据测量检查情况，采用角磨机打磨或用预缩砂浆找平的方法对误差进行校正，按照正负误差在 5mm 以内、平整度在 3mm 以内来控制，符合要求并验收合格后进行 T 形梁的吊装。

（三）栈桥桥柱基础二期混凝土施工

高程 120m 栈桥 A、B、C 三条纵轴共有 30 根钢立柱（即 A1～A10、B1～B10、C1～C10，泄 $23^{\#}$、$1^{\#}$坝段各 3 根，左厂坝段 24 根），其与混凝土基础面设计空隙高度为 40mm，在立柱安装调整完毕后需回填 C40 细石混凝土。A、B、C 柱底板平面尺寸分别为 1860×1280、1560×1280、1860×1280（mm×mm），均开有 4 个 ϕ50 排气孔。

泄洪坝段 A、B 轴立柱基面顶高程为 105.0m，C 轴立柱基础顶高程为 111.9m；左厂坝段 A、B、C 柱基础顶高程分别为 89.5m、99.0m、108.4m，位于左厂 $11^{\#}$～$14^{\#}$钢管坝段压力钢管预留槽墩墙顶面和左厂 14#-2#坝段下游坝面，基础预留平台平面尺寸分别为 430×272（mm×mm）和 300×281（mm×mm）。目前已安装 18 根，其中泄洪 23#坝段 3 根，空隙 δ=10～40mm；左厂 11#～13#坝段 15 根，空隙 δ >100mm。

1. 施工材料选择

根据高程 45m 栈桥施工所取得的经验，回填施工材料为：

（1）对于空隙 δ>25mm，采用 C40 细石混凝土回填，用 ϕ25 软轴振捣器振捣密实；立柱还未安装的基础顶面高程大于设计高程 25mm 时，将其混凝土基础面凿低至 δ>40mm。

（2）对于空隙 δ<25mm，采用北京纽维逊建筑技术有限公司生产的 CGM 高强无收缩灌浆材料回填。

2. 施工材料配合比

（1）C40 细石混凝土施工配合比及试验成果见表 8－7－1。

表 8－7－1　　C40 细石混凝土施工配合比及试验成果表

W/C	砂率（%）	用量（kg/m³）				坍落度（cm）
		水	水泥	河砂	<1cm 卵石	
0.35	45	18	529	746	940	5～7

（2）试验成果见表 8－7－2。

表 8－7－2　　试验成果表

W/C	用水量（kg/m³）	砂率（%）	坍落度（cm）	6d 抗压强度（MPa）
0.38	180	45	2.1	28.9

（3）CGM 高强无收缩灌浆材料，详见产品说明书。

3. 交通及施工平台

1）交通爬梯施工

在左厂每个实体坝段下游坝面上搭设两道交通梯，并利用左厂 14#～1#坝段踏步作为施工交通设施，采用 ϕ48 钢管，与预埋锚筋焊接固定，两侧设扶手，搭设高程为浇筑仓面至高程 82.0m 平台。

2）施工平台施工

在左厂实体坝段坝后斜面上高程 108.4m、高程 99.0m 及高程 89.5m 处搭设三处平台，宽 1.5m。将斜面上预埋锚筋弯向上，插入 ϕ48 钢管作为主撑（与锚筋点焊），间距 1.0～1.2m；主撑之间用 ϕ48 钢管联结作三道纵向水平撑（其中一道作为平台栏杆）和剪刀撑。横向水平支撑上游端插入预埋锚筋并与锚筋点焊，下游端用碗扣与纵向撑联结（间距 1.0～1.2m），铺上竹跳板作为工作平台。再用 ϕ20 钢筋联结预埋锚筋和纵向水平撑加固，与预埋锚筋接连采用焊接方式，与纵向水平撑的连接采用弯勾形式并点焊，且与纵向水平撑保持垂直。

4. 施工工艺

1）C40细石混凝土工艺

（1）C40细石混凝土回填施工前，先将立柱底部的组合钢垫板焊牢，基础面冲洗干净。

（2）立柱安装到位后，空隙 δ>25mm 回填施工时，先在离柱底40cm距离的三边框上模板，模板高度高出空隙高度20mm。浇筑时预埋 ϕ25 软轴振捣器，从下游侧采用特制送料铲单向进料，先内后外端退法浇筑，直到浇满柱底，最后封口。

（3）在浇筑过程中，用木锤敲击柱脚钢板，同时观察柱脚钢板的排气孔被混凝土封盖为止，保证充填密实。

2）CGM灌浆工艺

（1）施工准备。将柱底基础表面清理干净，模板与基础、模板与模板间的接缝处用水泥砂浆、胶带等勾缝，模板与立柱底板之间的距离大于200mm，模板顶部应高出空隙高度50mm。

（2）浆液在浇筑仓面搅拌，用皮管送至施工平台。

（3）灌浆时从一侧进浆，至另一侧溢出为止，不得从对侧同时进浆。灌浆应连续进行，不得间断，并尽可能缩短灌浆时间，在灌浆过程中不得扰动。

（4）灌浆结束后，立即喷洒养护剂或覆盖塑料薄膜，并加盖草袋。

（四）湿接缝施工

1. 钢筋和模板

T形梁吊装完成后，先在梁间缝下挂吊模，吊模采用木模板，按照连接预制梁间二期混凝土的结构尺寸设计，安装好后用铁丝将模板固定在T形梁翼缘端头外露钢筋上。吊模安装固定好后进行湿接缝混凝土中的钢筋安装，先将 ϕ16 的钢筋弯曲搭接10天焊好后与两侧的两片翼缘钢筋焊接在一起，然后安装 ϕ12 的纵向钢筋。纵向钢筋通过割断梁端部分环形钢筋从梁端穿入进行绑扎安装，最后冲洗干净验收合格后进行混凝土浇筑。冲洗采用高压水冲洗，人工配合掏渣。

2. 混凝土浇筑

湿接缝混凝土为C40一级料，采用吊罐直接下料、人工配合摊匀的方式入仓，振捣采用 ϕ50 软管振捣器，浇筑时每间隔1m预埋锚筋以便固定金属扩张网和预留孔洞、伸缩缝的金结埋件。混凝土收仓后，按照混凝土水平施工缝的处理要求，采用冲毛枪冲毛，高压水冲洗，局部已凝固的灰浆由人工凿除。

（五）桥面铺装层施工

1. 桥面铺装层施工平面布置

桥面铺装跟进T形梁安装施工，分六个施工段浇筑。泄23#坝段至左导墙坝段混凝土浇筑垂直运输手段分别利用栈桥上安装的MQ2000、STDQ1800/60门机及KROLL1800塔机；左厂坝段混凝土浇筑使用业主布置在左厂坝段的门塔机。

2. **钢纤维混凝土配合比设计**

桥面铺装层混凝土配合比设计，应满足设计要求的抗压强度。影响配合比的主要因素是钢纤维掺量、砂率和水灰比，应根据规范要求，按经济合理的原则选用。配合比详见三建技函〔2001〕第142号“关于《高程120栈桥桥面CF50钢纤维混凝土配合比及钢纤维对比试验报告》的函”和第172号关于《钢纤维混凝土现场试验成果报告》。

3. **二期混凝土浇筑前的准备**

根据桥面行车道，分幅按上、下游分块进行施工。模板采用长木条和∠100角钢，安装好后与支撑在预埋锚筋上的撑子固定，上口与路面平齐，立模时按照设计图纸用方木块将路面排水管孔留出。各预留孔洞、伸缩缝的金结埋件按照设计图纸或设计通知进行安装并固定在预留锚筋上；在所有不留伸缩缝的梁连接轴线处安装U形锌铁皮，并在U形槽内灌填沥青；测量队对测量放样进行控制，混凝土浇筑前在施工缝已浇混凝土缝面上由人工涂刷两道沥青。

4. **混凝土拌和**

为了使钢纤维在混凝土中分布均匀，施工中不结团，混凝土拌制时必须掌握投料顺序、掺拌方法和时间，这是有别于普通混凝土的关键工艺，也是保证施工质量的重要环节。经反复实践：

（1）必须采用强制式掺拌机，以采用先干拌后混拌的方法为宜。

（2）投料顺序为：碎石→1/2钢纤维干拌1分钟→砂→1/2钢纤维干拌1分钟→加水和减水剂水溶液湿拌1.5分钟。

（3）钢纤维在使用前开袋抖散开，切不可成堆倒入。

（4）严格控制拌和时间，搅拌好的混凝土应是纤维均匀分散在整个混凝土拌和物中，无黏团和集结现象。

5. **混凝土浇筑**

（1）施工程序。施工放样→立模→运送混凝土入仓→平仓振捣→抹面→路面拉毛→拆模→养护→切缝。

（2）混凝土运输。桥面铺装层采用CF50钢纤维混凝土浇筑形成。拌制好的钢纤维混凝土由自卸汽车运输至指定位置，从吊罐下入小型机动翻斗车内，再由翻斗车运送到浇筑部位后由人工摊铺。

（3）摊铺。由人工用铁锹将混凝土大致铺平均匀，不抛掷，避免混凝土拌和物的离析；对在摊铺过程出现的结团、骨料集中等现象及时进行处理，分层摊铺；第一层厚度为2/3的浇筑高度，铺平后在其上铺金属扩张网（型号为TMD3030）；金属扩张网的铺设作到平整无起伏并与预埋锚筋固定，扩张网搭接处采用铁丝绑扎；金属扩张网铺设好后摊铺第二层混凝土，铺平后进行压实振捣。

（4）振捣。大面积采用平板振捣器振捣，边角部位用Φ50软管振捣器振捣，再用钢滚筒振动行夯滚压，待混凝土表面无泌水时，用圆盘式抹光机抹平。

（5）防滑处理。采用拉毛板拉毛或压槽磙压槽，拉毛板板面保持光滑亮泽，拉毛时控制拉毛板缓慢连续移动，一气呵成。

（6）养护。采用覆盖草包按时浇水的方式进行养护。

（六）120 栈桥桥柱基础化灌施工

左厂 11#～14#坝段 A、B、C 桥柱基座布置在坝段下游侧斜坡面上，高程分别为 89.5m、99.0m、108.4m，共 40 个；其中泄洪坝段有 6 个，高程分别为 105.0m、105.0m、111.9m。基座脱空空隙一般为 10～170mm，采用 CGM-2 高强无收缩灌浆材料进行处理；共完成 CGM-2 浆液 13189.59L。

1. 主要施工程序

化灌施工程序为：施工准备→混凝土打毛→立模→冲洗→攒干积水→浆液配置→灌浆→养护。

2. 灌浆施工实践

混凝土面打毛后用高压水冲洗干净，并用棉纱攒干积水，立模模框周边尺寸大于基座 20cm，模框高出基座 3～5cm；采用 CGM-2 高强无收缩灌浆材料，其容重为 $2.4t/m^3$，自重法灌入；在桥上将浆液配好后，用橡皮管直接灌入桩基，掺水量按 CGM-2 重量的 12.5% 加入进行配置，浆液的流动度为 283～286mm，浆液比重为 2.077。灌浆材料为人工搅拌，每次拌 50kg；先加入 CGM-2 溶液重量 2/3 的水搅拌 2～3 分钟，再将剩余的水加入搅拌均匀后使用，每个基座的灌浆时间均在 60 分钟内连续灌注完成；CGM-2 灌浆材料一般灌至高出基座脱空空隙顶面 3～5cm，灌浆结束后派专人用保温袋加盖保持湿润，并洒水养护 7 天。拆模后检查其表面光滑、密实，确保质量符合设计要求。

（七）载荷试验

根据长三监理Ⅰ&Ⅱ标〔2002〕第 121 号会议纪要的要求，左厂 11#～右纵 1#坝段，高程 120m 施工栈桥不做整桥载荷试验。

八、关键部位和重要结构的优化检验

由于高程 120m 栈桥施工工期紧、荷载大、运行工况复杂，设计和施工过程中对原拟定方案中的许多关键部位和重要结构结合技术可实现性、加快施工进度、降低造价的合同目标分别进行了 100 多项试验、对比试验和优化试验。考虑到一些试验和优化过程涉及合同技术和商务细节，不便详细罗列、表述，下面仅总结经优化变更的栈桥预制混凝土梁施工配合比、栈桥钢筋混凝土 T 梁荷载试验和栈桥桥面钢纤维混凝土配合比及钢纤维对比试验及结构与材料的优化优选实践过程。

（一）预制梁混凝土配合比优化试验

根据葛洲坝股份有限公司三峡建设承包公司工程技字〔2000〕第 304 号文“关于进行 120 栈桥混凝土配合比试验”的要求，为减少合同施工成本，节约施工建筑材料，试验中心对 120 栈桥预制梁混凝土又进行了配合比优化试验。本次试验以优化前的施工配合比为基础，通过掺加缓凝高效减水剂来达到优化施工配合比的目的。优化试验结果如下。

1. 试验材料

配合比试验材料参见表 8－8－1。

表 8－8－1　　120 栈桥预制梁混凝土配合比试验材料表

部位	混凝土种类	骨料种类	水泥	外加剂	粉煤灰
预制梁	C25/二	下岸溪人工碎石及人工砂	中热 525#	缓凝高效减水剂 JG-3	无
	C30/二				
	C40/二				

2. 试验成果

根据表 8－8－1 中混凝土配合比技术参数，试验中心选用葛洲坝水泥厂中热 525#水泥、下岸溪人工砂及人工碎石进行配合比试验，粗骨料比例选用小石：中石=45%：55%。试验成果见表 8－8－2。

表 8－8－2　　预制梁混凝土配合比优化试验成果表

部位	设计标号	水泥品种	水胶比	单位用水量（kg）	砂率（%）	JG-3 溶液（kg/m^3）	坍落度（cm）	抗压强度（Mpa）		28d 劈拉强度（MPa）
								7d	28d	
预制梁	C25	中热 525#	0.55	127	38	13.86	3.2	21.3	31.0	2.04
	C30		0.48	125	36	15.60	3.0	21.0	35.3	2.34
	C40		0.38	117	34	18.48	4.1	34.4	48.4	2.75

注：JG-3 掺量为胶凝材料的 0.6%，溶液浓度为 10%；本试验均采用二级配。

3. 配合比参数选定

根据表 8－8－2 的试验成果得出强度与水胶比关系公式为：f=21.768c/w－9.1707。

按强度保证率为 95%确定配合比，具体情况参见表 8－8－3。

表 8－8－3　　混凝土配合比参数选定表

强度与水胶比关系公式	混凝土设计强度 $f_{cu.k}$（MPa）	强度保证率（95%）系数 t	标准差 σ（MPa）	混凝土配制强度 $f_{cu.0}$（MPa）	配合比参数			
					计算水胶比	选定水胶比	单位用水量（kg）	砂率（%）
f=21.768c/w－9.1707（r=0.9927）	25	1.645	5.0	33.2	0.51	0.50	127	38
	30		5.0	38.2	0.45	0.45	125	36
	40		5.5	49.1	0.37	0.36	117	34

注：$f_{cu.0}=f_{cu.k}+t\sigma$

4. 施工配合比

根据表 8－8－1 的原材料条件、表 8－8－2 的试验成果和表 8－8－3 的配合比参数，经计算优化后的施工配合比如下表 8－8－4。

表 8－8－4　　　　120 栈桥预制梁混凝土施工配合比优化表

部位	设计标号	水泥品种	配合比参数			每方材料用量（kg）					
			水胶比	W（kg）	砂率（%）	水	水泥	人工砂	碎石（mm）5～20	碎石（mm）20～40	JG-3 溶液（浓度 10%）
预制案	C25/二	中热 525#	0.50	127	38	127	254	788	594	726	15.24
预制案	C30/二	中热 525#	0.45	125	36	125	278	742	609	744	16.68
预制案	C40/二	中热 525#	0.36	117	34	117	325	694	622	761	19.50

需要说明的是：

（1）本配合比用砂细度模数为 2.8，当砂细度模数发生变化时，相应调整砂率；

（2）本配合比实际用水量应扣除外加剂溶液用量；

（3）机口坍落度按 3～5cm 控制；

（4）JG-3 的掺量为胶凝材料的 0.6%。

比较优化后的施工配合比（掺加了缓凝高效减水剂）和未经优化的施工配合比（未掺缓凝高效减水剂），可以看出，掺加了缓凝高效减水剂后，用水量平均每方减少了 45.7kg，水泥用量平均每方减少了 81.3kg。因此，经优化后施工配合比不仅可减少单位用水量，而且能大幅度降低水泥用量，从而优化了混凝土原材料施工成本，能节省投资数百万元。

（二）栈桥钢筋混凝土 T 梁荷载检测试验

三峡工程高程 120m 栈桥采用混合结构：左厂坝段上部结构采用全钢结构方案；泄洪坝段及右纵、左导坝段上部结构，起重机梁为钢箱梁，起重机梁外侧为钢板梁，中间汽车梁为普通钢筋混凝土 T 梁。T 梁跨度分为 10m、11m 及 14.2m，梁高度分别为 1.10m、1.10m 和 1.30m，设计混凝土抗压强度 R_{28}=40MPa。为保证栈桥的安装、运行安全可靠，检测施工质量，验证设计，根据葛洲坝集团三峡指挥部的要求，葛洲坝水利水电工程集团公司试验中心对三峡Ⅰ&ⅡB 标段高程 120m 栈桥普通钢筋混凝土 T 梁进行了静荷载优化试验。

1．试验要求

按照长三峡局 120 桥Ⅰ&ⅡB(2001)第 001 号《三峡水利枢纽Ⅰ&ⅡB 标段高程 120m 栈桥钢筋混凝土 T 梁荷载试验检测大纲》的文件要求，其试验数量、试验内容、试验设计荷载及评定标准如下：

1）试验数量

（1）L=10m、L=11m 梁任取一根（取第一根预制梁）；

（2）L=14.2m 梁（取第一根预制梁）。

2）试验内容

（1）梁跨中正弯矩截面的全截面应力分析；

（2）支座处梁腹板剪应力检测；

（3）跨中截面的挠度检测；

（4）梁端转角位移检测；

（5）对试验时梁体出现的裂纹进行观测。

3）试验设计荷载

对于 L=10m 的 T 梁最大荷载 P=179.60kN；对于 L=14.2m 的 T 梁最大荷载 P=182.72kN。测点及荷载布置示意图见图 8－8－1。

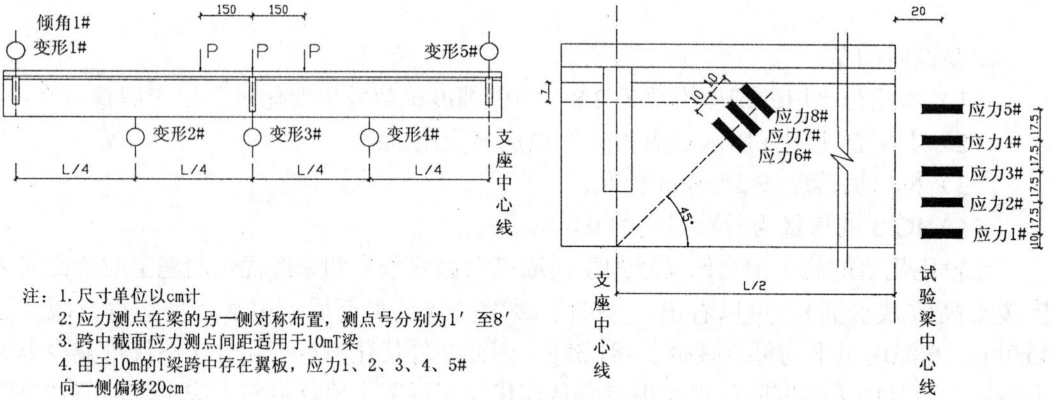

图 8－8－1　测点及荷载布置示意图

4）试验评定标准

每次加载后，均应仔细检查梁体下翼缘有无裂缝出现，并测量挠度变化。当梁体承受最大控制荷载，并持荷 20 分钟未出现裂纹，且梁体在静载作用下的挠度与计算跨度之比不超过 1/600，则试验梁体合格。在某级荷载下，裂缝在下翼缘底部边角或底面出现，增加一级荷载后，即有展宽或伸长现象，或在上述部位又有新裂缝出现，即认为在某级荷载下，梁体已开裂。

2. 试验方案

按照《三峡水利枢纽Ⅰ&ⅡB 标段高程 120m 栈桥钢筋混凝土 T 梁荷载试验检测大纲》的要求，试验中心拟定了现场试验大纲，并报监理部批准。批准后的试验方案如下：

1）试验采用规范

本试验方法参照《混凝土结构试验方法标准》（B50152－92）

2）加载方式

（1）加载采用千斤顶施加，通过传感器用 DH3816 静态应变测量系统来监测，如图 8－8－1 的加载示意图所示。

（2）加载时先按设计荷载（P）的 25%对试验梁进行预压，并检查仪器设备的灵敏性、重复性，待稳定后再按设计要求分级加载：0→0.25P→0.5P→0.6P→0.8P→0.85P→

0.9*P*→0.95*P*→1.0*P*→逐渐卸载至 0。加荷速度小于 3kN/s，每级加载 5 分钟后测读各仪表的读数，同时检查裂缝情况；在 1.0*P* 荷载下稳压 20 分钟测读一次数据。

3）测试系统

（1）应力测量采用粘贴电阻应变片通过 DH3816 静态应变测量系统测取混凝土应变，然后换算为应力，C40 的混凝土弹模取 $E=3.3\times10^4$MPa。

（2）挠度采用应变式位移计来测量，位移计的分辨力为 0.01mm。

（3）梁端转角位移通过倾角仪进行检测，倾角仪的分辨力为 15″。

（4）梁体裂缝宽度采用放大镜和读数显微镜来测量，读数显微镜的分辨力为 0.01mm。

4）测点布置

试验加载时，共布置 5 个变形测点和 16 个应力测点。T 梁的变形测点：在梁底的 *L*/4、*L*/2、3*L*/4 处各布置一个位移计，两端支座处各布置一个位移计；应力测点：在梁侧面跨中处粘贴应变片，均对称布置，从梁侧顶面到底面共粘贴 5 片应变片进行全截面应力检测。对于 10m 梁应变片的间距为 17.5cm；14.2m 梁应变片的间距为 22.5cm。在支座处梁腹板（45° 方向）粘贴 3 片应变片进行剪应力检测。原试验方案在翼缘处布置应变测点，因该处有连接钢筋，监理部不同意割掉该处的钢筋，故应变测点全部布置在翼缘以下，测点具体位置见图 8－8－1。

3. 现场试验情况

本次试验从 2001 年 4 月 10 日开始，试验在葛洲坝股份有限公司七公司三峡预制厂进行，为保证试验顺利进行而专门选择了一块试验场地。试验期间环境气候良好，为确保试验结果准确、可靠，实施中严格遵照试验规范对试验梁测试区进行画线、打磨、清洗、粘贴应变片、仪器的安装、连接和调试。在各方的协调、配合下，于 4 月 14 日顺利结束。

4. 试验成果及分析

1）梁跨中正弯矩截面的全截面应力

梁跨中全截面应力是通过 1#～5#电阻应变片来测量应变，然后换算成应力。由于现场试验时 *L*=10m 和 *L*=14.2m 两根梁都在第 2 级 0.5*P* 时产生裂纹，使得 T 梁在第 2 级后的应力应变已不在弹性范围内，即应力已不满足 $\sigma=E\times\varepsilon$，故仅提供全截面应变以供参考。

从表 8－8－5、表 8－8－6 和图 8－8－2、图 8－8－3 可以看出：

（1）两根 T 梁全截面应变随着荷载的增加而逐步增大，从应变 1～应变 5 的结果可以明显看出这一规律，应变 5 由于靠近梁体受压区，应变变化虽不明显，但也有这个趋势。

（2）梁体从下到上应变逐渐减小，应变 5 已接近中和轴区域。

（3）10m T 梁应变 1 和应变 2 处均有裂缝产生，由于应变 1 处的裂缝退荷后未能完全闭合，该处有比较大的残余应变；14.2m T 梁应变 1、应变 2 和应变 3 等处均有裂缝产生，退荷后应变 1 和应变 2 处也有比较大的残余应变。

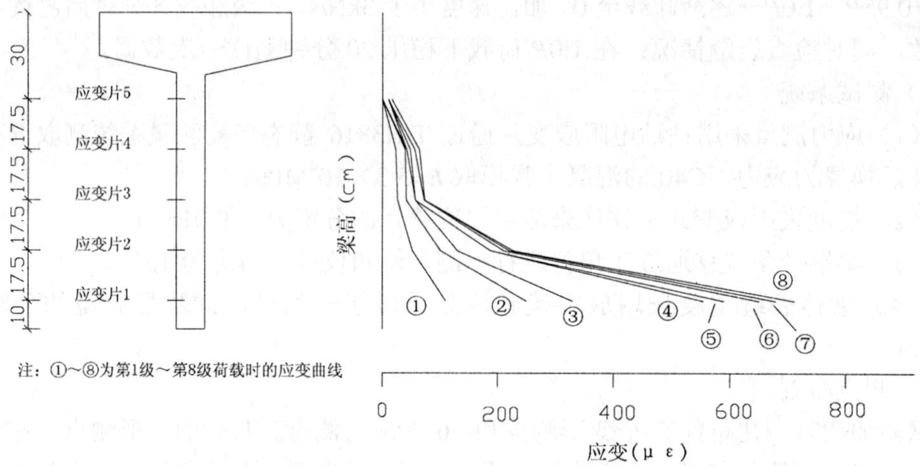

图 8—8—2 10m T架全截面应变图

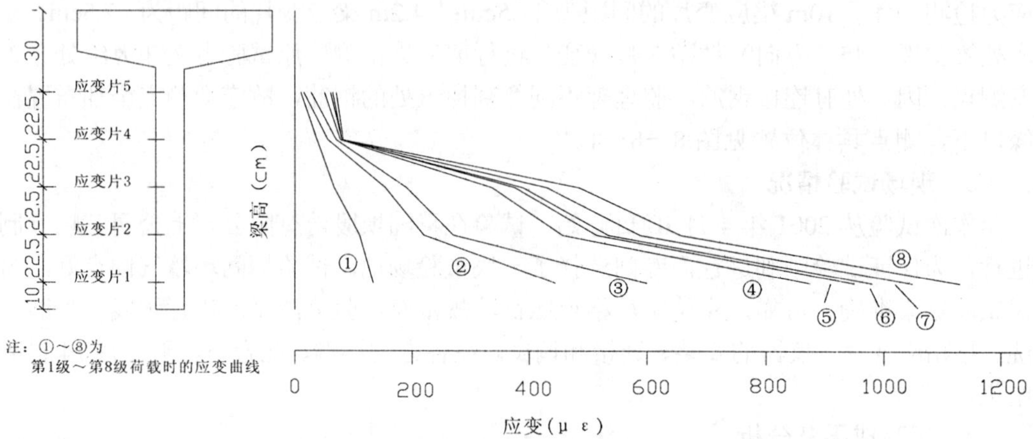

图 8—8—3 14m T架全截面应变图

表 8—8—5　　10m T梁跨中全截面应变

试验状态	温度（℃）	荷载（kN）	跨中全截面应变（με）				
			应变 1	应变 2	应变 3	应变 4	应变 5
零荷载	23.5	0	0	0	0	0	0
第 1 级（0.25*P*）	24	47.7	109	52	26	23	4
第 2 级（0.5*P*）	24.5	90.2	250	100	43	39	4
第 3 级（0.6*P*）	24.5	107.5	330	130	55	48	9
第 4 级（0.8*P*）	25	145.0	554	187	67	53	14
第 5 级（0.85*P*）	24	153.6	589	188	57	42	-1
第 6 级（0.9*P*）	23.5	166.1	649	211	72	56	10
第 7 级（0.95*P*）	23.5	172.2	679	221	74	63	16
第 8 级（1.0*P*）	22	179.6	713	228	73	64	16
持荷 20 分钟后	22	179.6	712	229	72	66	17
零荷载	22	0	98	3	-6	-7	-8

表 8—8—6　　14.2m T 梁跨中全截面应变

试验状态	温度（℃）	荷载（kN）	跨中全截面应变（με）				
			应变 1	应变 2	应变 3	应变 4	应变 5
零荷载	24	0	0	0	0	0	0
第 1 级（0.25*P*）	24	46.9	134	110	68	37	11
第 2 级（0.5*P*）	24	91.8	445	220	154	56	15
第三级（0.6*P*）	24.5	110.8	598	273	193	71	27
第四级（0.8*P*）	24.5	146.8	875	457	335	105	58
第五级（0.85*P*）	24.5	156.7	951	516	377	91	64
第六级（0.9*P*）	25	164.2	981	535	389	77	53
第七级（0.95*P*）	25	173.3	1049	588	430	80	60
第八级（1.0*P*）	25	182.7	1125	649	479	86	73
持荷 20 分钟后	25	181.8	1131	657	485	82	71
零荷载	24.5	0	484	180	22	20	17

2）支座处梁腹板剪应力

支座处梁腹板剪应力则比较均匀，两根梁基本都在 1.6MPa 左右，试验成果见表 8—8—7。

表 8—8—7　　支座处梁腹板剪应力

梁长（m）	梁编号	龄期（天）	混凝土 28 天抗压强度（MPa）	支座处梁腹板剪应力（MPa）		
				应变 6	应变 7	应变 8
10	10-01	95	41.6	1.65	1.65	1.66
14.2	14H-01	83	46.6	1.50	1.40	1.50

3）跨中挠度及梁端转角

从表 8—8—8、图 8—8—4～图 8—8—8 可以看出：

表 8—8—8　　跨中挠度及梁端转角

试验状态	10m T 梁				14m T 梁			
	温度（℃）	荷载（kN）	跨中挠度（mm）	转角（′）	温度（℃）	荷载（kN）	跨中挠度（mm）	转角（′）
零荷载	23.5	0	0	0	24	0	0	0
第 1 级（0.25*P*）	24	47.7	1.39	0	23	46.9	2.38	0.5
第 2 级（0.5*P*）	24.5	90.2	2.97	0.5	24	91.8	6.18	3.7
第 3 级（0.6*P*）	24.5	107.5	3.74	1.0	24.5	110.8	7.93	4.2
第 4 级（0.8*P*）	25	145.0	5.99	3.4	24.5	146.8	11.4	6.6
第 5 级（0.85*P*）	24	153.6	6.66	4.5	24.5	156.7	12.53	7.3
第 6 级（0.9*P*）	23.5	166.1	7.34	5.5	25	164.2	13.15	7.9
第 7 级（0.95*P*）	23.5	172.2	7.75	6.6	25	173.3	14.09	8.4
第 8 级（1.0*P*）	22	179.6	8.25	7.1	25	182.7	15.01	8.9
持荷 20 分钟后	22	179.6	8.30	7.1	25	181.8	15.16	9.7
回零	22	0	1.48	1.6	24.5	0	2.52	0

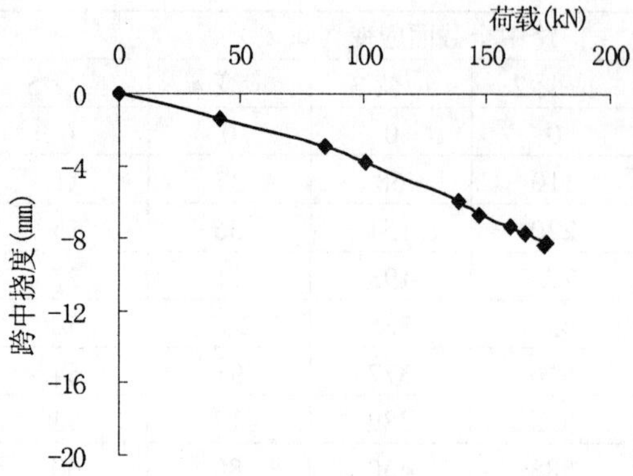

图 8—8—4　10m T 梁荷载-跨中挠度曲线

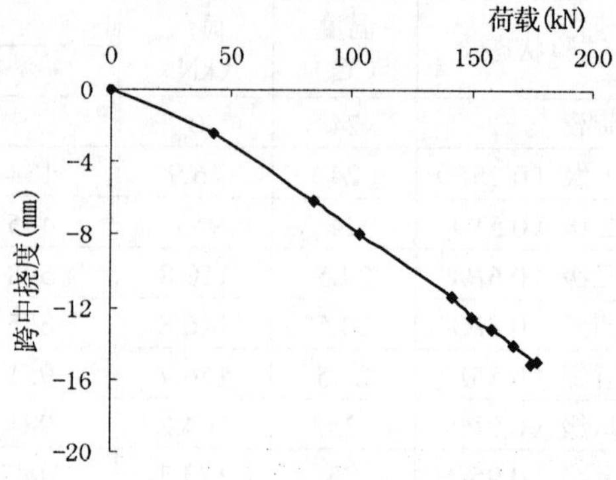

图 8—8—5　14.2m T 梁荷载-跨中挠度曲线

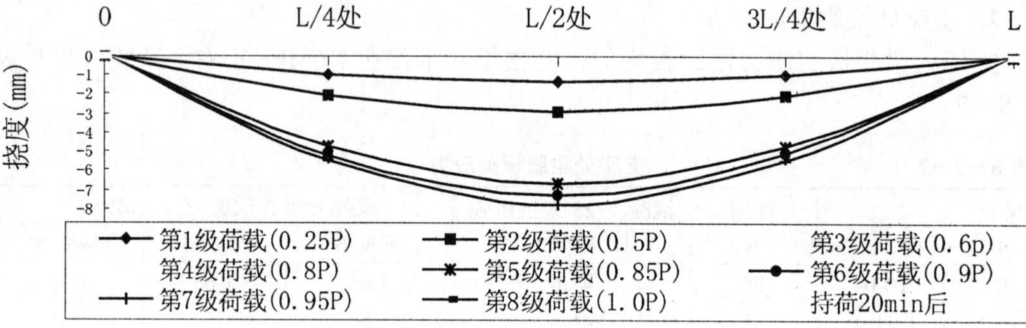

图 8—8—6　10m T 梁挠度曲线

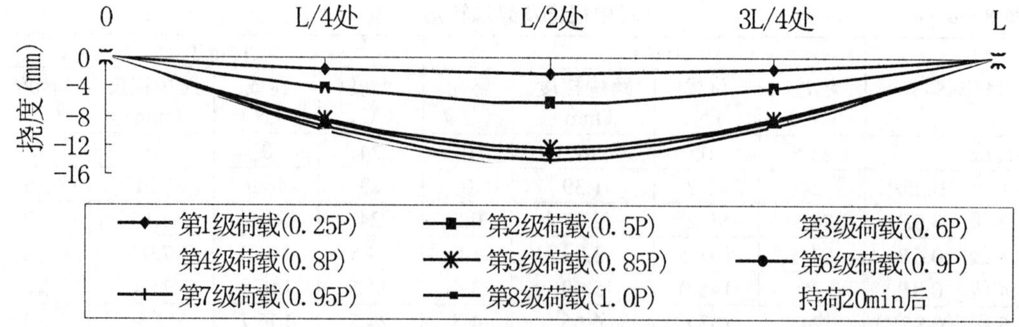

图 8—8—7　14.2m T 梁各级荷载挠度曲线

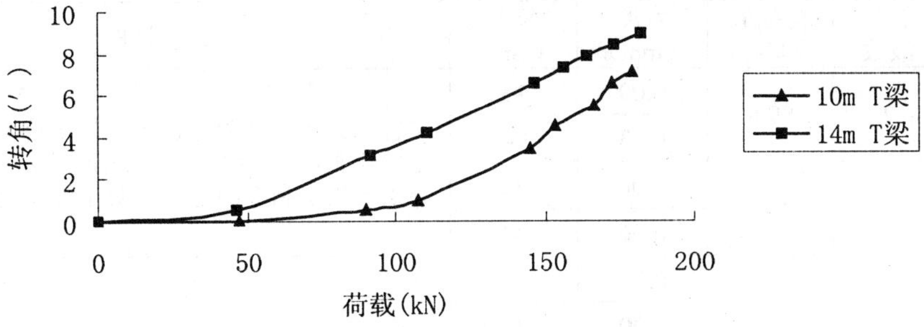

图 8－8－8　荷载—梁端转角曲线

（1）两根 T 梁的跨中挠度及梁端转角都随着荷载的增加而增加。

（2）10m T 梁跨中挠度最大为 8.30mm，其允许挠度［*f*］≤15.4mm；14.2m T 梁跨中挠度最大为 15.16mm，其允许挠度［*f*］≤22.4mm。

（3）10m T 梁最大梁端转角为 7.1′；14.2m T 梁最大梁端转角为 9.7′。

4）裂缝情况

两根 T 梁均在 0.5*P* 时产生裂缝，并且随着荷载的增加，裂缝基本都有展宽或伸长现象，也伴随着有新裂缝出现。10m T 梁裂缝最大宽度为 0.25mm，最长为 57cm，；14.2m T 梁裂缝最大宽度为 0.26mm，最长为 96cm。卸载后，大部分裂缝闭合，梁根梁均剩 5～6 条的裂缝仍有 0.05mm 宽，详细情况见表 8－8－9、表 8－8－10。

5．结论

此两根 T 梁（10m、14.2m），在 1.0*P* 设计荷载作用下，跨中最大挠度分别为 8.30mm 和 15.16mm，都未超过允许值挠度值；但梁体在 50%荷载下均已开裂。栈桥因运行中未达到极限荷载，施工中优化了运行调度，经观测所有 T 梁没有出现裂纹。

（三）栈桥桥面钢纤维及混凝土配合比试验优化

高程 120m 栈桥是三峡大坝坝体左右岸交通的唯一通道，也是高程 160～185m 大坝混凝土浇筑和大型金属结构安装的重要施工手段。为确保栈桥满足连续高强度施工和顺畅坝上繁忙的交通，栈桥桥面结构及材料的优选至关重要。经多方案比较，长江委设计院设计确定高程 120m 栈桥桥面采用钢纤维混凝土，但要求施工前承包商应进行钢纤维混凝土配合比试验。

1．钢纤维混凝土配合比试验情况

2000 年 11 月至 2001 年 1 月，根据葛洲坝股份有限公司三峡指挥部的要求，葛洲坝集团公司试验中心三峡试验室承担并完成了三峡高程 120m 栈桥桥面钢纤维混凝土配合比试验，三峡指挥部以三建技函字〔2001〕第 12 号文报送业主和项目监理部。随后，长江委三峡工程建设监理部和业主厂坝项目部分别复函并提出进一步试验要求。

1）项目监理部的意见

经审查和研究，项目监理部以长三监理Ⅰ& B〔2001〕061 号文批复如下：

表 8—8—9　　　　　　　　　　10m T 梁裂缝描述表

裂缝编号	加荷级数	荷载值（kN）	宽度（mm）	长度（cm）	备注
1'	2	89.8	0.09	13	梁背侧面在第 2 级（0.5*P*）时开始产生 1'和 2'两道比较明显的裂缝，梁正侧面在第 3 级（0.6*P*）时开始产生 1 和 2 两道比较明显的裂缝。
2'			0.03	24	
1	3	107.8	0.08	25	
2			0.06	44	
1'	8	179.6	0.25	18	梁背侧面在第 8 级（1.0*P*）时最终产生 5 道比较明显的裂缝，3'、4'、5'是在第 2 级以后产生的新裂缝。梁正侧面在第 8 级（1.0*P*）时最终产生 3 道比较明显的裂缝，3 是在第 3 级以后产生的新裂缝（从第 2 级—第 8 级梁两侧面还有若干条小裂纹产生）。隔板与梁体交界处产生裂缝，长度接近隔板的高度，由于在拐角处，宽度未能测量。
2'			0.20	31	
3'			0.20	64	
4'			0.14	16	
5'			0.15	57	
1			0.20	30	
2			0.21	51	
3			0.11	20	
1'	退荷后	0	0.05	14	退荷后梁背侧面 4'、5'及其他小裂纹基本闭合，而 1'、2'、3'裂缝则没有完全闭合。梁正侧面 3 及其他小裂纹基本闭合，而 1 和 2 则没有完全闭合。
2'			0.04	20	
3'			0.05	38	
1			0.05	27	
2			0.05	47	
裂缝示意图	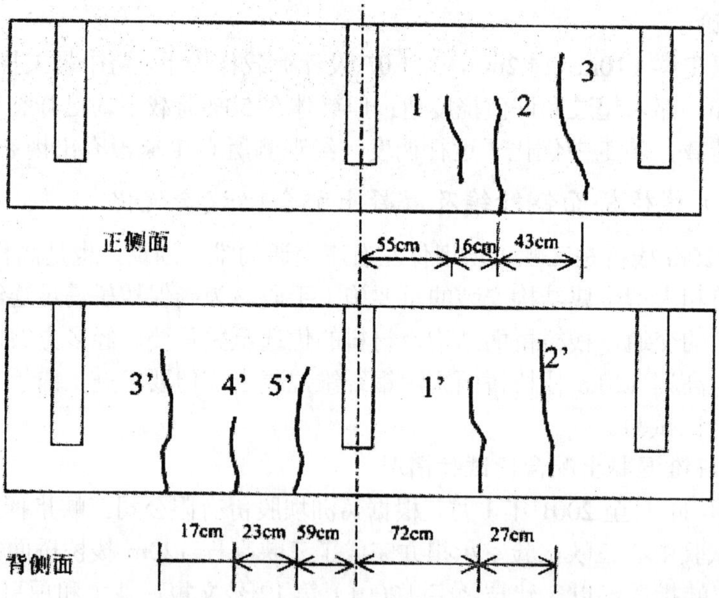				

表 8—8—10　　　　14.2m T 梁裂缝描述表

裂缝编号	加荷级数	荷载值（kN）	宽度（mm）	长度（cm）	备注
1	2	91 .4	0.05	14	第 2 级（0.5P）时梁正、背两侧面都开始产生裂缝，其中梁正侧面产生 1、2 两道比较明显的裂缝，梁背侧面产生 1’、2’、3’、4’四道比较明显的裂缝。
2			0.05	19	
1’			0.05	26	
2’			0.05	30	
3’			0.10	48	
4’			0.10	22	
1	8	182 .7	0.15	42	第 8 级（1.0P）时梁正侧面产生六道比较明显的裂缝，其中 1、2 是在原有裂缝基础上展宽的，而 3、4、5、和 6 则是在第 2 级以后产生的新裂缝；梁背侧面也产生六道比较明显的裂缝，其中 1’、2’、3’、4’是在原有裂缝基础上展宽的，而 5’和 6’是在第 2 级以后产生的新裂缝(从第 2 级—第 8 级梁两侧面还有若干条小裂纹产生)。L/4 和 3L/4 处隔板与梁体交界处产生裂缝，长度接近隔班的高度，由于在拐角处，宽度未能测量。
2			0.10	32	
3			0.25	90	
4			0.20	83	
5			0.20	87	
6			0.17	91	
1’			0.14	86	
2’			0.15	91	
3’			0.26	96	
4’			0.17	85	
5’			0.15	81	
6’			0.14	84	
3	退荷后	0	0.05	60	退荷后梁正侧面 1、2 裂缝及其他小裂纹基本闭合，而 $3^{\#}$、$4^{\#}$、$5^{\#}$裂缝则没有完全闭合；梁背侧面 1’、2’、5’、6’裂缝及其他小裂纹闭合，而 3’、4’裂缝则没有完全闭合。
4			0.05	42	
5			0.03	46	
6			0.02	50	
3’			0.05	30	
4’			0.02	34	
裂缝示意图	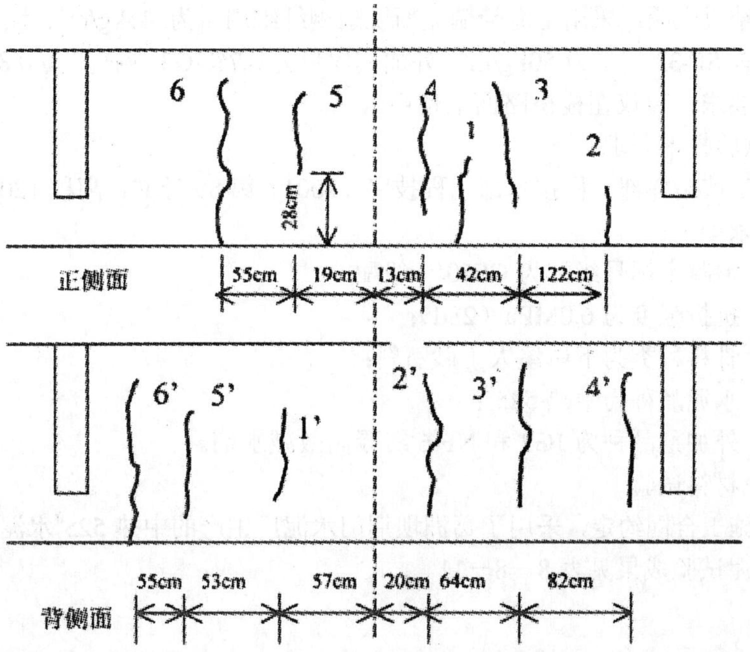				

(1)报送函(三建技函字〔2001〕第 12 号)表明:型号 SF-32(剪切型)、型号 LYSF-32(剪切型)钢纤维混凝土试验成果均满足设计要求，经研究可以用于高程 120m 栈桥路面工程。

(2)应考虑在临船工程成功使用过的铁削型钢纤维（哈瑞克斯公司），其每立米混凝土中掺量仅为 45～60kg，且施工工艺简单。

(3)高程 120m 栈桥道面钢纤维混凝土施工配合比同意按报送函（三建技函字〔2001〕第 12 号）中表 5 执行。

(4)高程 120m 栈桥道面钢纤维混凝土施工前，承包商应在现场作生产性试验，并及时通知监理部，以便更好地控制钢纤维混凝土施工质量。

2）业主的意见

三峡总公司厂坝项目部在分析了葛洲坝三峡指挥部及本试验中心报送的《120 栈桥钢纤维配合比试验报告》后认为，试验报告比选的二种材料，不是最优选择。如上海产哈瑞克斯铣削型钢纤维，在重型路面中，每方混凝土仅需 45～50kg，比报告中的二种材料用量减少一半，具有较高的性能价格比，因此要求承包商对哈瑞克斯钢纤维材料进行进一步的试验，在综合比较三种材料性能价格比，选择最优材料并经审核批准后方能订货购买。

2. 钢纤维混凝土配合比及钢纤维对比试验优化

根据监理部Ⅰ&Ⅱ B〔2001〕061 号文及业主厂坝（Ⅰ）〔2001〕第 21 号文要求，试验中心又进行了江苏利源LYSF－32和武汉汉森SF－32两种钢纤维混凝土平行对比试验，以及上海哈瑞克斯铣削钢纤维配合比试验。

试验结果表明：采用上海哈瑞克斯铣削钢纤维用量为 45kg/m^3、江苏利源 LYSF-32 和武汉汉森 SF-32 用量为 50kg/m^3、外加剂掺量为 0.7%JG3 或掺量为 0.8%NF-6 时，均可满足设计要求，建议在栈桥路面上使用。

1）试验技术要求

根据三峡指挥部工程技术部工程技字〔2001〕第 89 号文，高程 120m 栈桥桥面混凝土技术要求如下：

（1）混凝土标号级配为 CF50/一级配；

（2）抗折强度为 6.0MPa（28d)；

（3）骨料种类为下岸溪人工砂石料；

（4）水泥品种为中热 525$^{\#}$；

（5）外加剂品种为 JG3 和 NF-6 缓凝高效减水剂。

2）原材料试验

考虑施工合同约定，采用了葛洲坝荆门水泥厂生产的中热 525$^{\#}$水泥进行该项配合比试验，水泥试验成果见表 8－8－11。

表 8－8－11　　水泥试验成果表

样品来源	凝结时间		安定性	抗折强度（MPa）			抗压强度（MPa）		
	初凝（min）	终凝（h）		3 天	7 天	28 天	3 天	7 天	28 天
室内抽样	188	4.0	合格	4.5	6.1	8.3	24.4	41.8	68.9

3）混凝土试验

根据以上技术要求和以往所做的试验成果，本阶段有针对性地采用三种钢纤维进行不同掺量的混凝土平行对比试验，以确定三种钢纤维的最优掺量。其中，上海哈瑞克斯铣削型钢纤维用量为 45kg/m³；江苏利源 LYSF-32 剪切型钢纤维用量分别为 50kg/m³、63kg/m³（0.8%掺量）、78.5kg/m³（1.0%掺量）；武汉汉森送来三种样品，分别为 SFL-32 切断型、SF-32 剪切型直形和波形；试验中汉森的三种钢纤维用量均为 50kg/m³。各种钢纤维拌制的混凝土试验成果见表 8－8－12。

表 8－8－12　　钢纤维混凝土平行试验性能成果表

序号	w/c	W（kg/m）	S（%）	外加剂品种及数量	钢纤维品种及用量			坍落度（cm）	抗压强度（MPa）		抗折强度（MPa）	
					厂家	品种	用量（kg/m³）		7d	28d	7d	28d
1	0.30	158	49	JG3 0.7%	哈瑞克斯	铣削型	45	4.2	/	64.3	/	9.9
2	0.30	158	49		汉森	切断型 SFL-32	50	3.1	/	63.7	/	9.8
3	0.30	158	49		汉森	剪切型 SF-32 波形	50	4.1	/	60.5	/	9.8
4	0.30	158	49		汉森	剪切型 SF-32 直形	50	3.2	/	62.3	/	10.5
5	0.30	158	49	JG3 0.7%	利源	剪切型 LYSF-32	50	3.9	51.9	/	8.1	/
6	0.30	158	49		利源	剪切型 LYSF-32	63	4.7	/	62.2	/	10.7
7	0.30	160	49		利源	剪切型 LYSF-32	78.5	2.8	/	64.7	/	10.8
8	0.30	158	49	NF-6 0.8%	利源	剪切型 LYSF-32	63	3.2	/	60.2	/	10.1
9	0.30	158	49		汉森	剪切型 SF-32 直形	50	3.5	/	62.4	/	10.3

在试验初期，未进行江苏利源剪切型钢纤维用量（为 50kg/m³）的混凝土性能试验，只进行了用量为 63kg/m³ 和 78.5kg/m³ 的混凝土性能试验，并且均达到设计要求。为进一步降低工程材料成本，便于比较分析，又补做了江苏利源剪切型钢纤维用量为 50kg/m³ 的混凝土性能试验，并且从 7 天成果看，已满足设计强度要求。因此，试验中心认为利源剪切型钢纤维在用量为 50kg/m³ 条件下，可满足设计要求。

从表 8-8-12 平等试验结果可知：

（1）采用三个厂家不同型号钢纤维拌制的混凝土，力学性能满足设计要求，并且由于本次试验水泥强度偏高，因此钢纤维混凝土强度高于上一次对比试验。

（2）由配比 2～4 可知，在汉森钢纤维同等掺量下，采用切断型和直形拌制的混凝土的强度略高于采用波形拌制的混凝土。

（3）由配比 6～7 可知，采用利源钢纤维拌制的混凝土，钢纤维按体积掺量 1.0%与 0.8%拌制的混凝土力学性能试验结果相差不大，说明提高钢纤维掺量不一定能很好的改善混凝土的力学性能。

（4）由配比 4、6 与 8、9 比较可知，在配合比相同的情况下，外加剂采用 JG3 与采用 NF-6 拌制的混凝土力学性能相差不大。

4）优化结论

综上所述认为，采用三个厂家不同型号钢纤维在不同用量条件下拌制的混凝土均可以满足设计要求，因此，使用时建议上海哈瑞克斯铣削型用量为 45kg/m^3、武汉汉森和江苏利源两种剪切型钢纤维用量为 50kg/m^3；外加剂可使用掺量为 0.7%JG3 或掺量为 0.8%NF-6。根据试验成果，高程 120m 栈桥钢纤维混凝土配合比如表 8－8－13。

表 8－8－13　　**CF50 一级配钢纤维混凝土施工配合比表**

<table>
<tr><th colspan="3">配合比参数</th><th colspan="9">每方材料用量（kg）</th><th rowspan="3">坍落度（cm）</th></tr>
<tr><th rowspan="2">水灰比</th><th rowspan="2">W（kg/m^3）</th><th rowspan="2">砂率</th><th rowspan="2">水</th><th rowspan="2">中热 525</th><th rowspan="2">砂</th><th rowspan="2">小石</th><th colspan="2">外加剂</th><th colspan="2">钢纤维</th></tr>
<tr><th>品种</th><th>用量</th><th>品种</th><th>掺量</th></tr>
<tr><td rowspan="6">0.3</td><td rowspan="6">158</td><td rowspan="6">49</td><td rowspan="6">158</td><td rowspan="6">527</td><td rowspan="6">861</td><td rowspan="6">903</td><td rowspan="3">JG3</td><td rowspan="3">36.89</td><td>哈瑞克斯</td><td>45</td><td rowspan="6">2-4</td></tr>
<tr><td>汉森</td><td>50</td></tr>
<tr><td>利源</td><td>50</td></tr>
<tr><td rowspan="3">NF-6</td><td rowspan="3">41.26</td><td>哈瑞克斯</td><td>45</td></tr>
<tr><td>汉森</td><td>50</td></tr>
<tr><td>利源</td><td>50</td></tr>
</table>

备注：①外加剂溶液浓度为 10%，JG3 掺量为 0.7%，NF-6 掺量为 0.8%；
②骨料以饱和面干状态为基准计算；
③配合比中汉森钢纤维代表切断型和波形、直形剪切型。

考虑到本次试验仅为室内试验成果，混凝土均在小拌和机中拌制，几种纤维分散情况均可，但在实际施工中钢纤维在混凝土中分散的均匀性室内试验无法表现，而钢纤维在混凝土中分散的均匀性对钢纤维混凝土质量影响较大。为此，建议在选用施工用钢纤维前，需对该种钢纤维的应用情况进行了解，在条件许可的情况下，进行一些现场试验。

3. 栈桥钢纤维混凝土现场试验情况

根据对比试验的优化成果，监理部以长三监理Ⅰ&Ⅱ B〔2001〕213 号文批复并要求共同进行现场施工试验。在业主、监理及三峡指挥部共同参与下，试验中心于 2001 年 7 月 9 日和 7 月 19 日分别进行了哈瑞克斯及汉森和利源钢纤维的现场拌和试验，试验结果表明：根据 7 天强度推算，三种钢纤维均能满足设计要求。其中哈瑞克斯钢纤维混凝土 7 天强度较高，其次为汉森，最后为利源。现场试拌中，三者均能均匀分布，汉森钢纤维试拌了 300kg，前两罐（约 85kg）因技术和试验人员未到场，投料前未将钢纤维均匀分散开，有少量结团现象。改变工艺后，其均匀性、和易性均满足施工要求。现场拌和试验时，坍落度均偏大，最大达到了 13cm，对混凝土综合性能有较大影响，但下一步施工中应加强该项指标的控制。

监理部的具体要求为：

（1）高程 120m 栈桥桥面 CF50 钢纤维混凝土施工前，必须进行现场拌和试验（控制投、搅拌时间等），由业主、设计、监理、施工四方共同鉴别拌和物的质量、钢纤维分散均匀性、坍落度变化及不同拌和时间对钢纤维分散性影响。

（2）用一级配人工骨料作现场拌和试验，钢纤维品种及掺量为：哈瑞克斯铣削型为 45kg/m^3；汉森剪切型 SF-32 直形为 50kg/m^3；利源剪切型 LYSF-32 为 78.5kg/m^3 和 50kg/m^3，外加剂采用 JG3 或 ZB-1A，均取样成型作 7 天强度试验。提供 7 天强度再进行配合比优选。

（3）现场试验坍落度控制在 3～5cm，拌和时间延长不少于 1 分钟。

（4）请提供上述三个厂家钢纤维单根抗拉强度等级。

（5）将现场试验成果报监理审批。

1）钢纤维现场试验过程及初步成果

2001 年 7 月 9 日在七公司刘家河预制厂进行了高程 120m 栈桥钢纤维现场试验，试验采用上海哈瑞克斯铣削型钢纤维，掺量为 45kg/m^3，试验所用配合比如表 8－8－14。

表 8－8－14　　钢纤维混凝土配合比表

设计标号	水灰比	每方材料用量					
		水	中热 525#	砂	小石	JG3	哈瑞克斯
CF50	0.30	158	527	861	903	36.8	45

注：JG3 为 10%溶液用量。

实际拌和中采用 0.95m^3，加水量为 156.7kg/m^3。实际单位用水量为 165kg/m^3，比预定加水量高 7kg/m^3。这主要是由于现场坍落度较大造成的，因为配合比设计坍落度是 2～4cm，而现场生产的混凝土坍落度却为 8cm。

在现场试验中，试验中心抽取了若干混凝土试件，试件 7 天抗压强度为 47MPa，从这个值推算 28 天抗压强度可满足要求。从现场试验情况看，哈瑞克斯铣削型钢纤维在混凝土中分布均匀，混凝土和易性良好，混凝土力学性能指标满足设计要求。因此，在现场生产中可以采用哈瑞克斯钢纤维，考虑到满足混凝土强度保证率要求，现场施工坍落度与配合比设计的坍落度相差不应过大，因此，建议现场施工中坍落度按 4～6cm 控制。

2）钢纤维混凝土现场试验过程及成果

2001 年 7 月 19 日在七公司刘家河预制厂进行了高程 120m 栈桥钢纤维现场试验，试验采用汉森和利源剪切型钢纤维，掺量为 50kg/m^3，试验所用配合比见表 8－8－15。

表 8－8－15　　钢纤维混凝土配合比

设计标号	水灰比	材料用量（kg/m^3）						坍落度（cm）
		水	中热 525#	砂	小石	JG3	钢纤维	
CF50	0.30	158	527	861	903	36.89	50（汉森）	2～4
CF50	0.30	158	527	861	903	36.89	50（利源）	2～4

注：JG3 为 10%溶液用量。

预制厂采用 1.0m^3 强制式搅拌机拌制 CF50 混凝土，钢纤维采用人工投料，前两罐 CF50 混凝土采用汉森剪切型钢纤维，混凝土拌和物坍落度约 4cm，钢纤维在混凝土中集结成团，在技术人员的指导下，投料时将钢纤维均匀分散开，采用汉森和利源剪切型钢纤维拌制的 CF50 混凝土拌和物和易性好，钢纤维在混凝土中均匀分布，试验中心现场取样制作混凝土 7 天、28 天抗压试件和 28 天抗折试件，7 天试验成果见表 8－8－16。

表 8－8－16　　钢纤维混凝土试验成果

钢纤维品种	拌和物坍落度（cm）	7 天抗压强度（MPa）
汉森	8.5	41.8
利源	13.0	37.7

根据 7 天抗压强度成果，推算 28 天抗压强度满足设计要求。从试验成果分析，采用汉森钢纤维比利源钢纤维拌制的混凝土 7 天抗压强度高，这主要是因为采用利源钢纤维拌制的混凝土和物坍落度偏大所致。从现场试验情况看，汉森和利源剪切型钢纤维在混凝土中分布均匀，混凝土拌和物和易性良好，混凝土力学性能指标满足设计要求。

九、质量控制及评价

（一）质量控制

三峡工程高程 120m 栈桥荷载大、功能多、工期紧，建安质量是可靠运行的保证。中标后，葛洲坝股份有限公司三峡建设承包公司对该项目十分重视，采取了以下保证措施：

（1）认真贯彻 GB/T19001 质量标准，建立健全质量体系与质量管理制度。为保证质量体系持续有效地运行，实现工程质量创优目标，层层落实质量责任，确保创优目标的实现。

（2）施工过程中由技术部门按设计要求编制质量保证措施，并向有关施工人员进行详细的技术交底。实施过程中严格执行“三级”质量检查制度，做到边施工边检查，对施工中出现的问题及时处理，坚决杜绝质量隐患；各道工序均设有专人负责施工进度和质量，质量技术人员负责检查验收各道工序，施工技术人员负责现场协调和施工管理，质安部（质量安全职能机构）质检技术人员负责监督指导施工。

（3）定期召开质量专题会，发现问题及时纠正，推进和完善质量管理工作，使质量管理走向标准化。

（4）建立质检管理机构，设置专业质检工程师岗位，配备富有施工经验的工程师，配备专职质检员；在施工过程中，自上而下按照“跟踪检查一抽检”和自检一复检一终检员检查合格后报请监理工程师验收等两个层次分别实施的质量检查任务；各类人员做到岗位相符，实施质量一票否决制；在严格内部“三检”制度的基础上，认真接受监理工程师的监督。

（5）加强一线施工人员的技术培训，针对二期工程施工特性和特点，分阶段进行施工技术培训，全面提高施工人员的技术水平，确保施工质量满足设计要求；健全各项质量管理规定和质量奖惩办法，依据质量管理规定和质量奖惩办法及时进行考核，按时兑现质量奖惩，充分调动施工人员的积极性。

（6）在混凝土浇筑时，安排盯仓质检员跟班检查；夏季施工合理安排混凝土浇筑时间，特别是铺装层浇筑，一般都是安排在夜间施工，白天浇筑时采用遮阳、覆盖等措施。

（7）混凝土收仓后及时进行早期湿润养护，有效避免混凝土干裂情况的出现。

（二）质量评价

1. 主要质量检测成果

1）混凝土原材料质量检测成果

高程120m施工栈桥Ⅰ&ⅡB标段基础垫石、汽车预制道梁、桥面钢钎维混凝土、预制大梁等混凝土施工项目，其砂石骨料、水泥均由业主供应，施工单位对其按有关要求进行检测，检查结果表明均满足水利部和电力部颁发的有关标准要求。水泥性能检测成果统计见表8－9－1。

表8－9－1　　荆门中热525号水泥性能检测成果统计

检测项目	取样组数	检测成果			备　注
		最　大	最　小	平　均	
凝结时间（初凝）	11	239min	156min	196min	满足设计不少于60min要求
凝结时间（初凝）	11	5.3h	4.2h	4.5h	满足设计不少于12h要求
安定性检测	11				安定性全部合格
抗折强度	11	9.9MPa	8.4MPa	9.1MPa	满足设计≥7.1MPa要求
抗压强度	11	67.2MPa	57.1MPa	63.1MPa	满足设计≥52.5MPa要求

2）混凝土主要性能检测成果

（1）行车道板湿接缝C30混凝土取样4组，最大值34.7MPa，最小值32.8MPa，平均值33.9MPa；

（2）左厂11#～14#坝段现浇行车道板C30混凝土取样7组，最大值42.7MPa，最小值32.7Mpa，平均值37.9MPa；

（3）栈桥混凝土预制梁C40混凝土取样195组，最大值55.0MPa，最小值39.3MPa，平均值45.5MPa；*Cv*值为0.061，强度保证率达到100%；

（4）栈桥预制行车道板C30混凝土取样149组，最大值39.1MPa，最小值30.1MPa，平均值35.9MPa；*Cv*值为0.053，强度保证率达到100%；

（5）栈桥桥面C40钢钎维混凝土：

抗压强度取样14组，其28天最大值78.8MPa，最小值50.0MPa，平均值61.1MPa；抗折强度取样14组，其28天最大值8.0MPa，最小值6.4MPa，平均值7.35MPa。以上检测成果表明，混凝土取样成果满足设计要求。检测统计情况见表8—9—2。

表8—9—2　　120m栈桥混凝土施工项目取样检测统计表

项目	混凝土设计标号	取样组数	最大值（MPa）	最小值（MPa）	平均值（MPa）	C_v值
行车道板湿接缝	C30	4	34.7	32.8	33.9	/
左厂现浇行车道板	C30	7	42.7	32.7	37.9	/
栈桥预制梁	C40	195	55.0	39.3	45.5	0.061
预制行车道板	C30	149	39.1	30.1	35.9	0.053

2．施工质量评价

1）单元工程质量评定

本标段高程120m施工栈桥金结制安工程，共划分左厂11#～14#坝段工程、左导墙及右纵1#坝段工程与辅助系统3个分部工程、共17个分项工程，经监理工程师对本工程完成的1899个单元工程进行质量评定，其中优良单元1561个，合格率为100%，优良率达到82.2%。依照部颁有关规范与三峡TGPS标准，本标段高程120m施工栈桥金结制安工程施工质量达到优良工程标准。各分部分项工程质量评定情况总体优良。

2）左厂11#～14#坝段工程质量

本分部工程划分基础垫石、钢柱、轨道梁与汽车道梁（钢箱梁、钢板梁）及桥面混凝土等共7个分项工程，共完成232个单元工程；经质量评定，合格率100%，优良单元176个，优良率75.9%，达到优良工程标准。

3）左导墙及右纵坝段工程质量

本分部工程划分8个分项工程，共完成1353个单元工程；经质量评定，合格率100%，优良单元1152个，优良率85.1%；达到优良工程标准。

4）辅助系统工程质量

辅助系统共划分人行道与其他2个分项工程，共完成314个单元工程；经质量评定，合格率100%，优良单元233个，优良率74.2%，达到优良工程标准。

高程120m施工栈桥金结制安工程各分部分项工程质量评定情况详见表8—9—3。

5）施工质量综合评价

本标段高程120m施工栈桥金属结构制安及土建工程，从各类原材料进货及检测、制作及整个安装与土建施工全过程，各道工序均严格按有关要求进行质量控制与检测。所有检测成果表明，质量全部达到有关规程规范及设计要求，经18个多月的运行未发生任何质量问题，施工过程中质量管理有序，各类施工记录与资料真实、齐全。

高程120m施工栈桥制作与安装施工质量达到合同与设计要求。

表 8—9—3　　　　　　　　120 施工栈桥分部分项工程质量评定统计表

单位工程	分部工程	分项工程	单元数	优良单元个数	合格率（%）	优良率（%）	分项工程评定等级
120m 施工栈桥	厂房坝段（11#～14#）	基础	15	8	100	53.3	优良
		钢柱	16	11	100	68.8	优良
		轨道梁（钢箱梁）	24	13	100	54.2	优良
		汽车道梁（钢板梁）	64	48	100	76.0	优良
		盖梁	8	5	100	62.5	优良
		垫梁	14	9	100	64.3	优良
		桥面	91	82	100	90.1	优良
		分项工程小计	232	176	100	75.9	
	左导墙及右纵坝段	基础	227	200	100	88.1	优良
		钢柱	6	6	100	100	优良
		盖梁	2	1	100	50.0	优良
		轨道梁（钢箱梁）	150	123	100	82.0	优良
		汽车道梁（钢板梁）	199	166	100	83.4	优良
		垫梁	5	3	100	60.0	优良
		混凝土预制梁	349	302	100	86.5	优良
		桥面	415	351	100	85.6	优良
		分项工程小计	1353	1152	100	85.1	
	辅助系统	人行道	116	101	100	87.1	优良
		其他	198	132	100	66.7	优良
		分项工程小计	314	233	100	74.2	
单位工程质量评定等级			1899	1561	100		优良

十、价款结算及财务管理

三峡二期工程高程 120m 施工栈桥制造安装工程，在 TGP/CIV-4-1&2B 标合同范围内，该项目为暂定总价的承包方式，最终以优化后的实际工程量作为结算依据。

工程控制开工工期为 2001 年 1 月，合同要求 2001 年 11 月 30 日全线通车，工程实际全线通车时间为 2001 年 9 月 28 日，较合同工期有所提前。

工程价款的结算方式为每月按实际完成工程量经监理签证后，由业主在每月工程款中支付。经优化后的实际工程价款为 83131541.05 元。除拟按变更方式处理的和节余分成奖励之外，合同已全部结清。

完成的结算工程量如下：

（1）泄洪坝段。栈桥金结制安 3579.078t，现浇垫梁、垫石混凝土（含湿接缝）1505.82m^3，钢纤维混凝土 1436.99m^3，预制混凝土梁制安 1913.54 m^3。

（2）左厂坝段。栈桥金结制安 3513.913t，钢纤维混凝土 200.46 m^3，现浇钢筋混凝土桥面 386.24 m^3，预制构件 40.40 m^3。

（3）其他坝段和三期栈桥工程量不在本合同结算范围，未予统计。

十一、结语

三峡二期厂坝Ⅰ&ⅡB 标范围内的高程 120m 栈桥工程，施工通过有效管理、不断优化施工方案与技术措施，进展顺利；左厂坝段及泄洪坝段实际通车时间较合同要求提前 2 个月，整体施工形象及进度满足合同要求。为整个二期工程混凝土施工进展创造了有利条件。

二期厂坝Ⅰ&ⅡB 标高程 120m 施工栈桥金属结构制安、土建施工项目各质量检测数据表明，工程施工质量满足合同与设计要求，施工栈桥在运行期间未发生任何质量问题，整个施工过程管理严格，实现了安全“零事故”目标。

十二、施工大事记与设计变更

1. 施工大事记

（1）2001 年 1 月 1 日，项目监理签发开工令。

（2）2001 年 1 月 3 日，高程 120m 栈桥施工组织设计得到批准。

（3）2001 年 1 月中旬，钢结构制造、基础开始施工。

（4）2001 年 2 月 9 日，高程 120m 栈桥第一批钢结构件涂装前制造质量检查验收，主要钢结构件（梁、柱、铸钢支座）共验收检查 20 批次，至 2001 年 8 月 29 日验收完毕。

（5）2001 年 2 月 24 日，埋件开始安装。

（6）2001 年 3 月 10 日，钢箱梁开始安装。

（7）2001 年 3 月 13 日，立柱及柱间支撑开始安装。

（8）2001 年 5 月 12 日，轨道安装、接地开始施工。

（9）2001 年 6 月 3 日，高程 120m 栈桥 T 形梁开始安装。

（10）2001 年 6 月 28 日，高程 120m 栈桥桥面铺装层（3a～5a）第一仓混凝土开始浇筑。

（11）2001 年 9 月 17 日 23 时 30 分，高程 120m 栈桥最后一根钢箱梁安装完成，至此高程 120m 栈桥门塔机轨道梁全线贯通。

（12）2001 年 9 月 18 日，高程 120m 栈桥最后一跨（50a～51a）T 形梁安装完成。

（13）2001 年 9 月 23 日，高程 120m 栈桥门塔机内主干道路面混凝土与ⅡA 标段混凝土路面接通。

（14）2001 年 9 月 28 日，全线通车。

2. 设计主要变更文件

根据施工承包合同，按监理工程师批准实施的变更有：

（1）关于Ⅰ&Ⅱ标段高程 120m 栈桥 3a、48a 轴线上游侧 C-Z3 柱结构变更的通知。
（2）关于Ⅰ&Ⅱ标段高程 120m 栈桥混凝土垫梁等结构修改的通知。
（3）关于Ⅰ&Ⅱ标段高程 120m 栈桥梁及柱底板等调整的通知。
（4）关于Ⅰ&Ⅱ标段高程 120m 栈桥钢筋混凝土简支梁钢筋调整的通知。
（5）高程 120m 栈桥加宽变压器安装平台及盆式橡胶支座埋板锚筋的通知。
（6）关于Ⅰ&Ⅱ标段高程 120m 栈桥钢板梁支座翼缘螺栓孔位置修改的通知。
（7）Ⅰ&Ⅱ标段高程 120m 栈桥钢结构制作安装有关问题的函。
（8）关于Ⅰ&Ⅱ标段高程 120m 栈桥施工有关问题的处理。
（9）关于Ⅰ&Ⅱ标段高程 120m 栈桥布置胎带机及桥面预留孔等问题的通知。

第九章　三峡工程 120 栈桥施工监理

一、概述

（一）工程概况

三峡二期工程高程 120m 施工栈桥坐落在三峡大坝坝轴线下游坝坡面之上，栈桥中心桩号 20+060.5，距坝轴线 60.50m。该栈桥正桥部分从左非 17#（48+060.67）至右纵 1#坝段（49+218.40），长度 1157.73m，引桥从左非 11#（47+958.73）至左非 17#（48+060.67），长度 101.94m，栈桥全长 1259.7m，桥面净宽 20.5m，外挑 1.5m 宽人行通道，门塔机轨顶高程 122.50m，轨距 13.5m。路面中心高程 122.55m。

该栈桥根据不同跨度分别采用钢混结构和全钢结构。左导墙至右纵坝段为钢混结构，既门塔机轨道梁为钢箱梁，两侧为钢板梁，中间汽车主干道为 7 片钢筋混凝土预制 T 形梁，分别为 10m、11m、14.2m 三种跨度。除泄 1#坝段、泄 23#坝段采用钢框架支承外，其余均支承在坝段墩墙上。左厂 11#～14#坝段为全钢结构，即门塔机轨道梁为钢箱梁，两侧为钢板梁，中间汽车主干道为 4 片 7 联钢板梁，分别为 17.1m、21.2m 两种跨度，均支承在三柱式钢桥墩（箱形立柱和纵横斜撑及钢盖梁组成）上。

支座形式：钢箱梁采用铸钢支座，钢板梁采用盆式橡胶支座，预制混凝土 T 形梁采用板式橡胶支座。

（二）工程项目特性

根据三峡二期大坝混凝土施工方案布置，二期大坝高程 160m 以上，特别是大坝基坑进水以后，除采用 2 台缆机施工以外，主要由大坝下游坝坡高程 120m 栈桥上的起重机承担大坝混凝土浇筑和金结、机电、设备安装等施工任务。该栈桥集大型门（塔）机和施工车辆同时运行两大功能于一体，荷载之大、规模之大、投资之大是国内、外同类建筑物中首屈一指的，是三峡二期混凝土大坝浇筑手段拟以“以塔（顶）带机为主，缆机为辅”取代“以门（塔）带机为主，缆机为辅”的关键工程，是确保三峡二期大坝混凝土从高程 160m 浇至高程 185m 不可替代的重要手段，同是也是沟通三峡大坝施工的重要通道，在三峡二期工程中要跨越左非、左厂、泄洪、右纵坝段，三期工程还要贯通到右岸厂房坝段。

栈桥上门塔机轨道运行设备有吉林 MQ2000 型高架门机、丹麦 KROLL1800 大型塔机和 SDTQ1800/60 等高架门机，汽车道荷载由北方重汽 LDC6 型侧卸料罐车控制，验算荷载为特挂－220 及汽－40。

（三）工程总量与合同工期及合同总价

Ⅰ&ⅡB 标段高程 120m 施工栈桥（总长 696.2m）主要工程量：钢结构制安总量

7300t，预制混凝土构件制安总量2800m^3，现浇混凝土总量2000 m^3，桥面钢纤维混凝土铺装层1640 m^3，钢筋制安总量1200t。

栈桥于2001年1月1日监理签发开工许可证。合同工期：Ⅰ标为2001年11月30日全线形成，ⅡB标为2001年10月30日全线形成。Ⅰ&ⅡB标段高程120m施工栈桥合同暂定总价1.1亿元人民币。

（四）工程建设单位

工程总承包单位为葛洲坝股份有限公司三峡建设承包公司，委托设计单位为长江委设计院，长江委三峡工程建设监理部受业主委托负责该项目工程的全过程监理。

二、监理架构

（一）监理组织机构

在长江委三峡工程建设监理部统一协调管理下，二级监理单位施工企业与交通工程监理处直接承担Ⅰ&ⅡB标段高程120m施工栈桥设计方案审查并"审查批准施工单位按施工承包合同约定提交的设计图纸和文件"及施工现场监理、施工过程监督、目标控制和现场协调等全面监理。

（二）监理指导原则和基本依据

（1）坚持严格监控，热情服务的指导思想。

（2）以合同为依据，遵循守法、诚信、公正、客观和实事求是的监理原则。

（3）国家及国家部门制订颁发的施工技术及工程验收规范、规程和质量检验评定标准，设计图纸及文件。

（4）国家工程建设法律与行政法规。

（三）监理方式方法

在监理过程中坚持以主动控制为主、被动控制为辅、两种控制相结合的动态控制手段，对合同工程实施全方位、全过程的跟踪和关键工序旁站的监理模式。坚持以"安全生产为基础，施工质量为中心，合同工期为重点，投资效益为目标"的28字方针，用系统观念处理三者关系，促进三者之间由矛盾状态向统一方向转化。

在控制中实行事前、事中、事后全过程动态控制，加强事前控制，强调控制的预见性、指导性；严格事中控制，强调重在现场，贵在及时，尽量做到及时发现问题及时解决问题；注重事后控制，强调敢于暴露矛盾，善于解决问题，不隐瞒问题，实事求是处理问题，公正、客观做好验收评价。

1. 事前控制

（1）根据合同特点，高程120m施工栈桥设计由施工总承包单位委托，并且栈桥工程是暂定总价合同，根据监理合同文件："用于工程实施的设计文件（包括由设计单位和承建单位提供的设计）的审查确认权，只有经监理单位确认并加盖公章的图纸才成为有效的施工依据"，并"审查批准施工单位按施工承包合同约定提交的设计图纸和文件"，因此监理单位在预控中重点加强对施工承建单位报送的设计方案和施工详图审查，原则是优化设计，节约投资，加快进度，方便施工。

（2）施工过程中，严格控制由设计变更带来的工程量增加，结合现场实际情况，适当调正，修改设计。设计文件包括设计图纸经审查提出意见同时加盖印章后才能生效和付诸实施。

（3）为便于施工质量管理，在认真做好设计图纸审查签发，施工措施计划审批和施工准备检查的基础上，严格执行以单元工程为基础的单位工程、分部工程、分项工程、单元工程四级质量检查制度，按照四级编码制定了“关于高程 120m 施工栈桥工程项目划分的函”（见长三监理Ⅰ&ⅡB〔2000〕361 号），将该工程划分为 1 个单位工程 3 个分部工程 18 个分项工程和按实际情况划分单元工程的编码表，颁发给承建单位执行。

（4）按照工程编码划分，要求施工承包单位在单位工程开工前报送施工总体方案及计划，经监理审查书面同意后方可开工。

（5）分部工程开工前须报送开工许可证、施工措施及施工准备，经审查和现场检查书面同意后才能开工，工程进度目标按季度或按监理要求报送计划。一般工程变更须报变更申请，经监理同意后才能变更，较大变更征得业主同意后才能实施。监理尽量做到控制的预见性、指导性、计划性，充分起到有效预控和指导作用。

本工程共完成施工详图审查 159 张，审查设计文件 41 份，审查承建单位文件 59 份，监理发文及会议纪要 66 份，充分起到了有效预控和指导作用。

2. 事中控制

（1）施工过程中，监理的工作重点是加强现场检查，监督跟踪检查重要施工环节，检查经监理审查同意后的施工方案、施工措施落实情况，特别是质保体系落实情况，尽量做到及时发现问题及时纠正问题。

（2）在质量检查程序控制中，坚持以单元工程为基础，以施工工序为环节，严格每一道施工工序的施工控制和质量检查，起到及时纠偏作用。为加快工程建设，方便施工，根据现场实际情况，适当调整修改局部设计，积极慎重采用新技术、新工艺、新材料，为保证工程提前竣工奠定了基础。

本工程共完成单元工程质量评定 1899 个，单元合格率 100%，三个分部工程，其中两个优良，一个合格，单位工程优良率 66.7%，完成各种工序签证近万份。

3. 事后控制

（1）认真做好钢结构件和预制混凝土构件的出厂复查和荷载试验控制工作。其中预制混凝土 T 形梁除按工序检查控制外，首批预制混凝土 T 形梁出厂前须先随机抽样做载荷试验，各种物理力学指标满足要求后才能进入安装工序。

（2）钢结构件和预制混凝土构件每批出厂时，均由监理组织相关单位联合检查、确认符合出厂条件时才签证出厂。

（3）由于钢结构件直接承受门塔机荷载的重要性，在钢结构件出厂到工地后，安装前进行第二次检查，若发现有问题，必须重新处理，满足要求后才能安装。认真做好栈桥混凝土预制构件的静荷载及门塔机运行荷载试验工作，此前已完成 11m、14.2m、

17.1m、21.2m 四种跨度最大控制荷载试验工作，试验满足要求。

（4）认真做好单元工程、分部工程的质量评定工作，客观公正地做好工程质量评定、竣工验收资料审查签证、工程量的核定和各项验收准备工作，保证竣工验收的工作顺利进行。

（四）监理手段

1. 严格执行监理程序

施工阶段监理控制程序总体上来说是在施工程序基础上形成的，反映了施工阶段工程施工活动规律、次序、顺序。为能准确掌握及时控制施工情况，我们按照工程质量、工程进度、工程支付、合同管理、信息管理、安全管理等监理程序有条不紊、有序、有节、有利地开展监理工作，做到了不漏检、不失控，做到及时发现问题及时纠正问题，同时理顺参建各方工作关系及程序，促使各方高效有序地开展工作。

2. 检查手段

根据工程实际情况，我们的检查方式分别采用巡视检查、跟踪检查、旁站检查，随着工程进展，检测及测量工程师进行定期和不定期进行实地测量和抽样进行理化试验，力求全面真实地反映工程质量，为控制提供科学手段。充分利用工程支付手段控制工程质量和工程进度，发挥计算机信息管理的优势，做到控制手段多样化、多元化、科学化，以便更好地为工程建设服务。

三、施工质量控制

（一）钢结构件制造质量控制

由于高程 120m 施工栈桥属于临建工程，钢结构件制造无驻厂监造监理。因此根据上述施工特点，监理处首先对参与制造的厂家进行了质保体系组织机构，机械设备投入，主、辅材用料，技术部门对施工工艺流程及生产设施等方面的检查。而监理现场质量控制则主要采取加强巡视检查，跟踪检查和关键工序的重点验收检查。

1. 钢结构件种类、数量及制造厂家

（1）钢结构件分为预埋件、支座、柱、梁、托架和料罐支架六大品种，制造总量 7300t，其中：钢梁分为钢箱梁、钢板梁、钢盖梁、钢垫梁、托架、人行道桁架梁六大类型。钢箱梁、钢板梁按梁长分为 10m、11m、14.2m、17.1m、21.2m 五种规格共 264 根；钢盖梁 20.5m 长共 10 根；人行道桁架梁按梁长分为 10m、11m、14.2m、17.1m、21.2m 五种规格共 58 根；钢垫梁 9 种规格共 182 根；托架 2 种规格共 209 根；料罐支架共 9 座；钢立柱包括水平支撑和斜支撑按高低分为 A、B、C 三种规格，共 30 根钢立柱 188 根支撑联系件。

支座按形式分为铸钢支座、盆式橡胶支座和板式橡胶支座三种类型二种规格（活动与固定），共 1756 块。

预埋件主要用于钢箱（板）梁、柱、卸料平台和托架，二种类型（组合锚栓架、组合钢板凳）和若干种规格近千余件。

（2）钢结构件制造由葛洲坝股份有限公司总承包。主要构件除 6 根 21.2m 钢箱梁分包给武昌造船厂制造外，其余均由葛洲坝股份有限自己承担制造。其中 10m、11m 钢箱梁及相应埋件和所有铸钢支座由葛洲坝机械公司制造；14.2m、17.1m 和 21.2m 钢箱梁、钢板梁及相应的盖梁、垫梁、立柱、斜撑和埋件由葛洲坝机电有限公司制造；钢轨、人行道托架及桁架梁、栏杆、变压器平台、卸料平台等钢构制作由葛洲坝工业总公司承担。制造厂分布在武昌、宜昌城区和三峡工区高家溪工地三大片。

2. 监理控制

（1）钢构件从零、部件加工到整体拼装焊接完成，整个过程的制造质量优劣，取决于焊接质量的监控。监理单位针对这一要点，紧紧抓住焊接工艺评定、工艺试验、工艺参数确定这一首要条件。对设计图示坡口形式、焊缝类别等要素，指令厂家做相应工艺评定试验，以获得最佳的焊接参数。当焊接参数确定后，编写焊接工艺评定报告、焊接工艺指导书。

（2）合格优质产品的制造是由合格的人和设备投入来实现的。因此，监理处指示厂家对所参加制造的焊接人员必须是合格的焊工且持证上岗。根据结构件焊缝位置的分布，对有超声波、射线探伤检查的一、二类焊缝，相应配置能胜任此项工作的合格焊工担任。对无超声波、射线探伤检查三类以外焊缝，必须满足焊缝外观质量检查要求。监理依据已认可的设计图纸，在钢结构制作过程中，本着按图纸施工、按厂家施工组织设计或作业指导书运行，按技术标准验收的三按原则，有条不紊的监控。当在按图纸运作时，发现某个技术环节有问题，监理工程师迅速与设计方信息反馈，再由设计方下发设计变更通知，经监理单位认可后，由厂方按设计变更组织实施。例如：钢盖梁的制造变更，当时考虑到在右纵 1$^{\#}$坝段部位，起重设备吊装梁存在无法解决的手段问题，经与设计协商研究后，变更了此根梁的结构方式，由原设计的整根钢梁分成两段制作，起吊至安装部位后，再由焊接和高强螺栓连接板连接以解决吊装手段问题。在此项设计变更的实施中，监理处严格对该梁制造几何尺寸扭曲值和焊接质量监控。保证了该梁在安装后满足栈桥安全运行要求。

（3）监理单位严格把握制造厂家质检程序的运行。除要求厂家严格按照设计文件《高程 120m 栈桥钢结构制作安装技术要求》及《铁路钢桥制造规范》（TB10212C－98）进行制造控制外，还编制了“高程 120m 栈桥钢箱（板）梁、柱单元工程检验评定表”。并指示厂家在组织人员上投入，厂级领导设主管质量责任人，质检科配备齐全的质检人员，建立自检、互检、过程检验和厂级检验制度，使生产的全过程得到质量控制。

（4）监理处在强化制造厂家焊材二级库管理及生产环境对施工作业影响方面提出严格要求，明确指示用于构件焊接的焊材，必须按焊材厂家说明书规定执行。2001 年 4 月在对一制造厂家监理工程师进行巡查时查出用于 10m 钢箱梁焊接的焊材中焊条烘干温度未满足烘干要求，未设焊条保温箱，无焊条发放、领取手续，无焊材二级库，无干湿温计和无人专门管理。对此违规行为，指令厂家在六日内全面整改到位。六日后再次复查时，厂家已进行了整改，有效遏制了违章作业的继续发展。同时，指令制造厂在阴雨天，周围空气湿度大于 80%时禁止焊接作业。并提出在钢箱梁内施焊必须安装通风设备，预防锰中毒和中暑，以保障操作者人身安全。

（5）为了提高制造厂钢结构件制造质量，2001 年 5 月应厂家之邀，监理处派监理工程师赴厂家讲解有关钢箱梁制造由原材料进厂、画线、切割、坡口加工，零部件装配焊接、矫正，整体装配、焊接、矫正直至防腐涂装整个过程的质量控制问题。焊接规范的读解及实施应用，焊接工艺参数选定以及普低钢的焊接特性等方面的技术知识。为帮助厂家培训技工提供了条件。

（6）为确保原材料，焊接材料质量符合设计要求，监理处指示承建单位对进厂的钢材、焊材、漆料，除报送供货方材质证明外，对原材料还必须进行抽查复验，复验合格后才能使用。并出示“高程 120m 栈桥进厂材料质量检验报告单”报送监理处审核认可后，再进入施工程序。

3. 制造质量检查

1）零部件加工检查

板材在经理化性能复验及矫平整形摊铺后，便着手画线、下料。监理处加强对此道工序的监控，指令厂家严格按下料尺寸允许偏差控制。在厂家具备数控切割机下料的条件下，其下料偏差均能满足构件拼装要求。在未有数控切割条件的制造厂，则要求厂方使用半自动切割机下料，严格控制画线割口截面垂直度。重点控制钢箱梁腹板高度尺寸，内隔板对角尺寸及腹板与翼板坡口加工采用刨边工艺。有效地满足了零部件加工精度。

2）小件拼装焊接检查

小型部件的装配质量准确与否，是保证结构件整体装配几何尺寸的前提。监理处指示厂家采取有效措施布控。不定期到施工现场检查。切实保证了该环节的几何尺寸到位。接下来的小件焊接中，根据图中焊接符号标示，指令厂家严格焊接工艺纪律。为翼板、腹板的对接焊缝在做焊缝外观检查后，均要进行 UT 检查。

3）整体装配，焊接检查

将若干个小件集合，便形成了整体结构。如若整体箱形结构作出某项尺寸变动是很困难的。据此情况监理处严格把握。曾多次到各个制造厂家巡查，过程跟踪检查。在施工现场通过问、看、查的方法，掌握第一手数据资料，与厂家技术质检部门沟通，除对每一块内隔板对角线尺寸满足偏差要求外，还必须多次复查装配线和装配尺寸，用水平仪测量水平对角差，并对腹板高度尺寸严格施控，使得整体装配质量满足尺寸误差要求。

当进入整体焊接工序前，监理处指令厂家严格按施工组织设计、焊接作业指导书进行。整体焊接环节的控制：一是根据图纸标注的焊接符号和技术要求作业；二是合理的焊接顺序布置，预防焊接应力集中和结构变形。在多次对厂家焊接过程的检查中，指示厂家技术，质检部门加强三检力度。用于结构件焊接的焊材必须是具有国家认证资质的厂家，并加强焊材的管理，严格按干燥温度要求烘干，减少焊条中氢的含量，CO_2 气体保护焊气体纯度必须保持在 99.5%以上。钢构件的二类角焊缝必须焊透，并使用埋弧自动焊或渣、气联合保护的 CO_2 气体保护焊施焊，以求得焊缝金属与母材金属有足够的熔合比。

4）现场巡视、过程跟踪检查

为了监理处能掌握对各制造厂家下达指令的落实情况，应用宏观上现场巡视、微观上过程跟踪检查制度。参加高程 120m 栈桥制造的单位多，且除武昌造船厂外，均分布在宜昌地区，采用不定期的现场巡视和过程跟踪检查就其实践成果来说，收到了理想的效果，是很有必要的，因为它能起到减少缺陷的产生，并在其制造过程中，随时发现缺陷，随时处理，为成品制造质量验收检查提供了条件。

5）几何尺寸检查

监理处经详读图纸，结合各品种钢构件在坝体的安装部位，归纳为重点控制和一般控制项。指示厂家对于重点控制项在装配、焊接、矫正三道作业工序严格按《铁路钢桥制造规范》检查，并将检查数据对照技术标准反复测量，对于检查中发现的局部尺寸超差现象，在整体焊接前调整，确保整体装配后各部尺寸均控制在公差范围。

6）重点控制

（1）钢箱梁起重机行车轨道承压面上拱度。基座底板平面度、梁端头对角线扭曲值及底脚螺栓孔中心距和螺孔间距等。

（2）钢盖梁下翼垫板平面度，与 A、B、C 立柱顶板连接高强螺栓孔中心尺寸、螺孔间距、梁四角扭曲值及外形尺寸。

（3）左厂 11#～14#坝段非钢管段与 3a、48a 下部结构框架，排架整体组装尺寸、水平支撑、斜撑与 A、B、C 立柱节点板连接尺寸和按 1∶1 比例放样在制造厂内组拼编号。

（4）箱形结构立柱长、宽、高尺寸，柱间高强螺栓孔与内、外连接板螺孔孔距尺寸，立柱中心轴线垂直度，立柱顶板平面度等。

钢板梁、钢垫梁、人行道托架、桁架及卸料罐平台均按一般项几何尺寸控制。

7）焊缝外观质量检查

焊缝外观质量检查按设计图纸以及设计变更要求，栈桥上部结构焊缝检查验收全部按《铁路钢桥制造规范》执行。下部结构焊缝检查全部按《钢结构工程施工及验收规范》执行。监理处指令厂家无论执行哪一种规范，焊缝外观质量检查的要求是一致的，杜绝焊接质量轻外观重内部的倾向，讲明焊缝外观缺陷在运行中与内部质量的危害性是一样的，加大检查力度。

依据构件结构形式，组合焊缝中 80%以上为角焊缝组成，监理处据此特征，设专人对其控制，除对接焊缝的有效把持外，主要精力放在对角焊缝焊脚尺寸及外观缺陷的检查。检查比例 100%，未经焊缝外观检查合格的级别焊缝，不允许进入超声波、射线探伤检查程序，对于发现查出的缺陷指令厂家立即处理。

8）焊缝内部质量检查

关于探伤检查中需做超声波、射线探伤检查的焊缝，监理处按《钢焊缝手工超声波方法和控伤结果分级》(GB11345）和《钢熔化焊对接接头射线照相和质量分级》(GB3323—87）技术规范指令制造厂按以下要求控制：

（1）焊缝坡口要求机械加工；

（2）翼板与腹板连接的 T 形角焊缝必须焊透；

（3）背面焊缝清根时，必须将残留焊缝内的缺陷全部清除；

（4）焊缝发生缺陷时，应进行分析找出原因，订出措施，方可处理；

（5）焊接完毕，焊工应进行自检，Ⅰ、Ⅱ类焊缝自检合格后，应在焊缝附近做上标记，并做好记录；

（6）凡需做超声波、射线探伤检查的焊缝，必须在外观检查合格后，方可进行。

针对监理处提出的指令要求，为了掌握其落实情况，监理部派出探伤专业监理工程师去现场抽检。并会同三峡总公司金结检测中心赴施工现场联合检查，促使焊缝内部质量得到有效监控。

9）产品验收及资料签证

（1）钢构件成品批次制造验收，是由承建单位向监理处提出报验申请，监理处会同设计方代表，承建单位代表，施工单位质检负责人四方组成联合验收小组，对成品件防腐前制造几何尺寸、焊缝外观质量、焊缝内部质量按比例抽查，并将抽查中发现的质量缺陷在验收工作会议上，各方代表对照技术条文充分发表意见，达成共识。经监理处会后整理，形成会议纪要。自2001年2月9日～2000年8月29日，共验收钢制品二十批次。

（2）承建单位成品报验时，验收资料一并递交，监理处在接到报验资料后，认真对表格中各项数据审核，并将实地抽查数据与资料填报数据相对照，发现错误及时通知资料提供方更改纠错，切实保证数据的准确性。

10）防腐涂装检查

（1）根据已认可的设计变更通知，监理处指示施工单位制订《防腐涂装工艺指导书》并经审核批准后实施。

（2）钢构件表面处理清洁度等级不低于Sa 2.5级。监理处在此道工序巡视检查。

（3）监理处特别对漆料厂家重点审查，按指定厂家订货及出示产品材质报告和化学成份分析报告。

（4）对涂装后成品干膜厚度检查，按不小于180μm～230μm控制。

（5）露天或阴雨天、空气湿度大于80%的环境中严禁施工作业。

11）巡查与跟踪检查

（1）经常深入钢结构件制造现场巡查经监理批复同意的施工方案、施工措施落实情况，特别是检查督促质保体系落实。

（2）检查、巡查焊接工、质检员持证上岗情况，钢构件材质、焊条材质、制造设备设施是否满足要求，巡查零部件加工中画线、放样、切割、和坡口加工方法、手段。

跟踪焊接工艺，在科学确定工艺参数后加强施焊过程检查力度，巡查或部分跟踪、旁站、检查施焊方法，操作手段。对检查中发现的手工电弧焊长控制不当，焊缝参数波动大、焊缝清根坡口尺寸大而焊缝尺寸小而引起焊缝不饱满，多层焊缝厚度把握不准、焊条运用手势不到位，焊工操作随意性大，以及个别质检人员责任心不强等问题都及时交换意见。对反复发生的问题，召开相关人员座谈会，交换意见，提出整改措施，及时纠正了焊接过程中出现的问题。

12）关键工序的重点验收检查

（1）钢结构件出厂时，我们要求制造厂家提供产品出厂合格证，和相关验收资料。同时要求钢结构件在组装完成后防腐前报监理验收，由监理组织承包单位管理机构（机电部）和设计单位进行联合验收，并以会议纪要形式记录验收情况，验收合格方可进行下一道工序施工。

（2）联合验收是在制造厂家三检合格的基础上，由其上级管理机构葛洲坝股份有限公司三峡建设承包公司机电管理部申报监理检查验收，监理主要检查钢结构件几何尺寸、焊缝外观和焊缝内部质量是否满足设计及规范要求。

检查中发现问题较多的是焊缝外观质量，其质量缺陷集中表现在：

（1）局部角焊缝焊脚尺寸偏小；

（2）咬边、气孔、弧坑、焊趾部熔合不良；

（3）焊缝波纹不整以及余高局部超标；

（4）存在少量漏焊现象。

这些缺陷或不足，经返工修复处理后满足设计要求。

焊缝内部质量检查，主要是检查制造厂家的探伤（射线与超声波）资料及按设计要求监理工程师采用自备仪器对一、二类焊缝进行超声波探伤抽查，检查结果总体来说质量是优良的。业主金结检测机构的评价是大部分二类焊缝质量达到一类质量标准。但在武昌造船厂最后生产的5#、6#两根21.2m梁中，监理验收检查时发现焊缝内部金属熔合不良，气孔和夹渣等缺陷，经挖除重新施焊等返工处理后满足二类焊缝质量要求。

4. 制造质量缺陷检查及处理

1）缺陷表述

尽管监理单位在制造的各个环节加大监控，但仍有缺陷的存在。其表现为：

（1）某一厂家制造的3#、4#两根21.2m钢箱梁底座板平面度有明显超差，并对其做了补救处理；

（2）焊缝外观缺陷概括为：局部角焊缝焊脚尺寸偏小，角焊缝局部漏焊、表面咬边、表面气孔/弧坑未满、焊趾部熔合不良、焊缝波纹不整以及焊缝宽度差、余高差较大等；

（3）5#、6#钢箱梁翼板与腹板Ⅱ类角焊缝焊接金属内部存在气孔、夹渣及熔合不良等缺陷。

2）缺陷分析

监理处对于在验收检查中发现的质量缺陷十分重视，并在四方验收会议上将缺陷产生的不同形式进行分析，以促进制造厂家及时整改和处理。

缺陷表述中，3#、4#两根21.2m钢箱梁底座板平台度超差问题，是由于下翼板与两侧腹板和竖向加劲肋及外侧筋板在施焊时发生的焊缝温度过高，线能量增大，角变形亦随之增大造成的，又未在安装底座板前矫正，造成底座板平面度超差。

缺陷表述焊缝外观缺陷的形成原因主要有以下几点：

（1）手工电弧焊弧长控制不当，焊工技能有待提高；

（2）焊接参数波动大；

（3）焊缝清根坡口宽度、深度差较大，因而焊缝宽窄差，高低差明显增大；

（4）制造单位过程检验人员检查力度不够，责任心不强；

（5）多层多道焊接层间厚度把挂不准，心中无数；

（6）焊条运条手势不到位，焊工操作随意性大。

缺陷表述5#、6#两根21.2m钢箱梁发生的焊缝内部缺陷，其产生原因：

（1）焊缝内部金属熔合不良，是在焊缝层间存在局部渣滓未有效排除夹裹所致，焊接电流强度变化较大；

（2）药芯焊丝在焊接中，焊接参数波动较大，又未得到有效调整；

（3）焊缝背面清根不完全，未将焊缝打底层缺陷有效清除。残留在焊缝中。

3）缺陷处理

监理处在历次的验收检查中，将发现缺陷的种类、数量和产生原因都在四方验收会议上予以阐述，做好纪要，并指令制造单位在处理时效内一次处理到位。对较严重的缺陷厂家处理后再进行复验，直至消除为止，从而使产品制造质量在监理单位的指示中处于受控状态。

5. 钢结构件制造质量评定。

钢结构件的钢材品种、型号、规格按炉号均要求有厂家的材质证明书和检验成果及承建单位的复验报告。

钢构件外观检查满足设计要求，构件基本尺寸合格率为100%，优良率为84.4%；焊接外观质量复查合格率100%。一检90.8%，优良率为91.4%；焊缝内部质量经超声波（VT）复查，合格率为100%，一检合格率为97.6%，优良率达90.0%。防腐涂装合格率为100%，厂家提供的材质证明满足要求，涂装后的成品干膜厚度按设计要求180～230μm控制，干膜厚度满足要求。

总体来讲，通过监理的控制，制造厂家的努力，钢结构件制造质量满足设计及规范要求，个单元工程经质量评定合格率为100%，平均优良率91.0%。

（二）混凝土预制构件制造质量控制

1. 基本情况

预制混凝土构件由葛洲坝股份有限公司七公司三峡综合厂生产，预制混凝土构件分为梁、板两种共942件。其中钢筋混凝土T形预制梁350根，按梁长分为10m、11m、14.2m三种规格，混凝土标号为C40；钢筋混凝土预制行车道板共592块，按梁跨分为10m、11m、14.2m、17.1m和21.2m五种规格，混凝土标号为C30。

2. 监理控制

1）监理控制程序

监理按施工顺序分别进行：原材料抽测→配合比审查→模板制作检查→钢筋绑扎检查→立模检查→混凝土振捣旁站→混凝土养护检查→单元质量评定→出厂联合检查。每一道工序合格后，方可进行下一道工序，严格控制每一道工序。施工过程中，随着工程进展监理定期和不定期对原材料、钢筋焊接质量、混凝土拌和物随机取样检测。

2）质量控制

（1）为了规范质量管理，加强工程质量控制，监理处制定了“预制混凝土构件单元工程钢筋制安工序质量检验表”、“ 预制混凝土构件单元工程模板工序质量检验表”、“预制混凝土构件单元工程质量评定表”、“预制混凝土构件出厂质量检验表”、“预制混凝土构件质量报验单”等验收表格。监督施工单位认真落实“三检制”，把好自查每道工序，并做好现场记录。混凝土浇筑过程中，监理工程师坚持现场跟踪监理。

（2）在施工过程中，督促厂家对每一根梁每一块板都要进行取样检测，且混凝土检测监理也定期到厂家进行抽检，对混凝土试块强度不合格的梁、板不准出厂。

（3）出厂前，组织承建单位质检机构、使用单位、检测单位，对混凝土预制构件出厂逐件进行联合检验。对外观质量不符合要求的，必须进行处理。尽管每一根梁、每一块板都有混凝土取样检测记录，但我们在现场还是对混凝土预制构件进行了回弹强度评定（抽检）。

（4）在混凝土预制构件监理过程中，由于预制混凝土大梁高度大部分在 1m 以上，且均为薄壁结构，加之钢筋又配的较密，施工振捣过程中局部不容易密实。为此，我们与生产厂家一起研究解决，根据梁的实际配筋情况，采取了以下措施：一是调整混凝土的配合比，二是浇筑时分层振捣，三是在侧模上增加一定数量的扶壁振捣器。

（5）在混凝土预制构件养护过程中，生产厂家主要是用水管洒水，用水管洒水虽然可以，但对刚浇筑出来混凝土预制构件则不太合适。因混凝土预制构件混凝土标号高（C30 以上），前期养护相当重要，若前期养护不到位，很容易造成混凝土预制构件表面龟裂。为此我们要求在较大型构件前期养护中头七天不能停水，连续养护。在现场监理过程中，监理部主动与生产厂家配合，急工程之所急，想工程之所想，及时发现问题，及时解决问题。

（6）通过这些有力的控制措施，严格的监控方法，主动的工作态度和施工单位的认真负责工作，使浇筑出来的混凝土预制构件外观漂亮，强度满足设计要求，同时满足大坝施工进度需要。

3）质量评定

检查控制中发现的诸如粗骨料超径、逊径，细骨料含水率偏大，钢筋间距局部不符合要求，梁中横隔板偏差，混凝土养护以及混凝土表面缺陷等问题都得到及时纠正和有效处理，促进了混凝土预制构件质量的不断提高。混凝土预制构件抽检的混凝土试块 28 天抗压、抗拉强度普遍超强。几何尺寸控制满足设计要求。942 个单元工程经质量评定合格率为 100%，一检合格率为 97%，平均优良率 91.0%。

4）荷载试验

按设计要求分别对 10m、14.2m 两种规格的混凝土 T 形梁抽样进行静载试验，共试载 3 根梁，其中 10m 一根，14.2m 两根，试验结果表明，混凝土预制 T 形梁各项物理力学指标满足设计要求，质量是好的。设计书面意见是：试验结果与设计基本吻合，试验成果可靠，钢筋混凝土预制 T 形梁质量满足设计要求。

（三）垫梁垫石及埋件施工质量控制

1. 基本情况

（1）垫梁、垫石。垫梁、垫石为现浇钢筋混凝土结构，C25 混凝土垫梁共 95 块，每根垫梁上布置 7 块 C40 混凝土垫石，共 665 块，直接承担预制混凝土 T 形汽车梁传递的荷载，另有上、下游边钢板梁垫石 192 块直接承担边钢板梁传来的荷载。垫梁、垫石所在坝段内分别由承担坝段浇筑的葛洲坝股份有限公司厂坝项目一、二、三部负责施工。

（2）埋件。支柱、梁、托架和料罐支架等组合钢埋件 1022 件。由制造单位进行现场安装，其中泄洪坝段主要葛洲坝机械公司制造安装，左厂 11#～14#坝段由葛洲坝机电公司制造与安装，变压器托架和料罐支架由葛洲坝工业总公司制造与安装。

2. 监理控制

（1）垫梁、垫石混凝土浇筑质量控制及评定。按照施工工序进行工序验收签证和浇筑过程、养护过程巡查控制。每个仓位开仓时由施工单位质检部门提出报验申请，监理对仓面钢筋、立模、仓面冲洗等进行检查，合格后签发开仓证方可浇筑混凝土。巡查过程中发现的部分混凝土麻面、跑模等表面缺陷问题均进行了有效的处理与控制。在梁安装前，对垫石的高程、平整度、中心线均进行再测量，超差者必须进行处理，满足要求后且混凝土强度达设计强度时方可吊装预制梁。

垫梁、垫石混凝土浇筑质量单元工程合格率为 100%，优良率为 82.2%，工程质量满足设计要求。

（2）埋件质量控制及评定。针对埋件种类多，数量大的特点，质量控制严格实行签证验收控制，从制造出厂至安装均进行工序过程签证控制，严格放样测量、就位测量、调整测量三测量控制，对重要的箱梁、立柱等组合埋件进行测量及加固旁站监理，同时测量监理工程师定期、不定期进行抽查。

经承建单位主管部门机电部（质量终检机构）和机械公司、机电公司、工业总公司和监理共同努力，埋件安装质量控制一次安装合格率在 90%左右，单元工程安装工序质量检验评定合格率为 100%，优良率为 84.3%。

（四）安装施工质量控制

1. 监理控制程序

（1）钢箱梁、钢板梁、钢立柱监理控制程序为：预埋件测量检查→立柱及连结系安装检查→支座安装检查→钢梁安装检查→轨道安装检查→轨道安装测量检查。

（2）预制混凝土 T 形梁监理控制程序为：垫石测量检查→支座安装检查→混凝土梁安装检查→湿接缝检查→预制板安装检查→现浇钢纤维混凝土面层检查→辅助项目检查。

2. 质量控制与质量评定

（1）监理处对参与栈桥结构安装的施工单位技术人员、质检人员和相关安全责任人资质条件进行审核；

（2）三检人员资质须报经监理处资质条件认可后方可开展质检工作；

（3）对施工单位报送的施工组织设计或安装技术方案审核确定；

（4）对参与栈桥结构安装的施工单位用于栈桥安装的螺栓紧固件、油漆、焊材和高强螺栓紧固测力扳手等必须是合格的；

（5）必须具有材质证明和试验报告，尤其是高强螺栓扭矩扳手其误差值必须满足规范技术要求。例如"安装施工单位曾用过一批扭矩扳手，经监理一再要求出示检测报告时，24 把扳手只有 2 把合格"，监理处指示施工方必须更换。

随后，施工单位及时外购了工程所需的测力合格的扭矩扳手，并进行了复核，严格控制了不合格产品在施工中的流入。每个安装控制程序中均实行工序检查验收签证，重点检查控制了安装轴线、安装高程、平整度、焊接质量及高强螺栓（一共 15901 套）终拧扭矩值。

监理工程师在监控中，要求要有高强螺栓摩擦面抗滑移性能试验报告及扭矩扳手率定成果，以保证高强螺栓联接的紧固性。安装过程中，监理工程师加强施工工序检查，对检查中发现的安装偏差超标、个别扭矩扳手不合格及支撑结构平整度个别不满足设计要求等问题都得到及时有效纠正和处理，安装质量满足设计要求。

3. 单元工程质量评定

单元工程质量评定情况中，钢梁安装 136 个单元，合格率 100%，优良率 78.0%；钢立柱安装单元 10 个（A、B、C 为一组），合格率为 100%，优良率为 80%，铸钢支座安装单元 58 个，合格率 100%，优良率 83.0%。预制混凝土 T 形梁安装单元工程 350 个，合格率 100%，优良率 82%，预制混凝土行车道板安装单元工程 592 个，合格率 100%，优良率 80%。

（五）桥面及其辅助系统施工质量控制

1. 基本情况

桥面施工主要包括 T 形梁与 T 形梁之间湿接缝、现浇行车道板（左厂 11#～14#坝段）和桥面钢纤维混凝土铺装层。T 形梁与 T 形梁之间湿接缝共 300 条，预制行道车道板之间湿接缝计 350 条，分别采用二级配 C40 混凝土；左厂 11#～14#坝段现浇行车道板为二级配 C30 混凝土；桥面铺装层为一级配 CF50 钢纤混凝土（1640 m^3）。

附属工程主要包括桥面伸缩缝、人行道、栏杆、接地装置、供水管、线等。

2. 质量控制

（1）控制程序为：预制梁、板安装验收检查→施工放样检查→立模布筋及伸缩缝埋件验收检查→混凝土浇筑→路面拉毛→养护检查→拆模、切缝检查→伸缩缝（ZF80 橡胶伸缩装置）施工缝嵌缝、填缝（沥青油脂）检查→人行道托架与桁架梁安装检查→人行道扩张金属网板安装检查→栏杆安装检查。

（2）质量控制及评定。检查中发现的路面拉毛局部不满足要求、人行道托架与钢梁及桁架梁之间局部焊缝不合格等问题得到及时纠正，施工质量是好的。

3. 单元工程质量评定

单元工程质量评定分别为：

（1）铺装层（每个仓划一个单元）合格率100%，优良率92.0%；

（2）湿接缝（一次验收开仓的若干条缝为一个单元），合格率100%，优良率59.0%；

（3）现浇行车道板8个单元工程合格率100%，优良率85.7%；

（4）人行道托架与桁架梁安装合格率100%，优良率81.0%。

4. 附属设施质量评定

伸缩缝、人行道栏杆、接地装置等附属设施施工质量满足设计要求。其中接地装置按现场实际情况调整了布置、接地装置采用大坝接地，分别从泄1#、泄23#的高程116.5m和泄15#的高程110m引出4根大坝接地装置线与高程120m栈桥连接，引线采用40×4mm镀锌扁钢。接地装置施工工序检查验收合格率为100%，采用ZJ-18型号的接地摇表测试，接地电阻值为1.2Ω，满足设计要求。

（六）原材料质量检测控制

1. 监理检测方法

随着工程进展，监理对工程中使用原材料、半成品进行定期和不定期随机抽检，抽检采用原材料进库抽检、施工中与施工单位检测平行抽检、施工完成验证抽检三种方式，监理监控采取检测监理和监理检测二种手段。从2001年2月至10月底，人工抽样检测水泥13组、骨料62组、钢筋6组、钢筋焊接接头5组，机口混凝土坍落度抽样34组，混凝土强度检测53组。抽样检测结果表明，原材料、半成品除粗骨料超径、逊径超标外其他均满足相应的规程规范和设计要求，原材料质量控制是好的，粗骨料超径、逊径标在生产中对混凝土配合比予以适当调整或处理。

2. 原材料及半成品检测

工程采用的原材料，规格品种多、数量大，除大批量、连续、稳定采购及供货实行定期、定批、常规抽检外，对单批次、频变品种规格的材料，实行专门抽检。本项目主要对水泥、混凝土粗细骨料、钢筋和混凝土生产的半成品进行了专门抽检。

原材料、半成品抽样检测具体情况如下：

1）水泥

水泥共抽样检测13组，其中葛洲坝中热525#水泥8组，葛洲坝普通425#水泥4组。检测结果均达到TGPS03－1998标准和国标要求，检测成果见表9－3－1。

2）细骨料

人工砂细度模数、含水率、含石率，石粉含量各抽检14组。人工砂表面含水率合格率为75%，人工砂细度模数满足要求。检测结果统计见表9－3－2。

3）粗骨料

粗骨料共抽检48组，中石有6组超径为8.6%、5.7%、10.3%、10.6、10.0%、18.0%，有10组逊径为17.1%、13.1%、20.3%、27.3%、21.3%、27.0%、16.6%、12.5%、21.4%、19.8%，小石有3组逊径为11.7%、11.3%、10.5%，均不合格，其他各级骨料超、逊径均符合TGPS01-1998要求，对抽检超、逊径不合格的，要求施工配比中作适当调整。

检测结果见表9－3－3。

表 9－3－1　　水泥品质检测成果

取样日期（年、月、日）	取样地点	品种及标号	安定性	细度（%）（80um方孔筛余）	抗压强度（MPa）			抗折强度（MPa）			凝结时间（h:min）		碱含量（%）	MgO（%）	SO_3（%）
					3d	7d	28d	3d	7d	28d	初凝	终凝			
2001.2.28	∇130预制厂	中热525#	合格	合格	28.0	43.5	67.2	5.4	7.0	9.2	2:35	5:20	/	/	/
2001.3.27	∇130预制厂	中热525#	合格	合格	25.6	40.7	66.2	4.9	6.5	9.2	2:22	5:30	/	/	/
2001.4.22	∇130预制厂	中热525#	合格	合格	28.9	41.9	63.8	5.5	7.2	9.3	1:67	4:20	/	/	/
2001.5.25	∇130预制厂	中热525#	合格	合格	32.0	46.0	67.2	6.0	7.4	9.1	1:88	4:20	/	/	/
2001.9.13	∇130预制厂	中热525#	合格	合格	34.2	44.6	60.6	5.9	7.6	9.2	1:54	3:09	0.33	3.96	1.87
2001.6.24	∇130预制厂	中热525#	合格	合格	23.9	35.0	60.6	4.8	6.4	9.1	1:85	4:30	/	/	/
2001.7.26	∇130预制厂	中热525#	合格	合格	32.6	40.7	57.1	5.9	7.2	8.9	1:79	4:20	/	/	/
2001.8.23	∇130预制厂	中热525#	合格	合格	30.1	40.9	62.1	5.7	7.0	9.7	2:50	4:21	0.31	4.61	1.94
2001.2.28	∇130预制厂	普通425#	合格	合格	27.2	/	61.0	5.0	/	9.1	2:27	4:80	/	/	/
2001.3.27	∇130预制厂	普通425#	合格	合格	42.3	/	60.1	6.8	/	9.2	1:22	3:50	/	/	/
2001.4.26	∇130预制厂	普通425#	合格	合格	26.4	/	48.0	5.0	/	8.3	1:59	3:80	/	/	/
2001.5.25	∇130预制厂	普通425#	合格	合格	19.2	/	45.7	4.2	/	8.5	1:32	4:90	/	/	/
TGPS 03－1998		中热525	合格	≤12	≥20.6	≥31.4	≥52.5	≥4.1	≥5.3	≥7.1	≥60min	≤12h	≤0.6	3.5～5.0	≤3.5
GB 175－92		普通425	合格	≤10	≥16.0	—	≥42.5	≥3.5	—	≥6.5	≥45min	≤10h	≤0.6	≤5.0	≤3.5

表 9－3－2　　人工砂品质检验成果统计

项目	细度模数	含水率（%）	含石率（%）	石粉含量（%）
次数	14	14	14	14
最大值	2.83	7.7	4.9	15.7
最小值	2.59	2.4	2.8	9.4
平均值	2.72	4.9	4.1	13.12

表 9－3－3　　粗骨料检测成果

使用部位	5～20mm		20～40mm		40～80mm		80～150mm	
	超径（%）	逊径（%）	超径（%）	逊径（%）	超径（%）	逊径（%）	超径（%）	逊径（%）
高程 120m 栈桥预制构件混凝土及路面钢纤维混凝土	3.5	2.7	4.4	4.8	0	3.6	0	4.9
	4.0	8.0	2.1	17.1	/	/	/	/
	2.7	8.6	0	13.1	/	/	/	/
	0	4.3	8.6	20.2	/	/	/	/
	0	11.7	5.7	27.3	/	/	/	/
	0	1.9	10.3	21.2	/	/	/	/
	0	11.3	2.0	27.0	/	/	/	/
	0	7.3	10.6	16.6	/	/	/	/
	0	1.2	10.0	12.5	/	/	/	/
	0	10.5	18.0	21.4	/	/	/	/
	0.6	6.7	3.5	19.8	/	/	/	/
TGPS01－1998	≤5	≤5	≤5	≤10	≤5	≤10	≤5	≤10

4）钢筋检测

对高程 120m 栈桥各部位使用钢筋共抽检 6 组，其中钢筋接头拉伸试验 5 组，钢筋接头弯曲试验 1 组。各组钢筋焊接接头满足拉伸性能和弯曲性能要求。检测结果见表 9－3－4、表 9－3－5。

5）混凝土机口坍落度抽样检测

机口混凝土坍落度抽检共 33 组，其中预制板 6 组，预制梁 12 组（均为常态混凝土）；路面混凝土 15 组（钢纤维混凝土）。机口混凝土坍落度检测结果见表 9－3－6。

6）混凝土强度检测成果

所抽样混凝土到龄期共检测 53 组，其中常态混凝土 28 天抗压 19 组，7 天抗压 1 组；钢纤维混凝土 28 天抗压 14 组，抗折强度 14 组，7 天抗压 1 组，5 天抗压 1 组，3 天抗压 1 组，2 天抗压 1 组，1 天抗压 1 组。检测结果见表 9－3－7、表 9－3－8。

3. 质量评述

原材料检测有水泥、粗骨料、细骨料。葛洲坝中热 525#水泥，普通 425#水泥检测结果均达到 TGPS03－1998 标准。人工砂细度模数基本满足要求。粗骨料共抽检 48 组，小石有 3 组逊径不合格，中石有 6 组超径、10 组逊径不合格，其他各级骨料超逊径均符合 TGPS01－1998 要求的粗骨料在生产中根据检测情况对混凝土配合比予以适当调整或处理。对高程 120m 栈桥使用的钢筋抽检 6 组，各组钢筋焊接接头力学性能满足拉伸性能或弯曲性能要求。高程 120m 栈桥混凝土检测的抗压强度和抗折强度，全部满足设计要求。

表 9－3－4　　钢筋接头单向拉伸试验成果

收样日期（年.月.日）	工程部位	钢筋情况				接头长度（mm）	抗拉强度 δ_b（MPa）	断口距接尺寸（mm）	断裂特性	结论
		表面形状	钢筋牌号	公称直径（mm）	接头形式					
2001.2.6	高程120m栈桥	月牙肋	HRB335	ϕ28	闪光对焊	/	605	90	母材塑断	合格
						/	605	105	母材塑断	合格
						/	605	110	母材塑断	合格
2001.3.15		月牙肋	HRB335	ϕ32	闪光对焊	/	550	104	母材塑断	合格
						/	550	129	母材塑断	合格
						/	550	137	母材塑断	合格
2001.4.8		月牙肋	HRB335	ϕ36	闪光对焊	/	590	167	母材塑断	合格
						/	590	176	母材塑断	合格
						/	575	155	母材塑断	合格
2001.5.15		月牙肋	HRB335	ϕ32	闪光对接	/	570	125	母材塑断	合格
						/	570	161	母材塑断	合格
						/	575	129	母材塑断	合格
2001.8.5		月牙肋	HRB335	ϕ28	闪光对接	/	560	160	母材塑断	合格
						/	560	140	母材塑断	合格
						/	550	160	母材塑断	合格
备　注	试验依据：JGJ18-96　GB228-87　JGJ107-96 连接方法：电弧焊 接头形式：闪光时焊									

表 9－3－5　　钢筋接头弯曲试验成果

取样日期（年.月.日）	使用部位	钢筋情况				弯心直径 D（mm）	弯曲角度 α	接头裂缝情况
		表面形状	钢筋牌号	公称直径（mm）	接头形式			
2001.3.15	高程120m栈桥行车道梁	月牙肋	HRB335	ϕ32	闪光对焊	128	90	完好
							90	完好
							90	完好
备注	试验依据：GB323—88；连接方法：电热焊；接头形式：闪光对焊							

表9－3－6　　机口混凝土坍落度检测结果统计

坍落度控制标准（cm）	检测次数	平均值（cm）	最大值（cm）	最小值（cm）	备　注
4～6	18	4.8	6.7	2.6	常态混凝土
	15	4.6	7.0	2.4	钢纤维混凝土

表9－3－7　　混凝土强度检测成果表（常态混凝土）

取样日期（年.月.日）	设计指标	工　程　部　位	抗压强度（MPa）28d
2001.2.23	C40	高程120m栈桥预制梁	49.9
2001.2.2	C40	高程120m栈桥预制梁	47.2
2001.3.5	C40	高程120m栈桥预制梁	43.5
2001.3.20	C30	高程120m栈桥预制板	31.7
2001.4.2	C30	高程120m栈桥预制板	50.9
2001.4.3	C40	高程120m栈桥预制梁	54.6
2001.5.2	C40	高程120m栈桥预制梁	51.0
2001.5.9	C 30	高程120m栈桥预制板	51.0
2001.5.9	C40	高程120m栈桥预制梁	52.6
2001.5.7	C40	高程120m栈桥预制梁	58.6
2001.5.23	C40	高程120m栈桥预制梁	45.4
2001.5.30	C30	高程120m栈桥预制板	41.8
2001.6.6	C40	高程120m栈桥预制梁	40.1
2001.6.20	C30	高程120m栈桥行走车道板	39.4
2001.7.5	C40	高程120m栈桥预制梁	49.5
2001.7.17	C40	高程120m栈桥预制梁	42.9
2001.7.28	C30	高程120m栈桥预制板	35.5

表 9—3—8　　混凝土强度检测成果表（钢纤维混凝土）

取样日期（年、月、日）	设计指标	工程部位	抗压强度（MPa）						抗折强度（MPa）
			1d	2d	3d	5d	7d	28d	28d
2001.8.3	CF50	高程 120m 栈桥 8～9d、59～58d 铺装层	/	/	/	/	/	59.1	7.2
2001.8.13	CF50	高程120m栈桥9～11d上游铺装层	/	/	/	/	/	53.0	6.4
2001.8.17	CF50	高程 120m 栈桥 58～57d 下游铺装层	/	/	/	/	/	5.0	7.1
2001.8.22	CF50	高程 120m 栈桥 11～12d 铺装层	/	/	/	/	/	66.1	7.8
2001.8.30	CF50	高程 120m 栈桥 1～3d 铺装层	/	/	/	/	/	61.2	7.6
2001.9.3	CF50	高程 120m 栈桥 1～3d、14～15d 铺装层	/	/	/	/	/	60.7	7.0
2001.9.6	CF50	高程 120m 栈桥 1～3d 铺装层	/	/	/	/	/	61.8	7.7
2001.9.12	CF50	高程 120m 栈桥 16～20d、24～40d 铺装层	/	/	/	/	/	58.4	8.0
2001.9.15	CF50	高程 120m 栈桥 24～40d 铺装层	/	/	/	/	/	58.1	8.0
2001.9.29	CF50	高程 120m 栈桥人行道铺装层	/	/	/	/	/	53.6	6.6
2001.10.8	CF50	高程 120m 栈桥人行道铺装层	/	/	/	/	/	58.1	7.1
2001.8.30	CF50	高程 120m 栈桥人行道铺装层	/	/	/	/	/	78.8	7.2
2001.9.8	CF50	高程 120m 栈桥人行道铺装层	/	/	/	/	/	66.5	7.2
2001.9.21	CF50	高程 120m 栈桥人行道铺装层	/	/	/	/	/	70.0	8.0
2001.9.22	CF50	高程 120m 栈桥人行道铺装层	25.5	38.5	46.5	52.9	57.8	/	/

（七）运行荷载试验

根据合同技术文件及规范要求，栈桥在正式投入使用前必须进行荷载试验，以检验栈桥结构的工作状态和承载能力是否符合设计和使用要求，同时也验证栈桥的设计、制造和安装质量。由于ⅡA 标段栈桥已做运行荷载试验，加之栈桥已运行两年有余，因此在Ⅰ&ⅡB 标监理协调会议上（长三监理Ⅰ&ⅡB〔2002〕会 121 号），经业主、设计、监理、施工四家议定，明确此标段栈桥不再做整体运行荷载试验。

四、施工进度控制

（一）合同进度目标

本次监理的高程 120m 施工栈桥为 TGP/CⅣ-4-Ⅰ&ⅡB 标段，该标段栈桥从左厂 11#（48+522.20）～左厂 14#→泄 1#～泄 23#→右纵 1#坝段（49+218.40），全长 696.20m，由葛洲坝股份有限公司三峡建设承包公司总承包。

该标段栈桥泄洪坝段于2001年11月30日全线形成并具备通车条件，奖励人民币100万元，未达进度目标罚50万元；厂房坝段于2001年10月30日全线贯通，并具备通车条件，奖励人民币100万元，未达进度目标罚50万元。按照设计编制的进度计划，泄23坝段2001年1月浇至高程120m高程开始安装，2001年10月全线形成并具备运行条件，安装工期10个月。

（二）工程形象进度与控制措施

1. 开工批准

2000年1月1日监理批准开工，承建单位开始制造钢构件，1月7日开始预制混凝土构件，2001年3月10日开始安装钢箱梁。

2. 工程形象进度与控制措施

工程形象进度中钢构件制造，预制混凝土件预制率先施工，施工进度满足进度计划要求。实际安装进度中，由于塔带机安装滞后及运行状况不佳等诸多原因，大坝形象进度有所滞后，制约了栈桥安装进度，2001年3月10日仅在泄19#坝段11a～12a跨象征性的安装两根箱形梁，4月2日至5月23日泄18#～泄23#坝（3a～14a）才安装几跨钢箱梁，6月12日以后安装预制混凝土T形梁，初步进入实质性的安装阶段，比设计编制的安装计划推迟了3个月，故在完工日期不变的总安装工期由10个月压缩至7个月，如何在短短的7个月内采取强有利的措施，重新调整计划将外界影响的工期抢回来，按合同目标如期完成任务，就成为关键。

为使合同目标的尽快实现，监理首先要求承建单位加大人力、物力资源投入，抢浇坝体中、下块，为高程120m施工栈桥安装提供部位。并改远距离刘家河混凝土供料为近距离高程90m系统供料，改垂直吊料运输为供料线水平快速运输，改钢结构件部分先后施工工序为平行施工工序，积极采用新材料、新工艺，及时协调现场问题等措施，这些措施在业主和设计的配合下，施工单位的努力下，有效地促进工程进展，大大缩短了工序施工历时，确保了工程提前顺利完工。

2001年9月18日凌晨门塔机轨道梁安装全线贯通；2001年9月23日晚11时门塔机内主干道混凝土路面与ⅡA标段高程120m施工栈桥路段接通；2001年9月28日，汽车道正式通车。高程120m栈桥较合同约定的完工日期分别提前1个月和2个月，从而为坝体混凝土及时转换浇筑手段创造了条件，同时弥补了塔带机由于运行故障造成的停机，提前实现了浇筑手段转换的目标，为三峡二期工程顺利实施打下了坚实的基础，且高程120m施工栈桥实现了质量、安全均无事故的“双零”控制目标。

五、合同支付目标控制

1. 合同目标支付控制

高程120m施工栈桥属于TGP/CⅣ-4-Ⅰ&ⅡB标合同临时工程的组成部分，为“暂定总价”合同。在合同支付过程中，监理单位坚持以单元工程为基础，施工质量为保证，根据已批准的施工详图及现场实际情况，审核和确认已完成的工程量。单元工程完成一个，监理工程师工程量核定认证一个，按形象进度和单元分部质量进行月支付。高程120m栈桥在施工期支付工程款7800万元，所支付工程款满足施工进度需要。

合同工程款暂定总价155373287元人民币（包括高程45m栈桥），其中高程45m（高程42）m栈桥监理部审核工程价款为33690427.34元（长三监理Ⅰ&ⅡB〔2000〕经字056号），高程120m栈桥监理部审核工程价款84356198.08元（长三监理Ⅰ&ⅡB〔2002〕经字043号）。

业主厂坝项目部最后审定高程120m栈桥工程价款83131541.05元，高程45m、高程120m栈桥总工程价款116821968.39元，承建单位已全部结清。与合同工程款暂定总价155373287元人民币（包括高程45m栈桥）相比，共优化节约38551318.69元。

2. 工程量完成情况

工程量完成情况见表9—5—1。

表9—5—1　　二期工程Ⅰ&ⅡB标段120施工栈桥工程量表

序号	项目名称	单位	工程量	备注
一	右纵1#、泄1#～23#及左导墙坝段			
1	栈桥金结制作	t	3579.028	
2	栈桥金结安装	t	3579.028	
3	铸钢支座制安	t	225.48	
4	钢结构埋件制安	t	265.731	
5	现浇混凝土垫梁、垫石			
	C25混凝土	m^3	752.968	
	C40混凝土	m^3	361.346	
	钢筋	t	139.525	
	埋件	t	17.591	
6	钢筋混凝土预制梁			
	预制梁混凝土C40	m^3	1913.54	
	湿接缝混凝土C40	m^3	391.51	
	钢筋（含湿接缝）	t	825.47	
7	钢筋混凝土预制板			
	C30	m^3	785.74	
	钢筋	t	113.254	
	埋件	t	17.631	
8	钢纤维混凝土铺装层	m^3	1436.99	
9	橡胶支座			

表 9—5—1　　二期工程Ⅰ&ⅡB 标段 120 施工栈桥工程量表

序号	项目名称	单位	工程量	备注
	盆式支座	套	400	
	板式支座	dm^3	4026.40	
10	扩张金属网 GM30080	m^2	2223.60	
11	ZF-80 伸缩缝	m	330.90	
12	CGM 灌浆	m^3	2.45	
13	砂浆 C30	m^3	17.90	
14	泄水管 L=50　ϕ100PVC	m	77.50	
15	U 形镀锌铁皮	m	1322.90	
16	栈桥接地　扁钢-40*4	t	0.65	
17	栈桥运输费			
18	栈桥检测费	项	1	
19	栈桥设计费	%	3.00	
二	左厂 11#～14#坝段			
1	栈桥金结制作	t	3513.913	
2	栈桥金结安装	t	3513.913	
3	铸钢支座制安	t	36.077	
4	钢结构埋件制安	t	30.592	
5	现浇钢筋混凝土桥面			
	C30 混凝土	m^3	386.24	
	钢筋	t	89.18	
6	钢筋混凝土预制板			
	C30 混凝土	m^3	40.40	
	钢筋	t	5.854	
	埋件	t	0.792	
7	钢纤维混凝土铺装层	m^3	200.46	
8	盆式支座	套	192.00	
9	CGM 灌浆	m^3	9.79	
10	栈桥接地　扁钢-40*4	t	0.15	

续表 9—5—1　　二期工程Ⅰ&ⅡB 标段 120 施工栈桥工程量表

序号	项目名称	单位	工程量	备注
11	栈桥运输费（宜昌-三峡）			
12	栈桥检测费	项	1	
13	栈桥设计费	%	3	
三	其他附属项目			
1	厕所	座	2	
2	安全棚			
	金结制安	t	1.675	
	镀锌铁皮 0.75	m^2	180.00	
	木板 2cm	m^3	3.60	
3	集装箱钢支撑	t	47.903	
4	预制梁荷载试验	项	1	
5	临时栏杆	t	12.30	
6	安全标志	块	10.00	
7	令克平台及变压器栏杆			
	金结制安	t	4.10	
	扩张金属网 GM30080	m^2	60.00	
8	锚杆 $\phi 24$ L=700mm	根	368	
9	机具平台			
	金结制安	t	19.52	
	竹跳板	m^2	544.40	
10	120 栈桥供水管架制安	t	2.80	
11	门机轨道车挡	t	1.063	
12	永久性免拆金属模板网试验	项	1	

六、设计布置方案优化

在“长三监理Ⅰ&ⅡB〔2002〕经字 056 号”及“长三监理Ⅰ&ⅡB〔2000〕经字 056 号”文中，监理部已将高程 120m、高程 45m 施工栈桥建安工程总价核出，其价分别为 84356198.08 元和 33690427.34 元，栈桥建安工程合计总价 118046625.42 元。与合同暂定总价 155373287 元相比，共优化节约 37326661.58 元。

监理部在高程 45m、高程 120m 施工栈桥工程设计方案审查过程中，提出的合理化建议已被业主和承包商采纳并付诸实施，从而使高程 45m、高程 120m 施工栈桥结构布置更加合理，既方便了施工又节约了投资，使业主得到了直接的经济效益。现将合理化建议内容及取得的经济效益分述如下：

1. 高程45m施工栈桥

高程45m施工栈桥在方案设计阶段，“长三监理Ⅰ&ⅡB〔1998〕162号”文对承建单位1998年9月24日报送的“高程45m施工栈桥方案设计报告”及“设计图纸”进行了认真的审查，明确要求在充分考虑满足金结设备吊装以及塔机运行通畅的条件下，应将大型塔机运行段栈桥轨顶高程降低至高程40m左右。并且在“长三监理Ⅰ&ⅡB〔1998〕184号”文中规定，根据施工承建合同控制性施工进度及贵公司编报施工组织设计施工总进度计划安排，结合塔带机供料线布置，承建单位按轨顶高程42m进行泄18#～泄1#坝段栈桥设计，即大型塔机运行段栈桥。据此，监理部将原承建单位所报泄1#～泄23#坝段高程45m施工栈桥轨顶高程45.63m，在泄1#～泄18#坝段栈桥轨顶高程调整为高程42m，降低了栈桥高度3.63m。根据合同文件184页第Ⅰ标段大型临时报价细目表十一项，高程45m施工栈桥钢结构工程量为4875t。结合“长三监理Ⅰ&ⅡB〔2000〕经字056号”文中钢结构的总量3219.2t，共节约钢材1655.8t。按“长三监理Ⅰ&ⅡB〔2000〕经字056号”文所报审钢结构制安单价为8104.09元计算，实际节约投资为13418752.2元。

2. 高程120m施工栈桥

高程120m施工栈桥在方案设计阶段，监理参加了承建单位组织的设计布置方案讨论会，在讨论会上监理明确提出承建单位设计布置方案报批时不能只报一个方案，必须报两个方案以上，以便业主与监理在审定设计方案时比选。承建单位执行了这一指令，在报送高程120m施工栈桥设计方案时，共报送了三个布置方案，即全钢方案、全混方案、钢混综合方案（详见“泄洪坝段及左岸11#至14#厂房坝段高程120m施工栈桥方案设计报告”）。我们在“关于高程120m施工栈桥设计方案”的审查批复意见中，积极配合业主做好方案优化工作，选择的钢混综合方案较合同上的全钢方案优化工程投资2300万元左右。且我们在钢混综合方案的基础上又具体提出了两项合理化建议：第一项将溢流坝段及左导墙坝段、右纵1#坝段的钢垫梁改为混凝土垫梁。第二项将溢洪坝段及左导墙坝段、右纵1#坝段上、下游两侧边梁，由钢板梁改为钢筋混凝土预制梁（详见长三监理Ⅰ&ⅡB〔2000〕169号）。第一项合理化建议已被业主及承包商采纳并付诸实施，第二项合理化建议因综合原因未被采纳。

将钢垫梁改用混凝土垫梁，节约钢材636t（根据“泄洪坝段及左岸11#至14#厂房坝段高程120m施工栈桥方案设计报告”中工程量计算），按合同价计算为5683060元，扣除混凝土垫梁价1204081元，直接经济效益为4478979元。

七、工程总体评价

高程120m施工栈桥建成投入运行已近两年有余，运行正常，达到了大坝混凝土浇筑手段转换的目的，满足大坝混凝土浇筑和金结安装等施工任务。监理部从设计方案审定，原材料进厂，结构件加工制造、安装及桥面混凝土施工等多道工序进行有效的质量控制。2002 年 9 月 28 日在三峡总公司贺恭副总经理的主持下，举行了正式的通车典礼，形象施工工期较合同工期提前 1 个月和 2 个月，投资较暂定合同总价节约 25%。

验收的 1899 个单元工程合格率 100%，优良率 71%；17 个分项工程合格率 100%，优良率 71%；3 个分部工程合格率 100%，优良率 67%。且高程 120m 施工栈桥在施工过程中实现了三峡总公司提出的质量、安全均无事故的“双零”控制目标，高程 120m 施工栈桥工程施工质量总体评价为优良。

八、结语

1. 抓住控制关键

抓住预控和现场两个基本点，是监理控制最低要求，预控是监理控制工作中最具科学性的一环，体现监控的前瞻性、前沿性，其中狠抓质保体系的落实，狠抓以人为本的控制核心，才能起到纲举目张的作用。现场是施工主战场，只有坚持现场控制才能及时发现问题及时解决问题，才能保证预控得以落实。

2. 监理服务态度

严格监控与热情帮助相结合，符合目前工程建设中的实际情况，是中国特色的工程监理特点。严格监控是苦口良药，是监理履行控制职责的体现；热情服务是引药甘汁，是监理工程师在工程建设中的魅力体现，是监理工程师处理矛盾的润滑剂。

3. 坚持客观公正

执行监理只有坚持客观、公正、科学和实事求是的监理原则，才能最终取得各方的信任和承认，才能体现监理工程师的人格魅力。

九、监理大事记

（1）2000 年 4 月 26 日，在三峡总公司工程建设部二楼三会议室，由分管的副总监主持召开了“泄洪坝段及左岸 11#至 14#厂房坝段高程 120 m 施工栈桥设计方案”审查会（见长三监理Ⅰ&ⅡB〔2000〕会 048 号）。

（2）2000 年 5 月 5 日，根据“泄洪坝段及左岸 11#至 14#厂房坝段高程 120 m 施工栈桥设计方案”审查会议纪要精神，监理单位签发“关于高程 120m 施工栈桥设计方案”的审查批复意见（见长三监理Ⅰ&ⅡB〔2000〕133 号）。

（3）2000 年 5 月 15 日，为满足大坝施工进度要求，监理单位审批了“泄洪坝段及左岸 11#至 14#厂房坝段高程 120m 施工栈桥 A 轴柱及斜撑埋件”的设计通知（见〔2000〕长三设（Ⅰ+ⅡB）字第 001 号，设计长三监审〔2000〕2367 号）。

（4）2000 年 6 月 1 日监理单位审批了“高程 120 m 栈桥（Ⅰ&ⅡB）左厂 11#～14#坝段柱及斜撑埋件施工要求”的设计通知（见〔2000〕长三设（Ⅰ&ⅡB）字第 002 号，设计长三监审〔2000〕07—04 号）。至此，左厂 11#～14#厂房坝段高程 120m 施工栈桥 A、B、C 轴柱及斜撑埋件制作与安装全面展开。

（5）2000 年 6 月 3 日，为满足大坝施工进度要求，监理单位发函承建单位“关于促请尽快报送高程 120m 施工栈桥结构布置图的函”（见长三监理Ⅰ&ⅡB〔2000〕169

号），并在函中要求设计方案优化应切实落实。

（6）2000 年 6 月 19 日，左厂 11—2—乙，A_1' 横轴Ⅰ′ 纵轴斜撑基础埋件安装验收。从此日起，根据坝体进度，左厂 11#～14#厂房坝段高程 120m 施工栈桥 A、B、C 轴柱及斜撑埋件陆续开始安装，至 2001 年 5 月 31 日左厂 11#～14#厂房坝段高程 120m 施工栈桥 A、B、C 轴柱及斜撑埋件安装验收完毕。

（7）2000 年 10 月 14 日承建单位报送的高程 120m 施工栈桥第一批施工详图共 130 张，经监理处审批发往承建单位执行。至此承建单位材料购置、结构件制作工作开始。

（8）2000 年 11 月 1 日，监理单位为加强工程项目管理，发函承建单位执行“关于高程 120m 施工栈桥工程项目划分的函”（见长三监理Ⅰ&ⅡB〔2000〕361 号）。

（9）2000 年 12 月 29 日，监理单位签发了对报送“高程 120m 栈桥预制梁混凝土配合比试验报告”函的批复（见长三监理Ⅰ&ⅡB〔2000〕428 号）。

（10）2001 年 1 月 1 日，监理单位批复同意承建单位报送的高程 120m 施工栈桥开工申请。

（11）2001 年 1 月 3 日，监理单位签发承建单位报送的“关于高程 120m 栈桥制安施工组织设计”的审查意见（见长三监理Ⅰ&ⅡB〔2001〕002 号）。

（12）2001 年 1 月 7 日，高程 120m 施工栈桥第一根预制混凝土 T 形梁经监理单位验收开仓浇筑。

（13）2001 年 2 月 9 日，监理单位对高程 120m 施工栈桥第一批钢结构件进行涂装前制造质量检查验收，主要钢结构件（梁、柱、铸钢支座）一共检查验收二十批，于 2001 年 8 月 29 日验收完毕。

（14）2001 年 2 月 16 日，监理单位为加强工程质量评定，签发函承建单位执行“关于高程 120m 栈桥钢箱梁等制造及混凝土梁预制质量检验和单元工程质量评定有关事项的函”（见长三监理Ⅰ&ⅡB〔2001〕056 号）。

（15）2001 年 2 月 24 日，监理单位签发了对报送“120m 栈桥钢纤维混凝土配合比试验报告”函的批复（见长三监理Ⅰ&ⅡB〔2001〕061 号）。

（16）2001 年 3 月 10 日，高程 120m 施工栈桥第一根钢箱梁验收合格开始安装。

（17）2001 年 3 月 19 日，监理单位签发承建单位报送的“关于高程 120m 栈桥安装施工技术方案及安全技术措施的函”的审批意见（见长三监理Ⅰ&ⅡB〔2001〕103 号），并附结构件单元工程安装质量评定表。

（18）2001 年 3 月 22 日，监理单位邀请业主及业主金属结构设备质量监督检测中心对高程 120m 施工栈桥钢结构件焊缝质量进行抽检（见长三监理Ⅰ&ⅡB〔2001〕会 052 号），并于 4 月 4 日转发“关于高程 120m 栈桥钢梁焊缝质量抽检情况报告”（见长三监理Ⅰ&ⅡB〔2001〕126 号），报告结果为Ⅱ级焊缝质量要求达Ⅰ级焊缝质量合格标准，

（19）2001 年 5 月 15 日，监理单位对高程 120m 施工栈桥预制混凝土 T 形梁荷载试验成果召开现场讨论会，并对预制混凝土 T 形梁施工质量作出符合设计要求的评价（见

长三监理Ⅰ&ⅡB〔2001〕会082号）。

（20）2001年6月3日，高程120m施工栈桥预制混凝土T形梁开始安装。

（21）2001年6月28日，高程120m施工栈桥桥面铺装层（3a～5a）第一仓混凝土验收合格，准于开仓。

（22）2001年8月8日，在葛洲坝指挥部前方会议室由分管的副总监主持召开“高程120m栈桥施工安全专题会议”（见长三监理安全〔2001〕会012号）。

（23）2001年8月15日，在监理部五楼会议室，杨浦生总监主持了“高程120m栈桥加快工程进度、提高工程质量和安全生产管理专题会议”（见长三监理Ⅰ&ⅡB〔2001〕会148号），并形成会议纪要。

（24）2001年9月17日晚11时30分，高程120m施工栈最后一根钢箱梁安装完成，至此高程120m施工栈桥门塔机轨道梁全线贯通。

（25）2001年9月18日，高程120m施工栈桥最后一跨（50a～51a）预制混凝土T形梁安装完成。

（26）2001年9月23日晚11时10分，高程120m施工栈桥门塔机内主干道（13.5m宽）路面混凝土与ⅡA标段路面混凝土接通。

（27）在2001年9月28日上午，在三峡总公司贺恭副总经理的主持下，高程120m施工栈桥桥

面举行了正式的通车典礼。

第十章　三峡工程120栈桥质量监理实施细则

一、总则

1. 适用范围

本细则适用于三峡工程大型施工栈桥（运行大型门塔机及施工车辆）钢结构件制造、预制混凝土结构件施工、桥面铺装层及桥面辅助系统、结构件安装等工程中的监理过程控制。

2. 适用规范

本细则依据三峡二期大坝与电站厂房工程各标段合同文件（包括设计图纸、设计技术要求及合同技术规定），国家及国务院部委颁布的《铁路钢桥制造规范》（TB10212－98）；《铁路桥梁铸钢支座技术条件》（TB1853－86）；《钢结构设计规范》（DBJ17－88）；《钢结构工程施工及验收规范》（GBJ－50205－95）；《公路桥涵施工技术规范》（JTJ041－89）；《混凝土结构工程施工及验收规范》（GB50204－92）；《预制混凝土构件质量检验评定标准》（GB7321－90）等编制。

3. 栈桥结构组成

大型施工栈桥由柱基础埋件（锚栓架）、下部钢结构柱及其支承联接系统、桥面钢结构梁系、桥面预应力混凝土梁系、桥面铺装层及桥面辅助系统等部分组成。

4. 承建资质

由于施工栈桥属临建工程，在三峡工程各标段施工阶段中由承建单位总承包（设计与施工），因此发往施工单位的施工详图必须是具备大型栈桥设计资质单位出具的施工详图并加盖监理签审章之后，方可用于施工。

二、开工许可证申请

1. 申报内容

钢结构件制造、预制混凝土结构件施工及安装施工项目开工前28天，承建单位应根据施工图样、设计要求、技术规范、施工条件、加工设备情况编制钢结构件制造、预制混凝土结构件施工、安装实施措施计划（施工组织设计）报监理批准。施工措施计划内容如下：

（1）工程概述（包括施工项目、工程量及合同工期要求）；

（2）材料采购、检验和试验情况；

（3）钢结构件制造、安装及预制混凝土结构件施工工序和工艺；

（4）施工手段和设备配置；

（5）劳动组织、作业人员培训与技术力量配置计划；

（6）进度计划安排；

（7）施工质量控制与安全生产措施；

（8）其他按合同约定应报告和说明情况。

2. 申报程序

上述制造、预制施工措施计划连同签审意见单一式四份，经承建单位项目经理签署后递交监理部审阅后限时批复，原件不退回。

3. 审批时限

承建单位接到审批意见后，可即时向监理部申请开工许可证，监理在接到承建单位申请后 24 小时内开出相应项目的开工许可证。

4. 延期责任

承建单位未能按期向监理部报送开工申请所必需的文件资料，造成施工工期延误和其他损失，由承建单位承担合同责任。

三、钢结构预制混凝土构件制造及安装过程监理

1. 提交合格证明

钢结构件制造及预制混凝土结构件施工工艺过程控制，是指从原材料进厂到成品验收合格出厂的整个过程的质量控制。作业开始 14 天前，承建单位应按合同文件约定及监理单位指示，向监理部报送下列资料：

（1）原材料交货清单、出厂合格证书、材料复验证书、焊接工艺评定资料、混凝土配合比试验资料以及成品出厂的有关验收检测资料。

（2）监理单位要求报送的其他资料。

2. 材料检验

承建单位应按照合同文件约定和设计技术要求，对购进的所有材料进行检测和试验，并报经监理部批准后方可使用。

3. 过程控制

钢结构件制造工艺过程控制包括下料、坡口、拼装、焊接、矫正、机加工、总体组装、金属表面防护等主要工艺过程。过程控制的重点在于使各道工序中影响制造质量的主要因素处于受控状态，从而保证钢结构件制造质量。

1）拼装

（1）拼装前应检查各构件的几何尺寸和平整度，并画好拼装位置线；

（2）拼装平台和胎具应经检查并符合工艺文件有关规定；

（3）各种构件拼装应满足设计图样的要求，形状和位置公差应符合 TB10212－98 有关规定，焊接接头间隙和焊缝组装应符合已经批准的焊接工艺文件。

2）焊接

（1）焊接工艺规定属于一、二类焊缝的焊接，必须经焊接工艺评定合格，编制焊接工艺规程、施焊时应严格按照焊接工艺规定的焊接方法、焊接顺序及控制焊接变形措施进行操作。

（2）焊工。对从事一、二类焊缝焊接的焊工，应持有授权单位颁发的焊工考试合

格证书，合格项目应与从事施焊项目的焊接方法，钢材及焊接位置相符。

（3）焊接材料。焊接材料应按焊接工艺文件的规定，建立验证、验收、入库、保管、烘干、发放和回收制度，强化材料管理工作见证性和可追溯性。

（4）焊接设备。焊接设备应完整配套、运转稳定正常，并能准确显示电流、电压等有关参数。

3）矫正

（1）矫正包括钢板的平整、拼接钢板的平整、焊接变形等结构件的矫正。

（2）矫正可以采用火焰矫正法、机械矫正法；若采用火焰矫正法，加热温度应控制在600℃～800℃。

4．混凝土工艺控制

预制混凝土结构件及桥面混凝土施工工艺过程控制包括混凝土拌和、混凝土浇筑、预应力梁预应力造孔、锚索张拉、锚索灌浆等主要工艺过程。

（1）混凝土拌和。混凝土拌和应严格按已批准配合比中的配料单下料，控制混凝土坍落度，每批混凝土应取两组试块。监理定期对混凝土的均匀性和坍落度进行检测。

（2）混凝土浇筑。混凝土浇筑前施工单位应对模板、钢筋绑扎、埋件等进行初检、复检、终检，并报监理验收合格签发开仓许可证后，方可开仓浇筑；控制混凝土入仓高度防止骨料分离，并严格按《混凝土结构工程施工及验收规范》进行摊铺、振捣，对预应力梁应严防振捣器损坏波纹管；重要构件浇筑实行旁站监理。

（3）预应力造孔。波纹管按设计弧线放样后，每隔50cm设置一道定位筋，定位筋必须固定在主筋上，波纹管接头要密封，用黑胶布缠裹以防渗漏；监理应检查波纹管弧线放样是否准确，接头密封是否良好。

（4）锚索张拉。当混凝土达到28天设计强度后，才能实施张拉作业，锚索张拉程序按设计规定分组进行，监理应旁站检查张拉力和伸长值是否按设计要求严格控制，张拉过程是否认真做好记录，安全措施是否落实。

（5）锚索灌浆。锚索张拉完毕后，应在24小时内及时地对预应力孔道进行灌浆处理；浆体水泥标号、水灰比、灌浆程序、灌浆压力等均按设计规定执行；监理应旁站检查灌浆工艺是否符合设计及规范要求。

5．使用期延长的维护

在三峡工程中，三期工程的施工栈桥利用二期工程的施工栈桥钢梁质量检验过程控制。三期工程的施工栈桥的17.1m和21.2m钢箱（板）梁及相应的铸钢支座、轨道，若直接用于二期工程的施工栈桥，须征求原设计单位意见，并由原设计单位提出具体处理意见后转报监理单位审批。

（1）几何尺寸检查。几何尺寸检查（按附表3进行），主要检查有无损坏、变形，如发现有损坏、变形需进行矫正或修补处理。

（2）涂装防腐检验。钢箱（板）梁等所有需重复利用的杆件均应对表面污垢、油渍等清除干净，并进行喷丸（砂）除锈，按设计要求重新进行涂装防腐。

（3）焊缝质量检验。对所有焊缝进行检查（按附表4进行），属一、二类焊缝应按设计要求进行无损探伤检测。如不合格需进行补焊或返修。

（4）铸钢支座检验。铸钢支座需进行全面外观检查，除锈防腐，工作面应重新进行机加工处理，对插销进行检查，若有变形，损坏应更换。

6. 安装过程控制

施工栈桥安装工程包括钢立柱及支撑系统、柱脚埋件、桥面钢结构梁系及预制混凝土梁系等。安装过程质量控制为：安装和埋设作业开始的14天前，承建单位应按合同文件约定及监理单位指示，向监理递交下列资料：

（1）安装件和埋设件出厂合格证与相应的出厂验收资料；

（2）安装用控制点位置图；

（3）监理单位要求报送的其他资料。

承建单位应按照合同文件约定和设计技术要求，对安装件和埋设件进行检查和试验检测，并报经监理批准后方可安装。但必须做到：

（1）安装和埋设前，承建单位应对安装和埋设部位进行实地放样，放样成果报监理单位审核。

（2）柱脚埋件安装完后，经测量高程和坐标误差，满足设计要求，并填报埋件合格证，经监理审核签字后，方可开仓浇筑混凝土。

（3）安装过程中，承建单位应加强技术管理，落实安全措施、按章作业、文明施工、做好原始资料的记录、整理和工程总结；对重要的安装工序，监理工程师应旁站检查。

四、钢结构预制混凝土结构制造安装质量控制

1. 控制不合格品

钢结构件制造、预制混凝土结构件施工及安装质量应进行检验和试验，通过质量把关，防止未经检验和试验不合格产品投入使用；检验和试验记录，是证明产品质量满足合同要求的客观证据。

2. 控制原材料质量

原材料检验和试验。原材料包括钢材、焊条、油漆、钢铰线、混凝土配合比等。检查来料是否符合设计要求和国家标准，资料是否完整，是否有正确标记、包装及表面有无损坏，并对随货送到的技术文件（包括化学成分、力学性能及无损检测报告）进行验证。

3. 检验和试验

钢结构件制造过程检验和试验。过程检验和试验的目的是及时发现不合格的零部件或半成品流入下道工序，造成质量隐患和返工。

4. 焊接质量控制

对一、二类焊缝的焊接质量，不仅要进行外观质量的检验，同时要进行内部质量的无损探伤检测。

由于质量管理职责的划分，监理工程师对无损检测报告主要是验证签字。即：

（1）验证工厂是否按合同约定进行了无损检测；

（2）验证所采取的探伤方法、探伤比例、检查部位、评定标准是否符合规范要求；

（3）必要时监理工程师请业主的三峡工程质量检测中心对无损检测报告进行复验和评审。

5. 几何尺寸检测

几何尺寸的检测必须在焊接工作基本完成之后进行，检测时不得对构件施加强制性约束。检测的仪器和钢尺必须经法定计量部门校验，对于较长长度的测量，钢尺的张紧力应符合有关规定。

6. 工序过程验收

钢结构构件组装完成后，在防腐前由承建单位报监理单位进行工序过程验收，监理组织由业主、设计及承建单位管理部门参加的对钢结构构件进行防腐前的验收，验收合格后方可进行下一道工序。

7. 金属表面防护检测

金属表面防护检测包括金属表面预处理质量检查、涂层厚度检测和附着力检测。

8. 柱脚埋件安装质量检测

为确保栈桥位置的准确，应做好基础地脚螺栓中心坐标与高程的检测，并将测量成果报送监理认证，必要时监理复测后确认。

9. 螺栓检测

钢结构构件安装前，承建单位应进行高强螺栓摩擦面的抗滑移系数试验，测力扳手应检验校正其力矩值，并将结果报监理确认。

10. 预制构件的检验

预制混凝土结构件安装前，承建单位应出具监理签发的出厂合格证及安装监理所要求的相应出厂验收资料。

五、单元工程验收与质量评定

1. 工程划分

为促进工程质量管理，有利于工程项目施工、质量检验和合同支付的顺利进行，根据工程承建合同文件及水电工程施工质量管理有关法规文件规定，需将施工栈桥作为一个单位工程，并划分为分部工程、分项工程、单元工程，项目编码见附表1。

2. 质量评定与支付

栈桥工程项目单元工程质量评定、验收及工程支付，按照附表2～附表10要求的格式和内容进行单元工程质量评定及支付。

3. 验收资料

栈桥项目验收和质量检验过程，承建单位应提供或提交下列资料，以便审查和确认：

（1）材料复验报告和出厂材质证明书（钢材、焊条、铸钢支座、高强螺栓、钢铰丝钢筋等）及结构件出厂合格证；

（2）焊接工艺规程和焊接工艺评定报告；

（3）焊缝质量检验和检测资料；

（4）表面防腐质量检验资料；

（5）单元工程质量评定表（附表2～附表10）。

附表1　二期工程高程120m施工栈桥工程项目划分及代码表；

附表2　二期工程高程120m施工栈桥工程进场材料检验报告单；

附表3　二期工程高程120m施工栈桥工程钢箱（板）梁单元工程（基本尺寸）质量检验评定表；

附表4　二期工程高程120m施工栈桥工程钢箱（板）梁单元工程（焊缝）质量检验评定表；

附表5　二期工程高程120m施工栈桥工程预制混凝土构件出厂质量检验表；

附表6　二期工程高程120m施工栈桥工程钢柱单元工程安装工序质量检验评定表；

附表7　二期工程高程120m施工栈桥工程钢箱（板）梁单元工程安装工序质量检验评定表；

附表8　二期工程高程120m施工栈桥工程预应力混凝土大梁单元工程安装工序质量检验评定表；

附表9　二期工程高程120m施工栈桥涂装质量检测记录表；

附表10　二期工程高程120m施工栈桥工程单元工程支付工程量结算签证单。

附表 1　　高程 120m 施工栈桥工程项目划分及代码表

单位工程（a）：　二期工程高程 120 施工栈桥工程（　　）

<table>
<tr><th>（a-b）</th><th>分部工程</th><th colspan="2">（a-b-c）分项工程</th><th rowspan="2">（a-b-c-d）单元工程划分</th></tr>
<tr><th>代码</th><th>名称</th><th>代码（c）</th><th>名　称</th></tr>
<tr><td rowspan="2">1</td><td rowspan="2">引路</td><td>1</td><td>桥台（实体井）</td><td rowspan="2">①桥台：土建；垫石埋件各划分一个单元工程；②护坡：按施工部位划分单元工程。</td></tr>
<tr><td>2</td><td>护坡</td></tr>
<tr><td rowspan="12">2</td><td rowspan="12">标段</td><td>1</td><td>基础</td><td rowspan="12">①基础：按单个基础划分单元工程。
②钢结构件单元工程划分：柱子每根为一单元；梁每根为一单元；支撑纵向按跨；横向按榀划分单元工程；人行道、轨道按不同跨度划分单元工程。
③桥面混凝土每跨为一单元工程。
④支座按种类划分单元工程。</td></tr>
<tr><td>2</td><td>钢柱</td></tr>
<tr><td>3</td><td>支撑</td></tr>
<tr><td>4</td><td>盖梁</td></tr>
<tr><td>5</td><td>垫梁</td></tr>
<tr><td>6</td><td>轨道梁（钢箱梁）</td></tr>
<tr><td>7</td><td>汽车道梁（钢板梁、预应力梁）</td></tr>
<tr><td>8</td><td>桥面混凝土（铺装层）</td></tr>
<tr><td>9</td><td>轨道</td></tr>
<tr><td>10</td><td>人行道</td></tr>
<tr><td>11</td><td>支座</td></tr>
<tr><td>12</td><td>其他</td></tr>
<tr><td rowspan="12">3</td><td rowspan="12">标段</td><td>1</td><td>基础</td><td rowspan="12">①基础：按单个基础划分单元工程。
②钢结构件单元工程划分：柱子每根为一单元；梁每根为一单元；支撑纵向按跨；横向按榀划分单元工程；人行道、轨道按不同跨度划分单元工程。
③桥面混凝土每跨为一单元工程。
④支座按种类划分单元工程。</td></tr>
<tr><td>2</td><td>钢柱</td></tr>
<tr><td>3</td><td>支撑</td></tr>
<tr><td>4</td><td>盖梁</td></tr>
<tr><td>5</td><td>垫梁</td></tr>
<tr><td>6</td><td>轨道梁（钢箱梁）</td></tr>
<tr><td>7</td><td>汽车道梁（钢板梁、预防应力梁）</td></tr>
<tr><td>8</td><td>桥面混凝土
（铺装层）</td></tr>
<tr><td>9</td><td>轨道</td></tr>
<tr><td>10</td><td>人行道</td></tr>
<tr><td>11</td><td>支座</td></tr>
<tr><td>12</td><td>其他</td></tr>
</table>

附表 2　　二期工程高程 120m 施工栈桥工程进场材料检验报告单

工程承建单位：　　　　合同编号：　　　　NO：

<table>
<tr><td colspan="2">申报使用工程项目及部位</td><td colspan="2"></td><td colspan="2">工程项目施工时段</td><td colspan="2"></td></tr>
<tr><td rowspan="2">材料记录</td><td colspan="2">材料名称</td><td>规格</td><td>数量</td><td>产地或厂家</td><td>进场日期</td><td>检查日期</td></tr>
<tr><td colspan="2"></td><td></td><td></td><td></td><td></td><td></td></tr>
<tr><td>储存情况</td><td colspan="7">储存地点或库号：</td></tr>
<tr><td>抽样方法</td><td colspan="3"></td><td>抽样数</td><td colspan="3"></td></tr>
<tr><td rowspan="3">主要质量检测指标</td><td>试验项目</td><td></td><td></td><td></td><td></td><td></td><td></td></tr>
<tr><td>规定值</td><td></td><td></td><td></td><td></td><td></td><td></td></tr>
<tr><td>试验值</td><td></td><td></td><td></td><td></td><td></td><td></td></tr>
<tr><td>试验室结论</td><td colspan="7"></td></tr>
<tr><td>承建单位报告记录</td><td colspan="3">本检验报告单经审核无误，特此申报。
报送单位：
日期：　　年　月　日</td><td>监理机构认证意见</td><td colspan="3">□合格　□按审批意见办理□不合格　□
工程监理处：
认证人：
日期：　　年　月　日</td></tr>
<tr><td>附件目录</td><td colspan="7">1. 材料出厂合格证；　　3.
2. 材料样品试验报告；　　4.</td></tr>
</table>

说明：一式四份报监理部，完成认证后返回报送单位两份，留作单元、分部、单位工程质量评定资料备查。

附表 3

二期工程高程 120m 栈桥工程钢箱（板）梁单元工程（基本尺寸）质量检验评定表

工程承建单位：　　　　　　　　　　制造单元：　　　　　　　　　　NO：

单位工程名称或编码		分部工程名称或编码	分项工程名称或编码		单元工程名称或编码	
	检查项目	允许偏差(mm)	初检成果	复检成果	终成果	抽检成果
1	△梁高（测量两端腹板处高度）	±2（h≤2m） ±4（h>2m）				
2	△跨度 L（测量两支座中心距离，L 以 m 计）	±（5+0.15L）				
3	全长	±15				
4	腹板中心距（测两端腹板中心距）	±3				
5	盖板宽度	±4				
6	△横断面对角线差（测两端断面对角线差）	4				
7	旁弯（L 以 m 计）	3+0.1L				
8	△拱度	+5　-3				
9	支点高度差	5				
10	△腹板平面差（h 为盖板与加劲肋或劲肋与扣劲肋之间的距离）	H/250 且不大于 8				
11	△扭曲（以两端隔板为准）	每米 1，累计不大于 10				
质量评定			□优良 □合格 □不合格 初检单位： 初检人： 日期：	□优良　□合格 □不合格 复检单位： 复检人： 日期：	□优良　□合格 □不合格 终检单位： 终检人： 日期：	□优良　□合格 □不合格 认证单位： 认证人： 日期：

说明：一式四份报送监理部（处），完成认证后返回报送单位两份，留作单元、分部、分项工程质量评定资料备查。钢柱参照执行。

附表 4

二期工程高程 120m 栈桥工程钢箱（板）梁单元工程（焊缝）质量检验评定表

工程承建单位：　　　　　　　　　　　制造单位：　　　　　　　　　　　NO：

单位工程名称或编码			分部工程名称或编码			
单元工程名称或编码			焊接时间			
项目	焊缝种类	质量标准（mm）	初检成果	复检成果	终检成果	抽检成果
气孔	横向对接焊缝	不允许				
	纵向对接焊缝、主要角焊缝	直径小于 1.0，每米不多于 3 个，间距不小于 20				
	其他焊缝	直径小于 1.5，每米不多于 3 个，间距不小于 20				
咬边	受拉杆件横向对接焊缝及竖加劲肋角焊缝（腹板侧受压区）	不允许				
	受压杆件横向对接焊缝及竖加劲肋角焊缝（腹板侧受压区）	≤0.3				
	纵向对接焊缝、主要角焊缝	≤0.5				
	其他焊缝	≤1.0				
焊脚高度尺寸	主要角焊缝（二类焊缝）	$H_L{}^{+2.0}_{0}$				
	其他角焊缝	$H_L{}^{+2.0}_{-1}$				
焊波	角焊缝(任意 25mm 范围高低差)	≤2.0（任意 25mm 范围高低差）				
余高	对接焊接	≤3.0（焊缝宽 b≤12）				
		≤4.0（12<b≤25）				
		≤4b/2512（b>25）				
余高铲磨后表面	横向对接焊缝	不高于母材 0.5				
		不低于母材 0.3				
		粗糙度 $\frac{50}{\nabla}$				
探伤结果（附检查表及图片）			□优良 □合格 □不合格 初检单位： 初检人： 日期：	□优良 □合格 □不合格 复检单位： 复检人： 日期：	□优良 □合格 □不合格 终检单位： 终检人： 日期：	□优良 □合格 □不合格 认证单位： 认证人： 日期：

说明：一式四份报送监理部（处），完成认证后返回报送单位两份，留作单元、分部、分项工程质量评定资料备查。钢柱参照执行。

附表 5

二期工程高程 120m 栈桥工程预制混凝土构件出厂质量检验表

工程承建单位：　　　　　　　　　　　　制造单位：

单位工程名称或编码			分部工程名称或编码				
分项工程名称或编码			单元工程名称或编码				
序号	构件名称	构件规格及编号	构件质量评定	浇筑时间	出厂日期	混凝土	
						设计强度	试验强度
承建单位出厂意见					出厂签证意见		
	生产厂家： 技术责任人： 日期：　年　月　日	承建单位质安部门： 负责人： 日期：　年　月　日	□同意 □不同意 □		监理单位： 签证人： 日期：　年　月　日		

说明：一式四份报送监理单位，签证后返回施工单位两份。

附表 6

二期工程高程 120m 栈桥工程钢柱单元工程安装工序质量检验评定表

单位工程名称或编码			分项工程名称或编码			
分部工程名称或编码			单元工程名称或编码			
纵向轴线号			横向轴线号			
序号	检测项目	允许偏差（mm）	初检成果	复检成果	终检成果	抽检成果
1	柱脚底座中心线对定位轴线的偏差	5.0				
2	柱基准点标高偏差	±2				
3	挠曲矢高	$H/1000$ 15.0				
4	柱轴线跨度方向的垂直度	$H/2500 \pm 6.0$				
5	A、B、C 三轴线柱平行度	$H/2000$ 6.0				
6	同一轴线相邻柱高相差	$\leqslant 5.0$				
7	跨度方向相对高差	$\leqslant 5.0$				
质　量　评　定			□优良 □合格 □不合格 初检单位: 初检人: 日期:	□优良 □合格 □不合格 复检单位: 复检人: 日期:	□优良 □合格 □不合格 终检单位: 终检人: 日期:	□优良 □合格 □不合格 认证单位: 认证人: 日期:

说明：一式四份报送监理部（室），完成认证后返回报送单位两份，留作单元、分项、分部工程质评定资料备查。

附表 7

二期工程高程 120m 栈桥工程钢箱（板）梁单元工程安装工序质量检验评定表

<table>
<tr><td colspan="2">单位工程名称或编码</td><td colspan="2"></td><td colspan="2">分项工程名称或编码</td><td></td></tr>
<tr><td colspan="2">分部工程名称或编码</td><td colspan="2"></td><td colspan="2">单元工程名称或编码</td><td></td></tr>
<tr><td colspan="2">纵向轴线号</td><td colspan="2"></td><td colspan="2">横向轴线号</td><td></td></tr>
<tr><td>序号</td><td>检测项目</td><td>允许偏差（ mm）</td><td>初检成果</td><td>复检成果</td><td>终检成果</td><td>抽检成果</td></tr>
<tr><td>1</td><td>两端支座中心位移（△）</td><td>5.0</td><td></td><td></td><td></td><td></td></tr>
<tr><td>2</td><td>梁中心线与轴线偏差</td><td>≤2.0</td><td></td><td></td><td></td><td></td></tr>
<tr><td>3</td><td>两梁中心距偏差</td><td>±5.0</td><td></td><td></td><td></td><td></td></tr>
<tr><td>4</td><td>相邻梁接头处高差</td><td>≤2.0</td><td></td><td></td><td></td><td></td></tr>
<tr><td>5</td><td>同一跨间同一横截面梁面高差</td><td>±5.0</td><td></td><td></td><td></td><td></td></tr>
<tr><td>6</td><td>梁安装高程偏差</td><td>≤5.0</td><td></td><td></td><td></td><td></td></tr>
<tr><td>7</td><td>梁跨中垂直度</td><td>H/500</td><td></td><td></td><td></td><td></td></tr>
<tr><td>8</td><td>支座上、下导向挡块量大偏差交叉角</td><td>≤5′</td><td></td><td></td><td></td><td></td></tr>
<tr><td colspan="3">质　量　评　定</td><td>□优良
□合格
□不合格
初检单位：
初检人：
日期：</td><td>□优良
□合格
□不合格
复检单位：
复检人：
日期：</td><td>□优良
□合格
□不合格
终检单位：
终检人：
日期：</td><td>□优良
□合格
□不合格
认证单位：
认证人：
日期：</td></tr>
</table>

说明：一式四份报送监理部（室），完成认证后返回报送单位两份，留作单元、分项、分部工程质评定资料备查。

附表 8

二期工程高程 120m 栈桥工程预应力混凝土大梁单元工程安装工序质量检验评定表

单位工程名称或编码				分项工程名称或编码		
分部工程名称或编码				单元工程名称或编码		
纵向轴线号				横向轴线号		
序号	检测项目	允许偏差（mm）	初检成果	复检成果	终检成果	抽检成果
1	支座轴线相对基准点偏差	±2.0				
2	相邻支座轴线平行度	≤2.0				
3	每跨内支座轴线平行度	≤3.0				
4	相邻两构件顶面高程	10.0				
5	支座平面位置	5.0				
6	支座四周边缘高差	±2.0				
质　量　评　定			□优良 □合格 □不合格 初检单位: 初检人: 日期:	□优良 □合格 □不合格 复检单位: 复检人: 日期:	□优良 □合格 □不合格 终检单位: 终检人: 日期:	□优良 □合格 □不合格 认证单位: 认证人: 日期:

说明：一式四份报送监理部（室），完成认证后返回报送单位两份，留作单元、分项、分部工程质评定资料备查。

附表 9　　二期工程高程 120m 栈桥涂装质量检测记录表

<table>
<tr><td>工程名称</td><td colspan="2"></td><td>部件名称</td><td></td><td>喷涂方法</td><td></td></tr>
<tr><td>编　　码</td><td colspan="2"></td><td>部件图号</td><td></td><td>气候及湿度</td><td></td></tr>
<tr><td>报告日期</td><td colspan="2"></td><td>喷砂材料</td><td></td><td>操作者</td><td></td></tr>
<tr><td colspan="3">底漆材料牌号及干膜厚</td><td colspan="4"></td></tr>
<tr><td colspan="3">中间漆牌号及干膜厚</td><td colspan="4"></td></tr>
<tr><td colspan="3">面漆材料牌号及干膜厚</td><td colspan="4"></td></tr>
<tr><td rowspan="12">涂层检测</td><td>编号</td><td>除锈等级</td><td>表面粗糙度μm</td><td>涂层检测厚度μm</td><td colspan="2">结合力</td></tr>
<tr><td>1</td><td></td><td></td><td></td><td colspan="2"></td></tr>
<tr><td>2</td><td></td><td></td><td></td><td colspan="2"></td></tr>
<tr><td>3</td><td></td><td></td><td></td><td colspan="2"></td></tr>
<tr><td>4</td><td></td><td></td><td></td><td colspan="2"></td></tr>
<tr><td>5</td><td></td><td></td><td></td><td colspan="2"></td></tr>
<tr><td>6</td><td></td><td></td><td></td><td colspan="2"></td></tr>
<tr><td>7</td><td></td><td></td><td></td><td colspan="2"></td></tr>
<tr><td>8</td><td></td><td></td><td></td><td colspan="2"></td></tr>
<tr><td>9</td><td></td><td></td><td></td><td colspan="2"></td></tr>
<tr><td>10</td><td></td><td></td><td></td><td colspan="2"></td></tr>
<tr><td>平均值</td><td></td><td></td><td></td><td colspan="2"></td></tr>
<tr><td>初检</td><td colspan="2"></td><td>复检</td><td></td><td>质量等级</td><td></td></tr>
<tr><td>终检</td><td colspan="2"></td><td>监理</td><td></td><td>日期</td><td></td></tr>
</table>

附表 10　　二期工程高程 120m 栈桥工程单元工程支付工程量结算签证单

工程承建单位：　　　　　　　　　　合同编号：　　　　　　　　NO：

<table>
<tr><td colspan="2">单位工程名称或编码</td><td colspan="3"></td><td colspan="2">分部工程名称或编码</td><td></td></tr>
<tr><td colspan="2">分项工程名称或编码</td><td colspan="3"></td><td colspan="2">单元工程名称或编码</td><td></td></tr>
<tr><td rowspan="2">工程部位</td><td>高程</td><td colspan="3"></td><td rowspan="2">施工时段</td><td colspan="2" rowspan="2">年　月　日至
年　月　日</td></tr>
<tr><td>桩号</td><td colspan="3"></td></tr>
<tr><td>施工依据文件</td><td colspan="7">设计文（图）号：
监理审签号：</td></tr>
<tr><td>监理单位质量认证</td><td colspan="7">☐未经单元工程质量评定，暂缓支付。
☐单元工程质量合格（表单号：　　）
☐

工程监理处：
认证人：
日期：　　年　月　日</td></tr>
<tr><td rowspan="2">支付工程量认证记录</td><td>序号</td><td>项目名称及规格</td><td>单位</td><td>设计工程量</td><td>申报支付量</td><td colspan="2">监理认证工程量</td></tr>
<tr><td></td><td></td><td></td><td></td><td></td><td colspan="2"></td></tr>
<tr><td colspan="4">承建单位：
签署人：
日期：　　年　月　日</td><td colspan="4">监理部：
签证人：
日期：　　年　月　日</td></tr>
</table>

说明：一式四份报送监理部，完成认证后返回报送单位两份，作月支付工程量结算依据。

参 考 文 献

[1] 杨光煦主编. 三峡工程施工研究. 武汉：湖北科学技术出版社，1997

[2] 长江水利委员会编. 长江三峡水利枢纽可行性研究报告，1989

[3] 长江水利委员会编. 长江三峡水利枢纽初步设计报告（枢纽部分），1992

[4] 赵鑫钰主编. 三峡水利枢纽土建与安装工程施工技术与管理实践. 武汉：湖北科技出版社，2005

[5] 长江水利委员会编. 长江三峡水利枢纽大坝及电站厂房二期工程招标设计报告，1996

[6] 中国长江三峡工程总公司工程技术部编. 大型水电工程几个高难技术问题综述. 1995

[7] 长江水利委员会施工科研所编. 三峡工程坝体混凝土快速施工技术研究报告，1990

[8] 长江水利委员会. 长江三峡水利枢纽 TGP/CⅣ-4-2A 标段施工栈桥设计报告，1999

[9] 长江水利委员会. 长江三峡水利枢纽 TGP/CⅣ-4-1&2B 标段施工栈桥设计报告.2001

[10] 长江水利委员会. 长江三峡水利枢纽二期工程高程 45m 施工栈桥设计报告，1998

[11] 郑守仁，刘宁，林文亮编著. 水利枢纽工程质量标准及监控. 北京：中国水利水电出版社，2000.

[12] 1992～2002 年三峡工程设计会议纪要

[13] 长江水利委员会编. 长江三峡工程技术丛书. 武汉：湖北科技出版社，1997

[14] 中国葛洲坝水利水电集团公司编. 周厚贵主编. 三峡工程施工技术. 一卷. 北京：中国水利水电出版社，1999

[15] 中国葛洲坝水利水电集团公司编. 周厚贵主编. 三峡工程施工技术. 二卷. 北京：中国水利水电出版社，2003

[16] 赵鑫钰主编. 三峡土建安装工程施工承包合同通用条款范例与适用指南. 北京：中国水利水电出版社，2001

[17] 中国水利报社编. 王经国等主编. 中国江河. 北京：中国科学技术出版社，2000

[18] 长江水利委员会长江勘测规划设计院编. 三峡工程设计论文集（上、下册）. 北京：中国水利水电出版社，2003